발해사 자료총서
- 한국사료 편 권1

• 이 책은 2019년도 동북아역사재단 기획연구 수행 결과물임(NAHF-2019-기획연구-18).

동북아역사 자료총서 62

발해사 자료총서
한국사료 편 / 권 1

동북아역사재단
한국고중세사연구소 편

동북아역사재단

발해사 자료총서 – 한국사료 편 권1

서문

이 책은 국내 사료 가운데 발해사 관련 사료를 번역하고 주석한 자료집이다. 동북아역사재단의 전신인 고구려연구재단은 2004년 서울대학교 규장각에 소장되어 있던 발해사 관련 한국사료의 원문을 모아 『발해사 자료집(상)』을 간행하였고, 중국과 일본 사료를 모아 『발해사 자료집(하)』를 간행하였다. 이를 2007년 동북아역사재단에서 재간행하였다. 그간 발해사 연구는 사료가 매우 부족하여 양적·질적 성장이 제한되어 있었다. 그나마 단편적으로 흩어져 있어 신진 연구자와 발해사에 관심이 있는 일반 시민들이 사료를 찾아보는 데 어려움이 컸다. 『발해사 자료집』은 부족한 사료지만 한국과 중국, 일본에 흩어져 있는 사료를 한자리에 모아 좀 더 쉽게 접근할 수 있도록 했다는 점에서 의미가 있다.

그럼에도 원문 사료만을 제시하여 한문을 독해하는 데 어려움이 있었다. 이에 좀 더 가독성을 높이고 활용도 있는 자료집의 제작이 요구되었다. 또한 그간의 연구 성과를 반영한 주석 역시 필요하다고 판단되었다. 따라서 재단은 보다 효율적이고 실용적이며 학술적이면서도 대중적인 발해사 자료집을 만들기 위해 중장기 계획을 수립하여 단계적으로 발해사 관련 자료를 총망라한 『발해서 자료총서』를 제작하기로 하였다. 그 첫 번째 작업으로 『발해사 자료집(상)』에 수록되었던 한국사료를 역주하여 〈한국사료 편〉 총 2권을 출판하게 되었다. 후속 작업으로는 『발해사 자료집(하)』에 수록된 중국·일본 사료를 역주한 〈중국사료 편〉, 〈일본사료 편〉이 있으며, 새롭게 문자자료(묘지명, 금석문 등)와 고고학 자료를 엮은 〈문자자료 편〉, 〈고고자료 편〉 등을 준비 중이다.

이 책에 수록된 한국사료는 모두 42종이다. 사료는 크게 고려시기 사료(총 10종)와 조선시기 사료(총 32종)로 나뉜다. 사료의 종류는 정식 사서류 외에도 논설집, 야담집, 시문집 등 발해사를 이해하고, 선인들의 발해사 인식을 엿볼 수 있는 자료를 포함하였다. 『발해사 자료집(상)』에 수록된 원문과 원본(저본) 및 비교본을 대조하며, 기존 자료집에 잘못 수록된 사료는 삭제하고, 오기는 수정하였으며 누락된 사료는 다시 수록하였다. 그리고 원문은 저본을 원전(『삼국사기』, 『고려사』, 『구당서』, 『신당서』 등) 및 비교본과 대조하여 교감 주석을 달았고, 번역문에서는 사건과 용어를 설명하는 주석을 달았다. 해제는 기존 자료집에 수록된 것을 참조하여 수정하였다. 이 책에 사용한 저본과 비교본 등의 정보는 각 해제 아랫부분에 제시하였다. 저본은 대체로 규장각 소장 자료를 사용하였지만, 일부 사료의 경우 집필 담당자의 판단에 따라 별도의 자료를 사용하였다.

연번	자료명	저자(편찬자)	저술(출판) 시기	자료의 성격	집필 담당
1	삼국사기	김부식	1145년	관찬사서, 기전체	권은주
2	보한집	최자	13세기 중엽	시화집	권은주
3	삼국유사	일연	13세기 말	유사, 편년체	권은주
4	제왕운기	이승휴	1287년	역사시	권은주
5	익재난고	이제현	1363년	시문집	권은주
6	역옹패설	이제현	1342년	시화·잡록집	권은주
7	졸고천백	최해	1354년	문집	권은주
8	가정집	이곡	1364년	문집	권은주
9	목은시고	이색	1404년	문집	권은주
10	포은집	정몽주	1439년	문집	권은주
11	고려사	정인지·김종서 등	1451년	관찬사서, 기전체	김진광
12	고려사절요	김종서 등	1452년	관찬사서, 편년체	강성봉
13	삼국사절요	노사신·서거정 등	1476년	관찬사서, 편년체	강성봉
14	동문선	서거정 등	1478년	관찬시문집	강성봉
15	동국통감	서거정 등	1485년	관찬사서, 편년체	권은주
16	신증동국여지승람	노사신 등	1530년	관찬지리서	권은주
17	동국사략	박상	16세기 초	역사서, 편년체	권은주
18	동사찬요	오운	17세기 초	역사서, 기전체	권은주
19	동국지리지	한백겸	1615년경	역사지리서	임상선
20	동사보유	조정	1630년경	역사사서, 편년체	임상선
21	기언(동사)	허목	1667년	문집(기전체)	임상선
22	동국통감제강	홍여하	1672년	역사서, 강목체	강성봉

연번	자료명	저자(편찬자)	저술(출판) 시기	자료의 성격	집필 담당
23	동국역대총목	홍만종	1705년경	역사서, 강목체	강성봉
24	동사회강	임상덕	18세기 초	역사서, 강목체	강성봉
25	성호사설	이익	18세기 중반	논설집	김진광
26	풍암집화	유광익	18세기 후반	야담집	김진광
27	동사강목	안정복	1778년	역사서, 강목체	강성봉
28	동문광고	이돈중	18세기 후반	세계역사지리서	김진광
29	증보문헌비고	김교헌 등	18~19세기	백과사전류	김진광
30	기년아람	이만운	18세기 후반	역사서	김진광
31	청장관전서	이덕무	1795년	총서류	김진광
32	수산집(동사)	이종휘	1803년	시문집(기전체)	임상선
33	연려실기술	이긍익	1776년 이전	야사류, 기사본말	임상선
34	여유당전서	정약용	18세기 후반	문집	임상선
35	아방강역고	정약용	1811/1833년	역사지리서	권은주
36	해동역사	한치윤	1823년	역사서, 기전체	김진광
37	해동역사속	한진서	순조 연간	역사지리서	강성봉
38	대동장고	홍경모	19세기	역사총람	강성봉
39	총사	홍경모	19세기	총서류	강성봉
40	대동지지	김정호	19세기 중반	역사지리서	강성봉
41	발해고	유득공	1784/1817년	역사서	임상선
42	조선왕조실록 (세종·세조·고종)	황보인 등/신숙주 등/이왕직 등	1454/1471/1935년	실록	강성봉

발해사에 관한 정보를 실은 가장 오래된 사료는 『삼국사기』이다. 『삼국사기』는 삼국(고구려·백제·신라)의 역사에 중점을 두었기 때문에 발해는 자연히 주요 서술 대상이 아니었다. 따라서 발해사에 대한 구체적인 서술은 없고, 신라사와 관련하여 단편적인 내용만 실려 있다. 그렇지만 중국·일본 사료에는 확인되지 않는 정보도 있어 의미가 있다. 예로 732년(성덕왕 31) 발해가 당의 등주를 공격하면서 734년경 당나라와 신라가 연합하여 발해의 남쪽을 공격하려다가 실패한 사실과 그 대가로 당이 735년 신라에게 패강 이남의 영유권을 공식적으로 인정해준 사건, 신라가 발해의 남진에 대비하여 축성한 기록을 통해 발해의 대외 활동을 역으로 추정할 수 있는 내용들, 발해와 신라 사이에 공식 외교 통로인 신라도(新羅道)가 있었던 신라 천정군에서 발해 동경책성부까지 39개의 역이 설치되어 있었던 사실 등이다. 특히 신라

가 발해와 교류하며 발해를 북국(北國)이라 불렀는데, 이러한 표현은 이후 유득공이 『발해고』 에서 발해와 신라를 '남북국'으로 함께 부르는 근거가 되었다.

『삼국사기』와 함께 한국고대사 연구에 쌍벽을 이루는 사서인 『삼국유사』는 전자와는 달리, 발해사를 우리 역사의 범주에 넣고 있다는 점이 주목된다. 『신라고기』를 인용하여 "대조영이 고구려의 장수였다"는 중요한 사실을 전하고 있다. 이것은 『제왕운기』에도 동일하게 나타나는 것으로서 고려시기 지식인들이 대조영의 출자(出自)를 기본적으로 고구려인으로 인식하고 있었음을 보여준다. 한편 『통전』을 인용하여 발해의 계통을 본래 속말말갈이라고 했지만, 말갈을 우리와 특별히 구별하여 이민족시하지 않았다. 그리고 처음으로 발해의 초기 국명인 진국(振國 또는 震國)을 진단(震旦)이라고 기록하였다. 이것은 불교 경전에서 동방의 나라를 의미하던 '진(震)'을 진단이라고 썼던 데서 비롯된 것으로 보인다. 『삼국사절요』, 『동사찬요』, 『동국지리지』, 『동사보유』 등 일부 조선시대 유학자들이 쓴 사서에도 진단이라는 표현이 확인된다.

『제왕운기』는 특이하게도 7언(言)과 5언 시로 이뤄진 서사시이다. 우리의 역사를 다룬 하권에서 발해의 역사를 언급하고 있어, 발해사를 한국사의 범주에 넣고 있음을 알 수 있다. 이 책에서 주목할 점은 발해의 건국 연도를 684년으로 기록하고 있는 것이다. 발해의 실제 건국 연도는 698년이기 때문에 대조영의 건국 이전에 그 부친 걸걸중상의 건국 여부 등 논쟁을 야기하였다. 그리고 대조영의 건국지를 태백산 남성이라고 하였는데, 『삼국유사』에도 『신라고기』를 인용하여 태백산 남쪽이라고 하였다. 대조영의 건국지는 태백산 즉 백두산의 동북쪽에 위치한 중국 지린성 둔화시로 보는 것이 통설이다. 그런데 고려시기에는 태백산 남쪽이 건국지라는 인식이 통용되고 있었던 듯하다. 반면 조선시대에는 대체로 태백산 동쪽으로 이해하고 있었고, 실학계통 사서에서는 태백산 동북으로 정확히 기술되었다.

고려시대의 발해사 인식에서 김부식과 일연 외에 자주 거론되는 인물이 이제현이다. 이 책에는 이제현이 지은 『익제난고』와 『역옹패설』이 수록되어 있다. 두 책에서 그가 발해사를 한국사로 이해했는지는 알 수 없다. 『익제난고』의 성종에 대한 사찬(史贊)에서 최승로의 상서문을 인용하여, 발해를 멸망시킨 거란과 외교를 단절하고 선물로 받은 낙타를 굶겨 죽인 사건과 발해 유민을 받아들여 우대한 것을 언급하고 있지만, 이에 대해 고려 태조의 인자한 성품과 우환을 방비하기 위한 정책을 긍정적으로 평가하고 있을 뿐이다. 더욱이 『역옹패설』에서는 '발해와 고려가 혼인한 사이'라고 기록한 『자치통감』의 내용을 소개하고 있지만, 고려가 발해와 혼인을 맺었다는 사실이 고려의 역사책에 나오지 않는다고 함으로써 발해에 대해 거리를 두고 있음을 확인할 수 있다.

최해의 문집인 『졸고천백』에는 「봉사 이중보를 환송하는 조서(送奉使李中父還朝序)」가 수록되어 있다. 『가정집』에도 같은 글이 실려 있다. 이글에는 발해인의 빈공과(賓貢科) 급제와 관련된 정보가 담겨 있는데, 당과 후량·후당 시기에 빈공과에 급제한 90명 가운데 신라인이 대부분을 차지하고 발해인 10여 명이 포함되어 있다고 하였다. 그런데 여기서 동쪽의 선비[東土]인 신라인과 발해인을 구별하고 있는 점이 중요한데, 최해가 발해를 우리 역사로 인식하지 않았을 가능성을 보여 준다. 이러한 인식은 그가 최치원의 후손이어서 신라 중심의 역사관을 가지고 있기 때문으로 보기도 한다.

한편 『목은시고』와 『포은집』에는 이색과 정몽주가 각기 사신으로 원나라와 명나라를 다녀오던 길에 요동을 지나며 발해를 언급한 시가 수록되어 있다. 이색은 「해주」라는 시에서 "발해의 유풍(遺風)이 사라져 아득하다"라고 하며, 발해의 자취가 사라진 것을 아쉬워하였다. 정몽주는 개주 인근에 머물며 「발해고성」과 「발해회고」라는 시를 남겼다. 전자에서는 발해 멸망을 슬퍼하면서 발해가 거란에 멸망당한 뒤에 그 유민들이 고려에 들어와 아직까지도 그 자손들이 살고 있음을 언급하였다. 후자에서는 당나라 군대가 해동(海東: 고구려)을 정벌하였으나 대랑(大郞, 즉 대조영)이 다시 나라를 일으켰음을 상기시키고 있다. 이러한 내용들을 통하여 막연하나마 이색과 정몽주가 발해를 친근하게 여겼음을 엿볼 수가 있다.

『고려사』는 비록 조선 초 여러 차례 개수를 거쳐 사료의 원형이 상당 부분 훼손되었을 가능성이 높지만, 발해 유민 및 후예 관련 연구에 가장 기본이 되는 사료이다. 크게 발해 멸망 직전인 925~1117년까지 100여 년에 걸쳐 고려로 망명한 발해 유민 관련 내용과 발해 유민이 세운 후발해국, 정안국, 흥료국, 대발해국 등과 관련한 내용, 그리고 고려에서 활동한 태수정·태집성·대금취·대수장 등 발해 후예들과 관련한 내용 등이 실려 있다.

『동문선』에서는 통일신라시대 인물인 최치원의 글과 고려시대 인물인 윤언이의 글이 주목된다. 최치원의 「북국에 윗자리를 허락하지 않은 것을 감사하는 표(謝不許北國居上表)」는 발해와 신라의 유명한 '쟁장(爭長) 사건'을 보여주는 대표적인 사료이다. 그런데 여기서 주목되는 점은 발해가 당나라에서 신라의 윗자리에 앉도록 요청했는데, 당에서 국명의 선후와 등위(等位)는 나라의 강약이나 성세로 고칠 수 없다고 한 것이다. 이것은 실제 발해의 국력이 신라를 압도할 정도로 강성했음을 보여준다. 또한 이 글에서는 발해 초기 국명을 '진국(振國)'

으로 썼으며, 발해가 초기에 거란과 돌궐 등 북방 민족과 연대하여 당에 대항하였던 사실과 신라의 대아찬을 받았던 사실 등을 언급하였다. 그리고 고구려와 발해의 관계를 엿볼 수 있는 대목이 주목되는데, 최치원의 또 다른 글에서 "고구려가 지금 발해가 되었다", "고구려의 미친 듯 날뛰던 기세가 이미 사라졌으나, 간신히 불에 탄 나머지를 거두어 따로 고을을 이루고 모일 것을 도모하고 갑자기 국명을 훔쳤다. 바로 예전의 고구려이며 바로 지금의 발해인 것을 알 수 있다"라고 한 것 등을 통해 발해가 곧 고구려를 계승한 국가로 인식하고 있었음을 알 수 있다. 다음으로 윤언이의 글인 「광주에서 감사를 올리는 표(廣州謝上表)」는 그가 칭제건원을 주청했다가 금나라를 화나게 하고 붕당을 만들어 반역을 도모했다는 죄목으로 광주목사로 좌천당하며 올린 글이다. 여기서 윤언이는 "연호를 세우자는 청은 임금을 높이 받들려는 정성으로 태조와 광종의 고사가 있고 신라와 발해가 그리했지만, 대국이 병사를 더하지 않았고 소국이 감히 따지지 못했다"라고 언급하고 있다. 칭제건원의 사례로 신라와 발해를 함께 언급하고 있는 점으로 보아 발해를 우리 역사의 범주로 이해했을 가능성을 보여준다.

고려시대부터 조선 초까지는 일부 발해사를 인식하는 데 거리를 두기도 하였으나, 대체로 친근하게 여기는 경향이 있었다. 그런데 이러한 인식은 『동국통감』 단계에 이르면 정통론에 입각해서 발해사를 우리 역사와 분리시키는 경향이 강해진다. 『동국통감』의 발해관을 잘 보여주는 것은 만부교(萬夫橋) 사건에 대한 편찬자의 사론(史論)이다. 이 사론에서 '거란이 발해에게 신의를 잃은 것이 우리와 무슨 관계가 있기에 발해를 위해 보복한다면서 거란 사신을 거절하였는가'라고 의문을 제기하고, 태조의 잘못된 판단으로 고려가 대대로 화를 당하였다고 비판하였다. 또한 이 책에서는 신라만을 '아국(我國)'으로 표현하며, 발해말갈(渤海靺鞨)과 대비시키고 있다. 이러한 인식은 『동국사략』, 『동사찬요』, 『동사보유』, 『동국통감제강』 등으로 이어진다.

발해의 지리 고증이 본격화되는 것은 『동사강목』부터라고 할 수 있다. 「범례」에서 "발해를 우리 역사에 넣는 것은 옳지 않지만, 본래 고구려 땅에 있던 나라로 우리와 이웃하며 순치의 관계를 맺고 있었기 때문에 『동국통감』에서 이를 언급하였고, 자신도 이 방식을 따른다"라고 밝히고 있어, 안정복 역시 발해를 한국사의 범주로 인식하지 않았다. 그러나 「고구려전세지도」의 부록으로 부여국과 함께 발해의 왕계도를 실었고, '신라통일도'에 발해의 영역을 함께 표시하고 있다. 또한 부권 「고이」의 '대조영이 처음 신라에 붙음', 「잡설」의 '정안국', 「지리고」의 '말갈고 붙임 정안국', '발해국 군현고' 등에서 발해를 다루고 있다. 신라가 사신을 보낸 북국이 발해임을 밝힌 것과 신라와 발해의 국경선이던 니하를 덕원 근처의 강으로 비정하는 등 지리 고증에서도 주목되는 내용들을 담고 있다. 다만 오류가 많은 『요사』 지리지를 근거로 한 것이 많아 한계를 보인다.

 발해의 지리 고증에서 또 주목되는 사료는 정약용의 『강역고』(『아방강역고』로도 불림)이다. 「발해고」, 「발해속고」를 비롯하여 「말갈고」, 「북로연혁속」, 「서북로연혁속」 등에서도 관련 내용을 다루고 있다. 그는 『요사』 지리지에 오류가 많은데 이를 『일통지』와 『성경지』가 그대로 따름으로써 발해에 대한 정보가 잘못되었음을 논증하였다. 다만 발해의 지방행정구역이 요동 지구에 집중되어 있다고 잘못 알려진 것은 밝혔으나, 그 결론으로 발해가 요동을 차지하지 못했다고 한 것은 잘못이다. 정약용이 발해가 요동을 차지하지 않았다고 본 견해는 지금까지도 발해의 요동 영유에 관한 논쟁에 영향을 주고 있다.

 실학 시기에는 『동국통감』 이래로 발해를 우리 역사와 별개로 이해하는 인식이 계속되기도 했으나, 이를 극복하고 한국사의 범주에 포함하여 적극적으로 이해하려는 경향이 공존하였다. 그 사례로 『증보문헌비고』에서는 「여지고」, 「제계고 부씨족」, 「예고」, 「악고」, 「병고」, 「호구고」, 「교빙고」, 「직관고」, 「예문고」에 발해에 관한 내용을 고루 실었고, "대씨는 고구려의 옛 장수로, 건국 후 11년 동안 전왕(前王, 즉 고구려왕)의 땅을 다 되찾았다"라고 하였다. 『기년아람』에서는 발해국과 정안국을 「고구려속국」편에 기록하였고, 『청장관전서』에서는 「고구려소속」편에 기록하였다.

 발해사를 한국사 범주에서 이해한 책 가운데에는 근대 사학에서 단군계통론이 정립되는 단초를 보여주는 사료들도 있다. 이종휘의 『수산집』에 실린 『동사』는 단군조선으로부터 고려까지를 기술한 역사책인데, 「동사세가(東史世家)」에 「발해세가」를 수록하고 있는 점이 주목된다. 본문 후반의 찬(贊)에서 대조영에 의해 발해가 소중화의 나라가 되었으며, 단군과 동명, 조선의 목조(穆祖)도 발해의 땅에서 터전을 잡았고, 발해가 단군, 고구려, 그리고 조선과도 연결된다고 서술하였다. 그리고 단군과 기자의 영역이 고구려에 이어 발해시대에 이르러 완전히 회복되었고, 발해의 땅을 회복해야 할 고토로 인식하고 있음을 엿볼 수 있다. 홍경모의 『총사』 역시 발해를 단군의 후예로 다루고 있음이 주목된다.

 그리고 발해사 인식의 대미를 장식하는 유득공의 『발해고』가 있다. 『발해고』는 초간본(9고본: 君考, 臣考, 地理考, 職官考, 儀章考, 物產考, 國語考, 國書考, 屬國考)과 수정본(5고본: 君考, 臣考, 地理考, 職官考, 國書考)이 있다. 대체로 잘 알려진 것은 수정본으로, 초간본에 비해 더욱 정제되어 있다. 이 책에서는 『발해고』를 담당했던 임상선 선생님이 사학사적 중요도 및 수정본과의 비교 연구를 위해 초간본을 선택하여 역주 작업을 하였다. 『발해고』의 중요성과 의의는 거듭 강조해도 부족하다. 유득공은 『발해고』에서 고려가 발해사를 짓지 않아 발전하지 못했으며, 신라와 발해가 남북국이므로 마땅히 남북국사가 있어야 하는데 고려가 이를 쓰지 않았으니 잘못이라고 하였다. 그리고 발해 대씨가 고구려 사람이며, 그들이 가졌던 땅은 고구려의 땅으로 동쪽, 서쪽, 북쪽을 크게 넓힌 것일 뿐이라고 하였다. 고려가 발해사를 지었더라면 이를 근거로 여진과 거란이 차지한 발해 땅을 돌려받을 수 있었을 텐데 그렇지 못해 고려가 약소국이 되었다고 보았다. 초간본의 경우 9개의 주제로 발해사 전반을 체계적으로 정리하였는데, 발해사 이해에 큰 진전을 가져왔다고 평가된다.

이상에서 이 책에 수록된 사료 가운데 발해사 연구에 중요한 정보와 인식을 살펴볼 수 있는 내용을 간단히 소개하였다. 상세한 분석과 연구는 향후 과제로 남겨두도록 하겠다.

마지막으로 이 책이 나오기까지 어렵고 힘든 시간을 함께 해주신 공동 집필자 임상선 선생님, 김진광 선생님, 강성봉 선생님께 감사드린다. 그리고 사정상 이 책에 수록하지 못했지만, 한국사료 원본 이미지를 수집하고 정리해준 국립문화재연구소 김하늘 연구원께도 감사를 드린다. 지금까지 함께 해주신 선생님들과 새로운 연구진들에 의해 『발해사 자료총서』는 계속 진행될 것이며, 이를 활용한 다양한 연구가 이루어지기를 기대한다.

2021년 4월
동북아역사재단 연구위원
권은주 씀

발해사 자료총서 – 한국사료 편 권1

일러두기

1. 이 자료의 구성은 해제, 원문, 번역문 순으로 구성하였다. 참고문헌의 경우 각주에 간략한 서지정보만 소개하고, 참고문헌에 구체적인 내용을 수록하였다.
2. 범례는 '한국고전번역원'의 것을 준용하였다. 한글 사용을 지향하고, 정확한 의미 전달을 위해 필요한 경우 한자를 병기하였다.
3. 원문은 원칙적으로 서울대학교 규장각 소장의 사료를 저본으로 하였으며, 일부 규장각 소장 외의 자료를 사용하였다. 교감이 필요한 경우 부분적으로 다른 판본 및 원전과 비교하여 각주로 제시하였다. 저본과 비교본의 정보는 각 사료별 해제에 수록하였다. 원전과 비교하여 교감하는 경우, '某' → '某'로 표시하였다. 원전은 『삼국사기(三國史記)』, 『고려사(高麗史)』, 『구당서(舊唐書)』, 『신당서(新唐書)』를 기본으로 하며, 필요시 설명을 부기하였다.
4. 세주는 원문과 번역문 모두 【 】로 표시하였다. 원문에서 괄호 기호 안에 표제어를 표시한 경우와 세주와 별도로 설명문을 덧붙이는 경우 등은 〖 〗로 표시하였다.
5. 번역은 가능한 원문의 내용을 그대로 옮기는 것을 원칙으로 하였지만, 원래의 의미를 벗어나지 않는 범위 내에서 보충하였다. 보충 내용은 [ ]로 표시하였다.
6. 번역문에서 역주자의 견해를 보충하거나 참고문헌을 제시할 경우 각주 달기를 원칙으로 하였다. 간단한 설명은 번역문에 ( )를 표시하여 달았다.
7. 번역문에서 지명·인명 등 고유명사와 동음이형자 등 필요한 경우에 한자를 병기하였다. 병기할 경우 한글과 한자의 음이 같으면 ( )를 사용하고, 음이 다르면 [ ]를 사용하였다.
8. 기사의 제목은 한글(한자)를 사용하였다. 참고문헌은 필자, 발행연도, 논문 제목, 발행자 순으로 적었다.
9. 서기 연도 표시는 기원전은 연도에 각각 표기하였고, 기원후는 생략하였다. 왕력을 먼저 사용하는 경우에는 서기 연도를 ( ) 안에 표기하였다.
10. 맞춤법과 띄어쓰기, 외래어 표기법은 국립국어원 규정에 따랐다.
11. 근대 이전 중국 지명·인명 등은 현지음으로 표기하지 않고, 우리식 한자음으로 표기하였다. 중국의 간자체는 정자체로 표기하였다.

발해사 자료총서 – 한국사료 편 권1

차례

- 서문 ·· 5
- 일러두기 ·································· 13

1. 『삼국사기(三國史記)』 / 17
2. 『보한집(補閑集)』 / 33
3. 『삼국유사(三國遺事)』 / 35
4. 『제왕운기(帝王韻紀)』 / 41
5. 『익제난고(益齊亂藁)』 / 43
6. 『역옹패설(櫟翁稗說)』 / 46
7. 『졸고천백(拙藁千百)』 / 49
8. 『가정집(稼亭集)』 / 51
9. 『목은시고(牧隱詩藁)』 / 53
10. 『포은집(圃隱集)』 / 55

11. 『고려사(高麗史)』 / 57
12. 『고려사절요(高麗史節要)』 / 99
13. 『삼국사절요(三國史節要)』 / 122
14. 『동문선(東文選)』 / 128
15. 『동국통감(東國通鑑)』 / 145
16. 『신증동국여지승람(新增東國輿地勝覽)』 / 169
17. 『동국사략(東國史略)』 / 171
18. 『동사찬요(東史纂要)』 / 174
19. 『동국지리지(東國地理志)』 / 180
20. 『동사보유(東史補遺)』 / 187
21. 『동사(東事)』 / 191
22. 『동국통감제강(東國通鑑提綱)』 / 200
23. 『동국역대총목(東國歷代總目)』 / 213
24. 『동사회강(東史會綱)』 / 216
25. 『성호사설(星湖僿說)』 / 231
26. 『풍암집화(楓巖輯話)』 / 248

27. 『동사강목(東史綱目)』 / 253

28. 『동문광고(同文廣考)』 / 317

29. 『증보문헌비고(增補文獻備考)』 / 319

30. 『기년아람(紀年兒覽)』 / 351

31. 『청장관전서(靑莊館全書)』 / 359

32. 『수산집(修山集)』 / 373

33. 『연려실기술(燃藜室記述)』 / 402

- 참고문헌 ················· 413
- 찾아보기 ················· 421

- 한국사료 편 권2 차례

34. 『여유당전서(與猶堂全書)』 / 35. 『아방강역고(我邦疆域考)』 / 36. 『해동역사(海東繹史)』 / 37. 『해동역사속(海東繹史續)』 / 38. 『대동장고(大東掌攷)』 / 39. 『총사(叢史)』 / 40. 『대동지지(大東地志)』 / 41. 『발해고(渤海考)』 / 42. 『조선왕조실록(朝鮮王朝實錄)』

발해사 자료총서 – 한국사료 편 권1

1. 『삼국사기(三國史記)』

『삼국사기』는 김부식(金富軾, 1075~1151)이 주축이 되어 왕명으로 1145년에 편찬한 기전체(紀傳體) 역사서이다. 본기(本紀) 28권(신라본기 12권, 고구려본기 10권, 백제본기 6권), 지(志) 9권, 표(表) 3권, 열전(列傳) 10권으로 이뤄져 있다.

이 책은 삼국의 역사에 중점을 두어 편찬한 것이기 때문에 발해(渤海)는 물론 가야, 옥저, 부여 등은 자연히 주요 서술 대상에서 제외되었다. 그 결과 한국 고대사의 대표적인 역사서임에도 발해사에 대한 서술은 신라사와 관련하여 단편적인 내용만 실려 있다. 그 내용도 신라가 발해와 대립하거나 견제하였던 모습을 보여주는 자료가 주축을 이룬다. 그러나 중국·일본사료에서는 확인되지 않는 정보도 있어 의미가 있다.

우선 732년(성덕왕 31) 발해가 당(唐)의 등주(登州)를 공격하자, 당은 신라를 끌어들여 발해의 남쪽을 공격하도록 하고 그 대가로 735년에 신라에게 패강(浿江) 이남의 영유권을 공식적으로 인정해준 사건이 다루어져 있다. 또한 신라가 북쪽 경계에 성을 쌓거나 백성을 이주시키는 등의 모습은 단순한 북방 공한지(空閑地) 개척이 아니라 발해의 남진(南進)에 대한 대비책이었던 사실을 확인할 수 있다(권8, 권9, 권10). 이 기록은 당시 발해의 대외 활동과 영역 확장에 대한 신라의 입장과 역으로 발해의 성장을 함께 이해하는 데 중요하다.

한편 신라가 발해와 교류한 사실은 두 차례밖에 등장하지 않지만(권10), 실제 왕래한 사신은 훨씬 많았을 것이다. 이것을 간접적으로 보여주는 것이 신라도(新羅道)의 설치이다. 가탐(賈耽)의 『고금군국지(古今郡國志)』를 인용하여, 신라 천정군(泉井郡)에서 발해 동경 책성부(東京柵城府: 동경 용원부)까지 39개의 역(驛)이 설치되어 있었고(권37) 천정군에 발해와의 교통을 위한 탄항관문(炭項關門)이 설치되어 있었던 사실(권35)을 보여주어, 『신당서(新唐

書)』발해전에 보이는 발해의 주요 대외교통로 가운데 하나인 신라도가 실제했음을 증명한다. 신라가 발해와 교류하며 발해를 북국(北國)이라 기록한 것은 특이한데, 이러한 표현은 이후 유득공(柳得恭)이『발해고(渤海考)』에서 발해와 신라를 '남북국'으로 함께 부르는 근거가 되었다. 이 밖에 발해 말기에 지방의 지배력이 약화되면서 흑수국, 보로국 등 복속 세력 일부가 중앙으로부터 이탈하는 현상을 보여주는 자료들이 있다.

『삼국사기』는 여러 판본이 전해오고 있으나, 완질은 거의 남아 있지 않다. 이 중「옥산서원본」(1537, 보물 제525호),「정덕본」(1512, 보물 723호) 등이 가장 유명하다. 아래 원문은 규장각 소장 정덕본 〈奎貴4245〉, 〈奎4354〉 등을 저본으로 하였으며, 「옥산서원본」 등을 비교본으로 하였다.

○ 권제8, 신라본기(新羅本紀) 제8, 성덕왕(聖德王) 20년

二十年 秋七月, 徵何瑟羅道丁夫二千, 築長城於北境.

[성덕왕] 20년(721) 가을 7월에 하슬라도(何瑟羅道)[1]의 정부(丁夫) 2천 명을 징발하여 북쪽 경계에 장성을 쌓았다.[2]

○ 권제8, 신라본기(新羅本紀) 제8, 성덕왕(聖德王) 32년

三十二年 秋七月, 唐玄宗 以渤海靺鞨越海入寇登州, 遣大[3]僕員外卿[4]金思蘭歸國,

---

1) 강원도 강릉의 옛 이름. 원래 고구려의 땅으로, 4세기 말에 신라에 편입되었다. '河西良', '阿瑟羅'라고도 하였다. 신라는 지증왕 13년(512)에 州로 삼고 군주를 파견하였다. 법흥왕 10년(523)에는 하서정(河西停)을 두어 군사 기능을 강화하였다. 선덕여왕 8년(639)에는 북소경으로 고쳤다가, 658년(무열왕 5)에 말갈 땅과 인접해 있어 소경을 폐지하고 다시 주로 고친 뒤 도독을 두어 방비하게 했다. 경덕왕 16년(757)에 '溟州'로 이름을 고쳤다(『三國史記』 35,「雜志」 4, 地理 2).
2) 장성을 쌓은 목적은 발해의 남하를 방비하기 위한 것으로 보는 것이 통설이다. 장성의 위치에 대해서는 함경남도 영흥군 古長城(池內宏, 1929), 정천군(宋基豪, 1989), 강릉 북부(徐炳國, 1981), 하슬라 관내 최북단인 금양군(통천)과 삭주의 경계인 철령 이남(趙二玉, 2009) 등으로 본다.
3) '大' → '太'.
4) 『삼국사절요』에는 '郞'.

> 仍加授王爲開府儀同三司寧海軍使, 發兵擊靺鞨南鄙. 會大雪丈餘, 山路阻隘, 士卒死者過半, 無功而還. 金思蘭本王族, 先因入朝, 恭而有禮, 因留宿衛, 及是 委以出疆之任.

[성덕왕] 32년(733) 가을 7월에 당나라 현종은 발해말갈(渤海靺鞨)이 바다를 건너 등주(登州)를 노략질하자[5] 태복원외경(太僕員外卿) 김사란(金思蘭)[6]을 보내 [신라로] 귀국하게 하였다. 거듭 [성덕]왕에게 개부의동삼사(開府儀同三司)[7] 영해군사(寧海軍使)[8]를 더해 주고, 군사를 일으켜 말갈의 남쪽 변경을 치게 하였다. 때마침 한 길 이상의 큰 눈이 내리고 산길이 험하게 막혀서 군사가 절반 넘게 죽자 아무런 전공 없이 돌아오게 되었다.[9] 김사란은 본래 왕족으로 앞서 당나라에 들어가 조회하였을 때, 사람됨이 공손하고 예의가 있었으므로 머물러 숙위하게 되었다. 이때에 이르러 강역을 나가는 임무(사신)를 맡게 되었다.

---

5) 『구당서』 발해말갈전에는 개원 20년(732)에 무왕 대무예가 장군 張文休를 보내 해적을 거느리고 등주자사 위준을 공격하게 하였다고 전한다(『구당서』 199하, 열전 149하, 발해말갈). 이 기록과 1년의 차이가 나는데, 여기서는 신라가 발해의 남쪽 변경을 친 배경으로서 등장하기 때문이다. 발해의 등주 공격 원인은 726년 발해의 黑水 토벌과 대문예의 당 망명으로 빚어진 발해와 당의 갈등 및 730년대 초 당과 전쟁을 치르고 있는 契丹을 돕기 위한 목적이었다(김종복, 2009, 127쪽; 권은주, 2013).

6) 신라의 왕족으로 일찍이 당나라에 건너가 太僕員外卿(『삼국사기』 권제8, 「신라본기」 제8, 성덕왕 32년)을 받고, 宿衛로 있었다. 732년(성덕왕 31) 발해가 당나라의 登州를 공격하자, 당 현종이 이듬해 7월 김사란을 귀국시켜 신라에게 발해의 남쪽을 공격하게 하였다. 『冊府元龜』에는 개원 21년(733) 정월에 신라에 사신으로 간 것으로 나온다(『冊府元龜』 권975, 外臣部20 褒異2).

7) 唐나라 文散階 가운데 종1품. 중국 後漢과 魏晉南北朝 시기부터 사용되었으며, 文散官의 최고 品階로 대우를 받았다. 三司와 마찬가지로 스스로 관아[府]를 설치하여 屬官을 둘 수 있었다.

8) 영해군사는 발해가 바닷길을 통해 당의 登州를 공격하자 당에서 바닷길을 안정시킬 목적으로 733년 신라 성덕왕에게 임시로 준 使職이었다. 그러나 이후 신라왕의 책봉호 중 하나로 계속 사용되었다.

9) 신라군이 당군과 함께 실제 발해의 남쪽을 공격하여 전투가 벌어졌는지에 대해서는 논란이 있다. 대체로 신라군이 당군과 합류해 발해를 공격한 것으로 보며(末松保和, 1975), 동북 방면으로 올라가서 함경남도 지역이나 동해안 쪽을 공격했던 것으로 보는 설(이병도, 1977; 김종복, 1997; 전덕재, 2013)과 서북 방면으로 압록강 하류 유역(조이옥, 2000)과 서경 압록부의 요지(임상선, 2019)를 공격하려 했다고 보는 설로 나뉜다. 큰 눈과 추위, 험로 등으로 인해 돌아온 것으로 기록되어 있으나, 발해에 패하여 돌아온 것으로 보기도 하며(한규철, 1994, 194쪽), 김사란의 귀국길에 동행한 客使 604명(『삼국유사』 권제2, 紀異 제2, 孝成王)을 당의 원정군으로 보기도 한다(이영호, 2010).

○ 권제8, 신라본기(新羅本紀) 제8, 성덕왕(聖德王) 33년

三十三年 春正月, 敎百官, 親入北門奏對. 入唐宿衛左領軍衛員外將軍金忠信上表曰: 臣所奉進止, 令臣執節, 本國發兵馬, 討除靺鞨, 有事續奏者. 臣自奉聖旨, 誓將致命, 當此之時, 爲替人金孝方身亡, 便留臣宿衛. 臣本國王 以臣久侍天庭, 遣使從姪志廉代臣. 今已到訖, 臣卽合還. 每思前所奉進上, 無忘夙夜. 陛下先有制, 加本國王興光寧海軍大使, 錫之旌節, 以討此[10]殘, 皇威載臨, 雖遠猶近, 君則有命, 臣敢不祇. 蠢爾夷俘, 計巳[11]悔禍, 然除惡務本, 布憲惟新. 故出師義貴乎三捷, 縱敵患貽於數代. 伏望陛下因臣還國, 以副使假臣, 盡將天旨, 再宣殊裔. 豈椎[12]斯怒益振. 固亦武夫作氣, 必傾其巢穴, 靜此荒隅. 遂夷臣之小誠, 爲國家之大利, 臣等復乘桴滄海, 獻捷丹闕. 効毛髮之功, 荅雨露之施, 臣所望也. 伏惟陛下圖之. 帝許焉.

[성덕왕] 33년(734) 봄 정월에 백관에게 교서를 내려, 직접 북문으로 들어와서 [황제에게] 대면하여 아뢰도록 하였다. 입당(入唐) 숙위인 좌령군위(左領軍衛) 원외장군(員外將軍) 김충신(金忠信)[13]이 표를 올려 아뢰기를, "신이 받은 분부는 신으로 하여금 부절(符節)을 가지고 본국에서 군사를 일으켜 말갈을 토벌하여 없애는 일입니다. 계속하여 아뢸 것이 있다면 신이 스스로 황제의 뜻을 받들어 장차 목숨을 바치려고 맹세한 것입니다. 이때 마침 교대하러 온 김효방(金孝方)이 죽음으로 인해, 제가 계속 머물러 숙위하게 되었습니다. 신의 본국 왕은 신이 오랫동안 황제의 조정에 머물러 모시게 되었으므로 종질(從姪) [김]지렴(志廉)을 사신으로 보내 신과 교대하게 하였습니다. 지금 그 사람이 이미 도착하였으니 신이 곧바로 돌아가는 것이 합당합니다. 전에 받은 황제의 분부를 항상 생각하면서 밤낮으로 잊지 않았습니다. 폐하께서 앞서 명을 내려 본국 왕 흥광(興光: 성덕왕)에게 영해군대사를 더하고 정절(旌節)을 주어 흉악한 도적을 토벌하게 하였습니다. 황제의 위엄이 닿는 데는 비록 먼 곳이라도 오히려

---

10) 『삼국사절요』「을해목활자본」에는 '凶'.

11) '巳'→'已'.

12) 『삼국사절요』「주자본」과「을해목활자본」에는 '惟'.

13) 김충신은 성덕왕의 從弟이다. 성덕왕 25년(726)에 賀正使로 당에 들어가서 宿衛로 머물면서 左領軍衛 員外將軍에 이르렀다. 귀국하기 전에 당 현종에게 발해를 공격하는 명분으로 副使 직을 요청하고 734년에 귀국하였으나, 출병하지는 않았다.

가까우니, 임금의 명령이 있으면 제가 어찌 감히 받들지 않겠습니까? 준동하던 오랑캐들은 이미 자신들의 잘못을 뉘우치리라 생각하오나, 악을 제거함에는 근본에 힘쓰고 법을 펴는 데는 혁신이 있어야 합니다. 그러므로 군사를 보내는 것에 있어 의리가 세 번의 승리보다 더 귀하지만, 적을 놓아두면 근심이 몇 대에 이르게 되는 것입니다. 엎드려 바라건대 폐하께서는 신이 본국으로 돌아갈 때에 신에게 부사(副使)의 직책을 임시로 주시어 천자의 뜻을 가지고 먼 바깥(신라)으로 나아가 거듭 선포하게 해주십시오. 그렇게 되면 이것이 어찌 [황제의] 노하심만을 더욱 떨칠 뿐이겠습니까? 진실로 또한 군사들이 기운을 내어 반드시 그 소굴을 엎어뜨리고 거칠고 먼 변방의 한 귀퉁이도 평온하게 되어, 마침내 이신(夷臣: 신라)의 작은 정성이 이루어져 국가의 큰 이익이 될 것입니다. 신 등은 다시 푸른 바다에 배를 띄우고 전승의 보고를 대궐에 바칠 것이니, 터럭 같은 작은 공적이나마 드러내어 비와 이슬 같은 은택에 보답하는 것이 신의 바람입니다. 엎드려 생각건대 폐하께서는 이를 도모하시기 바랍니다"라고 하였다. 황제가 [이를] 허락하였다.

○ 권제8, 신라본기(新羅本紀) 제8, 성덕왕(聖德王) 34년

三十四年 春正月, 熒惑犯月. 遣金義忠入唐賀正. 二月, 副使金榮在唐身死, 贈光祿少卿. 義忠廻, 勅賜浿江以南地.

[성덕왕] 34년(735) 봄 정월에 형혹(熒惑)[14]이 달을 침범하였다. 김의충(金義忠)을 당나라에 보내 새해를 축하하였다. 2월에 부사(副使) 김영(金榮)이 당나라에서 죽자, 광록소경(光祿少卿)을 추증하였다. 의충이 돌아갈 때 칙서를 내려 패강(浿江) 이남의 땅을 주었다.[15]

○ 권제9, 신라본기(新羅本紀) 제9, 경덕왕(景德王) 7년

七年 … 秋八月 … 遣阿湌貞節等檢察北邊, 始置大谷城等十四郡縣.

---

14) 火星이다.
15) 패강은 대동강을 가리킨다. 당은 발해를 견제하기 위해, 735년에 신라로 귀국하는 金義忠 편에 浿江 이남을 신라 땅으로 정식으로 인정하는 칙서를 내렸다.

[경덕왕] 7년(748) … 가을 8월 … 아찬 정절(貞節) 등을 보내 북쪽 변경을 검찰(檢察)하게 하고, 처음으로 대곡성(大谷城)[16] 등 14개의 군과 현을 두었다.[17]

○ 권제9, 신라본기(新羅本紀) 제9, 선덕왕(善德王) 2년

三[18]年 … 秋七月, 發使安撫浿江南州郡.

[선덕왕] 2년(781) … 가을 7월에 사자를 보내 패강(浿江) 남쪽의 주와 군을 위로하였다.

○ 권제9, 신라본기(新羅本紀) 제9, 선덕왕(善德王) 3년

三年 春閏正月, 遣使入唐朝貢. 二月, 王巡幸漢山州, 移民戶於浿江鎭.

[선덕왕] 3년(782) 봄 윤정월에 사신을 보내 당나라에 들어가 조공하였다. 2월에 왕이 한산주를 순행하고 백성들을 패강진(浿江鎭)[19]으로 옮겼다.

---

16) 황해도 평산에 있었던 것으로 보며, 고구려 산성인 太白山城(이칭 성황산성: 북한 국보문화유물 제93호)을 대곡성으로 보기도 한다.
17) 14개의 군현은 『삼국사기』 지리지 한산주조에 나오는 예성강 북쪽의 永豊郡 등의 군현 수와 일치하여 동일한 것으로 보는 견해가 있다. 설치 시기는 단계적으로 설치된 것을 경덕왕 7년의 기사에 모아서 기록하였다는 설(李基東, 1984, 210~216쪽)이 일반적이며, 일시에 설치되었다는 견해도 있다(배종도, 1989).
18) 『삼국사절요』에는 '二'로 되어 있음. 3년 기사 다음에 다시 3년 기사가 나오는 것으로 보아 '二'가 맞는 것으로 보인다.
19) 패강진은 현재 황해도 평산 지역에 설치한 군사 행정 구역이다. 당은 발해를 견제하기 위해 735년(성덕왕 34) 패강 이남을 신라의 땅으로 정식 인정하였다(『三國史記』 권제8, 신라본기 제8, 성덕왕 34년조). 신라는 748년(경덕왕 7) 예성강 이북 지역에 대곡성 등의 郡縣을 설치하였고, 762년(경덕왕 21)에 6성을 설치하였으며(『삼국사기』 9, 「신라본기」 9, 경덕왕 7년·21년), 782년(선덕왕 3)에 浿江鎭을 두었다(『삼국사기』 40, 잡지 9, 직관 하, 외관, 패강진전).

○ 권제10, 신라본기(新羅本紀) 제10, 원성왕(元聖王) 6년

六年 … 三月, 以一吉湌伯魚使北國.

[원성왕] 6년(790) … 3월에 일길찬 백어(伯魚)를 북국(北國)[20]에 사신으로 보냈다.

○ 권제10, 신라본기(新羅本紀) 제10, 헌덕왕(憲德王) 4년

四年 … 秋九月, 遣級湌崇正使北國.

[헌덕왕] 4년(812) … 가을 9월에 급찬 숭정(崇正)을 북국에 사신으로 보냈다.

○ 권제10, 신라본기(新羅本紀) 제10, 헌덕왕(憲德王) 18년

十八年 秋七月, 命牛岑太守白永, 徵漢山北諸州郡人一萬, 築浿江長城三百里.

[헌덕왕] 18년(826) 가을 7월에 우잠[군](牛岑[郡])[21] 태수 백영(白永)에게 명하여 한산(漢山) 북쪽의 여러 주와 군의 사람 1만을 징발하여 패강에 장성[22] 300리를 쌓았다.

---

20) 발해를 이른다. 『삼국사기』 신라본기에는 元聖王 6년(790) 3월에 일길찬 伯魚를 북국에, 憲德王 4년 (812) 9월에 급찬 崇正을 사신으로 보낸 기록이 있다. 최치원이 지은 「謝不許北國居上表」를 통해 북국이 발해임을 알 수 있다.

21) 지금의 황해도 금천군 우봉면으로 비정된다. 원래 고구려의 땅으로 신라에 편입되었는데, 景德王 때 신라 漢州 牛峰郡으로 이름을 고치고 3개의 縣을 거느렸다(『삼국사기』 권제35, 잡지 제4, 지리 2, 신라 우봉군).

22) 패강 장성은 대동강 인근에 쌓은 장성으로 발해를 방비하기 위해 쌓은 것으로 본다. 일반적으로 장성을 자비령 장책에서 패강진 서북의 정방산성 일대로 추정하고 있으나(藤田亮策, 1963; 김장겸, 1986; 장상렬, 1987), 牛岑郡에서 멀지 않은 패강의 동북 지류인 남강 일대(능성강)와 漢山州 동북 일대 경계선에 축조되었다는 설도 있다(津田左右吉, 1964; 조이옥, 2019).

○ 권제11, 신라본기(新羅本紀) 제11, 헌강왕(憲康王) 12년

十二年 春, 北鎭奏: 狄國人入鎭, 以片木掛樹而歸. 遂取以獻. 其木書十五字云: 寶露國與黑水國人, 共向新羅國和通.

[헌강왕] 12년(886) 봄에 북진(北鎭)[23]에서 "적국인(狄國人)이 진(鎭)에 들어와 나뭇조각을 나무에 걸어놓고 돌아갔습니다"라고 아뢰며, 그것을 가져다 바쳤다. 그 나무에는 15자가 쓰여 있었는데, "보로국(寶露國)과 흑수국(黑水國) 사람이 함께 신라국과 화친을 통하고자 한다"고 하였다.[24]

○ 권제12, 신라본기(新羅本紀) 제12, 경명왕(景明王) 5년

五年 … 二月, 靺鞨別部達姑衆, 來寇北邊. 時太祖將堅權鎭朔州, 率騎擊大破之, 匹馬不還. 王喜, 遣使移書, 謝於太祖.

[경명왕] 5년(921) … 2월에 말갈 별부(別部) 달고(達姑)[25]의 무리가 와서 북쪽 변경을 노략질하였다. 그때 [고려] 태조가 견권(堅權)에게 삭주(朔州)[26]를 지키게 하였는데, [견권

---

23) 북진은 悉直(지금의 삼척)을 이른다. 태종무열왕 5년(658)에 북소경(하슬라)이 말갈과 연접하여 백성이 편안하지 못한 이유로 폐하여 州로 삼고, 실직을 북진으로 삼았다(『삼국사기』 5, 「신라본기」 5, 태종무열왕).

24) 『구당서』와 『신당서』에서 발해를 北狄 편에 삽입하였고 발해를 북적으로 부른 사례가 있어, 狄國은 발해로 이해된다. 일반적으로 보로국과 흑수국은 발해에 예속되어 있는 집단으로 보는데, 흑룡강 근처에 있던 흑수말갈의 부락이라고 보기도 하고(金毓黻, 1934, 『渤海國志長編』 卷19, 叢考), 안변군 단곡면 부근의 여진 부락이라고 보는 경우도 있다(이병도, 1977, 194~195쪽). 해당 기사는 대체로 9세기 중엽 이후 발해의 세력이 약화되면서 그 남쪽 변경에 있던 보로국과 흑수국이 독자적으로 활동한 내용으로 본다.

25) 말갈 계통으로 발해에 예속되어 있었던 집단으로 보며(송기호, 1987, 90쪽), 여진의 무리로 보기도 한다(이병도, 1977). 발해 멸망 전후 발해인과 발해계 말갈(여진)인들이 고려로 많이 귀부하였다. 이들 중 일부는 고려의 후삼국 전쟁에서 주요한 병력이 된다. 달고와 관련된 기록은 『고려사』와 『고려사절요』에서 921년(고려 태조 4) 達姑狄 171명이 登州(강원도 안변)를 지났다는 기사와 936년(태조 19)에 달고가 흑수, 철륵과 함께 후삼국 통일 전쟁의 마지막 전투였던 一利川전투에서 고려의 騎兵으로 참전한 기사가 확인된다.

이] 기병을 이끌고 공격하여 그들을 크게 깨뜨리자 한 필의 말도 돌아가지 못하였다. [경명]왕이 기뻐하여 사신을 보내 글을 전하며 태조에게 감사하였다.

○ 권제28, 백제본기(百濟本紀) 제6, 의자왕(義慈王)

> 儀鳳中, 以隆爲熊津都督帶方郡王, 遣歸國, 安輯餘衆. 仍移安東都護府於新城, 以統之. 時新羅强, 隆不敢入舊國, 寄理高句麗死. 武后又以其孫敬襲王, 而其地, 已爲新羅渤海靺鞨所分, 國系遂絶.

의봉(676~678: 당 고종 연호) 연간에 [부여]융을 웅진도독(熊津都督) 대방군왕(帶方郡王)으로 삼고 귀국하게 하여 남은 무리를 안정시키게 하였다. 거듭 안동도호부(安東都護府)[27]를 신성(新城)[28]으로 옮겨 [그들을] 통할하게 하였다. 이때 신라가 강성하므로 [부여]융은 감히 옛 나라에 들어가지 못하고 고구려에 의탁하여 다스리다가 죽었다.[29] [측천]무후(武后)가

---

26) 현재 강원도 춘천이다. 637년(선덕여왕 6) 牛首州(또는 牛頭州)라 칭하고 軍主를 두었다. 757년(경덕왕 16) 朔州로 고쳤고, 뒤에 光海州로 개칭하였다. 940년(고려 태조 23)에 춘주로 고쳤다.

27) 668년 당나라가 고구려를 멸망시킨 뒤 평양에 안동도호부를 설치하고, 薛仁貴를 도호부사로 삼아 고구려 땅을 통치하도록 하였다. 고구려 부흥운동이 일어나고 신라가 고구려·백제 유민과 함께 당에 항쟁을 펼치자, 당은 한반도에서 물러나 676년 도호부를 遼東의 遼陽 지역으로 옮겼고, 677년에 다시 新城으로 옮겼다. 696년에는 요서 지역인 營州에서 거란 李盡忠의 난이 일어나며, 요동 지역 역시 전란에 휩싸였다. 대조영이 이끄는 고구려 유민과 말갈인들이 天門嶺전투에서 승리하며 발해 건국에 성공한 이후 요동에서 당의 세력은 크게 약화되었고, 당은 699년에 안동도호부를 안동도독부로 낮추고 幽州(지금의 北京)에 移屬시켰다. 이후 다시 도호부로 복귀되었다가 714년 平州로, 743년 遼西故郡城으로 府治를 옮겼으나, 安祿山의 난을 계기로 758년에 완전히 폐지되었다(日野開三郎, 1984, 26~36쪽; 권은주, 2010).

28) 현재 요령성 撫順市 渾河 북쪽에 있는 高爾山城을 가리킨다. 北關山城으로도 불렸다(王綿厚·李健才, 1990; 余昊奎, 1999). 신성과 관련하여 『삼국사기』에 276년(서천왕 7) 왕이 이곳을 순시하였고, 봉상왕 때 慕容廆가 변경을 침입하자 國相인 倉助利의 건의를 받아들여 高奴子를 신성의 태수로 삼아 이를 방어하게 하였고, 고국원왕 때 신성의 북쪽을 수축하였다는 기록 등이 있다. 667년(보장왕 26) 9월 당나라 장수 李勣에게 함락되었다. 677년에는 안동도호부가 요양에서 이곳으로 移置되었다. 발해 건국 이후 발해의 땅이 되었다.

29) 부여융은 의자왕의 셋째 아들이다. 660년 백제 멸망 이후 당으로 끌려갔다가 백제 부흥운동을 진압하기 위해 당군과 함께 백촌강전투에 참전하였고, 665년 熊津都督이 되었으나, 신라의 압박을 피해 당으로

다시 그의 손자 [부여]경(敬)으로 왕위를 잇게 하였으나[30] 그 땅은 이미 신라와 발해말갈이 나누어 가졌으며[31] 나라의 계통이 곧 끊기고 말았다.

○ 권제37, 잡지(雜志) 제6, 지리(地理) 4, 고구려(高句麗)

> 高句麗始居中國北地, 則漸東遷于浿水之側. 渤海人武藝曰: 昔高麗盛時, 士三十萬, 抗唐爲敵. 則可謂地勝而兵强. 至于季末, 君臣昏虐失道, 大唐再出師, 新羅援助, 討平之. 其地多入渤[32]海靺鞨, 新羅亦得其南境, 以置漢朔溟三州及其郡縣, 以備九州焉.

고구려는 처음에 중국의 북쪽 땅에 있다가, 점점 동쪽으로 옮겨 패수의 곁으로 온 것이다. 발해인 [대]무예(武藝)가 말하기를 "옛날 고구려[高麗]가 강성하였을 때, 군사 30만으로 당나라에 항거하여 적대하였다"[33]라고 하였다. 곧 땅이 크고 군사가 강하다고 할 만하였다. 말기에 이르러 군주와 신하가 어지럽고 포학하여 도를 잃었다. 당나라가 재차 군사를 보내고

    돌아갔다. 이후 당나라는 676년 기벌포전투에서 신라에게 패하여 안동도호부를 요동으로 옮기면서, 명목상 남아 있던 웅진도독부를 고구려 땅인 建安故城으로 교치하였다. 더불어 677년 부여융을 다시 光祿大夫 太常員外卿 겸 熊津都督 帶方郡王으로 삼아 귀국하게 하였지만, 신라가 백제 땅을 차지하여 고국으로 들어가지 못하고 사망했다.

30) 의자왕의 증손자이며, 熊津都督 帶方郡王 夫餘隆의 손자이다. 682년(신문왕 2)에 부여융이 죽은 뒤 당나라 則天武后에 의해 686년에 그 왕위를 이어받았으며, 衛尉卿의 작위를 받았다.

31) 이 기록의 원전은 『新唐書』 권220, 列傳 145, 東夷 百濟傳으로, 여기에는 "隆不敢入舊國, 寄治高麗死. 武后又以其孫敬襲王. 而其地已爲新羅渤海靺鞨所分, 百濟遂絶"로 나온다. 백제의 땅은 신라가 장악했기 때문에, 신라와 발해가 나누어 가졌다는 것은 맞지 않다. 아마도 웅진도독부가 677년 고구려 땅인 建安故城에 교치되었고, 발해 건국 이후 요동을 발해가 차지하였기 때문인 듯하다.

32) 「옥산서원본」, 「정덕본」에는 '勃'.

33) 大武藝가 아닌 大門藝가 한 말이다. 大門藝는 발해 제2대 왕인 武王(재위 719~737)의 친동생이다. 高王 大祚榮 때(唐 中宗 때)에 당에 質子로 머물다가 돌아왔다. 726년 무왕이 그에게 흑수말갈을 토벌할 것을 명령하자, 이를 반대하다가 당으로 망명하였다. 무왕은 당에게 대문예를 죽일 것을 요청하며 당과 갈등을 빚었고, 732년 발해가 당의 登州를 공격하자 당은 대문예에게 유주에서 병사를 모아 발해를 공격하게 하였다. 이후 무왕이 몰래 자객을 모아 낙양 天津橋에서 대문예를 찌르게 했으나 실패하였고, 이후 대문예의 행적은 더는 확인되지 않는다(『신당서』 219, 열전 144, 북적 발해).

신라가 원조하여 이를 쳐서 평정하였다. 그 지역은 발해말갈로 많이 들어갔고, 신라도 그 남쪽 지경을 얻어서 한주(漢州)·삭주(朔州)·명주(溟州) 3주와 그 군현을 설치하여 9주(州)를 갖추게 된 것이다.

○ 권제37, 잡지(雜志) 제6, 지리(地理) 4, 백제(百濟)

> 賈躭³⁴⁾古今郡國志云: 渤海國南海鴨淥扶餘柵城四府, 並是高句麗舊地也. 自新羅泉井郡, 至柵城府, 凡三十九驛.

가탐(賈耽)³⁵⁾의 『고금군국지(古今郡國志)』³⁶⁾에 이르기를, "발해국의 남해부(南海府),³⁷⁾ 압록부(鴨淥府), 부여부(扶餘府),³⁸⁾ 책성부(柵城府)³⁹⁾ 네 부(府)는 모두 고구려의 옛 땅이었

---

34) '躭'→'耽'. 「옥산서원본」, 「정덕본」에도 '躭'으로 되어 있다.
35) 賈耽(730~805)은 唐나라의 정치가이자 인문학자. 751년 과거에 급제하고, 여러 관직을 거친 뒤 貞元 9년(793)부터 사망할 때까지 13년간 재상 직을 맡았다. 지리학에 조예가 깊어, 『海內華夷圖』, 『古今郡國道縣四夷述』, 『皇華四達記』, 『關中隴右山南九州別錄』, 『吐蕃黃河錄』 등 많은 책을 편찬하였다.
36) 원명은 『古今郡國縣道四夷述』로 총 40권이다(『신당서』 예문지). 唐 貞元 연간의 재상으로 유명한 賈耽이 편찬한 지리서로, 『사이술』 또는 『고금군국지』로 약칭되었다.
37) 남경 남해부의 위치에 대해서는 韓鎭書의 『續海東繹史』 「渤海」에서 北靑설을, 丁若鏞의 『我邦疆域考』 「渤海考」에서 咸興설을 내세운 이래로, 鏡城설(內藤虎次郎, 1907; 松井等, 1913), 북청설(鳥山喜一, 1935; 채태형, 1998), 함흥설(池內宏, 1937; 白鳥庫吉, 1935; 和田淸, 1955), 鍾城설 등의 견해가 있다. 남경과 남해부의 치소는 동일 지역에 있었던 것으로 보이나, 관청이 하나였는지 분리되어 있었는지는 불분명하다. 남해부의 위치 비정에는, 776년 남해부 '吐號浦'에서 발해 사신단이 일본으로 출발했다는 기록(『續日本紀』)에 부합하는 항구와 남해부의 특산물인 곤포, 즉 다시마가 생산되는 지역이라는 조건이 붙는다. 정약용이 곤포의 주요 산지인 함흥을 남해부로 본 이후로 함흥설은 많은 지지를 받았고, '토호포'를 함흥 서남쪽으로 약 15km 떨어진 '連浦(고려·조선시대 都連浦)'로 추정하였다. 그러나 북한에서 발굴 성과를 토대로 북청군의 청해토성(북청토성)을 남해부로 비정한 이후 북청설이 유력시되고 있다.
38) 부여부의 위치에 대해서는 開原縣설, 農安설, 阿城설, 昌圖 북쪽 四面城설 등이 있는데, 현재 농안설이 유력하다. 속주로는 扶州·仙州의 2주를 거느렸다. 발해의 수도인 上京龍泉府로부터 거란으로 통하는 거란도의 길목이어서, 발해는 부여부에 항상 날랜 병사를 거주시켜 契丹을 방비하게 하였다.
39) 발해 5경 가운데 하나인 東京龍原府의 異稱이다. 책성은 목책을 두른 성이라는 뜻으로, 이미 고구려 때부터 사용된 지명이다. 府治의 위치에 대해서는 발해의 東京城인 八連城과 별도로 부근의 溫特赫部城

다. 신라의 천정군(泉井郡)⁴⁰⁾으로부터 책성부에 이르기까지 모두 39역(驛)⁴¹⁾이 있다"라고 하였다.

○ 권제43, 열전(列傳) 제3, 김유신(金庾信) 하, 붙임 손자 윤중(允中)·윤문(允文)

開元二十一年, 大唐遣使敎諭⁴²⁾曰: 靺鞨渤海, 外稱蕃翰, 內懷狡猾. 今欲出兵問罪, 卿亦發兵, 相爲掎角. 聞有舊將金庾信孫允中在, 須差此人爲將. 仍賜允中金帛若干. 於是, 大王命, 允中弟允文等四將軍, 率兵會唐兵, 伐渤海.

개원(당 현종 연호) 21년(733: 성덕왕 32)에 당나라가 사신을 보내 권유하기를, "말갈발해는 밖으로는 번신[蕃翰]이라 일컬으면서 안으로는 교활한 마음을 가지고 있다. 지금 군사를 내어 죄를 물으려 하니, 경도 군사를 보내어 서로 협공하도록 하라. 들건대 옛 장군 김유신(金庾信)의 손자 [김]윤중(允中)이 있다 하니, 모름지기 이 사람을 뽑아 장수로 삼으라"고 하였다. 거듭 윤중에게 금과 비단 약간을 내려주었다. 이에 대왕은 윤중과 아우 윤문(允文) 등 네 장군에게 명하여, 군사를 거느리고 당나라 군사와 회합하여 발해를 치게 하였다.⁴³⁾

이나 薩其城으로 보는 설과 延吉의 城子山山城, 興安古城 등으로 보는 설이 있다(구난희, 2017, 134~139쪽). 고구려의 책성은 치소성을 중심으로 광역의 행정단위를 가리키는 '柵城圈'으로 이해하는 연구도 있다(김현숙, 2000, 140·156~157쪽; 김강훈, 2017, 244쪽).

40) 함경남도 德源(현재 문천)에 위치한다. 본래 고구려의 땅(泉井郡, 또는 於乙買)으로, 문무왕 21년(681)에 신라가 차지하였고, 경덕왕 때 정천군으로 이름을 바꿔 炭項關門을 쌓았다. 고려 태조 23년(940)에 湧州로 고쳤다(『삼국사기』 권제35, 「雜志」 4, 地理 2, 井泉郡).

41) 『三國史記』「地理志」에 인용되어 있는 『古今郡國志』에 新羅의 泉井郡에서 柵城府(발해 동경 용원부)까지 39역이었다고 하는데, 당나라 시기의 역참 사이는 일반적으로 30리이다. 역산해보면 琿春에서 1,170리를 남하하면 대체로 德源 지역에 이른다. 따라서 덕원 부근이 신라의 천정군(또는 井泉郡)으로 비정되며, 신라도는 문왕 때 개통된 것으로 본다.

42) 「옥산서원본」, 「정덕본」에는 '翰'으로, 「을해목활자본」에는 '諭'로 되어 있다. 문맥상 '諭'가 맞다.

43) 같은 책「신라본기」성덕왕 32년(733) 7월조에 당 현종이 김사란을 귀국시켜 신라에게 발해를 공격하도록 한 내용이 나오지만, 김윤중을 장수로 삼으라고 한 내용은 나오지 않는다.

○ 권제46, 열전(列傳) 제6, 최치원(崔致遠)

其後, 致遠亦嘗奉使如唐, 但不知其歲月耳. 故其文集, 有上大[44]師侍中狀云: 伏聞東海之外有三國, 其名馬韓卞韓辰韓, 馬韓則高麗, 卞韓則百濟, 辰韓則新羅也. 高麗·百濟全盛之時, 强兵百萬. 南侵吳·越, 北撓幽·燕·齊·魯, 爲中國巨蠹. 隋皇失馭, 由於征遼. 貞觀中, 我唐太[45]宗皇帝, 親統六軍, 渡海恭行天罰. 高麗畏威請和, 文皇受降迴蹕. 此際我武烈[46]大王, 請以犬馬之誠, 助定一方之難, 入唐朝謁, 自此而始. 後以高麗·百濟踵前造惡, 武烈七[47]朝, 請爲鄕導. 至高宗皇帝顯慶五年, 勅蘇定方, 統十道强兵樓舡萬隻, 大破百濟, 乃於其地, 置扶餘都督府, 招緝遺氓, 莅以漢官. 以臭味不同, 屢聞離叛, 遂徙其人於河南. 摠[48]章元年, 命英公徐勣, 破高句麗, 置安東都督府. 至儀鳳三年, 徙其人於河南隴右. 高句麗殘孽類聚, 北依太[49]白山下, 國號爲渤海. 開元二十年, 怨恨天朝, 將兵掩襲登州, 殺刺史韋俊. 於是 明皇帝大怒, 命內史高品何行成太[50]僕卿金思蘭, 發兵過海攻討. 仍就加我王金某, 爲正太尉持節充寧海軍事雞林州大都督. 以冬深雪厚, 蕃漢苦寒, 勅命廻軍. 至今三百餘年, 一方無事, 滄海晏然, 此乃我武烈大王之功也. ⋯

그 뒤에 [최]치원도 일찍이 사신으로 당나라에 간 적이 있었지만, 그 시기는 알 수 없다. 이런 까닭에 그의 문집[51]에 태사(太師)[52] 시중(侍中)[53]에게 올린 편지[54]가 있어 이르기를,

---

44) '大' → '太'. 「옥산서원본」, 「정덕본」에도 '大'로 나오며, 『舊唐書』 「職官志」에는 '太'로 나온다.
45) 「옥산서원본」, 「정덕본」에는 '大'.
46) 「옥산서원본」, 「정덕본」에는 '列'. 「성암본」에는 '烈'.
47) '七' → '入'. 「옥산서원본」, 「정덕본」, 「성암본」에도 '七'로 나오며, 『삼국사절요』에는 '入'으로 나온다. 문맥상 '入'이 맞다.
48) '摠' → '總'. 「옥산서원본」, 「정덕본」, 「성암본」에도 '摠'.
49) 「옥산서원본」, 「정덕본」에는 '大'.
50) '大' → '太'. 「옥산서원본」, 「정덕본」에도 '大'.
51) 같은 열전 말미에 '문집 30권이 세상에 전한다.'라고 나온다.
52) 태사는 정1품 三師인 太師, 太傅, 太保 중 하나이다(『唐六典』 1·8, 三師).
53) 시중은 당나라의 門下侍中을 말한다.
54) 같은 열전 진성여왕 7년(893)에 樻城郡 太守 金峻을 告奏使로 임명하고, 富城郡 태수로 있던 최치원을

"엎드려 듣건대 동쪽 바다 밖에 삼국이 있었으니 그 이름은 마한·변한·진한이었습니다. 마한은 고구려, 변한은 백제, 진한은 신라가 되었습니다.[55] 고[구]려와 백제의 전성 시에는 강한 군사가 백만이었습니다. 남으로는 오(吳)·월(越)을 침공하였고, 북으로는 유(幽)·연(燕)·제(齊)·노(魯)의 지역을 어지럽혀 중국의 커다란 해충이 되었습니다. 수(隋)나라 황제가 나라를 그르친 것도 요동 정벌에서 말미암은 것입니다. 정관(貞觀) 연간에 우리 당 태종 황제께서 몸소 여섯 부대를 거느리고 바다를 건너 삼가 천벌을 집행하셨습니다. 고[구]려가 위세를 두려워하여 화친을 청하였으므로 문황(文皇: 당 태종)께서 항복을 받고 돌아가셨습니다. 이때 저희 무열대왕께서 지극한 정성으로 한 지방의 걱정을 다스리는 것을 돕기를 청하였으니, 당나라에 들어가 조알(朝謁)[56]한 것이 이로부터 시작되었습니다. 뒤에 고[구]려와 백제가 이전처럼 나쁜 짓을 하자 무열왕께서 입조하여 길잡이가 되기를 청하였습니다.

고종 황제 현경(顯慶) 5년(660)에 이르러 소정방(蘇定方)에게 칙서를 내려 10도의 강한 병사와 범선 만 척을 거느리고 백제를 크게 깨뜨리게 하였습니다. 이어 그 땅에 부여도독부를 설치하고 유민을 불러모아 중국 관리로 하여금 다스리게 하였는데, 취미(臭味)가 서로 달라 반란을 일으키므로 드디어 그 사람들을 하남(河南)으로 옮겼습니다. 총장(總章) 원년(668) 영공(英公) 서적(徐勣)[57]에게 명하여 고구려를 깨뜨리고 안동도독부를 두었다가, 의봉(儀鳳) 3년(678)에 이르러 그 사람들을 하남과 농우(隴右) 지방으로 이주시켰습니다.[58] 고구려의

賀正使로 삼았는데, 당시 중국에 흉년이 들고 도적이 횡행하여 길이 막혀 가지 못했다. 이 편지는 이후 최치원이 다시 중국에 사신으로 가면서 이름이 알려지지 않은 태사 시중에게 통행증 발급과 여행에 필요한 선박, 식사, 말과 사료 공급, 호송할 인력을 부탁하며 쓴 것이다.

55) '마한을 고구려, 변한을 백제, 진한을 신라'로 보는 삼한관은 『삼국사기』, 『삼국유사』를 비롯하여 고려와 조선 전기까지 영향을 주었다. 韓百謙(1552~1615)이 지은 『東國地理志』와 『東京雜記』 등에서 최치원의 삼한설이 부정된 뒤 실학자들에 의해 '마한은 백제, 변한은 가야, 진한은 신라'라는 견해가 정설화되었다(金炳坤, 2005).

56) 朝廷에 들어가 왕이나 황제를 알현하는 일, 또는 그런 의례이다.

57) 중국 唐나라 때의 무장. 본래 성과 이름은 徐世勣(594~669)이다. 수나라 말년에 李密의 밑에 있었으나, 무덕 3년(620)에 당나라에 귀순하였다. 당 高祖가 李氏로 賜姓하였고, 太宗 李世民의 '世' 자를 피휘하여 '李勣'이라 하였다. 정관 3년(629)에 돌궐을 정복하고 정관 19년(645)에는 태종과 함께 고구려를 침공하였으나 안시성전투에서 실패하고 회군하였다. 이후 총장 원년(668)에 신라군과 연합하여 평양성을 함락하여 고구려를 멸망시켰다. 이듬해 12월 76세로 죽었다(『구당서』 권67, 이적열전; 『신당서』 권93 이적열전).

유민이 모여 북으로 태백산 아래를 근거지로 하여 나라를 세워 발해라 하였습니다.[59]

개원(開元) 20년(732)에 중국을 원망하고 한스럽게 여겨 군사를 거느리고 등주(登州)를 갑자기 습격하여 자사(刺史) 위준(韋俊)을 살해하였습니다. 이에 명황제(明皇帝: 당 현종)께서 크게 노하여 내사(內史) 고품(高品)과 하행성(何行成), 태복경(太僕卿) 김사란(金思蘭)에게 명하여 군사를 징발하여 바다를 건너 [발해를] 칠 때, 저희 왕 김 모를 태위(太尉)[60] 지절(持節) 충영해군사(充寧海軍事) 계림주대도독(鷄林州大都督)에 임명하여 참전하게 하였습니다. 그러나 겨울이 깊어지고 눈이 많이 쌓여서 양국 군대가 추위에 시달리므로 회군을 명하였습니다. 그 뒤 지금까지 300여 년 동안 일방이 무사하고 평화로우니 이는 곧 우리 무열왕의 공 때문입니다. …"라고 하였다.

○ 권제50, 열전(列傳) 제10, 견훤(甄萱)

> 天福元季 … 秋九月, 太祖率三軍, 至天安合兵, 進次一善. 神劒以兵逆之. 甲午, 隔一利川, 相對布陣, 太祖與尙父萱觀兵. 以大相堅權述希金山將軍龍吉奇彦等, 領步騎三萬爲左翼. 大相金鐵洪儒守鄕將軍王順俊良等, 領步騎三萬爲右翼. 大匡順式大相兢俊王謙王义黔弼將軍貞順宗熙等, 以鐵騎二萬, 步卒三千, 及黑水鐵利諸道勁騎九千五百爲中軍. 大將軍公萱將軍王舍允, 以兵一萬五千爲先鋒, 鼓行而進.

천복 원년(936) … 가을 9월에 [고려] 태조가 삼군을 통솔하고 천안에 이르러 군사를 합쳐 일선(一善)[61]에 진군하였다. 신검이 군사로 막으니 갑오일에 일리천(一利川)[62]을 사이에 두

---

58) 고구려 유민의 두 번째 강주 이주를 의미한다. 나당전쟁에서 패한 당나라는 676년 안동도호부를 평양에서 遼陽으로 옮기고 곧바로 이듬해 신성으로 옮기면서 보장왕을 遼東都督 朝鮮郡王으로 삼아 遼東으로 보내 고구려 유민들을 회유하려고 하였다. 보장왕이 말갈과 내통하여 반란을 꾀한 것이 발각되어, 보장왕은 소환되고 관련자들을 나누어 하남과 농우 등 여러 주로 옮기고 빈약한 자들만 安東都護府 근처에 머물게 하였다. 고구려 유민의 강제 이주 시기에 대해서는 『구당서』 199상, 열전 149상, 고려조에는 의봉 연간(676~679)으로, 『資治通鑑』 202, 唐紀 18, 고종조와 『신당서』 220, 열전 145, 고려조에는 의봉 2년(677)으로 되어 있다.

59) 발해 건국지에 대해 『삼국유사』에서 인용한 『신라고기』에는 '태백산 남쪽'으로, 『제왕운기』에는 '태백산 南城'으로, 『삼국사절요』에는 '태백산 동쪽'으로 나온다.

60) 태위는 정1품 三公인 太尉, 司徒, 司空 중 하나이다.

고 맞서 진을 치고, 태조와 상보(尙父) 견훤(甄萱)이 군사를 사열하였다. 대상(大相) 견권(堅權)·술희(述希)·금산(金山), 장군 용길(龍吉)·기언(奇彦) 등으로 보병과 기병 3만 명을 인솔하여 좌익(左翼)으로 진을 치게 하였다. 대상 김철(金鐵)·홍유(洪儒)·수향(守鄕), 장군 왕순(王順)·준량(俊良) 등으로 하여금 보병과 기병 3만 명을 인솔하여 우익(右翼)으로 진을 치게 하였다. 대광(大匡) 순식(順式), 대상(大相) 긍준(兢俊)·왕겸(王謙)·왕예(王乂)·금필(黔弼), 장군 정순(貞順)·종희(宗熙) 등으로 하여금 철기(鐵騎) 2만과 보병 3천 및 흑수(黑水), 철리(鐵利)63)와 여러 도(道)의 날랜 기병 9천 5백 명을 중군으로 삼았다. 대장군 공훤(公萱), 장군 왕함윤(王含允)으로 하여금 군사 1만 5천 명을 인솔하여 선봉으로 삼아 북을 치며 진격하였다.

---

61) 경상북도 善山이다. 본래 신라의 一善郡이다. 614년(진평왕 36)에 上州의 州治所가 옮겨오면서 一善州로 개편되었고, 757년(경덕왕 16)에 嵩善郡으로 개칭되었다. 고려시대에는 善州, 일선현 등으로 개편되었고, 조선시대에는 善山郡이 되었다.
62) 일리천은 선산의 동쪽에 있다. 구미시 인동면에 위치한 낙동강 지류로 비정하고 있다.
63) 『고려사』와 『고려사절요』에는 여러 번[諸蕃]으로 기록되어 있고, 흑수와 철륵 사이에 達姑의 이름이 추가되어 있다. 말갈 계통으로 발해에 예속되어 있던 집단으로 보며(송기호, 1987, 90쪽), 발해 멸망 전후 발해인과 발해계 말갈(여진)인들이 고려로 많이 귀부하였다. 이들 중 일부는 고려의 후삼국 전쟁에서 주요한 병력이 되었다.

| 발해사 자료총서 – 한국사료 편 권1 |

2. 『보한집(補閑集)』

고려시대 최자(崔滋, 1188~1260)가 이인로(李仁老, 1152~1220)의 『파한집(破閑集)』을 보충한 것으로서 1254년(고종 41)에 간행되었다. 여기에는 고려 태조가 후백제(後百濟)를 쳐서 크게 이기고, 하내 30여 군과 발해국 사람들이 귀순해온 것을 계기로 하여 934년(태조 17)에 개태사(開泰寺)를 창건하였다는 내용이 담겨 있다(권상). 이와 비슷한 내용이 『고려사(高麗史)』 권2와 『신증동국여지승람(新增東國輿地勝覽)』 권18에도 나온다. 그러나 두 책에서는 개태사의 창건을 936년(태조 19)의 일로 싣고 있다. 이러한 차이는 『보한집』에서는 개태사의 창건 원인이 되었던 사건에 초점을 맞추어 이후의 일을 한꺼번에 기술하고 『고려사』와 『신증동국여지승람』의 경우 창건된 해에 앞의 원인이 되었던 일을 함께 기술했기 때문으로 보인다.

아래 원문은 규장각에 소장된 〈奎4580〉본을 저본으로 삼았다.

○ 권 상, 장흥(長興) 5년 갑오(甲午)

長興五年甲午, 征百濟大克, 獲河內三十餘郡, 及渤海國人皆歸順. 乃命有司, 刱開泰寺爲華嚴道場, 親製願文手書.

장흥(長興) 5년(934) 갑오에 [태조가] 후백제를 정벌하여 크게 이기고 하내(河內)의 30여 군(郡)을 얻었으며,[1] 발해국 사람들이 모두 귀순하기에 이르렀다.[2] 이에 관리에게 명하여

---

1) 『삼국사기』 권12, 신라본기 12, 경순왕 8년(934) 가을 9월조에 보면, 運州 내의 군현이 태조 왕건에게

개태사(開泰寺)³⁾를 세우고 화엄도장(華嚴道場)으로 삼았으며, [왕이] 친히 원문(願文)을 짓고 손으로 썼다.⁴⁾

항복한 기사가 보인다. 운주는 지금의 충남 홍성 지방으로 후백제의 영향권에 있다가 이때 왕건에게 귀부하였다.
2) 『고려사』 세가에는 태조 8~21년((925~938)까지 총 12회에 걸쳐 발해 멸망(926년) 전후에 발해인과 발해 유민들이 고려로 온 기사가 있다(이효형, 2002, 표1).
3) 충청남도 논산시 연산면에 있는, 고려 태조 19년(936)에 창건된 사찰이다.
4) 『高麗史節要』 권1에는 940년 12월에 "개태사가 완공되니 낙성법회를 열도록 명하고 직접 소문을 지었다(開泰寺成. 命設落成法會, 親製疏文)"라고 나온다. 『고려사』 권2, 세가 2 태조 19년(936) 12월조에는 "이해에 광흥사·현성사·미륵사·내천왕사 등을 창건하고 또 연산에 개태사를 창건하였다(是歲, 創廣興·現聖·彌勒·內天王等寺, 又創開泰寺於連山)"고 하였고, 같은 책 태조 23년(940) 12월조에는 "개태사가 완공되자 낙성화엄법회를 열고 왕이 직접 소문을 지었다(開泰寺成, 設落成華嚴法會, 親製疏文)"라고 나온다. 이를 보면 『보한집』은 처음 개태사를 건립하게 된 원인이 발생한 해로부터 완공까지 몇 년에 걸친 사건을 하나로 합쳐 기술한 것이다.

발해사 자료총서 - 한국사료 편 권1

3. 『삼국유사(三國遺事)』

　　고려시대 승려인 일연(一然, 1206~1289)이 말년에 군위 인각사(麟角寺)에 머물며 유문(遺文)과 일사(逸事)를 바탕으로 저술한 역사서이다. 구성은 권1에서 「왕력(王曆)」과 「기이(紀異)」를 다루며 고조선부터 삼한·부여·고구려·백제·신라 등에 대한 내용을 실었다. 권2는 편목 없이 신라 문무왕 이후의 통일신라와 후백제, 가락국기에 대한 내용을 실었다. 권3 「흥법(興法)」, 권4 「의해(義解)」, 권5 「신주(神呪)」·「감통(感通)」·「피은(避隱)」·「효선(孝善)」 등은 주로 신라를 중심으로 불교와 효행, 선행 등의 내용을 담았다.

　　이 책에서 주목할 것은 기이편(紀異篇)에 말갈발해조(靺鞨渤海條, 권1)를 설정하여 발해 역사를 우리 역사의 한 부분으로 인정하고 있는 점이다. 이것이 『삼국사기』의 서술 태도와 구별되는 점이기도 하다. 말갈발해조에서는 『통전(通典)』, 『가탐군국지(賈耽郡國志)』, 『후위서(後魏書)』, 『지장도(指掌圖)』와 같은 중국 역사서와 함께 『삼국사기』를 인용하고 있어 새로운 사실이 밝혀져 있지는 않다. 다만 『신라고기(新羅古記)』를 인용한 대목에서 "대조영(大祚榮)이 고구려의 장수였다"라는 중요한 사실을 전하고 있다. 이는 『제왕운기(帝王韻紀)』에도 동일하게 나타나는 것으로서, 고려시대 지식인들이 대조영의 출자(出自)를 어떻게 인식하고 있었는지 이해하는 데에 중요한 실마리를 제공해준다.

　　아울러 말갈(靺鞨 또는 勿吉) 및 발해 관련 사료를 함께 인용하고 있는 점에서, 양자를 특별히 구분하지 않고 있음을 알 수 있다. 이는 말갈(물길)을 이민족시(異民族視)하지 않는 저자의 태도를 보여준다. 그에 따라 "발해는 말갈의 별종(別種)으로서, 단지 개합(開合)이 다를 뿐"이라고 해석하였다. 이 밖에 발해와 관련된 간단한 사료가 두 군데 더 등장하는데(권2, 권3), 각기 『삼국사기』 권8과 권10에 서술된 내용을 함께 참조하면 된다.

아래 원문은 규장각에 소장되어 있는 정덕본(正德本) 〈古貴951.03-I19s〉을 저본으로 하였다.

○ 권1, 기이(紀異) 1, 말갈(靺鞨)【물길이라고도 한다[一作勿吉]】 발해(渤海)

通典云, 渤海本粟末[1]靺鞨, 至其酋柞榮[2]立國, 自號震旦. 先天中【玄宗王子[3]】, 始去靺鞨號, 專稱渤海. 開元七年【己未】, 柞榮[4]死, 諡爲高王. 世子襲立, 明皇賜典冊襲王, 私改年號. 遂爲海東盛國, 地有五京十五府六十二州. 後唐天成初, 契丹攻破之, 其後爲丹所制.【三國史云, 儀鳳三年 高宗戊寅, 高麗殘孼類聚, 北依太白山下, 國號渤海. 開元二十年間, 明皇遣將討之. 又聖德王三十二年, 玄宗甲戌, 渤海靺鞨, 越海侵唐之登州, 玄宗討之. 又新羅古記云, 高麗舊將柞榮[5]姓大氏, 聚殘兵, 立國於太伯山南, 國號渤海. 按上諸文, 渤海乃靺鞨之別種, 但開合不同而已. 按指掌圖, 渤海在長城東北角外.】

『통전(通典)』[6]에 이르길 "발해는 본래 속말말갈(粟末靺鞨)이다. 그 추장 [대]조영(柞榮)에 이르러서 나라를 세우고 스스로 진단(震旦)[7]이라고 했다. 선천(先天) 중【현종 임자년(712)】에 비로소 말갈(靺鞨)의 호칭을 버리고 오로지 발해(渤海)라고 일컬었다.[8] 개원(開元) 7년【기

---

1) '粟末' → '粟末'.
2) '柞榮' → '祚榮'.
3) '王子' → '壬子'.
4) '柞榮' → '祚榮'.
5) '柞榮' → '祚榮'.
6) 唐나라 때 재상 杜佑(735~812)가 30여 년에 걸쳐 200권으로 편찬한 책이다. 중국 상고시기부터 당 玄宗 때까지의 방대한 문물·제도를 종합하였고, 이후『續通典』,『通志』,『文獻通考』등의 편찬에 영향을 끼쳤다.
7) 발해의 초기 국호인 진국(振國·震國)(『구당서』발해말갈전;『신당서』발해전 등)을 고려와 조선시대에 주로 진단으로 표기하였다. 진단은 원래 인도에서 중국을 별칭한 것으로, 불교 경전에 震旦, 眞檀, 震壇 등으로 썼다. 이후 역대 우리나라의 별칭으로도 쓰였다. 震은『周易』說卦에서 東方으로 해석된다.
8) 발해 초기 국명은 일반적으로 진국(振國, 또는 震國)이었다고 본다. 이 문장에서 대조영이 스스로 국호를 靺鞨이라는 卑稱을 사용했을 리가 없으므로, 호칭의 주체를 唐으로 본다(宋基豪, 1995, 71쪽). 그런데 중국 학계의 일부에서 일찍부터『신당서』발해전에 당 현종이 대조영을 책봉한 후 "비로소 말갈의 호칭

미(719)】에 조영이 죽자, 그 시호를 고왕(高王)이라 했다. 세자가 대를 이어 왕위에 오르자 명황(明皇: 당 현종)은 그를 책봉하여 왕위를 잇게 했다. 사사로이 연호를 고치고 드디어 해동성국(海東盛國)이 되었다. 그 땅에는 5경(京) 15부(府) 62주(州)가 있었다. 후당(後唐) 천성(天成)9) 초년에 거란(契丹)이 이것을 쳐서 깨뜨렸다. 그 뒤로는 마침내 거란의 통제를 받게 되었다".

【『삼국사』에 이르길 "의봉(儀鳳) 3년(678) 고종(高宗) 무인(戊寅)에 고구려의 남은 무리가 모여 북으로 태백산(太伯山) 밑을 의지해서 국호를 발해라고 했다.10) 개원(開元) 20년(732) 사이에 당의 명황(현종)이 장수를 보내어 그를 토벌했다. 또 성덕왕(聖德王) 32년, [당] 현종 갑술(734)에 발해말갈이 바다를 건너 당나라 등주(登州)를 침범하자 현종이 이를 토벌했다"11)라고 하였다. 또 『신라고기』에 이르길 "고구려의 옛 장수인 조영의 성은 대씨(大氏)이다. 남은 군사를 모아 태백산 남쪽에 나라를 세우고 국호를 발해라고 했다"라고 하였다. 위의 여러 글을 살펴보건대 발해는 바로 말갈의 별종(別種)이다. 다만 시작과 합함이 같지 않을 뿐이다. 「지장도(指掌圖)」12)를 살펴보건대 발해는 장성의 동북쪽 모퉁이 밖에 있었다.】

을 버리고 오로지 발해라고 일컬었다(自是始去靺鞨號, 專稱渤海)"라는 기록과 함께, 『구당서』의 발해 열전을 '발해'라고 하지 않고 '발해말갈'이라고 한 점 등을 근거로, 발해 초기 국명이 '말갈'이었다고 하는 주장이 제기되었다. 최근에는 새롭게 발견된 '僕固乙突' 묘지명에서 '靺鞨'이라는 단어가 나온 것을 계기로, '말갈' 국명설이 더욱 강조되는 추세이다(魏國忠·郝慶雲·楊雨舒, 2014). 이것은 중국 학계에서 발해국의 주체 민족을 말갈로 보기 때문이다.

9) 後唐 明宗의 연호(926~929).
10) 『삼국사기』 권46, 열전 6, 최치원전을 인용한 것이다.
11) 발해가 당의 등주를 공격한 것은 성덕왕 31년(732, 개원 20)으로, 무왕 대무예가 장군 張文休를 보내 해적을 거느리고 등주자사 위준을 공격하게 하였다(『구당서』 199하, 열전 149하, 발해말갈). 『삼국사기』 「신라본기」 8, 성덕왕 32년(733)조에는 '가을 7월에 당나라 현종이 발해가 바다를 건너 등주를 노략질하자 太僕員外卿 金思蘭을 귀국하게 하고, 성덕왕에게 開府儀同三司 寧海軍使의 직을 더해주고, 군사를 일으켜 말갈(발해)의 남쪽 변경을 치게 하였다.'라고 나오며, 이 기록에는 734년으로 나와 1~2년의 차이가 있다. 이것은 신라가 발해의 남쪽 변경을 친 배경을 설명하면서 나온 오차이다. 발해의 등주 공격 원인은 726년 발해의 黑水 토벌과 대문예의 당 망명으로 빚어진 발해와 당의 갈등 및 730년대 초 당과 전쟁을 치르고 있는 契丹을 돕기 위한 목적이었다(김종복, 2009, 127쪽; 권은주, 2013).
12) 북송 때 편찬된 역사지리 지도인 『歷代地理指掌圖』의 줄임말로, 편찬자에 대해서는 稅安禮(생몰년 미상)설과 蘇東坡(1037~1101)설이 있다.

賈耽郡國志云, 渤海國之鴨淥南海扶餘柵城[13]四府, 幷是高麗舊地也. 自新羅泉井郡【地理志, 朔州領縣有泉井郡, 今湧州.】至柵城[14]府三十九驛. 又三國史云, 百濟末年, 渤海靺鞨新羅分百濟地.【據此, 則鞨海又分, 爲二國也.】羅人云, 北有靺鞨, 南有倭人, 西有百濟, 是國之害也. 又靺鞨地接阿瑟羅州. 又東明記云, 卒本城地連靺鞨.【或云今東眞.】羅第六祗麻王十四年【乙丑】, 靺鞨兵大入北境, 襲大嶺柵, 過泥河. 後魏書, 靺鞨作勿吉. 指掌圖云, 挹屢與勿吉, 皆肅愼也. 黑水, 沃沮, 按東坡指掌圖, 辰韓之北, 有南北黑水. 按東明帝立十年, 滅北沃沮. 溫柞王[15]四十二年, 南沃沮二十餘家, 來投新羅. 又赫居世五十二年, 東沃沮來獻良馬, 則又有東沃沮矣. 指掌圖, 黑水在長城北, 沃沮在長城南.

가탐(賈耽)[16]의 『군국지(郡國志)』[17]에서 이르길 "발해국의 압록(鴨淥)·남해(南海)·부여(扶餘)·추성(柵城)[18] 4부(府)는 모두 고구려(高句麗)의 옛 땅이었다. 신라 천정군(泉井郡)[19] 【지리지에 삭주(朔州)[20]의 영현(領縣)에 천정군이 있었으니 지금의 용주(湧州)[21]이다】에서

---

13) '柵城'→'柵城'.
14) '柵城'→'柵城'.
15) '溫柞王'→'溫祚王'.
16) 賈耽(730~805)은 唐나라의 정치가이자 인문학자. 751년 과거에 급제하고, 여러 관직을 거친 뒤 貞元 9년(793)부터 사망할 때까지 13년간 재상 직을 맡았다. 지리학에 조예가 깊어, 『海內華夷圖』, 『古今郡國道縣四夷述』, 『皇華四達記』, 『關中隴右山南九州別錄』, 『吐蕃黃河錄』 등 많은 책을 편찬하였다.
17) 원명은 『古今郡國縣道四夷述』로 총 40권이다(『신당서』 예문지). 唐 貞元 연간의 재상으로 유명한 賈耽이 편찬한 지리서로, 『사이술』 또는 『고금군국지』로 약칭되었다.
18) '柵城'의 오기.
19) 함경남도 德源(현재 문천)에 위치한다. 본래 고구려의 땅(泉井郡, 또는 於乙買)으로, 문무왕 21년(681)에 신라가 차지하였고, 경덕왕 때 정천군으로 이름을 바꿔 炭項關門을 쌓았다. 고려 태조 23년(940)에 湧州로 고쳤다(『삼국사기』 권제35, 「雜志」 4, 地理 2, 井泉郡).
20) 현재 강원도 춘천이다. 637년(선덕여왕 6) 牛首州(또는 牛頭州)라 칭하고 軍主를 두었다. 757년(경덕왕 16) 朔州로 고쳤고, 뒤에 光海州로 개칭하였다. 940년(고려 태조 23)에 춘주로 고쳤다.
21) 함경남도 德源(현재 문천)의 고려 초의 이름. 신라 井泉郡(고구려 泉井郡)을 고려 태조 23년(940)에 湧州로 고쳤다(『삼국사기』 권제35, 「雜志」 4, 地理 2, 井泉郡). 995년(성종 14) 防禦使를 두어 東界에 속하게 한 뒤에 의주로 고쳤다. 1413년(조선 태종 13) 宜川으로 바꾸고, 1437년(세종 19) 德源郡으로

추성부(橻城府)[22]에 이르기까지 39역(驛)[23]이 있다"라고 하였다.

또 『삼국사』에서 이르길 "백제의 말년에 발해와 말갈, 신라가 백제의 땅을 나누어 가졌다"라고 하였다.【이에 의하면 말갈과 발해가 또 나뉘어서 두 나라가 된 것이다.】신라 사람들이 이르길 "북쪽에는 말갈이 있고 남쪽에는 왜인(倭人)이 있고, 서쪽에는 백제가 있어 나라의 해가 된다"고 했고, 또 "말갈의 땅은 아슬라주(阿瑟羅州)[24]에 접해 있다"고 했다.

『동명기(東明記)』[25]에는 "졸본성(卒本城)[26]의 땅은 말갈【혹은 지금의 동진(東眞)이라 한다.】에 잇닿아 있다. 신라 제6대 지마왕(祗摩王) 14년【을축】에, 말갈 군사가 크게 북쪽 국경으로 들어와 대령책(大嶺柵)[27]을 습격하고 니하(泥河)[28]를 넘었다"고 했다.

하였다가 뒤에 都護府로 높였다.
22) '柵城府'의 오기.
23) 『三國史記』「地理志」에 인용되어 있는 『古今郡國志』에 新羅의 泉井郡에서 柵城府(발해 동경 용원부)까지 39驛이었다고 하는데, 당나라 시기의 역참 사이는 일반적으로 30리이다. 역산해보면 琿春에서 1,170리를 남하하면 대체로 德源 지역에 이른다. 따라서 덕원 부근이 신라의 천정군(또는 井泉郡)으로 비정되며, 신라도는 문왕 때 개통된 것으로 본다.
24) 강원도 강릉의 옛 이름. 원래 고구려의 땅으로, 4세기 말에 신라에 편입되었다. '河西良', '何瑟羅'라고도 한다. 신라는 지증왕 13년(512)에 州로 삼고 군주를 파견하였다. 법흥왕 10년(523)에는 하서정(河西停)을 두어 군사 기능을 강화하였다. 선덕여왕 8년(639)에는 북소경으로 고쳤다가, 658년(무열왕 5)에 말갈 땅과 인접해 있어 소경을 폐지하고 다시 주로 고친 뒤 도독을 두어 방비하게 했다. 경덕왕 16년(757)에 溟州로 이름을 고쳤다(『三國史記』35,「雜志」4, 地理 2).
25) 고구려 시조 東明王의 사적을 기록한 책으로 보이나, 자세한 정보는 알 수 없다.
26) 중국 遼寧省 桓仁滿族自治縣 五女山城으로 비정. 북부여에서 남하해온 朱蒙 집단이 처음 정착한 곳이다. 광개토왕릉비문에는 忽本, 『삼국사기』에는 卒本, 『魏書』고구려전에는 紇升骨城으로 되어 있다.
27) 강원도 강릉시 대관령에 있었던 柵門으로 추정된다.
28) 니하와 관련해서는 『三國史記』에 몇 차례 관련 기사가 보이는데, 이들 기록을 통해 동해에 인접한 悉直(三陟), 何瑟羅(江陵)와 비교적 가까이에 있는 강으로 추정된다. 丁若鏞은 『我邦疆域考』「渤海考」에서 강릉 북쪽의 泥川水라고 하였고, 松井等은 泉井郡을 德源으로 단정하고 니하를 부근의 하천으로 보아 德源과 그 북쪽인 永興傍의 龍興江으로 추정한 바 있다(松井等, 1913). 津田左右吉은 聖德王 20년의 長城 축조 기사를 통해 동해안에서 安邊 부근의 南大川으로 보았다(津田左右吉, 1913). 그 밖에 連谷川설(徐炳國, 1981b, 237~257쪽; 張彰恩, 2004, 1~45쪽; 趙二玉, 1999, 715쪽), 강릉 城南川설(이병도 역주, 1983, 34쪽), 남한강 상류설(李康來, 1985, 48~53쪽; 鄭雲龍, 1989, 209쪽), 울진 일대설(리지린·강인숙, 1976, 68~69쪽), 낙동강 상류설(김진한, 2007, 127쪽; 홍영호, 2010, 73~75쪽) 등이 있다.

『후위서(後魏書)』²⁹⁾에는 말갈을 물길(勿吉)로 썼고,「지장도」에는 "읍루(挹婁)와 물길은 모두 숙신(肅愼)³⁰⁾이다"라고 했다.

흑수(黑水)와 옥저(沃沮)는 동파(東坡)의 「지장도」를 보면 "진한(辰韓) 북쪽에 남북의 흑수가 있다"고 했다. 살펴보건대 동명제(東明帝)의 즉위 10년에 북옥저를 멸망시켰고, 온조왕(溫祚王) 42년에 남옥저의 20여 가(家)가 신라에 투항했다. 또 혁거세(赫居世) 52년에 동옥저가 와서 좋은 말을 바쳤다고 했다. 즉 역시 동옥저도 있었던 것이다.

「지장도」에는 흑수가 장성의 북쪽에 있고, 옥저는 장성의 남쪽에 있다.

○ 권2, 기이(紀異) 2, 효성왕(孝成王)

> 開元二十一年癸酉, 唐人欲征北狄, 請兵新羅, 客使六百四人來, 還國.

개원(開元) 21년(733) 계유(癸酉)에 당나라 사람들이 북적(北狄: 발해)을 정벌하고자, 신라에 군대를 요청하는 사신 604명³¹⁾이 왔다가 돌아갔다.

---

29) 『魏書』에는 여러 종류가 알려져 있으나, 현재 전해지는 것은 北齊의 魏收가 쓴 『위서』(130권)와 曹魏의 陳壽가 쓴 『三國志』 위서(30권)이다. 전자와 구분하여 후자를 『후위서』라고 부른다.

30) 고대 중국의 동북 지방에 살던 종족 중 하나로, 楛矢와 石砮를 사용하였다. 肅愼·息愼 혹은 稷愼 등으로도 쓰였다. 계통에 대한 논란이 많은데, 후한대까지는 특정 주민집단과 연결시키는 인식이 확립되지 않았고(沈一民, 2009), 고대 중국인들이 자신의 북방 혹은 동북 지방에 거주하던 종족집단을 일컫던 막연한 호칭이었다고 보기도 한다(保井克己, 1982). 『三國志』와 『後漢書』에는 숙신과 관련된 挹婁 열전이 등장하는데, 三國時代에 활동하던 挹婁가 마침 楛矢·石砮를 사용하였기 때문에 古肅愼氏와 挹婁를 동일시하게 된 것으로 추정된다(池內宏, 1951). 이후 중국 정사류에서 '숙신-읍루-물길-말갈-여진'으로 이어지는 계통 인식이 형성되었다.

31) 金思蘭의 귀국길에 동행한 사람들로 보는데, 일반 사신의 규모로는 수가 많다. 따라서 신라군과 연합하여 발해를 공격하기 위한 당의 원정군으로 보기도 한다(이영호, 2010).

발해사 자료총서 – 한국사료 편 권1

4. 『제왕운기(帝王韻紀)』

　　이승휴(李承休, 1224~1300)가 중국과 우리나라의 역사를 7언(言)과 5언의 시로 엮은 책으로 1287년(충렬왕 13)에 편찬되었다. 상권은 중국의 역사를 읊고 하권은 우리나라의 역사를 노래하였는데, 후백제 다음에 발해 역사를 언급하여 발해 역사를 한국사의 범주에 분명히 넣었다. 『삼국유사(三國遺事)』와 동일하게 기술하면서도 대조영(大祚榮)을 고구려 옛 장수[舊將]로 설명한 것은 가장 주목할 만한 대목이다.

　　다만 발해의 건국 연도를 684년으로 잡고 멸망 연도를 925년으로 잡아 존속 기간을 242년으로 삼은 것은 사실과 다르다. 실제 건국 연도는 698년으로서 여기서 왜 684년으로 잡았는지 이유를 알 수 없지만, 멸망 연도를 925년으로 잡은 것은 『고려사(高麗史)』 기록에 나타나듯이 발해 유민이 925년 9월부터 유입되어 들어온 것을 근거로 삼았기 때문인 듯하다.

　　아래 원문은 1939년의 조선고전간행회(朝鮮古典刊行會) 영인본[한국학문헌연구소(韓國學文獻研究所)에서 1973년에 재영인]을 저본으로 삼았다.

○ 권 하, 고구려 옛 장수 대조영(前麗舊將大祚榮)

前麗舊將大祚榮, 得據太白山南城.【今南柵城也. 五代史曰, 渤海本粟靺鞨,[1)] 居營州東.】於周則天元甲申,【羅之滅麗後, 十七年也.】開國乃以渤海名. 至我太祖八乙酉,【後唐莊宗同光元年[2)]也.】擧國相率朝王京. 誰能知變先歸附, 禮部卿與司政卿.【禮

---

1) '粟靺鞨' → '粟末靺鞨'.
2) '元年' → '三年'.

部卿大和鈞・司政卿左右將軍大理著・將軍申德・大德・志元等, 六百戶來附.】歷年二百四十二, 其間幾君能守成.

　　고구려[3]의 옛 장수 대조영이 태백산(太白山) 남성(南城)[4]【지금의 남책성(南栅城)[5]이다. 『오대사(五代史)』에서 말하길 발해는 본래 속[말]말갈(粟[末]靺鞨)로 영주(營州)의 동쪽에 살았다】에 웅거했다. 주(周) 측천(則天: 측천무후) 원년 갑신(684)【신라가 고구려를 멸망시킨 뒤 17년이다】에 나라를 열고 발해로 이름하였다. 우리 태조(太祖) 8년 을유(925)에 이르러, 【후당(後唐) 장종(莊宗) 동광(同光) 원년(元年)[6]이다.】 온 나라가 잇달아서 왕경에 조회하였다. 누가 변화를 알고 먼저 귀부하였는가? 예부경(禮部卿)[7]과 사정경(司政卿)이었다.【예부경 대화균(大和鈞), 사정경 좌우장군(左右將軍) 대리저(大理著), 장군(將軍) 신덕(申德)・대덕(大德)・지원(志元) 등 600호가 내부했다.】역사가 242년[8]인데, 그간 몇 명의 임금이 지키는 데 성공할 수 있었던가?

---

3) '前麗'는 전 고려로, 왕건의 고려 이전 고구려를 의미한다.
4) 발해 건국지에 대해『삼국사기』권46, 열전 6, 최치원전에는 의봉 3년(678) '태백산 아래'로, 『삼국유사』에서 인용한 『신라고기』에는 '태백산 남쪽'으로 나온다.
5) 책성의 남쪽에 위치한 성으로 추정된다. 책성은 목책을 두른 성이라는 뜻으로, 고구려 때부터 사용된 지명이다. 府治의 위치에 대해서는 발해의 東京城인 八連城과 별도로 부근의 溫特赫部城이나 薩其城과 延吉의 城子山山城, 興安古城 등으로 보는 설이 있다(구난희, 2017, 134~139쪽). 고구려의 책성은 치소성을 중심으로 광역의 행정단위를 가리키는 '栅城圈'으로 이해하는 연구도 있다(김현숙, 2000, 140・156~157쪽; 김강훈, 2017, 244쪽).
6) 동광 원년은 923년으로, 동광 3년(925)이 옳다.
7) 발해의 중앙행정기구인 政堂省 아래에 설치된 忠・仁・義・智・禮・信 등 6부 중 禮部의 우두머리인 卿을 일컫는다.
8) 발해의 건국 시기에 대해서는『帝王韻紀』의 "周則天武后元年甲申"에 근거한 684년설,『舊唐書』의 "聖曆中 自立爲振國王"에 근거한 698~699년설,『類聚國史』권193, 延曆 15년 4월 戊子조 "天命開別天皇七年, 高麗王高氏爲唐所滅也. 後以天之眞宗豊祖父天皇二年 大祚榮始建渤海國"에 근거한 698년설 등이 있는데, 698년설이 보편적으로 인정되고 있다. 이를 기점으로 계산하면 발해가 멸망한 926년까지 발해의 존속 기간은 약 228년에 달한다.

> 발해사 자료총서 – 한국사료 편 권1

5. 『익제난고(益齊亂藁)』

이제현(李齊賢, 1288~1367)의 시문집(詩文集)으로서 1363년(공민왕 12)에 간행되었다. 모두 10권 4책이다. 권1~4는 시, 권5는 서(序), 권6은 서(書)와 비(碑), 권7은 비명, 권8은 표(表), 권9는 상·하로 상에는 세가(世家), 하에는 사찬(史贊)과 서(序)·책문(策問)·논(論)·송(頌)이, 권10에는 장단구(長短句)·무산일단운(巫山一段雲)이 실려 있다.

발해와 관련된 내용은 이제현의 역대 왕에 대한 사찬(史贊) 가운데 성종에 대한 사찬에서 한 차례(권9하) 보인다. 여기서 최승로(崔承老)의 상서문(上書文)을 인용하고 있는데, 발해를 멸망시킨 거란과 외교를 단절하고 발해 유민을 받아들인 고려 태조의 정책에 대한 긍정적인 평가가 포함되어 있어 주목된다. 이 부분은 『고려사(高麗史)』 권93 최승로전에 나오는 것과 거의 일치한다.

아래 원문은 규장각 소장 〈一蓑古819.4-Y58ij〉본을 저본으로 삼고, 한국고전번역원 소장 『익재집』에 수록된 『익제난고』를 비교본으로 활용하였다.

○ 권제9 하, 사찬(史贊), 성왕(成王)

臣齊賢曰, 行選官御事崔承老上書成王田,[1] … 於是, 値金雞自滅之期, 乘丙鹿再興之,[2]【宣王諱運.】不離鄉井, 便作閒庭,[3] 定遼·浿之驚波, 得秦韓之舊地, 功德莫大

---

1) '田'→'曰'. 한국고전번역원 소장 『익제난고』 9하에는 '曰'.
2) '再興之'→'再興之運'.
3) '閒庭'→'闕庭'(『高麗史』 권93, 崔承老傳). 한국고전번역원 소장 『익제난고』 9하에는 '闕庭'.

焉. 若契丹者, 與我連境, 宜先修好, 而彼又遣使求和, 我乃絶其交聘者, 以彼國相與渤海連和, 忽生疑貳, 不顧舊盟, 一朝殄滅. 故太祖以爲無道之甚, 不足與交, 所獻駱駝, 亦皆棄而不畜, 其防患乎未然者,⁴⁾ 有如此也. 渤海旣爲丹兵所破, 其世子太光顯等,⁵⁾ 領其餘衆數萬戶, 日夜倍道來奔. 太祖憫念尤深,⁶⁾ 至賜姓名,⁷⁾ 使奉其本國祖先之祀,⁸⁾ 其文⁹⁾【惠王諱武】參佐以下, 皆¹⁰⁾優沾爵命, 急¹¹⁾於存亡繼絶, 而能使遠人來服者, 又如此也. …自新羅之季,¹²⁾ 西北邊民, 每被女眞,¹³⁾ 往來侵盜. 太祖¹⁴⁾遣一良將鎭之, 不勞寸刃,¹⁵⁾ 邊境無虞, 其知人善任, 柔遠能邇者, 又如此也. …

신(臣) [이]제현(齊賢)이 아룁니다. "행선관어사(行選官御事) 최승로(崔承老)가 성왕(성종: 재위 981~997)에게 글을 올려 말하기를 "… 이때에 금계(金雞: 신라)는 스스로 멸망하는 시기에 직면하고, 병록(丙鹿: 고려)은 다시 일어나는 [운수를]【선왕(宣王)의 휘는 운(運)이다.】¹⁶⁾ 타서 향리(송악)를 떠나지 않고 거기에 대궐을 세운 다음 요수와 패수의 놀란 물결을 안정시키고 진한(秦韓)의 옛 땅을 얻었으니 공덕이 누가 이보다 크겠습니까. 거란과 같은 나라는 우리와 접경하고 있으니 마땅히 먼저 우호를 맺어야 하는데, 그들이 또한 사신을 보내어 화친을 구하였습니다. [그러나] 우리가 교빙(交聘)을 끊은 것은 그 나라가 발해와 서로 화친하다가 갑자기 두마음을 품고 옛 맹약은 돌아보지 않고 하루아침에 공격하여 섬멸

---

4) '其防患乎未然者'는 『高麗史』 권93, 崔承老傳에 '其深策遠計, 防患乎未然, 保邦于未危者'로 나온다.
5) 뒤에 '以我國家擧義而興'이 생략되어 있다(『高麗史』 권93, 崔承老傳).
6) 뒤에 '迎待甚厚'가 생략되어 있다(『高麗史』 권93, 崔承老傳).
7) 뒤에 '又附之宗籍'이 생략되어 있다(『高麗史』 권93, 崔承老傳).
8) '祀' → '禋祀'(『高麗史』 권93, 崔承老傳).
9) '文' → '文武'(『高麗史』 권93, 崔承老傳).
10) '皆' → '亦皆'(『高麗史』 권93, 崔承老傳).
11) '急' → '其急'(『高麗史』 권93, 崔承老傳).
12) 뒤에 '至我國初'가 생략되어 있다(『高麗史』 권93, 崔承老傳).
13) 뒤에 '蕃騎'가 생략되어 있다(『高麗史』 권93, 崔承老傳).
14) 뒤에 '斷自宸衷'이 생략되어 있다(『高麗史』 권93, 崔承老傳).
15) 뒤에 '反令蕃衆來歸. 自是, 塞外塵淸'이 생략되어 있다(『高麗史』 권93, 崔承老傳).
16) 고려 제13대 왕인 宣宗의 이름이 王運이므로, 이름을 피하여 '運' 자를 생략하였다.

하였기 때문입니다. 고로 태조는 [거란이] 심히 무도하여 교류하기 부족하다고 하고 그들이 바친 낙타도 역시 모두 버리고 기르지 않으셨으니, 그 우환을 미연에 방비함이 이와 같았습니다. 발해가 거란 군대에 격파되자, 그 세자 태광현(太光顯) 등이 그 남은 무리 수만 호를 거느리고 밤낮으로 쉬지 않고 달려왔습니다. 태조는 매우 딱하게 여기어 성과 이름을 하사하고 본국(발해) 조상의 제사를 받들게 하셨습니다. 그 문[무]【혜왕의 휘는 무(武)】[17] 참좌(參佐) 이하 모두에게 벼슬의 은혜를 넉넉히 하셨습니다. 급히 망함을 보존해주고 끊긴 것을 이어주시니, 능히 먼 지역의 사람이 와서 복종하게 하심이 또 이와 같았습니다. … 신라 말기부터 서북 변경의 백성들은 매번 여진의 노략질을 당했습니다. 태조가 한번 뛰어난 장수를 보내 지키게 하시니, 조그만 칼날을 쓰는 수고도 없이 변경을 안정시켰습니다. 사람을 알고 잘 임용하니 먼 곳은 부드럽게 하고 가까운 곳은 친근히 하심이 또한 이와 같았습니다. …"

---

[17] 고려 제2대 왕인 惠宗의 이름이 王武이므로, 이름을 피하여 '武' 자를 생략하였다.

발해사 자료총서 – 한국사료 편 권1

6. 『역옹패설(櫟翁稗說)』

　이제현(李齊賢, 1288~1367)이 1342년(충혜왕 3)에 지은 책이며 전집(前集) 권1·2와 후집(後集) 권1·2로 이루어져 모두 4권 1책이다. 전집과 후집에 각각 저자의 서문이 있고, 전집 권1에는 17조의, 권2에는 43조의 역사·인물 일화(逸話), 골계(滑稽) 등이 있다. 후집 권1에는 28조의, 권2에는 25조의 시화와 세태담(世態談)이 있다.

　발해사와 관련해서는 전집 권1에서 『자치통감(資治通鑑)』을 인용하여 고려 태조의 '발해와 고려가 혼인한 사이'라는 언급과 관련된 내용을 수록하고 있다. 『자치통감』 권285 개운(開運) 2년(945) 10월조의 내용을 보면, 고려 태조가 호승(胡僧) 말라(襪囉)를 통하여 후진(後晉) 고조(高祖)에게 함께 거란을 공격하자고 제안하면서, 발해와 고려는 '혼인'한 관계라고 하였다. 이에 대해 이제현은 고려와 발해가 혼인을 맺었다는 사실이 국사(國史)에 보이지 않으며, 태조가 당시 중원 지역이 오대(五代)로 분열되고 어지러워 함께 일을 도모할 수 없고 후진과 거란을 이간질할 수 없다는 것을 몰랐을 리가 없으며, 또한 직접 사신을 보내지도 않고 신진인 후진과 함께 막 강성해지기 시작한 거란에게 발해의 원수를 갚으려고 했을 리가 없으며, 후진의 곽인우(郭仁遇)가 고려에 와서 잠깐 동안에 고려군의 실상을 알 수 있었을 리 없다고 보았다. 그리고 마지막에 진나라의 군신이 전에는 말라의 말에 미혹되고 뒤에는 곽인우의 말을 믿어 고려 태조를 잘못 평가하였다는 결론을 내리고 있다.

　아래 원문은 규장각 소장 〈奎4578〉본을 저본으로 삼고, 한국고전번역원 소장 『익재집』에 수록된 『역옹패설 전집』을 비교본으로 활용하였다.

○ 전집(前集) 권1

通鑑載, 我太祖因胡僧襪羅, 言於晉高祖曰, 渤海我婚姻也. 其王爲契丹所虜, 請與朝廷共擊取之. 高祖不報. 及少帝與契丹爲仇, 襪羅復言之, 少帝欲使我擾契丹東邊, 以分其兵勢, 遣郭仁遇使我. 見其兵甚弱, 向者襪羅之言, 特誇誕耳, 其言如是. 後唐淸泰三年, 契丹立石敬瑭爲帝, 是爲晉高祖, 與契丹約爲父子. 歲輸金帛三十萬疋[1]兩. 是年百濟王甄萱逃奔歸我, 請討逆子神劒, 太祖親征擒滅之. 而新羅王金溥亦納土入朝, 三韓旣一. 乃偃兵息民, 聿修文敎. 渤海將軍申德禮禮部卿太和鈞工部卿太德譽等數千萬人, 前後冒化來投. 若其與渤海結婚姻, 則國史未之見也. 以我太祖深謀遠略, 不務功名, 豈不知五季之世, 中原板蕩, 不足與有爲乎. 豈不知石郞之與帝耽, 其交不可以間乎. 又豈不遣一使, 而因異域之僧, 越海而謀於新造未集之晉, 欲爲渤海, 報仇於方强之契丹乎. 且郭仁遇之來也, 果能盡見我兵之虛實强弱乎. 晉之君臣, 前惑襪羅之言, 後信仁遇之語, 遂謂我太祖爲誇誕, 豈不謬乎.

『통감(通鑑)』에 실린 것을 보면, 우리(고려) 태조가 호승 말라(襪羅)를 통해 진(晉) 고조에게 "발해는 우리와 혼인한 사이인데 그 왕이 거란에게 포로가 되었으니, [진나라] 조정과 함께 거란을 공격하여 취하길 청한다"고 했으나 고조는 답을 하지 않았다. 소제에 이르러 거란과 원수가 되자 말라가 다시 말하였다. 소제가 우리로 하여금 거란의 동쪽 변경을 소요시켜 그 군세를 나누어 놓고자 곽인우(郭仁遇)를 우리에게 사신으로 보냈다. [우리의] 병력이 매우 약한 것을 보고, 이전에 말라가 말한 것은 터무니없이 과장된 말로 이와 같다고 하였다. 후당(後唐) 청태(淸泰) 3년(936)에 [거란이] 석경당(石敬瑭)[2]을 세워 황제로 심었으니 그기 진나라 고조이다. 거란과 함께 부자(父子)가 될 것을 약속하고 해마다 금 30만 냥과 비단 30만 필[3]을 바쳤다. 이해에 백제왕 견훤이 우리에게 도망 와서 반역한 아들 신검을 토벌해줄

---

1) 한국고전번역원 소장 『역옹패설 전집』에는 '匹'.
2) 沙陀族 출신으로 중국 五代 後晉의 초대 황제(재위 936~942). 後唐의 明宗을 섬겨 전공을 세우고, 그 딸을 아내로 맞아 세력가가 되었다. 거란의 원조로 후당을 멸망시키고 후진을 건국했다. 즉위 후 거란에 燕雲 16州를 할양하고 매년 30만 필의 비단을 조공하는 등 事大 외교를 펼쳤다.
3) '疋'과 '匹'은 피륙을 세는 단위.

것을 청하였다. 태조가 친정하여 신검을 붙잡고 [후백제를] 멸망시켰다. 그리고 신라왕 김부(金傅) 역시 땅을 바치고 입조하니, 삼한이 이윽고 하나가 되었다. 이에 싸움을 그치고 백성을 편히 쉬게 하고 문교(文敎)를 닦으니, 발해장군 신덕례(申德禮)[4]와 예부경[5] 태화균(太和鈞), 공부경[6] 태덕예(太德譽)[7] 등 수천, 수만 명이 앞뒤로 귀화해 왔다.[8] 발해와 혼인을 맺었다는 것은 국사(國史)[9]에 보이지 않는다. 우리 태조가 심원한 지모와 원대한 책략을 가지고서도 공명을 힘쓰지 않았는데, 어찌 오계의 시대[10]에 중원이 온통 어지러워 함께 손잡고 일할 만한 능력이 없다는 것을 몰랐겠으며, 어찌 석랑(석경당)과 제파(거란)의 교분을 이간할 수 없다는 것을 알지 못했겠는가? 또 어찌 사신 한 사람도 보내지 않고, 다른 나라의 승려를 통하여 바다를 건너 새로 건국해서 아직 이룬 것도 없는 진나라와 꾀하여, 발해를 위해 한창 강성한 거란에게 원수를 갚고자 했겠는가? 또 곽인우가 와서 과연 우리 병사의 허실과 강약을 모두 볼 수 있었겠는가? 진나라의 군신들이 전에는 말라의 말에 미혹되고 뒤에는 곽인우의 말을 믿어서, 드디어 우리 태조가 과장된 허튼 말을 했다고 말하니, 어찌 잘못이 아니겠는가?

---

4) 『고려사』권1, 세가 1, 태조 8년(925) 9월 丙申조에는 '申德'으로 나온다.
5) 발해의 중앙행정기구인 政堂省 아래에 설치된 忠·仁·義·智·禮·信 등 6부 중 禮部의 우두머리인 卿을 일컫는다.
6) 『新唐書』발해전에 소개된 발해의 관직에는 보이지 않지만, 정당성 右六司에 속한 信部의 장관으로 추정된다. 공부경의 존재는 『五代會要』卷30, 後唐 淸泰 3년 2월조 "… 政堂省工部卿烏濟顯 …"의 기록에서도 확인된다(한규철, 1997, 5쪽).
7) 『고려사』권1, 세가 1, 태조 8년(925) 9월 庚子조에는 '大福謨'로 나온다.
8) 『고려사』에는 태조 8년(925)조에 "秋九月 丙申 渤海將軍申德等五百人來投. 庚子 渤海禮部卿大和鈞·均老, 司政大元鈞·工部卿大福謨·左右衛將軍大審理等, 率民一百戶來附"라고 나온다. 이 기사 외에 고려로 투항하여 들어온 발해인들의 기록이 나오는데, 여기서는 이를 모두 합쳐 수천, 수만 인이 왔다고 표현한 것이다.
9) 특정 책명이 아니라, 고려시대에 쓰인 역사 기록을 의미한다.
10) 중국 오대십육국 시기.

발해사 자료총서 – 한국사료 편 권1

7. 『졸고천백(拙藁千百)』

　최해(崔瀣, 1287~1340)의 문집으로, 1354년(공민왕 3)에 간행되었다. 모두 2권으로 45편의 산문이 시대순으로 수록되어 있다. 이 가운데 1335년(충숙왕 4) 3월에 지은 「봉사 이중보를 환송하는 조서(送奉使李中父還朝序)」(권2)에는 발해인의 빈공과(賓貢科) 급제와 관련된 중요한 정보가 담겨 있는데, 『가정집(稼亭集)』 잡록(雜錄)과 『동문선(東文選)』 권84에도 거의 동일한 내용이 실려 있다.

　이 기록에 따르면 빈공과에는 당나라 말기까지 58명이 급제하였고, 오대(五代)의 후량(後梁, 907~923)과 후당(後唐, 923~936)을 거치면서 32명이 급제하였다. 이들 90명 가운데 발해인 10여 명을 제외하면 모두 신라인이었다. 그런데 『졸고천백(拙藁千百)』이나 『동문선(東文選)』의 "발해 수십 인(渤海十數人)"이라 구절이 『가정집』에는 "발해 제번 수십 인(渤海諸蕃十數人)"으로 되어 있다. 아마도 『가정집』의 내용이 원전의 표현으로 보이며, 발해인을 비롯하여 기타 외국인 10여 명이 빈공과에 급제한 것이 사실에 가까울 것으로 이해된다. 그러나 당시 정황상 대체로 발해인의 빈공과 급제가 대부분이었을 것으로 추정된다.

　그런데 여기서 주목되는 점은 최해가 빈공과 급제자를 신라인과 발해인으로 나누는 것이 아니라 '동쪽의 선비[東士: 즉 신라의 선비]'와 그 외의 사람으로 구분하고 있는 점이다. 이는 그가 발해를 우리의 역사 범위에 넣지 않고 있음을 보여주는 것으로 볼 수도 있다. 이러한 인식은 그가 신라인인 최치원의 후손으로 신라 중심의 역사관을 가지고 있었기 때문일 것으로 보기도 한다.

　아래 원문은 규장각 소장의 필사본 〈가람古819.4-C453j〉을 저본으로 삼고, 한국고전번역원 소장 『졸고천백』을 비교본으로 활용하였다.

○ 권제2, 송봉사이중보환 조서(送奉使李中父還朝序)

> 翰林李中父奉使征東, 已事將還, 過辭予, 因語之曰: 進士取人, 本盛於唐. 長慶初, 有金雲卿者, 始以新羅賓貢, 題名杜師禮牓. 由此以至天祐終, 凡登賓貢科者, 五十有八人, 五代梁唐, 又三十有二人, 盖除渤海[1]十數人, 餘盡東士. … 元統乙亥三月初吉.

   한림(翰林) 이중보(李中父)가 사명을 받들고 정동[행성](征東[行省])에 왔다가, 일을 마치고 돌아가려고 나에게 들러 인사를 하기에, 그에게 이렇게 말해주었다.
   "진사(進士)로 인재를 뽑는 것은 본래 당(唐)나라 때 성행하였다. 장경(長慶, 821~824) 초에 김운경(金雲卿)이란 사람이 처음으로 신라의 빈공(賓貢)으로서 두사례(杜師禮)가 주관한 시험에 합격하였다. 이때부터 천우(天祐, 904~907) 말년까지 빈공과(賓貢科)에 합격한 사람이 모두 58명이며, 오대(五代)의 후량(後梁)과 후당(後唐) 때에 또 32명이 있었다. 대개 발해의 10여 명[2]을 빼면, 나머지는 모두 동쪽의 선비(東士: 신라의 선비)이다. … 원통(元統) 을해년(1335, 충숙왕 복위 4년) 3월 초길(初吉).[3]"

---

1) '渤海' 뒤에 '諸蕃'이 생략되어 있다(『稼亭集』 雜錄, 送奉使李中父還朝序).
2) 『拙藁千百』이나 『東文選』에서는 "渤海十數人"으로, 『가정집』에는 "渤海諸蕃十數人"으로 되어 있는데, 후자가 원전에 가까운 것으로 보인다. 이렇게 되면 발해인을 비롯하여 기타 외국인 10여 명이 빈공과에 급제한 것으로 해석되지만, 대체로 발해인의 수가 대부분이었을 것으로 추정된다.
3) '계림 최해가 쓰다(雞林崔瀣序)'가 생략되어 있다(『稼亭集』 雜錄, 送奉使李中父還朝序).

발해사 자료총서 – 한국사료 편 권1

8. 『가정집(稼亭集)』

　이곡(李穀, 1298~1351)의 문집으로, 이 책에도 『졸고천백(拙藁千百)』과 동일한 「봉사 이중보를 환송하는 조서[送奉使李中父 還朝序]」가 잡록(雜錄)에 실려 있다. 이 글이 최해(崔瀣)가 이곡을 송별하면서 쓴 것이기 때문에 이 문집에 실리게 되었다.

　주목되는 점은 『졸고천백(拙藁千百)』에서 빈공과 급제자에 대해 "발해 수십 인(渤海十數人)"이라고 한 구절이 여기서는 "발해 제번 수십 인(渤海諸蕃十數人)"으로 표현되어 있는 것이다. 정황상 이 책의 표현이 원전에 가까울 것으로 보이며, 발해인과 기타 외국인 십여 명이 빈공과에 합격한 것으로 해석된다. 그러나 실제 대부분은 발해인이었을 것으로 추정된다.

　아래 원문은 규장각 소장 『가정선생문집(稼亭先生文集)』인 〈奎5029〉본을 저본으로 하였다.

○ 잡록, 송봉사이중보환 조서(送奉使李中父還朝序)

> 翰林李中父奉使征東, 已事將還, 過辭予, 因語之曰, 進士取人, 本盛於唐. 長慶初, 有金雲卿者, 始以新羅賓貢, 題名杜師禮牓. 由此以至天祐終, 凡登賓貢科者, 五十有八人. 五代梁唐, 又三十有二人. 盖除渤海諸蕃十數人, 餘盡東士. … 元統乙亥三月初吉 雞林崔瀣 序.

　한림(翰林) 이중보(李中父)가 사명을 받들고 정동[행성](征東[行省])에 왔다가 일을 마치고 돌아가려고 나에게 들러 인사를 하기에, 나는 그에게 이렇게 말해주었다.

"진사(進士)로 인재를 뽑는 것은 본래 당(唐)나라 때 성행하였다. 장경(長慶, 821~824) 초에 김운경(金雲卿)이란 사람이 처음으로 신라의 빈공(賓貢)으로서 두사례(杜師禮)가 주관한 시험에 합격하였다. 이때부터 천우(天祐, 904~907) 말년까지 빈공과(賓貢科)에 합격한 사람이 모두 58명이다. 오대(五代)의 후량(後梁)과 후당(後唐) 때에 또 32명이 있었다. 발해(渤海)와 여러 번(蕃)의 10여 명[1]을 제외하고 나머지는 모두 동쪽의 선비(東土: 신라의 선비)이다. … 원통(元統) 을해년(1335, 충숙왕 복위 4년) 3월 초길(初吉)에 계림 최해가 쓰다".

---

[1] 『拙藁千百』이나 『東文選』에서는 "渤海十數人"으로, 『가정집』에는 "渤海諸蕃十數人"으로 되어 있는데, 후자가 원전에 가까운 것으로 보인다. 이렇게 되면 발해인을 비롯하여 기타 외국인 10여 명이 빈공과에 급제한 것으로 해석되지만, 대체로 발해인의 수가 대부분이었을 것으로 추정된다.

> 발해사 자료총서 – 한국사료 편 권1

9. 『목은시고(牧隱詩藁)』

이색(李穡, 1328~1396)의 시문집(詩文集)으로, 아들 이종선(李宗善)에 의해 1404년(태종 4)에 간행되었다. 처음에는 시와 문을 합쳐 55권으로 편찬했으나, 1417년 음양참위서(陰陽讖緯書)를 금하는 율령이 내려지며 한동안 금기서가 되기도 하고, 방대한 양으로 한꺼번에 간행하기 어려워 시와 문을 따로 간행하기도 했다.

이 책에서 발해와 관련된 내용은 이색이 1356년(공민왕 5)에 원(元)나라에서 돌아오는 길에 지금의 요동(遼東)을 지나면서 지은 「해주(海州)」라는 제목의 시에서 나온다. 『요사(遼史)』 권38, 지리지(地理志)에는 지금의 요녕성(遼寧省) 해성시(海城市)인 해주가 발해의 남경(南京)남해부(南海府)였다고 하는 연혁이 적혀 있다. 이것은 사실과 다르지만 『요사』의 잘못된 지리 정보는 후대에도 많은 영향을 끼쳐, 고려와 조선시대 문인들 가운데 일부는 이곳에 발해의 남경이 있었던 것으로 여겼다. 그로 인해 이색은 해주를 지나며 지은 이 시에서 "발해의 유풍(遺風)이 사라져 아득하다"라고 하며 발해의 자취가 사라진 것을 아쉬워하였던 것이다.

아래 원문은 규장각 소장 〈奎4277〉본인 『목은집(牧隱集)』에 수록된 내용을 저본으로 삼았다.

○ 권제4, 해주(海州)

渤海遺風儘渺茫, 孤城跋馬看斜陽
村翁自托繁華地, 京客初驚寂寞鄉

寒入酒杯山色近, 氣侵樓堞水聲長
游觀從此尤奇絶, 青嶂白雲天一方

발해의 유풍(遺風)은 모두 아득하기만 한데, 외로운 성을 말 타고 석양에 둘러보니
시골 노인은 스스로 번화한 땅이라 믿지만, 서울 손님은 처음 적막한 시골에 놀라네.
술잔에 한기 들고 산의 색은 가까우며, 성첩엔 습기가 스며들고 물소리는 기니
유람하기가 이로부터 더욱 뛰어나, 푸른 봉우리 흰 구름이 하늘 한쪽이구나.

발해사 자료총서 – 한국사료 편 권1

10. 『포은집(圃隱集)』

정몽주(鄭夢周, 1337~1392)의 문집으로, 1439년(세종 21)에 아들 정종성(鄭宗誠)과 정종본(鄭宗本)에 의하여 처음으로 간행되었다. 모두 7권 4책이다. 이 가운데 권1에 수록된 시 295수 중에서 발해와 관련된 내용이 나오는 시가 두 편 포함되어 있다. 바로「발해고성(渤海古城)」과「발해회고(渤海懷古)」라는 시로, 정몽주가 1384년 명나라로부터 돌아오는 길에 지은 것이다. 첫번째 시에서 말하는 발해 고성이 어느 곳인지는 알 수 없지만, 개주(蓋州: 지금의 중국 요녕성 개주시)에 머물 때에 지은 점으로 보아 그 부근의 성터를 보고 읊은 것으로 여겨진다.

두 시에서 주목되는 점은 정몽주가 발해를 우리의 역사와 연관지어 인식하고 있었을 가능성이다. 발해가 멸망한 뒤 그 세자 대광현을 비롯하여 수많은 유민이 고려로 이주하여 살았는데, 첫 번째 시에서는 지금까지도 그 자손이 고려에 있다고 읊었다. 두 번째 시에서는 당나라가 '해동(海東)'을 평정하였지만 대랑(大郞, 즉 대조영)이 다시 나라를 일으켰음을 상기시키고 있다. 단편적이지만 이를 통해 정몽주가 발해를 '해동', 즉 우리 역사의 일부로 보았던 것으로 추정된다.

아래 원문은 규장각에 소장되어 있는 〈古819.4-J464Pa〉본을 저본으로 삼았고, 한국고전번역원의 『한국문집총간 5』에 수록된 『포은집』을 비교본으로 활용하였다.

○ 권제1, 시, 발해고성(渤海古城)

渤海昔爲國, 於焉遺址存.
唐家許相襲, 遼氏肆幷呑.
附我全臣庶, 于今有子孫.
遺民那解此, 歎[1]息駐[2]歸軒.

발해는 오래 전 나라가 되어, 어느새 빈 터만 남았더라.
당나라가 세습을 허락했는데, 요씨(遼氏: 거란)가 멋대로 병탄하였네.
우리에게 붙은 모든 신하와 백성은, 지금도 자손이 있다네.
남은 백성이 어찌 이것을 이해할까, 탄식하며 돌아가는 수레를 멈추네.

○ 권제1, 시, 발해회고(渤海懷古)

唐室勞師定海東, 大郞隨起作王宮.
請君莫說關邊策, 自古伊誰保始終.

당나라가 힘써 군대로 해동을 평정하였으나, 대랑(대조영)이 이어 일어나 왕궁을 지었네.
청컨대 군이여 변방의 책략을 말하지 마오, 예부터 그 누가 처음부터 끝까지 보전했던가.

---

1) 한국문집총간 5, 『포은집』에는 '嘆'.
2) 한국문집총간 5, 『포은집』에는 '住'.

발해사 자료총서 – 한국사료 편 권1

11. 『고려사(高麗史)』

정인지(鄭麟趾, 1396~1478)·김종서(金宗瑞, 1383~1453) 등이 완성한 기전체(紀傳體) 형식의 정사(正史)이다. 139권 75책 분량으로 세가 46권, 열전 50권, 지 39권, 연표 2권, 목록 2권으로 구성되어 있다. 조선 초 명분론과 자존의식 고양을 배경으로 고려국사→개수고려국사→수교고려사→고려사전문 등 여러 차례 개수를 거쳐 사료의 원형이 상당 부분 훼손되었을 가능성이 있지만 고려시대 역사 연구의 가장 기본이 되는 사료이다.

『고려사』에 수록된 발해 기사는 대부분 고려로 귀화한 유민 관련 내용이다. 시기는 ① 발해 멸망을 전후하여 고려로 귀화한 발해 유민에 대해 기록한 925년 9월~929년 9월까지 ② 부흥국 후발해국의 세력 변동 과정에서 이탈한 대광현이 귀화한 934년 7월~938년까지 ③ 정안국의 세력 변화와 관계된 것으로 생각되는 972~1029년까지 ④ 거란 동경에서 반기를 든 대연림의 흥료국 흥망과 관련된 인물들에 대해 기록한 1029년 9월~1035년까지 ⑤ 거란 동경에서 일어난 고영창의 대발해국 관련 인물들의 귀화를 기술한 1116년 3월~1117년까지로 구분할 수 있다. 모두 고려 태조 8년인 925년에 귀화한 신덕을 시작으로 예종 12년인 1117년까지 100여 년에 달한다.

이 밖에도 『고려사』에는 발해 후예로 고려 신종 연간에 활동했던 태수정(太守正)·태집성(太集成)·대금취(大金就)·대수장(大守莊)이나 대회덕(大懷德)·대공기(大公器)·류충정(劉忠正) 등에 관한 기록이 실려 있다. 또한 당 빈공과 석차를 둘러싸고 최언위와 경쟁을 벌였던 오광찬에 관한 내용도 담겨 있다. 이상 『고려사』에 실려 있는 발해 관련 기록은, 발해 멸망 후 각 시기별 정국 변화에 따라 귀화한 발해 유민들의 향배, 고려 내에서의 귀화인의 처우, 발해 부흥국에 대한 연구를 진행하는 데 있어 매우 중요한 자료를 제공하는 것으로 평가된다.

아래 원문은 규장각에 소장되어 있는 1613년 간행된 완질본인 목판본 〈奎貴3539〉 태백산 사고본을 저본으로 삼았고, 국립중앙도서관에 소장된 『고려사』 〈한古朝53-나1-2〉·『고려사절요』 〈奎15658〉·『제왕운기』 〈조선고전간행회 영인본〉 등을 비교본으로 활용하였다.

○ 권제1, 세가(世家) 1, 태조(太祖) 원년

元年 … 八月, … 庚戌, 朔方鶻巖城帥尹瑄來歸.

[태조] 원년(918) … 8월 … 경술에 삭방[1] 골암성(鶻巖城)[2]의 장수 윤선(尹瑄)[3]이 와서 귀부하였다.

九月, … 丙申, 諭群臣曰: 平壤古都, 荒廢雖久, 基址尚存, 而荊棘滋茂. 蕃人遊獵於其間, 因而侵掠邊邑, 爲害大矣. 宜徙民實之, 以固藩屛, 爲百世之利. 遂爲大都護, 遣堂弟式廉廣評侍郎列評, 守之.

9월 … 병신에 여러 신하들에게 말하기를 "평양 옛 도읍이 버려진 지 비록 오래이나 터는 여전히 남아 있고 가시넝쿨이 무성하다. 번인들이 그 사이에서 사냥을 하고 이로 인하여 변방의 고을을 침략하여 피해를 당함이 크다. 마땅히 백성들을 옮겨 그곳을 채우고 변방의 울타리를 단단히 하여 백세의 이로움으로 삼아야 한다"고 하였다. 드디어 대도호로 삼고 사촌동생 [왕]식렴([王]式廉)[4]과 광평시랑[5] 열평(列評)을 파견하여 지키게 하였다.

---

1) 함경남도 安邊 지역. 757년(경덕왕 16) 朔庭郡이라고 고치고, 고려 때 登州라고 하였으며, 1018년(현종 9) 안변도호부로 고쳤다.
2) 함경남도 안변 新岱里 지역으로 추정된다.
3) 『高麗史』 세가에는 윤선이 귀부한 사실만 간략히 나온다. 『高麗史』 卷92, 王順式附尹瑄傳과 『新增東國輿地勝覽』 卷43, 黃海道, 延安都護府 人物條에는 윤선이 무리를 모아 鶻巖城에 있으면서 黑水蕃을 불러들여 오래도록 변방의 해가 되었는데, 태조가 즉위하자 항복한 사실이 서술되어 있다.
4) ?~949. 고려 태조의 종제로, 王平達의 아들이다. 918년 태조가 평양에 백성을 이주시키고 대도호부로 올리며, 그를 파견하여 지키게 하였다. 이후 安水鎭·興德鎭 등을 쌓으며 여러 차례 공을 세웠다. 혜종

○ 권제1, 세가(世家) 1, 태조(太祖) 4년

> 四年 … 春二月, 甲子, 黑水酋長高子羅率百七十人來投. 壬申, 達姑狄百七十一人侵新羅, 道由登州. 將軍堅權邀擊, 大敗之, 匹馬無還者. 命賜有功者, 穀人五十石. 新羅王聞之喜, 遣使來謝.

[태조] 4년(921) … 봄 2월 갑자에 흑수[6]추장 고자라(高子羅)가 170인을 이끌고 투항해 왔다. 임신에 달고적(達姑狄)[7] 171인이 신라를 습격하는 길에 등주[8]를 지났다. 장군 견권(堅權)[9]이 맞아 싸워 크게 깨뜨리니 한 마리의 말도 돌아간 것이 없었다. [태조가] 명을 내려 공이 있는 자들에게 곡식 50섬씩 주게 하였다. 신라왕이 그것을 듣고 기뻐하여 사신을 보내와서 감사하였다.

을 암살한 王規 일당을 제압하고 정종의 즉위에 큰 공을 세워 匡國翊贊功臣이 되었다. 사망 뒤에는 虎騎尉 太師 三重大匡 開國公으로 추증되었고, 정종의 묘정에 배향되었다. 시호는 威靜이다.

5) 태봉(泰封)과 고려 태조 때 중앙의 최고 관부인 광평성(廣評省)의 차관 격이었던 관원.

6) 강원도 안변 지역에서 활동하던 여진족 부락으로 인식하거나(李丙燾, 1977, 195쪽), 발해의 북쪽에 있던 흑수말갈로 이해하기도 한다(金毓黻, 1934, 『渤海國志長編』卷19, 叢考). 발해가 북방의 흑수말갈을 함흥 일대를 중심으로 한 지금의 함경남도 지역에 이주시켜 신라 북진의 완충벽으로 삼은 것으로 이해하는 견해도 있다(노태돈, 2003, 308~314쪽; 노태돈, 2008, 89쪽).

7) 말갈 계통으로 발해에 예속되어 있던 집단으로 보며(송기호, 1987, 90쪽), 여진의 무리로 보기도 한다(이병도, 1977). 발해 멸망 전후 발해인과 발해계 말갈(여진)인들이 고려로 많이 귀부하였다. 이들 중 일부는 고려의 후삼국 전쟁에서 주요한 병력이 된다. 달고와 관련된 기록으로는 이 기사 외에 『고려사』·『고려사절요』에서 936년(태조 19)에 흑수, 철륵과 함께 달고가 후삼국 통일 전쟁의 마지막 전투였던 一利川 전투에서 고려의 騎兵으로 참전한 기사가 확인된다.

8) 『新增東國輿地勝覽』 권49, 咸鏡道, 安邊都護府의 建置沿革條에 등주는 "본래 고구려의 比列忽郡으로 淺城이라고도 한다. 신라 眞興王 17년에 比列州로 삼았고, 景德王 때에 朔庭郡으로 고쳤다. 고려에 이르러 登州로 고쳤으며, 顯宗 9년에 登州安邊都護府로 고쳤다. 高宗 때에 定平 이남의 모든 읍성이 몽고군에게 침입당하여 江陵道 襄州로 옮겼다가 다시 杆城으로 옮긴 지 거의 40년인 충렬왕 24년에 각기 본성으로 되돌렸다"고 기록되어 있다.

9) 생몰년 미상. 본래 弓裔 휘하에서 활동하다가 왕건을 도와 궁예를 축출하고 고려 개국이등공신이 되었다. 921년(태조 4) 말갈의 別部인 達姑狄이 신라의 북변을 침입하자, 태조의 명으로 朔州에 진주하여 기병을 이끌고 이들을 격퇴하였다. 936년(태조 19) 태조가 후백제를 칠 때에는 大相으로 甄萱과 더불어 馬軍 1만 명을 거느리고 싸워 공을 세웠다.

○ 권제1, 세가(世家) 1, 태조(太祖) 5년

五年 … 是歲, 徙大丞質榮行波等父兄子弟及諸郡縣良家子弟, 以實西京.

[태조] 5년(922) … 이해에 대승[10] 질영(質榮)·행파(行波) 등 부형과 자제 및 여러 군현의 양가 자제들을 옮겨 서경을 채웠다.

○ 권제1, 세가(世家) 1, 태조(太祖) 8년

八年 … 秋九月, 丙申, 渤海將軍申德等五百人來投. 庚子, 渤海禮部卿大和鈞均老司政大元鈞工部卿大福謨[11]左右衛將軍大審理[12]等, 率民一百戶來附.[13] 渤海本粟末靺鞨也. 唐武后時, 高句麗人大祚榮, 走保遼東. 睿宗封爲渤海郡王. 因自稱渤海國. 幷有扶餘肅愼等十餘國. 有文字禮樂官府制度, 五京十五府六十二州, 地方五千餘里, 衆數十萬. 隣于我境, 而與契丹世讎. 至是, 契丹主謂左右曰: 世讎未雪, 豈宜安處. 乃大擧攻渤海大諲譔, 圍忽汗城. 大諲譔戰敗乞降, 遂滅渤海. 於是, 其國人來奔者相繼.

[태조] 8년(925) … 가을 9월 병신에 발해 장군[14] 신덕 등 5백 인이 투항해 왔다. 경자에 발해 예부경[15] 대화균(大和鈞), 균로사정[16] 대원균(大元鈞), 공부경[17] 대복모(大福謨), 좌우

---

10) 고려 초 문무관에게 준 16관등 중 다섯 번째 관등이었으나, 성종대 문무산계 실시 뒤에는 향직으로 비관인층과 지방호족에게만 수여하였다.
11) 『高麗史節要』卷1, 太祖 8년 12월조에는 '工部卿大福謩'.
12) 『帝王韻紀』卷下에는 '左右將軍大理著'.
13) 『帝王韻紀』卷下에는 '六百戶來附'.
14) 발해의 군제인 左右孟賁·熊衛·罴衛, 南左右衛, 北左右衛를 담당하였던 무관 중 하나로 대장군 다음의 등급이다.
15) 발해의 중앙행정기구인 政堂省 아래에 설치된 忠·仁·義·智·禮·信 등 6부 중 禮部의 우두머리인 卿을 일컫는다.
16) '均老司政'에 대해 하나의 직명으로 보는 견해와 '균로'라는 인명과 '사정'이라는 직명으로 구분하는 견해가 있다. 『新唐書』 발해전에 정당성의 평장사 밑에 '사정'이라는 직명만 확인되며 『고려사』보다

위장군 대심리(大審理)[18] 등이 백성 100호를 이끌고 내부하였다. 발해는 본래 속말말갈이다. 당 무후 때 고구려인 대조영[19]이 요동으로 달아나 지켰다. [당나라] 예종이 발해군왕으로 책봉하였다. 이로써 스스로 발해국[20]이라 불렀다. 부여·숙신 등 10여 국을 아울렀다.[21] 문

앞선 기록인 『제왕운기』에 '司政卿'으로 기술되어 있는 점에서(김진광, 2016, 483·491쪽), 일반적으로 均老가 앞의 대화균과 마찬가지로 예부경을 지낸 인물이라고 이해한다(이효형, 2013, 329쪽).

17) 『新唐書』 발해전에 소개된 발해의 관직에는 보이지 않지만, 정당성 右六司에 속한 信部의 장관으로 추정된다. 공부경의 존재는 『五代會要』 卷30, 後唐 淸泰 3년 2월조 "… 政堂省工部卿烏濟顯 …"의 기록에서도 확인된다(한규철, 1997, 5쪽).

18) 일반적으로 『帝王韻紀』에 보이는 大理著와 동일인으로 보는데, 별개의 인물일 가능성도 배제할 수 없다(김진광, 2016, 491쪽).

19) 大祚榮의 出自에 대해서는 『舊唐書』 발해말갈전의 '본래 고려의 별종(本高麗別種)'과 『新唐書』 渤海傳의 '본래 속말말갈로 고[구]려에 붙은 자(本粟末鞨附高麗者)'라는 기록이 기본 사료이다. 그런데 이 대조영의 출신이나 발해의 구성원에 대해서는 같은 사료를 놓고 다양한 해석이 있었다. 고려와 조선에서는 대조영의 출신을 高句麗 계통으로 보는 경향이 있었는데, 李承休의 『帝王韻記』와 柳得恭의 『渤海考』가 대표적이다. 일본에서는 대체로 속말말갈이나 여진 계통으로 보았다. 발해국의 주체는 靺鞨族이지만, 대조영은 고구려 別部 출신으로 보는 경우(鳥山喜一, 1915), 새로운 종족으로 발해말갈을 이해하는 경우(池內宏, 1916), 지배층은 고구려인, 피지배층은 말갈인으로 보는 경우(白鳥庫吉, 1933)도 있다. 현대에 들어와서 발해사 연구를 촉발한 대표적인 연구자는 북한의 박시형이다. 그는 발해국의 성립에 중심 역할을 한 것은 고구려 멸망 후 요서 지방으로 이주된 고구려인 집단이었고, 이들을 조직하여 지휘한 것이 고구려 장수인 대조영이라고 하였다. 발해국은 고구려 왕실의 일족 또는 고구려 계통의 귀족 출신들이 거의 권력을 독점하였고, 문화 방면에서도 고구려의 문화가 주도적 역할을 하였다고 보았다(박시형, 1979; 송기호, 1989). 한국의 李龍範도 발해의 주체는 고구려 유민이었음을 주장하였다(李龍範, 1972·1973). 이후 한국 학계에서는 기본적으로 대조영을 고구려 계통으로 보았으나, 종족은 속말말갈로 고구려에 옮겨와 정착하여 동화된 인물, 즉 말갈계 고구려인으로 보기도 한다(송기호, 1995). 말갈의 명칭 자체를 고구려 변방 주민이나 중국 동북 지역민에 대한 비칭·범칭으로 보고, 발해의 구성원이 된 말갈은 흑수말갈과 구분되는 예맥계인 고구려말갈이며 대조영은 고구려인으로 속말강(송화강) 지역민이라고 보는 견해도 있다(한규철, 1988; 2007). 중국 학계에서는 근대 초기에 양면적 인식이 보였다. 대표적인 학자는 金毓黻이다(1934, 『渤海國志長編』). 그러나 중화인민공화국이 수립된 이후에는 발해사를 중국의 소수민족사로 보고 고구려계승성을 부정하며 말갈을 강조하는 입장이다. 한편 19세기 중반 연해주 지역을 차지하였던 러시아에서는 자국의 極東 지역 소수민족사의 일부로서 관심을 갖고 발해를 말갈족의 역사로 규정하며 대조영 역시 말갈인으로 보고 있다. 이 밖에 소수 설로 말갈 중 대조영을 백산말갈 출신으로 보는 경우도 있다(津田左右吉, 1915; 李健才, 2000).

20) 발해의 국명 사용과 관련해서는 他稱說과 自稱說로 구분된다. 중국에서는 발해를 唐의 지방정권으로 보는 입장에서 타칭으로 보는 반면, 한국에서는 대체로 자칭으로 보고 있다(김종복, 2005, 10~12쪽;

자·예악·관부·제도, 5경 15부 62주가 있으며, 지방은 5천여 리이고,[22] 무리는 수십만이다. 우리 경계와 이웃해 있고, 거란과는 대대로 원수이다. 이때에 이르러 거란주(야율아보기)가 좌우에게 말하기를 "수대의 원수를 아직 씻지 못했는데 어찌 편안히 있겠는가?"라고 하였다. 이내 대거 발해 대인선(大諲譔)을 공격하여 홀한성[23]을 에워쌌다. 대인선이 싸움에 지며 항복을 구하면서 마침내 발해가 멸망하였다.[24] 이에 그 나라 사람으로 달아나서 오는 자들이 이어졌다.

한규철, 1994, 57쪽). 관련해서 『新唐書』 「渤海傳」과 『通考』 권326, 「四裔」 渤海 편에는 당의 발해군왕 책봉 뒤 "自是始去靺鞨號專稱渤海"라고 하였고, 『新五代史』 권74, 四夷附錄 3, 발해 편에는 "其後世遂號 渤海"라고 하였다. 『송사』 외국열전 발해전에는 『고려사』 기록과 마찬가지로 "因自稱渤海國"이라고 하였다. 이들 사료를 종합해보면, '발해' 국명의 사용 계기가 어떠했든 自稱이었을 가능성이 높다.

21) 『新唐書』 卷219, 列傳 第144, 「渤海」에는 '盡得扶餘沃沮弁韓朝鮮海北諸國'이라고 하였다.

22) 발해의 강역 범위와 관련하여, 『新唐書』 기록 등을 중심으로 검토하여 최전성기의 고구려 영토는 평균 사방 4,000리이고 발해는 사방 5,000리로 발해가 고구려의 1.5배 정도의 영역이고, 그 범위는 남쪽이 신라와 국경을 접하여 대동강과 원산만을 잇는 선, 서쪽은 遼河, 북쪽은 대체로 흑룡강과 우수리강이 합류하는 지점을 거쳐 동쪽으로 연해주 남단에 뻗쳐 있었던 것으로 인식하였다(송기호, 1996, 277~278쪽; 한규철, 2008, 19~20쪽).

23) 중국 黑龍江省 牡丹江市 寧安市 渤海鎭에 위치하였다. 전체 둘레가 16,300m이며, 宮城·內城·外城으로 이뤄져 있다. 755년경 顯州에서 이곳으로 천도하였고, 785년 東京으로 천도했다가 794년에 上京으로 재천도한 이후 발해가 멸망할 때까지 수도였다.

24) 발해 멸망 원인에 대하여 발해 말기에 고위관직을 지낸 수많은 발해 유민들이 고려로 내투한 현상에 주목하여 지도층 내부의 권력 다툼 또는 내분에 주목하는 견해가 일반적이다(박시형, 1979, 89쪽; 楊保隆, 1988, 13~14쪽; 王承禮, 1984, 167~171쪽; 방학봉, 1990, 202쪽; 宋基豪, 1996, 226~232쪽; 에.뻬.샤브꾸노프 엮음, 송기호·정석배 옮김, 1996, 58쪽; 朴玉杰, 1996, 92~93쪽). 하지만, 고려 때부터 지배권을 인정받아 유지해온 토착 세력인 수령의 잔존이 발해 정권의 기반을 약화시켰다고 인식하는 견해(河上洋, 1983, 218~219쪽), 재지 세력인 수령에 대한 발해의 통제력이 이완되어 초래된 결과라고 인식하는 견해(金東宇, 1996, 342쪽)도 있고, 발해 멸망을 천도와 연결시키는 견해, 즉 상경 용천부에서 요하로 천도를 하지 않아 중원의 원조를 받지 못한 때문이라는 견해(孫玉良, 1983, 112쪽)나 唐을 중심으로 하는 책봉체제의 붕괴에서 원인을 찾는 견해(大隅晃弘, 1984, 123~124쪽)도 있으며, 발해의 방위 단위인 城 운용이 고구려의 총력적 방위 방식과 차이를 보인다는 견해(高橋學而, 1989, 166~167쪽)도 있다. 이 밖에도 백두산의 화산 폭발에 의해 멸망하였다는 견해도 있으나 인정되지 않는다. 최근에는 遼代 '陳滿의 묘지명'을 검토하여 거란 耶律阿保機의 親征이 이미 923년에 있었으며 925년 12월 이전 요동과 압록부에 대한 공격이 있었던 사실을 밝히고 발해 멸망 전쟁이 장기간에 걸쳐 이뤄졌다는 주장이 제기되었다(권은주, 2016, 150~151쪽).

> 十二月, 戊子, 渤海左首衛小將冒豆干檢校開國男朴漁等, 率民一千戶來附.

12월 무자에 발해 좌수위[25] 소장 모두간(冒豆干), 검교개국남[26] 박어(朴漁)[27] 등이 백성 1천 호를 이끌고 내부하였다.

○ 권제1, 세가(世家) 1, 태조(太祖) 10년

> 十年 … 三月, 甲寅, 渤海工部卿吳興等五十人僧載雄等六十人來投.

[태조] 10년(927) … 3월 갑인에 발해 공부경[28] 오흥(吳興)[29] 등 50인과 승려 재웅(載雄)[30] 등 60인이 와서 투항하였다.

---

25) 발해의 군제에 관해서는 『新唐書』 발해전에 "其武員有左右猛賁·熊衛·羆衛, 南左右衛, 北左右衛, 各大將軍一·將軍一"과 『舊唐書』 本紀 17 하, 文宗하의 大和 6년(832) 12월 戊辰조에 "內養王宗禹渤海使迴, 言渤海置左右神策軍·左右三軍一百二十司, 畫圖以進"이라는 기록만 확인되며, 좌수위직에 대해서는 확인되지 않는다. 각 衛에는 大將軍 1인, 將軍 1인, 그 아래에 小將이나 郎將을 두었는데, '좌수위'는 10위의 하나인 左猛賁衛를 지칭하는 것으로 보는 견해가 있다(노태돈, 2008, 85쪽).

26) 발해의 훈관·봉작제도에 대해서는 사료의 부족으로 명확하지 않지만, 중원과 당조의 제도를 수용하여 실시하였음을 여러 사료를 통해 확인할 수 있다(王承禮 저, 宋基豪 역, 1987, 149~152쪽; 이효형, 2002, 15쪽). 봉작제는 황제국가에서만 실시할 수 있는 제도로 발해가 황제국이었음을 보여주는 것이라는 견해도 있다(장국종, 1997, 49쪽).

27) 박어에 대해서는 925년 발생한 발해 지배층의 내분으로 인해 고려로 내투한 발해 귀족의 일부로 인식하였다(노태돈, 2008, 83쪽).

28) 『新唐書』 발해전에 소개된 발해의 관직에는 보이지 않지만, 정당성 右六司에 속한 信部의 장관으로 추정된다. 공부경의 존재는 『五代會要』 卷30, 後唐 淸泰 3년 2월조 "… 政堂省工部卿烏濟顯 …"의 기록에서도 확인된다(한규철, 1997, 5쪽).

29) 吳興은 발해 政堂省 산하의 信部, 즉 工部의 우두머리였던 인물로서, 東丹國의 遼陽 이전 전에 발해인으로서 동단국인이 되지 않기 위해 忽汗城에서 고려에 정치적으로 망명한 지배층의 발해 유민으로 여겨진다. 이에 대해 三上次南은 압록강 근방에 있다가 고려로 투항해 왔다고 인식하였고, 日野開三郎은 발해 세자 대광현과 함께 압록강 유역에서 과거의 공부경 직함을 갖고 대광현을 섬기다가 고려로 투화한 것으로 인식하였다(三上次南, 1940; 한규철, 1997, 20~22쪽).

30) 승려 載雄은 동란국의 통치를 피해 고려로 내투한 자로 인식하였다(한규철, 1997, 30쪽). 『帝王韻紀』의

○ 권제1, 세가(世家) 1, 태조(太祖) 11년

十一年 … 三月, 戊申, 渤海人金神等六十戶來投.

[태조] 11년(928) … 3월 무신에 발해인 김신(金神)³¹⁾ 등 60호가 와서 투항하였다.

秋七月, 辛亥, 渤海人大儒範率民來附.

가을 7월 신해에 발해인 대유범(大儒範)³²⁾이 백성을 이끌고 내부하였다.

九月, … 丁酉, 渤海人隱繼宗等來附, 見於天德殿, 三拜. 人謂失禮, 大相含弘曰: 失土人三拜, 古之禮也.

9월 … 정유에 발해인 은계종(隱繼宗)³³⁾ 등이 내부하여 천덕전³⁴⁾에서 알현함에 [은계종이]

大德 志元 이외에(김진광, 2016, 483쪽 주16) 처음으로 보이는 발해 승려에 대한 기사로, 이들의 고려 내투는 발해 불교가 고려 불교에 어느 정도 영향을 미쳤을 가능성이 있음을 보여주는 것으로 이해하였다(宋基豪, 1992, 719쪽; 이효형, 2002, 16쪽).

31) 金神에 대해서, '金'이 姓인지 이름을 음사한 것인지 단정할 수 없지만 성일 개연성이 크며, 신라의 왕성을 가지고 있으므로 신라계일 가능성이 있다고 하였다(노태돈, 2008, 93~94쪽). 그의 망명과 관련하여, 한규철은 金神을 비롯한 내투 발해인들은 忽汗城民들이 遼陽으로 강제 이민되기 이전에 그곳을 빠져나와 압록강 주변으로 남하하여 생활하던 발해 유민일 개연성이 있다고 인식하였다(한규철, 1997, 22쪽).

32) 忽汗城民으로서 928년에 단행될 예정이었던 동란국의 강제 이주를 피해 온 인물로 인식하였다(한규철, 1997, 30쪽).

33) 역시 928년에 단행될 예정인 동란국의 강제 이주를 피해 온 홀한성민으로 인식하였다(한규철, 1997, 30쪽).

34) 고려 초기의 정궁은 天德殿, 성종과 현종 때는 乾德殿과 會慶殿, 인종 16년 이후에는 宣慶殿과 大觀殿이었다. 고종 이후에는 본 궐로서 宣慶殿과 康安殿, 원 간섭기 이후에는 주로 延慶宮과 壽昌宮을 사용하였다(김창현, 1999; 장지연, 2006). 개성 고려궁성을 발굴한 박성진은 天德殿을 乾德殿 또는 大觀殿과 동일한 곳이라고 인식하였다(박성진, 2016, 11~13쪽).

세 번 절하였다. 사람들이 예를 어겼다고 하니, 대상 함홍(含弘)이 말하기를 "땅을 잃은 사람은 세 번 절하는 것이 옛날의 예이다"라고 하였다.

○ 권제1, 세가(世家) 1, 태조(太祖) 12년

十二年 … 六月, … 庚申, 渤海人洪見等, 以船二十艘, 載人物來附.

[태조] 12년(929) … 6월 … 경신에 발해인 홍견(洪見)³⁵⁾ 등이 배 20척으로 사람과 물자를 싣고 내부하였다.

九月, … 丙子, 渤海正近等三百餘人來投.

9월 … 병자 발해 정근(正近)³⁶⁾ 등 300여 인이 와서 투항하였다.

○ 권제2, 세가(世家) 2, 태조(太祖) 15년

十五年 … 夏五月, 甲申, 諭群臣曰: 頃完葺西京, 徙民實之. 冀憑地力, 平定三韓, 將都於此.

[태조] 15년(932) … 여름 5월 갑신에 왕이 신하들을 타일러 말하기를 "근자에 서경의 복구를 마무리하고 백성을 옮겨 그곳을 채웠다. 지력에 기대어 삼한을 평정하고, 장차 이곳에 도읍을 하려 한다"고 하였다.

---

35) 洪見에 대해서는 후발해 건국 시기를 발해사 高正詞의 후당 파견을 근거로 929년 5월 이전으로 보고 있는 견해에 근거하여 後渤海人으로 인식하였고, 홍견을 포함한 일행이 배를 타고 왔다는 점에 근거하여 출발지를 압록강 유역으로 이해하였다(한규철, 1997, 22~23쪽).
36) 正近에 대해서 후발해 건국 시기를 발해사 高正詞의 후당 파견을 근거로 929년 5월 이전으로 보고 있는 견해에 근거하여 後渤海人으로 인식하였다(한규철, 1997, 22쪽).

○ 권제2, 세가(世家) 2, 태조(太祖) 17년

十七年 … 秋七月, 渤海國世子大光顯, 率衆數萬來投. 賜姓名王繼, 附之宗籍. 特授元甫, 守白州, 以奉其祀. 賜僚佐爵, 軍士田宅, 有差.

[태조] 17년(934) … 가을 7월에 발해국 세자 대광현(大光顯)[37]이 무리 수만을 이끌고 와서 투항하였다. 성과 이름으로 왕계(王繼)를 주고 종적에 붙였다.[38] 특별히 원보[39]를 제수하여 백주(白州)를 지키게 하고 그 [조상의] 제사를 받들게 하였다. [대광현의] 보좌관에게는 관작을, 군사에게는 밭과 집을 하사함에 차등을 두었다.

冬十二月, 渤海陳林[40]等一百六十人來附.

---

37) 『高麗史』 世家에는 934년, 年表에서는 925년으로 기록되어 있고, 『東國通鑑』에는 926년 봄에 내투한 것으로 기록되어 있다(임상선, 1999, 124쪽 주93·94). 그의 내투 시기를 일반적으로 934년으로 인식하는 주장과 달리, 金光錫은 925년에 내투하였으나 934년에 가서야 고려 왕실로부터 특별 대우를 받은 것으로 이해하였다(金光錫, 1983, 158~163쪽; 이효형, 2002, 38쪽). 이러한 김광석의 주장에 대해서 한규철도 처음에 그 논리적 타당성을 인정하여 동의하였으나(한규철, 1985, 30쪽), 이후 후발해인으로서 대광현이 홀한성을 중심으로 세력을 규합한 대인선의 동생과의 대립 과정에서 패하여 내투하였다는 日野開三郎의 인식(日野開三郎, 1951, 31~33쪽) 및 대광현과 동행한 인원에 근거하여 그가 활동했던 근거지를 홀한성이 아닌 후발해의 영향권에 있는 압록강 유역의 어느 곳으로 인식하여 그의 망명 시기에 대한 주장을 934년으로 수정하였으며, 그가 발해 멸망 후 8년이 지나 고려로 정치 망명을 한 까닭은 발해 부흥운동의 중심 세력인 後渤海에서 역할이 큰 사람이었기 때문으로 이해하였다(한규철, 1997, 25쪽).

38) 大光顯에게 제사를 받들어 잇게 하는 동시에 王繼라는 새로운 이름을 하사하면서 왕실 후손을 高麗化 해나가는 統合意識을 보여주는 것으로서 발해에 대해 같은 고구려 계승자라는 의식과 함께 매우 깊은 친연의식을 느꼈을 가능성이 높다는 견해가 있다(이효형, 2006, 22쪽). 이와는 달리 고려는 내투해 온 발해인에 대해 동족의식을 지니지 않았으며, 그들에게 내린 관직이나 품계는 거란에 대한 대비와 발해 유민의 회유라는 측면에 불과하다는 견해도 있다(北村秀人, 1985, 280~281쪽).

39) 고려 초 태봉의 제도를 계승하여 문무관에게 준 관계로 16관계 중 제8위인 정4품에 해당한다. 일명 元輔라고도 한다.

40) 『册府元龜』 卷972, 外臣部, 「朝貢第5」 明宗 天成 元年 四月條와 『五代會要』 卷30, 渤海 및 『新五代史』 卷6, 「唐本紀第6」 明宗 四月 甲寅條에는 '大陳林'.

겨울 12월에 발해 진림(陳林)[41] 등 160인이 내부하였다.

○ 권제2, 세가(世家) 2, 태조(太祖) 19년

十九年 … 秋九月, 王率三軍, 至天安府合兵, 進次一善郡, 神劒以兵逆之. 甲午, 隔一利川而陣. … 大相庾黔弼元尹官茂官憲等, 領黑水達姑鐵勒諸蕃勁騎九千五百.

[태조] 19년(936) … 가을 9월에 왕이 삼군을 이끌고 천안부에 이르러 군사를 합쳐 일선군[42]으로 나아가니 신검이 군사로 이를 막았다. 갑오에 일리천[43]을 사이에 두고 진을 쳤다. … 대상 유금필(庾黔弼), 원윤 관무(官茂)·관헌(官憲) 등이 흑수·달고·철륵[44] 등 제번(諸蕃)의 경기(勁騎) 9천 5백을 이끌었다.

○ 권제2, 세가(世家) 2, 태조(太祖) 21년

二十一年 … 是歲, 渤海人朴昇以三千餘戶來投.

[태조] 21년(938) … 이해에 발해인 박승(朴昇)[45]이 3천여 호를 데리고 투항해 왔다.

---

41) 『책부원귀』 권972, 外臣部 朝貢條, 『五代會要』 卷30, 渤海條 및 『舊五代史』 卷36, 明宗紀 등에 근거하여, (후)발해 조정이 926년 後唐에 사신으로 파견한 '大陳林'과 동일인이라는 연구가 있다(한규철, 1997, 3~4쪽; 노태돈, 2008, 84쪽).
42) 경상북도 善山이다. 본래 신라의 一善郡이다. 614년(진평왕 36)에 上州의 州治所가 옮겨오면서 一善州로 개편되었고, 757년(경덕왕 16)에 嵩善郡으로 개칭되었다. 고려시대에는 善州, 일선현 등으로 개편되었고, 조선시대에는 善山郡이 되었다.
43) 선산의 동쪽에 있다. 구미시 인동면에 위치한 낙동강 지류로 비정하고 있다.
44) 일반적으로 발해에 복속되어 있었던 세력으로 이해하며, 발해 멸망 전후 발해 유민과 함께 고려로 투항한 세력으로 이해한다.
45) 발해 멸망 후 西京鴨綠府를 중심으로 성립된 발해 유민의 부흥국가인 後渤海國에서 다시 烈氏 주도의 定安國이 성립되는 정치적 진통 과정에서 반발·이탈하여 고려로 넘어온 인물로 이해하였다(日野開三郎, 1951, 46쪽 주 3; 노태돈, 2008, 83쪽).

○ 권제2, 세가(世家) 2, 태조(太祖) 25년

> 二十五年 … 冬十月, 契丹遣使來遺橐駝五十匹. 王以契丹嘗與渤海連和, 忽生疑貳, 背盟殄滅, 此甚無道, 不足遠結爲隣. 遂絶交聘, 流其使三十人于海島, 繫橐駝萬夫橋下, 皆餓死.

[태조] 25년(942) … 겨울 10월에 거란이 보낸 사신이 와서 낙타 50필을 전하였다. 왕은 거란이 일찍이 발해와 계속 화목하다가 갑자기 의심하여 두마음을 품고 약속을 저버려 멸망시켰으니, 이것은 매우 무도하여 멀리 관계를 맺고 이웃이 되기에 부족하다 하였다. 마침내 교빙을 끊고 그 사신 30인을 바다 섬으로 귀양을 보내고 낙타는 만부교(萬夫橋) 아래 매어 두니 모두 굶어 죽었다.[46]

○ 권제2, 세가(世家) 2, 경종(景宗) 4년

> 四年 … 是歲, 渤海人數萬來投.

[경종] 4년(979) … 이해에 발해인 수만이 투항해 왔다.[47]

---

[46] 한규철은 고려의 거란에 대한 강력한 적대 사건인 萬夫橋事件의 이유를 일차적으로 거란이 후삼국 통일과정에서 후백제와 교섭하였던 것에 대한 보복으로 이해하였다. 당시 고려는 후당·후진과, 거란은 후백제와 교섭을 적극화하는 遠交近攻정책을 추구하였는데, 발해 멸망과 그 유민의 고려 내투에 따라 불안감을 느낀 거란이 후백제로 경도되는 것에 대한 강한 보복적·적대적 태도에 의해 촉발된 사건으로 인식하였다(한규철, 1985, 37~43쪽; 한규철, 1997, 27쪽).

[47] 이용범은 당시 수만 명이 내투할 만한 정치적 사변이 없었음에도 이 사건이 발생한 것은 烏氏왕실시대의 定安國에서 이탈한 세력이 고려로 내투한 것으로 이해하였다(李龍範, 1974, 97쪽). 이와 달리 孫進己는 발해인 수만 명이 고려로 넘어온 것이 아니라 燕頗가 부여인을 이끌고 정안국으로 간 것을 고려로 온 것이라고 기록한 것으로 판단하였다(孫進己 저, 林東錫 역, 1992, 303~304쪽).

○ 권제4, 세가(世家) 4, 현종(顯宗) 9년

九年 … 春正月, … 丙申, 西女眞未閼達等七人來獻甲鍪及馬. 定安國人骨須來犇.
… 壬子, 東女眞鉏栗弗西女眞阿主等四十餘人來獻馬及甲鍪旗幟貂鼠靑鼠皮.

[현종] 9년(1018) … 봄 정월 … 병신에 서여진의 미알달(未閼達) 등 7인이 와서 갑옷·투구와 말을 바쳤다. 정안국[48] 사람 골수가 도망하여 왔다. … 임자에 동여진 서율불(鉏栗弗), 서여진 아주(阿主) 등 40여 인이 와서 말과 갑옷·투구·기치(旗幟)·초서피·청서피 등을 바쳤다.

○ 권제4, 세가(世家) 4, 현종(顯宗) 10년

十年 … 五月 … 戊辰, 契丹東京文籍院少監烏長公來見.

[현종] 10년(1019) … 5월 … 무진에 거란 동경(東京)의 문적원 소감[49] 오장공(烏長公)이 와서 알현하였다.

八月 … 辛卯, 契丹東京使工部少卿高應壽來.

8월 … 신묘에 거란 동경의 사신 공부소경 고응수(高應壽)가 왔다.

---

48) 정안국은 발해 유민이 압록강 중류 지역에서 세운 나라로, 985년 거란 성종 때에 멸망당하였다. 정안국의 성립에 대해서 10여 년간 유지되었던 大氏의 後渤海가 자체 내의 왕위 찬탈전 결과 後唐 淸泰 3년으로부터 宋 開寶 3년 사이에 烈氏 定安國으로 바뀌었다고 보는 견해가 있고(和田淸, 1916; 李龍範, 1974, 77~78쪽), 압록강 유역의 大光顯 정권과 忽汗城의 그 숙부정권이 대립하다가 숙부정권이 승리하였으나, 南海府를 거점으로 하고 있던 烈氏 정권이 압록부를 차지하면서 건국되었다고 보는 견해가 있다(日野開三郎, 1951, 46쪽 주 3; 한규철, 1997, 9~10쪽).

49) 『新唐書』 卷219, 列傳 第144, 「渤海」에 의하면, 문적원에 장관인 監, 그 밑에 슈이 있으며, 모두 少가 있다고 하였으나 요 제도에는 '문적원'이 보이지 않는다. 따라서 오장공의 관직으로 제시된 '문적원 소감'은 정안국의 그것으로 생각된다. 다만 그가 고려로 내투한 시기에 정안국이 존속하고 있었는가에 대해서는 학자들 간에 견해 차이가 있다.

○ 권제5, 세가(世家) 5, 현종(顯宗) 20년

> 二十年 … 八月, 丁亥朔, 日食. 乙未, 東女眞大相噲拔, 率其族三百餘戶來投, 賜渤海古城地, 處之.

[현종] 20년(1029) … 8월 정해 초하루에 일식이 있었다. 을미에 동여진 대상 쾌발(噲拔)이 그 족속 3백여 호를 이끌고 와서 투항하니, 발해 고성(古城)[50]의 땅을 내려주어 살게 하였다.

> 九月, 戊午, 契丹東京將軍大延琳, 遣大府丞高吉德, 告建國兼求援. 延琳, 渤海始祖大祚榮七代孫, 叛契丹, 國號興遼, 建元天興.

9월 무오에 거란 동경의 장군 대연림(大延琳)이 대부승[51] 고길덕(高吉德)을 보내 건국을 알리고 아울러 도움을 청하였다. 연림은 발해 시조 대조영의 7대손으로, 거란을 배반하여 나라 이름을 흥료(興遼)[52]라고 하고 천흥(天興)으로 건원하였다.

> 十二月, 庚寅, 雷震. 興遼國大師大延定, 引東北女眞, 與契丹相攻, 遣使乞援, 王不許. 自此路梗, 與契丹不通. 壬辰, 命西北面判兵馬事柳韶赴鎭, 以備興遼.

---

50) 이효형은 발해 고성을 南國인 新羅가 8세기 초 이래 발해에 대비해 많은 성을 北境에 축조하였듯이 발해가 신라에 대비해 쌓은 성으로 이해하였다. 그 위치는 쾌발의 내투에 따라 동여진에게 주었다는 기록에 근거하여 고려의 동북 어느 지역으로 파악하였다(이효형, 2002, 26쪽).

51) 遼代 太府監('太'와 '大'는 혼용)의 屬官으로, 흥료국에서 연용한 것으로 보인다.

52) 흥료국은 1029년(고려 현종 20) 8월 초 遼의 東京道 관할하에 있던 東京舍利軍 詳穩 大延琳이 세운 나라이다. 대연림은 女眞과 고려와 함께 거란에 대항하기 위해, 건국 직후인 그해 9월 초에 高吉德을 고려에 보내 건국을 알리고 구원을 요청하였다. 그러나 고려는 郭元이 주도한 保州城(의주) 공격이 실패한 뒤에는, 거란의 남침에 대비만 하는 수세로 돌아섰다. 따라서 1029년 12월부터 1030년 9월까지 여러 차례 거듭된 흥료국의 구원 요청을 들어주지 않았다. 한편 요는 1029년 10월 초에 동경성을 에워싸고 공격하였고, 흥료국은 거의 1년 동안 거란에 포위당한 채 저항하였으나, 楊詳世의 배반으로 요양성이 함락되고 대연림이 붙잡히면서 멸망하였다.

12월 경인에 천둥이 울렸다. 흥료국 대사 대연정(大延定)이 동북여진을 이끌고 거란과 서로 공격하면서, 사신을 보내 도움을 구하였으나 왕이 허락하지 않았다. 이로부터 길이 막혀 거란과 통하지 않았다. 임진에 서북면판병마사 유소(柳韶)에게 명하여 진(鎭)에 가서 흥료(興遼)를 대비케 하였다.

○ 권제5, 세가(世家) 5, 현종(顯宗) 21년

> 二十一年 ··· 春正月, 丁巳, 東女眞烏乙那等五十人來獻馬. 丙寅, 興遼國又遣水部員外郞高吉德, 上表乞師.

[현종] 21년(1030) 봄 정월 정사에 동여진 오을나(烏乙那) 등 50인이 와서 말을 바쳤다. 병인에 흥료국이 다시 수부원외랑 고길덕(高吉德)을 보내 표를 올려 군사를 청하였다.

> 五月, ··· 乙卯, 東女眞奉國大將軍蘇勿蓋等來獻馬九匹戈船三艘楛矢五萬八千六百及器仗. 乙丑, 契丹水軍指麾使虎騎尉大道李卿等六人來投. 自是契丹渤海人來附甚衆.

5월 ··· 을묘에 동여진 봉국대장군 소물개(蘇勿蓋) 등이 와서 말 9필, 과선(戈船) 3척, 호시(楛矢) 5만 8,600개 및 병기와 의장[器仗]을 바쳤다. 을축에 거란의 수군지휘사 호기위(虎騎尉) 대도(大道)·이경(李卿) 등 6인이 투항해 왔다. 이때부터 거란과 발해인의 내부가 매우 많았다.

> 秋七月 ··· 乙丑, 興遼國行營都部署劉忠正, 遣寧州刺史大慶翰, 齎[53)]表來乞援.

가을 7월 ··· 을축에 흥료국의 행영도부서 유충정(劉忠正)이 영주자사(寧州刺史) 대경한(大慶翰)을 보내 표문을 올리고 도움을 청하였다.

---

53) 『高麗史』〈한고조53-나1-2〉에는 '賚'.

> 九月, … 丙辰, 興遼國郢州刺史李匡祿來告急, 尋聞國亡, 遂留不歸. 甲戌, 遣金哿如契丹, 賀收復東京. 乙亥, 契丹遣千牛將軍羅漢奴. 來詔曰: 近不差人往還, 應爲路梗, 今渤海僞主, 俱遭圍閉, 並已歸降, 宜遣陪臣, 速來赴國, 必無虞慮.

9월 … 병진에 흥료국 영주자사(郢州刺史) 이광록(李匡祿)이 와서 위급을 아뢰더니, 얼마 지나지 않아 나라가 망했음을 듣고 머물러 돌아가지 않았다. 갑술에 김가(金哿)를 보내 거란으로 가서 동경 수복을 축하하였다. 을해에 거란이 천우장군(千牛將軍) 나한노(羅漢奴)를 보내어 왔다. [가져온] 조서에 말하기를 "근자에 사절[差人]이 왕래하지 않은 것은 바로 길이 막혀서였고, 지금은 발해의 가짜 임금이 포위되었다가 이미 항복하였으니 마땅히 [고려왕의] 신하[陪臣]를 보내 빨리 와서 나라(거란)에 이른다면 분명 걱정할 바가 없을 것이다"라고 하였다.

> 冬十月, … 是月, 契丹奚哥渤海民五百餘人來投, 處之江南州郡.

겨울 10월 … 이달에 거란 해가(奚哥)와 발해 백성 5백여 인이 투항해 왔다. 강남 주·군[54]에 살게 하였다.

○ 권제5, 세가(世家) 5, 현종(顯宗) 22년

> 二十二年 … 三月, … 是月, 女眞沙逸羅等四十餘人來獻土馬. 契丹渤海民四十餘人來投.

[현종] 22년(1031) 3월 … 이달에 여진 사일라(沙逸羅) 등 40여 인이 와서 토종말을 바쳤다. 거란과 발해 백성 40여 인이 와서 투항하였다.

---

54) 이효형은, 고려에 내투한 발해 유민을 살게 한 강남의 江이 예성강이나 대동강일 가능성이 높지만 한강도 배제할 수 없다고 하였다(이효형, 2002, 21쪽).

> 秋七月, … 丁卯, 渤海監門軍大道行郎等十四人來投. 己巳, 渤海諸軍判官高眞祥孔目王光祿, 自契丹持牒來投.

[덕종 즉위년(1031)]⁵⁵⁾ … 가을 7월 … 정묘에 발해 감문군 대도행랑(大道行郎)⁵⁶⁾ 등 14인이 와서 투항하였다. 기사에 발해 제군판관 고진상(高眞祥), 공목 왕광록(王光祿)이 거란에서 첩(牒)을 가지고 와서 투항하였다.

○ 권제5, 세가(世家) 5, 덕종(德宗) 원년

> 元年 … 春正月, … 丁酉, 西女眞者昆等八人來投. … 渤海沙志明童等二十九人來投.

[덕종] 원년(1032) … 봄 정월 … 정유에 서여진 자곤(者昆) 등 8인이 와서 투항하였다. … 발해 사지(沙志)·명동(明童) 등 29인이 투항해 왔다.

> 二月, … 戊申, 渤海史通等十七人來投. 鐵利國遣使修好.

2월 … 무신에 발해 사통(史通) 등 17인이 투항해 왔다. 철리국에서 사신을 보내 우호를 맺었다.

> 三月, … 癸酉, 契丹殿直高善悟殿前高眞成等十五人, 左廂都指揮使大光保州懷化軍事判官崔運符鄕貢進士李運衡等來奔.

3월 … 계유에 거란 전직(殿直) 고선오(高善悟), 전전(殿前) 고진성(高眞成) 등 15인과 좌상도지휘사(左廂都指揮使) 대광(大光), 보주회화군사판관(保州懷化軍事判官) 최운부(崔

---

55) 현종 22년 5월에 현종이 죽고 덕종이 즉위하였다. 기사의 내용은 덕종 즉위년에 해당한다.
56) 대도행랑은 발해 멸망 후 거란에 살던 발해 유민의 후예로, 동아시아의 정세 변화에 따라 고려에 내투한 인물이라는 견해가 있다(韓圭哲, 1984, 47쪽; 이효형, 2013, 329쪽).

運符), 향공진사(鄕貢進士) 이운형(李運衡) 등이 도망해 왔다.

> 五月, … 丁丑, 渤海薩五德等十五人來投.

5월 … 정축에 발해 살오덕(薩五德) 등 15인이 투항해 왔다.

> 六月, … 己酉, 西女眞懷化將軍尼冬等八人來朝, 增爵一級. 辛亥, 渤海亏音若己等十二人來投. 壬子, 東女眞歸德將軍也於浦等八人來獻土物. … 乙卯, 渤海所乙史等十七人來投.

6월 … 기유에 서여진의 회화장군(懷化將軍) 니동(尼冬) 등 8인이 내조하니 벼슬을 한 등급 더해 주었다. 신해에 발해 우음약기(亏音若己) 등 12인이 투항해 왔다. 임자에 동여진 귀덕장군(歸德將軍) 야어포(也於浦) 등 8인이 와서 토산물을 바쳤다. … 을묘에 발해 소을사(所乙史) 등 17인이 와서 투항하였다.

> 秋七月, … 乙亥, 西女眞大相也半等二十五人來獻土物. 丁丑, 東女眞正朝加伊老懷化將軍也半歸德將軍開老元甫古刀化等九十一人來獻土物. 丙申, 渤海高城等二十人來投.

가을 7월 … 을해에 서여진 대상(大相) 야반(也半) 등 25인이 와서 토산물을 바쳤다. 정축에 동여진 정조(正朝) 가이로(加伊老), 회화장군(懷化將軍) 야반(也半), 귀덕장군(歸德將軍) 개로(開老), 원보(元甫) 고도화(古刀化) 등 91인이 와서 토산물을 바쳤다. 병신에 발해 고성(高城) 등 20인이 와서 투항하였다.

> 冬十月, 丙午, 渤海押司官李南松等十人來奔. … 壬子, 契丹注簿劉信思等五人來奔. 丙寅, 契丹濟乙男等十人來奔.

겨울 10월 병오에 발해 압사관(押司官) 이남송(李南松) 등 10인이 도망해 왔다. … 임자에 거란 주부(注簿) 유신사(劉信思) 등 5인이 도망해 왔다. 병인에 거란 제을남(濟乙男) 등 10인이 도망해 왔다.

○ 권제5, 세가(世家) 5, 덕종(德宗) 2년

二年 … 夏四月, 戊戌, 渤海首乙分等十八人來投. 己亥, 東女眞歸德將軍古於夫等二十六人來獻土物. 戊午, 渤海可守等三人來投.

[덕종] 2년(1033) 여름 4월 무술에 발해 수을분(首乙分) 등 18인이 투항해 왔다. 기해에 동여진 귀덕장군(歸德將軍) 고어부(古於夫) 등 26인이 와서 토산물을 바쳤다. 무오에 발해 가수(可守) 등 3인이 투항해 왔다.

五月, 戊子, 西女眞正位沙於下等三人來朝. 癸巳, 渤海監門隊正奇叱火等十九人來投.

5월 무자에 서여진 정위(正位) 사어하(沙於下) 등 3인이 내조하였다. 계사에 발해 감문대정(監門隊正) 기질화(奇叱火) 등 19인이 와서 투항하였다.

六月, 辛丑, 渤海先宋等七人來投. 甲辰, 西女眞懷化大將軍居伊羅等二十四人來朝. … 丙辰, 東女眞大相古之門等四十一人來朝. 壬戌, 西女眞中尹古舍等六人來投, 古毛漢等二十五人來獻土物.

6월 신축에 발해 선송(先宋) 등 7인이 투항해 왔다. 갑진에 서여진 회화대장군(懷化大將軍) 거이라(居伊羅) 등 24인이 내조하였다. … 병진에 동여진 대상(大相) 고지문(古之門) 등 41인이 내조하였다. 임술에 서여진 중윤(中尹) 고사(古舍) 등 6인이 투항해 왔으며, 고모한(古毛漢) 등 25인이 와서 토산물을 바쳤다.

十二月, 辛丑, 西女眞甫尹甫失等三十九人來獻土物. … 癸丑, 渤海奇叱火等十一人來投, 處之南地.

12월 신축에 서여진 보윤(甫尹)·보실(甫失) 등 39인이 와서 토산물을 바쳤다. … 계축에 발해 기질화(奇叱火)[57] 등 11인이 투항해 왔으므로 남쪽 땅에 살게 했다.

○ 권제6, 세가(世家) 6, 정종(靖宗) 원년

元年 … 五月, 甲辰 … 契丹來遠城使檢校右散騎常侍安署, 牒興化鎭曰: 竊以當郡, 最近仁封, 有小便宜, 須至披達. 載念貴國, 元爲附庸, 先帝每賜優洽, 積有歲月, 靡倦梯航. 昨因伐罪之年, 致阻來庭之禮, 旣剪除於兇逆, 合繼續於貢輸. ….

[정종] 원년(1035) … 5월 갑진 … 거란 내원성사(來遠城使) 검교우산기상시(檢校右散騎常侍) 안서(安署)가 흥화진(興化鎭)에 통첩하여 말하기를, "생각하건대 이 고을은 귀 고을[58]과 가장 가까워 약간의 편의가 있어도 반드시 와서 전하였습니다. 다시 생각해보면 귀국은 원래 부용(附庸)이 되어 선제께서 늘 두텁게 내려주셨고, 오랜 세월 산 넘고 바다 건너는 것을 게을리하지 않았습니다. [그러나] 지난번 죄를 토벌한 해부터 조정에 오는 예가 막혔습니다. 이미 흉적들을 제거하였으니 공물을 옮기는 것을 계속해야만 합니다. …"라고 하였다.

六月, … 辛未, 東女眞烏於古等二十七人來朝. 是月, 寧德鎭廻牒, 契丹來遠城云: 竊以公文事至, 備見親仁. 責諭頗多, 固須宣剖, 略言一槩, 無至多譚. 其來示云: 昨因伐罪之年, 致阻來庭之禮, 旣剪除於兇惡, 合繼續於貢輸者, 竊念當國於延琳作亂之初, 是大國興兵之際, 道途艱阻, 人使寢停. ….

---

57) 앞서 5월에 고려로 투항한 監門隊正 奇叱火와 동일인으로, 그와 함께 온 사람 중 일부를 12월에 남쪽 땅에 안치하며 투항 기사가 중복 기록된 것으로 보인다.
58) '仁封'은 상대방의 고을을 높여 이르는 말이다.

6월 … 신미에 동여진 오어고(烏於古) 등 27인이 내조하였다. 이달에 영덕진(寧德鎭)[59]에서 거란 내원성에 첩을 회신하여 이르기를, "보내온 공문에 친근함과 인자함이 있음을 보았습니다. 꾸짖음이 자못 많아 모름지기 하나하나 가려야 할 것이나 대략 하나로 아울러 말하고 많은 말은 하지 않겠습니다. 보내온 글에서 '지난번 죄를 토벌한 해부터 조정에 오는 예가 막혔다. 이미 흉적들을 제거하였으니 공물을 옮기는 것을 계속해야만 한다.'고 했습니다. 가만히 생각해보면 이 나라는 [대]연림(延琳)이 난을 일으킨 초기에, 바로 대국(요나라)이 군사를 일으켰을 때에 길이 험하고 막혀서 사절이 멈추게 되었습니다. …"라고 하였다.

○ 권제6, 세가(世家) 6, 정종(靖宗) 2년

二年 … 二月 … 甲寅, 東蕃首領大信等來獻駱駝. 己未, 東蕃寧塞將軍阿骨等一百三十五人來朝. 己巳, 東蕃將軍開路等七十一人來獻駿馬. … 辛未, 東蕃賊船寇三陟縣桐津戍標略人民. 守將設伏, 草莽伺賊還, 鼓譟掩擊, 俘斬四十餘級.

[정종] 2년(1036) … 2월 … 갑인에 동번(東蕃) 수령(首領) 대신(大信) 등이 와서 낙타를 바쳤다. 기미에 동번 영새장군(寧塞將軍) 아골(阿骨) 등 135인이 내조하였다. 기사에 동번 장군(將軍) 개로(開路) 등 71인이 와서 준마를 바쳤다. 신미에 동번의 적선(賊船)이 삼척현(三陟縣) 동진술(桐津戍)을 침략하고 인민을 약탈하였다. 지키던 장수가 복병을 두어 풀숲에서 적이 돌아가기를 엿보다가 북을 치고 시끄럽게 하면서 갑자기 공격하여 40여 급을 붙잡아 참수하였다.

○ 권제6, 세가(世家) 6, 정종(靖宗) 5년

五年 … 閏月, 丁亥朔, 契丹東京回禮使大堅濟等九人來.

[정종] 5년(1039) 윤달 정해 초하루에 거란 동경 회례사(回禮使) 대견제(大堅濟) 등 9인이 왔다.

---

59) 평북 의주(義州)를 가리킨다.

○ 권제7, 세가(世家) 7, 문종(文宗) 4년

四年 … 夏四月, … 癸酉, 渤海開好等來投. 癸未, 命有司 檢定東女眞大小乞羅尼村疆界以備寇.

[문종] 4년(1050) … 여름 4월 … 계유에 발해 개호(開好)⁶⁰⁾ 등이 투항해 왔다. 계미에 유사에 명하여 동여진의 대걸라니촌(大乞羅尼村)과 소걸라니촌(小乞羅尼村)의 강계(疆界)를 조사해서 확정하여 노략질에 대비하였다.

○ 권제8, 세가(世家) 8, 문종(文宗) 18년

十八年 … 五月, 乙巳, 命參知政事異惟忠, 饗西女眞寧遠將軍高之知等十三人于禮賓寺, 賜例物.

[문종] 18년(1064) 5월 을사에 참지정사(參知政事) 이유충(異惟忠)에게 명하여 서여진 영원장군(寧遠將軍) 고지지(高之知) 등 13인에게 예빈시(禮賓寺)에서 잔치를 베풀어 주고 전례에 따라 물품을 내려주었다.

○ 권제8, 세가(世家) 8, 문종(文宗) 25년

二十五年 … 八月, 辛酉, 東女眞歸德將軍高舍等十五人來, 獻土物.

[문종] 25년(1071) 8월 신유에 동여진 귀덕장군(歸德將軍) 고사(高舍) 등 15인이 와서 토산물을 바쳤다.

---

60) 開戶에 대해서 고려에 내투한 최후의 발해인으로 인식하고, 이 기록을 근거로 후발해가 실질적으로 멸망한 해로 추정하였다(한규철, 1997, 31쪽).

○ 권제13, 세가(世家) 13, 예종(睿宗) 4년

四年 … 春正月, … 戊申, 遼遣大永信來賀生辰. 己酉, 東界行營兵馬錄事王思謹河景澤等與女眞戰于咸州死之. … 戊午, 御長齡殿引見平虜關外蕃長等五十人, 賜酒食例物.

[예종] 4년(1109) 봄 정월 … 무신에 요에서 대영신(大永信)을 보내와서 생신을 축하하였다. 기유에 동계(東界) 행영병마녹사(行營兵馬錄事) 왕사근(王思謹)·하경택(河景澤) 등이 여진과 함주(咸州)에서 싸우다가 전사하였다. … 무오에 [왕이] 장령전(長齡殿)에 나아가 평로관(平虜關) 밖 번장(蕃長) 등 50인을 접견하고 술과 음식, 전례에 따른 물품을 내려주었다.

○ 권제13, 세가(世家) 13, 예종(睿宗) 6년

六年 … 春正月, … 戊辰, 遼遣泰州管內觀察使大仲宣來賀生辰. 丙子, 御宣政殿, 引見北鄙女眞村長三十人.

[예종] 6년(1111) 봄 정월 … 무진에 요에서 태주관내관찰사(泰州管內觀察使) 대중선(大仲宣)을 보내어 와서 생신을 축하하였다. 병자에 [왕이] 선정전에 나아가 북쪽 변경의 여진 촌장 30인을 접견하였다.

○ 권제14, 세가(世家) 14, 예종(睿宗) 11년

十一年 … 二月, … 癸酉, 遼東京人高諝來投.

[예종] 11년(1116) … 2월 … 계유에 요의 동경 사람 고서(高諝)가 투항해 왔다.

三月, 乙未朔, 王聞遼來遠把州二城爲女眞所攻, 城中食盡, 遣都兵馬錄事邵億, 送米一千石, 來遠統軍辭不受. … 壬寅, 鄭良稷自遼東京還. 時東京渤海人作亂, 殺留

> 守蕭保先, 立供奉官高永昌, 僭稱皇帝, 國號大元, 建元隆基. 良稷至, 詐稱官銜, 上表稱臣. 以國家所遺留守土物, 贈永昌得厚報, 及還匿不奏. 事覺, 有司請下獄治之, 從之.

　3월 을미 초하루에 왕이 요의 내원(來遠)·파주(把州) 두 성이 여진에 공격을 받아 성안에 식량이 다했다는 소식을 듣고, 도병마녹사(都兵馬錄事) 소억(邵億)을 파견하여 쌀 1천 섬을 보냈으나, 내원성 통군(統軍)이 사양하고 받지 않았다. … 임인에 정양직(鄭良稷)이 요의 동경에서 돌아왔다. 이때 동경의 발해인이 난을 일으켜 유수(留守) 소보선(蕭保先)을 죽이고 공봉관(供奉官) 고영창(高永昌)61)을 세웠는데, 함부로 황제라 부르고 나라를 대원(大元)이라 불렀으며, 연호를 세워 융기(隆基)라고 하였다.62) 양직이 이르러 벼슬 이름을 사칭하고 표를 올려 신하라 하였다. 나라에서 [동경] 유수에게 보내는 토산물을 영창에게 주어 대가를 후하게 받았는데, 돌아와서 숨기고 아뢰지 않았다. 일이 드러나자 유사에서 옥에 가둬 다스릴 것을 청하니 그대로 좇았다.

> 十二月 … 是月, 契丹三十三人·漢五十二人·奚一百五十五人·熟女眞十五人·渤海四十四人來.

　12월 … 이달에 거란 33인, 한 52인, 해 155인, 숙여진 15인과 발해 44인이 왔다.

---

61) 고영창은 요나라 供奉官으로 1115년 阿骨打가 요동으로 남하하자 이를 저지하기 위해, 渤海武勇馬軍 2천 명을 모집하여 요양부 인근의 白草谷을 지켰다. 그 이듬해 정월 東京留守 蕭保先의 혹독한 학정에 시달리던 발해 유민과 함께 요양부를 점령하고, 국호를 大渤海國이라 하였다. 金과 교섭하여 요에 대항하려 했으나, 도리어 요와 금 양쪽으로부터 공격을 받았고, 고영창이 금에 붙잡혀 참살되며 대발해국은 불과 5개월 만에 멸망하였다.

62) 고영창이 세운 나라의 이름이 大渤海인지 大元인지 정확하지 않다.『高麗史』·『高麗史節要』와 달리『遼史』와『金史』에는 그 국호가 명확히 기술되어 있지 않지만,『契丹國志』卷10 天祚紀上에는 "高永昌 自殺留守蕭保先後 自據東京 稱大渤海皇帝 開元應順 據遼東五十餘州"라고 하여 국호 및 연호에서 앞의 기록과는 차이를 보인다(이효형, 2002, 22쪽; 이효형, 2006, 14쪽).

○ 권제14, 세가(世家) 14, 예종(睿宗) 12년

十二年 … 春正月, … 壬辰, 渤海五十二人·奚八十九人·漢六人·契丹十八人·熟女眞八人, 自遼來投.

[예종] 12년(1117) … 봄 정월 … 임진에 발해 52인, 해 89인, 한 6인, 거란 18인, 숙여진 8인이 요에서 투항해 왔다.

三月, … 辛卯, 遼來遠城牒曰: 昨爲生女眞及東京渤海背亂,[63] 致不廣收得田禾. 官司雖有見在穀粟, 所有正軍外, 平閑民戶, 闕少粮儲. 權時掇借米貨五萬石, 贍濟民戶, 比候來秋, 却具元借米貨碩斗[64]還充, 必不闕少. 王命兩府臺省侍臣知制誥文武三品都兵馬判官以上, 會議中書省. 令判兵馬事金緣等, 傳諭統軍, 若歸我兩城人物, 則不湏掇借米貨. 再三往復, 統軍不肯從. 及金兵攻取遼開州, 遂襲來遠城及大夫乞打柳白三營, 盡燒戰艦, 擄守船人. 統軍尙書左僕射開國伯耶律寧, 與來遠城刺史檢校尙書右僕射常孝孫等, 率其官民, 載船一百四十艘, 出泊江頭, 移牒寧德城曰: 女眞背亂,[65] 幷東京渤海, 續有背叛, 道路不通, 統軍部內, 田禾未收, 米穀踊貴, 致有貧寒人等. 爲高麗國隣近住坐, 已曾借糧推進, 不行掇借. 爲此部內人民, 赴裏面州城, 趂逐米粟去. 此至回來, 爲相和事. 在此州, 幷地分交付去訖, 仰行交受, 已後准宣命施行. 以來遠抱州二城, 歸于我, 遂泛海而遁. 我兵入其城, 收兵仗及錢貨寶物甚多. 金緣具狀馳奏, 王大悅, 改抱州爲義州防禦使, 以鴨江爲界, 置關防. 甲午, 百官表賀, 略曰: 鴨綠舊墟, 雞林故壤, 越自祖宗之世, 本爲襟帶之防, 逮乎中世之陵夷, 頗遷大遼之侵蝕, 非惟人怨, 實作神羞. 又曰: 比因兩敵之有爭, 頗慮二城之所屬, 靺鞨之請獻, 殆從天啓, 鮮卑之潛遁, 固匪人爲. 我泉我池, 復爲內地, 實藉實畝, 拓大中區. 又曰: 慙乏壯猷之助, 初聞吉語之傳. 刪石紀功, 未奏形容之頌, 奉觴

---

63) 『高麗史』〈한고조53-나1-2〉에는 '乱'.
64) 『高麗史』〈한고조53-나1-2〉에는 '斜'.
65) 『高麗史』〈한고조53-나1-2〉에는 '乱'.

稱壽, 願伸率舞之懷.

　3월 … 신묘에 요나라 내원성(來遠城)에서 보낸 첩에 이르기를 "지난번에 생여진과 동경 발해인의 반란으로 곡식을 두루 거두지 못하였습니다. 관사에 비록 곡식이 있으나 정군(正軍)의 것 이외에 일반 민호의 양식으로 모아둔 것이 부족합니다. 임시로 쌀 5만 섬을 꾸어서 민호를 구제한 이후 다가오는 가을에 반대로 원래 빌린 쌀의 양만큼을 돌려주어 반드시 부족함이 없도록 하겠습니다"라고 하였다. 왕이 양부(兩府)·대성(臺省)의 시신(侍臣), 지제고(知制誥), 문무 3품, 도병마판관(都兵馬判官) 이상에게 중서성에 모여 의논하게 하였다. 판병마사(判兵馬事) 김연(金緣) 등을 시켜 [내원성] 통군(統軍)에게 타이르는 말을 전하며, "만약 두 성과 인물을 우리에게 돌려준다고 하면, 곧 쌀을 빌릴 필요가 없을 것이다"라고 하였다. 두세 번 오갔으나 통군이 따르지 않았다. 급기야 금나라 군대가 요의 개주(開州)를 공격하여 차지하고는, 마침내 내원성과 대부(大夫)·걸타(乞打)·류백(柳白) 세 영(營)을 습격하여 전함을 모조리 불태우고 배를 지키던 사람을 사로잡았다. 통군 상서좌복야 개국백 야율녕(耶律寧)이 내원성 자사 검교상서우복야 상효손(常孝孫) 등과 더불어 그 관민을 이끌고 배 140척에 태워 강 어구에 나와 배를 대었다. 영덕성(寧德城)에 첩을 보내 이르기를, "여진이 배반하여 난을 일으키고, 더불어 동경의 발해까지 연이어 배반하니, 도로가 통하지 않게 되었습니다. 통군부 내에서 곡식을 거두지 못하자 미곡 값이 뛰어올라 빈한한 사람이 생기게 되었습니다. [이곳은] 고려국과 가까이에 있어, 이미 앞서서 양식을 빌리려고 추진하였으나 성사되지 못하였습니다. 이 때문에 부내(部內)의 백성들이 후방의 주(州)와 성으로 가서 양식을 찾았습니다. 이번에 돌아왔으니 서로 좋게 해결해야 할 일입니다. 이 주에서 관할했던 곳을 넘겨주고 가니 인수하신 뒤에 명령을 베풀어 시행하기를 바랍니다"라고 하였다. 내원·포주(抱州) 두 성을 우리에게 돌려주고 마침내 바다를 건너 달아났다. 우리 군사가 그 성에 들어가 거둔 병장기 및 화폐·보물이 매우 많았다. 김연이 장계를 갖추어 급히 아뢰니 왕이 크게 기뻐하였다. 포주를 의주방어사로 고치고 압록강을 경계로 삼아 관방(關防)을 설치하였다. 갑오에 백관이 표문을 올려 축하하였는데, 대략 "압록의 옛 터와 계림의 옛 땅은 선조 때부터 본래 산천으로 둘러싸인 관방이었는데, 중간에 세력이 점차 쇠락해져 대요(大遼)에 침식당했으니, 이것은 사람들의 분노뿐만 아니라 진실로 신(神)의 부끄러움이 되었습니다"라고 하였다. 또한 말하기를 "두 적(兩敵: 요와 금)의 분쟁으로 인해 자못 두 성의 소속을 염려하였는데, 말갈(靺鞨: 금)이 바치겠다고 청하게 된 것은 하늘의 계시를 좇은 것이며, 선비(鮮卑: 요)가 슬그머니 도망한 것도 인위로 된 것은 아닙니다. 우리의 샘과 우리의 못이 다시 내지(內地)가 되어 장적에 올리고 실제 경작할 땅이 되니 국토가 더욱 확대되었습니다"라고 하였다. 또 말하길 "장대한 계책의 조력으로 부족함을 부끄러워하던 차에 비로소 경사스러운 소식을 들었습니다. 돌에 새겨 공을 기념해야 하나 형용할 만한 칭송을 아직 아뢰지 못하였습니다. 술잔을 받들어 만수무강을 부르며, 바라건대 더불어 춤을 추고 싶은 마음을 드러내고자 합니다"라고 하였다.

○ 권제21, 세가(世家) 21, 신종(神宗) 4년

> 四年 … 秋七月, 辛亥 … 遣工部侍郎太守正如金, 謝橫宣, 衛尉卿秦彦匡, 謝賀生辰.

[신종] 4년(1201) … 가을 7월 신해에 … 공부시랑(工部侍郎) 태수정(太守正)을 금에 보내 횡선사(橫宣使)[66]를 보내준 것에 사례하고, 위위경(衛尉卿) 진언광(秦彦匡)이 생신을 축하해 준 것에 사례하였다.

○ 권제22, 세가(世家) 22, 고종(高宗) 15년

> 十五年 … 春正月, … 癸未, 以判將作監事金弁爲東北面兵馬使, 大將軍太集成爲西北面兵馬使.

[고종] 15년(1228) … 봄 정월 … 계미에 판장작감사(判將作監事) 김변(金弁)을 동북면병마사로 삼고, 대장군 태집성(太集城)을 서북면병마사로 삼았다.

---

66) 중국에서 외국으로 파견되는 정기적인 사신 이외에 별도의 목적으로 詔書를 가지고 파견되는 사신.

○ 권제23, 세가(世家) 23, 고종(高宗) 19년

十九年 … 五月, … 辛丑, … 宰樞會宣慶殿, 議禦蒙古. 癸卯, 四品以上又會議, 皆曰: 城守拒敵. 唯宰樞鄭畝太集成等曰: 宜徙都避亂.

[고종] 19년(1232) … 5월 … 신축에 … 재추(宰樞)들이 선경전(宣慶殿)에 모여 몽고를 막을 계책을 의논하였다. 계묘에 4품 이상이 다시 모여 의논하였는데, 모두 말하기를 "성을 지켜 적을 막자"고 하였다. 오직 재추 정묘(鄭畝)와 태집성(太集成) 등이 말하기를 "마땅히 도성을 옮겨 난을 피해야 된다"라고 하였다.

○ 권제23, 세가(世家) 23, 고종(高宗) 23년

二十三年 … 五月, 壬申, 守司空太集成卒.

[고종] 23년(1236) … 5월 임신에 수사공(守司空) 태집성(太集成)이 죽었다.

○ 권제24, 세가(世家) 24, 고종(高宗) 40년

四十年 … 八月, … 癸丑, 校尉大金就率牛峯別抄三十餘人, 與蒙古兵, 戰于金郊興義閒, 斬首數級, 獲馬弓矢氈裘等物.

[고종] 40년(1253) … 8월 … 계축에 교위(校尉) 대금취(大金就)[67]가 우봉별초(牛峯別抄) 30여 인을 이끌고 몽고병과 금교(金郊)·흥의(興義) 사이에서 싸워 여러 명의 목을 베고 말, 활과 화살, 모포, 갑옷 등의 물건을 얻었다.

---

67) 유득공이 『渤海考』를 집필할 때 인용한 도서목록에 『영순태씨족보』가 있는데, 대금취를 영순태씨의 시조로 기술하였다(이효형, 2013, 331쪽 주 17).

○ 권제25, 세가(世家) 25, 고종(高宗) 46년

四十六年 … 十二月, … 庚戌, 蒙兵入松都, 驅掠康安殿守者, 別將大金就擊走之, 奪俘而還.

[고종] 46년(1259)[68] 12월 … 경술에 몽고병이 송도에 들어와 강안전(康安殿)을 지키던 자들을 노략질하니 별장 대금취(大金就)가 그들을 공격하여 쫓아버리고 포로를 빼앗아 돌아왔다.

○ 권제26, 세가(世家) 26, 원종(元宗) 9년

九年 … 二月, … 丙午, 將軍周瑄, 通其叔父周永賚妻大氏, 事覺. 御史臺執大氏鞫之, 死于獄中, 遂斬瑄. 判衛尉寺事李舒, 亦通大氏及其二女, 曾流海島而還. 至是, 賴其壻大將軍金洪就營救, 得免.

[원종] 9년(1268) … 2월 … 병오에 장군 주선(周瑄)이 그 숙부 주영뢰(周永賚)의 아내 대씨(大氏)와 간통하였다가 일이 알려졌다. 어사대(御史臺)에서 대씨를 붙잡아 그를 국문하였는데 옥중에서 죽자, 마침내 [주]선을 참수하였다. 판위위시사(判衛尉寺事) 이서(李舒) 역시 대씨와 그의 둘째 딸과 사통하여 일찍이 해도로 유배되었다가 돌아왔다. 이때에 이르러 그 사위 대장군 김홍취(金洪就)가 군영을 구한 것에 기대어 사면되었다.

○ 권제28, 세가(世家) 28, 충렬왕(忠烈王) 3년

三年 … 秋七月, … 丙辰, 內豎梁善大守莊等告: 慶昌宮主與其子順安公琮謀, 令盲僧終同呪咀. 上命中贊金方慶訊之, 不服.

[충렬왕] 3년(1277) 가을 7월 … 병진에 내수(內豎) 양선(梁善)과 대수장(大守莊) 등이 아뢰기를 "경창궁주(慶昌宮主)가 그의 아들 순안공 종(琮)과 모의하여 장님인 승려 종동(終

---

68) 고종이 당해 6월 승하하여 원종이 즉위하였으므로 곧 원종 즉위년이다.

○ 권제55, 지(志) 9, 오행(五行) 3, 토(土)

太祖八年, 三月, 癸丑, 蟾出宮城東魚堤, 多不可限. 丙辰, 蚯蚓出宮城, 長七十尺. 時謂渤海國來投之應.

태조 8년(925) 3월 계축에 두꺼비가 궁성 동쪽 연못[魚堤]에 나타났는데 많기가 끝이 없었다. 병진에는 지렁이가 궁성에 나타났는데 길이가 70척이었다. 당시에 발해국이 투항해 올 징조라고 하였다.

○ 권제80, 지(志) 34, 식화(食貨) 3, 녹봉(祿俸)

雜別賜, 文宗三十年定. … 六石十斗.【尙食局指諭南班員, 客省承旨孔目都衙, 女直丹渤海通事.】

잡별사(雜別賜)는 문종 30년(1076)에 정하였다. … 6섬 10말이다.【상식국지유남반원(尙食局指諭南班員), 객성승지(客省承旨) 공목도아(孔目都衙), 여진·[거]란·발해통사(女直[契]丹渤海通事)69)】

○ 권제82, 지(志) 36, 병(兵) 2, 진수(鎭戍)

太祖三年 三月, 以北界鶻巖城, 數爲北狄所侵, 命庾黔弼率開定軍三千, 至鶻巖, 於東山築一大城以居. 由是北方晏然.

---

69) 발해(또는 발해 유민)와의 외교 사무를 관장하던 직책. 고려에 '발해통사'가 있었던 것은 발해 멸망 이후에도 발해 유민과의 교류가 많았음을 보여준다. 역관의 기능보다는 발해 유민들의 사회 사정과 지리에 익숙한 자들로서 연락·교섭을 담당하도록 두었던 직책으로 보기도 한다(이효형, 2002, 37쪽).

태조 3년(920) 3월에 북계의 골암성(鶻岩城)70)이 자주 북적에 침략을 받자, 유금필(庾黔弼)에게 명하여 개정군(開定軍) 3천을 이끌고 골암성에 이르러 동쪽 산에 큰 성 하나를 쌓고 주둔하게 하였다. 이로 말미암아 북방이 안정되었다.

○ 권제86, 연표(年表) 1

> 天授八年, 契丹滅渤海國. 世子大光顯內附.

[태조] 천수 8년(925) 거란이 발해국을 멸망시켰다. 세자 대광현(大光顯)이 내부하였다.

○ 권제92, 열전(列傳) 5, 유금필(庾黔弼)

> 太祖, 以北界鶻岩鎭, 數爲北狄所侵, 會諸將議曰: 今南兇未滅, 北狄可憂, 朕寤寐憂懼. 欲遣黔弼鎭之, 如何. 僉曰: 可. 乃命之, 黔弼卽日率開定軍三千以行. 至鶻岩, 於東山築大城以居. 招集北蕃酋長三百餘人, 盛設酒食饗之. 乘其醉, 脅以威, 酋長皆服. 遂遣使諸部曰: 旣得爾酋長, 爾等亦宜來服. 於是諸部相率來附者, 千五百人, 又歸被虜三千餘人. 由是北方晏然.

태조는 북계 골암진(鶻岩鎭)이 자주 북적의 침략을 받자, 여러 장수를 모아 의논하여 말하기를 "지금 남쪽의 흉적들을 아직 없애지 못하였고, 북적도 가히 근심스러워 짐은 자나 깨나 걱정스럽고 두렵다. [유]금필을 보내 지키게 하려는데 어떠한가?"라고 하였다. 모두가 말하기를 "좋습니다" 하였다. 이에 명을 내리니 금필이 그날로 개정군(開定軍) 3천을 이끌고 갔다. 골암에 이르러 동쪽 산에 큰 성을 쌓고 머물렀다. 북번(北蕃)의 추장 3백여 인을 불러 술과 음식을 성대하게 대접하였다. 그들이 취한 틈을 타서 위엄으로 협박하니 추장들이 모두 복종하였다. 드디어 사신을 여러 부에 보내 말하기를 "이미 너희 추장들을 잡았으니 너희들도 마땅히 와서 복종하라"고 하였다. 그리하여 여러 부에서 서로 이끌고 내부한 자가 1천 5백 명이었고, 또한 포로가 되었던 3천여 명도 돌아왔다. 이로 말미암아 북방이 안정되었다.

---

70) 함경남도 안변 新岱里 지역으로 추정된다.

○ 권제92, 열전(列傳) 5, 최언위(崔彦撝)

崔彦撝, 初名愼之, 慶州人. 性寬厚, 自少能文. 新羅末, 年十八, 游學入唐, 禮部侍郎薛廷珪下及第. 時浡[71]海宰相烏炤度[72]子光贊, 同年及第. 炤度朝唐, 見其子名在彦撝下, 表請曰: 臣昔年入朝登第, 名在李同之上, 今臣子光贊, 宜升彦撝之上. 以彦撝才學優贍, 不許.

최언위의 처음 이름은 신지(愼之)이고, 경주인이다. 성품이 너그럽고 인자하며 어려서부터 문장을 잘하였다. 신라 말 나이 열여덟에 당에 들어가 유학하여 예부시랑(禮部侍郞) 설정규(薛廷珪) 아래에서 급제하였다. 당시 발해 재상 오소도(烏炤度)의 아들 광찬(光贊)과 같은 해에 급제하였다.[73] 소도가 당에 입조하였다가 그 아들의 이름이 언위 아래에 있는 것을 보고, 표를 올려 청하여 말하기를 "신이 옛날에 입조하여 급제하였을 때 이름이 이동(李同: 신라인)의 위에 있었으니, 지금 신의 아들 광찬을 언위의 위로 올리는 것이 마땅합니다"라고 하였다. 언위의 재주와 학문이 뛰어나서 허락하지 않았다.

○ 권제92, 열전(列傳) 5, 왕순식(王順式)

尹瑄, 塩州人. 爲人沈勇, 善韜鈐. 初以弓裔誅殺無厭, 慮禍及己, 遂率其黨, 走北邊. 聚衆至二千餘人, 居鶻巖城. 召黑水蕃衆, 久爲邊郡害. 及太祖卽位, 率衆來附, 北邊以安.

윤선(尹瑄)은 염주인(鹽州人)이다. 사람됨이 침착하고 용감하며 군사 지휘를 잘하였다. 처음에 궁예가 사람 죽이기를 만족하지 않으니, 화가 자기에게 미칠까 근심하여 마침내 그 무리를 이끌고 북변으로 달아났다. 모인 무리가 2천여 인에 이르렀고, 골암성(鶻巖城)에서

---

71) '浡' → '渤'.
72) 『東文選』 卷47, 「新羅王與唐江西高大夫湘狀」·「與禮部裵尙書瓚狀」에는 '烏昭度'.
73) 최언위와 오광찬의 빈공과 급제 시기에 대해 송기호는 薛廷珪가 지공거였을 때인 천우 3년(906)으로 보았다(宋基豪, 1995, 170쪽).

살았다. 흑수번(黑水蕃)의 무리를 불러들이니 오랫동안 변경의 군(郡)에 해가 되었다. 태조가 즉위함에 이르러 무리를 이끌고 내부하니 북변이 안정되었다.

○ 권제93, 열전(列傳) 6, 최승로(崔承老)

承老上書曰: … 若契丹者, 與我連境, 宜先修好, 而彼又遣使求和. 我乃絕其交聘者, 以彼國嘗與渤海連和, 忽生疑貳, 不顧舊盟, 一朝殄滅. 故太祖以爲無道之甚, 不足與交, 所獻駱駝, 亦皆弃而不畜. 其深策遠計, 防患乎未然, 保邦于未危者, 有如此也. 渤海旣爲丹兵所破, 其世子大光顯等,[74] 以我國家擧義而興, 領其餘衆數萬戶, 日夜倍道來犇. 太祖憫念尤深, 迎待甚厚, 至賜姓名, 又附之宗籍, 使奉其本國祖先之禮祀. 其文武參佐以下, 亦皆優沾爵命. 其急於存亡繼絕, 而能使遠人來服者, 又如此也. …

[최]승로가 글을 올려 말하기를 " … 거란 같은 나라는 우리와 경계를 마주하고 있어 마땅히 먼저 우호를 맺어야 하는데, 저들 역시 사신을 보내 화친을 구하였습니다. 우리가 이내 그들과 교빙(交聘)을 끊은 것은, 그 나라가 일찍이 발해와 서로 화친했다가 갑자기 의심하여 두마음을 품고 옛 맹약은 돌아보지 않고 하루아침에 모조리 없애버렸기 때문입니다. 이 때문에 태조께서는 그들의 무도함이 심하여 더불어 교류하기에 부족하다 여겼고 바친 낙타도 또한 모두 버리고 기르지 않으신 것입니다. 그 깊고 원대한 계책으로 근심을 미연에 막고 위태롭기 전에 나라를 보호함이 이와 같으셨습니다. 발해가 이미 거란병에게 격파되자 그 세자 대광현(大光顯) 등은 우리나라가 의로써 일어났다고 여겨 그 남은 무리 수만 호를 이끌고 밤낮으로 길을 재촉하여 달려왔습니다. 태조께서 불쌍히 여기고 맞아들여 대함이 매우 두터워서 성과 이름을 내려주기에 이르셨습니다. 또한 종실의 적(籍)에 붙여 그 본국 조상의 제사를 받들도록 하셨습니다. 그 문무 보좌관 이하에게도 또한 모두 벼슬과 품계를 더하셨습니다. 그 망하고 끊어진 바를 보존하고 이어줌을 서둘러 하시니, 먼 곳에 있는 사람들로 와서 복종하게 하는 것이 또한 이와 같았습니다. … "라고 하였다.

---

[74] 『高麗史節要』 卷2, 「成宗」 元年 六月에는 ' … 丹兵所破, 忽汗亡時, 其世子大光顯等 … '.

○ 권제94, 열전(列傳) 7, 서희(徐熙)

遜寧以蒙戩旣還, 久無回報, 遂攻安戎鎭. 中郎將大道秀郎將庾方, 與戰克之. … 熙奉國書如遜寧營. … 於是, 熙至營門, 下馬而入. 與遜寧分庭揖升行禮, 東西對坐. 遜寧語熙曰: 汝國興新羅地, 高句麗之地, 我所有也, 而汝侵蝕之. 又與我連壤, 而越海事宋, 故有今日之師. 若割地以獻, 而修朝聘, 可無事矣. 熙曰: 非也. 我國卽高句麗之舊也. 故號高麗, 都平壤. 若論地界, 上國之東京, 皆在我境, 何得謂之侵蝕乎. 且鴨綠江內外, 亦我境內, 今女眞盜據其閒, 頑黠變詐, 道途梗澁, 甚於涉海, 朝聘之不通, 女眞之故也. 若令逐女眞, 還我舊地, 築城堡通道路, 則敢不修聘. 將軍如以臣言, 達之天聰, 豈不哀納. 辭氣慷慨. 遜寧知不可强, 遂具以聞.

[소]손녕([蕭]遜寧)은 몽전(蒙戩)이 이미 돌아간 뒤에도 오랫동안 회답이 없자, 마침내 안융진(安戎鎭)을 공격하였다. 중랑장(中郎將) 대도수(大道秀)[75]와 낭장(郎將) 유방(庾方)이 더불어 싸워 이겼다. … [서]희가 국서를 받들고 [소]손녕의 군영으로 갔다. … 이에 희는 군영 문에 이르러 말에서 내려 들어갔다. 손녕과 뜰에 마주서서 절하고 올라가 예를 행하고 동서로 마주 앉았다. 손녕이 희에게 말하여 이르기를 "너희 나라는 신라 땅에서 일어났고 고구려 땅은 우리 소유인데 너희가 침식하였다. 또 우리와 영토를 잇닿아 있으면서 바다 건너 송을 섬겼기 때문에 오늘날의 군사가 있는 것이다. 만약 땅을 떼어 바치고 조빙(朝聘)을 닦는다면 아무 일도 없을 것이다"라고 하였다. 희가 말하기를 "그렇지 않다. 우리나라가 바로 고구려의 옛 땅이다. 따라서 이름을 고려라고 하였고 평양에 도읍한 것이다. 만약 땅의 경계를 논한다면, 상국(거란)의 동경이 모두 우리 경내에 있거늘 어찌 그것을 침식했다고 하겠는가? 또 압록강의 안팎 또한 우리 경내인데, 지금 여진이 훔쳐서 그 중간에 살면서 완악하고 교활하게 거짓말을 하면서 길을 막고 있어 [이 길을 가는 것은] 바다를 건너는 것보다도 어려우므로, 조빙이 통하지 않는 까닭은 여진 때문이다. 만약 여진을 몰아내고 우리의 옛 땅을 되찾아

---

75) 거란의 고려 침략기에 활동한 발해계 인물로 『遼史』 卷115, 高麗外紀에 등장하는 渤海陀失과 시간적으로나 사건의 내용으로 봤을 때 동일 인물일 가능성이 있다는 견해가 있다(金渭顯, 1985, 69쪽; 이효형, 2002, 30쪽). 이 밖에 김육불은 대도수를 대광현의 아들로 이해하였다(金毓黻, 1934, 『渤海國志長編』 卷13, 遺裔列傳 大道秀).

성과 보루를 쌓고 길을 통하게 한다면 감히 교빙을 닦지 않겠는가? 장군이 가서 신의 말로써 천자께 전달한다면 어찌 애절하게 받아들이시지 않겠는가?"라고 하였다. 말투가 강개하여 손녕이 억지로 할 수 없음을 알고 드디어 들은 바대로 갖추어 보고하였다.

○ 권제94, 열전(列傳) 7, 최사위(崔士威)

> 契丹東京將軍大延琳叛, 自稱興遼國. 刑部尙書郭元, 請乘機取鴨江東岸. 士威與徐訥等上書, 以爲不可, 元固執攻之, 竟不克. 延琳所署太師大延定, 引東北女眞, 與契丹相攻, 遣使乞援. 王議諸輔臣. 士威與平章事蔡忠順言: 兵者危事, 不可不愼. 彼之相攻, 安知非我利耶. 但可修城池, 謹烽燧, 以觀其變, 王從之.

거란 동경의 장군 대연림(大延琳)이 반란을 일으켜 스스로 흥료국(興遼國)이라고 불렀다. 형부상서 곽원(郭元)이 틈을 타서 압록강 동쪽 편을 차지하자고 청하였다. [최]사위(士威)가 서눌(徐訥) 등과 함께 글을 올려 옳지 않다고 하였다. [그러나] [곽]원은 고집을 피워 공격하였고, 결국 이기지 못하였다. [대]연림이 임명한 태사(太師) 대연정(大延定)이 동북여진을 이끌고 거란과 서로 공격하면서, 사신을 보내 구원을 애걸하였다. 왕이 보신(輔臣)들과 의논하였다. 사위와 평장사(平章事) 채충순(蔡忠順)이 말하기를 "전쟁이란 위험한 일이라 삼가지 않을 수 없습니다. 저들이 서로 공격하는 것이 어찌 우리의 이로움이 아니겠습니까? 다만 성과 못을 수리하고 봉수(烽燧)를 엄하게 하여 그 변화를 살피십시오"라고 하니, 왕이 그대로 좇았다.[76]

○ 권제94, 열전(列傳) 7, 양규(楊規)

> 顯宗 元年, 契丹主自將來討姜兆, 圍興化鎭. 規爲都巡檢使, … 嬰城固守. …. 契丹兵入郭州, 防禦使戶部員外郞趙成裕夜遁. 寧漢及行營修製官乘里仁大將軍大懷德工部郞中李用之禮部郞中簡英彦皆死. 城遂陷.

---

76) 이 사건에 대해 고려 전기 태조대에 보여준 발해에 대한 입장과 달리 관망적인 입장에서 미묘한 국제관계에 개입하지 않으려 했던 11세기 고려 조정의 실리 외교의 일단을 보여준다고 이해하는 견해가 있다 (이효형, 2002, 28쪽).

현종 원년(1010) 거란주가 스스로 와서 강조(康兆)를 토벌한다고 하며 흥화진(興化鎭)을 에워쌌다. 왕규(王規)는 도순검사(都巡檢使)가 되어 … 성을 굳게 지켰다. … 거란병이 곽주(郭州)로 들어오자 방어사(防禦使) 호부원외랑(戶部員外郎) 조성유(趙成裕)가 밤에 도망하였다. 영한(寧漢)과 행영수제관(行營修製官) 승리인(乘里仁), 대장군 대회덕(大懷德), 공부낭중 이용지(李用之), 예부낭중 간영언(簡英彦)이 모두 죽었다. 성이 마침내 함락되었다.

○ 권제94, 열전(列傳) 7, 지채문(智蔡文)

> 顯宗 元年, 補中郎將. 王聞契丹兵至, 遣蔡文將兵, 鎭和州以備東北. … 命蔡文移兵援西京, … 契丹主次城西佛寺, 思政懼, 紿將軍大道秀曰: 君自東門, 吾自西門出, 前後夾攻, 蔑不勝矣. 遂以麾下兵夜遁. 道秀出東門, 始知見紿, 又力不可敵, 遂率所部, 降于契丹. 諸將皆潰, 城中恟懼.

현종 원년(1010) [지채문이] 중랑장에 임명되었다. 왕이 거란병이 이르렀다는 것을 듣고 채문(蔡文)을 보내 군사를 이끌고 화주(和州)에 진을 쳐 동북면을 방비하게 하였다. … 채문에게 명하여 병사를 옮겨 서경을 돕도록 하였다. … 거란주가 성 서쪽 절에 이르니 사정(思政)이 두려워하며 장군 대도수(大道秀)를 속여 "군(君)은 동문으로, 나는 서문으로 나가 앞뒤에서 협공하면 이기지 못할 리 없다"라고 말하였다. 드디어 휘하의 병사를 데리고 밤에 도망쳤다. 도수가 동문을 나가서야 비로소 속은 줄 알았다. 또한 힘으로 대적할 수 없었으므로 이에 부(部)를 이끌고 거란에 항복하였다. 여러 장수들도 모두 무너지니 성안이 매우 두려워하였다.

○ 권제94, 열전(列傳) 7, 곽원(郭元)

> 二十年, 興遼反, 契丹遣使求援. 元密奏王曰: 鴨江東畔, 契丹保障, 今可乘機取之. 崔士威徐訥金猛等皆上書, 言其不可. 元固執, 遣兵攻之不克. 慙恚發疽而卒.

[현종] 20년(1029) 흥료국이 반란을 일으키니 거란이 사신을 보내 도움을 청하였다. [곽]원(元)이 몰래 왕에게 아뢰어 말하기를 "압록강 동쪽 기슭의 거란이 지키던 장새를 지금 기회를

틈타면 취할 수 있습니다"라고 하였다. 최사위(崔士威), 서눌(徐訥), 김맹(金猛) 등이 모두 글을 올려 "그것은 옳지 않다"라고 하였다. 원이 고집하여 병사를 보내 그곳을 공격하였으나 이기지 못하였다. 부끄러움과 분함으로 등창이 나서 죽었다.

○ 권제94, 열전(列傳) 7, 유소(柳韶)

> 二十年, 王命韶於興化鎭西北四十里, 修古石城, 置威遠鎭, 又修興化鎭北古石堡, 置定戎鎭, 徙永平民實之. 契丹東京將軍大延琳叛, 自稱興遼, 來求援, 王不許. 時韶以西北面判兵馬事遭喪. 王下敎起復曰: 古者, 三年之喪, 卒哭, 金革之事無避. 漢丞相翟方進遭喪, 旣葬三十日, 除服視事. 今興遼來請師, 恐有邊警, 卿宜馳往邊上以備之. 除吏部尙書參知政事.

[현종] 20년(1029) 왕이 유소(柳韶)에게 명하여 흥화진(興化鎭) 서북 40리에 있는 오래된 석성(石城)을 수리하여 위원진(威遠鎭)을 설치하게 하였다. 또한 흥화진 북쪽에 있는 옛 석보(石堡)를 수리하여 정융진(定戎鎭)을 설치하고 영평(永平) 백성을 옮겨 채우게 하였다. 거란 동경의 장군 대연림(大延琳)이 반란을 일으켜 스스로 흥료(興遼)라고 하고 와서 도움을 청하였으나, 왕이 허락하지 않았다. 당시 소는 서북면판병마사(西北面判兵馬事)였는데 상을 당하였다. 왕이 기복(起復)[77]하라는 교서를 내리며 "옛 사람은 3년상에도 곡을 마치면 전쟁[金革]의 일을 피하지 않았다. 한(漢)의 승상 적방진(翟方進)은 상을 당하였으나 장사한 지 30일 만에 상복을 벗고 일을 살폈다. 지금 흥료가 와서 군사를 요청하는데 변방에 위험이 있을까 걱정되니, 경은 마땅히 서둘러 변경으로 가서 대비하라"고 하였다. [그를] 이부상서 참지정사(參知政事)로 제수하였다.

○ 권제96, 열전(列傳) 9, 윤관(尹瓘)·[윤]언이([尹]彦頤)

> … 後爲廣州牧使, 上表因自解云. … 仁后雖知其戇直, 莫得而寬, 因竄逐於遐方, 欲保全其餘命. 而臣受貶之夕, 臨行之時, 固知得罪之端, 徒極積憂之念. 及觀中軍所

---

77) '기복'은 상을 당한 관리를 복상 기간 중에 특별히 명하여 업무를 보게 하는 것을 말한다.

> 奏曰: 彥頤與知常, 結爲死黨, 大小之事, 實同商議, 在壬子年西幸時, 上請立元稱號, 又諷誘國學生奏前件事, 盖欲激怒大金, 生事乘閒, 恣意處置朋黨外人, 謀爲不軌, 非人臣意. 臣讀過再三, 然後心乃得安. 繫是立元之請, 本乎尊主之誠. 在我本朝, 有太祖光宗之故事, 稽其往牒, 雖新羅渤海以得爲, 大國未嘗加其兵, 小國無敢議其失. 奈何聖世, 反謂僭行. 臣嘗議之, 罪則然矣. 若夫結爲死黨, 激怒大金, 語言雖甚大焉, 本末不相坐矣. ….

[윤언이가] 뒤에 광주목사가 되어 표를 올리고 스스로 해명하여 말하길, "… 어진 임금께서 비록 [저의] 우직하고 고지식함을 알았으나 너그럽게 할 수 없어 먼 곳으로 쫓아내고 그 남은 목숨이나마 보존하게 해주셨습니다. 그러나 신은 내쳐짐을 받은 날 저녁 떠날 때에도 죄를 얻은 까닭을 알지 못한 채 단지 걱정하는 마음뿐이었습니다. 중군(中軍)에서 아뢴 것을 엿보게 되었는데, '언이(彥頤)가 [정]지상([鄭]知常)과 더불어 사당(死黨)을 맺어 크고 작은 일마다 함께 의논하였습니다. 임자년(1132)에 서경으로 행차하셨을 때에는 주상께 연호를 세우고 황제라 하시기를 청하였으며, 또한 국학생들을 부추기고 꾀어서 앞의 일을 아뢰도록 하였습니다. 대개 대금(大金)을 화나게 하여 일을 만들고, 그 틈을 타서 마음대로 붕당 이외의 사람들을 처치하려고 반역을 꾀하였다고 하였으니, 신하 된 자의 생각이 아닙니다.'라고 하였습니다. 신은 [이를] 두세 번 읽고 나서 비로소 마음의 안정을 얻었습니다. 연호를 세우자는 청은 본래 임금을 높이 받들려는 정성인 것입니다. 우리 본조(고려)에서는 태조·광종의 고사(故事)가 있습니다. 그 이전의 첩(牒)[78]을 살펴보더라도 비록 신라와 발해가 그리했지만, 대국은 일찍이 그 병사를 더하지 않았으며 소국은 감히 그 잘못을 따지지 못했습니다. 어찌하여 성세(聖世)에 반대로 참람한 행위라고 하는지요? 신이 일찍이 그것을 의논한 것이 죄라면 그렇다고 하겠지만, 무릇 사당을 맺어 대금을 격노하게 하였다고 한다면, 말이 비록 아무리 크다고 하여도 본말이 서로 맞지 않는 것입니다. …"라고 하였다.

---

78) 중국의 여러 사서를 지칭하는 것으로 보이지만, 발해 유민들이 고려에 내투할 때 가져온 발해 사서나 기타 어느 왕첩일 가능성도 배제할 수 없다(이효형, 2002, 34쪽).

○ 권제100, 열전(列傳) 13, 경대승(慶大升)

明宗 … 十一年, 前隊正韓信忠蔡仁靖朴敦純等謀作亂, 令史同正大公器知之, 以告大升.

명종 … 11년(1181) 전대정(前隊正) 한신충(韓信忠)·채인정(蔡仁靖)·박돈순(朴敦純) 등이 난을 일으킬 것을 모의하였는데, 영사동정(令史同正) 대공기(大公器)가 그것을 알고 경대승(慶大升)에게 아뢰었다.

○ 권제103, 열전(列傳) 16, 최춘명(崔椿命)

高宗 十八年, 爲慈州副使, 蒙古兵圍州, 椿命率吏民, 固守不下. 國家以蒙古元帥撒禮塔詰責, 遣內侍郎中宋國瞻諭降. 椿命閉門不對, 國瞻罵而還. 及三軍將帥降撒禮塔, 撒禮塔謂淮安公侹曰: 慈州不降, 宜遣人諭降. 侹遣後軍陣主大集成與蒙古官人, 到城下曰: 國朝及三軍已降, 宜速出降. 椿命坐城樓使人, 對曰: 朝旨未到, 何信而降. 集成曰: 淮安公已來請降, 故三軍亦降, 此非信耶. 對曰: 城中人不知有淮安公, 遂據不納. 蒙古官人呵責集成入城, 椿命使左右射之, 皆奔却. 如是者數四, 終不下. 集成深銜而返. 撒禮塔必使殺之.

고종 18년(1231) 자주부사(慈州副使)였을 때 몽고병이 주를 에워싸니 [최]춘명(椿命)이 관리와 백성들을 이끌고 견고히 지켜 항복하지 않았다. 나라에서 몽고 원수 살리타[撒禮塔]의 힐책으로 인해, 내시낭중(內侍郎中) 송국첨(宋國瞻)을 [춘명에게] 보내 항복하도록 타일렀다. 춘명이 성문을 닫고 상대하지도 않으니, 국첨이 욕을 퍼붓고 돌아갔다. 삼군(三軍)의 장군이 살리타에게 이미 항복하기에 이르자, 살리타가 회안공(淮安公) [왕]정([王]侹)에게 일러 말하길 "자주(慈州)가 항복하지 않으니 마땅히 사람을 보내 항복을 권하라!"고 하였다. 정이 후군(後軍)의 진주(陣主) 대집성(大集成)79)을 몽고 관리와 함께 보내, 성 아래 이르러서 말하기를

---

79) ?~1236. 太集成이라고도 한다. 고종 초기 郞將을 지냈다. 고종 5년(1218) 崔忠獻이 借將軍으로 임명하였으나, 함부로 승려와 노예를 사병으로 모으며 소동을 일으키자 관직을 박탈당했다. 崔瑀 집권기에는

"조정과 삼군이 이미 항복하였으니 마땅히 속히 나와 항복하라"고 하였다. 춘명이 성루에 앉아 사람을 시켜 대답하여 말하기를 "조정의 성지(聖旨)가 이르지 않았는데 어찌 믿고 항복하겠는가?"라고 하였다. 집성이 말하기를 "회안공이 이미 와서 항복을 청한 까닭에 삼군이 항복한 것인데 이것을 믿지 못하겠는가?"라고 하였다. [춘명이] 대답하기를 "성중 사람들은 회안공이 있는지도 모른다"라고 하였고, 끝내 막아서 받아들이지 않았다. 몽고 관리가 집성을 꾸짖으며 성으로 들어가게 했는데, 춘명이 좌우로 하여금 그를 쏘게 하니 모두 달아나 피했다. 이와 같이 서너 번하였으나 끝내 항복하지 않았다. 집성이 매우 원망하며 돌아갔다. 살리타는 기필코 그를 죽이겠다고 하였다.

○ 권제103, 열전(列傳) 16, 김희제(金希磾)

> 希磾壻鄭相, 判樞密通輔子也, 恃勢驕橫. 嘗奸大將軍池允深妻, 流南方後召還. 夜至壽德宮, 里門閉. 相怒管鑰者遲來, 從門隙射殺之. 法官大集成金得循崔宗藩洪斯胤等, 聽希磾通輔囑, 不問, 唯郞中李廷翺, 固執不得, 遂以輕罪論免.

김희제(金希磾)의 사위 정상(鄭相)은 판추밀(判樞密) 정통보(鄭通輔)의 아들로 세도만 믿고 교만하며 성정이 사나웠다. 일찍이 대장군 지윤심(池允深)의 처와 간통하여 남방으로 유배를 갔다가 뒤에 소환되었다. 밤에 수덕궁(壽德宮)에 이르렀는데 이문(里門)이 달혀 있었다. [정]상이 열쇠를 맡은 자가 늦게 오자 화를 내며 문틈으로 그를 쏘아 죽였다. 법관 대집성(大集成)·김득순(金得循)·최종번(崔宗藩)·홍사윤(洪思胤) 등은 희제와 통보의 부탁을 듣고 불문에 붙였다. 오직 낭중(郞中) 이정핵(李廷翺)만이 그럴 수 없다고 고집하였다. 마침내 가벼운 죄로서 면죄를 논의하였다.

大將軍에 올라, 서북면병마사가 되었다. 고종 16년(1229)에는 최우가 고정에게 바친 御輦을 제작하였다. 고종 18년(1231) 몽고의 침략 때 출전하였다가 安北府戰鬪에서 크게 패한 뒤, 최우가 몽고와 강화하자 몽고의 요청으로 끝까지 항전한 慈州城을 항복시켰다. 이후 최우의 장인이 되어 御史大夫가 되었고, 강화 천도에 공을 세워 守司空이 되었다.

○ 권제123, 열전(列傳) 36, 폐행(嬖幸) 1 유행간(庾行簡)

> 知銀臺事左司郞中劉忠正, 本渤海人. 無他技能, 亦甚寵於王. 王嘗以水房人吏, 分屬二人, 出入騶從, 僭擬無極. 王不豫, 行簡忠正並直宿於內, 宰臣請入寢問疾, 行簡傳旨曰: 體氣漸平, 取別日召見. 宰相再請, 不許.

지은대사(知銀臺事) 좌사낭중(左司郞中) 유충정(劉忠正)은 본래 발해인이다.[80] 다른 기술이나 능력이 없으면서도 왕에게 매우 총애를 받았다. 왕이 일찍이 수방(水房)의 인리(人吏)를 나누어 두 사람에게 소속시켰는데, 출입할 때 아랫사람을 거느림에 분수를 모르는 것이 끝이 없었다. 왕이 병이 들자 [유]행간([庾]行簡)과 충정(忠正)이 함께 안에서 숙직하였다. 재신이 침소에 들어 병문안하기를 요청하였으나, 행간이 전지(傳旨)라고 하며 "몸의 기력이 점차 안정되었으니, 다른 날을 택해 불러서 보겠다"라고 하였다. 재상이 다시 청하였으나, 듣지 않았다.

○ 권제129, 열전(列傳) 42, 반역(反逆) 3 최충헌(崔忠獻)

> 忠獻欲得武士心, 以郞將大集成等五人爲借將軍. 集成以無本領, 不問僧徒奴隷, 許爲屬卒. 中外大擾, 家家杜門. 至有不得樵牧者. 忠獻聞之, 怒奪其職.

[최]충헌(忠獻)이 무사들의 마음을 얻으려고 낭장(郞將) 대집성(大集成) 등 5인을 차장군(借將軍)으로 삼았다. 집성은 본래 이끄는 자들이 없어서, 승도든 노예든 따지지 않고 수하의 군졸이 되는 것을 허락하였다. 온 나라가 크게 소란해지자 집집마다 문을 닫아걸었다. 땔감을 구하고 짐승을 칠 수도 없을 지경이 되었다. 충헌이 그것을 듣고 노하여 그 직위를 빼앗았다.

---

80) 『고려사』 중 발해 유민의 후예에 대한 많은 기사 중에서 大氏 또는 太氏를 제외하고 '발해인'임을 알 수 있는 유일한 기사라는 점에서 주목된다. 유충정은 현종 21년(1030) 7월 大慶翰을, 9월 李匡祿을 보내 위급을 알린 이와 동일인일 가능성이 있다(이효형, 2002, 30쪽).

○ 권제129, 열전(列傳) 42, 반역(反逆) 3 최충헌(崔忠獻) · [최]이([崔]怡)[81]

高宗 … 十五年, … 有僧, 將營慈惠院, 伐材于江陰縣, 監務朴奉時禁之, 沒其材. 僧托大將軍大集成, 貽書以請, 奉時不從. 集成請怡移敎定所牒, 又不從. 集成慙忿訴怡, 乃流奉時于遠地.

고종 … 15년(1228) … 어떤 승려가 자혜원(慈惠院)을 지으려고 강음현(江陰縣)에서 나무를 베자, 감무 박봉시(朴奉時)가 그것을 금지하고 그 목재를 몰수하였다. 승려가 대장군 대집성(大集成)에게 부탁하여 편지를 보내 요청하였으나 봉시가 따르지 않았다. 집성이 최이(崔怡)에게 청하여 교정소(敎定所)의 첩(牒)을 보냈지만 또 따르지 않았다. 집성이 부끄럽고 화가 나서 [최]이에게 참소하니, 마침내 봉시가 먼 곳에 유배되었다.

十六年, … 怡私造御輦以進. 輦飾金銀錦繡, 覆以五色氈, 窮極侈麗. 王嘆賞不已, 賜監造大集成鞍馬衣服紅鞓. 王以輦駕水牛, 道路爭觀.

[고종] 16년(1229), … [최]이가 사사로이 어연(御輦)을 만들어서 바쳤다. 연은 금·은·비단[錦繡]으로 장식했고 오색의 모직으로 감싸 매우 사치스럽고 화려하였다. 왕이 감탄하기를 마지않고, 제작을 감독한 대집성(大集成)에게 안마(鞍馬: 안장을 얹은 말)·의복·홍정(紅鞓: 붉은 가죽띠)을 내려주었다. 왕이 연을 물소에게 끌게 하자 [백성들이] 길에서 앞다투어 구경하였다.

---

81) 『高麗史』(奎貴3539, 太白山史庫本)에는 崔忠獻의 열전과 崔怡의 열전이 구분되어 있으나, 다른 판본에는 최충헌 열전에 최이의 내용이 덧붙어 있다.

발해사 자료총서 – 한국사료 편 권1

12. 『고려사절요(高麗史節要)』

고려시대의 역사를 편년체로 정리한 사서이다. 총 35권으로 1452년(문종 2) 2월 김종서(金宗瑞) 등에 의해 편찬되었으며, 『고려사』와 더불어 고려시대를 연구하는 데 중요한 책이다. '절요'라는 명칭이 붙기는 했으나, 『고려사』를 줄인 책이 아니라 『고려사』와 서로 보완 관계에 있는 사서라 할 수 있다. 1434년(세종16)에 주조한 갑인자를 사용하여 1453년(단종1)에 출판하였다. 이때 인쇄한 54질을 집현전에 보관했다는 기록이 『단종실록』에 보인다. 현재 초간본은 전질이 일본 재단법인 미장덕천여명회(尾張德川黎明會)의 호사문고(蓬左文庫)에 소장되어 있으며, 규장각에는 그 일부인 24책이 있다. 중종 때 을해자로 다시 간행한 것은 규장각에 소장되어 있다.

발해사 관련 내용은 『고려사』와 대동소이하지만, 925년 3월(태조 8, 권1)에 발해국이 내투할 징조를 설명한 것과 942년 10월의 만부교(萬夫橋) 사건에 대한 이제현(李齊賢)의 사찬(史贊)이 새로 추가되어 실려 있다.

아래 원문은 규장각 소장 〈奎貴3556〉본을 저본으로 삼았으며, 권3은 규장각 소장 〈古貴4240〉본을 택하였다.

○ 권제1, 태조(太祖) 원년

元年 … 八月, … 朔方鶻巖城帥尹瑄來附. 瑄沈勇善韜鈐. 弓裔末, 避禍走入北邊, 有衆二千餘人, 居鶻巖城, 召黑水蕃, 侵害邊郡. 至是聞王遣使招諭, 遂來降, 北邊以寧.

[태조] 원년(918) … 8월에 … 삭방(朔方)[1] 골암성(鶻巖城)[2]의 장수 윤선(尹瑄)이 내부(來附)하였다. [윤]선은 침착하고 용맹스러웠으며, 병법을 잘 알았다. 궁예 말년에 화를 피하여 북쪽 변경으로 달아나 무리 2천여 명을 거느리고 골암성에 있으면서 흑수번(黑水蕃)을 불러 들여 변경의 군(郡)을 침략하여 해를 입혔다. 이때에 이르러 왕이 사자를 보내어 초유(招諭)한다는 말을 듣고 드디어 항복하여 오니, 북변이 편안해졌다.

> 九月, … 王謂群臣曰: 平壤古都, 荒廢已久, 荊棘滋茂, 蕃人遊獵於其間, 因而侵掠, 宜徙民實之, 以固藩屛. 遂分黃鳳海白塩諸州人戶居之, 爲大都護, 遣堂弟式廉廣評侍郞列評, 守之, 仍置參佐四五人.

9월에 … 왕이 여러 신하들에게 이르기를, "옛 도읍인 평양이 황폐한 지 이미 오래되어 가시덤불이 무성하였다. 번인(蕃人)들이 그 사이에서 사냥하면서 침략하니, 마땅히 백성을 옮겨 그곳을 채우게 하여 번병(藩屛)을 튼튼하게 하도록 하라"고 하였다. 마침내 황주(黃州)·봉주(鳳州: 황해 봉산)·해주(海州)·백주(白州: 황해 배천)·염주(鹽州: 황해 연안) 등 여러 주(州)의 인호(人戶)를 나누어 거기에 살게 하고, 대도호(大都護)로 삼았다. 당제(堂弟)인 왕식렴(王式廉)[3]과 광평시랑(廣評侍郞)[4] 열평(列評)을 보내어 지키게 하고, 이어서 참좌(參佐: 보좌관) 4~5명을 두었다.

---

1) 함경남도 安邊 지역. 757년(경덕왕 16) 朔庭郡이라고 고치고, 고려 때 登州라고 하였으며, 1018년(현종 9) 안변도호부로 고쳤다.
2) 함경남도 안변 新岱里 지역으로 추정된다.
3) ?~949. 고려 태조의 종제로, 王平達의 아들이다. 918년 태조가 평양에 백성을 이주시키고 대도호부로 삼고, 그를 파견하여 지키게 하였다. 이후 安水鎭·興德鎭 등을 쌓으며 여러 차례 공을 세웠다. 혜종을 암살한 王規 일당을 제압하고 정종의 즉위에 큰 공을 세워 匡國翊贊功臣이 되었다. 사망 뒤에는 虎騎尉 太師 三重大匡 開國公으로 추증되었고, 정종의 묘정에 배향되었다. 시호는 威靜이다.
4) 泰封과 고려 태조 때 중앙의 최고 관부인 廣評省의 차관 격이었던 관원.

○ 권제1, 태조(太祖) 3년

三年 … 三月, … 以北界鶻嵒鎭, 數爲北狄所侵. 會諸將曰: 今南兇未滅, 北狄可憂, 朕寤寐憂懼, 欲以黔弼往禦, 如何? 僉曰: 可. 遂命黔弼率開定軍三千, 築大城守之. 由是北方晏然.

[태조] 3년(920) … 3월 … 북계(北界)의 골암진(鶻嵒鎭)이 자주 북적(北狄)에게 침략을 당하였다. [태조가] 여러 장수를 모아 말하기를, "지금 남쪽의 흉적[南兇: 후백제]을 아직 없애지 못하였고 북적도 가히 근심스러워, 짐은 자나 깨나 걱정스럽고 두렵다. 유금필(庾黔弼)을 보내어 방어하게 하려는데 어떠한가?" 하니, 모두 "좋습니다" 하였다. 드디어 금필에게 명하여 개정군(開定軍) 3천을 거느리고 큰 성을 쌓아 지키게 하였다. 이로 말미암아 북방이 편안해졌다.

○ 권제1, 태조(太祖) 4년

四年 … 春二月, 黑水酋長高子羅等百七十人來投. 達姑狄百七十一人侵新羅. 道由登州, 將軍堅權邀擊, 大敗之, 匹馬無還者. 王命賜有功者, 穀人五十碩. 新羅王聞之喜, 遣使來謝.

[태조] 4년(921) … 봄 2월에 흑수(黑水)[5]의 추장(酋長) 고자라(高子羅) 등 170명이 와서 투항하였다. 달고적(達姑狄)[6] 171명이 신라를 침범하였다. 길이 등주(登州)[7]를 지나가므로

---

5) 강원도 안변 지역에서 활동하던 여진족 부락으로 인식하거나(李丙燾, 1977, 195쪽), 발해의 북쪽에 있던 흑수말갈로 이해하기도 한다(金毓黻, 1934, 『渤海國志長編』 卷19, 叢考). 발해가 북방의 흑수말갈을 함흥 일대를 중심으로 한 지금의 함경남도 지역에 이주시켜 신라 북진의 완충벽으로 삼은 것으로 이해한 견해도 있다(노태돈, 2003, 308~314쪽; 노태돈, 2008, 89쪽).

6) 말갈 계통으로 발해에 예속되어 있던 집단으로 보며(송기호, 1987, 90쪽), 여진의 무리로 보기도 한다(이병도, 1977). 발해 멸망 전후 발해인과 발해계 말갈(여진)인들이 고려로 많이 귀부하였다. 이들 중 일부는 고려의 후삼국 전쟁에서 주요한 병력이 되었다. 이 기사와 관련해서 『三國史記』 卷12, 「新羅本紀」 第12 景明王 2년 5월조에서는 "靺鞨別部 達姑의 무리가 북쪽 변경에 와서 노략질하였다"라고 기록되어 있다. 이 밖에 달고와 관련된 기록은 『고려사』와 『고려사절요』에서 936년(태조 19)에 흑수, 철륵과

장군 견권(堅權)[8]이 맞서 싸워 크게 깨뜨리자 한 필의 말도 되돌아가지 못했다. 왕이 명하여 공이 있는 사람에게 곡식 50석(碩)씩을 내려주었다. 신라왕이 이 소식을 듣고 기뻐하며 사신을 보내와서 사례하였다.

○ 권제1, 태조(太祖) 5년

> 五年 … 冬十一月, 是歲, 徙大丞質榮行波等父兄子弟, 及諸郡縣良家子弟, 實之西京.

[태조] 5년(922) … 겨울 11월, 이해에 대승(大丞)[9] 질영(質榮)·행파(行波) 등 부형과 자제 및 여러 군현의 양가(良家) 자제를 옮겨 서경(西京)을 채웠다.

○ 권제1, 태조(太祖) 8년

> 八年 … 春三月, 蚯蚓出宮城東, 長七十尺. 時謂渤海國來投之應.

[태조] 8년(925) … 봄 3월에 지렁이가 궁성의 동쪽에서 나왔는데, 길이가 70척이었다. 당시에 발해국(渤海國)이 투항해 올 징조라고 하였다.

함께 달고가 후삼국 통일 전쟁의 마지막 전투였던 一利川전투에서 고려의 騎兵으로 참전한 기사가 확인된다.
7) 『新增東國輿地勝覽』 권49, 咸鏡道, 安邊都護府의 建置沿革條에 등주는 "본래 고구려의 比列忽郡으로 淺城이라고도 한다. 신라 眞興王 17년에 比列州로 삼았고, 景德王 때에 朔庭郡으로 고쳤다. 고려에 이르러 登州로 고쳤으며, 顯宗 9년에 登州安邊都護府로 고쳤다. 高宗 때에 定平 이남의 모든 읍성이 몽고군에게 침입당하여 江陵道 襄州로 옮겼다가 다시 杆城으로 옮긴 지 거의 40년인 충렬왕 24년에 각기 본성으로 되돌렸다"고 기록되어 있다.
8) 생몰년 미상. 본래 弓裔 휘하에서 활동하다가 왕건을 도와 궁예를 축출하고 고려 개국이등공신이 되었다. 921년(태조 4) 말갈의 別部인 達姑狄이 신라의 북변을 침입하자, 태조의 명으로 朔州에 진주하여 기병을 이끌고 이들을 격퇴하였다. 936년(태조 19) 태조가 후백제를 칠 때에는 大相으로 甄萱과 더불어 馬軍 1만 명을 거느리고 싸워 공을 세웠다.
9) 고려 초 문무관에게 준 16관등 중 다섯 번째 관등이었으나, 성종대 문무산계 실시 뒤에는 향직으로 비관인층과 지방호족에게만 수여하였다.

> 十二月, 契丹滅渤海. 渤海本粟末靺鞨也. 唐武后時, 高句麗人大祚榮, 走保遼東, 睿宗封爲渤海郡王. 因自稱渤海國, 倂有扶餘肅愼等十餘國. 有文字禮樂官府制度五京十五府六十二州. 地方五千餘里, 衆數十萬. 隣于我境, 而與契丹世讎. 契丹主大擧攻渤海, 圍忽汗城, 滅之, 改爲東丹國. 其世子大光顯及將軍申德禮部卿大和鈞均老司政大元鈞工部卿大福譽[10] 左右衛將軍大審理[11] 小將冒豆干檢校開國男朴漁工部卿吳興等, 率其餘衆, 前後來奔者, 數萬戶. 王待之甚厚, 賜光顯姓名王繼, 附之宗籍, 使奉其祀. 僚佐皆賜爵.

12월에 거란이 발해(渤海)를 멸망시켰다. 발해는 본래 속말말갈(粟末靺鞨)이다.[12] 당(唐)

---

10) 『고려사』 권제1, 世家 1, 태조 8년 9월조에는 '工部卿大福謨'.
11) 『帝王韻紀』 「卷下」에는 '左右將軍大理著'.
12) 발해의 계통에 대해서는 『舊唐書』 발해말갈전에서는 '본래 고려의 별종(本高麗別種)'이라고 하였고, 『新唐書』 渤海傳에서는 '본래 속말말갈로 고[구]려에 붙은 자(本粟末靺鞨附高麗者)'라고 기록하였다. 그런데 이 大祚榮의 출신이나 발해의 구성원에 대해서는 같은 사료를 놓고 다양한 해석이 있었다. 고려와 조선에서는 대조영의 출신을 高句麗 계통으로 보는 경향이 있었는데, 李承休의 『帝王韻記』와 柳得恭의 『渤海考』가 대표적이다. 일본에서는 대체로 속말말갈이나 여진 계통으로 보았다. 발해국의 주체는 靺鞨族이지만, 대조영은 고구려 別部 출신으로 보는 경우(鳥山喜一, 1915), 새로운 종족으로 발해말갈을 이해하는 경우(池內宏, 1916), 지배층은 고구려인, 피지배층은 말갈인으로 보는 경우(白鳥庫吉, 1933)도 있다. 현대에 들어와서 발해사 연구를 촉발한 대표적인 연구자는 북한의 박시형이다. 그는 발해국의 성립에 중심 역할을 한 것은 고구려 멸망 후 요서 지방으로 이주된 고구려인 집단이었고, 이들을 조직하여 지휘한 것이 고구려 장수인 대조영이라고 하였다. 고구려 왕실의 일족 또는 고구려 계통의 귀족 출신들이 거의 권력을 독점하였고 문화 방면에서도 고구려의 문화가 주도적 역할을 하였다고 보았다(박시형, 1979; 송기호, 1989). 한국의 李龍範도 발해의 주체가 고구려 유민이었음을 주장하였다(李龍範, 1972·1973). 이후 한국 학계에서는 기본적으로 대조영을 고구려 계통으로 보았으나, 종족은 속말말갈로 고구려에 옮겨와 정착하여 동화된 인물, 즉 말갈계 고구려인으로 보기도 한다(송기호, 1995). 말갈의 명칭 자체를 고구려 변방 주민이나 중국 동북 지역민에 대한 비칭·범칭으로 보고, 발해의 구성원이 된 말갈은 흑수말갈과 구분되는 예맥계인 고구려말갈이며 대조영은 고구려인으로 속말강(송화강) 지역민이라고 보는 견해도 있다(한규철, 1988; 2007). 중국 학계에서는 근대 초기에 양면적 인식이 보였다. 대표적인 학자는 金毓黻이다(1934, 『渤海國志長編』). 그러나 중화인민공화국이 수립된 이후에는 발해사를 중국의 소수민족사로 보고 고구려계승성을 부정하며 말갈을 강조하는 입장이다. 한편 19세기 중반 연해주 지역을 차지하였던 러시아에서는 자국의 極東 지역 소수민족사의 일부로서 관심을 갖고 발해를 말갈족의 역사로 규정하며 대조영 역시 말갈인으로 보고 있다. 이 밖에 소수

측천무후(則天武后) 때에 고구려인[13] 대조영(大祚榮)이 요동(遼東)으로 달아나 지켰다. [당나라] 예종(睿宗)이 발해군왕(渤海郡王)[14]으로 책봉하였다. 이로 인해 스스로 발해국[15]이라 일컬었다. 부여(扶餘)·숙신(肅愼)[16] 등 10여 나라를 병합하였다.[17] 문자·예악(禮樂)과 관부(官府)의 제도 및 5경(京) 15부(府) 62주(州)가 있으며, 땅은 사방 5천여 리(里)이고,[18] 무리는 수십만이었다. 우리 경계와 이웃해 있고, 거란과는 대대로 원수이다. 거란의 군주(야율아보기)가 대거 발해를 공격하여 홀한성(忽汗城)[19]을 포위해 멸망시키고,[20] 동단국(東丹國)으로

설로 말갈 중 대조영을 백산말갈 출신으로 보는 경우도 있다(津田左右吉, 1915; 李健才, 2000).

13) 대조영의 출자를 '고구려인'이라 한 것은 『三國遺事』 내에 인용된 『新羅古記』와 이승휴의 『帝王韻紀』를 바탕으로 서술된 것으로 이해하였다(이효형, 2002, 15쪽).

14) 당의 봉작제도에서 국왕은 정1품, 군왕은 종1품에 해당된다.

15) 발해의 국명 사용과 관련해서는 他稱설과 自稱설로 구분된다. 중국에서는 발해를 唐의 지방정권으로 보는 입장에서 타칭으로 보는 반면, 한국에서는 대체로 자칭으로 보고 있다(김종복, 2005, 10~12쪽; 한규철, 1994, 57쪽). 관련해서 『新唐書』 「渤海傳」과 『通考』 권326, 「四裔」 발해 편에는 당의 발해군왕 책봉 뒤 "自是始去靺鞨號專稱渤海"라고 하였고, 『新五代史』 권74, 四夷附錄 3, 발해 편에서는 "其後世遂號渤海"라고 하였다. 그리고 『송사』 외국열전 발해전에서는 『고려사』의 이 기록과 마찬가지로 "因自稱渤海國"이라고 하였다. 이들 사료를 종합해보면, '발해' 국명의 사용 계기가 어떠했든 自稱이었을 가능성이 높다.

16) 고대 중국의 동북 지방에 살던 종족 중 하나로, 楛矢와 石砮를 사용하였다. 肅愼·息愼 혹은 稷愼 등으로도 쓰였다. 계통에 대한 논란이 많은데, 후한대까지는 특정 주민집단과 연결시키는 인식이 확립되지 않았고(沈一民, 2009), 고대 중국인들이 자신의 북방 혹은 동북 지방에 거주하던 종족집단을 일컫던 막연한 호칭이었다고 보기도 한다(保井克己, 1982). 『三國志』와 『後漢書』에는 숙신과 관련된 挹婁 열전이 등장하는데, 三國時代에 활동하던 挹婁가 마침 楛矢·石砮를 사용하였기 때문에 古肅愼氏와 挹婁를 동일시하게 된 것으로 추정된다(池內宏, 1951). 이후 중국 정사류에서 '숙신-읍루-물길-말갈-여진'으로 이어지는 계통 인식이 형성되었다.

17) 『新唐書』 卷219, 列傳 第144, 「渤海」에는 '地方五千里 … 盡得扶餘沃沮弁韓朝鮮海北諸國'.

18) 발해의 강역 범위와 관련하여, 『新唐書』 기록 등을 중심으로 검토하여 고구려의 영토는 가장 번성했을 때가 평균 사방 4,000리이고 발해는 사방 5,000리로 발해가 고구려의 1.5배 정도의 영역이었다고 할 수 있고, 그 범위는 남쪽이 신라와 국경을 접하여 대동강과 원산만을 잇는 선, 서쪽은 遼河, 북쪽은 대체로 흑룡강과 우수리강이 합류하는 지점을 거쳐 동쪽으로 연해주 남단에 뻗쳐 있었던 것으로 인식하였다(송기호, 1996, 277~278쪽; 한규철, 2008, 19~20쪽).

19) 중국 黑龍江省 牡丹江市 寧安市 渤海鎭에 위치한다. 전체 둘레가 16,300m이며, 宮城·內城·外城으로 이뤄져 있다. 755년경 顯州에서 이곳으로 천도하였고, 785년 東京으로 천도했다가 794년에 上京으로 재천도한 이후 발해가 멸망할 때까지 수도였다.

고쳤다. 그 세자 대광현(大光顯)과 장군[21] 신덕(申德), 예부경(禮部卿)[22] 대화균(大和鈞), 균로사정(均老司政)[23] 대원균(大元鈞), 공부경(工部卿)[24] 대복예(大福譽), 좌우위장군(左右衛將軍) 대심리(大審理),[25] 소장(小將) 모두간(冒豆干), 검교(檢校) 개국남(開國男)[26] 박어

---

[20] 발해 멸망 원인에 대하여 발해 말기에 발해에서 고위관직을 지낸 수많은 유민들이 고려로 내투한 현상에 주목하여 지도층 내부의 권력 다툼 또는 내분에 주목하는 견해가 일반적이다(박시형, 1979, 89쪽; 楊保隆, 1988, 13~14쪽; 王承禮, 1984, 167~171쪽; 방학봉, 1990, 202쪽; 宋基豪, 1996, 226~232쪽; 에.붸.샤브꾸노프 엮음, 송기호·정석배 옮김, 1996, 58쪽; 朴玉杰, 1996, 92~93쪽). 하지만, 고려 때부터 지배권을 인정받아 유지해온 토착 세력인 수령의 잔존이 발해 정권의 기반을 약화시켰다고 인식하는 견해(河上洋, 1983, 218~219쪽), 재지 세력인 수령에 대한 발해의 통제력이 이완되어 초래된 결과라고 인식하는 견해(金東宇, 1996, 342쪽)도 있고, 발해 멸망을 천도와 연결시키는 견해, 즉 상경 용천부에서 요하로 천도를 하지 않아 중원의 원조를 받지 못한 때문이라는 견해(孫玉良, 1983, 112쪽)나 唐을 중심으로 하는 책봉체제의 붕괴에서 원인을 찾는 견해(大隅晃弘, 1984, 123~124쪽)도 있으며, 발해의 방위 단위로서의 城 운용이 고구려의 총력적 방위 방식과 차이를 보인다는 견해(高橋學而, 1989, 166~167쪽)도 있다. 이 밖에도 백두산의 화산 폭발에 의해 멸망하였다는 견해도 있으나, 인정되지 않는다. 최근에는 遼代 '陳滿의 묘지명'을 검토하여 거란 耶律阿保機의 親征이 이미 923년에 있었으며 925년 12월 이전 요동과 압록부에 대한 공격이 있었던 사실을 밝히고 발해 멸망 전쟁이 장기간에 걸쳐 이뤄졌다는 주장이 제기되었다(권은주, 2016, 150~151쪽).

[21] 발해에 설치되었던 군제인 左右孟賁·熊衛·羆衛, 南左右衛, 北左右衛를 담당하였던 무관 중 하나로 대장군 다음의 등급이다.

[22] 발해의 중앙행정기구인 政堂省 아래에 설치된 忠·仁·義·智·禮·信 등 6부 중 禮部의 우두머리인 卿을 일컫는다.

[23] '均老司政'에 대해 하나의 직명으로 보는 견해와 '균로'라는 인명과 '사정'이라는 직명으로 구분하는 견해가 있다. 『新唐書』 발해전에 정당성의 평장사 밑에 '사정'이라는 직명만 확인되며 『고려사』보다 앞선 기록인 『제왕운기』에 '司政卿'으로 기술되어 있는 점에서(김진광, 2016, 483·491쪽), 일반적으로 均老가 앞의 대화균과 마찬가지로 예부경을 지낸 인물이라고 이해한다(이효형, 2013, 329쪽).

[24] 『新唐書』 발해전에 소개된 발해의 관직에는 보이지 않지만, 정당성 右六司에 속한 信部의 장관으로 추정된다. 공부경의 존재는 『五代會要』 卷30, 後唐 淸泰 3년 2월조 "… 政堂省工部卿烏濟顯 …"의 기록에서도 확인된다(한규철, 1997, 5쪽).

[25] 일반적으로 『帝王韻紀』에 보이는 大理著와 동일인으로 보는데, 별개의 인물일 가능성도 배제할 수 없다(김진광, 2016, 491쪽).

[26] 발해의 훈관·봉작제도에 대해서는 사료의 부족으로 명확하지 않지만, 중원과 당조의 제도를 모방하여 실시하였음을 여러 사료를 통해 확인할 수 있다(王承禮 저, 宋基豪 역, 1987, 149~152쪽; 이효형, 2002, 15쪽). 또한 봉작제를 황제국가에서만 실시할 수 있는 제도로 인식하여 발해가 황제국의 기틀을 지니고 있다는 견해도 있다(장국종, 1997, 49쪽).

(朴漁), 공부경(工部卿)27) 오흥(吳興) 등이 남은 무리를 거느리고 전후로 도망쳐 온 자들이 수만 호(戶)였다. 왕은 이들을 매우 후하게 대접하며, 대광현에게는 '왕계(王繼)'라는 성명을 내려주고, 종실의 적(籍)에 붙여서 그 선대의 제사를 받들게 하였다. 보좌하는 신료들에게도 모두 관작을 내려주었다.

○ 권제1, 태조(太祖) 11년

> 十一年 … 九月, … 渤海人隱繼宗等, 來見於天德殿, 三拜, 人謂失禮. 大相舍弘
> 曰: 失土人三拜, 古之禮也.

[태조] 11년(928) … 9월, … 발해국 사람 은계종(隱繼宗)28) 등이 와서 천덕전(天德殿)29)에서 [왕을] 알현함에 세 번 절하니, 사람들이 예에 어긋난다고 하였다. 대상(大相)30) 함홍(舍弘)31)이 말하기를, "나라를 잃은 사람이 세 번 절하는 것은 옛날의 예법이다"라고 하였다.

---

27) 『新唐書』 발해전에 소개된 발해의 관직에는 보이지 않지만, 정당성 右六司에 속한 信部의 장관으로 추정된다. 공부경의 존재는 『五代會要』 卷30, 後唐 清泰 3년 2월조 "… 政堂省工部卿烏濟顯 …"의 기록에서도 확인된다(한규철, 1997, 5쪽).

28) 隱繼宗 928년에 단행될 예정인 동란국의 강제 이주를 피해 온 홀한성민으로 이해된다(한규철, 1997, 30쪽).

29) 고려 초기의 정궁은 天德殿, 성종과 현종 때는 乾德殿과 會慶殿, 인종 16년 이후에는 宣慶殿과 大觀殿이었다. 고종 이후에는 본 궐로서 宣慶殿과 康安殿, 원 간섭기 이후에는 주로 延慶宮과 壽昌宮을 사용하였다(김창현, 1999; 장지연, 2006). 개성 고려궁성을 발굴한 박성진은 天德殿을 乾德殿 또는 大觀殿과 동일한 곳이라고 인식하였다(박성진, 2016, 11~13쪽).

30) 고려 초기의 관계에서 일곱 번째 등급이다.

31) 생몰년 미상. 성은 宋씨로, 弓裔와 왕건 때 문인. 商客 王昌瑾이 옛날 옷을 입은 사람이 나타나서 거울을 사라고 해서 샀는데 그 거울에 古詩 같은 것이 나타나므로 왕에게 고했다. 왕이 문인 송함홍 등에게 풀게 했는데 함홍 등이 해석해보니 王建이 건국할 것이라는 내용이므로 왕에게는 적당히 말을 꾸며 고하였다. 본래 泰封의 신하로 있으면서 文事를 관장하였다. 弓裔가 중국 상인인 왕창근이 바친 거울에 쓰인 글자를 해독하게 하자 장차 王建이 왕위에 오를 것이라는 내용을 사실대로 알리면 왕건과 자신이 살해될까 두려워 거짓으로 꾸며서 말하였다. 뒤에 왕건이 고려를 건국하자 大相이 되었다.

○ 권제1, 태조(太祖) 19년

十九年 … 秋九月, 王率三軍, 至天安合兵, 進次一善. 神劒以兵逆之, 隔一利川而陣. … 大相庾黔弼元尹官茂官憲等, 領黑水達姑鐵勒諸蕃勁騎九千五百.

[태조] 19년(936) … 가을 9월 왕이 삼군(三軍)을 거느리고 천안부에 이르러 군사를 합쳐 일선군(一善郡)32)으로 진격하였다. 신검(神劒)이 군사를 이끌고 이에 맞서니, 일리천(一利川)33)을 사이에 두고 진을 쳤다. … 대상(大相) 유금필(庾黔弼)과 원윤 관무(官茂)·관헌(官憲) 등이 흑수(黑水)·달고(達姑)·철륵(鐵勒) 등 제번(諸蕃)의 경기(勁騎) 9천 5백 명을 이끌었다.

○ 권제1, 태조(太祖) 25년

二十五年 … 冬十月, 契丹遣使來歸橐駝五十四. 王以契丹嘗與渤海連和, 忽生疑貳, 不顧舊盟, 一朝殄滅, 此爲無道之甚, 不足遠結爲隣, 絶其交聘. 流其使三十人于海島, 繫橐駝萬夫橋下, 皆餓死.
李齊賢曰: 忠宣王嘗問於臣齊賢曰: 我太祖之, 契丹遺橐駝, 繫之橋下, 不與芻豆, 以餓而死, 故以名其橋焉. 橐駝雖不産於中國, 中國亦未嘗不畜之. 國君而有數十頭橐駝, 其弊不至於傷民, 且却之則已矣, 何至餓而殺之乎. 對曰: 創業垂統之主, 其見遠而其慮深, 非後世之所及也. 且如宋太祖養猪禁中, 仁宗令放之. 後得妖人, 顧無所取血者, 則知太祖慮亦及此, 此亦未爲定論. 安知太祖養猪之意, 不有大於取血耶. 我太祖之所以爲此者, 將以折戎人之譎訐耶, 抑亦防後世之侈心耶. 此在殿下, 恭黙而思之, 力行而體之爾, 非愚臣所敢輕議也.

---

32) 경상북도 善山이다. 본래 신라의 一善郡이다. 614년(진평왕 36)에 上州의 州治所가 옮겨오면서 一善州로 개편되었고, 757년(경덕왕 16)에 嵩善郡으로 개칭되었다. 고려시대에는 善州, 일선현 등으로 개편되었고, 조선시대에는 善山郡이 되었다.
33) 일리천은 선산의 동쪽에 있다. 구미시 인동면에 위치한 낙동강 지류로 비정하고 있다.

[태조] 25년(942) 겨울 10월, 거란에서 사신을 보내 낙타 50필을 가져왔다. 왕께서 "거란이 일찍이 발해(渤海)와 화목하다가 갑자기 의심하여 두마음을 품고서, 옛날의 맹약을 돌아보지 않고 하루아침에 멸망시켰다. 이는 무도함이 심하여, 멀리 관계를 맺어 이웃으로 삼기에 부족하다" 하시고, 그 교빙을 끊었다. 그 사신 30명을 바다 섬으로 유배시키고, 낙타는 만부교(萬夫橋)[34] 밑에 매어놓으니 모두 굶어 죽었다.[35]

이제현(李齊賢)이 말하기를, "충선왕(忠宣王)께서 일찍이 신(臣) 제현에게 물으셨다. '우리 태조가 거란이 보낸 낙타를 다리 밑에 매어두어 먹이를 주지 않고 굶겨 죽인 까닭으로 그 다리를 낙타교(駱駝橋)라고 불렀다. 낙타가 비록 중국에서는 나지 않지만, 중국 역시 지금까지 기른 적이 없었던 것은 아니다. 나라의 임금으로서 수십 마리의 낙타를 가지고 있다 해도 그 폐해가 백성들을 상하게 하는 데에는 이르지 않을 것이며, 또 받기를 사양하면 그뿐인데 어째서 굶겨 죽이기까지 하였는가?'라고 하셨다. [내가] 대답하기를, '나라를 일으켜 후대에 전해주는[創業垂統] 군주가 멀리 내다보고 깊이 생각하는 바는 뒷날의 사람들이 미칠 수 있는 것이 아닙니다. 또 송(宋) 태조(太祖)가 궁궐 안에서 돼지를 길렀으나 [송] 인종(仁宗)이 풀어주게 하였습니다. [그런데] 뒤에 요사스러운 자를 잡을 때 도리어 [돼지] 피를 얻을 데가 없었다고 하니,[36] 곧 [송] 태조의 생각이 역시 여기까지 미쳤음을 알 수 있다고 하지만, 이 또한 정론(定論)은 아닙니다. [송] 태조가 돼지를 기른 뜻이 피를 취하는 것보다 더 큰 것에 있었는지 어찌 알겠습니까? 우리 태조가 이렇게 한 까닭이 장차 오랑캐[戎人]의 간사한 꾀를 꺾고자 한 것이든, 아니면 후세의 사치하는 마음을 막고자 한 것에 있든지, 대개 반드시 깊은 뜻이 있었을 것입니다. 이는 전하께서 공손히 묵묵하게 생각하고 힘써 행하여 체득하시는 데에 달려 있을 따름이지, 어리석은 신하가 감히 가벼이 논의할 수 있는 바가 아닙니다'라고 하였다"고 하였다.

---

34) 개경 외성 동남쪽의 保定門 안에 있는 다리로 이후 橐駝橋로 불렸다.
35) 한규철은, 고려의 거란에 대한 강력한 적대 사건인 萬夫橋事件의 이유를 일차적으로 거란이 후삼국 통일과정에서 후백제와 교섭하였던 것에 대한 보복으로 인식하였다. 당시 고려는 후당·후진과, 거란은 후백제와 교섭을 적극화하는 遠交近攻정책을 추구하였는데, 발해 멸망과 그 유민의 고려 내투에 따라 불안감을 느낀 거란이 후백제로 경도되는 것에 대한 강한 보복적·적대적 태도에 의해 촉발된 사건으로 인식하였다(한규철, 1985, 37~43쪽; 한규철, 1997, 27쪽).
36) 妖術하는 사람을 잡을 적에는 돼지의 피를 뿌리면 요술쟁이가 변화를 부리지 못한다고 여겼다(한국고전번역원, 한국고전종합DB).

○ 권제2, 경종(景宗) 4년

四年 … 是歲, 渤海人數萬來投.

[경종] 4년(979) … 이해에 발해 사람 수만 명이 투항해 왔다.[37]

○ 권제2, 성종(成宗) 원년

元年 … 六月 … 正匡行選官御事上柱國崔承老上書, 略曰: … 若契丹者, 與我連境, 宜先修好. 而彼又遣使求和, 我乃絶其交聘者. 以彼國嘗與渤海連和, 忽生疑貳, 不顧舊盟, 一朝殄滅. 故太祖以爲無道之甚, 不足與交, 所獻駱駝, 亦皆棄而不畜, 其深策遠計, 防患乎未然, 保邦于未危者, 有如此也. 渤海旣爲丹兵所破, 忽汗亡時, 其世子大光顯等, 以我國家擧義而興, 領其餘衆數萬戶, 日夜倍道來奔. 太祖憫念尤深, 迎待甚厚, 至賜姓名, 又附之宗籍, 使奉其本國祖先之禮祀. 其文武參佐以下, 亦皆優霑爵命, 其急於存亡繼絶, 而能使遠人來服者, 又如此也. …

[성종] 원년(982) … 6월, … 정광 행선관어사 상주국(正匡行選官御事上柱國) 최승로(崔承老)가 글을 올렸는데, 그 대략을 말하면 "… 대개 거란은 우리와 경계가 닿아 있으니 마땅히 먼저 우호를 닦아야 합니다. 그들이 또한 사신을 보내 화호(和好)를 구했으나 우리가 이내 그 교빙(交聘)을 끊었습니다. 이것은 그 나라가 일찍이 발해(渤海)와 우호를 맺었다가 별안간 다른 마음을 품어 옛날의 맹약은 돌아보지 않고 하루아침에 [발해를] 멸망시켰기 때문입니다. 그러므로 태조는 [거란의] 무도함이 심하므로 그 나라와 교빙하기 부족하다고 하여 바친 낙타마저 모두 버리고 기르지 않으셨습니다. 그 심원한 계책이 환란을 미연에 방지하고 위태로워지기 전에 나라를 보전한 것이 이와 같았습니다. 발해가 이미 거란의 군사에게 격파되어 홀한(忽汗)이 멸망할 때에, 그 세자 대광현(大光顯) 등이 우리나라가 의(義)로 일어남으로

---

37) 이용범은 당시 수만 명이 내투할 만한 정치적 사변이 없었음에도 이 사건이 발생한 것은 烏氏왕실기에 定安國에서 이탈한 세력이 고려로 내투한 것으로 이해하였다(李龍範, 1974, 97쪽). 이와 달리 孫進己는 발해인 수만 명이 고려로 넘어온 것이 아니라 燕頗가 부여인을 이끌고 정안국으로 간 것을 고려로 왔다고 기록한 것으로 판단하였다(孫進己 저, 林東錫 역, 1992, 303~304쪽).

인해 그 남은 무리 수만 호를 거느리고 밤낮으로 길을 재촉하여 도망하여 왔습니다. 태조께서 매우 가엾게 여기고 그를 맞아 매우 후하게 대접하며, 성명(姓名)까지 내려주고 또 종적(宗籍)에 붙여 그 본국 선조의 제사를 받들게 하셨습니다. 그 문무 참좌(文武參佐) 이하도 또한 모두 넉넉히 작명(爵命)의 은전을 내리고, 급히 망한 것을 보존해 주고 끊어진 것을 이어주니, 능히 먼 곳의 사람이 와서 복종하게 하심이 또한 이와 같았습니다. …"라고 하였다.

○ 권제3, 현종(顯宗) 원년

元年 … 十二月 庚戌, 丹兵入郭州, 防禦使戶部員外郞趙成裕夜遁, 右拾遺乘里仁 大將軍大懷德申寧漢工部郞中李用之禮部郞中簡英彦皆死. 城遂陷.

[현종] 원년(1010) 12월 경술일에 거란 군사가 곽주(郭州: 평북 정주군 곽산면)에 침입하자 방어사(防禦使) 호부원외랑(戶部員外郞) 조성유(趙成裕)는 밤에 도망쳤고, 우습유(右拾遺) 승리인(乘里仁), 대장군(大將軍) 대회덕(大懷德)·신녕한(申寧漢), 공부낭중(工部郞中) 이용지(李用之), 예부낭중(禮部郞中) 간영언(簡英彦)은 모두 죽었다. 성이 마침내 함락되었다.

○ 권제3, 현종(顯宗) 9년

九年 … 春正月, … 定安國人骨須來犇.

[현종] 9년(1018) … 봄 정월, … 정안국(定安國)[38] 사람 골수(骨須)가 도망쳐왔다.

---

38) 정안국은 발해 유민이 압록강 중류 지역에서 세운 나라로, 985년 거란 성종 때에 멸망당하였다. 정안국의 성립에 대해서 10여 년간 유지되었던 大氏의 後渤海가 자체 내의 왕위 찬탈전 결과 後唐 淸泰 3년으로부터 宋 開寶 3년 사이에 烈氏 定安國으로 바뀌었다고 보는 견해가 있고(和田淸, 1916; 李龍範, 1974, 77~78쪽), 압록강 유역의 大光顯 정권과 忽汗城의 그 숙부정권이 대립하다가 숙부정권이 승리하였으나, 南海府를 거점으로 하고 있던 烈氏 정권이 압록부를 차지하면서 건국되었다고 보는 견해가 있다(日野開三郞, 1951, 46쪽 주 3; 한규철, 1997, 9~10쪽).

○ 권제3, 현종(顯宗) 10년

十年 … 五月, … 契丹東京文籍院少監烏長公來見.

[현종] 10년(1019) … 5월, … 거란 동경(東京)의 문적원소감(文籍院少監)[39] 오장공(烏長公)이 와서 알현하였다.

八月, … 契丹東京使工部少卿高應壽來. 遣考功員外郎李仁澤, 如契丹東京.

8월, … 거란 동경의 사신인 공부소경(工部少卿) 고응수(高應壽)가 왔다. 고공원외랑(考功員外郎) 이인택(李仁澤)을 거란의 동경에 보냈다.

○ 권제3, 현종(顯宗) 20년

二十年 … 八月 丁亥朔, … 東女眞大相嘔拔, 率其族三百戶來投, 賜渤海古城地, 處之.

[현종] 20년(1029) … 8월 정해 초하루, … 동여진[40]의 대상(大相) 쾌발(嘔拔)이 그 족속 3백여 호를 거느리고 투항해 오니 발해 옛 성의 땅을 내려주어 그곳에 살게 하였다.

九月, 契丹東京將軍大延琳, 遣大府丞高吉德, 告建國兼求援. 延琳渤海始祖大祚榮七代孫, 叛契丹, 國號興遼, 建元天興.

9월, 거란의 동경장군(東京將軍) 대연림(大延琳)이 대부승(大府丞)[41] 고길덕(高吉德)을 보

---

39) 『新唐書』 卷219, 列傳 第144, 「渤海」에 의하면, 문적원에 장관인 監, 그 밑에 令이 있으며, 모두 少가 있다고 하였으나 요의 제도에는 '문적원'이 보이지 않는다. 따라서 오장공의 관직으로 제시된 '문적원소감'은 정안국의 것으로 생각된다. 다만 오장원이 고려로 내투한 시기에 정안국이 존속하고 있었는가에 대해서는 학자들 간에 견해 차이가 있다.
40) 고려의 동북 지역인 함경도 방면에 있던 여진으로 東藩이라고도 불렸다.

내, 나라를 세운 것을 알리고 아울러 원조를 구하였다. 연림은 발해 시조 대조영(大祚榮)의 7대손으로, 거란을 배반하여 국호를 흥료(興遼)⁴²⁾라 하고 연호를 천흥(天興)이라 하였다.

> 十一月, … 參知政事郭元卒. 元性淸廉, 工文詞. 歷位臺省, 以吏能稱, 然不自重, 與李作仁厚善, 人以此譏之. 及興遼叛, 密奏曰: 鴨江東畔, 契丹保障, 今可乘機取之. 崔士威徐訥金猛等, 皆上書不可. 元固執, 遣兵攻之, 不克. 慚恚發疽而卒.

11월, … 참지정사(參知政事) 곽원(郭元)이 죽었다. 원은 성품이 청렴하고 문장을 잘하였다. 대성(臺省)을 역임하여 행정의 재능이 있다고 일컬어졌으나, 자중하지 않고 이작인(李作仁)과 친하게 잘 지내니, 사람들이 이를 비난하였다. 흥료국(興遼國)이 배반하자 은밀히 아뢰기를, "압록강 동쪽 가에 있는 거란이 지키는 곳을 지금 기회를 타서 빼앗아야 합니다" 하였다. 최사위(崔士威)·서눌(徐訥)·김맹(金猛) 등이 모두 글을 올려 불가하다고 하였다. [그러나] 원은 고집을 부리며 군사를 보내어 공격하였으나, 이기지 못하였다. [이를] 부끄럽고 분하게 여겨 등창이 나서 죽었다.

> 十二月, 興遼國太師大延定, 引東北女眞, 與契丹相攻, 遣使乞援. 王議諸輔臣, 侍中崔士威平章事蔡忠順言, 兵者危事, 不可不愼. 彼之相攻, 安知非我利耶? 但可修城池, 謹烽燧, 以觀其變耳. 王從之. 自此路梗, 與契丹不通. 起復西北面判兵馬事柳韶赴鎭, 時興遼求援, 不許, 故遣韶備之.

---

41) 遼代 太府監('太'와 '大'는 혼용)의 屬官으로, 흥료국에서 연용한 것으로 보인다.
42) 흥료국은 1029년(고려 현종 20) 8월 초 遼의 東京道 관할하에 있던 東京舍利軍 詳穩 大延琳이 세운 나라이다. 대연림은 女眞과 고려와 함께 거란에 대항하기 위해, 건국 직후인 그해 9월 초에 高吉德을 고려에 보내 건국을 알리고 구원을 요청하였다. 그러나 고려는 郭元이 주도한 保州城(의주) 공격이 실패한 뒤에는, 거란의 남침에 대비만 하는 수세로 돌아섰다. 따라서 1029년 12월부터 1030년 9월까지 여러 차례 거듭된 흥료국의 구원 요청을 들어주지 않았다. 한편 요는 1029년 10월 초에 동경성을 에워 싸고 공격하였고, 흥료국은 거의 1년 동안 거란에 포위당한 채 저항하였으나, 楊詳世의 배반으로 요양성이 함락되고 대연림이 붙잡히면서 멸망하였다.

12월에 흥료국(興遼國)의 태사(太師) 대연정(大延定)이 동북 여진을 이끌고 거란과 서로 싸우면서 사신을 보내어 원조를 빌었다. 왕이 여러 대신과 의논하니 시중(侍中)[43] 최사위(崔士威)와 평장사(平章事)[44] 채충순(蔡忠順)이 말하기를, "전쟁은 위태한 일이니 신중히 하지 않을 수 없습니다. 저들이 서로 공격하는 것이 우리의 이익이 될지 안 될지 어찌 알겠습니까. 다만 성지(城池)를 수리하고 봉수(烽燧)를 조심하면서 사태를 지켜볼 뿐입니다" 하니, 왕이 그 말을 따랐다. 이때부터 길이 막혀 거란과 통하지 않았다. 서북면 판병마사(西北面判兵馬事) 유소(柳韶)를 기복(起復)시켜, 진(鎭)에 나아가게 하였다. 당시 흥료국이 도움을 구하였으나 허락하지 않았으므로 유소를 보내어 대비한 것이다.

○ 권제3, 현종(顯宗) 21년

二十一年 … 春正月 … 興遼國遣水部員外郎高吉德, 上表乞師.

[현종] 21년(1030) … 봄 정월, … 흥료국에서 수부원외랑(水部員外郎)[45] 고길덕(高吉德)을 보내어 군사를 청하는 표문을 올렸다.

五月, … 契丹水軍指麾使虎騎尉大道李鄕等六人來投. 自是契丹渤海人來附甚衆.

5월, … 거란의 수군지휘사(水軍指麾使)인 호기위(虎騎尉) 대도(大道), 이향(李鄕)[46] 등 6명이 와서 투항하였다. 이때부터 거란과 발해 사람이 와서 내부한 자가 매우 많았다.

秋七月, 興遼國行營都部署劉忠正, 遣寧州刺史大慶翰, 賚表來乞援.

---

43) 고려의 재상직인 종1품 中書門下侍中을 말한다.
44) 고려시대 중서문하성의 정2품 관직이다.
45) 당의 6부 중 하나인 工部 소속 관사인 水部와 그 두 번째 직급인 원외랑(종6품)을 본뜬 흥료국의 관직명이다.
46) 『高麗史』 세가 5, 현종 21년 5월조에는 '李卿'으로 나온다.

가을 7월, 흥료국의 행영도부서(行營都部署) 유충정(劉忠正)이 영주자사(寧州刺史) 대경한(大慶翰)을 파견하여 구원을 청하는 표문을 가지고 왔다.

> 九月 … 興遼國郢州刺史李匡祿來告急, 尋聞國亡, 遂留不歸. 遣金哿如契丹, 賀收復東京. 契丹遣千牛將軍羅漢奴, 來詔曰: 近不差人往還, 應爲路梗. 今渤海僞主, 俱遭圍閉, 竝已歸降, 宜遣陪臣, 速來赴國, 必無虞慮.

9월, … 흥료국의 영주자사(郢州刺史) 이광록(李匡祿)이 위급함을 알리러 왔다가, 얼마 뒤 나라가 망했다는 소식을 듣고는 결국 머물러 돌아가지 않았다. 김가(金哿)를 거란에 보내어 동경(東京)을 수복한 것에 대하여 축하하였다. 거란이 천우장군(千牛將軍)[47] 나한노(羅漢奴)[48]를 보내와서 조서로 말하길, "요즈음 사신들이 왕래하지 않음은 응당 길이 막혔기 때문일 것이다. 이제는 발해의 가짜 임금이 포위되었다가 이미 항복하였으니 마땅히 [고려왕의] 신하를 보내와서 나라(거란)에 이른다면 분명 걱정할 바가 없을 것이다"라고 하였다.

> 冬十月, … 契丹奚哥渤海民五百餘人來投, 處之江南州郡.

겨울 10월, … 거란의 해가(奚哥)와 발해의 백성 5백여 명이 와서 투항하니, 강남(江南)의 주·군[49]에 살게 하였다.

---

47) 당의 중앙군대인 16위를 본떠 요나라에서 설치한 千牛衛의 장군이다. 천우위는 소속 군사가 天牛刀를 차고 있었던 데서 연유한 명칭이다.

48) 요나라 聖宗 太平 원년(1021) 10월에 左皮室 詳穩에 임명된 耶律羅漢奴 또는 興宗 重熙 13년(1044) 4월에 西南面招討都監이었던 나한노와 동일인인 것으로 추정된다(유득공 지음, 김종복 옮김, 2018, 174쪽).

49) 이효형은 고려에 내투한 발해 유민을 살게 한 강남의 강이 예성강이나 대동강일 가능성이 높지만 한강도 배제할 수 없다고 보았다(이효형, 2002, 21쪽).

○ 권제3, 현종(顯宗) 22년

二十二年 … 三月, 契丹渤海民四十餘人來投.

[현종] 22년(1031) … 3월, 거란과 발해의 백성 40여 명이 와서 투항하였다.

秋七月, 渤海監門軍大道行郎等十四人諸軍判官高眞祥孔目王光祿來投.

가을 7월, 발해의 감문군(監門軍)[50] 대도행랑(大道行郎)[51] 등 14명과 제군판관(諸軍判官)[52] 고진상(高眞祥), 공목(孔目)[53] 왕광록(王光祿)이 와서 투항하였다.

○ 권제4, 덕종(德宗) 원년

元年 春正月, 西女眞者昆等八人渤海沙志明童等二十九人來投.

[덕종] 원년(1032) 봄 정월, 서여진(西女眞)의 자곤(者昆) 등 8명과 발해(渤海)의 사지(沙志)·명동(明童) 등 29명이 와서 투항하였다.

二月, 渤海史通等十七人來投.

2월, 발해의 사통(史通) 등 17명이 와서 투항하였다.

---

50) 궁궐 수비를 담당하는 監門衛에 소속된 군인이다.
51) 대도행랑은 발해 멸망 후 요나라에 살던 발해 지배층의 후손으로, 大延琳의 반란에 동참하였다가 요의 강제 이주 정책에 반발하여 고려에 투항한 것으로 본다(韓圭哲, 1984; 이효형, 2013).
52) '판관'은 원래 대사·부사 밑의 관직으로, 여기서는 장군의 아래에 있는 장교로 추정된다.
53) 중앙과 지방관의 밑에서 문서를 담당하는 속관이다.

三月, 契丹殿直高善悟殿前高眞成等十五人左廂都指揮使大光保州懷化軍事判官崔運符鄕貢進士李運衡等來奔.

3월, 거란의 전직(殿直) 고선오(高善悟)와 전전(殿前) 고진성(高眞成) 등 15명, 좌상(左廂) 도지휘사(都指揮使) 대광(大光), 보주(保州) 회화군사판관(懷化軍事判官) 최운부(崔運符), 향공진사(鄕貢進士) 이운형(李運衡) 등이 도망해 왔다.

五月, 渤海薩五德等十五人來投.

5월, 발해의 살오덕(薩五德) 등 15명이 와서 투항하였다.

六月, 渤海亐音若己等十二人所乙史等十七人來投.

6월, 발해 우음(亐音)·약이(若己) 등 12명과 소을사(所乙史) 등 17명이 와서 투항하였다.

秋七月, 渤海高城等二十人來投.

가을 7월, 발해 고성(高城) 등 20명이 와서 투항하였다.

冬十月, 渤海押司官李南松等十人來奔.

겨울 10월, 발해 압사관(押司官)[54] 이남송(李南松) 등 10명이 도망해 왔다.

---

54) 송나라의 제도를 본뜬 흥료국의 관직이다.

○ 권제4, 덕종(德宗) 2년

二年 … 夏四月, 渤海首乙分等十八人可守等三人來投.

[덕종] 2년(1033) … 여름 4월, 발해 수을분(首乙分) 등 18명과 가수(可守) 등 3명이 와서 투항하였다.

六月, 渤海先宋等七人來投.

6월, 발해 선송(先宋) 등 7명이 와서 투항하였다.

十二月, 渤海奇叱火等十一人來投, 處之南地.

12월, 발해 기질화(奇叱火) 등 11인이 와서 투항하여 남쪽 땅에 살게 하였다.

○ 권제4, 정종(靖宗) 원년

元年 … 五月, 契丹來遠城牒興化鎭曰:[55] 竊念, 貴國元爲附庸, 先帝每賜優洽, 積有歲月, 靡倦梯航, 昨因伐罪之年, 致阻來庭之禮. 旣剪除於兇逆, 合繼續於貢輸, 曷越數年, 不尋舊好, 累石城而擬遮大路, 竪木寨而欲礙奇兵, 不知蜀國之中, 別有石牛之徑. 擧是後也, 深取誚焉. 今皇上紹累聖之基坰, 統八方之國界, 南夏帝主, 永慕義以通歡, 西土諸王, 長向風而納款, 唯獨東溟之域, 未賓北極之尊, 或激怒於雷霆, 何安寧於黎庶. 其於違允 自有變通.

[정종] 원년(1035) … 5월, 거란 내원성(來遠城)이 우리 흥화진(興化鎭)으로 통첩을 보내기

---

55) 『고려사』 권제6, 세가 권제6, 정종 원년, 5월에는 '契丹來遠城使檢校右散騎常侍安署, 牒興化鎭曰'로 되어 있다.

를, "생각건대 귀국은 원래 부용국(附庸國)이 되어서 선제께서 늘 우대하여 내려주셨고, 오랜 세월 산 넘고 바다 건너는 것을 게을리하지 않았다. 지난번 죄인[56]을 토벌하던 해부터 조정에 오는 예가 막히기에 이르렀다. 이미 흉악한 적을 쳐 없애버렸으니 조공을 계속해야 옳을 것이다. 어째서 수년이 지나도록 예전의 우호를 되찾지 않고, 돌성을 쌓아 큰 길을 막고 목채(木寨)를 세워 기병(奇兵)을 방비하려 하는가. 촉(蜀)나라 가운데에 따로 석우(石牛)의 지름길이 있는 줄 모르는 것과 같다. 일을 저지른 뒤에는 몹시 책망을 들을 것이다. 지금 황제(요 흥종)께서 성군들의 기반을 이어 팔방의 나라 경계를 거느리셨다. 남하(南夏)의 황제는 영원히 의를 사모하여 기쁨을 나누고 있으며, 서토(西土)의 왕들은 길이 풍속을 앙모하며 납관(納款: 성심으로 복종함)하고 있다. 오로지 동쪽 바다 지역만이 아직 북극의 지존(요 황제)에게 손님(사신)이 없으니, 혹시 벼락같이 격노하신다면 어찌 백성들이 평안할 수 있겠는가. 어길 것인지 따를 것인지는 스스로 변통하라"고 하였다.

> 六月, 寧德鎭廻牒契丹來遠城曰: 來示云, 昨因伐罪之年, 致阻來庭之禮. 旣剪除於兇惡, 合繼續於貢輸者. 竊念, 當國於延琳作亂之初, 是大國興兵之際, 道途艱阻, 人使寢停. 厥後, 內史舍人金哿慶克復於東都, 戶部侍郞李守和續進, 獻其方物. …

6월, 영덕진(寧德鎭: 평북 의주)이 거란 내원성(來遠城)에서 보낸 통첩에 회답하기를, "보내온 글에서 '지난번 죄를 토벌한 해부터 조정에 오는 예가 중단되었으나, 이미 흉악한 적을 쳐 없애버렸으니, 조공을 계속해야 한다'라고 하였습니다. 삼가 생각건대, 이 나라는 대연림(大延琳)이 난을 일으킨 초기, 바로 대국(요나라)이 군사를 일으킬 때에, 길이 막혀서 사신의 왕래가 중단되었습니다. 그 뒤에 내사사인 김가(金哿)가 동도(東都)를 수복한 것을 경하하였고, 호부시랑 이수화(李守和)가 이어서 방물을 바쳤습니다. …"라고 하였다.

○ 권제4, 문종(文宗) 4년

> 四年 … 夏四月, 渤海開好等來投.

---

[56] 발해 유민이 세운 부흥국가인 興遼國을 말한다.

[문종] 4년(1050) … 여름 4월, 발해의 개호(開好)⁵⁷⁾ 등이 와서 투항하였다.

○ 권제8, 예종(睿宗) 11년

> 十一年 … 三月, 王聞遼來遠抱州二城爲女眞所攻, 城中食盡, 送米一千石. 來遠統軍辭不受. 鄭良稷自遼東京還. 時東京渤海人作亂, 殺留守蕭保先, 立供奉官高永昌, 僭稱皇帝, 國號大元, 建元隆基. 良稷至 詐稱官御, 上表稱臣, 以國家所遣留守土物, 贈永昌得厚報, 及還匿不奏. 事覺, 有司請下獄治之. … 尹彦純徐昉李德允等自遼東京還. 彦純等拘留東京, 高永昌勅令上表稱賀. 彦純等一如所言, 及還, 匿情不首. 有司請治其罪.

[예종] 11년(1116) … 3월, 왕이 요(遼)나라의 내원(來遠)·포주(抱州) 두 성이 여진에게 공격을 당해 성 중에 음식이 다하였다는 것을 듣고 쌀 1천 섬을 보냈다. 내원통군(來遠統軍)이 사양하고 받지 않았다. 정양직(鄭良稷)이 요나라 동경(東京)에서 돌아왔다. 이때 동경의 발해인이 난리를 일으켜서 유수(留守) 소보선(蕭保先)을 죽이고, 공봉관(供奉官) 고영창(高永昌)⁵⁸⁾을 세워 황제라 참칭(僭稱)하고, 국호를 대원(大元)⁵⁹⁾으로, 연호를 융기(隆基)라고 하였다. 정양직이 가서 관직명을 거짓으로 칭하고, 표문을 올려 신하라고 하였다. 나라에서 [동경] 유수에게 보냈던 토산물을 영창에게 주고 후하게 보답하였는데, 돌아와서는 감추고 아뢰지 않았다. 일이 발각되니, 유사(有司)가 그를 옥에 가두고 죄로 다스릴 것을 청하였다. … 윤언순

---

57) 開戶를 고려에 내투한 최후의 후발해인으로 보고, 이해를 실질적으로 후발해가 멸망한 해로 보는 견해가 있다(한규철, 1997, 31쪽).

58) 고영창은 요나라 供奉官으로 1115년 阿骨打가 요동으로 남하하자 이를 저지하기 위해, 渤海武勇馬軍 2천 명을 모집하여 요양부 인근의 白草谷을 지켰다. 그 이듬해 정월 東京留守 蕭保先의 혹독한 학정에 시달리던 발해 유민과 함께 요양부를 점령하고, 국호를 大渤海國이라 하였다. 金과 교섭하여 요에 대항하려 했으나, 도리어 요와 금 양쪽으로부터 공격을 받았고, 고영창이 금에 붙잡혀 참살되며 대발해국은 불과 5개월 만에 멸망하였다.

59) 고영창이 발해 운동에서 내세운 나라의 이름이 大渤海인지 大元인지 정확하지 않다. 본문의 『高麗史』·『高麗史節要』와 달리 『遼史』와 『金史』에는 그 국호가 명확히 기술되어 있지 않지만, 『契丹國志』 卷10 天祚紀上에는 '高永昌自殺留守蕭保先後 自據東京 稱大渤海皇帝 開元應順 據遼東五十餘州'라고 하여 국호 및 연호에서 앞의 기록과는 차이를 보인다(이효형, 2002, 22쪽; 이효형, 2006, 14쪽).

(尹彦純)・서방(徐昉)・이덕윤(李德允) 등이 요나라 동경에서 돌아왔다. 언순 등이 동경에 구류되었을 때, 고영창(高永昌)이 칙(勅)으로 표문을 올려 하례를 올리도록 하였다. 언순 등이 모두 그 말대로 하였는데, 돌아와서는 그 정황을 숨기고 자수하지 않았다. 유사가 그 죄를 다스릴 것을 요청하였다.

十二月, 契丹三十三人・漢兒五十二人・奚家一百五十五人・熟女眞十五人・渤海四十四人來投.

12월, 거란인 33명과 한인[漢兒] 52명, 해인[奚家] 155명, 숙여진인 15명, 발해인 44명이 와서 투항하였다.

○ 권제8, 예종(睿宗) 12년

十二年 春正月, 渤海五十二人・奚家八十九人・漢兒六人・契丹十八人・熟女眞八人, 自遼來投.

[예종] 12년(1117) 봄 정월, 발해인 52명, 해인 89명, 한인 6명, 거란인 18명, 숙여진인 8명이 요나라로부터 와서 투항하였다.

○ 권제14, 신종(神宗) 4년

四年 … 秋七月, 遣工部侍郎大守正如金, 謝橫宣, 衛尉卿秦彦匡, 謝賀生辰, 禮賓卿趙淑進方物.

[신종] 4년(1201) … 가을 7월, 공부시랑(工部侍郎) 대수정(大守正)을 금나라에 보내, 횡선사(橫宣使)[60]를 보내준 것을 사례하고, 위위경(衛尉卿) 진언광(秦彦匡)에게는 왕의 생신을

---

60) 중국에서 외국으로 파견되는 정기적인 사신 이외에 별도의 목적으로 詔書를 가지고 파견되는 사신.

축하한 일을 사례하게 하였으며, 예빈경(禮賓卿) 조숙(趙淑)에게는 방물을 바치게 하였다.

○ 권제19, 충렬왕(忠烈王) 3년

> 三年 … 秋七月, 內竪梁善大守莊等告曰: 慶昌宮主與其子順安公琮謀, 令盲僧終同呪詛.

[충렬왕] 3년(1277) … 가을 7월, 내수(內竪) 양선(梁善)과 대수장(大守莊) 등이 고하기를, "경창궁주(慶昌宮主)가 그 아들 순안공(順安公) 종(琮)과 함께 모의하여, 맹인 승려[盲僧] 종동(終同)을 시켜 저주하였습니다"라고 하였다.

13. 『삼국사절요(三國史節要)』

『삼국사절요』는 1476년(성종 7) 노사신(盧思愼)·서거정(徐居正) 등이 편찬한, 단군조선으로부터 삼국의 멸망까지를 다룬 편년체의 역사서이다. 따라서 민족사의 체계를 잡은 역사서이며, 세종과 세조 때 역사학의 학풍에 따라 객관적으로 서술하여 조선시대 삼국사 서술의 기본틀이 된 점과 『삼국사기』에 이용되지 않은 자료를 보완한 점 등이 중요한 의미를 가진다.

발해사와 관련된 내용은 9건 정도가 신라기(新羅紀) 속에 들어 있다. 발해와 관련된 직접적인 내용은 719년(성덕왕 18) 대조영(大祚榮)의 사망과 733년(성덕왕 32) 신라의 발해 공격을 다룬 2건이며, 나머지는 925년 이후 발해인의 고려 귀순을 다룬 7건의 기사이다. 719년의 기록에서는 대조영의 성(姓)인 '대(大)'를 '태(太)'로 표현하고, 뒤이어 발해국을 개괄적으로 소개하며, "발해는 본래 속말말갈이니, 즉 고구려 별종이다(渤海, 本粟末靺鞨, 卽高句麗別種)"라고 하였다. 이것은 『구당서(舊唐書)』 발해말갈전(渤海靺鞨傳)의 "발해말갈 대조영은 고구려 별종이다(渤海靺鞨大祚榮者, 本高麗別種也)"라는 구절과 『신당서(新唐書)』 발해전(渤海傳)의 "발해는 본래 속말말갈로서 고구려에 붙은 자이다(渤海, 本粟末靺鞨附高麗者)"라는 구절을 결합한 것이다. 발해의 첫 국호를 진단(震旦)이라고 하였는데, 이것은 『구당서』의 진국(振國)이나 『신당서』의 진국(震國)과 다르기 때문에 『삼국유사(三國遺事)』에 인용된 『통전(通典)』 기록을 따른 것으로 보인다. 이러한 사료의 변형을 그 뒤의 조선시대 역사서에서 그대로 추종함으로써 발해사 이해에 영향을 끼치게 된다.

아래 원문은 성종 연간에 인쇄된 을해자본(乙亥字本)으로 규장각에 소장된 〈奎4539〉본을 저본으로 삼았다.

○ 권제11, 성덕왕(聖德王) 18년

> 十八年 … 渤海郡王大祚榮卒. 渤海本粟末靺鞨, 卽高句麗別種. 祚榮父乞乞仲象與其徒, 渡遼水 保太白山東. 仲象死, 祚榮嗣. 驍勇善騎射. 高句麗餘燼, 稍稍歸之, 乃建國, 自號震旦. 先天中 拜爲左驍衛大將軍渤海郡王, 以所統爲忽汗州都督. 自是始去靺鞨之號, 稱渤海. 至是死, 其國私諡爲高王. 子武藝嗣, 斥大土宇, 東北諸夷畏服之. 私改年號曰仁安. 遂爲海東盛國. 地有五京十五府六十二州.

[성덕왕] 18년(719) … 발해군왕 대조영(大祚榮)이 죽었다. 발해는 본래 속말말갈인데, 즉 고구려의 별종[1]이다. 조영의 아버지 걸걸중상(乞乞仲象)은 그 무리와 함께 요수를 건너 태백

---

1) 원전은 『舊唐書』 발해말갈전의 "본래 고려의 별종(本高麗別種)"과 『新唐書』 渤海傳의 "본래 속말말갈로 고[구]려에 붙은 자(本粟末靺鞨附高麗者)"라는 기록이다. 그런데 이 大祚榮의 출신이나 발해의 구성원에 대해서는 같은 사료를 놓고 다양한 해석이 있었다. 고려와 조선에서는 대조영의 출신을 高句麗 계통으로 보는 경향이 있었는데, 李承休의 『帝王韻記』와 柳得恭의 『渤海考』가 대표적이다. 일본에서는 대체로 속말말갈이나 여진 계통으로 보았다. 발해국의 주체는 靺鞨族이지만, 대조영은 고구려 別部 출신으로 보는 경우(鳥山喜一, 1915), 새로운 종족으로 발해말갈을 이해하는 경우(池內宏, 1916), 지배층은 고구려인, 피지배층은 말갈인으로 보는 경우(白鳥庫吉, 1933)도 있다. 현대에 들어와서 발해사 연구를 촉발한 대표적인 연구자는 북한의 박시형이다. 그는 발해국의 성립에 중심 역할을 한 것은 고구려 멸망 후 요서 지방으로 이주된 고구려인 집단이었고, 이들을 조직하여 지휘한 것이 고구려 장수인 대조영이라고 하였다. 고구려 왕실의 일족 또는 고구려 계통의 귀족 출신들이 거의 권력을 독점하였고, 문화 방면에서도 고구려의 문화가 주도적 역할을 하였다고 보았다(박시형, 1979; 송기호 해제, 1989). 한국의 李龍範도 발해의 주체가 고구려 유민이었음을 주장하였다(李龍範, 1981). 이후 한국 학계에서는 기본적으로 대조영을 고구려 계통으로 보았으나, 종족은 속말말갈로 고구려에 옮겨와 정착하여 동화된 인물, 즉 말갈계 고구려인으로 보기도 한다(송기호, 1995). 말갈의 명칭 자체를 고구려 변방 주민이나 중국 동북 지역민에 대한 비칭·범칭으로 보고, 발해의 구성원이 된 말갈은 흑수말갈과 구분되는 예맥계인 고구려 말갈이며 대조영은 고구려인으로 속말강(송화강) 지역민이라고 보는 견해도 있다(한규철, 1988; 2007). 중국 학계에서는 근대 초기에 양면적 인식이 보였다. 대표적인 학자는 金毓黻이다(1934, 『渤海國志長編』). 그러나 중화인민공화국이 수립된 이후에는 발해사를 중국의 소수민족사로 보고 고구려계승성을 부정하며 말갈을 강조하는 입장이다. 한편 19세기 중반 연해주 지역을 차지하였던 러시아에서는 자국의 極東 지역 소수민족사의 일부로서 관심을 갖고 발해를 말갈족의 역사로 규정하며 대조영 역시 말갈인으로 보고 있다. 이 밖에 소수 설로 말갈 중 대조영을 백산말갈 출신으로 보는 경우도 있다(津田左右吉, 1915; 李健才, 2000).

산 동쪽[2]에 자리잡았다. 중상이 죽고 조영이 뒤를 이었다. [그는] 날래고 용감하며 기마와 궁술에 능했다. 고구려의 남은 무리가 점차 [그에게] 돌아가니 이에 나라를 세웠다. 스스로 진단(震旦)[3]이라 불렀고, 선천 연간에 [당이] 좌효위대장군(左驍衛大將軍)[4] 발해군왕(渤海郡王)으로 배수하고, 홀한주(忽汗州) 도독(都督)이 되어 통괄하게 하였다. 이때부터 비로소 말갈의 이름을 버리고, 발해라고 불렀다. [대조영이] 죽자 그 나라가 사사로이 시호를 고왕(高王)이라 하였다. 아들 [대]무예가 뒤를 이었고, 영토를 크게 개척하여 동북의 여러 오랑캐들이 두려워 복종하였다. 사사로이 연호를 바꿔 인안(仁安)이라 하였다. 마침내 해동성국이 되었고, 땅은 5경 15부 62주가 있었다.

○ 권제11, 성덕왕(聖德王) 32년

三十二年 秋七月, 帝以渤海靺鞨越海入寇登州, 遣太僕員外郎金思蘭歸, 仍授王開府儀同三司寧海軍使, 發兵擊渤海南鄙. 諭曰: 靺鞨渤海, 外稱藩翰, 內懷狡猾, 今欲出兵問罪. 卿亦發兵爲掎角. 帝又曰: 聞舊將金庾信孫允中之賢, 可爲將, 遣之. 仍賜允中金帛. 於是王命允中等四將, 率兵會唐軍伐渤海. 會大雪丈餘, 山路阻隘, 士卒死者過半, 無功而還. 思蘭本王族, 先因入朝, 恭謹有禮, 因留宿衛, 及是乃還.

[성덕왕] 32년(733) 가을 7월에 황제는 발해말갈이 바다를 건너 등주를 노략질하자,[5] 태복

---

2) 발해 건국지에 대해 『삼국사기』 권46, 열전 6, 최치원전에는 의봉 3년(678) '태백산 아래'로, 『삼국유사』에서 인용한 『신라고기』에는 '태백산 남쪽'으로, 『제왕운기』에는 '태백산 南城'으로 나온다.
3) 발해의 초기 국호인 진국(振國·震國)(『구당서』 발해말갈전; 『신당서』 발해전 등)을 고려와 조선시대에는 주로 진단으로 표기하였다. 진단은 원래 인도에서 중국을 별칭한 것으로, 불교 경전에 震旦, 眞檀, 震壇 등으로 썼다. 이후 역대 우리나라의 별칭으로도 쓰였다. 震은 『周易』 說卦에서 東方으로 해석된다.
4) 당의 중앙군인 16위의 하나로 정3품이다.
5) 『구당서』 발해말갈전에는 개원 20년(732)에 무왕 대무예가 장군 張文休를 보내 해적을 거느리고 등주자사 위준을 공격하게 하였다고 전한다(『구당서』 199하, 열전 149하, 발해말갈). 이 기록과 1년의 차이가 나는데, 여기서는 신라가 발해의 남쪽 변경을 친 배경으로서 등장하기 때문이다. 발해의 등주 공격 원인은 726년 발해의 黑水 토벌과 대문예의 당 망명으로 빚어진 발해와 당의 갈등 및 730년대 초 당과 전쟁을 치르고 있는 契丹을 돕기 위한 목적이었다(김종복, 2009, 127쪽; 권은주, 2013).

원외랑(太僕員外郞) 김사란(金思蘭)[6]을 보내어, 왕에게 개부의동삼사(開府儀同三司)[7] 영해군사(寧海軍使)[8]를 제수하고, 군사를 일으켜 발해의 남쪽 변경을 치게 하였다. 깨우쳐 말하기를, "말갈발해가 밖으로는 번한(藩翰)을 칭하면서 안으로는 교활한 마음을 품으니, 지금 출병하여 죄를 묻고자 한다. 경(卿) 역시 병사를 내어 앞뒤에서 공격하도록 하라"고 하였다. 황제가 또 말하기를, "듣건대 옛 장수 김유신의 손자 윤중(允中)이 현명하여 장수로 삼을 만하다 하니 그를 보내라"고 하였다. 이어 윤중에게 금과 비단을 하사하였다. 이에 왕이 윤중 등 네 장수에게 명하여 군사를 거느리고 당군(唐軍)과 모여 발해를 치게 하였다. 때마침 큰 눈이 한 길이나 내리고 산길이 험하여, 사졸(士卒)이 반수 이상 죽고 아무런 공도 없이 돌아왔다.[9] 사란은 본래 왕족으로 앞서 당나라에 들어가 조회하였을 때 공손하고 예의가 있었으므로 머물러 숙위하게 되었는데, 이로 인해 귀국하게 되었다.

○ 권제14, 경애왕(景哀王) 2년

二年 … 秋九月丙申, 渤海將軍申德等五百人投高麗. 庚子, 渤海禮部卿大和鈞均老司政大元鈞工部卿大福謨左右衛將軍大審理等, 率民一百戶, 附高麗.

---

6) 신라의 왕족으로 일찍이 당나라에 건너가 太僕員外卿(『삼국사기』 권제8, 「신라본기」 제8, 성덕왕 32년)을 받고, 宿衛로 있었다. 732년(성덕왕 31) 발해가 당나라의 登州를 공격하자, 당 현종이 이듬해 7월 김사란을 귀국시켜 신라에게 발해의 남쪽을 공격하게 하였다. 『冊府元龜』에는 개원 21년(733) 정월 신라에 사신으로 간 것으로 나온다(『冊府元龜』 권975, 外臣部20 褒異2).

7) 唐나라 文散階 기운데 종1품. 중국 後漢과 魏晉南北朝 시기부터 사용되었으며, 文散官의 최고 品階로 대우를 받았다. 三司와 마찬가지로 스스로 관아[府]를 설치하여 屬官을 둘 수 있었다.

8) 영해군사는 발해가 바닷길을 통해 당의 登州를 공격하자, 당에서 바닷길을 안정시킬 목적으로 733년 신라 성덕왕에게 임시로 준 使職이었다. 그러나 이후 신라왕의 책봉호의 하나로 계속 사용되었다.

9) 신라군이 당군과 함께 실제 발해의 남쪽을 공격하여 전투가 벌어졌는지에 대해서는 논란이 있다. 대체로 신라군이 당군과 합류해 발해를 공격한 것으로 보며(末松保和, 1975), 동북 방면으로 올라가서 함경남도 지역이나 동해안 쪽을 공격했던 것으로 보는 설(이병도, 1977; 김종복, 1997; 전덕재, 2013)과 서북 방면으로 압록강 하류 유역(조이옥, 2000)과 서경 압록부의 요지(임상선, 2019)를 공격하려 했다고 보는 설로 나뉜다. 큰 눈과 추위, 험로 등으로 인해 돌아온 것으로 기록되어 있으나, 발해에 패하여 돌아온 것으로 보기도 하며(한규철, 1994, 194쪽), 김사란의 귀국길에 동행한 客使 604명(『삼국유사』 권제2, 紀異 제2, 孝成王)을 당의 원정군으로 보기도 한다(이영호, 2010).

[경애왕] 2년(925) … 가을 9월 병신일, 발해 장군 신덕(申德) 등 500명이 고려에 투항했다. 경자일, 발해의 예부경(禮部卿)[10] 대화균(大和鈞), 균로사정(均老司政)[11] 대원균(大元鈞), 공부경(工部卿)[12] 대복모(大福謩), 좌우위장군(左右衛將軍) 대심리(大審理) 등이 백성 1백 호를 이끌고 고려에 귀부했다.

十二月戊子, 渤海左首衛小將冒豆干·檢校開國男朴漁等, 率民一千戶, 附高麗.

12월 무자일, 발해 좌수위소장(左首衛小將)[13] 모두간(冒豆干)과 검교(檢校) 개국남(開國男) 박어(朴漁) 등이 백성 1천 호를 이끌고 고려에 귀부했다.

○ 권제14, 경애왕(景哀王) 4년

四年 … 三月, … 渤海工部卿吳興等五十人·僧載雄等六十人授[14]高麗.

[경애왕] 4년(927) … 3월, … 발해 공부경(工部卿) 오흥(吳興) 등 50명과 승려 재웅(載雄)

---

10) 발해의 중앙행정기구인 政堂省 아래에 설치된 忠·仁·義·智·禮·信 등 6부 중 禮部의 우두머리인 卿을 일컫는다.
11) '均老司政'에 대해 하나의 직명으로 보는 견해와 '균로'라는 인명과 '사정'이라는 직명으로 구분하는 견해가 있다. 『新唐書』 발해전에 정당성의 평장사 밑에 '사정'이라는 직명만 확인되며 『고려사』보다 앞선 기록인 『제왕운기』에 '司政卿'으로 기술되어 있는 점에서(김진광, 2016, 483·491쪽), 일반적으로 균로가 앞의 대화균과 마찬가지로 예부경을 지낸 인물이라고 이해한다(이효형, 2013, 329쪽).
12) 『新唐書』 발해전에 소개된 발해의 관직에는 보이지 않지만, 정당성 右六司에 속한 信部의 장관으로 추정된다. 공부경의 존재는 『五代會要』 卷30, 後唐 淸泰 3년 2월조 "… 政堂省工部卿烏濟顯 …"의 기록에서도 확인된다(한규철, 1997, 5쪽).
13) 발해의 군제에 관해서는 『新唐書』 발해전에 "其武員有左右猛賁·熊衛·羆衛, 南左右衛, 北左右衛, 各大將軍一·將軍一"과 『舊唐書』 본기 17하, 文宗하의 大和 6년(832) 12월 戊辰조에 "內養王宗禹渤海使迴, 言渤海置左右神策軍·左右三軍一百二十司, 畫圖以進"이라는 기록만 확인되며, 좌수위직에 대해서는 확인되지 않는다. 각 衛에는 大將軍 1인, 將軍 1인, 그 아래에 小將이나 郎將을 두었는데, '좌수위'는 10위의 하나인 左猛賁衛를 지칭하는 것으로 보는 견해가 있다(노태돈, 2008, 85쪽).
14) '授' → '投'.

등 60명이 고려로 내려왔다.

○ 권제14, 경순왕(敬順王) 2년

> 二年 … 三月, 渤海人金神等六十戶投高麗.

[경순왕] 2년(928) 3월, 발해 사람 김신(金神) 등 60호가 고려에 투항했다.

> 秋七月, 渤海人大儒範率衆附高麗.

가을 7월, 발해 사람 대유범(大儒範)이 사람들을 이끌고 고려에 귀부했다.

> 渤海人隱繼宗等附高麗, 見於天德殿, 三拜. 人謂失禮, 大相含弘曰: 失土人三拜, 古之禮也.

9월,[15] 발해 사람 은계종(隱繼宗) 등이 고려에 귀부해 와서 천덕전(天德殿)에서 알현하며 세 번 절하니, 사람들이 예에 어긋난다고 하였다. 대상(大相) 함홍(含弘)이 말하기를 "나라를 잃은 사람이 세 번 절하는 것은 옛날의 예이다"라고 하였다.

○ 권제14, 경순왕(敬順王) 3년

> 三年, 渤海人洪見等率衆, 以船二十艘, 投高麗. … 渤海正近等三百餘人投高麗.

[경순왕] 3년(929) 발해인 홍견(洪見)[16] 등이 무리를 이끌고 20척의 배를 타고 고려에 투항했다. … 발해 정근(正近) 등 3백여 명이 고려에 투항했다.

---

15) 『高麗史』 세가에는 태조 11년(928) 9월 기사에 수록되어 있다. 이 책에서는 달 표기가 누락되어 있다.
16) 洪見은 後渤海人으로 배를 타고 왔다는 점에서 압록강 유역에서 내려온 것으로 본다(한규철, 1997, 22~23쪽).

> 발해사 자료총서 – 한국사료 편 권1

14. 『동문선(東文選)』

『동문선』은 1478년(성종 9) 성종의 명으로 서거정(徐居正) 등이 중심이 되어 노사신(盧思愼)·강희맹(姜希孟)·양성지(梁誠之) 등을 포함한 찬집관(纂集官) 23인이 작업에 참여하였다.

우리나라 역대 시문선집으로, 신라의 김인문(金仁問)·설총(薛聰)·최치원(崔致遠)을 비롯하여 편찬 당시의 인물까지 약 500인에 달하는 작가의 작품 4,302편을 수록하였다. 본문은 130권, 목록 3권, 합 133권 45책으로 구성되어 있다. 『동문선』은 삼국시대 이래 조선 초기까지의 문학 자료를 나름대로 집대성하였다는 점과 함께 우리의 문학 전통을 중국의 그것과 병행하는 독자적인 것으로 인식하였다는 점에서 그 의미가 크다. 특히 발해사에 관한 1차 사료라 할 수 있는 최치원의 글들이 실려 있어 주목된다. 예로「북국에 윗자리를 허락하지 않은 것에 감사하는 표문(謝不許北國居上表)」에서는 발해를 북국으로 표시함으로써, 『삼국사기』 신라본기에서 신라가 두 차례 사신을 파견했던 북국이 발해인 것을 확인할 수 있다. 또한 발해의 왕자 대봉예가 당(唐)에 장문을 올려 발해 사신이 신라 사신보다 윗자리에 앉기를 청하였으나, 당이 이를 거절한 쟁장사건의 내용 등 신라와 발해의 관계를 엿볼 수 있는 글들이 수록되어 있다는 점에서 의미가 있다.

아래 원문은 규장각 소장 〈奎1188의 1〉본을 저본으로 삼았다.

○ 권제 33, 표전(表箋), 사불허북국거상표(謝不許北國居上表) 최치원(崔致遠)

臣某言, 臣得當蕃宿衛院狀報, 去乾寧四年七月內, 渤海賀正王子大封裔進狀, 請許渤海居新羅之上. 伏奉勅旨, 國名先後, 比不因強弱而稱. 朝制等威, 今豈以盛衰而改. 宜仍舊貫, 準此宣示者. 綸飛漢詔, 繩擧周班. 積薪之愁歎旣銷, 集木之憂競轉切. 惟天照膽, 何地容身.【中謝.】臣聞禮貴不忘其本, 是誠浮虛, 書稱克愼厥猷, 唯防僭越, 苟不循其涯分, 乃自撥其悔尤. 臣謹按渤海之源流也, 句驪未滅之時, 本爲疣贅部落, 靺鞨之屬, 寔繁有徒, 是名粟末小蕃, 嘗逐句驪內徙. 其首領乞四羽及大祚榮等, 至武后臨朝之際, 自營州作孼而逃, 輒據荒丘, 始稱振國. 時有句驪遺燼, 勿吉雜流, 梟音則嘯聚白山, 鴟義則喧張黑水. 始與契丹濟惡, 旋於突厥通謀. 萬里耩苗, 累拒渡遼之轍, 十年食葚, 晚陳降漢之旗. 初建邑居, 來憑隣援, 其酋長大祚榮, 始授臣藩第五品大阿餐之秩, 後至先天二年, 方受大朝寵命, 封爲渤海郡王. 邇來漸見辜恩, 遽聞抗禮臣藩, 絳灌同列, 所不忍言, 廉藺用和, 以爲前誡. 而渤海汰之沙礫, 區以雲泥, 莫愼守中, 唯圖犯上, 恥爲牛後, 觊作龍頭, 妄有陳論, 初無畏忌, 豈拘儀於隔座, 寔昧禮於降階. 伏惟陛下居高劼毖, 視遠孔昭, 念臣蕃之驥, 惑嬴而可稱, 牛雖瘠而非怯, 察彼虜之鷹, 飽腹而高颺, 鼠有體而恣貪. 永許同事梯航, 不令倒置冠屨. 聞魯府之仍舊, 驗周命之惟新. 抑且名位不同, 等衰斯在, 臣國受秦官極品, 彼蕃假周禮夏卿. 而乃近至先朝, 驟霑優寵. 戎狄不可厭也, 堯舜其猶病諸, 遂攀滕國之爭, 自取葛王之誚. 向非皇帝陛下, 英襟獨斷, 神筆橫批, 則必槿花鄕廉讓自沈, 楛矢國毒痛愈盛. 今者遠綏南越, 漢文之深意融春, 罷省東曹, 魏祖之嘉言同曉. 自此八裔絕躁求之望, 萬邦無妄動之徒. 確守成規, 靜銷紛競. 臣伏限統戎海徼, 不獲奔詣天朝, 無任.

신 모가 아룁니다. 신이 이번 번(蕃)의 숙위원(宿衛院) 장보(狀報)를 보니, 지난 건녕(乾寧) 4년 7월 중에 발해(渤海) 하정사(賀正使) 왕자 대봉예(大封裔)가 장(狀)을 올려 발해가 신라 위에 있기를 허락해 달라고 하였습니다. 엎드려 칙지(勅旨)를 받들어 보니, "국명(國名)의 선후(先後)는 원래 [나라의] 강약(強弱)으로 일컫는 것이 아니다. 조제(朝制)의 등위(等威)를 어찌 성쇠(盛衰)로써 고치겠는가. 마땅히 옛 관습에 준하여 이를 펼쳐 보일 것이다"라고 하였습니다. 한조(漢詔)의 윤음(綸音: 황제가 신하와 백성에게 내리는 말)을 내리사 주반(周班: 주나라 왕실의 봉작 등급)의 법도를 밝히 보이시니, 적신(積薪)¹⁾의 수탄(愁歎: 근심하고 탄식

함)이 이미 사라짐에 집목(集木)의 근심이 도리어 간절한데, 하늘만은 심정을 아실 것이니 어느 땅이 몸을 용납하오리까.【중사(中謝).²⁾】

신이 듣잡건대, 『예기(禮記)』에 그 근본을 잊지 않음을 귀하게 여긴 것은 들뜨고 허황된 것을 경계하기 때문이요, 『서경(書經)』에 그 법도를 삼가 행한다고 한 것은 오직 참람하게 뛰어넘는 것을 막기 위함이니, 진실로 그 분수를 좇지 않으면 끝내 스스로 후회를 부를 것입니다.

신이 삼가 살피건대, 발해의 원류는 고구려가 망하기 전엔 본시 사마귀만 한 부락(部落)으로 말갈(靺鞨)의 족속이었습니다. 이들이 번성하여 무리를 이루고 속말(粟末) 소번(小蕃)이라고 이름하였고, 일찍이 고구려를 따라 내사(內徙)하였습니다. 그 수령 걸사[비]우(乞四[比]羽)와 대조영 등이 무후(武后)의 임조(臨朝) 때에 이르러, 영주(營州)³⁾로부터 난동을 부리고 도망하여 문득 황구(荒丘)를 점거하고 비로소 진국(振國)이라 일컬었습니다. 그때 고구려의 남은 무리와 물길(勿吉)의 잡류(雜流)가 있어서 사납게 소리치며 백산(白山)에서 떼를 지었고, 사나운 뜻을 흑수(黑水)에서 소란스럽게 펼쳤습니다. 처음에는 거란(契丹)과 악행을 저지르고, 이어 돌궐과 통모(通謀)하였습니다. 만 리 [땅에] 곡식을 경작하면서 여러 번 요수(遼水)를 건너는 수레에 항거했으며, 10년이나 오디를 먹다가 늦게야 한(漢)나라에 항복하는 기(旗)를 들었습니다. 처음 거처할 고을을 세우고 와서 이웃을 빙자하여 도와주기를 청하기에 그 추장(酋長) 대조영에게 비로소 신번(臣蕃: 신라)의 제5품(品) 대아찬(大阿餐)의 질(秩)을 주었습니다. 뒤에 선천(先天) 2년에 이르러 바야흐로 대조(大朝: 당나라)의 총명(寵命)을 받아 발해군왕(渤海郡王)으로 책봉되었습니다. 이래로 그들이 차츰 황은(皇恩)을 입게 되자 갑자기 신번과 항례(抗禮)한다는 소식을 들으니, 강(絳)·관(灌)⁴⁾이 반열을 같이하는 것은 차마 입에도 담지 못할 말이요, 염(廉)·인(藺)⁵⁾이 서로 화목한 것은 전계(前誡)가 된다 할 것입니

---

1) 積水의 동북에 있는 별 이름.
2) 신하가 임금(또는 황제)께 올리는 글에서 "참으로 황공하고 두려워 머리 조아리고 조아립니다(誠惶誠懼頓首頓首)"라는 미사 어구를 생략한다는 표시.
3) 당나라 때 동북 방면의 요충지역으로, 지금의 중국 요령성 朝陽市 일대이다.
4) 漢나라의 絳侯 周勃과 武臣 灌嬰. 주발이 무장인 관영과 同列되기를 부끄러워했다(한국고전번역원, 한국고전종합DB).
5) 趙나라의 老將 廉頗와 젊은 文臣 藺相如. 염파가 처음에는 不和했으나, 뒤에 인상여가 秦나라 조정에 가서 꾀로써 和氏璧을 보전하여 돌아오니 인에게 가서 사죄하고 친구가 되었다(한국고전번역원, 한국고

다. 그러나 발해는 걸러져 나온 자갈로 [우리와는] 구름과 진흙처럼 구별됩니다. 삼가 본분을 지키지 않고 오직 위를 범하기만 도모하며, 우후(牛後)[6]가 되는 것을 부끄럽게 여겨 용두(龍頭)를 넘보고, 망령되이 따지길 처음부터 두려워하거나 거리낌이 없었습니다. 어찌 격좌(隔座)에 대한 법도를 바로잡기 위한 것이겠습니까. 진실로 강계(降階)의 예법에 무지하기 때문입니다.

엎드려 생각건대, 폐하께서는 높은 곳에서 삼가며 멀리 보면서도 사뭇 환히 보고 계십니다. 신번의 준마는 혹 야위었어도 일컬을 만하여 소는 비록 말랐어도 겁내지 않음을 생각하시고, 저 오랑캐의 매[鷹]는 배가 부르면 높이 날아가고 쥐는 몸집이 있으면서도 함부로 탐하는 것을 살피소서. 영원히 함께 제항(梯航: 산 넘고 물 건너 오가는 일)하는 것은 허락하셨지만, 관(冠)과 신발[履]을 거꾸로 두지 않게 하셨습니다. 듣기로 노부(魯府)[7]는 옛 것을 그대로 두어, 주(周)나라의 천명(天命)이 새로워짐을 증험하였습니다.

또한 명성과 지위가 같지 않으므로, 등급이 이로써 있는 것입니다. 신의 나라는 진관(秦官)의 극품(極品)을 받았고, 저 번국(蕃國)은 『주례(周禮)』의 하경(夏卿)을 빌렸을 뿐입니다. 그런데도 근래 선조(先朝)에 이르러 갑자기 도타운 은총을 입었습니다. 융적(戎狄)은 누를 수 없으므로, 요(堯)·순(舜)도 가히 골치를 앓았습니다. 마침내 등국(滕國)[8]의 다툼에 매달려, 스스로 갈왕(葛王)의 꾸지람을 취하였습니다. 지난번에 황제폐하께서 영명한 생각으로 홀로 결단하여 신필(神筆)로 확실히 비답하시지 않았다면, 바로 필시 근화향(槿花鄕: 신라)의 염치와 겸양은 스스로 가라앉고, 호시국(楛矢國: 발해)의 독기와 원망은 더욱 성해졌을 것입니다.

이제 멀리 남월(南越)을 편안케 한 한 문제(漢文帝)의 깊은 뜻은 봄같이 녹아들고, 동조(東曹)를 혁파한 위 태조(魏太祖)의 아름다운 말을 함께 깨달았습니다. 이로부터 팔예(八裔)가 성급히 구하는 바람을 끊고, 만방(萬邦)에 망동(妄動)하는 무리가 없어졌습니다. 확실히 성규

전종합DB).

6) 『戰國策』 韓策에 "닭의 머리가 될망정 소의 꼬리가 되지 말라(寧爲鷄口 毋爲牛後)" 하였다(한국고전번역원, 한국고전종합DB).

7) 노나라 사람이 長府(창고)를 만드니 閔子騫이, "옛 사람들의 일을 잇지[續], 하필 다시 짓느냐(仍舊貫如之何 何必改作)" 하였다. 『論語 先進』(한국고전번역원, 한국고전종합DB).

8) 주나라의 제후국(기원전 1122년~기원전 296년).

(成規)를 지키면 분쟁하는 소란이 잦아들 것입니다.

신이 엎드려 바닷가 구석에서 군사를 통솔하는 것에 구애되어 천조(天朝)에 달려가 뵙지 못하니, 감당할 수가 없습니다.

○ 권제 35, 표전(表箋), 광주사상표(廣州謝上表) 윤언이(尹彦頤)

… 仁后雖知其戇直, 莫得而寬. 因竄逐於遐方, 欲保全其餘命, 而臣受貶之夕, 臨行之時, 罔知得罪之端, 徒極積憂之念. 及覯中軍所奏曰: 彦頤與知常, 結爲死黨, 大小之事, 悉同商議, 在壬子年西幸時, 上請立元稱號, 又諷誘國學生奏前件事, 盖欲激怒大金, 生事乘閒, 恣意處置朋黨外人, 謀爲不軌, 非人臣意. 臣讀過再三, 然後心乃得安. 繫是立元之請, 本乎尊主之誠, 在我本朝, 有太祖光宗之故事. 稽其往牒, 雖新羅渤海以得爲, 大國未嘗加其兵, 小邦無敢議其失. 奈何聖世, 反謂僭行. 臣嘗議之, 罪則然矣. 若夫結爲死黨, 激怒大金, 語言雖甚大焉. 本末不相坐矣. …

… 인후(仁后: 어진 임금)께서 비록 [저의] 우직하고 고지식함을 알았으나 너그럽게 할 수 없어 먼 곳으로 쫓아내고 그 남은 목숨이나마 보존하게 해주셨습니다. 그러나 신은 내쳐짐을 받은 날 저녁 떠날 때에도 죄를 얻은 까닭을 알지 못한 채 단지 걱정하는 마음뿐이었습니다. 중군(中軍)에서 아뢴 것을 엿보게 되었는데, "언이(彦頤)가 지상(知常)과 더불어 사당(死黨)을 맺어 크고 작은 일마다 함께 의논하였습니다. 임자년(1132)에 서경으로 행차하셨을 때에는 주상께 연호를 세우고 황제라 하시기를 청하였으며, 또한 국학생들을 부추기고 꾀어서 앞의 일을 아뢰도록 하였습니다. 대개 대금(大金)을 화나게 하여 일을 만들고, 그 틈을 타서 마음대로 붕당 이외의 사람들을 처치하려고 반역을 꾀하였다고 하였으니, 신하 된 자의 생각이 아닙니다"라고 하였습니다. 신은 [이를] 두세 번 읽고 나서 비로소 마음의 안정을 얻었습니다. 연호를 세우자는 청은 본래 임금을 높이 받들려는 정성인 것입니다. 우리 본조(고려)에서는 태조·광종의 고사(故事)가 있습니다. 그 이전의 첩(牒)을 살펴보더라도 비록 신라와 발해가 그리했지만, 대국이 일찍이 그 병사를 더하지 않았으며 소국은 감히 그 잘못을 따지지 못했습니다. 어찌하여 성세(聖世)에 반대로 참람한 행위라고 하는지요? 신이 일찍이 그것을 의논한 것이 죄라면 그렇다고 하겠지만, 무릇 사당을 맺어 대금을 격노하게 하였다고 한다면, 말이

비록 아무리 크다고 하여도 본말이 서로 맞지 않는 것입니다. …

○ 권제47, 장(狀), 견숙위학생수령등입조장(遣宿衛學生首領等入朝狀) 최치원(崔致遠)

新羅國當國, 差遣宿衛學生首領, 入朝請附國子監習業. 謹具人數姓名, 分析申秦如後, 學生八人,【崔愼之等.】大首領八人,【析埠等.】小首領二人,【蘇恩等.】右臣伏覩太宗文武聖皇帝實錄, 貞觀元年, 宴群臣, 奏破陣樂之曲. 上謂侍臣曰: 朕雖以武功定天下, 終當以文德綏海內. 尋建學舍數百間, 聚四方生徒, 無何諸蕃慕善, 酋長請遣子弟受業, 許之. 自介臣蕃益勤航棧, 蜎蛉有子, 琛贐與偕. 遂得庇身於米廩之中, 勵志於稷山之下, 學其四術, 限以十冬, 雖慙入洛之賢, 不減浴沂之數, 况遇開元闡化, 大設衢樽, 挹彼注茲, 自近及遠, 每降漢使, 精擇魯儒, 雨錫天章, 一變海俗, 故得鄉無毀校之議, 家有斷機之親, 雖扑作教刑, 僅同刑措, 且禮聞來學, 惟競學優, 是時簦笈之子, 分在兩京, 憧憧往來, 多多益辨, 至今國子監內, 獨有新羅馬道, 在四門館北廊中, 蠹彼諸蕃, 閱其中絶, 祗如淳海,[9] 無籍膠庠, 惟令桃野諸生, 得厠杏壇學侶, 由是海人賤姓, 泉客微名, 或高掛金牌, 寧慙附贅, 或榮昇玉案, 實賴餘光, 雖乖業擅專門, 可證人無異國. 臣竊以東人西學, 惟禮與樂, 至使攻文以餘力, 變語以正音. 文則俾之修表章, 陳海外之臣節, 語則俾之達情禮, 奉天上之使車. 職曰翰林, 終身從事, 是以每遣陪臣執贄, 卽令冑子觀光, 而能視鯨浪爲夷途, 乘鷁舟爲安宅, 銳於嚮化, 喜若登仙, 况近者蕃臣之寬猛乖宜, 荒服之兇頑得便, 顔瓢則頓改其樂, 孔席則愈嗟非溫, 仰聞聖文睿德光武弘孝皇帝陛下, 俯徇群情, 崇加懿號, 以聖文冠上, 光武弼中, 能使大邦, 無軍旅之事, 至於小邑, 有絃歌之聲, 以此臣蕃鴻漸者, 隨陽是思, 蟻術者慕羶增切. 競攜持而避亂, 願葡匐以投仁. 臣今差前件學生等, 以首領充傔. 令隨賀正使守倉部侍郎級飡金穎船次, 赴闕習業, 兼充宿衛, 其崔愼之等, 雖材慚美箭, 而業嗣良弓, 用之則行, 利有攸往, 輒以多爲貴者, 豈亦遠於禮乎. 金鵠, 是故海州縣刺史金裝親男, 生在中華, 歷於兩代, 可承堂構, 免墜家聲, 臣敢以興學爲先, 求賢是務, 買書金則已均薄賑, 讀書粮則竊覬洪恩, 且千里之行, 聚費

---

9) '淳海' → '渤海'.

> 猶勞於三月, 十年爲活, 濟窮惟仰於九天. 幸遇聖朝, 誕敷文德. 伏乞恕撞鍾之無力,
> 憐擊磬之有心, 垂慈於磁石引針, 周急於浮埃生甑. 特賜宣下鴻臚寺准去, 龍紀三年,
> 隨賀登極使判官檢校祠部郎中崔元, 入朝學生崔霙等事例, 勒京兆府, 支給逐月書粮,
> 兼乞冬春恩賜時服, 所冀身資飽學, 無憂餒在其中, 跡異暗投, 不愧藝成而下, 更霑
> 榮於挾纊, 終免若於易衣, 臣以目想鶯喬, 心攀驥乘, 仰趨丹陛, 俯羨青衿. 實貴儒
> 宗, 輕浼宸鑑, 無任望恩, 懷德技癢, 切瑳之至.

　　신라국(新羅國) 당국(當國)은 숙위(宿衛) 학생과 수령을 파견하여 입조(入朝)하게 하며, 국자감(國子監)에서 학업을 익히도록 청합니다. 삼가 사람 수와 성명을 갖추어 다음과 같이 나누어 아뢰오니, 학생 8명【최신지 등】, 대수령(大首領) 8명【기탁 등】, 소수령 2명【소은 등】 입니다.

　　신이 엎드려 태종문무성황제(太宗文武聖皇帝)의 실록(實錄)을 살펴보니, 정관(貞觀) 원년에 신하들에게 잔치를 베풀 때 파진악(破陳樂)의 곡을 연주하자, 황상께서 시신(侍臣)에게 이르기를 "짐이 비록 무공으로 천하를 평정하였으나 종내에는 당연히 문덕(文德)으로써 해내(海內)를 편안하게 하겠다" 하셨습니다. 곧바로 학사(學舍) 수백 칸을 만들고 사방의 생도를 모았습니다. 오래지 않아 여러 번(藩)이 선(善)을 사모함에, 추장(酋長)이 그 자제들을 보내어 수업받기를 청하므로 허락하셨습니다.

　　이로부터 신번(臣藩)은 더욱 산 넘고 물 건너 오가는 일을 부지런히 하며, 명령(螟蛉)의 새끼10)를 침신(琛賝: 진귀한 예물)과 함께 입조하게 하여, 드디어 미름(米廩) 안에서 몸을 의지하게 되었으며, 직산(稷山)11) 아래서 뜻을 가다듬고 사술(四術)12)을 배우되 열 번의 겨울(10년)을 기한으로 하였습니다. 비록 낙양에 들어가는 현인(賢人)으로는 부끄러우나, 기수(沂水)13)에서 목욕할 정도에는 모자라지 않을 것입니다. 하물며 개원(開元) 시기에 이르러서는

---

10) 양자. 남의 자식을 자기의 새끼로 기른다는 뜻.『詩經』小雅 小宛章에, "명령의 새끼가 있다(螟蛉有子)" 하였다(한국고전번역원, 한국고전DB).

11) 稷下와 같은 말이다. 전국시대 齊 宣王이 일찍이 공자의 사당을 이 산에 세워서 이름을 孔父山이라고도 한다(한국고전번역원, 한국고전DB).

12) 文·行·忠·信을 이른다.

13) 중국 山東省에 있는 물 이름이다.『論語』에, "공자의 제자 曾點이 자기 소원을 말하면서, '저문 봄에

교화를 넓히고 성인의 도[衢樽]14)를 크게 베풀어, 저쪽을 당겨 이쪽에 붙고 가까운 곳에서부터 먼 곳까지 미치게 하였습니다. 매양 한(漢) 사신을 내려보내어 노유(魯儒)15)를 정성스럽게 가리셨고, 두 번이나 천장(天章: 조서)을 내려 바닷가 습속을 일변시키셨습니다. 그런고로 마을에서 학교를 헐어야 한다는 논의가 없게 되었고, 집에서는 베틀을 끊어버린[斷機]16) 어머니가 있게 되었습니다. 비록 회초리로 가르치는 형벌을 만들었으나, 거의 형벌을 그만둔 것과 같습니다. 또 예(禮)는 찾아와서 배움을 듣는 것이며, 오직 경쟁은 배움을 넉넉하게 하는 것입니다. 오늘날 책 짐을 진 자제들이 양경(兩京: 장안과 낙양)에 나뉘어 있으면서 자주 왕래하였는데, [이것이] 많으면 많을수록 더욱 분명해질 것입니다.

지금에 이르러 국자감 안에는 신라의 마도(馬道)만이 사문관(四門館)의 북랑(北廊) 안에 있습니다. 어리석고 보잘것없는 번(藩)들은 중간에 조용히 끊어졌습니다. 저 발해(渤海)와 같은 경우도 교상(膠庠)17)에 적(籍)을 두지 않았습니다. 오직 도야(桃野)의 제생(諸生)으로 하여금, 행단(杏壇)18)의 학려(學侶)에 끼게 하였습니다. 이로 말미암아 해인(海人)의 천한 성씨와 천객(泉客)의 미미한 이름이 간혹 높이 금패(金牌)에 걸리기도 하였으니, 어찌 혹이 붙은 것처럼 부끄럽지 않겠습니까. 혹은 영광스럽게 옥안(玉案)에 올랐으니 실로 여명에 힘입은 것입니다. 비록 학업을 전문(專門)으로 좌지우지하는 데에는 어그러짐이 있으나, 가히 사람은 나라가 다른 것과 무관하다는 것을 증명할 만할 것입니다.

신이 가만히 생각건대, 동인(東人)이 서쪽에서 배우려는 것은 오직 예(禮)와 악(樂)입니다.

冠者 5~6명과 童子 6~7명으로, 기수에 가서 목욕하고 舞雩에서 바람 쐬고 읊조리며 돌아오고 싶다.' 하였다"라는 구절이 있다(한국고전번역원, 한국고전DB).

14) 출전은 『淮南子』 권10, 「繆稱訓」의 "성인의 도는 마치 중앙 길거리에다 술동이를 놓아둔 것과 같아야 한다. 지나가는 사람이 마시면서, 양은 다르지만 각자 알맞게 마시게 된다(聖人之道, 猶中衢而致尊邪:過者斟酌, 多少不同, 各得其所宜)"이다.

15) 일반적으로 孔子를 가르키지만, 춘추시대 魯나라의 유생을 가리키기도 한다. 여기서는 유학적 소양을 지닌 유생을 의미한다.

16) '斷織', '斷織之戒'와 같은 말이다. 학문을 중단하는 것은 짜던 베를 잘라버리는 것과 같다는 의미로, 유학 도중에 돌아온 맹자를 어머니가 짜던 베를 끊어 경계하게 한 고사에서 나온 말이다.

17) 학교의 이칭이다. 『禮記』 王制에, "周나라 사람이 國老를 東膠에서 기른다" 하였다(한국고전번역원, 한국고전DB).

18) 鄕校나 학교를 의미한다. 공자가 제자들에게 글을 가르치던 곳에서 유래한다.

남은 힘으로는 문장을 공부하게 하는데 이르러서, 말은 바른 소리로 변화시키고, 문장은 곧 표장(表章)을 지어 해외의 신절(臣節)을 아뢸 수 있게 하는 것입니다. 말은 정(情)과 예(禮)를 통하게 하여 천상(天上)의 사신의 수레를 받들게 하려는 것입니다. 직책은 한림(翰林)이라 하며, 종신토록 종사하게 하였습니다. 그래서 매번 배신(陪臣)을 보내어 집지(執贄)하게 하고, 곧 주자(胄子: 대를 잇는 맏아들)로 하여 관광(觀光)하게 하며, 능히 험한 파도를 평탄한 길과 같이 보고 배를 편안한 집과 같이 타서, 재빨리 교화를 따르되 등선(登仙)하는 것과 같이 기뻐하였습니다. 게다가 근자에 번신(藩臣)의 너그러움과 엄함이 어그러져 황복(荒服: 오랑캐의 땅)의 흉악한 무리가 기회를 얻었으니, 안연(顔淵: 춘추시대 노나라의 현인으로 안회를 말한다)의 단표(簞瓢: 대나무 그릇에 밥을 먹고 표주박에 물을 마신다는 뜻으로 소박한 삶을 의미한다)가 그 즐거움을 돌연히 멈추고 공자(孔子)의 자리는 더욱 온기를 잃게 된 바에야 어떻겠습니까.

　우러러 듣건대 성문예덕광무홍효황제(聖文睿德光武弘孝皇帝: 당 소종) 폐하께서 여러 사람의 뜻을 굽어 살피어 아름다운 칭호를 높여 더하고, 성문(聖文)으로 관(冠)을 올리고 광무(光武)로 안을 가득 채우셨다고 합니다. 능히 대국으로 하여금 군사의 일을 없게 하고 소읍(小邑)에 이르기까지 현가(絃歌)의 소리가 있게 하시니, 이로써 신번(臣藩)의 홍점(鴻漸)[19]하는 자는 양지를 따르기만 생각하고 의술(蟻術)을 하는 자는 전육(羶肉: 누린내 나는 고기)을 사모함이 더욱 간절하여 다투어 서로 지탱하고 끌며 난을 피하여 기어서 [황제의] 어짊에 투항하기를 원하는 것입니다.

　신은 지금 앞 건의 학생 등을 뽑아 수령(首領)으로써 수행을 채우고, 하정사(賀正使) 수창부시랑(守倉部侍郞) 급찬(級飡) 김영(金穎)의 배편에 딸려 대궐에 나아가 학업을 익히게 하고, 겸하여 숙위(宿衛)로 충당하고자 합니다. 그중 최신지(崔愼之) 등은 비록 재질(材質)이 미전(美箭)이 되기는 부끄러우나 업은 양궁(良弓)을 이었으니, 쓰시면 곧 행할 것이며 앞길에 이로움이 있을 것입니다. 문득 많은 것을 귀하게 여기는 것이 어찌 또한 예(禮)에서 멀다 하겠습니까. 김곡(金鵠)은 바로 고(故) 해주현(海州縣) 자사(刺史) 김장(金裝)의 친아들로, 중국에서 태어나 두 세대를 지냈으니, 가히 당구(堂構: 가업)를 이을 만하여 가문의 명성을 떨어뜨리지는 않을 것입니다. 신이 감히 학문을 일으키는 것을 으뜸으로 삼고, 어진 이를

---

19) 진출을 의미하는 말이다. 『周易』 제53괘 漸에, "鴻漸于干"이라 하였다(한국고전번역원, 한국고전DB).

구하는 것을 의무로 여기며, 책을 살 돈은 이미 박하나마 고루 나누어 주었지만, 글 읽을 양식(粮食)은 삼가 홍은(洪恩)을 내려주시기를 바랍니다. 천리 길에도 비용을 모으는 데 3개월을 수고하는데, 십년을 생활하는 데에 궁함을 구제하기 위해서는 오직 구천(九天)을 우러러를 따름입니다.

다행히 성조(聖朝)를 만나 문덕(文德)을 크게 펼치시니, 엎드려 바라옵건대 종을 두드릴[撞鍾] 힘도 없음을 용서하시고, 경을 칠[擊磬] 마음이 있음을 가엽게 여기시고, 자석(磁石)이 바늘을 끌어가듯이 인자함을 베풀고 시루[甑]에 먼지만 떠다니는 긴급함을 구해주시기 바랍니다. 특히 선지(宣旨)를 홍려시(鴻臚寺)에 내리시어, 지난 용기(龍紀) 3년에 하등극사판관 검교사부낭중(賀登極使判官檢校司部郎中) 최원(崔元)을 따라 입조(入朝)한 학생 최영(崔霙) 등의 사례에 준하여 경조부(京兆府)로 하여금 매달 서량(書粮)을 지급하게 하시옵소서. 겸하여 겨울과 봄에 시복(時服)을 내려주시는 은혜를 바라옵니다. 바라건대 몸이 학문으로 배를 불려 자산으로 하면서도 굶주림이 그 가운데 있을까 하는 걱정을 없게 해주시면, 족적(足跡)을 어두운 곳에 던진 것과 다르게 예기를 이룬 것이 [비록] 아래에 있다 하여도 부끄럽지 않게 될 것입니다. 다시 협광(挾纊)[20]의 영광에 젖어 마침내 옷을 바꿔 입는 고초를 면할 수 있을 것입니다.

신은 눈으로 꾀꼬리가 높이 오르는 것을 상상하며 마음으로는 준마의 수레를 당기며, 우러러서는 단폐(丹陛: 궁궐)를 붙좇으며 숙여서는 청금(青衿)[21]을 부러워합니다. 실로 유종(儒宗)을 귀히 여겨 가벼이 신감(宸鑑: 임금의 감상)을 어지럽히게 되었습니다. 은혜를 바라고 덕을 기리며 갈고 닦은 재주를 드러내고 싶은 지극한 마음을 이기지 못하겠습니다.

○ 권제47, 장(狀), 신라왕여당강서고대부상장(新羅王與唐江西高大夫湘狀) 최치원(崔致遠)

昔貞觀中, 太宗文皇帝, 手詔示天下曰: 今欲巡幸幽薊, 問罪遼碣, 蓋爲句麗獷俗, 干紀亂常, 遂振天誅, 肅淸海徼, 武功旣建, 文德事修, 因許遠人, 亦隨貢士, 以此獻遼豕而無愧, 逐遷鶯而有期. 惟彼句麗, 今爲渤海, 爰從近歲, 繼忝高科. 斯乃錄外

---

20) 옷에 솜을 넣어 입어 따뜻해짐을 의미한다. 임금이 하사한 옷을 표현할 때 사용하며, 임금의 은혜를 비유한다.
21) 儒生을 의미한다. 『詩經』의 "青青子衿"에서 유래한다.

> 方慕善之誠, 表大國無私之化. 雖涉於賤雞貴鶴, 或類於披沙揀金. 靖恭崔侍郎, 放
> 賓貢兩人, 以渤海烏昭度爲首. 韓非同老聃之傳, 早已難甘, 何偃在劉瑀之前, 其實
> 堪恨. 縱謂簸揚糠粃, 豈能餔啜糟醨. 旣致四隣之譏, 永貽一國之恥. 伏遇大夫, 手
> 提蜀秤, 心照秦臺, 作蟾桂之主人. 顧鷄林之士子, 特令朴仁範金渥兩人, 雙飛鳳里,
> 對躍龍門, 許列靑衿, 同趨絳帳, 不容醜虜, 有玷仙科. 此實奉太宗逐惡之心, 守宣
> 尼擇善之旨, 振嘉聲於鼇岫, 浮喜氣於鯷溟. 伏以朴仁範苦心爲詩, 金渥克己復禮,
> 獲窺樂鏡, 共陟丘堂, 自古已來, 斯榮無比. 縱使糜軀粉骨, 莫報深恩, 惟當谷變陵
> 遷, 永傳盛事. 弊國素習先王之道, 忝稱君子之鄕, 每當見善若驚, 豈敢以儒爲戱,
> 早欲遠憑書札, 感謝眷知, 竊審烟塵驟興, 道路多阻, 未伸素懇, 已至後時. 空餘異
> 口同音, 遙陳善祝, 雖願揮毫頌德, 難盡微誠. 惟望早離避地之遊, 速展濟川之業,
> 永安區宇, 再活烝黎. 不獨海外之禱祠, 實爲天下之幸甚.

 오래 전 정관(貞觀) 중에 태종 문황제(太宗文皇帝)께서 손수 조서를 천하에 보이며 말하기를, "지금 유계(幽薊)를 순행하여 요갈(遼碣)[22]의 죄를 묻고자 한다"고 하셨습니다. 대개 고구려의 사나운 습속이 기강을 범하고 상도(常道)를 어지럽게 해서입니다. 마침내 천주(天誅: 하늘이 내리는 벌)를 떨치어 해변을 숙청하고 무공(武功)을 이미 세우고는 문덕(文德)을 닦으셨습니다. 이로 인해 먼 곳 사람에게도 또한 공사(貢士)[23]를 따를 수 있도록 허락하셨으니, 이로써 요시(遼豕)[24]를 바치기에 부끄럼이 없고 천앵(遷鶯)을 쫓을 기약이 있었던 것입니다.

 오직 저 고구려가 지금 발해(渤海)가 되었습니다. 비로소 근년에 와서야 계속 외람되게 고과(高科)[25]가 되었으나, 이는 바로 외방의 선을 사모하는 정성을 수록(收錄)하고, 대국의 사사로움이 없는 덕화를 표시한 것입니다. 비록 닭을 천히 여기고 학(鶴)을 귀히 여긴 것이기

---

22) 遼東과 碣石. 여기서는 고구려를 의미한다.
23) 지방에서 치르는 과거에 급제한 뒤 국자감 시험에 응시할 수 있는 자격을 가진 사람. 여기서는 당나라의 빈공과에 응시할 수 있는 사람을 가리킨다.
24) '遼東豕'의 준말이다.『後漢書』朱浮傳에, "지난날 遼東에서 돼지가 새끼를 낳았는데, 머리가 하얗기로 이상하게 여겨 진상하러 가다가, 河東에서 보니 뭇 돼지가 모두 머리가 하얗기로 무색하여 돌아왔다" 하였다(한국고전번역원, 한국고전DB).
25) 과거에서 높은 등급(또는 점수)으로 급제한 것을 말한다.

는 하나, 혹여 모래를 헤치고 금싸라기를 가려내는 일과 비슷하다고 할 수 있습니다. 정공(精恭) 최시랑(崔侍郞)이 빈공과(賓貢科)에서 둘 중 하나로 합격했을 적에, 발해(渤海)의 오소도(烏昭度)를 으뜸으로 삼았습니다. 한비(韓非)가 노담(老聃)과 같은 열전에 있는 것이 일찍부터 난감하였고, 하언(何偃)이 유우(劉隅)의 앞에 있는 것도 실로 한스러웠습니다. 키질에 겨와 쭉정이가 날린다고 하지만, 어찌 [함께] 술지게미를 먹고 싱거운 술을 마실 수 있겠습니까. 이미 사방 이웃의 조롱거리가 되었고, 영원히 일국의 수치의 근원이 되었습니다.

마침 대부(大夫)께서 손에는 촉칭(蜀秤: 촉나라 저울)을 들고, 마음은 진경(秦鏡)[26]에 비추며, 섬계(蟾桂)의 주인[27]이 되셨습니다. 계림(鷄林: 신라)의 선비와 자제를 돌아보시며, 특히 박인범(朴仁範)과 김악(金渥) 두 사람을 짝지어 봉리(鳳里)에서 날게 하고 상대가 되어 용문(龍門)에서 뛰게 하셨습니다. 청금(靑衿)의 항열을 허락하시고, 함께 강장(絳帳)에 나아가게 하셨습니다. 추한 오랑캐가 선과(仙科)를 욕보이는 것을 용납하지 않으셨습니다. 이는 실로 태종(太宗)께서 악을 쫓아내던 마음을 받들고 선니(宣尼: 공자)께서 선(善)을 택하신 뜻을 지키어, 아름다운 소리가 오수(鰲岫)에 떨치고 즐거운 기운이 제명(鯷溟)에 떠오르도록 하였던 것입니다.

삼가 박인범(朴仁範)은 고심하여 시를 짓고, 김악(金渥)은 극기하여 예에 돌아가서 악경(樂鏡)[28]을 얻길 엿보아, 함께 공자의 당에 올랐습니다. 예로부터 지금까지 이런 영광은 비교할 것이 없었습니다. 몸이 뭉개지고 뼈가 가루가 되어도 깊은 은혜를 갚을 길이 없습니다. 오직 골짜기가 변하고 언덕이 옮겨지도록 영원히 성사(盛事)를 전할 것입니다.

폐국(弊國)은 본래 선왕(先王)의 도를 익혀서, 황송하게도 군자의 고장이라고 불렸습니다. 매양 선한 사람을 보면 깜짝 놀라듯 하였는데, 어찌 감히 선비를 희롱거리로 삼겠습니까. 일찍이 멀리서 서찰(書札)로 감사를 드리려 하였으나, 가만히 살펴보니 연기와 먼지가 갑자기 일어나 도로가 많이 막혀서 본래의 성심을 펼치지도 못하고 이미 시기를 놓치게 되었습니다. 속절없이 이구동성으로 멀리서 축원합니다. 비록 붓을 휘둘러 덕을 칭송하기를 원하지만,

---

26) 진 시황제가 궁중에 비치하였던 거울.

27) 과거 시험을 주관하는 직을 의미한다.

28) 晉나라 樂廣이 원대한 식견이 있었는데, 衛瓘이 보고서 말하기를 "이 사람은 사람 가운데 水鏡이라서 보면 맑게 비치는 것이 마치 구름을 헤치고 푸른 하늘을 본 것 같다" 하였다(한국고전번역원, 한국고전DB).

작은 정성을 다하기가 어렵습니다. 오직 조속히 피난지에서의 유랑이 끝나고 빨리 제천(濟川)의 업을 펼쳐, 영원히 온누리를 편안하게 하고 백성들을 다시 살리시길 바랍니다. [그러면] 해외의 축원만이 아니라, 실로 천하에 심히 다행스러움이 될 것입니다.

○ 권제47, 장(狀), 여예부배상서찬상(與禮部裴尙書瓚狀) 최치원(崔致遠)

昔者, 句麗衛國, 負險驕盈, 殺主虐民, 違天逆命, 太宗文皇帝, 震赫斯之盛怒, 除蠢尒之群兇, 親率六軍, 遠巡萬里. 龔行天罰, 靜掃海隅. 句麗旣息狂飆, 殘收遺燼, 別謀邑聚, 遽竊國名, 則知昔之句麗, 則是今之渤海. 當國自貞觀中, 偏荷殊恩, 永安遠俗, 仍許桑津之學者, 俾隨槐市之生徒. 遂有負笈忘疲, 乘桴涉險, 編名獻賦, 遂趨於金馬門前, 擧跡昇仙, 得到於巨鼇山上. 無何異俗, 亦忝同科, 自大中初, 一彼一此, 春官歷試, 但務懷柔, 此實修文德以來之, 又乃不念舊惡之旨, 有以見聖朝則恩深含垢, 渤海則志切慕羶, 旣非莫往莫來, 則亦何先何後. 然至故靖恭崔侍郎主貢之年, 賓薦及第者兩人, 以渤海烏昭度爲上, 有同瘠魯而肥杞, 誰驗鄭昭而宋聾. 陶之汰之, 雖甘沙礫居後, 時止則止, 豈使淄澠竝流, 車書縱賀其混同, 冠屨實慚於倒置. 伏遇尙書, 高懸藻鑒, 榮掌桂科, 旣照膽以無差, 固推心而有待. 前都統巡官殿中侍御史崔致遠, 幸將薄技, 獲厠諸生, 先唱牛心, 得爲鷄口. 免與薛侯爭長, 不令趙將懷嫌, 實逢至公, 得雪前恥. 變化深資於一顧, 光榮遠播於三韓, 自此已來, 未之或改, 遂絶積薪之歎, 益懃刈楚之恩, 今則崔致遠, 奉使言歸, 懷材待用, 粗有可取, 無忝所知, 示使鰈水儒流, 鳩林學植, 競勵觀光之志, 皆增嚮化之心. 斯乃尙書, 洞炤九流, 精修四敎, 善誘風行於闕里, 深仁波及於互鄕, 欲知擧國懷恩, 惟願經邦佐聖, 無思隱霧, 早遂爲霖. 拜謁難期, 瞻攀莫極, 但遇金風之爽節, 遠想音徽, 每吟珪月之曉光, 空勞夢寐, 聊憑鴈足, 略染鵝毛, 欲代申拜賜之誠, 惟恨非盡言之具.

옛날 고구려가 나라를 지키면서 험준함에 힘입어 교만으로 가득 차서 임금을 죽이고 백성을 해치므로, 태종 문황제(太宗文皇帝)께서 우레와 같이 진노하여 준동하는 흉악한 무리를 없애기 위하여 친히 육군(六軍)을 거느리고 멀리 만리를 순행하여 천벌(天罰)을 봉행하여 해우(海隅)를 깨끗이 쓸어버리셨습니다.

고구려의 미친 듯 날뛰던 기세가 이미 사라졌으나, 간신히 불에 탄 나머지를 거두어 따로 고을을 이루고 모일 것을 도모하고, 갑자기 국명(國名)을 훔쳤습니다. 바로 예전의 고구려이며, 바로 지금의 발해(渤海)인 것을 알 수 있습니다. 당국(當國: 신라)은 정관(貞觀)으로부터 특별히 후한 은혜를 입고 민속(民俗)이 영원히 안정되었습니다. 거듭 상진(桑津)의 학자에게 괴시(槐市)[29]의 생도가 될 수 있도록 허락하셨습니다. 마침내 책을 짊어지는 피로를 잊고 배를 타고 험한 바다를 건너가서, 이름을 적어 부(賦)를 올렸습니다. 마침내 금마문(金馬門) 앞에 나아가 발을 들어 선적(仙籍)에 올라 거대한 오산(鼇山) 위에 도달하게 되었습니다.

어떠한 다른 풍속을 가진 자라도 역시 함께 과거에 참여하게 되어, 대중(大中) 초부터 그들이나 우리나 춘관(春官)의 시험을 거치게 되었습니다. 단지 회유(懷柔)에 힘을 쓰는 것으로, 이는 실로 문덕(文德)을 닦아 그들을 오게 한 것입니다. 또한 옛 악행에 대해서는 생각하지 않으시겠다는 뜻으로, 성조(聖朝)께서 허물을 용서[舍垢]하는 은혜가 깊음을 볼 수 있습니다. 발해는 모전(慕羶)에 간절한 뜻을 가지고 있어, 이미 왕래가 없는 것이 아닌바, 또한 역시 선후가 있겠습니까.

그러나 고(故) 정공(靖恭) 최시랑(崔侍郎)이 시험을 주관하던 해에 빈공(賓貢)으로 급제한 자가 두 사람인데, 발해의 오소도(烏昭度)를 상등으로 삼은 것에 이르러서는 노국(魯國)을 여위게 하고 기국(杞國)을 살찌게 한 것과 같음이 있으니, 누가 정국(鄭國)은 눈이 밝고 송국(宋國)은 귀먹었다는 것을 증명하겠습니까. 질그릇으로 걸러서 아무리 모래와 자갈이 남는 것을 감수한다고 하여도, 멈춰야 할 때 바로 멈춰야 되는 것입니다. 어찌 치민(淄澠)[30]을 함께 흐르게 할 수 있겠으며, 거서(車書)가 혼동된 것을 축하할지라도, 관과 신발[冠屨]이 거꾸로 된 것은 실로 부끄럽습니다.

다행히 상서(尙書)께서 높이 조감(藻鑑)을 달고 영광스럽게 계과(桂科)를 관장하게 되셨고, 이미 쓸개까지 비쳐 어긋남이 없게 하고 완고하게 마음을 헤아리시니 의지할 바가 있었습니다. 전 도통순관(都統巡官) 전중시어사(殿中侍御史) 최치원(崔致遠)은 다행히 얕은 기술을 가지고 제생(諸生)의 열에 끼게 되었습니다. 먼저 소의 심장을 씹어 닭의 입이 되게 하고,

---

29) 옛날에 經傳을 강론하던 곳이다(한국고전번역원, 한국고전DB).
30) '淄水'와 '澠水'를 말한 것인데, 모두 山東省 지경에 있다. 『列子』 說林에, "치·승의 물을 합해놓아도 易牙는 맛을 보고 알았다" 하였다(한국고전번역원, 한국고전DB).

설후(薛侯)와 더불어 석차를 다투는 것[31]을 면해주었으며, 조장(趙將)[32]으로 하여금 의심을 품게 하지 않으셨습니다. 실로 공정함을 만나 앞의 수치를 씻었습니다. 변화는 진실로 한번 돌아보심으로 깊이 힘입었고, 광영은 멀리 삼한에 뿌려졌습니다. 이때 이래로 바뀌지 않을진대, 마침내 적신(積薪)[33]의 탄식을 끊으니, 예초(刈楚)[34]의 은혜를 더욱 부끄럽게 여기겠습니다.

지금 바로 최치원이 사명을 받들고 돌아가서, 재주를 품고 쓰이기를 기다리겠습니다. 조금이나마 취할 점이 있다면, 알아주심에 욕되게 하지 않을 것입니다. 접수(鰈水)의 유생과 구림(鳩林)의 학식(學植)[35]에게 관광(觀光)의 뜻을 굳세게 격려하면, 모두 교화로 나아가려는 마음이 증가할 것입니다. 이로써 상서(尙書)께서 구류(九流)를 밝히고 사교(四敎)를 세심히 닦아, 잘 이끄심으로 궐리(闕里)[36]에 풍행(風行)하고 깊은 어지심은 호향(互鄕)[37]에 여파가 이르렀습니다. 온 나라가 은혜를 품은 것을 아시기를 원하며, 오직 나라를 경영하시는 성군(聖君)을 보좌하기를 바랍니다. 안개 속에 숨을 것[38]을 생각하지 말고 빨리 장맛비가 되소서. 뵙기를 기약하기 어려워서 우러름이 그지없습니다. 다만 금풍(金風: 가을 바람)이 상쾌한 절기를 만나 멀리 음휘(音徽: 좋은 소식)를 상상하고, 매양 규월(珪月: 가을 초승달)의 새벽빛

---

31) '爭長'은 앞서는 位次를 다툰다는 말이다. 『左傳』 隱公 11년에 滕侯와 薛侯가 함께 來朝하여 앞에 서기를 다투었다(한국고전번역원, 한국고전DB).
32) 趙나라 廉頗와 藺相如의 고사를 말한 것이다(한국고전번역원, 한국고전DB).
33) 나중에 벼슬한 사람이 먼저 벼슬한 사람보다 윗자리에 오른 것을 말한다. 『漢書』 汲黯傳에, "폐하께서 여러 신하를 등용하시는 것이 마치 섶을 쌓는 것[積薪]과 같아서 뒤에 온 자가 위에 있게 된다" 하였다(한국고전번역원, 한국고전DB).
34) 잘난 사람을 뽑아 쓴다는 말이다. 『詩經』 周南에, "쫑긋쫑긋한 숲에서 그 빼어난 것을 벤다(翹翹錯薪 言刈其楚)" 하였다(한국고전번역원, 한국고전DB).
35) '學殖'과 같다. 학문을 쌓음, 학문적 소양, 학문의 소양을 가진 사람 등을 의미한다.
36) 孔子 탄생지로, 중국 山東省 曲阜縣 성안에 위치한다. 또는 공자의 사당이나 공자를 의미하기도 한다.
37) 중국 춘추시대에 선하지 않은 사람들이 살았던 마을이다. 어울리지 못할 상대방의 마을을 낮추거나 스스로 자신의 고장을 낮추는 말이다.
38) 山林에 엎드려 있음을 비유한 것이다. 『烈女傳』 賢明에, "陶答子가 陶 땅을 다스린 지 3년 만에, 명예는 드러나지 아니하고 집안은 3배나 더 부유하게 되자 그 아내가 아이를 안고 울면서 말하기를, '나는 들으니 남산에 검은 표범이 있어 비와 안개 속에서 7일을 지내면서, 밖으로 나와 먹을 것을 먹지 않는다니 무슨 까닭인가. 그 털을 윤택하게 하여 文章을 이루고자 한 것이다. 그러므로 깊이 숨어 화를 멀리하는 것이다.'라고 하였다"라는 내용이 있다(한국고전번역원, 한국고전DB).

을 읊조리며 속절없이 꿈만 꿀 뿐입니다.

애오라지 기러기 발에 의지하고 대략 거위 털에 [먹물을] 적셔 감사를 드리는 성의를 대신하고자 하오나, 오직 말씀을 갖추어 다할 수 없는 것이 한입니다.

○ 권제52, 주의(奏議), 상시무서(上時務書) 최승로(崔承老)

… 若契丹者, 與我連境, 宜先修好, 而彼又遣使求和, 我乃絶其交聘者, 以彼國嘗與渤海連和, 忽生疑貳, 不顧舊盟, 一朝殄滅. 故太祖以爲無道之甚, 不足與交, 所獻駱駝, 亦皆弃而不畜, 其深策遠計, 防患乎未然, 保邦于未危者, 有如此也. 渤海旣爲丹兵所破, 其世子大光顯等, 以我國家擧義而興, 領其餘衆數萬戶, 日夜倍道來奔. 太祖憫念尤深, 迎待甚厚, 至賜姓名, 又附之宗籍, 使奉其本國祖先之禮祀, 其文武參佐以下, 亦皆優沾爵命, 其急於存亡繼絶, 而能使遠人來服者, 又如此也. …

… 거란과 같은 경우는 우리와 경계가 접해 있으니, 마땅히 먼저 우호를 닦아야 할 것입니다. 저들도 또한 사신을 보내어 화친을 구하였으나 우리가 곧 그 교빙(交聘)을 끊은 것은, 그 나라가 일찍이 발해와 더불어 화친을 맺었다가 갑자기 의심을 품어 옛 맹약을 돌아보지 않은 채 하루아침에 멸망시켰기 때문입니다. 태조는 [그들의] 무도함이 심하여 족히 교빙할 수 없다고 여기고 바친 낙타도 또한 모두 버리고 기르지 않으셨으니, 그 심원한 계책으로 환란을 미연에 방지하고 위태함이 이르기 전에 보전하려는 것이 이와 같으셨습니다. 발해가 이미 거란의 군대에 격파되어 그 세자(世子) 대광현(大光顯) 등이 우리나라가 의로써 일어난 것을 알고, 그 남은 무리 수민 호를 거느리고 밤낮으로 길을 달려 도망하여 왔습니다. 태조께서는 심히 가엾게 생각하고 환영하여 매우 후하게 대우하셔서, 성과 이름을 내리고 또 종적(宗籍)에 붙여 그 본국 선조(先祖)의 제사를 받들게 하셨습니다. 그 문무(文武) 속관(屬官) 이하에게도 또한 모두 작명(爵命)을 넉넉하게 베푸셨습니다. 급히 망한 것을 보존시키고 끊긴 것을 이어주시니, 능히 먼 곳의 사람으로 하여금 와서 복종하게 하시는 것이 또한 이와 같았습니다. …

○ 권제84, 서(序), 송봉사이중보환조서(送奉使李中父還朝序) 최해(崔瀣)

> 翰林李中父奉使征東, 已事將還, 過辭予, 因語之曰: 進士取人, 本盛於唐. 長慶初, 有金雲卿者, 始以新羅賓貢, 題名杜師禮牓. 由此以至天祐終, 凡登賓貢科者, 五十有八人, 五代梁唐, 又三十有二人, 盖除渤海十數人, 餘盡東士. … 然所謂賓貢科者, 每自別試, 附名牓尾, 不得與諸人齒, 所除多卑冗, 或便放歸. 欽惟聖元一視同仁, 立賢無方. …

한림(翰林) 이중보(李中父)가 사명을 받들어 정동[행성](征東[行省])에 들렀다가 일을 마치고 돌아가려 할 적에 나를 찾아와서 작별하므로 말하기를, "진사(進士)로 인재를 뽑는 것은 본래 당(唐)나라 때 성행하였다. 장경(長慶, 821~824) 초에 김운경(金雲卿)이란 사람이 처음으로 신라의 빈공(賓貢)으로서 두사례(杜師禮)가 주관한 시험에 합격하였다. 이때부터 천우(天祐, 904~907) 말년까지 빈공과(賓貢科)에 합격한 사람이 모두 58명이며, 오대(五代)의 후량(後梁)과 후당(後唐) 때에 또 32명이 있었다. 대개 발해의 10여 명[39]을 빼면, 나머지는 모두 동쪽 사람(東士: 신라)이다. … 그러나 이른바 빈공과란 것은 매양 별시(別試)를 거치고, 방의 말미(末尾)에 이름을 붙여서, [정식 과거를 치른] 사람들과 더불어 설 수 없었으며, 벼슬을 제수함에 있어서도 비관(卑官)이나 용관(冗官)이 많고 혹은 그대로 돌아가게 하였다. 오직 신성한 원(元)에서만 일시동인(一視同仁)하여 어진 이를 세움에 방도가 없었다. …"라고 하였다.

---

39) 『拙藁千百』이나 『東文選』에서는 "渤海十數人"으로, 『가정집』에는 "渤海諸蕃十數人"으로 되어 있는데, 후자가 원전에 가까운 것으로 보인다. 이렇게 되면 발해인을 비롯하여 기타 외국인 10여 명이 빈공과에 급제한 것으로 해석되지만, 대체로 발해인의 수가 대부분이었을 것으로 추정된다.

발해사 자료총서 – 한국사료 편 권1

15. 『동국통감(東國通鑑)』

단군조선(檀君朝鮮)에서 고려(高麗)까지의 우리나라 역사를 편년체(編年體)로 정리한 역사서이다. 원래 1484년(성종 15)에 서거정(徐居正, 1420~1488) 등이 완성(『구편동국통감(舊編東國通鑑)』)하였으나 사론(史論)이 제대로 되어 있지 않다고 하여 204칙(則)의 사론을 더하여 이듬해에 다시 완성(『신편동국통감(新編東國通鑑)』)하였다.

이 책은 『고려사절요(高麗史節要)』와 『삼국사절요(三國史節要)』를 근간으로 하여 새로운 내용이 나오지는 않는다. 신라 문무왕 15년조(675)에는 '말갈(靺鞨)'로 써야 할 것을 '말갈발해(靺鞨渤海)'로 잘못 써서 마치 발해가 이때 존재했던 것처럼 오해하게 만들기도 하였다. 발해사 관련 내용은 당나라가 태조영(太祚榮, 즉 大祚榮)을 발해군왕(渤海郡王)으로 책봉한 713년(성덕왕 12)부터 고영창(高永昌)이 난을 일으킨 1116년(고려 예종 11)까지 보인다.

이 책에서 주목되는 점은, 만부교(萬夫橋) 사건에 대한 편찬자의 사론을 실으면서 이제현(李齊賢)의 사론(史論)을 먼저 언급하여 편찬자의 발해사 인식이 이제현과 차이가 있음을 보여주는 것이다. 만부교 사건에 대한 충선왕의 질문에 이제현은 고려 태조의 깊은 생각에서 비롯된 것이라고 긍정적으로 대답하였다. 반면 편찬자는 "거란이 발해에게 신의를 잃은 것이 우리와 무슨 관계가 있기에 발해를 위해 보복한다면서 거란 사신을 거절하였는가"라고 의문을 제기하고, 태조의 잘못된 판단으로 정종, 성종, 현종, 고종 때까지 대대로 화를 당하였다고 비판하여 이제현과 반대되는 시각을 보여주고 있다. 이처럼 발해사를 우리 역사와 무관한 것으로 보는 시각은, 686년(신문왕6)의 기사에서 백제 땅이 이미 '아국(我國)'과 '발해말갈(渤海靺鞨)'이 점거한 바가 되었다고 한 기사를 통해 확인된다. 편찬자는 신라만을 '아국'으로 보면서 발해를 '비아국(非我國)'으로 대비시키고 있는 것이다.

아래 원문은 1485년(성종 16)에 간행된 목판본의 후쇄본(後刷本)인 규장각 소장 〈奎1139〉본을 저본으로 삼았다. 비교본으로는 국립중앙도서관 소장의 『동국통감』을 활용하였다.

○ 권제9, 신라기(新羅紀) 문무왕(文武王) 15년

十五年【唐上元二年】… 二月, 唐赦王復爵. 先是, 劉仁軌破我兵於七重城. 又使靺鞨渤海, 略我南境, 斬獲甚衆, 仁軌引兵還.

[문무왕] 15년(675)【당 상원[1] 2년】… 2월, 당나라가 왕을 사면하고 관작을 회복시켰다. 이에 앞서 유인궤가 우리(신라) 군사를 칠중성에서 격파하였다. 또 말갈발해를 시켜[2] 우리의 남쪽 경계를 침략하여, 죽이고 사로잡음이 매우 많았다. 인궤가 군사를 이끌고 돌아갔다.

○ 권제9, 신라기(新羅紀) 신문왕(神文王) 6년

六年【唐嗣聖三年】, …武后 以高臧孫寶元 爲朝鮮郡王, 又以義慈孫敬 襲百濟王. 其舊地, 已爲我國渤海靺鞨所分.

[신문왕] 6년(686)【당 사성[3] 3년】… 측천무후가 고장(高臧: 보장왕)의 손자 [고]보원(寶元)을 조선군왕(朝鮮郡王)으로 삼고, 또 의자(義慈: 의자왕)의 손자 [부여]경(敬)에게 백제왕을 이어받게 했다.[4] 그 옛 땅은 이미 우리나라(신라)와 발해말갈에 의해 나누어졌다.[5]

---

1) 당 高宗의 연호(674~676).
2) 발해 건국 이전의 일로 말갈계 장수 이근행의 활동과 혼동한 것으로 보인다. '말갈'로 표기해야 맞다.
3) 당 中宗의 연호(684~704). 실제 사용기간은 684년 한 해 동안이다. 측천무후(재위 684~704)의 황제 즉위를 인정하지 않는 경우, 무후의 재위기간에 중종의 연호를 써서 표시하였다.
4) 夫餘敬은 의자왕의 증손자이며, 熊津都督 帶方郡王 夫餘隆의 손자이다. 682년(신문왕 2)에 부여융이 죽은 뒤 당나라 則天武后에 의해 686년에 그 왕위를 이어받았으며, 衛尉卿의 작위를 받았다.
5) 이 기록의 원전은 『新唐書』 권220, 列傳 145, 東夷 百濟傳으로, 여기에는 "隆不敢入舊國, 寄治高麗死. 武后又以其孫敬襲王. 而其地已爲新羅渤海靺鞨所分, 百濟遂絶"로 나온다. 백제의 땅은 신라가 장악했기 때문에, 신라와 발해가 나누어 가졌다는 것은 맞지 않다. 아마도 웅진도독부가 677년 고구려 땅인 建安故城에 교치되었고 발해 건국 이후 요동을 발해가 차지하였기 때문인 듯하다.

○ 권제10, 신라기(新羅紀) 성덕왕(聖德王) 12년

> 十二年【唐玄宗開元元年】… 唐以大6)祚榮 爲渤海郡王. 渤海本粟末靺鞨, 卽高句麗
> 別種. 祚榮父乞乞仲象與其徒, 渡遼水, 保太白山東. 仲象死, 祚榮嗣, 驍勇善騎射.
> 高句麗餘燼, 稍稍歸之, 乃建國, 自號震國王. 遣使交突厥, 地方五千里, 戶十餘萬,
> 勝兵數萬, 頗知書契, 盡得扶餘沃沮弁韓朝鮮諸國. 中宗時, 遣子入侍, 至是拜爲左
> 驍衛大將軍渤海郡王, 以所統爲忽汗州, 領忽汗州都督. 自是始去靺鞨號, 專稱渤海.

[성덕왕] 12년(713)【당 현종 개원7) 원년】… 당나라가 대조영을 발해군왕(渤海郡王)으로 삼았다. 발해는 본래 속말말갈로, 곧 고구려의 별종(別種)8)이다. 조영의 아버지 걸걸중상이

---

6) 국립중앙도서관 소장 『동국통감』에는 '太'.
7) 당 현종(玄宗)의 연호(713~741).
8) 원전은 『舊唐書』 발해말갈전의 "본래 고려의 별종(本高麗別種)"과 『新唐書』 渤海傳의 "본래 속말말갈로 고[구]려에 붙은 자(本粟末靺鞨附高麗者)"라는 기록이다. 그런데 이 大祚榮의 출신이나 발해의 구성원에 대해서는 같은 사료를 놓고 다양한 해석이 있었다. 고려와 조선에서는 대조영의 출신을 高句麗 계통으로 보는 경향이 있었는데, 李承休의 『帝王韻記』와 柳得恭의 『渤海考』가 대표적이다. 일본에서는 대체로 속말말갈이나 여진 계통으로 보았다. 발해국의 주체는 靺鞨族이지만, 대조영은 고구려 別部 출신으로 보는 경우(鳥山喜一, 1915), 새로운 종족으로 발해말갈을 이해하는 경우(池內宏, 1916), 지배층은 고구려인, 피지배층은 말갈인으로 보는 경우(白鳥庫吉, 1933)도 있다. 현대에 들어와서 발해사 연구를 촉발한 대표적인 연구자는 북한의 박시형이다. 그는 발해국의 성립에 중심 역할을 한 것은 고구려 멸망 후 요서 지방으로 이주된 고구려인 집단이었고, 이들을 조직하여 지휘한 것이 고구려 장수인 대조영이라고 하였다. 고구려 왕실의 일족 또는 고구려 계통의 귀족 출신들이 거의 권력을 독점하였고, 문화 방면에서도 고구려의 문화가 주도적 역할을 하였다고 보았다(박시형, 1979; 송기호 해제, 1989). 한국의 李龍範도 발해의 주체가 고구려 유민이었음을 주장하였다(李龍範, 1981). 이후 한국 학계에서는 기본적으로 대조영을 고구려 계통으로 보았으나, 종족은 속말말갈로 고구려에 옮겨와 정착하여 동화된 인물, 즉 말갈계 고구려인으로 보기도 한다(송기호, 1995). 말갈의 명칭 자체를 고구려 변방 주민이나 중국 동북 지역민에 대한 비칭·범칭으로 보고, 발해의 구성원이 된 말갈은 흑수말갈과 구분되는 예맥계인 고구려말갈이며 대조영은 고구려인으로 속말강(송화강) 지역민이라고 보는 견해도 있다(한규철, 1988; 2007). 중국 학계에서는 근대 초기에 양면적 인식이 보였다. 대표적인 학자는 金毓黻이다(1934, 『渤海國志長編』). 그러나 중화인민공화국이 수립된 이후에는 발해사를 중국의 소수민족사로 보고 고구려계승성을 부정하며 말갈을 강조하는 입장이다. 한편 19세기 중반 연해주 지역을 차지하였던 러시아에서는 자국의 極東 지역 소수민족사의 일부로서 관심을 갖고 발해를 말갈족의 역사로 규정하며 대조영 역시 말갈인으로 보고 있다. 이 밖에 소수 설로 말갈 중 대조영을 백산말갈 출신으로 보는 경우도 있다(津田

그 무리와 함께 요수(遼水)를 건너 태백산(太白山)의 동쪽9)을 지켰다. 중상이 죽자 조영이 뒤를 이었는데, 날쌔고 용맹하며 말타기와 활쏘기를 잘하였다. 고구려의 남은 무리가 차츰 그에게로 돌아오자, 이에 나라를 세우고 스스로 진국왕(震國王)이라 하였다. 사신을 보내어 돌궐과 교류하였다. 지방이 5천 리이며, 호(戶)가 10여만에 군사가 수만이었다. 자못 서계(書契)를 알았다. 부여·옥저·변한·조선 등 여러 나라를 모두 얻었다. 중종(中宗) 때에 아들을 보내어 들어와 시위(숙위)하게 하였다. 이때에 이르러 좌효위대장군 발해군왕(左驍衛大將軍 渤海郡王)으로 삼고, 다스리는 곳을 홀한주(忽汗州)로 삼아 홀한주도독으로 거느리게 하였다. 이때부터 비로소 말갈의 칭호를 버리고 오로지 발해라고 불렀다.

○ 권제10, 신라기(新羅紀) 성덕왕(聖德王) 18년

十八年【唐開元七年】 春, 渤海郡王太10)祚榮卒, 私諡曰高王. 子武藝立, 斥大土宇, 東北諸夷畏服之.

[성덕왕] 18년(719)【당(唐) 개원(開元) 7년】 봄, 발해군왕 대조영이 죽자, 사사로이 시호를 고왕(高王)이라 하였다. 아들 무예가 즉위하여 영토를 크게 넓히니, 동북(東北)의 여러 오랑캐가 두려워하여 복종하였다.

○ 권제10, 신라기(新羅紀) 성덕왕(聖德王) 25년

二十五年【唐開元十四年】 唐以渤海大11)門藝爲大12)驍衛將軍. 初黑水靺鞨使者朝唐, 帝以其地建黑水州, 置長史. 武藝召其下謀曰: 黑水始假途於我, 與唐通, 今請唐官,

---

左右吉, 1915; 李健才, 2000).

9) 발해 건국지에 대해 『삼국사기』 권46, 열전 6, 최치원전에는 의봉 3년(678) '태백산 아래'로, 『삼국유사』에서 인용한 『신라고기』에는 '태백산 남쪽'으로, 『제왕운기』에는 '태백산 南城'으로, 『삼국사절요』에는 '태백산 동쪽'으로 나온다.
10) '太' → '大'.
11) 국립중앙도서관 소장 『동국통감』에는 '太'.
12) '大' → '左'. 국립중앙도서관 소장 『동국통감』에는 '左'.

> 不吾告, 是必與唐, 謀攻我也. 乃遣弟門藝, 發兵擊黑水. 門藝曰: 黑水請吏而我擊之, 是背唐也. 唐大國, 兵萬倍我, 與之産怨, 我且亡. 昔高句麗盛時, 士三十萬, 抗唐爲敵, 可謂雄彊, 唐兵一臨, 掃地盡矣. 今我衆比高句麗三之一, 王將違之, 無乃不可乎. 武藝不聽, 强遣之. 門藝懼奔唐, 詔拜左驍衛將軍. 武藝使使暴門藝罪惡, 請誅之. 有詔處之安西, 好報曰: 門藝窮來歸我, 誼不可殺, 已投之惡地. 幷留使者不遣, 詔李道邃諭旨, 武藝知之. 上表曰: 大國當示人以信, 豈得爲此欺誑. 帝以道邃等漏洩, 左遷之, 暫遣門藝詣嶺南, 以報之.

[성덕왕] 25년(726)【당(唐) 개원(開元) 14년】 당나라가 발해의 대문예[13]를 대효위장군(大驍衛將軍)[14]으로 삼았다. 처음에 흑수말갈의 사신이 당나라에 조회하자, 황제가 그 땅에 흑수주(黑水州)를 세우고 장사(長史)를 두었다. [대]무예가 그 아래를 불러 꾀하기를, "흑수가 처음에는 우리에게 길을 빌려 당나라와 통하였는데, 지금 당나라의 관직을 청하면서 우리에게는 알리지 않으니, 이는 반드시 당과 더불어 우리를 공격하려 하는 것이다" 하였다. 이에 아우인 문예를 보내, 군사를 동원하여 흑수를 치게 하였다. 문예가 말하기를, "흑수에서 [당에] 관리를 청하였는데, 우리가 그들을 공격한다면 이는 당나라를 배반하는 것입니다. 당나라는 큰 나라로 군사가 우리의 만 배가 되는데, 그들에게 원망을 만들면 우리가 또 망하게 됩니다. 옛날 고구려의 전성기에 군사 30만으로 당나라에 항거하여 대적하였으니 굳세다고 할 만하지만, 당나라 군사가 한번 임하자 땅을 쓸어낸 듯이 없어졌습니다. 지금 우리의 무리는 고구려에 비하면 3분의 1인데, 왕이 장차 그를 어기려고 하면 불가한 일이 아니겠습니까?" 하였다. 무예가 듣지 않고 문예를 억지로 보내니, 문예가 두려워하며 당으로 도망하였다. 그러자 [황제

---

13) 大門藝는 발해 제2대 왕인 武王(재위 719~737)의 친동생이다. 高王 大祚榮 때(唐 中宗 때)에 당에 質子로 머물다가 돌아왔다. 726년 무왕이 그에게 흑수말갈을 토벌할 것을 명령하자, 이를 반대하다가 당으로 망명하였다. 무왕은 당에게 대문예를 죽일 것을 요청하며 당과 갈등을 빚었고, 732년 발해가 당의 登州를 공격하자 당은 대문예에게 유주에서 병사를 모아 발해를 공격하게 하였다. 이후 무왕이 몰래 자객을 모아 낙양 天津橋에서 대문예를 찌르게 했으나 실패하였고, 이후 대문예의 행적은 더는 확인되지 않는다(『신당서』 219, 열전 144, 북적 발해).

14) 『구당서』 발해말갈전과 『신당서』 발해전에 따르면, 대문예가 당으로 망명한 뒤 받은 것은 左驍衛將軍이었다.

가] 조서를 내려 문예를 좌효위장군으로 제수하였다. 무예가 사신을 시켜 문예의 죄악을 폭로하고, 그를 죽일 것을 청하니, [황제가] 조서로 그를 안서(安西)에 머물게 하였다. [발해에는] 좋게 대답하여 말하길, "문예가 궁지에 몰려 나에게로 돌아왔으니 의리상 죽일 수 없어서, 이미 험한 곳으로 보냈다"고 하였다. 한편 [발해의] 사신을 머물게 하고 돌려보내지 않고, 이도수에게 조칙으로 타이르게 하였다. [그러나] 무예가 그것을 알고서 표를 올리기를, "큰 나라는 의당 남에게 신의를 보여야 할 것인데, 어찌 이처럼 속이는 짓을 하십니까"라고 하였다. 황제는 도수 등이 [사실을] 누설한 까닭에 좌천시키고, 문예를 잠시 동안 영남(嶺南)에 보내고는 이를 [발해에] 알렸다.

○ 권제10, 신라기(新羅紀) 성덕왕(聖德王) 32년

> 三十二年【唐開元二十一年】秋七月, 帝以渤海靺鞨越海入寇登州, 遣太僕員外郎金思蘭歸, 仍授王開府儀同三司寧海軍使, 發兵擊渤海南鄙. 諭曰: 靺鞨渤海, 外稱藩翰, 內懷狡猾. 今欲出兵問罪, 卿亦發兵爲掎角. 帝又曰: 聞舊將金庾信孫允中之賢, 可爲將, 遣之, 仍賜允中金帛. 於是王命允中等四將, 率兵, 會唐軍, 伐渤海. 會大雪丈餘, 山路阻隘, 士卒死者過半, 無功而還. 思蘭本王族, 先因入朝, 恭謹有禮, 因留宿衛, 及是乃還.

[성덕왕] 32년(733)【당(唐) 개원(開元) 21년】가을 7월, 황제가 발해말갈이 바다를 건너 등주를 노략질하므로,[15] 태복원외랑 김사란[16]을 보내 돌아가서 왕에게 개부의동삼사(開府儀

---

15) 『구당서』 발해말갈전에는 개원 20년(732)에 무왕 대무예가 장군 張文休를 보내 해적을 거느리고 등주자사 위준을 공격하게 하였다고 전한다(『구당서』 199하, 열전 149하, 발해말갈). 이 기록과 1년의 차이가 나는데, 여기서는 신라가 발해의 남쪽 변경을 친 배경으로서 등장하기 때문이다. 발해의 등주 공격 원인은 726년 발해의 黑水 토벌과 대문예의 당 망명으로 빚어진 발해와 당의 갈등 및 730년대 초 당과 전쟁을 치르고 있는 契丹을 돕기 위한 목적이었다(김종복, 2009, 127쪽; 권은주, 2013).

16) 신라의 왕족으로 일찍이 당나라에 건너가 太僕員外卿(『삼국사기』 권제8,「신라본기」 제8, 성덕왕 32년)을 받고, 宿衛로 있었다. 732년(성덕왕 31) 발해가 당나라의 登州를 공격하자, 당 현종이 이듬해 7월 김사란을 귀국시켜 신라에게 발해의 남쪽을 공격하게 하였다.『册府元龜』에는 개원 21년(733) 정월에 신라에 사신으로 간 것으로 나온다(『册府元龜』 권975, 外臣部20 褒異2).

同三司)17) 영해군사(寧海軍使)18)를 제수하고, 군사를 일으켜 발해의 남쪽 변경을 치게 하였다. 깨우쳐 말하기를, "말갈발해가 겉으로 번한(藩翰: 번신)이라 칭하면서 안으로는 교활한 마음을 품고 있다. 이제 출병하여 죄를 물으려 하니, 경(성덕왕)도 또한 군사를 보내 앞뒤에서 협공하도록 하라"고 하였다. 황제가 또 말하기를, "듣건대 옛 장수 김유신의 손자 윤중이 현명하여 장수로 삼을 만하다 하니, 그를 보내라" 하고, 이어 윤중에게 금과 비단을 하사하였다. 이에 왕이 윤중 등 네 장수에게 명하여, 군사를 거느리고 당나라 군사와 회합하여 발해를 치게 하였다. 마침 큰 눈이 한 길 넘게 내려 산길이 막히고 사졸(士卒)이 죽은 자가 절반이 넘어, 아무런 공도 없이 돌아왔다.19) 사란은 본래 왕족으로, 먼저 입조(入朝)하여 공손하고 삼가는 예의가 있으므로 머물러 숙위하다가, 이때에 와서야 비로소 돌아왔다.

○ 권제10, 신라기(新羅紀) 성덕왕(聖德王) 33년

三十三年【唐開元二十二年】, … 金忠信入唐宿衛, 爲左領軍衛員外將軍. 上表曰: 臣奉進止, 令臣執節, 本國發兵, 討除靺鞨, 有事續奏者. 臣自奉聖旨, 誓將致命. 當此之時, 爲替人金孝方身亡, 便留臣宿衛. 臣本國王, 以臣久侍天庭, 更遣從姪志廉代臣, 今已到訖, 臣卽合還. 每思前所奉進止, 無忘夙夜. 陛下先有制, 加本國王興光寧海軍大使, 錫之旌節, 以討凶殘. 皇威載臨, 雖遠猶近, 君則有命, 臣不敢祗承. 蠢爾夷俘, 計已悔禍. 然除惡務本, 布憲惟新, 故出師義貴乎三捷, 縱敵患貽於數代.

---

17) 唐나라 文散階 가운데 종1품. 중국 後漢과 魏晉南北朝 시기부터 사용되었으며, 文散官의 최고 品階로 대우를 받았다. 三司와 마찬가지로 스스로 관아[府]를 설치하여 屬官을 둘 수 있었다.

18) 발해가 바닷길을 통해 당의 登州를 공격하자, 당에서 바닷길을 안정시킬 목적으로 733년 신라 성덕왕에게 임시로 준 使職이었다. 그러나 이후 신라왕의 책봉호의 하나로 계속 사용되었다.

19) 신라군이 당군과 함께 실제 발해의 남쪽을 공격하여 전투가 벌어졌는지에 대해서는 논란이 있다. 대체로 신라군이 당군과 합류해 발해를 공격한 것으로 보며(末松保和, 1975), 동북 방면으로 올라가서 함경남도 지역이나 동해안 쪽을 공격했던 것으로 보는 설(이병도, 1977; 김종복, 1997; 전덕재, 2013)과 서북 방면으로 압록강 하류 유역(조이옥, 2000)과 서경 압록부의 요지(임상선, 2019)를 공격하려 했다고 보는 설로 나뉜다. 큰 눈과 추위, 험로 등으로 인해 돌아온 것으로 기록되어 있으나, 발해에 패하여 돌아온 것으로 보기도 하며(한규철, 1994, 194쪽), 김사란의 귀국길에 동행한 客使 604명(『삼국유사』 권제2, 紀異 제2, 孝成王)을 당의 원정군으로 보기도 한다(이영호, 2010).

伏望陛下, 因臣還國, 以副使假臣, 盡將天旨, 再宣殊裔. 豈惟斯怒益振, 固亦武夫作氣, 必傾其巢穴, 靜此荒隅. 効毛髮之功, 荅雨露之施, 臣所望也. 帝許焉.

[성덕왕] 33년(734)【당(唐) 개원(開元) 22년】, … 김충신20)이 당나라에 들어가 숙위하니, 좌영군위 원외장군으로 삼았다. 표를 올려 말하기를, "신(臣: 김충신)이 명령을 받들기로는 신에게 부절을 잡고 본국에 가서 군사를 일으켜 말갈을 토벌하여 없애라는 것이었으며, 일이 있으면 계속 아뢰라는 것이었습니다. 신은 그때 스스로 성지(聖旨)를 받들고 장차 목숨을 바치기로 맹세하였습니다. 바로 이때 교대할 사람이었던 김효방이 죽자, 문득 신이 머물러 숙위하게 된 것입니다. 신의 본국 왕은 신이 천정(天庭: 황제의 조정)에 오래도록 머무르며 모신 까닭에 다시 종질(從姪)인 지렴을 보내어 신과 교대하게 하였습니다. [그가] 이미 당도하였으니, 신이 곧 돌아가는 것이 합당합니다. 매번 앞서 받들었던 명령을 생각하면 밤낮으로 잊을 수가 없습니다. 폐하께서는 먼저 본국 왕 흥광(興光)에게 영해군대사(寧海軍大使)를 더하도록 허락하고, 정절(旌節)을 주어서 흉악한 잔당을 토벌하게 하셨습니다. 황제의 위엄이 비로소 임함에 비록 먼 곳이지만 오히려 가깝게 되니, 임금의 명령을 신하가 감히 받들지 않겠습니까? 어리석은 오랑캐는 이미 잘못을 뉘우쳤으나, 악을 제거함에는 근본을 힘써야 하고 법을 선포함에는 오직 새로워야 하는 까닭에, 출사(出師: 출병)하는 데 있어 의(義)는 세 번 이기는 것보다 귀중하지만 적을 내버려 두면 근심이 여러 대에 끼치게 됩니다. 엎드려 폐하께 바라옵건대 신이 본국으로 돌아갈 때 임시로 부사(副使)를 삼아, 천자의 뜻을 전부 가지고 아주 먼 지역에서 선포하게 하소서. 어찌 오직 이 진노만을 더 떨칠 뿐이겠습니까? 진실로 또한 무부(武夫)의 기운을 진작하여 반드시 그 소굴을 전복시키고, 이 황폐한 곳을 깨끗하게 함으로서 터럭만큼의 공을 세워 베푸신 은택에 보답하는 것이 신의 소망입니다"라고 하니, 황제가 허락하였다.

---

20) 김충신은 성덕왕의 從弟이다. 성덕왕 25년(726)에 賀正使로 당에 들어가서 宿衛로 머물면서 左領軍衛員外將軍에 이르렀다. 귀국하기 전에 당 현종에게 발해를 공격하는 명분으로 副使 직을 요청하였고, 734년에 귀국하였으나 출병하지는 않았다.

○ 권제10, 신라기(新羅紀) 경덕왕(景德王) 21년

> 二十一年【唐寶應元年】, 唐册欽茂爲檢校大[21]尉渤海國王. 先是, 武藝死, 諡武王. 子欽茂立, 徙上京, 直舊國三百里, 忽汗河之東. 及欽茂死, 諡文王.

[경덕왕] 21년(762)【당(唐) 보응(寶應)[22] 원년】 당나라가 [대]흠무를 책봉하여, 검교태위[23] 발해국왕(檢校太尉 渤海國王)으로 삼았다. 이에 앞서 [대]무예가 죽으니 시호를 무왕(武王)이라 하였다. 아들 흠무가 즉위하여 상경(上京)으로 옮겼는데, 곧바로 구국(舊國)에서 300리이고, 홀한하(忽汗河)의 동쪽이었다. 흠무가 죽자 시호를 문왕(文王)이라 하였다.

○ 권제11, 신라기(新羅紀) 흥덕왕(興德王) 5년

> 五年【唐大和四年】, 渤海王仁秀卒, 仁秀祚榮弟野勃四世孫也. 頗能討伐海北諸部, 開大境宇, 唐詔加檢校司空. 自祚榮以來, 數遣諸生, 詣京師大[24]學, 習識古今制度, 至是遂爲海東盛國. 地有五京十五府六十二州. 以肅愼故地爲上京, 曰龍泉府, 領龍湖渤三州. 其南中京, 曰顯德府, 領盧顯鐵湯榮興六州. 濊貊故地爲東京, 曰龍原府, 亦曰柵城府, 領慶鹽穆賀四州. 沃沮故地爲南京, 曰南海府, 領沃睛椒三州. 高麗故地爲西京, 曰鴨淥[25]府, 領神桓豊正四州. 曰長嶺府, 領瑕何[26]二州. 扶餘故地爲扶餘府, 常屯勁兵扞契丹, 領扶仙二州. 鄚頡府領鄚高二州. 挹婁故地爲定理府, 領定潘二州. 安邊府領安瓊二州. 卒[27]賓故地爲卒[28]賓, 領華益建三州. 拂涅故地爲東平府, 領伊蒙沱黑比五州. 鐵利故地爲鐵利府, 領廣汾蒲海義歸六州. 越喜故地爲懷

---

21) '大'→'太'.
22) 당 肅宗의 연호(762).
23) 태위는 정1품 三公인 太尉, 司徒, 司空 중 하나이다.
24) '大'→'太'.
25) 국립중앙도서관 소장 『동국통감』에는 '綠'.
26) '何'→'河'.
27) '卒'→'率'.
28) '卒'→'率'.

遠府, 領達越懷紀富美福邪芝九州. 安遠府領寧郿慕常四州. 又郢銅涷三州, 爲獨奏州. 涷州以其近涷沫江, 蓋所謂粟末水也. 其禮樂官府制度, 大抵倣象中國云.

[흥덕왕] 5년(830)【당 대화(大和)29) 4년】 발해왕 대인수가 죽었다. 인수는 대조영의 아우 야발의 4세손이다. 바다 북쪽의 여러 부족을 토벌하여 영토를 크게 넓히니, 당에서 조서(詔書)를 내려 검교사공(檢校司空)을 더하였다. 조영 이래로부터 수차례 학생들을 보내 경사(京師)의 태학(太學)에 와서 고금(古今)의 제도를 익히게 하니, 이때에 이르러 마침내 해동성국(海東盛國)이 되었다. 땅은 5경, 15부, 62주가 있다. 숙신의 옛 땅30)을 상경으로 삼아 용천부(龍泉府)라 하고, 용주(龍州)31)·호주(湖州)32)·발주(渤州)33)의 3주를 거느렸다. 그 남쪽의 중경(中京)34)은 현덕부(顯德府)라 하고, 노주(盧州)35)·현주(顯州)36)·철주(鐵州)37)·탕주(湯州)38)·영주(榮州)39)·흥주(興州)40)의 6주를 거느렸다. 예맥(濊貊)의 옛 땅을 동경(東京)으

---

29) 당 文宗의 연호(827~835).
30) 『신당서』 발해전에는 '挹婁의 옛 땅'으로 되어 있다.
31) 上京의 首州로서 상경성이 위치하는 곳으로 추정된다(金毓黻, 1934; 和田淸, 1955). 遼代에는 扶餘府故地에 黃龍府를 두어 龍州라고 칭하였다.
32) 그 名稱으로 보아 지금의 鏡泊湖 방면에 있었던 것으로 보는 것이 일반적이다.
33) 지금의 寧安 부근으로 추정된다.
34) 제3대 文王 때 上京으로 천도하기 전의 수도였다. 위치 비정에 대해서는 蘇密城說, 那丹佛勒城說, 敦化縣說, 西古城子說 등이 있었다. 지금은 和龍 인근 용두산고분군에서 文王의 넷째 딸 貞孝公主의 무덤이 발굴되고 주변에서 발해 유적들이 함께 발견되면서 서고성을 발해 중경으로 보는 것이 통설이 되었다.
35) 『遼史』 地理志에 "在京東一百三十里"로 되어 있으나, 여기에 보이는 '京'이 무엇인지 확실하지 않아 위치를 알 수 없다. 게다가 요대의 주명은 거란이 발해 유민을 요동 방면으로 강제로 이주시킨 후에 옛 지명을 사용한 경우가 많아 『遼史』 地理志로 위치를 비정하기가 힘들다. 龍井村으로 보기도 한다.
36) 중경 현덕부의 부명인 '顯'과 동일하여 顯德府의 부치가 있었던 것으로 보고, 그 위치를 西古城으로 보는 경우가 많다.
37) 『遼史』 「地理志」에는 위치가 "在京西南六十里"로 되어 있고, 位城·河端·蒼山·龍珍 4현을 거느리며 遼代에 屬縣을 廢한 것으로 되어 있다. 和田淸은 鐵州라는 이름이 '位城의 鐵'에서 비롯된 것으로 보고, 西古城子의 서남, 咸鏡北道 茂山 서북에 철이 많이 생산되기 때문에 이곳을 鐵州로 비정하고 있다.
38) 『遼史』 「地理志」에 위치가 "在京西北一百里"로 되어 있고, 屬縣은 靈峰·常豊·白石·均谷·嘉利 5현이 있다. 遼代에 속현을 廢하였고, 湯州治는 北鎭縣과 黑山縣 2현의 부근인 乾州로 되어 있다.

로 삼아 용원부(龍原府)⁴¹⁾ 또는 책성부(柵城府)⁴²⁾라 하고, 경주(慶州)⁴³⁾·염주(鹽州)⁴⁴⁾·목주(穆州)⁴⁵⁾·하주(賀州)⁴⁶⁾의 4주를 거느렸다. 옥저(沃沮)의 옛 땅을 남경(南京)으로 삼아 남해부(南海府)⁴⁷⁾라 하고, 옥주(沃州)⁴⁸⁾·정주(睛州)⁴⁹⁾·초주(椒州)⁵⁰⁾의 3주를 거느렸다. 고구

---

39) 『遼史』「地理志」에 "在京東北一百五十里"로 나오며, 崇山·潙水·綠成의 3현을 거느린다. 『遼史』에는 '崇州'로 되어 있어 '崇州'로 보는 견해가 있다. 延吉 부근으로 비정하기도 한다.

40) 『遼史』「地理志」에 "在京西南三百里"이며, 盛吉·蒜山·鐵山의 3현을 거느린다. 西古城子에서 서남으로 分水嶺을 넘어 豆滿江 하류 일대일 것으로 추정하기도 한다.

41) 발해 5경 가운데 하나이다. 동경은 제3대 文王 大欽茂가 785년 무렵 이곳으로 천도한 이후 제5대 成王 大華璵가 다시 상경으로 천도하는 794년까지 약 10년간 발해의 수도였다. 일명 '柵城府'라고도 하며, 屬州로는 慶州·塩州·穆州·賀州의 4주가 있다. 위치에 대해서는 琿春설, 함경북도 穩城·鍾城설, 연해주 블라디보스토크설, 니콜리스크(Nikolisk)설 등이 있었다. 1942년에 이르러 琿春의 半拉城(현재 八連城)이 발굴된 이후, 이곳이 동경성이며 혼춘이 동경 용원부 지역임에 이견이 없다(김은국, 2006).

42) 발해 5경 가운데 하나인 東京龍原府의 異稱이다. 책성은 목책을 두른 성이라는 뜻으로, 이미 고구려 때부터 사용된 지명이다. 府治의 위치에 대해서는 발해의 東京城인 八連城과 별도로 부근의 溫特赫部城이나 薩其城으로 보는 설과 延吉의 城子山山城, 興安古城 등으로 보는 설이 있다(구난희, 2017, 134~139쪽). 고구려의 책성은 치소성을 중심으로 광역의 행정단위를 가리키는 '柵城圈'으로 이해하는 연구도 있다(김현숙, 2000, 140·156~157쪽; 김강훈, 2017, 244쪽).

43) 『遼史』「地理志」에 "壘石爲城周圍二十里"라고 하였고, 屬縣으로 龍原·永安·烏山·壁谷·熊山·白楊의 6현을 거느린다.

44) 『遼史』「地理志」에 "一名 龍河郡"으로, 海陽·接海·格川·龍河의 4현을 거느린다. 和田淸은 Possjet灣 北岸에 顏楚(Yen-Chu) 또는 眼春(Yen-Chun)이라는 지명이 있었던 것이 이 鹽州(Yen-Chou)의 轉訛일지도 모른다는 억측을 하였던 바 있다(1955, 76쪽). 현재는 연해주 크라스키노성으로 보는 것이 통설이다.

45) 『遼史』「地理志」에 "一名 會農郡"으로, 會農·水岐·順化·美縣의 4현을 거느렸다.

46) 『遼史』「地理志」에 "一名 吉理郡"으로, 洪賀·送誠·吉理·石山의 4현을 거느렸다.

47) 남경 남해부의 위치에 대해서는 韓鎭書의 『續海東繹史』「渤海」에서 北青설을, 丁若鏞의 『我邦疆域考』「渤海考」에서 咸興설을 내세운 이래로, 鏡城설(內藤虎次郎, 1907; 松井 等, 1913), 북청설(鳥山喜一, 1935; 채태형, 1998), 함흥설(池內宏, 1937; 白鳥庫吉, 1935; 和田淸, 1955), 鍾城설 등의 견해가 있다. 남경과 남해부의 치소는 동일 지역에 있었던 것으로 보이나, 관청이 하나였는지 분리되어 있었는지는 불분명하다. 남해부의 위치 비정에는, 776년 남해부 '吐號浦'에서 발해 사신단이 일본으로 출발했다는 기록(『續日本紀』)에 부합하는 항구와 남해부의 특산물인 곤포, 즉 다시마가 생산되는 지역이라는 조건이 붙는다. 정약용이 곤포의 주요 산지인 함흥을 남해부로 본 이후로 함흥설은 많은 지지를 받았고, '토호포'를 함흥 서남쪽으로 약 15km 떨어진 '連浦(고려·조선시대 都連浦)'로 추정하였다. 그러나 북한에서 발굴 성과를 토대로 북청군의 청해토성(북청토성)을 남해부로 비정한 이후 북청설이 유력시되고

려의 옛 땅을 서경(西京)⁵¹⁾으로 삼아 압록부(鴨綠府)라 하고, 신주(神州)⁵²⁾·환주(桓州)⁵³⁾·풍주(豊州)⁵⁴⁾·정주(正州)⁵⁵⁾의 4주를 거느렸다. 장령부(長嶺府)⁵⁶⁾라 하고, 하주(瑕州)⁵⁷⁾·하주(何州)⁵⁸⁾의 2주를 거느렸다. 부여(扶餘)의 옛 땅은 부여부(扶餘府)⁵⁹⁾로 삼아 항상 굳센 군사를 주둔시켜서 거란을 막게 하였고, 부주(扶州)⁶⁰⁾·선주(仙州)⁶¹⁾의 2주를 거느렸다. 막힐

───────────

있다.

48) 『遼史』 「地理志」에 沃沮·鷲巖·龍山·濱海·昇平·靈泉의 6현을 거느렸다.

49) 『遼史』 「地理志」에 天晴·神陽·蓮池·狼山·仙巖의 5현을 거느렸다. 和田淸(1955)은 위치를 城津으로 추정하였다.

50) 『遼史』 「地理志」에 椒山·貂嶺·澌泉·尖山·巖淵의 5현을 거느렸다. 和田淸(1955)은 鏡城으로 비정하였다.

51) 『遼史』 「地理志」 東京道條에 "淥州 鴨淥軍 節度 本高麗故國 渤海號西京鴨淥府 城高三丈 廣輪二十里"로 나온다. 丁若鏞은 平安北道 慈城 北에서 鴨綠江 對岸으로(『我邦疆域考』 「渤海考」), 韓鎭書는 江界府의 滿浦鎭 對岸으로(『續海東繹史』 「渤海」), 松井等(1913)은 奉天省 臨江縣 帽兒山으로, 鳥山喜一(1915)은 通溝로 비정하였고, 현재 臨江 지역으로 보는 것이 일반적이다.

52) 『遼史』 「地理志」에 神鹿·神化·劍門의 3현을 거느렸다.

53) 『遼史』 「地理志」 東京道條에 "高麗中都城 故縣三 桓都·神鄕·淇水(淇水) 皆廢 高麗王於此創立宮闕 國人謂之新國 五世孫釗 晉康帝建元初爲慕容皝所敗 宮室焚蕩 … 隸淥州 在西南二百里"로 나와 고구려의 丸都, 즉 지금의 輯安에 위치한 것으로 보인다.

54) 『遼史』 「地理志」 東京道에는 "渤海置盤安郡 … 隸淥州 在東北二百一十里"로, 安豊·渤恪·隰壤·硤石의 4현을 거느렸다. 和田淸은 鴨綠江 上源의 厚昌古邑 방면 또는 長白·惠山鎭으로 비정하였다(1955, 78쪽).

55) 『遼史』 「地理志」 東京道條에 "本沸流王故地 國爲公孫康所倂 渤海置沸流郡 有沸流水 … 隸淥州 在西北三百八十里"라고 되어 있다. 和田淸(1955)은 위치를 通化나 桓仁으로 비정하였다.

56) 위치에 대하여 『滿洲源流考』에서는 "今吉林西南五百里 有長嶺子 滿洲語稱果勒敏珠敦(Golmin Judun, 長嶺의 뜻)"이라고 하고, 지금의 英額門 부근으로 비정하였다. 韓鎭書는 '永吉州 等地'로 비정하였는데(『續海東繹史』 「渤海」), 지금의 吉林이다. 津田左右吉(1915)은 輝發河 상류에 있는 北山城子로 보았다.

57) 『滿洲源流考』 「疆域」 嶺府條에 "按瑕州無考 常爲附郭之州 遼廢"라고 되어 있다.

58) 『신당서』 발해전에 '河州'로 나온다. 『遼史』 「地理志」 東京道條에 "河州 德化軍 置軍器坊"이라고 되어 있다.

59) 부여부의 위치에 대해서는 開原縣설, 農安설, 阿城설, 昌圖 북쪽 四面城설 등이 있는데, 현재 농안설이 유력하다. 속주로는 扶州·仙州의 2주를 거느렸다. 발해의 수도인 上京龍泉府로부터 거란으로 통하는 거란도의 길목이어서, 발해는 부여부에 항상 날랜 병사를 거주시켜 契丹을 방비하게 하였다.

60) 『遼史』 「地理志」 東京道 通州條에 속현 扶餘·布多·顯義·鵲川 중에 보인다. 『滿洲源流考』 「疆域」에는 開原 부근으로 金毓黻은 昌圖 부근으로 비정하였다(『渤海國志長編』 「地理志」).

부(鄭頡府)⁶²)는 막주(鄚州)⁶³)·고주(高州)⁶⁴)의 2주를 거느렸다. 읍루(挹婁)의 옛 땅⁶⁵)은 정리부(定理府)⁶⁶)로 삼아 정주(定州)⁶⁷)·심주(瀋州)⁶⁸)의 2주를 거느렸다. 안변부(安邊府)⁶⁹)는 안주(安州)·경주(瓊州)의 2주를 거느렸다. 솔빈(率濱)의 옛 땅은 솔빈부(率濱府)⁷⁰)로 삼아, 화주(華州)⁷¹)·익주(益州)·건주(建州)⁷²)의 3주를 거느렸다. 불열(拂涅)의 옛 땅은 동평부(東平府)⁷³)로 삼아 이주(伊州)·몽주(蒙州)·타주(沱州)·흑주(黑州)·비주(比州)의 5주를

---

61) 『遼史』「地理志」東京道 通州條에 渤海 시기 强師·新安·漁谷의 3현을 거느린 것으로 나온다. 和田淸은 北流 松花江 부근으로 비정하였다(1955, 82쪽).

62) 『遼史』「地理志」東京道 韓州條에 "… 本槀離國舊治柳河縣 高麗置鄭頡府 都督鄭·頡二州 渤海因之 …"라고 하여 고구려 때부터 있었던 것으로 나온다. 金毓黻은 農安 북쪽으로 比定하였고(『渤海國志長編』「地理考」), 和田淸(1955)은 阿城 부근으로 비정하였다.

63) 屬縣에 奧喜·萬安의 2현이 있었다.

64) 『遼史』「地理志」에는 頡州로 되어 있다.

65) 金毓黻은, '읍루의 옛 땅'의 挹婁가 虞婁를 잘못 쓴 것으로 보았는데(金毓黻, 1934), 송기호는 이 주장이 타당성이 있다고 하였다(宋基豪, 1995, 89쪽).

66) 위치에 대하여 『盛京通志』와 『大淸一統志』에서 熱河의 承德城으로 비정하였고, 韓鎭書는 寧古塔 부근으로(『續海東繹史』「渤海」), 松井等(1913)과 金毓黻은 烏蘇里江 부근으로, 和田淸(1955)은 沿海州의 Olga 부근으로 비정하였다.

67) 一名 安定郡이라고 하며, 定理·平邱·巖城·慕美·安夷의 5현을 거느렸다. 和田淸(1955)은 沿海州 南部인 蘇城(Suchan) 부근으로 비정하였다.

68) 『遼史』「地理志」東京道條에 '瀋州'로 되어 있고 9현을 거느렸다.

69) 위치에 대해 金毓黻은 烏蘇里江 유역으로 비정하였다(『渤海國志長編』卷14「地理考」). 和田淸(1955)은 定理·安邊 2부가 挹婁의 故地로 서로 근접하다고 보고 金代의 錫林路로서 Olga 지방인 것으로 비정하였다.

70) 그 이름이 綏芬河와 발음이 유사하여 현재 수분하 지역으로 보는 것이 통설이다. 率賓府의 이름은 遼代에도 그대로 쓰였으나, 金·元代에는 '恤品'·'速頻'·'蘇濱'의 이름으로 史書에 보이며, 淸代에는 綏芬路로 알려져 있었다.

71) 위치는 미상이다. 金毓黻은 華州를 率賓府의 首州로 보았고, 요나라가 폐지한 뒤 발해민을 康州로 옮겼던 것으로 추정하였다(『渤海國志長編』「地理考」). 『遼史』「地理志」康州조에 "발해 솔빈부의 인호를 옮겨 설치하였다"라는 기록에 근거한다.

72) 和田淸(1955)은 三岔口로 불리던 東寧의 서북에는 大城子·小城子 등의 遺址가 있는데, 建州·益州 2주 중 하나는 이곳일 것으로 보았다.

73) 拂涅部의 위치에 대해 논란이 있는 것과 마찬가지로, 동평부의 위치에 대해서도 여러 설이 있다. 흑수말갈의 일부가 발해 후기에 복속된 것으로 보지만, 행정구역 설치가 확인되고 있지 않은데, '黑州'와 '黑水'

거느렸다. 철리(鐵利)의 옛 땅은 철리부(鐵利府)[74]로 삼아 광주(廣州)·분주(汾州)·포주(浦州)·해주(海州)·의주(義州)·귀주(歸州)의 6주를 거느렸다. 월희(越喜)의 옛 땅은 회원부(懷遠府)[75]로 삼아 달주(達州)·월주(越州)·회주(懷州)·기주(紀州)·부주(富州)·미주(美州)·복주(福州)·사주(邪州)·지주(芝州)의 9주를 거느렸다. 안원부(安遠府)[76]는 영주(寧州)·미주(鄙州)·모주(慕州)·상주(常州)의 4주를 거느렸다. 또 영주(郢州)[77]·동주(銅州)[78]·속주(涑州)[79]의 3주는 독주주(獨奏州)[80]로 삼았다. 속주는 그것이 속말강(涑沫江)에 가깝기 때문이니, 대개 이른바 속말수(粟末水)이다. 그 예악(禮樂)과 관부(官府) 제도는 대체로 중국을 모방하였다고 말한다.

의 흑이 같은 글자이기 때문이다.

74) 鐵利는 말갈 7부 중에는 그 명칭이 없으나, 발해 건국 초기부터 고구려와 관계가 깊었던 불열, 월희 말갈과 함께 활동한 것으로 보아, 고구려 당시부터 있었고 고구려와 밀접한 관련이 있었던 것으로 보인다. 위치에 대해서는 圖們江北·與凱湖의 南說(丁若鏞, 『渤海考』), 黑龍·烏蘇里江下流 地域說(松井等, 1913; 鳥山喜一, 1915), 木丹江流域說(津田左右吉, 1916), 阿什河流域說(池內宏, 1916), 松花江下流域의 依蘭地域說(小川裕人, 1937) 등이 있다.

75) 위치에 대해서는 발해 중심부에서 매우 먼 지역일 것으로 추정되며, 중국 黑龍江省 依蘭縣의 烏蘇里江과 松花江이 만나는 지역설, 연해주 동해가설, 흑룡강성 同江縣설 등이 있다.

76) 『遼史』「地理志」東京道 慕州條에 "本渤海安遠府地 故縣二 慕化·崇平 … 隸涑州 在西二百里"라고 하여 屬縣으로 慕化·崇平의 2현을 거느렸다. 西京 鴨淥府의 府治인 淥州 서북으로 200리에 있다고 하여 鴨綠江과 輝發河의 중간인 柳河縣으로 비정하기도 하며, 韓鎭書는 黑龍江 유역으로 비정한 바 있다(『續海東繹史』「渤海」). 松井等과 和田淸은 松花江 하류로(松井等, 1913, 419쪽; 和田淸, 1955, 106~107쪽), 金毓黻은 興凱湖 東岸인 것으로 비정하였다(1934, 『渤海國志長編』「地理考」).

77) 和田淸(1955)은 鐵利·越喜와 上京龍泉府를 연결하는 大道 上의 요충으로 寧古塔 북쪽 어딘가로 비정하였다.

78) 『遼史』「地理志」咸州條에 "渤海置銅山郡 地在漢候城縣北 渤海龍泉府南 地多山險 寇盜以爲淵藪 …"라고 하여 지금의 開原인 遼金時代의 咸州로 비정되기도 하였으나, 이 지역은 평지로 산이 많고 험하다는 동주의 지세와 맞지 않다. 동주의 이름은 銅 산지와 관련 있을 것으로 추정된다.

79) 『吉林通志』「沿革志」涑州條에 吉林에서 북으로 약 65리인 打牲烏拉로 비정한 이후 대체로 이를 따라 길림 인근으로 본다.

80) 『滿洲源流考』「疆域」에 "獨奏之義 猶今直隸州 不轄於府 而事得專達也"라고 하여 중간 보고자(즉 府)를 거치지 않고 곧바로 중앙에 보고하는 직할주를 가리킨다고 보았다.

○ 권제12, 신라기(新羅紀) 경애왕(景哀王) 2년

二年【後唐同光三年 甄萱三十四年 高麗太祖八年】春三月, 高麗宮城東蚯蚓出, 長七十尺, 時謂渤海國來投之應.

[경애왕] 2년(925)【후당(後唐) 동광(同光)81) 3년, 견훤(甄萱) 34년, 고려 태조 8년】봄 3월, 고려의 궁성(宮城) 동쪽에서 지렁이가 나왔는데, 길이가 70척이나 되었다. 이때 발해국이 와서 투항할 징조라고 말하였다.

○ 권제12, 신라기(新羅紀) 경애왕(景哀王) 3년

三年【後唐同光四年 明宗天成元年 甄萱三十五年 高麗太祖九年】春, 契丹滅渤海. 契丹主自去年冬, 侵渤海, 攻西鄙諸部, 遂進圍扶餘城, 至是拔之. 遂進兵圍忽汗城, 渤海王大諲譔戰敗乞降. 契丹主命以兵衛諲譔及族屬出城, 改渤海爲東丹國, 忽汗爲天福城, 冊太子倍爲人皇王, 以主之. 置諲譔於臨潢之西, 賜名曰烏魯古. 於是, 渤海世子大光顯及將軍申德, 禮部卿大和鈞, 均老司政大元鈞, 工部卿大福謩, 左右衛將軍大審理, 小將冒豆干, 檢校開國男朴漁, 工部卿吳興等, 率其餘衆, 前後來奔高麗者 數萬戶. 麗王待之甚厚, 賜光顯姓名王繼, 附之宗籍, 使奉其祀, 僚佐皆賜爵.

[경애왕] 3년(926)【후당(後唐) 동광(同光) 4년, 명종(明宗) 천성(天成)82) 원년, 견훤(甄萱) 35년, 고려 태조 9년】봄에 거란이 발해를 멸망시켰다. 거란주(契丹主: 야율아보기)가 지난해 겨울부터 발해를 침략하여 서쪽 변방의 여러 부(部)를 공격하고는, 드디어 부여성(扶餘城)으로 진군하여 포위하였다가 함락시키기에 이르렀다. [그리고] 마침내 홀한성(忽汗城)83)으로 진군하여 포위하니, 발해왕 대인선(大諲譔)이 싸움에서 패하여 항복을 청하였다. 거란주가

---

81) 후당 莊宗의 연호(923~926).
82) 후당 明宗의 연호(926~930).
83) 중국 黑龍江省 牡丹江市 寧安市 渤海鎭에 위치한다. 전체 둘레가 16,300m이며, 宮城·內城·外城으로 이뤄져 있다. 755년경 顯州에서 이곳으로 천도하였고, 785년 東京으로 천도했다가 794년에 上京으로 재천도한 이후 발해가 멸망할 때까지 수도였다.

병사들에게 인선과 그 족속을 호위하여 성을 나가도록 명하였다. 발해를 고쳐 동단국(東丹國)이라 하고, 홀한성을 천복성(天福城)이라 하였다. 태자 배(倍)를 책봉하여 인황왕(人皇王)으로 삼고, 그 주인이 되게 하였다. 인선을 임황(臨潢)[84]의 서쪽에 두고는, '오로고(烏魯古)'라는 이름을 내렸다. 이에 발해왕의 세자(世子) 대광현(大光顯)과 장군 신덕(申德), 예부경(禮部卿)[85] 대화균(大和均), 균로사정(均老司政)[86] 대원균(大元均), 공부경(工部卿)[87] 대복모(大福謩), 좌우위장군(左右衞將軍) 대심리(大審理), 소장(少將) 모두간(冒豆干), 검교개국남(檢校開國男) 박어(朴漁), 공부경 오흥(吳興) 등이 그 남은 무리를 거느리고, 전후로 고려로 도망하여 온 자가 수만 호였다. 왕이 그들을 매우 후하게 대우하여, 광현에게는 왕계(王繼)라는 성명을 내려주고 종적(宗籍)에 붙여서 그 [선대의] 제사를 받들게 하고, 요좌(僚佐)에게도 모두 관작을 주었다.

○ 권제12, 신라기(新羅紀) 경순왕(敬順王) 2년

二年【後唐天成三年 甄萱三十七年 高麗太祖十一年】… 八月 … 渤海人隱繼宗等投高麗. 麗王引見於天德殿, 繼宗等三拜. 人謂失禮, 大相舍弘曰: 失土人三拜, 古之禮也.

[경순왕] 2년(928)【후당(後唐) 천성(天成) 3년, 견훤(甄萱) 37년, 고려 태조 11년】 … 8월 … 발해 사람 은계종(隱繼宗) 등이 고려에 투항하였다. 고려왕이 천덕전(天德殿)에서 불러 보았는데, 계종 등이 세 번 절을 하였다. 사람들이 예에 어긋난다고 하였지만, 대상(大相)

---

84) 요나라 수도인 上京 臨潢府. 중국 內蒙古自治區 赤峰市 巴林左旗 林東鎭 남쪽에 위치한다.
85) 발해의 중앙행정기구인 政堂省 아래에 설치된 忠·仁·義·智·禮·信 등 6부 중 禮部의 우두머리인 卿을 일컫는다.
86) '均老司政'에 대해 하나의 직명으로 보는 견해와 '균로'라는 인명과 '사정'이라는 직명으로 구분하는 견해가 있다. 『新唐書』 발해전에 정당성의 평장사 밑에 '사정'이라는 직명만 확인되며 『고려사』보다 앞선 기록인 『제왕운기』에 '司政卿'으로 기술되어 있는 점에서(김진광, 2016, 483·491쪽), 일반적으로 균로가 앞의 대화균과 마찬가지로 예부경을 지낸 인물이라고 이해한다(이효형, 2013, 329쪽).
87) 『新唐書』 발해전에 소개된 발해의 관직에는 보이지 않지만, 정당성 右六司에 속한 信部의 장관으로 추정된다. 공부경의 존재는 『五代會要』 卷30, 後唐 淸泰 3년 2월조 "… 政堂省工部卿烏濟顯 …"의 기록에서도 확인된다(한규철, 1997, 5쪽).

함홍(含弘)은 "나라를 잃은 사람이 세 번 절을 하는 것은 오래된 예(禮)다"라고 하였다.

○ 권제13, 고려기(高麗紀) 태조(太祖) 25년

二十五年【後晉天福七年】冬十月, 契丹遣使來, 歸橐馳五十匹. 王以契丹嘗與渤海連和, 忽生疑貳, 不顧舊盟, 一朝殄滅, 此爲無道之甚 不足遠結爲隣, 絶其交聘. 流其使三十人于海島, 繫橐駝萬夫橋下, 皆餓死.

【李齊賢曰: 忠宣王嘗問臣齊賢曰: 我太祖之世, 契丹遣橐駝, 繫之橋下, 不與芻豆, 以餓而死, 故以名其橋焉. 橐駝雖不産於中國, 中國亦未嘗不畜之, 國君而有數十頭橐駝, 其弊不至於傷民, 且却之則已矣, 何至餓而殺之乎. 對曰: 創業垂統之主, 其見遠而其慮深, 非後世之所及也. 且如宋太祖養猪禁中, 仁宗令放之, 後得妖人, 顧無所取血者, 則知太祖慮亦及此, 此亦未爲定論. 安知太祖養猪之意, 不有大於取血耶. 我太祖之所以爲此者, 將以折戎人之譎計耶, 抑亦防後世之侈心耶, 蓋必有微旨矣. 此在殿下, 恭黙而思之, 力行而體之爾, 非愚臣所敢輕議也.】

《臣等按》李齊賢論待契丹之道, 曰: 王可道議絶和親, 不若皇甫兪義繼好息民之論也. 然其對忠宣之問, 只論橐駝, 而不言太祖絶和之失, 何耶. 前史以絶和爲太祖盛德事, 而贊揚之, 臣竊惑焉. 大抵交隣國, 柔遠人固封疆, 謹使命者, 乃萬世保國之長策也. 今麗祖降羅滅濟, 僅一三韓, 渙散者未盡萃, 瘡痍者未盡起, 制度營爲, 草創未遑正, 宜輯和强隣, 長慮却顧之時也. 契丹世據幽燕遼薊之地, 國富兵强, 瞰中原板蕩, 有席卷囊括之志, 取方張桀驁之渤海, 易如拉槁, 其視新創之麗, 知如何哉. 然猶先我修聘者, 安知不有睥睨不測之心乎. 因其來使, 待之以禮, 接之以誠, 申結盟好, 豈非保國之長策, 而太祖之慮不及此, 何哉. 契丹之失信於渤海, 何與於我, 而爲渤海報復, 拒其來使, 甚矣而流之于海島, 却其橐駝, 甚矣而致令餓死, 是不特絶之而止, 絶之如仇讎, 彼之報我以仇讎, 無足恠[88]也. 自是邊釁日深, 定宗置光軍爲邊備, 其禍已濫觴矣. 至成宗, 蕭遜寧大擧入寇, 欲割地乞降, 僅能請和, 其

---

88) '怪'의 이형자.

> 禍已燎原矣. 迨顯宗, 丹主自將聲言討賊, 而實欲侵奪我國, 潰肅州, 破西京, 乘勝
> 長驅, 都城不保, 乘輿南遷, 國之不亡如綫, 其禍已滔天矣. 及其遣使講和, 稱臣種
> 款, 邊境無慮, 百有餘年. 下逮高宗, 其遺種若金山金始者, 聚合餘燼, 脅驅河朔之
> 民, 渡鴨綠, 陷城鎭爲患, 孔棘勒師動衆, 數年而後, 乃克掃蕩, 禍亂始熄, 若使契
> 丹, 不因金兵而剿殄, 蒙古而殲滅, 則麗之存亡成敗, 亦未可測, 究厥所由, 則皆麗
> 祖待强寇, 失其道, 輕絶和親之致然也. 貽謀之失, 可勝嘆哉.

[태조] 25년(942)【후진(後晉) 천복(天福)[89] 7년】 겨울 10월, 거란이 사신을 보내어 와서 낙타 50필을 주었다. 왕은, 거란이 일찍이 발해와 더불어 연합해서 화목하게 지내다가 갑자기 딴마음을 품어 옛 맹약(盟約)을 돌보지 않고 하루아침에 멸망시켜 버렸으니, 이렇게 무도함이 심하여 멀리 결원하여 이웃으로 삼기 부족하다고 하시고, 그 교빙(交聘)을 끊었다. 그 사신 30인은 섬으로 귀양을 보냈고, 낙타는 만부교 아래에 매어두어 모두 굶어 죽게 하였다.

【이제현이 말하기를 "충선왕이 일찍이 신 제현에게 묻기를 '우리 태조 때에 거란이 보내온 낙타를 다리 아래에 매어놓고 꼴이나 콩을 주지 않아 굶어 죽게 하였기 때문에 그 다리의 이름으로 삼았다. 낙타가 비록 중국에서 나지 않지만 중국에서도 일찍이 낙타를 기르지 않는 것은 아니다. 임금이 수십 마리의 낙타를 가지고 있더라도 그 피해가 백성을 해치는 데에는 이르지 않을 것인데, 또 이를 물리치면 그만이지 어찌하여 굶겨서 죽이기까지 하였을까?' 하므로, 신이 대답하기를 '창업(創業)하여 왕통(王統)을 전하여 주는 임금은 그 보는 것이 멀고 생각하는 것이 깊어서, 후세 사람으로는 따를 수가 없습니다. 또 송나라 태조가 궁중에서 기른 돼지를 인종(仁宗)이 놓아주게 하였습니다. 뒤에 요인(妖人)을 잡을 때 피를 취할 곳을 고려하지 않은 것으로,[90] [송] 태조의 생각이 또한 이에 미쳤다는 것을 알았다고 하나, 이 또한 정설(定說)은 되지 못합니다. [송] 태조가 돼지를 기르게 한 뜻이 피를 취하는 것보다 더 큰 데 있지 않았는지 어찌 알겠습니까? 우리 태조께서 이렇게 한 까닭이 장차 오랑캐의

---

89) 후진 高祖의 연호(936~942).
90) 妖術하는 사람을 잡을 적에는 돼지의 피를 뿌리면 요술쟁이가 변화를 부리지 못한다고 한다(한국고전번역원, 1978: 한국고전종합DB).

간사한 계책을 꺾으려 함이었는지, 아니면 또 후세의 사치스런 마음을 막으려는 것이었는지는 모르지만, 대개 깊은 뜻이 있었을 것이 틀림없습니다. 이는 전하께서 공손히 마음속으로 생각하여 힘써 실천해 체득하시는 가운데에 있을 뿐이며, 어리석은 신하가 감히 경솔하게 의논할 바가 아닙니다'라고 하였다" 하였다.】

【신 등이 살펴보건대】 이제현이 거란을 대우한 방도에 대해 논하여 말하기를, "왕가도(王可道)[91]가 화친을 끊자고 주장한 것은 황보유의(皇甫兪義)[92]가 우호를 지속하여 백성을 안식(安息)시키자고 한 주장보다 못합니다" 하였습니다.[93] 그러나 그가 충선왕의 물음에 대답한 것은 단지 낙타만을 논한 것이고, 태조가 화친을 끊은 실수는 말하지 않았으니 어찌된 것입니까? 전사(前史)에는 화친을 끊은 것으로써 태조가 덕(德)을 이룬 일로 삼아 찬양하였는데, 신은 마음속으로 의아스럽게 여깁니다. 대체로 이웃 나라와 사귀고 먼 곳의 사람을 회유하여 국경을 공고히 하고 사명(使命)에 신중을 기함은, 곧 만세토록 나라를 보호하는 좋은 계책입니다. 지금 고려 태조는 신라의 항복을 받고 백제(후백제)를 멸해서 겨우 삼한(三韓)을 통일하였습니다. 흩어진 자가 다 모이지 못하고 부상자는 다 일어나지 못하였으며, 제도나 경영을 처음 시작하느라 겨를이 없으니, 마땅히 강성한 이웃과 화합하고 멀리 생각하여 뒤돌아볼 때입니다. 거란은 대대로 유(幽)·연(燕)·요(遼)·계(薊)의 땅을 점거하여 나라와 군사가 부강해지자, 중원(中原)의 혼란을 엿보아서 전부 차지하려는 뜻을 가지고 한창 사나운 기세를 떨치는 발해를 마치 마른 나무 꺾듯이 쉽게 차지하였으니, 그들이 새로 창건한 고려를 보고서 어떻게 여기겠습니까? 그러나 오히려 먼저 우리와 교빙을 맺으려고 하였으니, 깔보는 불측한 마음이 없는지 어찌 알았겠습니까? 그들이 보내온 사신을 예로써 대우하고 정성으로써 접대함으로 인하여 동맹의 우호를 성실히 맺는 것이 어찌 나라를 보호하는 좋은 계책이 아니겠습니까? 그런데 태조의 생각이 이에 미치지 못하였으니, 무슨 까닭이겠습니까? 거란이 발해에게 신의를 잃은 것이 우리와 무슨 관계가 있기에 발해를 위한 보복으로 그 사신을 거부하고

---

91) 본명 李子琳(?~1034). 고려 전기 문신으로, 德宗 賢妃의 부친이다. 成宗 때 장원으로 급제하며 관직에 진출하였다. 1029년 李膺甫·皇甫兪義·黃周亮 등과 더불어 羅城을 쌓은 공으로 검교태위에 봉해졌고, 輸忠創闕功臣, 門下侍郎 同內史 門下平章事 등을 역임하였다.
92) ?~1042. 고려 전기 문신. 현종 즉위에 공을 세워 殿中侍御史에 제수되었다. 1029년 왕가도 등과 함께 開京에 羅城을 쌓았고, 中樞使, 參知政事 吏部尙書, 문하시랑 등을 역임하였다.
93) 왕가도와 황보유의의 주장은 『고려사』 권94, 열전 7, 諸臣 왕가도전에 자세하다.

심지어는 해도(海島)로 귀양을 보내고, 그 낙타는 물리쳐서 심지어 굶어 죽게 하였습니다. 이것은 거절하는 것으로만 그친 것이 아니라 원수와 같이 끊은 것이니, 그들이 우리에게 원수로 갚는 것은 괴이한 것이 못 됩니다. 이로부터 변경에 틈이 날로 심해져서 정종이 광군(光軍)을 두어 변경의 방비로 삼았으니, 그 화(禍)는 이미 시작된 것입니다. 성종 때에 이르러서는 소손녕(蕭遜寧)이 대거 침략하여 땅을 빼앗고자 항복을 요구하므로, 겨우 화친을 청하였으나 그 화는 이미 불타는 벌판과 같았습니다. 현종 때에 이르러서는 거란의 임금이 직접 적을 토벌하겠다고 선포하면서, 실은 우리나라를 침략하여 빼앗으려는 목적으로 숙주(肅州)를 무너뜨리고 서경(西京)을 격파하였습니다. 승리의 여세를 타고 몰아쳐 들어오자, 도성을 보존하지 못하고 임금의 수레는 남쪽으로 옮겼습니다. 실낱같이 나라가 망하지는 않았지만, 그 화가 이미 하늘을 덮었습니다. 마침내 사신을 보내 강화(講和)하고 신하라 칭하며 정성을 기울이자, 변경의 걱정이 없이 백여 년이 지났습니다. 고종 때에 가서는 그 유종(遺種)인 금산(金山)·금시(金始)[94]와 같은 자들이 잔당을 취합하여 하주와 삭주[河朔]의 백성들을 협박해 몰고와 압록강을 건너서 산성과 진영을 함락시키며 근심이 되었습니다. 군사를 부지런히 동원하여 두어 해가 지난 뒤에야 능히 소탕하여 화란(禍亂)을 비로소 종식시킬 수 있었습니다. 만약 거란이 금병(金兵)으로 인해 망하지 않고 몽고로 인하여 섬멸되었다면, 고려의 존망(存亡)·성패(成敗)는 또한 예측할 수 없었을 것입니다. 그 연유를 추구하여 보면, 모두 고려 태조가 강성한 도둑을 대처하는 데에 그 방도를 잃고 화친을 무시해 끊은 소치로 그런 것입니다. 물려줄 계책이 잘못된 것을 이루 다 한탄할 수 있겠습니까?

○ 권제13, 고려기(高麗紀) 경종(景宗) 4년

四年【宋大平興國四年】夏六月 … 渤海酋帥大鸞河降于宋, 宋以爲渤海都指揮使. 鸞河祚榮之遺種也.

[경종] 4년(979)[송(宋) 태평흥국(太平興國)[95] 4년] 여름 6월 … 발해의 추수(酋帥) 대난하

---

94) 金山, 金始 형제는 거란의 후예로, 고려 高宗 3년(1216)에 스스로 大遼收國王이라 하고 天成으로 建元하였다. 몽고의 토벌로 밀리자 장수 鵝兒乞奴를 시켜 압록강을 건너 고려의 寧朔·義州·靜州 등을 노략질하였다(『高麗史』 권103, 列傳 제16, 諸臣, 金就礪傳).

(大鸞河)가 송나라에 투항하니, 송에서 발해도지휘사(渤海都指揮使)로 삼았다. 난하는 [대]조영의 남은 종족이다.

○ 권제14, 고려기(高麗紀) 성종(成宗) 원년

元年【宋大平興國七年】… 夏六月 … 正匡行選官御事上柱國崔承老上書, 略曰: … 若契丹者, 與我連境, 宜先修好, 而彼又遣使求和, 我乃絶其交聘者, 以彼國嘗與渤海連和, 忽生疑貳, 不顧舊盟, 一朝殄滅. 故太祖以爲無道之甚, 不足與交, 所獻駱駝, 亦皆棄而不畜, 其深策遠計, 防患乎未然者, 有如此者也. 渤海旣爲丹兵所破, 其世子大光顯等來奔. 太祖憫念尤深, 迎待甚厚, 至賜姓名, 使奉祖先之祀, 文武參佐, 亦皆優霑爵命. 其急於存亡繼絶, 又如此者也.

[성종] 원년(982)【송(宋) 태평흥국(太平興國) 7년】… 여름 6월 … 정광행선관어사상주국(正匡行選官御事上主國) 최승로(崔承老)가 글을 올렸는데, 대략 이르기를 "… 거란과 같은 경우는 우리와 경계가 접해 있으니, 마땅히 먼저 우호를 닦아야 할 것입니다. 저들도 또한 사신을 보내어 화친을 구하였으나 우리가 곧 그 교빙(交聘)을 끊은 것은, 그 나라가 일찍이 발해와 더불어 화친을 맺었다가 갑자기 의심을 품어 옛 맹약을 돌아보지 않은 채 하루아침에 멸망시켰기 때문입니다. 태조는 [그들의] 무도함이 심하여 족히 교빙할 수 없다고 여기고 바친 낙타도 또한 모두 버리고 기르지 않으셨으니, 그 심원한 계책으로 환란을 미연에 방지하고자 함이 이와 같았습니다. 발해가 이미 거란의 군대에 격파되어 그 세자(世子) 대광현(大光顯) 등이 도망하여 오자, 태조는 심히 가엾게 생각하고 환영하여 매우 후하게 대우하시고, 성과 이름을 내려 선조(先祖)의 제사를 받들게 하셨습니다. 문무(文武) 속관(屬官)들에게도 또한 모두 작명(爵命)을 넉넉하게 베푸셨는데, 갑작스럽게 망한 것을 보존시키고 끊긴 것을 이어준 것이 또한 이와 같았습니다"라고 하였다.

---

95) 北宋 太宗의 연호(976~984).

○ 권제16, 고려기(高麗紀) 현종(顯宗) 20년

> 二十年【宋天聖七年 契丹太平九年】 … 九月, 契丹東京將軍大延琳, 遣大府丞高吉德, 告建國兼求援. 延琳渤海始祖大祚榮七代孫, 叛契丹, 國號興遼, 建元天興.

[현종] 20년(1029)【송 천성(天聖)[96] 7년, 거란 태평(太平)[97] 9년】 … 9월에 거란의 동경장군(東京將軍) 대연림(大延琳)이 대부승(大府丞)[98] 고길덕(高吉德)을 보내어, 나라를 세운 것을 알리고 더불어 구원을 요청하였다. 연림은 발해의 시조 대조영의 7대손인데, 거란을 배반하여 국호를 흥료(興遼)[99]라고 하고 건원(建元)하여 천흥(天興)이라고 했다.

○ 권제16, 고려기(高麗紀) 현종(顯宗) 21년

> 二十一年【宋天聖八年 契丹太平十年】春正月, 興遼國遣水部員外郎高吉德, 上表乞師. … 五月 … 契丹水軍指麾使虎騎尉大道李鄕等六人來投. 自是契丹渤海人來附甚衆. … 秋七月, 興遼國行營都部署劉忠正, 遣寧州刺史大慶翰, 賫表來乞援. 九月, 興遼國郢州刺史李匡祿來告急, 尋聞國亡, 遂留不歸. 遣金哿如契丹, 賀收復東京. 契丹遣千牛將軍羅漢奴, 來詔曰: 近不差人往還, 應爲路梗, 今渤海偸主, 俱遭圍閉, 並以歸降, 宜遣陪臣, 速來赴國, 必無虞慮. … 冬十月 … 契丹奚哥渤海民五百餘人來投, 處之江南州郡.

---

96) 북송 仁宗의 연호(1023~1031).
97) 遼 聖宗의 연호(1023~1032).
98) 遼代 太府監('太'와 '大'는 혼용)의 屬官으로, 흥료국에서 연용한 것으로 보인다.
99) 흥료국은 1029년(고려 현종 20) 8월 초 遼의 東京道 관할 하에 있던 東京舍利軍 詳穩 大延琳이 세운 나라이다. 대연림은 女眞과 고려와 함께 거란에 대항하기 위해, 건국 직후인 그해 9월 초에 高吉德을 고려에 보내 건국을 알리고 구원을 요청하였다. 그러나 고려는 郭元이 주도한 保州城(의주) 공격이 실패한 뒤에는, 거란의 남침에 대비만 하는 수세로 돌아섰다. 따라서 1029년 12월부터 1030년 9월까지 여러 차례 거듭된 흥료국의구원 요청을 들어주지 않았다. 한편 요는 1029년 10월 초에 동경성을 에워싸고 공격하였고, 흥료국은 거의 1년 동안 거란에 포위당한 채 저항하였으나, 楊詳世의 배반으로 요양성이 함락되고 대연림이 붙잡히면서 멸망하였다.

[현종] 21년(1030)【송 천성(天聖) 8년, 거란 태평(太平) 10년】 봄 정월에 흥료국이 수부(水部) 원외랑(員外郞) 고길덕(高吉德)을 보내어 표를 올려 군사를 청하였다. … 5월 … 거란의 수군지휘사(水軍指揮使) 호기위(虎騎尉) 대도(大道), 이향(李鄕) 등 6인이 와서 투항하였다. 이때부터 거란과 발해 사람으로 내부한 자가 매우 많았다. … 가을 7월에 흥료국의 행영도부서(行營都部署) 유충정(劉忠正)이 영주자사(寧州刺史) 대경한(大慶翰)을 보내어 표문을 가지고 와서 원병을 청하였다. 9월에 흥료국의 영주자사(郢州刺史) 이광록(李匡祿)이 와서 급함을 고하였는데, 얼마 뒤에 나라가 망했다는 말을 듣고는 마침내 머무르고 돌아가지 않았다. 김가(金哿)를 보내어 거란에 가서 동경(東京)을 수복한 것을 축하하였다. 거란이 천우장군(千牛將軍) 나한노(羅漢奴)를 보내어 와서 조서로 말하기를, "근래에 차인(差人: 사신)이 왕래하지 않은 것은 응당 길이 막혀서일 것이다. 지금 발해의 투주(偸主: 가짜 주인)가 완전히 포위되어 막히게 되자 항복해왔으니, 의당 신하를 보내어 속히 달려와 나라(거란)에 이르면, 분명 우려할 것이 없을 것이다"라고 하였다. … 겨울 10월 … 거란 해가(奚哥)와 발해 백성 5백여 인이 와서 투항하니, 강남(江南)의 주군(州郡)에 거처하게 하였다.

○ 권제20, 고려기(高麗紀) 예종(睿宗) 11년

十一年【宋政和六年 遼天慶六年 金收國二年】 … 三月 … 鄭良稷自遼東京還. 時東京渤海人作亂, 殺留守蕭保先, 立供奉官高永昌, 僭稱皇帝, 國號大元, 建元隆基. 良稷至, 詐稱官御, 上表稱臣, 以國家所遺留守土物, 贈永昌得厚報. 及還匿不奏, 事覺, 有司請下獄治之.

[예종] 11년(1116)【송 정화(政和)[100] 6년, 요(遼) 천경(天慶)[101] 6년, 금(金) 수국(收國) 2년】 … 3월 … 정양직(鄭良稷)이 요나라의 동경에서 돌아왔다. 이때 동경에서 발해인들이 난을 일으켜 유수(留守) 소보선(蕭保先)을 죽이고, 공봉관(供奉官) 고영창(高永昌)[102]을 세

---

100) 북송 徽宗의 연호(1111~1118).
101) 요 天祚帝의 연호(1111~1120).
102) 고영창은 요나라 供奉官으로 1115년 阿骨打가 요동으로 남하하자 이를 저지하기 위해, 渤海武勇馬軍 2천 명을 모집하여 요양부 인근의 白草谷을 지켰다. 그 이듬해 정월 東京留守 蕭保先의 혹독한 학정에

위 황제라 참람하게 부르고 국호를 대원(大元)으로, 연호를 융기(隆基)라고 하였다. 양직이 [동경에] 이르러 관청을 사칭하고 표문을 올려 신하라 일컬으면서, 나라에서 유수에게 보낸 토산물을 영창에게 주고 후한 보답을 받았다. 돌아와서 이 사실을 감추고 아뢰지 않다가 일이 발각되니, 유사(有司)에서 하옥시켜 다스리기를 청하였다.

시달리던 발해 유민과 함께 요양부를 점령하고, 국호를 大渤海國이라 하였다. 金과 교섭하여 요에 대항하려 했으나, 도리어 요와 금 양쪽으로부터 공격을 받았고, 고영창이 금에 붙잡혀 참살되며 대발해국은 불과 5개월 만에 멸망하였다.

발해사 자료총서 – 한국사료 편 권1

16. 『신증동국여지승람(新增東國輿地勝覽)』

조선시대의 인문지리서로서 노사신(盧思愼, 1427~1498), 강희맹(姜希孟, 1424~1483), 양성지(梁誠之, 1415~1482) 등이 왕명을 받아 1481년(성종 12)에 『동국여지승람(東國輿地勝覽)』으로 완성하였다. 그러나 중종이 다시 이행(李荇, 1478~1534), 윤은보(尹殷輔, 1468~1544) 등에게 명령하여 증보하게 함으로써, 1530년(중종 25)에 『신증동국여지승람(新增東國輿地勝覽)』으로 완성되었다. 모두 55권 25책이다.

이 책에는 발해와 관련된 내용이 거의 들어 있지 않다. 발해 영토였던 지금의 함경도와 평안도 일대의 연혁에 대해서 발해와의 관련성은 전혀 언급하지 않고, '고구려–여진–고려'로 이어지는 흐름을 설명하고 있을 뿐이다. 이것은 발해사를 우리 역사로 다루지 않았던 『동국통감(東國通鑑)』의 역사 인식과 일맥상통하는 것이다. 다만 충청도 연산현(連山縣) 개태사(開泰寺)의 설명(권18)에서 개태사의 창건 배경으로 발해인들이 고려로 귀순한 것을 간단히 언급하고 있을 뿐이다.

아래 원문은 규장각 소장 〈奎貴1932〉본을 지본으로 삼았다.

○ 권제18, 충청도(忠淸道) 연산현(連山縣) 불우(佛宇) 개태사(開泰寺)

開泰寺【… ○ 高麗太祖十九年, 征百濟大克, 獲河內三十餘郡, 及渤海國人皆歸順, 乃命有司, 創開泰寺, 親制願文手書, ….】

개태사.[1] 【… ○ 고려 태조 19년(936)에 백제를 정벌하여 크게 이기니 하내(河內)의 30여

군(郡)을 얻었고, 발해국 사람들이 모두 귀순하기에 이르렀다.[2] 이에 [왕이] 유사(有司)에 명하여 개태사를 창건하고, 친히 원문(願文)을 짓고 손수 글을 썼다.】

---

1) 충청남도 논산시 연산면에 있는, 고려 태조 19년(936)에 창건된 사찰이다.
2) 개태사의 창건 원인과 시기에 관해 『補閑集』 상에는 長興 5년(734)의 일로 쓰여 있고, 『高麗史節要』 권1에는 940년 12월에 "개태사가 완공되니 낙성법회를 열도록 명하고 직접 소문을 지었다(開泰寺成, 命設落成法會, 親製疏文)"라고 나온다. 『고려사』 권2, 세가 2, 태조 19년(936) 12월조에는 "이해에 광흥사·현성사·미륵사·내천왕사 등을 창건하고 또 연산에 개태사를 창건하였다(是歲, 創廣興·現聖·彌勒·內天王等寺, 又創開泰寺於連山)"라고 하고, 같은 책 태조 23년(940) 12월조에는 "개태사가 완공되자 낙성화엄법회를 열고 왕이 직접 소문을 지었다(開泰寺成, 設落成華嚴法會, 親製疏文)"라고 나온다. 이를 보면 『보한집』은 처음 개태사를 건립하게 된 원인이 발생한 해로부터 완공까지 몇 년에 걸친 사건을 하나로 합쳐 기술한 것이다.

발해사 자료총서 – 한국사료 편 권1

17. 『동국사략(東國史略)』

박상(朴祥, 1474~1530)이 16세기 초에 저술한 편년체(編年體) 역사서로서, 모두 6권 2책이다. 『동국통감(東國通鑑)』을 대본으로 하여 축약하여 교양서로 읽히게 하기 위해 편찬하였다. 따라서 『동국통감』의 역사 인식을 그대로 보여준다. 권1에서는 단군조선에서부터 백제, 고구려의 멸망까지의 역사를, 권2에서는 신라의 통일 이후의 역사를, 권3~권6까지는 고려의 역사를 다루었다. 이 책에서는 연도 표기를 왕의 즉위 다음해를 원년으로 하는 유년칭원법을 취했다.

발해사와 관련해서는 두 군데에서만 나타나는데, 권2 신라 효소왕조(孝昭王條)에서 대조영(大祚榮)이 발해군왕(渤海郡王)으로 봉해진 사실과 그가 사망한 뒤에 아들 대무예(大武藝)가 즉위한 사실을 설명하고, 이어서 발해의 멸망과 유민의 고려 귀순을 언급하였다. 대조영의 책봉과 사망은 성덕왕 때에 이루어진 것인데, 효소왕대에 관련 기사가 삽입된 것은 저자가 발해의 건국이 효소왕대에 있었던 일이기 때문에 이를 염두에 둔 것이 아닌가 여겨지고 있다. 그리고 그 중간에 세주(細註)를 통해 발해국을 개괄적으로 소개하였다.

그런데 이 세주에서는 '고구려 별종'이라는 말을 생략하고 단순히 "발해는 본래 속말말갈이다"라고만 언급함으로써, 발해사가 고구려나 우리 역사와 무관한 듯이 서술되어 있다. 그리고 권3에서는 고려 태조 때의 만부교(萬夫橋) 사건을 서술하면서, 『동국통감』에서 "거란이 발해에 신의를 잃은 것이 우리와 무슨 관계가 있는가"라고 한 사론(史論)을 간단히 인용함으로써 발해가 우리 역사와 무관함을 드러내고 있다.

아래 원문은 규장각 소장 〈奎3632〉본을 저본으로 삼았다.

○ 권제2, 신라기(新羅紀), 효소왕(孝昭王)

王薨,【在位十年】王無嗣立王弟隆基.【後改興光, 嗣聖十九年.】王製百官箴, 示羣臣. 唐以大祚榮爲渤海郡王, 及卒, 私諡曰高王, 子武藝立.【渤海本粟末靺鞨, 祚榮父乞乞仲象保太白山東. 祚榮嗣, 驍勇善騎射, 高句麗餘燼, 稍稍歸之, 乃建國, 號震國. 地方千里, 勝兵數萬, 頗知書契, 盡得扶餘沃沮卞韓朝鮮之地. 至後孫仁秀, 開大境宇, 有五京十二府六十二州, 遂爲海東盛國.】王景哀王時, 契丹攻滅之, 以爲東丹國, 其世子及大臣等, 皆降于高麗.

[효소왕] … 왕이 돌아 가셨다.【재위 10년】 왕이 후사가 없어 왕제인 융기(隆基)를 왕(성덕왕)으로 세웠다.【뒤에 흥광(興光)으로 고쳤다. 사성(嗣聖) 19년(702)】 왕이 백관잠(百官箴)을 지어, 신하들에게 보여주었다. … 당이 대조영을 발해군왕으로 삼았다. [그가] 죽자 사사로이 시호를 고왕(高王)이라 하였고, 아들 무예(武藝)가 왕위에 올랐다.【발해는 본래 속말말갈(粟末靺鞨)이다. 조영의 아버지 걸걸중상이 태백산 동쪽¹⁾을 지켰다. 조영이 그 뒤를 이었는데, 날쌔고 용맹하며 말타기와 활쏘기를 잘하였다. 고구려의 남은 무리들이 점차 돌아오자 곧 건국하여 진국(震國)이라 불렀다. 땅이 사방 1천 리에 이르렀고 뛰어난 병사들이 수만이었다. 자못 글을 알았고, 부여·옥저·변한·조선의 땅을 모두 얻었다. 뒤에 손자 인수(仁秀)에 이르러 크게 땅을 넓혔는데, 5경 12부 62주가 있었고, 마침내 해동성국이 되었다.】 경애왕 때 거란의 공격을 받아 멸망하고 동단국(東丹國)이 되었다. 그 세자와 대신 등이 모두 고려로 투항하였다.

○ 권제3, 고려기(高麗紀), 태조(太祖) 24년

二十四年, 契丹遣使, 來歸槖駝五十四, 王以契丹嘗與渤海連和, 一朝殄滅, 此爲無道之國, 流其使于海島, 繫槖駝萬夫橋下, 皆餓死.【史臣曰, 契丹之失信於渤海, 何

---

1) 발해 건국지에 대해『삼국사기』권46, 열전 6, 최치원전에는 의봉 3년(678) '태백산 아래'로,『삼국유사』에서 인용한『신라고기』에는 '태백산 남쪽'으로,『제왕운기』에는 '태백산 南城'으로,『삼국사절요』에는 '태백산 동쪽'으로 나온다.

與於我, 而爲渤海報復, 自是邊釁日深, 貽謀之失, 可勝嘆哉.】

[태조] 24년²⁾(942) 거란에서 사신을 보내 낙타 50필(匹)을 와서 주었다. 왕은 거란이 일찍이 발해와 화친하다가 하루아침에 진멸한 것을 보고 무도한 나라라 하여 그 사신을 바다 섬으로 귀양 보내고 낙타를 만부교 밑에 묶어놓으니 모두 굶어 죽었다.【사신(史臣)이 말하길 "거란이 발해에게 신의를 잃은 것이 우리와 무슨 관계가 있기에 발해를 위해 보복하고 이로부터 그 틈이 날로 깊어졌으니, 물려준 계책이 잘못된 것을 이루 다 한탄할 수 있겠는가?" 하였다.】

---

2) 즉위년 칭원법에 따르면 태조 25년이다.

발해사 자료총서 - 한국사료 편 권1

18. 『동사찬요(東史纂要)』

　　오운(吳澐, 1540~1617)이 영남사림(嶺南士林)의 시각을 반영하여 편찬한 사략형(史略型) 사찬사서(私撰史書)이다. 단군조선부터 고려까지의 역사를 대상으로 하면서 기전체(紀傳體) 형식을 취하여 군왕기(君王紀), 지리지(地理志), 열전(列傳), 별록(別錄)으로 구성하였다. 모두 8권 8책이다. 이 책은 본래 1606년(선조 39)에 7권본으로 처음 간행되었으나, 한백겸(韓百謙, 1552~1615)의 비판에 자극을 받아 지리지 1권을 추가하여 8권본으로 1614년(광해군 6)에 개찬본(改撰本)을 냈는데 이것이 현재 전해지고 있다.

　　발해사 부분은 다섯 군데가 확인된다. 먼저 719년(성덕왕 18)과 733년(성덕왕 32) 기사는 발해 국호를 '진단(震旦)'이라 한 점으로 보아 『삼국사절요(三國史節要)』를 참고하였고, 926년(경애왕 3) 이후의 기사는 『동국통감(東國通鑑)』을 참고한 것으로 보인다. '사씨왈(史氏曰)'로 시작되는 942년(태조 25)의 만부교 사건에 대한 사론(史論)은 『동국통감』의 사론을 따온 것이다. 반면에 태조에 대한 평가를 담고 있는 '사신왈(史臣曰)'로 시작되는 사론은 정도전(鄭道傳)의 『삼봉집(三峯集)』 권12에 실려 있는 내용과 거의 같다. 그런데 두 사론을 비교해보면, 정도전의 사론에서는 거란에 대한 고려 태조의 강경정책을 칭찬하고 있는 데 반해, 앞의 『동국통감』 사론은 이를 비판하고 있어 상반된 입장을 드러내고 있다. 이것은 고려 초기의 북방정책에 대한 조선 건국 초기의 긍정적 입장과 『동국통감』에서부터 보이는 사림(士林)의 비판적인 시각 차이에 따른 것이다. 오운이 발해에 대해 어떤 인식을 가졌는지는 모르지만, 영남사림의 입장에서 이 책을 서술하였기 때문에 발해사를 우리 역사로 적극적으로 이해하지는 못하였던 것으로 보인다. 다만 이 책과 같이 『동국통감』에 영향을 받은 『동국사략(東國史略)』이 발해의 계통을 '속말말갈'이라고만 했는데, 여기서는 '본래 속말말갈로, 즉 고구려 별종'(성덕왕 18년조 세주)이라고 명기한 점이 주목된다.

아래 원문은 규장각 소장 〈奎1578〉본을 저본으로 삼았다.

○ 권제1 중, 성덕왕(聖德王) 18년

十八年【開元七年己未】, 渤海郡王太[1]祚榮卒, 私諡高王, 子武藝嗣.【渤海本粟末靺鞨, 卽高句麗別種. 祚榮父乞乞仲象與其徒, 渡遼水, 保太白山東. 仲象死, 祚榮嗣, 驍勇善騎射, 高句麗餘燼, 稍稍歸之, 乃建國, 自號震旦. 先天中, 拜爲左驍衛大將軍渤海郡王. 自是始去靺鞨之號, 稱渤海. 至是死, 子武藝嗣, 斥大土宇, 東北諸夷畏服之. 遂爲海東盛國, 地有五京十五府六十二州.】

[성덕왕] 18년(719)【개원 7년 기미】 발해군왕 태조영이 죽었다. 사사로이 시호를 고왕(高王)이라 하였다. 아들 무예(武藝)가 뒤를 이었다.【발해는 본래 속말말갈로 즉 고구려의 별종[2]

---

1) '太'→'大'.
2) 원전은 『舊唐書』 발해말갈전의 "본래 고려의 별종(本高麗別種)"과 『新唐書』 渤海傳의 "본래 속말말갈로 고[구]려에 붙은 자(本粟末靺鞨附高麗者)"라는 기록이다. 그런데 이 大祚榮의 출신이나 발해의 구성원에 대해서는 같은 사료를 놓고 다양한 해석이 있었다. 고려와 조선에서는 대조영의 출신을 高句麗 계통으로 보는 경향이 있었는데, 李承休의 『帝王韻記』와 柳得恭의 『渤海考』가 대표적이다. 일본에서는 대체로 속말말갈이나 여진 계통으로 보았다. 발해국의 주체는 靺鞨族이지만, 대조영은 고구려 別部 출신으로 보는 경우(鳥山喜一, 1915), 새로운 종족으로 발해말갈을 이해하는 경우(池內宏, 1916), 지배층은 고구려인, 피지배층은 말갈인으로 보는 경우(白鳥庫吉, 1933)도 있다. 현대에 들어와서 발해사 연구를 촉발한 대표적인 연구자는 북한의 박시형이다. 그는 발해국의 성립에 중심 역할을 한 것은 고구려 멸망 후 요서 지방으로 이주된 고구려인 집단이었고, 이들을 조직하여 지휘한 것이 고구려 장수인 대조영이라고 하였다. 고구려 왕실의 일족 또는 고구려 계통의 귀족 출신들이 거의 권력을 독점하였고, 문화 방면에서도 고구려의 문화가 주도적 역할을 하였다고 보았다(박시형, 1979; 송기호 해제, 1989). 한국의 李龍範도 발해의 주체가 고구려 유민이었음을 주장하였다(李龍範, 1981). 이후 한국 학계에서는 기본적으로 대조영을 고구려 계통으로 보았으나, 종족은 속말말갈로 고구려에 옮겨와 정착하여 동화된 인물, 즉 말갈계 고구려인으로 보기도 한다(송기호, 1995). 말갈의 명칭 자체를 고구려 변방 주민이나 중국 동북 지역민에 대한 비칭·범칭으로 보고, 발해의 구성원이 된 말갈은 흑수말갈과 구분되는 예맥계인 고구려 말갈이며 대조영은 고구려인으로 속말강(송화강) 지역민이라고 보는 견해도 있다(한규철, 1988; 2007). 중국 학계에서는 근대 초기에 양면적 인식이 보였다. 대표적인 학자는 金毓黻이다(1934, 『渤海國志長編』). 그러나 중화인민공화국이 수립된 이후에는 발해사를 중국의 소수민족사로 보고 고구려 계승성을

이다. 조영의 아버지 걸걸중상은 그 무리와 함께 요수를 건너 태백산 동쪽[3]에 자리를 잡았다. 중상이 죽고 조영이 뒤를 이었는데 날래고 용감하며 말타기와 활쏘기를 잘했다. 고구려의 남은 무리들이 점차 돌아오자 이내 나라를 세우고 스스로 진단(震旦)[4]이라 하였다. 선천(先天) 중에 좌효위대장군 발해군왕(左驍衞大將軍渤海郡王)으로 삼으니, 이로부터 말갈이라는 이름을 버리고 발해로 불렀다. 그가 죽자 아들 무예가 뒤를 이어 크게 영토를 개척하였고, 동북의 여러 오랑캐들이 두려워 복종하였다. 드디어 해동성국(海東盛國)을 이루니, 땅은 5경 15부 62주가 있었다.】

○ 권제1 중, 성덕왕(聖德王) 32년

三十二年, 帝以渤海靺鞨越海入寇登州, 遣太僕員外郎金思蘭, 諭王發兵擊渤海, 爲掎角. 帝又曰, 聞舊將金庾信孫允中之賢, 可爲將, 遣之. 仍賜允中金帛. 於是王命允中等四將, 率兵會唐軍伐渤海. 會大雪, 山路阻隘, 士卒死者過半, 無功而還.

[성덕왕] 32년(733) 황제가 발해말갈이 바다를 건너 등주를 노략질[5]하자 태복원외랑(太僕員外郎) 김사란[6]을 보내, 왕에게 병사를 내어 발해를 공격하여 앞뒤로 협공하도록 하였다.

부정하며 말갈을 강조하는 입장이다. 한편 19세기 중반 연해주 지역을 차지하였던 러시아에서는 자국의 極東 지역 소수민족사의 일부로서 관심을 갖고 발해를 말갈족의 역사로 규정하며 대조영 역시 말갈인으로 보고 있다. 이 밖에 소수 설로 말갈 중 대조영을 백산말갈 출신으로 보는 경우도 있다(津田左右吉, 1915; 李健才, 2000).

3) 발해 건국지에 대해 『삼국사기』 권46, 열전 6, 최치원전에는 의봉 3년(678) '태백산 아래'로, 『삼국유사』에서 인용한 『신라고기』에는 '태백산 남쪽'으로, 『제왕운기』에는 '태백산 南城'으로, 『삼국사절요』에는 '태백산 동쪽'으로 나온다.

4) 발해의 초기 국호인 진국(振國·震國)(『구당서』 발해말갈전; 『신당서』 발해전 등)을 고려와 조선시대에 주로 진단으로 표기하였다. 진단은 원래 인도에서 중국을 별칭한 것으로, 불교 경전에 震旦, 眞檀, 震壇 등으로 썼다. 이후 역대 우리나라의 별칭으로도 쓰였다. 震은 『周易』 說卦에서 東方으로 해석된다.

5) 『구당서』 발해말갈전에는 개원 20년(732)에 무왕 대무예가 장군 張文休를 보내 해적을 거느리고 등주자사 위준을 공격하게 하였다고 전한다(『구당서』 199하, 열전 149하, 발해말갈). 이 기록과 1년의 차이가 나는데, 여기서는 신라가 발해의 남쪽 변경을 친 배경으로서 등장하기 때문이다. 발해가 등주를 공격한 원인은 726년 발해의 黑水 토벌과 대문예의 당 망명으로 빚어진 발해와 당의 갈등 및 730년대 초 당과 전쟁을 치르고 있는 契丹을 돕기 위한 목적이었다(김종복, 2009, 127쪽; 권은주, 2013).

황제가 또 말하기를 "듣건대 옛 장수 김유신의 손자 [김]윤중(允中)의 현명함이 가히 장수로 삼을 만하다고 하니 그를 보내라" 하였다. 거듭 윤중에게 금과 비단을 내려주었다. 이에 왕이 윤중 등 네 장수에게 명하여 병사를 이끌고 당군과 만나 발해를 토벌하도록 하였다. [그러나] 큰 눈이 내리고 산길이 험하고 막혀 사졸(士卒)이 죽은 자가 반을 넘었고, 아무런 공도 없이 돌아왔다.[7]

○ 권제1 중, 경애왕(景哀王) 3년

> 三年, 契丹連年侵渤海, 進攻扶餘城. 渤海王大諲譔戰敗乞降, 置之臨潢之西. 渤海王世子大光顯將軍申德等, 率其餘衆, 來奔高麗者, 數萬戶. 麗王待之甚厚, 賜光顯姓名王繼, 附之宗籍, 使奉其祀, 僚佐皆賜爵.

[경애왕] 3년(926) 거란이 해를 거듭하여 발해를 침략하고 부여성으로 진군하여 공격하였다. 발해왕 대인선(大諲譔)이 전쟁에 패하여 항복을 청하자 그를 임황(臨潢)[8] 서쪽에 두었다. 발해왕 세자 대광현(大光顯), 장군 신덕(申德) 등이 그 남은 무리를 이끌고서 고려로 도망 온 자들이 수만 호였다. 고려왕은 그들을 매우 후하게 대우하여 광현에게는 왕계(王繼)라는 성명을 주고 종적(宗籍)에 붙여 그 제사를 받들게 하였고, 요좌(僚佐)에게도 모두 벼슬을 내렸다.

---

6) 신라의 왕족으로 일찍이 당나라에 건너가 太僕員外卿(『삼국사기』 권제8, 「신라본기」 제8, 성덕왕 32년)을 받고, 宿衞로 있었다. 732년(성덕왕 31) 발해가 당나라의 登州를 공격하자, 당 현종이 이듬해 7월 김사란을 귀국시켜 신라에게 발해의 남쪽을 공격하게 하였다. 『册府元龜』에는 개원 21년(733) 정월 신라에 사신으로 간 것으로 나온다(『册府元龜』 권975, 外臣部20 褒異2).

7) 신라군이 당군과 함께 실제 발해의 남쪽을 공격하여 전투가 벌어졌는지에 대해서는 논란이 있다. 대체로 신라군이 당군과 합류해 발해를 공격한 것으로 보며(末松保和, 1975), 동북 방면으로 올라가서 함경남도 지역이나 동해안 쪽을 공격했던 것으로 보는 설(이병도, 1977; 김종복, 1997; 전덕재, 2013)과 서북 방면으로 압록강 하류 유역(조이옥, 2000)과 서경 압록부의 요지(임상선, 2019)를 공격하려 했다고 보는 설로 나뉜다. 큰 눈과 추위, 험로 등으로 인해 돌아온 것으로 기록되어 있으나, 발해에 패하여 돌아온 것으로 보기도 하며(한규철, 1994, 194쪽), 김사란의 귀국길에 동행한 客使 604명(『삼국유사』 권제2, 紀異 제2, 孝成王)을 당의 원정군으로 보기도 한다(이영호, 2010).

8) 요나라 수도인 上京 臨潢府. 중국 內蒙古自治區 赤峰市 巴林左旗 林東鎭 남쪽에 위치한다.

○ 권제1 중, 고려 태조(太祖) 25년

> 二十五年, 契丹遣使, 來遺橐駝五十匹, 王以契丹嘗與渤海連和, 一朝殄滅, 此爲無道之國, 不足遠結爲隣, 流其使三十人于海島, 繫橐駝萬夫橋下, 皆餓死.

[태조] 25년(942) 거란이 사신을 보내어 낙타 50필을 와서 주었다. 왕은 거란이 일찍이 발해와 화친하다가 하루아침에 진멸시킨 것을 두고 이는 무도한 나라로서 멀리 이웃으로 삼기에 부족하다고 하였다. 그 사신 30인을 해도(海島)에 유배하였고 낙타는 만부교 아래에 매어두었는데, 모두 굶어 죽었다.

> 史氏曰: 交隣國, 柔遠人固封疆, 謹使命者, 萬世保國之長策也. 契丹之失信於渤海, 何與於我, 而爲渤海報復, 拒其來使, 甚矣而流之海島, 却其橐駝, 甚矣而致令餓死, 絶之如仇讎, 彼之報我以仇讎, 無足怪也. 自是邊釁日深, 至成宗, 其禍燎原, 迨顯宗, 乘輿南遷, 國之不亡如綫, 其禍已滔天矣. 下逮高宗, 其遺種爲患, 孔棘究厥所由, 皆麗祖待强寇, 失其道之致然也, 可勝歎哉.

사씨(史氏)가 말하기를, "이웃 나라와 사귀고 먼 곳의 사람을 회유하며 국경을 공고히 하고 사명(使命)에 신중을 기함은 만세토록 나라를 보호하는 좋은 계책이다. 거란이 발해에 신의를 잃은 것이 우리와 무슨 관계가 있어 발해를 위해 보복하여 그 온 사신을 물리치고 심지어 해도에 유배를 시켰고, 그 낙타는 버려두고 심지어 굶어 죽게 하였다. 거절하기를 원수와 같이한 것으로, 저들이 우리에게 원수로 갚는 것은 괴이할 것이 없다. 이로부터 변경에 틈이 날로 깊어져서 성종 때에 이르러서는 그 화가 불타는 벌판같이 되었다. 현종 때에 이르러서는 수레를 타고 남쪽으로 옮겼으니, 실낱같이 나라가 망하지 않았지만, 그 화가 이미 하늘을 덮었다. 고종 때에 와서는 그 유종(遺種)이 환란이 되었다. 그 연유를 추구하여 보면 대개 고려 태조가 강성한 도둑을 대함에 그 방도를 잃은 소치로 그런 것이니, 이루 다 한탄할 수 있겠는가" 하였다.

> 史臣曰: 太祖御下以寬, 而賢智效力, 待人以誠, 而遠近響應, 好生之仁, 出於天性, 恤民之心, 發乎至情. 甄萱父子相夷則伐而取之, 金傅君臣來附則禮以待之. 以契丹之强而侵滅與國則絶之, 以渤海之弱而失地無歸則撫之. 屢幸西京, 以爲根本之地也, 親巡北鄙, 以連獷狴之俗也. 草創更始, 雖未遑於禮樂, 而其規模遠略, 深仁厚澤, 固已培養五百年之國脉矣.

사신(史臣)이 말하기를, "태조는 아래 사람을 부리는 데 너그러웠으며 현명한 지혜로 힘을 다하였고, 사람을 정성으로 대하여 원근의 사람들이 호응하였다. 살리는 것을 좋아하는 인자함은 천성에서 나왔으며, 백성을 가엽게 여기는 마음은 지극한 성정에서 일어난 것이다. 견훤 부자가 서로 싸웠기에 쳐서 취하였고 김부와 군신들이 내부하자 예로써 대우하였다. 거란이 강함으로 이웃 나라를 침략하여 멸하자 거절하였다. 발해가 약하여 땅을 잃고 돌아갈 곳이 없자 어루만져 위로하였다. 여러 번 서경에 행차하여 근본의 땅으로 삼았고, 친히 북쪽 변경을 순행하여 사나운 풍속을 이었다. 창업하여 고쳐 시작할 때에 비록 예악에 힘쓸 겨를이 없었지만, 그 규모는 원대한 책략을 가졌고 깊고 두터운 은택으로 군건히 하여 이미 5백 년이나 나라의 맥을 길렀다"라고 하였다.

19. 『동국지리지(東國地理志)』

한백겸(韓百謙, 1552~1615)이 1615년에 완성하고, 1640년에 간행된 역사지리서이다. 서문(序文)에 따르면 오운(吳澐, 1540~1617)이 지은 『동사찬요(東史纂要)』를 보고 다른 생각이 많아서 짓게 되었다고 한다.

『동국지리지』의 내용은 크게 삼국(三國) 이전, 삼국, 그리고 고려(高麗)의 세 부분으로 나눌 수 있다. 삼국은 고구려, 백제, 신라에 대하여 국도(國都), 봉강(封疆), 형세관방(形勢關防)의 항목으로 나누어 서술하고 있다. 건국 과정과 역사 대개를 국도조(國都條)에서 서술하고, 봉강조에서는 강역(疆域) 내에 있던 이전 국가를 설명하며 강역을 밝히고, 형세관방조에서는 고금(古今)의 성(城), 고개[峴], 산(山), 강(江)에 대한 현재의 위치를 밝히고 있다.

발해(渤海)는 고구려 단원에 '붙여서[附]' 서술하고 있다. 이것은 발해가 고구려 영토를 계승한 나라라는 인식을 드러낸 것이며, 아울러 발해의 고구려 계승 관계를 시사한 것이기도 하다. 한백겸은 『동국지리지』의 「신라(新羅), 형승관방(形勝關防)」 말미에서 신라가 삼국을 통합하고 당병(唐兵)이 철수한 후 곧 국토의 중앙으로 도읍을 옮겨 사방을 통제하였다면 고구려의 옛 영토를 수복할 수 있어 요동(遼東), 심양(瀋陽), 부여(扶餘)의 땅이 우리의 판적에 들어올 수 있었을 것이고, 그리하였다면 저 거란(契丹), 여진(女眞)이 경계 밖에서 함부로 웅강(雄強)하지 못하고 고려 7백 년간도 편안하였을 것이라고 주장했다. 이러한 만주 지방에 대한 관심은 이후 유득공의 『발해고(渤海考)』나 정약용의 『아방강역고(我邦疆域考)』「발해고」 등에도 영향을 주었다.

아래 원문은 국립중앙도서관 소장 〈한古朝60-32〉본을 저본으로 삼았다.

○ 후한서(後漢書) 부여국전(扶餘國傳)

> 扶餘國 在玄菟北千里. …
> 愚按, 扶餘之種, 通稱爲靺鞨. 齊梁以後, 入于高句麗. 在唐爲渤海國. 在五季爲遼之東丹國. 在宋爲熟女眞. 在元爲東眞國. 今爲老胡之地.

부여국(扶餘國)은 현도(玄菟)의 북쪽 1천 리에 있다. …

내가 생각건대, 부여의 종(種)을 통칭해 말갈(靺鞨)이라 하였다. 제(齊, 479~502)와 양(梁, 502~557)나라 이후에 [이들은] 고구려에 편입되었다. 당(唐)[시기]에 발해국(渤海國)이 되었다. 오계(五季: 오대)[시기]에 요의 동단국(東丹國)[1]이 되었다. 송(宋)[시기]에 숙여진(熟女眞)[2]이 되었고, 원(元)[시기]에 동진국(東眞國)[3]이 되었다. 지금은 노호(老胡)[4]의 땅이다.

---

1) 東丹國은 요나라가 926년 1월 발해를 멸망시키고, 2월에 세운 나라이다. 아울러 발해의 수도인 忽汗城을 天福城으로 고치고 요의 황태자 倍(일명 突欲)를 人皇王으로 책봉하여 동단국왕으로 삼았다. 황제의 동생인 迭剌을 左大相, 渤海老相을 右大相, 渤海司徒 大素賢을 左次相, 耶律羽之를 右次相으로 삼았다(『遼史』 권2, 本紀 제2, 太祖下, 天顯元年 2月 丙午). 발해인과 거란인을 함께 상층 관리로 임명하였으나 실권은 후자에게 있었다.
2) 발해 시기 黑水靺鞨이 遼代에 들어서며 女眞(혹은 女直)이라 불렸다. 여진의 무리 중 남쪽에 있으며 거란의 籍에 오른 이들을 熟女眞, 북쪽에 있으며 거란의 적에 들지 않은 이들을 生女眞이라 하였다("黑水靺鞨附屬于契丹, 其在南者籍契丹, 號熟女直, 其在北者不在契丹籍, 號生女直. 生女直地有混同江·長白山, 混同江亦號黑龍江, 所謂白山·黑水是也"『金史』 권1, 本紀 제1, 世紀). 만주어로 '생'과 '숙'은 '新'과 '舊'를 뜻하기도 한다("按滿洲語, 稱國初所屬曰佛滿珠 謂舊滿洲也. 新附編入旗分者曰伊徹滿珠 謂新滿洲也. 此所云生熟 盖即新舊之意"『滿洲源流考』 권7, 部族, 完顏 建州).
3) 東眞國은 東夏國(1215~1233)을 말한다. 金나라 장군이었던 蒲鮮萬奴가 1215년부터 자립하여 天王이라 하고, 국호를 大眞, 연호를 天泰라 하고, 금 동북 지방을 대부분 점거하였으나, 1216년 몽골에 항복하였다가 이듬해 다시 국호를 東夏라 하였다. 세력이 西北으로는 오늘날 흑룡강성 阿城, 西南으로는 요녕성 丹東의 九連城, 동남으로는 함경북도 吉州와 연해주 지역에 이르렀고, 정치 중심지는 초기에 오늘날 요녕성 開原 북쪽, 후기에는 길림성 圖們市 城子山 지역이었다.
4) 조선 시기에 豆滿江 부근에 살고 있던 女眞 종족. 奴胡 혹은 老土라고도 한다.

○ 후한서(後漢書) 읍루전(挹婁傳)

> 挹婁 古肅愼之國也. …
> 愚按, 挹婁之種 多居海濱 漁採爲業. 且喜乘船寇鈔隣境. 其風俗至今猶在. 通稱爲靺鞨. 在宋爲生女眞. 今爲藩胡諸部落.

읍루(挹婁)는 옛 숙신(肅愼)의 나라[5]이다. …

내가 생각건대, 읍루의 종은 대부분 바닷가에 거주하며 물고기 잡이를 업으로 하였다. 또 배를 타고 인접한 지경을 노략질하기를 즐겼다. 그 풍속은 지금에 이르도록 여전히 남아 있다. 통칭해서 말갈이라고 한다. 송(宋)[시기]에 생여진(生女眞)이 되었다. 지금은 번호(藩胡)[6]의 여러 부락이 되었다.

○ 북옥저(北沃沮)【지금의 함경북도[今咸鏡北道]】

> 摠章元年, 唐兵滅高句麗, 置安東都護府於平壤. 武后聖曆二年, 唐兵撤還. 其地盡爲新羅所有, 惟西北一隅, 沒于渤海國.

총장(摠章) 원년(668), 당의 군대가 고구려를 멸망시키고, 안동도호부[7]를 평양에 설치하였

---

5) 肅愼은 고대 중국의 동북 지방에 살던 종족 중 하나로, 楛矢와 石砮를 사용하였다. 息愼 혹은 稷愼 등으로도 쓰였다. 계통에 대한 논란이 많은데, 후한대까지는 특정 주민집단과 연결시키는 인식이 확립되지 않았고(沈一民, 2009), 고대 중국인들이 자신의 북방 혹은 동북 지방에 거주하던 종족집단을 일컫던 막연한 호칭이었다고 보기도 한다(保井克己, 1982).『三國志』와『後漢書』에는 숙신과 관련된 挹婁 열전이 등장하는데, 三國時代에 활동하던 挹婁가 마침 楛矢·石砮를 사용하였기 때문에 古肅愼氏와 挹婁를 동일시하게 된 것으로 추정된다(池內宏, 1951). 이후 중국 정사류에서 '숙신-읍루-물길-말갈-여진'으로 이어지는 계통 인식이 형성되었다.
6) 조선 중기 이후 두만강 북쪽에 거주하던 여진 부락을 말한다.
7) 668년 당나라가 고구려를 멸망시킨 뒤 평양에 안동도호부를 설치하고, 薛仁貴를 도호부사로 삼아 고구려 땅을 통치하도록 하였다. 고구려 부흥운동이 일어나고 신라가 고구려·백제 유민과 함께 당에 항쟁을 펼치자, 당은 한반도에서 물러나 676년 도호부를 遼東의 遼陽 지역으로 옮겼고, 677년에 다시 新城으로 옮겼다. 696년에는 요서 지역인 營州에서 거란 李盡忠의 난이 일어나며, 요동 지역 역시 전란에 휩싸였다. 대조영이 이끄는 고구려 유민과 말갈인들이 天門嶺전투에서 승리하며 발해 건국에 성공한 이후

다. [측천]무후 성력(聖曆) 2년(699), 당의 군대가 철수하여 돌아갔다. 그 땅이 모두 신라의 소유가 되었고, 서북의 한 귀퉁이만이 발해국에 들어갔다.

○ 부 발해국(附渤海國)

渤海國. 東史曰, 渤海國本粟末靺鞨, 卽高句麗別種. 隋煬帝時, 其渠帥度地稽, 率其部來降, 居之柳城. 其後, 乞乞仲象與其徒, 渡遼水, 保太白山東【香山】. 仲象死, 祚榮嗣, 驍勇善騎射. 高句麗之亡, 餘燼稍稍歸之. 乃建國, 自號震旦. 先天中, 拜爲左驍衛大將軍渤海郡王, 自是始去靺鞨之號, 稱渤海. 至新羅正⁸⁾德王時, 祚榮死. 子武藝嗣, 拓大土宇, 東北諸夷畏服之. 遂爲海東盛國. 地有五京十五府六十二州. 續文獻通考曰, 遼太祖嘗親征渤海大諲譔, 拔其扶餘城, 誅其守將, 遂圍忽汗城. 諲譔素服藁索, 牽羊, 率僚屬三百餘人出降. 太祖優禮釋之. 越數日復叛, 攻破其城, 駕幸城中, 諲譔請罪馬前. 詔以兵衛諲譔及族屬以出. 改渤海國爲東丹, 忽汗城爲天福. 冊皇太子爲人皇王, 以居之. 衛送大諲譔於皇都西城. 賜名曰烏魯古, 妻曰阿里只. 改扶餘府爲黃龍府, 世爲遼東重鎭. ○ 黃龍府, 今在江界越邊 老胡地方.

발해국. 『동사(東史)』⁹⁾에서 말하길 "발해국은 본래 속말말갈로, 즉 고구려의 별종이다.¹⁰⁾

요동에서 당의 세력은 크게 약화되었고, 당은 699년에 안동도호부를 안동도독부로 낮추고 幽州(지금의 北京)에 移屬시켰다. 이후 다시 도호부로 복귀되었다가 714년 平州로, 743년 遼西故郡城으로 府治를 옮겼으나, 安祿山의 난을 계기로 758년에 완전히 폐지되었다(日野開三郞, 1984, 26~36쪽; 권은주, 2010).

8) '正'은 '聖'의 오기.
9) 『東史纂要』 권1 중, 성덕왕 18년조를 참조한 듯하다(정구복, 1978, 주 60).
10) 원전은 『舊唐書』 발해말갈전의 "본래 고려의 별종(本高麗別種)"과 『新唐書』 渤海傳의 "본래 속말말갈로 고[구]려에 붙은 자(本粟末靺鞨附高麗者)"라는 기록이다. 그런데 이 大祚榮의 출신이나 발해의 구성원에 대해서는 같은 사료를 놓고 다양한 해석이 있었다. 고려와 조선에서는 대조영의 출신을 高句麗 계통으로 보는 경향이 있었는데, 李承休의 『帝王韻記』와 柳得恭의 『渤海考』가 대표적이다. 일본에서는 대체로 속말말갈이나 여진 계통으로 보았다. 발해국의 주체는 靺鞨族이지만, 대조영은 고구려 別部 출신으로 보는 경우(鳥山喜一, 1915), 새로운 종족으로 발해말갈을 이해하는 경우(池內宏, 1916), 지배층은 고구려인, 피지배층은 말갈인으로 보는 경우(白鳥庫吉, 1933)도 있다. 현대에 들어와서 발해사

수 양제 때, 거수(渠帥) 도지계(度地稽)[11]가 그 부를 이끌고 와서 항복하니 유성(柳城)에 살게 했다. 그 뒤, 걸걸중상이 그 무리와 요수(遼水)를 건너 태백산 동쪽[12]【향산(香山)】을 차지하였다. 중상이 죽자 대조영이 뒤를 이었는데, 날래고 용감하며 말타기와 활쏘기를 잘하였다. 고구려가 망한 후 남은 무리들이 점점 그에게 돌아왔다. 이에 나라를 세우고 스스로 진단(震旦)[13]이라 하였다. 선천(先天, 712~713) 중에 좌효위대장군 발해군왕(左驍衛大將軍 渤海郡王)으로 책봉하니, 이때로부터 말갈이란 이름을 버리고 발해로 불렀다. 신라 성덕왕(聖德王) 때에 이르러 조영이 죽자 아들 무예가 뒤를 이으며, 땅을 크게 넓히니 동북의 여러 오랑캐들이 두려워하며 복종하였다. 마침내 해동성국(海東盛國)이 되었다. 땅은 5경 15부

연구를 촉발한 대표적인 연구자는 북한의 박시형이다. 그는 발해국의 성립에 중심 역할을 한 것은 고구려 멸망 후 요서 지방으로 이주된 고구려인 집단이었고, 이들을 조직하여 지휘한 것이 고구려 장수인 대조영이라고 하였다. 고구려 왕실의 일족 또는 고구려 계통의 귀족 출신들이 거의 권력을 독점하였고, 문화 방면에서도 고구려의 문화가 주도적 역할을 하였다고 보았다(박시형, 1979; 송기호 해제, 1989). 한국의 李龍範도 발해의 주체가 고구려 유민이었음을 주장하였다(李龍範, 1981). 이후 한국 학계에서는 기본적으로 대조영을 고구려 계통으로 보았으나, 종족은 속말말갈로 고구려에 옮겨와 정착하여 동화된 인물, 즉 말갈계 고구려인으로 보기도 한다(송기호, 1995). 말갈의 명칭 자체를 고구려 변방 주민이나 중국 동북 지역민에 대한 비칭·범칭으로 보고, 발해의 구성원이 된 말갈은 흑수말갈과 구분되는 예맥계인 고구려말갈이며 대조영은 고구려인으로 속말강(송화강) 지역민이라고 보는 견해도 있다(한규철, 1988; 2007). 중국 학계에서는 근대 초기에 양면적 인식이 보였다. 대표적인 학자는 金毓黻이다(1934, 『渤海國志長編』). 그러나 중화인민공화국이 수립된 이후에는 발해사를 중국의 소수민족사로 보고 고구려계승성을 부정하며 말갈을 강조하는 입장이다. 한편 19세기 중반 연해주 지역을 차지하였던 러시아에서는 자국의 極東 지역 소수민족사의 일부로서 관심을 갖고 발해를 말갈족의 역사로 규정하며 대조영 역시 말갈인으로 보고 있다. 이 밖에 소수 설로 말갈 중 대조영을 백산말갈 출신으로 보는 경우도 있다(津田左右吉, 1915; 李健才, 2000).

11) 度地稽는 『隋書』 靺鞨전에는 '度地稽'로, 『北史』 勿吉傳과 『舊唐書』 靺鞨傳에는 突地稽로 나온다. 『太平寰宇記』에는 속말말갈 중 厥稽部의 수장으로 고구려의 세력에 밀려 忽賜來部·窟突始部·悅稽蒙部·越羽部·步護賴部·破奚部·步步括利部의 8부의 勝兵 수천 명을 이끌고 수나라로 투항하였다고 한다. 唐의 고구려 침략과 나당전쟁에서 당의 장수로 활동한 李謹行이 그의 아들이다.

12) 발해 건국지에 대해 『삼국사기』 권46, 열전 6, 최치원전에는 의봉 3년(678) '태백산 아래'로, 『삼국유사』에서 인용한 『신라고기』에는 '태백산 남쪽'으로, 『제왕운기』에는 '태백산 南城'으로, 『삼국사절요』에는 '태백산 동쪽'으로 나온다.

13) 발해의 초기 국호인 진국(振國·震國)(『구당서』 발해말갈전; 『신당서』 발해전 등)을 고려와 조선시대에 주로 진단으로 표기하였다. 진단은 원래 인도에서 중국을 별칭한 것으로, 불교 경전에 震旦, 眞檀, 震壇 등으로 썼다. 이후 역대 우리나라의 별칭으로도 쓰였다. 震은 『周易』 說卦에서 東方으로 해석된다.

62주가 있었다"라고 하였다. 『속문헌통고(續文獻通考)』[14]에 이르기를, "요나라 태조가 일찍이 발해 대인선을 친히 정벌하면서, 부여성을 함락하고 그 지키던 장수를 죽이고 드디어 홀한성[15]을 포위하였다. 인선이 하얀 옷에 끈을 묶고 양을 끌고서, 신료 3백여 인을 이끌고 나와 항복하였다. 태조가 예로써 우대하여 풀어주었다. 수일이 지나 다시 배반을 하자 그 성을 공격하여 깨뜨리고, 성안으로 수레를 타고 행차하였다. 인선이 말 앞에서 죄를 청하였다. 조서를 내려 군사들로 하여금 인선과 그 족속을 호위하여 나가게 하였다. 발해국을 고쳐 동단(東丹)이라 하고 홀한성을 천복(天福)이라 하였다. 황태자를 책봉하여 인황왕(人皇王)으로 삼고 그곳에 살게 하였다. 대인선을 황도[16] 서쪽 성으로 호위하여 보내고 이름을 내려 오로고라 하였고 처는 아리지라 하였다. 부여부[17]를 고쳐 황룡부로 삼아, 대대로 요동의 중진(重鎭)이 되게 했다. ○ 황룡부는 지금 강계(江界)에서 변경 너머 노호(老胡)의 땅이다"라고 하였다.

○ 신라(新羅), 형승관방(形勝關防)

> 愚按, 立國定都之時, 規模不可以不大, 形勢不可以不審. 當新羅統合之初, 唐兵撤還之後, 旋即移都土中, 控制四裔. 則高句麗故疆, 可以收拾, 而遼瀋扶餘之地, 爲我版籍矣. 彼契丹女眞, 豈獨擅雄疆於境外哉. 羅之君臣, 因人成事, 志意易滿, 偸安一隅, 姑息度日, 擧西北一半之地, 輸與隣敵, 有同弊屣. 亡一秦 又生一秦, 遂使終羅之世, 迄于王氏七百餘年間, 封疆之內, 荊棘未除, 無一日少安, 可勝歎哉.

14) 명나라 王圻가 『文獻通考』의 續編으로 萬曆 14년(1586)에 완성한 것이다. 南宋 嘉定 연간부터 명나라 만력 초까지를 254권에 담았다.
15) 중국 黑龍江省 牡丹江市 寧安市 渤海鎭에 위치한다. 전체 둘레가 16,300m이며, 宮城·內城·外城으로 이뤄져 있다. 755년경 顯州에서 이곳으로 천도하였고, 785년 東京으로 천도했다가 794년에 上京으로 재천도한 이후 발해가 멸망할 때까지 수도였다.
16) 요나라 수도인 上京 臨潢府를 이른다. 중국 內蒙古自治區 赤峰市 巴林左旗 林東鎭 남쪽에 위치한다.
17) 부여부의 위치에 대해서는 開原縣설, 農安설, 阿城설, 昌圖 북쪽 四面城설 등이 있는데, 현재 농안설이 유력하다. 속주로는 扶州·仙州의 2주를 거느렸다. 발해의 수도인 上京龍泉府로부터 거란으로 통하는 거란도의 길목이어서, 발해는 부여부에 항상 날랜 병사를 거주시켜 契丹을 방비하게 하였다.

내가 생각건대, 나라를 세우고 도읍을 정할 때, 규모는 크지 않을 수 없고, 형세는 살피지 않을 수 없다. 신라가 [삼국을] 통합한 초기에, 당나라 병사가 철수한 후 빨리 도읍을 영토의 중앙으로 옮겨 사방을 통제했다면, 고구려 옛 땅을 수복할 수 있었고 요양과 심양[遼瀋], 부여의 땅이 우리 판도가 되었을 것이다. 저 거란, 여진이 어찌 영역 밖에 웅장한 강역을 차지할 수 있었겠는가. 신라의 임금과 신하들이 사람에 따라 일을 하고, 뜻을 쉽게 만족하고, 한 모퉁이에 만족하고, 고식적으로 세월을 보내며, 전체 서북(西北)의 절반 땅을 이웃한 적에게 주어 헌 신같이, 진(秦)이 망하자 또 하나의 강적[秦]이 생겼다.[18] 마침내 신라와 왕씨 7백여 년간 봉강(封疆) 안에 가시가 걷히지 않고 하루도 편안한 날이 없었으니, 크게 한탄할 일이다.

---

18) 『史記』 권89 張耳陳餘列傳의 "陳王相國房君諫曰, 秦未亡而誅武臣等家, 此又生一秦也"에서 나온 말로, 고구려의 옛 땅을 또 다른 강적인 거란, 여진이 차지한 것을 가리킨다.

발해사 자료총서 – 한국사료 편 권1

20. 『동사보유(東史補遺)』

조정(趙挺, 1551~1629)이 1630년(인조 8) 전후에 4권 2책으로 작성한 것이다. 내용은 단군조선으로부터 고려 말까지의 역사를 편년체로 서술하였다.

이 책은 기존에 간행된 사서를 초략(抄略)하고 빠진 것을 보충하는 형태를 취하고, 삼국시대사 끝에 중요 인물과 사건, 그리고 명신(名臣)을 부기하고, 고려시대사 끝에도 명신전을 부기하였다. 조선시대 사서와 달리 고기(古記)에 실린 신화와 설화들도 많이 수록하였다.

발해사는 별도로 처리하지 않고 신라왕의 사적을 기록하며 다루고 있다. 성덕왕 18년조에 대조영의 죽음과 그 아들 무예의 즉위를 알리며 간단히 발해의 역사를 기술하고, 성덕왕 33년(734)에는 발해의 당 등주 공격 내용, 그리고 경애왕 3년조에 발해 멸망과 대광현의 고려 내투를 기록하였다.

아래 원문은 국립고궁박물관 소장 〈고궁2780〉본을 저본으로 삼았다.

○ 권제2, 성덕왕(聖德王) 18년

十八年, 渤海郡王太榮祚卒, 子武藝嗣.【渤海本粟末靺鞨, 卽高句麗別種也. 祚榮父仲象與其徒, 渡遼水, 保太白山, 國號震旦. 先天中, 封渤海郡王, 自是始去靺鞨之號. 斥大土宇, 東北諸夷皆畏之. 遂爲海東盛國.】

[성덕왕] 18년(719), 발해군왕(渤海郡王) 대조영이 죽으니, 아들 무예(武藝)가 뒤를 이었다. 【발해는 본래 속말말갈(粟末靺鞨)로, 즉 고구려의 별종[1]이다. 조영의 아버지인 [걸걸]중상

([乞乞]仲象)이 그 무리와 더불어 요수(遼水)를 건너 태백산를 차지하고[2] 국호를 진단(震旦)[3]이라 하였다. 선천(先天) 중, 발해군왕(渤海郡王)으로 책봉되니 이때로부터 비로소 말갈이라는 이름을 버렸다. 땅을 크게 넓히니 동북의 여러 오랑캐들이 모두 그를 두려워하였다. 마침내 해동성국(海東盛國)이 되었다.][4]

---

1) 원전은『舊唐書』발해말갈전의 "본래 고려의 별종(本高麗別種)"과 『新唐書』渤海傳의 "본래 속말말갈로 고[구]려에 붙은 자(本粟末靺鞨附高麗者)"라는 기록이다. 그런데 이 大祚榮의 출신이나 발해의 구성원에 대해서는 같은 사료를 놓고 다양한 해석이 있었다. 고려와 조선에서는 대조영의 출신을 高句麗 계통으로 보는 경향이 있었는데, 李承休의『帝王韻記』와 柳得恭의『渤海考』가 대표적이다. 일본에서는 대체로 속말말갈이나 여진 계통으로 보았다. 발해국의 주체는 靺鞨族이지만, 대조영은 고구려 別部 출신으로 보는 경우(鳥山喜一, 1915), 새로운 종족으로 발해말갈을 이해하는 경우(池內宏, 1916), 지배층은 고구려인, 피지배층은 말갈인으로 보는 경우(白鳥庫吉, 1933)도 있다. 현대에 들어와서 발해사 연구를 촉발한 대표적인 연구자는 북한의 박시형이다. 그는 발해국의 성립에 중심 역할을 한 것은 고구려 멸망 후 요서 지방으로 이주된 고구려인 집단이었고, 이들을 조직하여 지휘한 것이 고구려 장수인 대조영이라고 하였다. 고구려 왕실의 일족 또는 고구려 계통의 귀족 출신들이 거의 권력을 독점하였고, 문화 방면에서도 고구려의 문화가 주도적 역할을 하였다고 보았다(박시형, 1979; 송기호 해제, 1989). 한국의 李龍範도 발해의 주체가 고구려 유민이었음을 주장하였다(李龍範, 1981). 이후 한국 학계에서는 기본적으로 대조영을 고구려 계통으로 보았으나, 종족은 속말말갈로 고구려에 옮겨와 정착하여 동화된 인물, 즉 말갈계 고구려인으로 보기도 한다(송기호, 1995). 말갈의 명칭 자체를 고구려 변방 주민이나 중국 동북 지역민에 대한 비칭·범칭으로 보고, 발해의 구성원이 된 말갈은 흑수말갈과 구분되는 예맥계인 고구려 말갈이며 대조영은 고구려인으로 속말강(송화강) 지역민이라고 보는 견해도 있다(한규철, 1988; 2007). 중국 학계에서는 근대 초기에 양면적 인식이 보였다. 대표적인 학자는 金毓黻이다(1934,『渤海國志長編』). 그러나 중화인민공화국이 수립된 이후에는 발해사를 중국의 소수민족사로 보고 고구려계승성을 부정하며 말갈을 강조하는 입장이다. 한편 19세기 중반 연해주 지역을 차지하였던 러시아에서는 자국의 極東 지역 소수민족사의 일부로서 관심을 갖고 발해를 말갈족의 역사로 규정하며 대조영 역시 말갈인으로 보고 있다. 이 밖에 소수 설로 말갈 중 대조영을 백산말갈 출신으로 보는 경우도 있다(津田左右吉, 1915; 李健才, 2000).
2) 발해 건국지에 대해『삼국사기』권46, 열전 6, 최치원전에는 의봉 3년(678) '태백산 아래'로,『삼국유사』에서 인용한『신라고기』에는 '태백산 남쪽'으로,『제왕운기』에는 '태백산 南城'으로,『삼국사절요』에는 '태백산 동쪽'으로 나온다.
3) 발해의 초기 국호인 진국(振國·震國)(『구당서』발해말갈전;『신당서』발해전 등)을 고려와 조선시대에 주로 진단으로 표기하였다. 진단은 원래 인도에서 중국을 별칭한 것으로, 불교 경전에 震旦, 眞檀, 震壇 등으로 썼다. 이후 역대 우리나라의 별칭으로도 쓰였다. 震은『周易』說卦에서 東方으로 해석된다.
4) 성덕왕 18년조의 기사는 서거정·노사신 등이 단군조선부터 삼국의 멸망까지를 서술하여 1476년에 편찬한『三國史節要』의 내용을 인용한 듯하다("渤海郡王太祚榮卒. 渤海本粟末靺鞨, 卽高句麗別種. 祚榮父

○ 권제2, 성덕왕(聖德王) 33년

> 三十三年, 帝以渤海靺鞨越海入寇, 遣使諭王, 發兵擊渤海, 爲掎角. 帝又曰, 聞舊將金庾信孫允中之賢, 可爲將, 遣之, 仍賜允中金帛. 於是王命允中等四將, 率兵與唐軍伐渤海. 會大雪, 士卒多死傷, 無功而還.

[성덕왕] 33년(734), 황제가 발해말갈이 바다를 넘어 들어와 노략질을 하자, 사신을 보내 왕에게 병사를 내어 발해를 공격하여 앞뒤로 협공하라고 하였다. 황제가 또 말하기를, "듣기에 옛 장수 김유신의 손자 윤중(允中)의 현명함이 장수로 삼을 만하다고 하니 그를 보내라"고 하였다. 이어 윤중에게 금과 비단을 내려주었다. 이에 왕이 윤중 등 네 장수에게 명하여 병사를 이끌고 당군과 함께 발해를 토벌하도록 하였다. 마침 큰 눈이 내려 사졸들이 많이 죽거나 다치고, 공이 없이 돌아왔다.[5]

○ 권제2, 경애왕(景哀王) 3년

> 三年, 契丹連年侵渤海. 渤海王大諲譔戰敗, 乞降, 置之臨潢之西. 渤海王世子大光顯, 率其餘衆, 來奔高麗者, 數萬戶. 麗王待之, 甚厚, 賜光顯姓名王繼.

[경애왕] 3년(926) 거란이 해마다 발해를 침략하였다. 발해왕 대인선(大諲譔)이 싸움에

乞乞仲象與其徒, 渡遼水, 保太白山東. 仲象死, 祚榮嗣, 驍勇善騎射. 高句麗餘燼, 稍稍歸之. 乃建國, 自號震旦. 先天中, 拜爲左驍衛大將軍渤海郡王, 以所統爲忽汗州都督. 自是始去靺鞨之號, 稱渤海. 至是死, 其國私諡爲高王. 子武藝嗣, 斥大土宇, 東北諸夷畏服. 私改年號曰, 仁安. 遂爲海東盛國. 地有五京十五府六十二州"『三國史節要』卷11, 聖德王 18年).

5) 신라군이 당군과 함께 실제 발해의 남쪽을 공격하여 전투가 벌어졌는지에 대해서는 논란이 있다. 대체로 신라군이 당군과 합류해 발해를 공격한 것으로 보며(末松保和, 1975), 동북 방면으로 올라가서 함경남도 지역이나 동해안 쪽을 공격했던 것으로 보는 설(이병도, 1977; 김종복, 1997; 전덕재, 2013)과 서북 방면으로 압록강 하류 유역(조이옥, 2000)과 서경 압록부의 요지(임상선, 2019)를 공격하려 했다고 보는 설로 나뉜다. 큰 눈과 추위, 험로 등으로 인해 돌아온 것으로 기록되어 있으나, 발해에 패하여 돌아온 것으로 보기도 하며(한규철, 1994, 194쪽), 김사란의 귀국길에 동행한 客使 604명(『삼국유사』 권제2, 紀異 제2, 孝成王)을 당의 원정군으로 보기도 한다(이영호, 2010).

패하여 항복을 청하였다. 그를 임황(臨潢)[6]의 서쪽에 안치하였다. 발해 왕세자 대광현(大光顯)이 그 남은 무리를 이끌고 고려로 도망 온 자들이 수만 호였다. 고려왕이 그들을 매우 도탑게 대우하고, 광현에게 왕계(王繼)라는 성명을 내려주었다.

---

[6] 요나라 수도인 上京 臨潢府. 중국 內蒙古自治區 赤峰市 巴林左旗 林東鎭 남쪽에 위치한다.

발해사 자료총서 – 한국사료 편 권1

21. 『동사(東事)』

　미수(眉叟) 허목(許穆, 1595~1682)의 문집인 『기언(記言)』은 크게 원집(原集: 上篇·中篇·下篇·雜篇·內篇·外篇) 46권과 속집(續集: 散稿·拾遺) 등 21권, 그리고 별도로 『기언별집(記言別集)』 26권이 있다. 모두 93권 25책이다.

　이 가운데 『동사』는 『기언』 제32권 외편으로부터 『기언』 제36권 외편에 걸쳐 서(序), 세가(世家), 열전(列傳), 지승(地乘) 및 외기(外記)의 체제로 이루어져 있다. 우리나라 고대사를 나라의 크기에 따라 대국을 세가(世家), 그리고 대국에 부용(附庸)된 소국을 열전(列傳)에 기술하였다. 세가는 단군·기자·위만·신라·고구려·백제의 6개이고, 열전은 부여·숙신씨·삼한·가락·대가야·예맥·말갈·탁라 등 10개이다.

　발해는 『기언』 제34권 외편, 『동사』 3에 「말갈」로 수록되어 있다. 발해 기사는 대부분 『신당서』 발해전의 기록이지만, 내용이나 자구에서 차이나는 부분이 있다. 가령 발해전에서는 걸걸중상이 대조영의 아버지이고 대조영의 동생인 야발이 대인수의 4세조라 한 반면, 『동사』는 걸걸중상이 야발의 3세손이고, 대인수가 내조영의 동생이라 하고 있다. 부왕(武王)인 대무예가 죽고 문왕(文王) 대흠무가 즉위한 연도나 대흠무의 상경(上京) 천도 연도도 발해전과 다르게 표기되어 있다. 또한 발해 세자 대광현(大光顯)이 고려에 내투한 기사에 이어 태씨(太氏)로 하여금 그들의 제사가 끊이지 않도록 했다는 기사 등으로 미루어, 허목은 『신당서』 발해전이 아닌 당시 전해지는 별도의 자료를 참조한 듯하다.

　아래 원문은 규장각 소장 〈奎1112-v.1-25〉 『기언』에 수록된 것을 저본으로 삼았다.

○ 서(序)

> 穢貊, 海隅山澤間國. 立國最舊. 靺鞨強大, 後稱渤海. 降契丹爲東契丹. 作穢貊靺鞨列傳.

예맥(穢貊)은 바닷가 모퉁이 산과 물 사이의 나라이다. 나라를 세운 지 가장 오래되었다. 말갈은 강대해져 뒤에 발해라고 불렸다. 거란에 항복하여 동거란(東契丹)[1])이 되었다. 예맥열전과 말갈열전을 지었다.

○ 권제3, 말갈(靺鞨)

> 靺鞨本粟末靺鞨, 高句麗別種. 有野勃三世孫, 乞乞仲象與其徒, 渡遼河, 保太白山東. 仲象死, 子祚榮嗣, 驍勇善騎射, 聚句麗亡衆. 建國, 號曰震, 遣使於突厥. 地方五千里, 戶十餘萬, 勝兵數萬, 盡得扶餘沃沮弁韓朝鮮之地. 開元元年, 封渤海郡王, 始去靺鞨, 稱渤海.【粟末靺鞨, 又有黑水靺鞨. 開元中, 置黑水州長史.】
> 大祚榮卒, 子武藝嗣. 入寇登州, 唐出師, 與新羅, 共擊渤海南鄙. 天寒大雪, 山深阻陋, 士卒多死, 無功而還. 寶應元年, 武藝死, 子欽茂嗣. 徙上京, 直舊都三百里, 忽汗河之東. 唐冊欽茂爲渤海郡王.
> 仁秀, 祚榮弟也. 能攻伐北海[2]) 諸部, 遂爲強大之國. 唐詔加司空渤海王. 自祚榮以來, 數遣詣[3])生詣太學, 得古今法制. 其禮樂官府之制, 皆從唐. 古百濟句麗舊地, 爲新羅靺鞨所分. 有五京十五州[4])六十二縣.[5])
> 以肅愼故地爲上京, 曰龍泉府, 領龍湖渤三州. 其南中京, 曰顯德府, 領盧顯鐵湯榮興六州. 獩貊故地爲東京, 曰龍原府, 亦曰柵城, 領慶塩穆賀四州. 沃沮故地爲南京,

---

1) '東契丹'은 '東丹國'을 말한다.
2) '北海' → '海北'.
3) '詣' → '諸'.
4) '州' → '府'.
5) '縣' → '州'.

> 曰南海府, 領沃晴椒三州. 勾麗故地爲西京, 亦曰鴨綠府, 領神桓豊正四州. 曰長嶺
> 府, 領珂何二州. 扶餘故地爲扶餘府, 常屯勁兵扞契丹, 領扶汕二州. 鄚頡府領鄚高
> 二州. 挹婁故地爲定理府, 領定潘二州. 安邊府領安瓊二州. 卒6)賓故地爲卒賓府,
> 領華益建三州. 拂涅故地爲東平府, 領伊蒙沱黑比五州. 鐵利故地爲鐵利府, 領廣汾
> 蒲海義歸六州. 越喜故地爲懷遠府, 領達越懷紀富美福邪芝九州. 安遠府領寧郿慕常
> 四州. 以郢銅涷三州, 爲獨泰州. 涷州以其近涷沫江也, 涷沫江者, 古粟末水也.
> 後唐明宗元年, 契丹主攻扶餘拔之, 遂進兵圍忽汗. 渤海王諲譔兵敗降. 契丹改渤海
> 爲東丹, 冊其太子倍爲人皇王, 主之. 置諲譔於臨潢之西, 賜名烏魯古. 渤海世子光
> 顯, 與其貴臣來奔高麗, 賜姓名王繼, 附之宗籍, 令太氏不絶其祭祀也.

말갈은 본래 속말말갈로 고구려 별종7)이다. 야발(野勃)의 3세손으로 걸걸중상8)이 있는데,

---

6) '卒' → '率'.
7) 원전은 『舊唐書』 발해말갈전의 "본래 고려의 별종(本高麗別種)"과 『新唐書』 渤海傳의 "본래 속말말갈로 고[구]려에 붙은 자(本粟末靺鞨附高麗者)"라는 기록이다. 그런데 이 大祚榮의 출신이나 발해의 구성원에 대해서는 같은 사료를 놓고 다양한 해석이 있었다. 고려와 조선에서는 대조영의 출신을 高句麗 계통으로 보는 경향이 있었는데, 李承休의 『帝王韻記』와 柳得恭의 『渤海考』가 대표적이다. 일본에서는 대체로 속말말갈이나 여진 계통으로 보았다. 발해의 주체는 靺鞨族이지만, 대조영은 고구려 別部 출신으로 보는 경우(鳥山喜一, 1915), 새로운 종족으로 발해말갈을 이해하는 경우(池內宏, 1916), 지배층은 고구려인, 피지배층은 말갈인으로 보는 경우(白鳥庫吉, 1933)도 있다. 현대에 들어와서 발해사 연구를 촉발한 대표적인 연구자는 북한의 박시형이다. 그는 발해국의 성립에 중심 역할을 한 것은 고구려 멸망 후 요서 지방으로 이주된 고구려인 집단이었고, 이들을 조직하여 지휘한 것이 고구려 장수인 내소영이라고 하였다. 고구려 왕실의 일족 또는 고구려 계통의 귀족 출신들이 거의 권력을 독점하였고, 문화 방면에서도 고구려의 문화가 주도적 역할을 하였다고 보았다(박시형, 1979; 송기호 해제, 1989). 한국의 李龍範도 발해의 주체가 고구려 유민이었음을 주장하였다(李龍範, 1981). 이후 한국 학계에서는 기본적으로 대조영을 고구려 계통으로 보았으나, 종족은 속말말갈로 고구려에 옮겨와 정착하여 동화된 인물, 즉 말갈계 고구려인으로 보기도 한다(송기호, 1995). 말갈의 명칭 자체를 고구려 변방 주민이나 중국 동북 지역민에 대한 비칭·범칭으로 보고, 발해의 구성원이 된 말갈은 흑수말갈과 구분되는 예맥계인 고구려 말갈이며 대조영은 고구려인으로 속말강(송화강) 지역민이라고 보는 견해도 있다(한규철, 1988; 2007). 중국 학계에서는 근대 초기에 양면적 인식이 보였다. 대표적인 학자는 金毓黻이다(1934, 『渤海國志長編』). 그러나 중화인민공화국이 수립된 이후에는 발해사를 중국의 소수민족사로 보고 고구려계승성을 부정하며 말갈을 강조하는 입장이다. 한편 19세기 중반 연해주 지역을 차지하였던 러시아에서는 자국

그 무리와 함께 요하(遼河)를 건너 태백산 동쪽9)을 차지하였다. 중상이 죽자 아들 [대]조영이 뒤를 이었다. 날래고 용감하며 말타기와 활쏘기를 잘하였다. 고구려의 망한 무리를 모아 건국하여 이름을 진(震)이라고 하고, 돌궐에 사신을 보내었다. 땅은 사방 5천 리이고, 호(戶)는 10여만이며, 승병(勝兵)은 수만이었다. 부여, 옥저, 변한, 조선의 땅을 모두 얻었다. 개원(開元) 원년(713), 발해군왕으로 책봉되자 비로소 말갈을 버리고 발해라 칭하였다.【속말말갈이다. 또 흑수말갈이 있는데, 개원 중에 흑수주(黑水州) 장사(長史)를 설치하였다.】

대조영이 죽자 아들 무예가 뒤를 이었다. 등주(登州)를 침입하여 노략질10)하자 당이 출병하여, 신라와 함께 발해의 남쪽 변경을 공격하였다. 날씨가 춥고 큰 눈이 내렸으며, 산이 깊고 길이 막혀서 군사가 많이 죽으니 아무런 공도 없이 돌아왔다.11) 보응(寶應) 원년 무예가 죽자 아들 흠무가 뒤를 이었다.12) 상경으로 옮겼는데13) 곧바로 옛 도읍과 3백 리이며 홀한하(忽汗

의 極東 지역 소수민족사의 일부로서 관심을 갖고 발해를 말갈족의 역사로 규정하며 대조영 역시 말갈인으로 보고 있다. 이 밖에 소수 설로 말갈 중 대조영을 백산말갈 출신으로 보는 경우도 있다(津田左右吉, 1915; 李健才, 2000).

8) 걸걸중상이 야발의 3세손이라는 기록은 잘못이다. 『신당서』 발해전에서는 야발이 대조영의 동생이고, 선왕 대인수의 4世祖라고 하였다("仲象已死, 其子祚榮 … 從父仁秀立, 改年建興, 其四世祖野勃, 祚榮弟也." 『新唐書』 권219, 列傳 제144, 北狄, 渤海).

9) 발해 건국지에 대해 『삼국사기』 권46, 열전 6, 최치원전에는 의봉 3년(678) '태백산 아래'로, 『삼국유사』에서 인용한 『신라고기』에는 '태백산 남쪽'으로, 『제왕운기』에는 '태백산 南城'으로, 『삼국사절요』에는 '태백산 동쪽'으로 나온다.

10) 발해가 당의 등주를 공격한 것은 성덕왕 31년(732, 개원 20)으로, 무왕 대무예가 장군 張文休를 보내 해적을 거느리고 등주자사 위준을 공격하게 하였다(『구당서』 199하, 열전 149하, 발해말갈). 발해가 등주를 공격한 원인은 726년 발해의 黑水 토벌과 대문예의 당 망명으로 빚어진 발해와 당의 갈등 및 730년대 초 당과 전쟁을 치르고 있는 契丹을 돕기 위한 목적이었다(김종복, 2009, 127쪽; 권은주, 2013).

11) 신라군이 당군과 함께 실제 발해의 남쪽을 공격하여 전투가 벌어졌는지에 대해서는 논란이 있다. 대체로 신라군이 당군과 합류해 발해를 공격한 것으로 보며(末松保和, 1975), 동북 방면으로 올라가서 함경남도 지역이나 동해안 쪽을 공격했던 것으로 보는 설(이병도, 1977; 김종복, 1997; 전덕재, 2013)과 서북 방면으로 압록강 하류 유역(조이옥, 2000)과 서경 압록부의 요지(임상선, 2019)를 공격하려 했다고 보는 설로 나뉜다. 큰 눈과 추위, 험로 등으로 인해 돌아온 것으로 기록되어 있으나, 발해에 패하여 돌아온 것으로 보기도 하며(한규철, 1994, 194쪽), 김사란의 귀국길에 동행한 客使 604명(『삼국유사』 권제2, 紀異 제2, 孝成王)을 당의 원정군으로 보기도 한다(이영호, 2010).

12) 대무예가 죽고 대흠무가 즉위한 것은 보응 원년(762)이 아니고 737년이다.

河)의 동쪽이다. 당나라가 흠무를 발해군왕(渤海郡王)으로 책봉하였다.

　인수(仁秀)는 조영의 동생이다.[14] 능히 바다 북쪽의 여러 부락을 공격하여 정벌하였다. 마침내 강대한 나라가 되었다. 당나라가 조서로 사공(司空) 발해왕을 더하였다. 조영 이후로부터 자주 학생들을 보내어 태학(太學)에 이르러 고금(古今)의 법제를 얻었다. 그 예악과 관부(官府)의 제도는 모두 당을 따랐다. 예전 백제와 고구려의 옛 땅은 신라와 말갈에게 나누어졌다. 5경 15주 62현[15]이 있었다.

　숙신(肅愼)의 옛 땅[16]으로 상경을 삼아 용천부(龍泉府)라 하고, 용주(龍州)[17]·호주(湖州)[18]·발주(渤州)[19] 3주를 거느렸다. 그 남쪽 중경(中京)[20]은 현덕부(顯德府)라 부르며, 노주(盧州)[21]·현주(顯州)[22]·철주(鐵州)[23]·탕주(湯州)[24]·영주(榮州)[25]·흥주(興州)[26]

---

13) 발해 대흠무가 상경으로 천도한 것은 천보(742~756) 말이다.
14) 대인수가 대조영의 동생이라는 내용은 다른 기록에서 찾을 수 없다. 대인수는 대조영의 동생인 대야발의 4세손이었다.
15) 5京 15州 62縣은 誤記로, 5경 15府 62주이다. 관련 내용은 『新唐書』 권219, 列傳 제144, 北狄, 渤海에 상세하며, 이를 원전으로 한다.
16) 『신당서』 발해전에는 '挹婁의 옛 땅'으로 되어 있다.
17) 上京의 首州로서 상경성이 위치하는 곳으로 추정된다(金毓黻, 1934; 和田淸, 1955). 遼代에는 扶餘府故地에 黃龍府를 두어 龍州라고 칭하였다.
18) 그 名稱으로 보아 지금의 鏡泊湖 방면에 있었던 것으로 보는 것이 일반적이다.
19) 지금의 寧安 부근으로 추정된다.
20) 제3대 文王 때 上京으로 천도하기 전의 수도였다. 위치 비정에 대해서는 蘇密城說, 那丹佛勒城說, 敦化縣說, 西古城子說 등이 있었다. 지금은 和龍 인근의 용두산고분군에서 文王의 넷째 딸 貞孝公主의 무덤이 발굴되고 주변에서 발해 유적들이 함께 발견되면서 서고성을 발해 중경으로 보는 것이 통설이 되었다.
21) 『遼史』 地理志에 "在京東一百三十里"로 되어 있으나, 여기에 보이는 '京'이 무엇인지 확실하지 않아 위치를 알 수 없다. 게다가 요대의 주명은 거란이 발해 유민을 요동 방면으로 강제로 이주시킨 후에 옛 지명을 사용한 경우가 많아 『遼史』 地理志로 위치를 비정하기가 힘들다. 龍井村으로 보기도 한다.
22) 중경 현덕부의 부명인 '顯'과 동일하여 顯德府의 부치가 있었던 것으로 보고, 그 위치를 西古城으로 보는 경우가 많다.
23) 『遼史』「地理志」에는 위치가 "在京西南六十里"로 되어 있고, 位城·河端·蒼山·龍珍 4현을 거느리며 遼代에 屬縣을 廢한 것으로 되어 있다. 和田淸은 鐵州라는 이름이 '位城의 鐵'에서 비롯된 것으로 보고, 西古城子의 서남, 咸鏡北道 茂山 서북에 철이 많이 생산되기 때문에 이곳을 鐵州로 비정하고 있다.
24) 『遼史』「地理志」에 위치가 "在京西北一百里"로 되어 있고, 屬縣은 靈峰·常豊·白石·均谷·嘉利 5현이

6주를 거느렸다. 예맥의 옛 땅으로 동경(東京)을 삼아 용원부(龍原府)27) 또는 책성(柵城)이라 하고, 경주(慶州)28)·염주(鹽州)29)·목주(穆州)30)·하주(賀州)31) 4주를 거느렸다. 옥저의 옛 땅으로 남경(南京)을 삼아 남해부(南海府)32)라 하고, 옥주(沃州)33)·정주(睛州)34)·초주(椒州)35) 3주를 거느렸다. 고구려의 옛 땅으로 서경(西京)36)을 삼고, 또한 압록부(鴨綠

있다. 遼代에 속현을 廢하였고, 湯州治는 北鎭縣과 黑山縣 2현의 부근인 乾州로 되어 있다.
25) 『遼史』「地理志」에 "在京東北一百五十里"로 나오며, 崇山·瀉水·綠成의 3현을 거느린다. 『遼史』에는 '崇州'로 되어 있어 '崇州'로 보는 견해가 있다. 延吉 부근으로 비정되기도 한다.
26) 『遼史』「地理志」에 "在京西南三百里"이며, 盛吉·蒜山·鐵山의 3현을 거느린다. 西古城子에서 서남으로 分水嶺을 넘어 豆滿江 하류 일대일 것으로 추정하기도 한다.
27) 발해 5경 가운데 하나이다. 동경은 제3대 文王 大欽茂가 785년 무렵 이곳으로 천도한 이후 제5대 成王 大華璵가 다시 상경으로 천도하는 794년까지 약 10년간 발해의 수도였다. 일명 '柵城府'라고도 하며, 屬州로는 慶州·鹽州·穆州·賀州의 4주가 있다. 위치에 대해서는 琿春설, 함경북도 穩城·鍾城설, 연해주 블라디보스토크설, 니콜리스크(Nikolisk)설 등이 있었다. 1942년에 이르러 琿春의 半拉城(현재 八連城)이 발굴된 이후, 이곳이 동경성이며 혼춘이 동경 용원부 지역임에 이견이 없다(김은국, 2006).
28) 『遼史』「地理志」에 "壘石爲城周圍二十里"라고 하였고, 屬縣으로 龍原·永安·鳥山·壁谷·熊山·白楊의 6현을 거느린다.
29) 『遼史』「地理志」에 "一名 龍河郡"으로, 海陽·接海·格川·龍河의 4현을 거느린다. 和田淸은 Possjet灣 北岸에 顏楚(Yen-Chu) 또는 眼春(Yen-Chun)이라는 지명이 있었던 것이 이 鹽州(Yen-Chou)의 轉訛일지도 모른다는 억측을 하였던 바 있다(1955, 76쪽). 현재는 연해주 크라스키노성으로 보는 것이 통설이다.
30) 『遼史』「地理志」에 "一名 會農郡"으로, 會農·水岐·順化·美縣의 4현을 거느렸다.
31) 『遼史』「地理志」에 "一名 吉理郡"으로, 洪賀·送誠·吉理·石山의 4현을 거느렸다.
32) 남경 남해부의 위치에 대해서는 韓鎭書의 『續海東繹史』「渤海」에서 北靑설을, 丁若鏞의 『我邦疆域考』「渤海考」에서 咸興설을 내세운 이래로, 鏡城설(內藤虎次郞, 1907; 松井等, 1913), 북청설(鳥山喜一, 1935; 채태형, 1998), 함흥설(池內宏, 1937; 白鳥庫吉, 1935; 和田淸, 1955), 鍾城설 등의 견해가 있다. 남경과 남해부의 치소는 동일 지역에 있었던 것으로 보이나, 관청이 하나였는지 분리되어 있었는지는 불분명하다. 남해부의 위치 비정에는, 776년 남해부 '吐號浦'에서 발해 사신단이 일본으로 출발했다는 기록(『續日本紀』)에 부합하는 항구와 남해부의 특산물인 곤포, 즉 다시마가 생산되는 지역이라는 조건이 붙는다. 정약용이 곤포의 주요 산지인 함흥을 남해부로 본 이후로 함흥설은 많은 지지를 받았고, '토호포'를 함흥 서남쪽으로 약 15km 떨어진 '連浦(고려·조선시대 都連浦)'로 추정하였다. 그러나 북한에서 발굴 성과를 토대로 북청군의 청해토성(북청토성)을 남해부로 비정한 이후 북청설이 유력시되고 있다.
33) 『遼史』「地理志」에 沃沮·鷲巖·龍山·濱海·昇平·靈泉의 6현을 거느렸다.
34) 『遼史』「地理志」에 天晴·神陽·蓮池·狼山·仙巖의 5현을 거느렸다. 和田淸(1955)은 위치를 城津으로 추정하였다.

府)라 하였다. 신주(神州)37)·환주(桓州)38)·풍주(豊州)39)·정주(正州)40) 4주를 거느렸다. 장령부(長嶺府)41)라 하고, 가주(珂州)42)·하주(何州)43) 2주를 거느렸다. 부여의 옛 땅으로 부여부(扶餘府)44)를 삼고, 항상 강한 군사를 주둔시켜 놓고 거란(契丹)을 막았다. 부주(扶州)45)·산주(汕州) 2주를 거느렸다. 막힐부(鄚頡府)46)는 막주(鄚州)47)·고주(高州)48) 2주를 거느

---

35) 『遼史』「地理志」에 椒山·貂嶺·澌泉·尖山·巖淵의 5현을 거느렸다. 和田淸(1955)은 鏡城으로 비정하였다.

36) 『遼史』「地理志」東京道條에 "淥州 鴨淥軍 節度 本高麗故國 渤海號西京鴨淥府 城高三丈 廣輪二十里"로 나온다. 丁若鏞은 平安北道 慈城 北에서 鴨綠江 對岸으로(『我邦疆域考』「渤海考」), 韓鎭書는 江界府의 滿浦鎭 對岸으로(『續海東繹史』「渤海」), 松井等(1913)은 奉天省 臨江縣 帽兒山으로, 鳥山喜一(1915)은 通溝로 비정하였고, 현재 臨江 지역으로 보는 것이 일반적이다.

37) 『遼史』「地理志」에 神鹿·神化·劍門의 3현을 거느렸다.

38) 『遼史』「地理志」東京道條에 "高麗中都城 故縣三 桓都·神鄕·淇水(洱水) 皆廢 高麗王於此創立宮闕 國人謂之新國 五世孫釗 晉康帝建元初爲慕容皝所敗 宮室焚蕩 … 隸淥州 在西南二百里"로 나와 고구려의 丸都, 즉 지금의 輯安에 위치한 것으로 보인다.

39) 『遼史』「地理志」東京道에는 "渤海置盤安郡 … 隸淥州 在東北二百一十里"로, 安豊·渤恪·隰壤·硤石의 4현을 거느렸다. 和田淸은 鴨綠江 上源의 厚昌古邑 방면 또는 長白·惠山鎭으로 비정하였다(1955, 78쪽).

40) 『遼史』「地理志」東京道條에 "本沸流王故地 國爲公孫康所幷 渤海置沸流郡 有沸流水 … 隸淥州 在西北三百八十里"라고 되어 있다. 和田淸(1955)은 위치를 通化나 桓仁으로 비정하였다.

41) 위치에 대하여 『滿洲源流考』에서는 "今吉林西南五百里 有長嶺子 滿洲語稱果勒敏珠敦(Golmin Judun, 長嶺의 뜻)"이라고 하고, 지금의 英額門 부근으로 비정하였다. 韓鎭書는 '永吉州 等地'로 비정하였는데(『續海東繹史』「渤海」), 지금의 吉林이다. 津田左右吉(1915)은 輝發河 상류에 있는 北山城子로 보았다.

42) 『滿洲源流考』「疆域」嶺府條에 "按珂州無考 常爲附郭之州 遼廢"라고 되어 있다.

43) 『신당서』 발해전에 '河州'로 나온다. 『遼史』「地理志」東京道條에 "河州 德化軍 置軍器坊"이라고 되어 있다.

44) 부여부의 위치에 대해서는 開原縣설, 農安설, 阿城설, 昌圖 북쪽 四面城설 등이 있는데, 현재 농안설이 유력하다. 속주로는 扶州·仙州의 2주를 거느렸다. 발해의 수도인 上京龍泉府로부터 거란으로 통하는 거란도의 길목이어서, 발해는 부여부에 항상 날랜 병사를 거주시켜 契丹을 방비하게 하였다.

45) 『遼史』「地理志」東京道 通州條에 속현 扶餘·布多·顯義·鵲川 중에 보인다. 『滿洲源流考』「疆域」에는 開原 부근으로 金毓黻은 昌圖 부근으로 比定하였다(『渤海國志長編』「地理志」).

46) 『遼史』「地理志」東京道 韓州條에 "… 本槀離國舊治柳河縣 高麗置鄚頡府 都督鄚·頡二州 渤海因之 …"라고 하여 고구려 때부터 있었던 것으로 나온다. 金毓黻은 農安 북쪽으로 比定하였고(『渤海國志長編』「地理考」), 和田淸(1955)은 阿城 부근으로 비정하였다.

47) 屬縣에 奧喜·萬安의 2현이 있었다.

렸다. 읍루(挹婁)의 옛 땅으로 정리부(定理府)49)를 삼고, 정주(定州)50)·반주(潘州) 2주를 거느렸다. 안변부(安邊府)51)는 안주(安州)·경주(瓊州) 2주를 거느렸다. 솔빈(率賓)의 옛 땅으로 솔빈부(率賓府)52)를 삼고, 화주(華州)53)·익주(益州)·건주(建州)54) 3주를 거느렸다. 불열(拂涅)의 옛 땅으로 동평부(東平府)55)를 삼고, 이주(伊州)·몽주(蒙州)·타주(沱州)·흑주(黑州)·비주(比州) 5주를 거느렸다. 철리(鐵利)의 옛 땅으로 철리부(鐵利府)56)를 삼고, 광주(廣州)·분주(汾州)·포주(蒲州)·해주(海州)·의주(義州)·귀주(歸州) 6주를 거느렸다. 월희(越喜)의 옛 땅으로 회원부(懷遠府)57)를 삼고, 달주(達州)·월주(越州)·회주(懷州)·기

---

48) 『遼史』「地理志」에는 頡州로 되어 있다.
49) 위치에 대하여 『盛京通志』와 『大淸一統志』에서 熱河의 承德城으로 比定하였고, 韓鎭書는 寧古塔 부근으로(『續海東繹史』「渤海」), 松井等(1913)과 金毓黻은 烏蘇里江 부근으로, 和田淸(1955)은 沿海州의 Olga 부근으로 비정하였다.
50) 一名 安定郡이라고 하며, 定理·平邱·巖城·慕美·安夷의 5현을 거느렸다. 和田淸(1955)은 沿海州 南部인 蘇城(Suchan) 부근으로 비정하였다.
51) 위치에 대해 金毓黻은 烏蘇里江 유역으로 비정하였다(『渤海國志長編』卷14「地理考」). 和田淸(1955)은 定理·安邊 2부가 挹婁의 故地로 서로 근접하다고 보고 金代의 錫林路로서 Olga 지방인 것으로 비정하였다.
52) 그 이름이 綏芬河와 발음이 유사하여 현재 수분하 지역으로 보는 것이 통설이다. 率賓府의 이름은 遼代에도 그대로 쓰였으나, 金·元代에는 '恤品'·'速頻'·'蘇濱'의 이름으로 史書에 보이며, 淸代에는 綏芬路로 알려져 있었다.
53) 위치는 미상이다. 金毓黻은 華州를 率賓府의 首州로 보고, 요나라가 폐지한 뒤 발해민을 康州로 옮긴 것으로 추정하였다(『渤海國志長編』「地理考」). 『遼史』「地理志」康州조에 "발해 솔빈부의 인호를 옮겨 설치하였다"라는 기록에 근거한다.
54) 和田淸(1955)은 三岔口로 불리던 東寧의 서북에는 大城子·小城子 등의 遺址가 있는데, 建州·益州 2주 중 하나는 이곳일 것으로 보았다.
55) 拂涅部의 위치에 대해 논란이 있는 것과 마찬가지로, 동평부의 위치에 대해서도 여러 설이 있다. 이 중 黑州는 흑수말갈과 관련지어 보기도 한다. 흑수말갈의 일부가 발해 후기에 복속된 것으로 보지만, 행정구역 설치가 확인되고 있지 않은데, '黑州'와 '黑水'의 흑이 같은 글자이기 때문이다.
56) 鐵利는 말갈 7부 중에는 그 명칭이 없으나, 발해 건국 초기부터 고구려와 관계가 깊었던 불열, 월희 말갈과 함께 활동한 것으로 보아, 고구려 당시부터 있었고 고구려와 밀접한 관련이 있었던 것으로 보인다. 위치에 대해서는 圖們江北·與凱湖의 南說(丁若鏞,「渤海考」), 黑龍·烏蘇里江下流 地域說(松井等, 1913; 鳥山喜一, 1915), 木丹江流域說(津田左右吉, 1916), 阿什河流域說(池內宏, 1916), 松花江下流域의 依蘭地域說(小川裕人, 1937) 등이 있다.
57) 위치에 대해서는 발해 중심부에서 매우 먼 지역일 것으로 추정되며, 중국 黑龍江省 依蘭縣의 烏蘇里江

주(紀州)·부주(富州)·미주(美州)·복주(福州)·사주(邪州)·지주(芝州) 9주를 거느렸다. 안원부(安遠府)58)는 영주(寧州)·미주(郿州)·모주(慕州)·상주(常州) 4주를 거느렸다. 영주(郢州)59)·동주(銅州)60)·속주(涑州)61) 3주로 독주주(獨奏州)62)를 삼았다. 속주는 속말강(涑末江)에 가깝기 때문이다. 속말강은 옛날의 속말수(粟末水)이다.

후당 명종(明宗) 원년(926), 거란주(契丹主: 야율아보기)가 부여를 공격하여 함락하였다. 드디어 진군하여 홀한성63)을 포위하니, 발해왕 대인선(大諲譔)의 군대가 패하여 항복하였다. 거란이 발해를 고쳐 동단(東丹)으로 삼고, 그 태자 배(倍)를 책봉하여 인황왕(人皇王)으로 삼아 다스리게 하였다. 인선을 임황(臨潢)64) 서쪽에 안치하고 오로고(烏魯古)라는 이름을 내렸다. 발해의 세자 [대]광현([大]光顯)이 그 귀족 신하들과 함께 달아나 고려로 왔다. 왕계(王繼)라는 성명을 내려주고 그를 종적(宗籍)에 붙여 주었다. 태씨(太氏)로 하여금 그 제사를 끊이지 않게 하였다.

과 松花江이 만나는 지역설, 연해주 동해가설, 흑룡강성 同江縣설 등이 있다.

58) 『遼史』「地理志」東京道 慕州條에 "本渤海安遠府地 故縣二 慕化·崇平 … 隸涑州 在西二百里"라고 하여 屬縣으로 慕化·崇平의 2현을 거느렸다. 西京 鴨淥府의 府治인 涑州 서북으로 200리에 있다고 하여 鴨綠江과 輝發河의 중간인 柳河縣으로 비정하기도 하며, 韓鎭書는 黑龍江 유역으로 비정한 바 있다(『續海東繹史』「渤海」). 松井等과 和田淸은 松花江 하류로(松井等, 1913, 419쪽; 和田淸, 1955, 106~107쪽), 金毓黻은 興凱湖 東岸인 것으로 비정하였다(『渤海國志長編』「地理考」).

59) 和田淸(1955)은 鐵利·越喜와 上京龍泉府를 연결하는 大道 上의 요충으로 寧古塔 북쪽 어딘가로 비정하였다.

60) 『遼史』「地理志」咸州條에 "渤海置銅山郡 地在漢候城縣北 渤海龍泉府南 地多山險 寇盜以爲淵藪 …"라고 하여 지금의 開原인 遼金時代의 咸州로 비정되기도 하였으나, 이 지역은 평지로 산이 많고 험하다는 동주의 지세와 맞지 않다. 동주의 이름은 銅 산지와 관련 있을 것으로 추정된다.

61) 『吉林通志』「沿革志」涑州條에 吉林에서 북으로 약 65리인 打牲烏拉로 비정한 이후 대체로 이를 따라 길림 인근으로 본다.

62) 『滿洲源流考』「疆域」에 "獨奏之義 猶今直隸州 不轄於府 而事得專達也"라고 하여 중간 보고자(즉 府)를 거치지 않고 곧바로 중앙에 보고하는 직할주를 가리킨다고 보았다.

63) 중국 黑龍江省 牡丹江市 寧安市 渤海鎭에 위치한다. 전체 둘레가 16,300m이며, 宮城·內城·外城으로 이뤄져 있다. 755년경 顯州에서 이곳으로 천도하였고, 785년 東京으로 천도했다가 794년에 上京으로 재천도한 이후 발해가 멸망할 때까지 수도였다.

64) 요나라 수도인 上京 臨潢府. 중국 內蒙古自治區 赤峰市 巴林左旗 林東鎭 남쪽에 위치한다.

발해사 자료총서 – 한국사료 편 권1

22. 『동국통감제강 (東國通鑑提綱)』

　홍여하(洪汝河, 1621~1678)가 1672년(현종 13)에 편찬한 총 13권의 편년체(編年體) 역사서로서, 단군조선에서 통일신라까지의 고대사를 다루고 있다. 이에 앞서 고려사로 저술된 『휘찬여사(彙纂麗史)』와 짝을 이룬다.

　신라사와 고려사 속에 들어 있는 발해 관련 사실들은 『동국통감(東國通鑑)』에 수록된 것 가운데 일부를 선택하여 거의 그대로 전재한 정도이고, 발해 멸망을 다룬 기사(권13, 경애왕 2)에 거란이 어떠한 족속인지를 좀더 부연하여 설명하고 있을 뿐으로, 새로운 사실이나 독자적인 인식은 보이지 않는다. 다만 『동국통감』이 김부식(金富軾)의 『삼국사기(三國史記)』와 동일하게 즉위년을 원년(元年)으로 하는 즉위년칭원법(卽位年稱元法)을 따른 것은 춘추지의(春秋之義)에 맞지 않다고 하여 이 책에서는 즉위한 다음 해를 원년으로 하는 유년칭원법(踰年稱元法)을 취함으로써, 『동국통감』의 왕 재위 연도 표시와 1년씩 차이를 보인다.

　아래 원문은 〈奎4357〉본을 저본으로 삼았다.

○ 권제11, 성덕왕(聖德王) 11년

【唐玄宗開元元年】十一年, … 唐以大祚榮爲渤海郡王. 渤海本粟末靺鞨, 卽高句麗別種. 祚榮父乞乞仲象與其徒, 渡遼水, 保太白山東. 仲象死, 祚榮嗣. 驍勇善騎射, 高句麗遺民 稍稍歸之, 乃建國, 自號震國王. 遣使聘突厥. 地方二[1])千里, 戶十餘萬,

---

1) '二'→'五'.

> 勝兵數萬, 頗知書契. 盡得扶餘沃沮弁韓[2]諸國地. 中宗時, 遣子入侍. 至是拜爲左
> 驍衛大將軍渤海郡王, 以所統爲忽汗州, 領忽汗州都督. 自是始去靺鞨號, 專稱渤海.

【당 현종 개원 원년】 [성덕왕] 11년[3] (713), … 당이 대조영을 발해군왕(渤海郡王)으로 삼았다. 발해는 본래 속말말갈로 곧 고구려의 별종[4]이다. 조영의 아버지 걸걸중상은 그 무리와 함께 요수를 건너 태백산 동쪽[5]에 자리잡았다. 중상이 죽고 조영이 뒤를 이었다. 날래고 용감

---

2) 뒤에 '朝鮮'이 누락되어 있다(『신당서』 발해말갈전).
3) 『동국통감』에서는 12년이다. 『동국통감제강』은 權近의 『東國史略』을 따라 유년칭원법을 사용하여 1년씩 차이가 있다. 아래의 기사 모두 동일하다.
4) 원전은 『舊唐書』 발해말갈전의 "본래 고려의 별종(本高麗別種)"과 『新唐書』 渤海傳의 "본래 속말말갈로 고[구]려에 붙은 자(本粟末靺鞨附高麗者)"라는 기록이다. 그런데 이 大祚榮의 출신이나 발해의 구성원에 대해서는 같은 사료를 놓고 다양한 해석이 있었다. 고려와 조선에서는 대조영의 출신을 高句麗 계통으로 보는 경향이 있었는데, 李承休의 『帝王韻記』와 柳得恭의 『渤海考』가 대표적이다. 일본에서는 대체로 속말말갈이나 여진 계통으로 보았다. 발해국의 주체는 靺鞨族이지만, 대조영은 고구려 別部 출신으로 보는 경우(鳥山喜一, 1915), 새로운 종족으로 발해말갈을 이해하는 경우(池內宏, 1916), 지배층은 고구려인, 피지배층은 말갈인으로 보는 경우(白鳥庫吉, 1933)도 있다. 현대에 들어와서 발해사 연구를 촉발한 대표적인 연구자는 북한의 박시형이다. 그는 발해국의 성립에 중심 역할을 한 것은 고구려 멸망 후 요서 지방으로 이주된 고구려인 집단이었고, 이들을 조직하여 지휘한 것이 고구려 장수인 대조영이라고 하였다. 고구려 왕실의 일족 또는 고구려 계통의 귀족 출신들이 거의 권력을 독점하였고, 문화 방면에서도 고구려의 문화가 주도적 역할을 하였다고 보았다(박시형, 1979; 송기호 해제, 1989). 한국의 李龍範도 발해의 주체가 고구려 유민이었음을 주장하였다(李龍範, 1981). 이후 한국 학계에서는 기본적으로 대조영을 고구려 계통으로 보았으나, 종족은 속말말갈로 고구려에 옮겨와 정착하여 동화된 인물, 즉 말갈계 고구려인으로 보기도 한다(송기호, 1995). 말갈의 명칭 자체를 고구려 변방 주민이나 중국 동북 지역민에 대한 비칭·범칭으로 보고, 발해의 구성원이 된 말갈은 흑수말갈과 구분되는 예맥계인 고구려 말갈이며 대조영은 고구려인으로 속말강(송화강) 지역민이라고 보는 견해도 있다(한규철, 1988; 2007). 중국 학계에서는 근대 초기에 양면적 인식이 보였다. 대표적인 학자는 金毓黻이다(1934, 『渤海國志長編』). 그러나 중화인민공화국이 수립된 이후에는 발해사를 중국의 소수민족사로 보고 고구려계승성을 부정하며 말갈을 강조하는 입장이다. 한편 19세기 중반 연해주 지역을 차지하였던 러시아에서는 자국의 極東 지역 소수민족사의 일부로서 관심을 갖고 발해를 말갈족의 역사로 규정하며 대조영 역시 말갈인으로 보고 있다. 이 밖에 소수 설로 말갈 중 대조영을 백산말갈 출신으로 보는 경우도 있다(津田左右吉, 1915; 李健才, 2000).
5) 발해 건국지에 대해 『삼국사기』 권46, 열전 6, 최치원전에는 의봉 3년(678) '태백산 아래'로, 『삼국유사』에서 인용한 『신라고기』에는 '태백산 남쪽'으로, 『제왕운기』에는 '태백산 南城'으로, 『삼국사절요』에는

하며 말타기와 활쏘기를 잘했다. 고구려 유민들이 점차 그에게 돌아오자, 이에 나라를 세우고 스스로 진국왕(震國王)6)이라 하였다. 사신을 보내 돌궐과 교빙하였다. 땅은 사방 2천 리이고, 호(戶)는 10여만이며, 승병(勝兵: 날랜 군사)은 수만이었다. 자못 서계(書契)를 알았다. 부여·옥저·변한의 여러 나라를 모두 얻었다. 중종(中宗) 때에 아들을 보내 입시(入侍)하였다. 이때에 이르러 좌효위대장군(左驍衛大將軍) 발해군왕(渤海郡王)으로 책봉하고, 그 통솔하는 곳을 홀한주(忽汗州)로 삼고, 홀한주도독이라 하였다. 이로부터 말갈이라는 이름을 버리고 오로지 발해로 칭하였다.

○ 권제11, 성덕왕(聖德王) 24년

【唐開元十四年】二十四年, 唐以渤海大門藝爲大7)驍衛將軍. 初黑水靺鞨使者朝唐, 帝以其地建黑水州, 置長史. 武藝召其下謀曰: 黑水始假途於我, 與唐通, 今請唐官, 不吾告, 是必與唐 謀攻我也. 乃遣弟門藝, 發兵擊黑水. 門藝曰: 黑水請吏而我擊之, 是背唐也. 唐大國, 兵萬倍我, 與之產怨, 我且亡. 昔高句麗盛時, 士三十萬, 抗唐爲敵, 唐兵一臨, 勢如拉朽. 今我衆比高句麗, 僅三之一, 而王將倍【音佩】之, 無乃不可乎. 武藝不聽, 强遣之, 門藝懼奔唐. 詔拜左驍衛將軍. 武藝使使暴門藝罪惡, 請誅之. 有詔處之安西, 報曰: 門藝窮來歸我, 誼不可殺, 已投之惡地. 竝留使者不遣. 詔李道邃諭旨, 武藝知之, 上表曰: 大國當示人以信, 豈得爲此欺誑. 帝以道邃漏洩罪之, 暫遣門藝詣嶺南以報之.

【당 개원 14년】[성덕왕] 24년(726), 당나라가 발해의 대문예8)를 대효위장군(大驍衛將

'태백산 동쪽'으로 나온다.

6) 『신당서』 발해전의 '震'은 걸걸중상이 측천무후로부터 받은 震國公에서 유래하여 『신당서』 찬자가 의도적으로 표기하였을 가능성이 높다. 반면 『구당서』 발해말갈전뿐만 아니라 『책부원귀』나 최치원의 「사불허북국거상표」 등의 1차 사료에는 진국왕(振國王)으로 나온다(유득공 지음, 김종복 옮김, 2018, 74쪽).

7) '大' → '左'.

8) 大門藝는 발해 제2대 왕인 武王(재위 719~737)의 친동생이다. 高王 大祚榮 때(唐 中宗 때)에 당에 質子로 머물다가 돌아왔다. 726년 무왕이 그에게 흑수말갈을 토벌할 것을 명령하자, 이를 반대하다가 당으로 망명하였다. 무왕은 당에게 대문예를 죽일 것을 요청하며 당과 갈등을 빚었고, 732년 발해가 당의 등주(登州)를

軍)⁹⁾으로 삼았다. 처음에 흑수말갈¹⁰⁾의 사자(使者)가 당나라에 조회하자, 황제가 그 땅에 흑수주(黑水州)¹¹⁾를 세우고 장사(長史)¹²⁾를 두었다. 무예가 그 신하를 불러 모의하기를, "흑수가 처음에 우리에게 길을 빌려 당나라와 통하였는데, 지금 당나라의 관직을 청하면서도 나에게 고하지 않았다. 이는 반드시 당나라와 더불어 우리를 공격하려 모의한 것이다" 하였다. 이내 아우인 [대]문예를 보내어, 군사를 일으켜 흑수를 치게 하였다. 문예가 말하기를, "흑수에서 [당나라에] 벼슬을 청하였다 하여 우리가 그들을 공격한다면, 이는 당나라를 배반하는 것입니다. 당은 큰 나라로 군사가 우리의 만 배나 되는데, 그들에게 원망을 사게 되면 우리는 또 망하게 됩니다. 예전 고구려가 강성할 때에 군사 30만으로 당나라에 저항하여 대적하였으나, 당의 군대가 한번 임하자 기세가 마르고 썩은 나무를 부러뜨리는 것과 같았습니다. 지금 우리들은 고구려에 비하면 겨우 3분의 1인데, 왕이 장차 그(당)를 등지려고 하면 [倍]【소리는 패(佩)】 불가한 일이 아니겠습니까?" 하였다. 무예가 듣지 않고 문예를 억지로 보내니, 문예가 두려워하며 당으로 도망하였다. [황제가] 조서(詔書)를 내려 문예에게 좌효위장군을 배수하였다. 무예가 사신을 시켜 문예의 죄악을 폭로하고, 그를 죽일 것을 요청하였다. [황제가] 조서로 그를 안서(安西)에 머물게 하고는, 알리기를 "문예가 궁지에 몰려 나에게 와서 귀부하였으니, 도리상 죽일 수가 없어, 이미 악지(惡地: 살기 힘든 곳)로 보냈다"고 하였다. 아울러 [발해의] 사자는 머물게 하고 보내지 않았다. 조서를 내려 이도수에게 뜻을 알리게 하였는데, 무예가 사실을 알고 표문(表文)을 올려 말하기를 "큰 나라는 마땅히 남에게 신의를 보여야 할 것인데, 어찌 이처럼 속이는 짓을 하느냐"라고 하였다. 황제는 도수 등이 누설한 것에 대해 죄를 주고, 잠시 문예를 영남(嶺南)으로 보내고 그것을 [발해에] 알렸다.

공격하지 당은 대문예에게 유주에서 병사를 모아 발해를 공격하게 하였다. 이후 무왕이 몰래 자객을 모아 낙양 天津橋에서 대문예를 찌르게 했으나 실패하였고, 이후 대문예의 행적은 더는 확인되지 않는다(『신당서』 219, 열전 144, 북적 발해).

9) 『구당서』 발해말갈전과 『신당서』 발해전에 따르면, 대문예가 당으로 망명한 뒤 받은 것은 左驍衛將軍이었다.
10) 지금의 송화강과 흑룡강의 합류 지점에서 흑룡강 하류에 이르는 지역에 거주한 말갈족이다(유득공 지음, 김종복 옮김, 2018, 76쪽).
11) 당이 흑수말갈 지역에 설치한 기미주이다.
12) 당나라 때 都督이나 刺史의 바로 아래에 두었는데, '別駕'라고도 하며 실질적인 권한이 없었다. 大都督府의 장사는 상대적으로 지위가 높아, 上州의 자사나 절도사로 임명되기도 하였다.

○ 권제11, 경덕왕(景德王) 20년

【唐寶應元年】二十年, 唐冊欽茂爲檢校大[13]尉渤海國王. 先是, 武藝死, 謚武王. 子欽茂立. 徙上京, 直舊國三百里, 忽汗河之東. 及欽茂死, 謚文王.

【당 보응 원년】[경덕왕] 20년(762), 당이 대흠무를 책봉하여 검교대위[14] 발해국왕(檢校大尉渤海國王)으로 삼았다. 앞서 무예가 죽자 시호를 무왕이라 하였다. 아들 흠무가 즉위하였다. 상경[15]으로 옮겼는데, 곧바로 구국(舊國)에서 3백 리로 홀한하(忽汗河)의 동쪽이었다. 흠무가 죽자 시호를 문왕(文王)이라 하였다.

○ 권제12, 흥덕왕(興德王) 4년

【唐太和四年】四年, 渤海王仁秀卒. 仁秀祚榮弟野勃四世孫也. 能以計蠶滅海北諸部, 斥大境宇, 唐詔加檢校司空. 自祚榮以來, 數遣諸生, 詣京師大學, 習識古今制度, 至是遂爲海東盛國. 地有五京十五府六十二州. 以肅愼故地爲上京, 曰龍泉府, 領龍湖渤三州. 其南中京, 曰顯德府, 領盧顯鐵湯榮興六州. 濊貊故地爲東京, 曰龍原府, 亦曰柵城府, 領慶鹽穆賀四州. 沃沮故地爲南京, 曰南海府, 領沃睛椒三州. 高麗故地爲西京, 曰鴨綠府,[16] 領神桓豐正四州. 曰長靈府,[17] 領瑕河二州, 扶餘故地爲扶餘府, 常屯勁兵扞契丹, 領扶仙二州. 鄭頡府領鄭高二州, 挹婁故地爲定理府, 領定潘二州. 【潘州卽周末所稱蒲淸汗. 漢時眞番郡也.】 安邊府領安瓊二州, 卒賓[18]故地爲卒賓[19]

---

13) '大' → '太'.
14) 태위는 정1품 三公인 太尉, 司徒, 司空 중 하나이다.
15) 중국 黑龍江省 牡丹江市 寧安市 渤海鎭에 위치한다. 전체 둘레가 16,300m이며, 宮城・內城・外城으로 이뤄져 있다. 755년경 顯州에서 이곳으로 천도하였고, 785년 東京으로 천도했다가 794년에 上京으로 재천도한 이후 발해가 멸망할 때까지 수도였다.
16) '鴨綠府' → '鴨淥府'.
17) '長靈府' → '長嶺府'.
18) '卒賓' → '率賓'.
19) '卒賓' → '率賓'.

府, 領華益建三州. 拂涅故地爲東平府, 領伊蒙沱黑比五州. 鐵利故地爲鐵利府, 領廣汾蒲海義歸六州. 越喜故地爲懷遠府, 領達越懷紀富美福邪芝九州. 安遠府領寧郿慕常四州, 又鄭銅涑三州, 爲獨奏州. 涑州以其近涑沫江, 蓋所謂粟末水也. 其禮樂官府制度, 大抵倣象中國云.

【당 태화 4년】 [흥덕왕] 4년(830), 발해왕 대인수가 죽었다. 인수는 대조영의 아우 야발의 4세손이다. 능히 꾀로 바다 북쪽의 여러 부(部)를 전멸시켜서, 영토를 크게 넓히니, 당이 조서(詔書)를 내려 검교사공(檢校司空)을 더하였다. 대조영 이래로 자주 여러 학생들을 경사(京師)의 태학(太學)에 보내어 고금(古今)의 제도를 익히게 하니, 이에 이르러 마침내 해동성국(海東盛國)이 되었다. 땅은 5경 5부 62주가 있다. 숙신의 옛 땅20)을 상경21)으로 삼아 용천부(龍泉府)라 하고, 용주(龍州)22)・호주(湖州)23)・발주(渤州)24)의 3주를 거느리게 하였다. 그 남쪽 중경(中京)25)은 현덕부(顯德府)라 하고, 노주(盧州)26)・현주(顯州)27)・철주(鐵州)28)・

---

20) 『신당서』 발해전에는 '挹婁의 옛 땅'으로 되어 있다.
21) 중국 黑龍江省 牡丹江市 寧安市 渤海鎭에 위치한다. 전체 둘레가 16,300m이며, 宮城・內城・外城으로 이뤄져 있다. 755년경 顯州에서 이곳으로 천도하였고, 785년 東京으로 천도했다가 794년에 上京으로 재천도한 이후 발해가 멸망할 때까지 수도였다.
22) 上京의 首州로서 상경성이 위치하는 곳으로 추정된다(金毓黻, 1934; 和田淸, 1955). 遼代에는 扶餘府故地에 黃龍府를 두어 龍州라고 칭하였다.
23) 그 名稱으로 보아 지금의 鏡泊湖 방면에 있었던 것으로 보는 것이 일반적이다.
24) 지금의 寧安 부근으로 추정된다.
25) 제3대 文王 때 上京으로 천도하기 전의 수도였다. 위치 비정에 대해서는 蘇密城說, 那丹佛勒城說, 敦化縣說, 西古城子說 등이 있었다. 지금은 和龍 인근의 용두산고분군에서 文王의 넷째 딸 貞孝公主의 무덤이 발굴되고 주변에서 발해 유적들이 함께 발견되면서 서고성을 발해 중경으로 보는 것이 통설이 되었다.
26) 『遼史』 地理志에 "在京東一百三十里"로 되어 있으나, 여기에 보이는 '京'이 무엇인지 확실하지 않아 위치를 알 수 없다. 게다가 요대의 주명은 거란이 발해 유민을 요동 방면으로 강제로 이주시킨 후에 옛 지명을 사용한 경우가 많아 『遼史』 地理志로 위치를 비정하기가 힘들다. 龍井村으로 보기도 한다.
27) 중경 현덕부의 부명 '顯'과 동일하여 顯德府의 부치가 있었던 것으로 보고, 그 위치를 西古城으로 보는 경우가 많다.
28) 『遼史』「地理志」에는 위치가 "在京西南六十里"로 되어 있고, 位城・河端・蒼山・龍珍 4현을 거느리며 遼代에 屬縣을 廢한 것으로 되어 있다. 和田淸은 鐵州라는 이름이 '位城의 鐵'에서 비롯된 것으로 보고,

탕주(湯州)²⁹⁾·영주(榮州)³⁰⁾·흥주(興州)³¹⁾의 6주를 거느리게 하였다. 예맥(濊貊)의 옛 땅을 동경(東京)으로 삼아 용원부(龍原府)³²⁾ 또는 책성부(柵城府)³³⁾라 하고, 경주(慶州)³⁴⁾·염주(鹽州)³⁵⁾·목주(穆州)³⁶⁾·하주(賀州)³⁷⁾의 4주를 거느리게 하였다. 옥저(沃沮)의 옛 땅을 남경(南京)으로 삼아 남해부(南海府)³⁸⁾라 하고, 옥주(沃州)³⁹⁾·정주(睛州)⁴⁰⁾·초주(椒州)⁴¹⁾의

西古城子의 서남, 咸鏡北道 茂山 서북에 철이 많이 생산되기 때문에 이곳을 鐵州로 비정하고 있다.

29) 『遼史』「地理志」에 위치가 "在京西北一百里"로 되어 있고, 屬縣은 靈峰·常豐·白石·均谷·嘉利 5현이 있다. 遼代에 속현을 廢하였고, 湯州治는 北鎭縣과 黑山縣 2현의 부근인 乾州로 되어 있다.

30) 『遼史』「地理志」에 "在京東北一百五十里"로 나오며, 崇山·潙水·綠成의 3현을 거느린다. 『遼史』에는 '崇州'로 되어 있어 '崇州'로 보는 견해가 있다. 延吉 부근으로 비정하기도 한다.

31) 『遼史』「地理志」에 "在京西南三百里"이며, 盛吉·蒜山·鐵山의 3현을 거느린다. 西古城子에서 서남으로 分水嶺을 넘어 豆滿江 하류 일대일 것으로 추정하기도 한다.

32) 발해 5경 가운데 하나이다. 동경은 제3대 文王 大欽茂가 785년 무렵 이곳으로 천도한 이후 제5대 成王 大華璵가 다시 상경으로 천도하는 794년까지 약 10년간 발해의 수도였다. 일명 '柵城府'라고도 하며, 屬州로는 慶州·鹽州·穆州·賀州의 4주가 있다. 위치에 대해서는 琿春설, 함경북도 穩城·鍾城설, 연해주 블라디보스토크설, 니콜리스크(Nikolisk)설 등이 있었다. 1942년에 이르러 琿春의 半拉城(현재 八連城)이 발굴된 이후, 이곳이 동경성이며 혼춘이 동경 용원부 지역임에 이견이 없다(김은국, 2006).

33) 발해 5경 가운데 하나인 東京龍原府의 異稱이다. 책성은 목책을 두른 성이라는 뜻으로, 이미 고구려 때부터 사용된 지명이다. 府治의 위치에 대해서는 발해의 東京城인 八連城과 별도로 부근의 溫特赫部城이나 薩其城으로 보는 설과 延吉의 城子山山城, 興安古城 등으로 보는 설이 있다(구난희, 2017, 134~139쪽). 고구려의 책성은 치소성을 중심으로 광역의 행정단위를 가리키는 '柵城圈'으로 이해하는 연구도 있다(김현숙, 2000, 140·156~157쪽; 김강훈, 2017, 244쪽).

34) 『遼史』「地理志」에 "疊石爲城周圍二十里"라고 하였고, 屬縣으로 龍原·永安·鳥山·壁谷·熊山·白楊의 6현을 거느린다.

35) 『遼史』「地理志」에 "一名 龍河郡"으로, 海陽·接海·格川·龍河의 4현을 거느린다. 和田淸은 Possjet灣 北岸에 顏楚(Yen-Chu) 또는 眼春(Yen-Chun)이라는 지명이 있었던 것이 이 鹽州(Yen-Chou)의 轉訛일지도 모른다는 억측을 하였던 바 있다(1955, 76쪽). 현재는 연해주 크라스키노성으로 보는 것이 통설이다.

36) 『遼史』「地理志」에 "一名 會農郡"으로, 會農·水岐·順化·美縣의 4현을 거느렸다.

37) 『遼史』「地理志」에 "一名 吉理郡"으로, 洪賀·送誠·吉理·石山의 4현을 거느렸다.

38) 남경 남해부의 위치에 대해서는 韓鎭書의 『續海東繹史』 「渤海」에서 北靑설을, 丁若鏞의 『我邦疆域考』 「渤海考」에서 咸興설을 내세운 이래로, 鏡城설(內藤虎次郎, 1907; 松井等, 1913), 북청설(鳥山喜一, 1935; 채태형, 1998), 함흥설(池內宏, 1937; 白鳥庫吉, 1935; 和田淸, 1955), 鍾城설 등의 견해가 있다. 남경과 남해부의 치소는 동일 지역에 있었던 것으로 보이나, 관청이 하나였는지 분리되어 있었는지는 불분명하다. 남해부의 위치 비정에는, 776년 남해부 '吐號浦'에서 발해 사신단이 일본으로 출발했다는

3주를 거느리게 하였다. 고구려의 옛 땅을 서경(西京)⁴²⁾으로 삼아 압록부(鴨綠府)라 하고, 신주(神州)⁴³⁾·환주(桓州)⁴⁴⁾·풍주(豊州)⁴⁵⁾·정주(正州)⁴⁶⁾의 4주를 거느리게 하였다. 장령부(長嶺府)⁴⁷⁾라 하고, 하주(瑕州)⁴⁸⁾·하주(河州)⁴⁹⁾의 2주를 거느리게 하였다. 부여(扶餘)의 옛 땅은 부여부(扶餘府)⁵⁰⁾로 삼아 항상 군센 군사를 주둔시켜서 거란을 막게 하였다. 부주(扶

기록(『續日本紀』)에 부합하는 항구와 남해부의 특산물인 곤포, 즉 다시마가 생산되는 지역이라는 조건이 붙는다. 정약용이 곤포의 주요 산지인 함흥을 남해부로 본 이후로 함흥설은 많은 지지를 받았고, '토호포'를 함흥 서남쪽으로 약 15km 떨어진 '連浦(고려·조선시대 都連浦)'로 추정하였다. 그러나 북한에서 발굴 성과를 토대로 북청군의 청해토성(북청토성)을 남해부로 비정한 이후 북청설이 유력시되고 있다.

39) 『遼史』「地理志」에 沃沮·鷲巖·龍山·濱海·昇平·靈泉의 6현을 거느렸다.

40) 『遼史』「地理志」에 天晴·神陽·蓮池·狼山·仙巖의 5현을 거느렸다. 和田淸(1955)은 위치를 城津으로 추정하였다.

41) 『遼史』「地理志」에 椒山·貂嶺·澌泉·尖山·巖淵의 5현을 거느렸다. 和田淸(1955)은 鏡城으로 비정하였다.

42) 『遼史』「地理志」東京道條에 "淥州 鴨淥軍 節度 本高麗故國 渤海號西京鴨淥府 城高三丈 廣輪二十里"로 나온다. 丁若鏞은 平安北道 慈城 北에서 鴨綠江 對岸으로(『我邦疆域考』「渤海考」), 韓鎭書는 江界府의 滿浦鎭 對岸으로(『續海東繹史』「渤海」), 松井等(1913)은 奉天省 臨江縣 帽兒山으로, 鳥山喜一(1915)은 通溝로 비정하였고, 현재 臨江 지역으로 보는 것이 일반적이다.

43) 『遼史』「地理志」에 神鹿·神化·劍門의 3현을 거느렸다.

44) 『遼史』「地理志」東京道條에 "高麗中都城 故縣三 桓都·神鄕·淇水(淇水) 皆廢 高麗王於此創立宮闕 國人謂之新國 五世孫釗 晉康帝建元初爲慕容皝所敗 宮室焚蕩 … 隸淥州 在西南二百里"로 나와 고구려의 丸都, 즉 지금의 輯安에 위치한 것으로 보인다.

45) 『遼史』「地理志」東京道에는 "渤海置盤安郡 … 隸淥州 在東北二百一十里"로, 安豊·渤恪·隈壤·硤石 외 4현을 거느렸다. 和田淸은 鴨綠江 上源이 厚昌古邑 방면 또는 長白·惠山鎭으로 비정하였다(1955, 78쪽).

46) 『遼史』「地理志」東京道條에 "本沸流王故地 國爲公孫康所倂 渤海置沸流郡 有沸流水 … 隸淥州 在西北三百八十里"라고 되어 있다. 和田淸(1955)은 위치를 通化나 桓仁으로 비정하였다.

47) 위치에 대하여 『滿洲源流考』에서는 "今吉林西南五百里 有長嶺子 滿洲語稱果勒敏珠敦(Golmin Judun, 長嶺의 뜻)"이라고 하고, 지금의 英額門 부근으로 비정하였다. 韓鎭書는 '永吉州 等地'로 비정하였는데(『續海東繹史』「渤海」), 지금의 吉林이다. 津田左右吉(1915)은 輝發河 상류에 있는 北山城子로 보았다.

48) 『滿洲源流考』「疆域」嶺府條에 "按瑕州無考 常爲附郭之州 遼廢"라고 되어 있다.

49) 『신당서』발해전에 '河州'로 나온다. 『遼史』「地理志」東京道條에 "河州 德化軍 置軍器坊"이라고 되어 있다.

50) 부여부의 위치에 대해서는 開原縣설, 農安설, 阿城설, 昌圖 북쪽 四面城설 등이 있는데, 현재 농안설이

州)⁵¹⁾·선주(仙州)⁵²⁾의 2주를 거느렸다. 막힐부(鄭頡府)⁵³⁾는 막주(鄭州)⁵⁴⁾·고주(高州)⁵⁵⁾의 2주를 거느렸다. 읍루(挹婁)의 옛 땅은 정리부(定理府)⁵⁶⁾로 삼아 정주(定州)⁵⁷⁾·심주(瀋州)⁵⁸⁾의 2주를 거느리게 하였다.【심주는 곧 주(周)나라 말기에 포청한(蒲淸汗)으로 불렸다. 한(漢)나라 때의 진번군⁵⁹⁾이다.】안변부(安邊府)⁶⁰⁾는 안주(安州)·경주(瓊州)의 2주를 거느렸다. 솔빈(率濱)의 옛 땅은 솔빈부(率濱府)⁶¹⁾로 삼아 화주(華州)⁶²⁾·익주(益州)·건주(建州)⁶³⁾의

유력하다. 속주로는 扶州·仙州의 2주를 거느렸다. 발해의 수도인 上京龍泉府로부터 거란으로 통하는 거란도의 길목이어서, 발해는 부여부에 항상 날랜 병사를 거주시켜 契丹을 방비하게 하였다.

51) 『遼史』「地理志」 東京道 通州條에 속현 扶餘·布多·顯義·鵲川 중에 보인다. 『滿洲源流考』「疆域」에는 開原 부근으로 金毓黻은 昌圖 부근으로 比定하였다(『渤海國志長編』「地理志」).

52) 『遼史』「地理志」 東京道 通州條에 渤海 시기 强師·新安·漁谷의 3현을 거느린 것으로 나온다. 和田淸은 北流 松花江 부근으로 비정하였다(1955, 82쪽).

53) 『遼史』「地理志」 東京道 韓州條에 "… 本槀離國舊治柳河縣 高麗置鄭頡府 都督鄭·頡二州 渤海因之 …" 라고 하여 고구려 때부터 있었던 것으로 나온다. 金毓黻은 農安 북쪽으로 比定하였고(『渤海國志長編』「地理考」), 和田淸(1955)은 阿城 부근으로 비정하였다.

54) 屬縣에 奧喜·萬安의 2현이 있었다.

55) 『遼史』「地理志」에는 頡州로 되어 있다.

56) 위치에 대하여 『盛京通志』와 『大淸一統志』에서 熱河의 承德城으로 比定하였고, 韓鎭書는 寧古塔 부근으로(『續海東繹史』「渤海」), 松井等(1913)과 金毓黻은 烏蘇里江 부근으로, 和田淸(1955)은 沿海州의 Olga 부근으로 비정하였다.

57) 一名 安定郡이라고 하며, 定理·平邱·巖城·慕美·安夷의 5현을 거느렸다. 和田淸(1955)은 沿海州 南部인 蘇城(Suchan) 부근으로 비정하였다.

58) 『遼史』「地理志」 東京道條에 '瀋州'로 되어 있고 9현을 거느렸다.

59) 그 위치에 대해서는 크게 낙랑군의 북쪽과 남쪽으로 견해가 나뉜다. 지금의 황해도 일대, 즉 慈悲嶺 이남 한강 이북의 땅에 설치되었다고 보는 견해가 유력하다. 하지만 유득공은 『四郡志』에서 북쪽의 고구려 지역으로 보았다.

60) 위치에 대해 金毓黻은 烏蘇里江 유역으로 비정하였다(『渤海國志長編』卷14「地理考」). 和田淸(1955)은 定理·安邊 2부가 挹婁의 故地로 서로 근접하다고 보고 金代의 錫林路로서 Olga 지방인 것으로 비정하였다.

61) 그 이름이 綏芬河와 발음이 유사하여 현재 수분하 지역으로 보는 것이 통설이다. 率賓府의 이름은 遼代에도 그대로 쓰였으나, 金·元代에는 '恤品'·'速頻'·'蘇濱'의 이름으로 史書에 보이며, 淸代에는 綏芬路로 알려져 있었다.

62) 위치는 미상이다. 金毓黻은 華州를 率賓府의 首州로 보고, 요나라가 폐지한 뒤 발해민을 康州로 옮긴 것으로 추정하였다(『渤海國志長編』「地理考」). 『遼史』「地理志」 康州조에 "발해 솔빈부의 인호를 옮겨

3주를 거느리게 하였다. 불열(拂涅)의 옛 땅은 동평부(東平府)64)로 삼아 이주(伊州)·몽주(蒙州)·타주(沱州)·흑주(黑州)·비주(比州)의 5주를 거느리게 하였다. 철리(鐵利)의 옛 땅은 철리부(鐵利府)65)로 삼아 광주(廣州)·분주(汾州)·포주(浦州)·해주(海州)·의주(義州)·귀주(歸州)의 6주를 거느리게 하였다. 월희(越喜)의 옛 땅은 회원부(懷遠府)66)로 삼아 달주(達州)·월주(越州)·회주(懷州)·기주(紀州)·부주(富州)·미주(美州)·복주(福州)·사주(邪州)·지주(芝州)의 9주를 거느리게 하였다. 안원부(安遠府)67)는 영주(寧州)·미주(郿州)·모주(慕州)·상주(常州)의 4주를 거느리게 하였다. 또 영주(郢州)68)·동주(銅州)69)·속주(涑州)70)의 3주는 독주주(獨奏州)71)로 삼았다. 속주는 속말강(涑沫江)에 가깝기 때문인데, 대개

설치하였다"라는 기록에 근거한다.

63) 和田淸(1955)은 三岔口로 불리던 東寧의 서북에는 大城子·小城子 등의 遺址가 있는데, 建州·盆州 2주 중 하나는 이곳일 것으로 보았다.

64) 拂涅部의 위치에 대해 논란이 있는 것과 마찬가지로, 동평부의 위치에 대해서도 여러 설이 있다. 흑수말갈의 일부가 발해 후기에 복속된 것으로 보지만, 행정구역 설치가 확인되고 있지 않은데, '黑州'와 '黑水'의 흑이 같은 글자이기 때문이다.

65) 鐵利는 말갈 7부 중에는 그 명칭이 없으나, 발해 건국 초기부터 고구려와 관계가 깊었던 불열, 월희 말갈과 함께 활동한 것으로 보아, 고구려 당시부터 있었고 고구려와 밀접한 관련이 있었던 것으로 보인다. 위치에 대해서는 圖們江北·與凱湖의 南說(丁若鏞, 「渤海考」), 黑龍·烏蘇里江下流 地域說(松井等, 1913; 鳥山喜一, 1915), 木丹江流域說(津田左右吉, 1916), 阿什河流域說(池內宏, 1916), 松花江下流域의 依蘭地域說(小川裕人, 1937) 등이 있다.

66) 위치에 대해서는 발해 중심부에서 매우 먼 지역일 것으로 추정되며, 중국 黑龍江省 依蘭縣의 烏蘇里江과 松花江이 만나는 지역설, 연해주 동해가설, 흑룡강성 同江縣설 등이 있다.

67) 『遼史』「地理志」東京道 慕州條에 "本渤海安遠府地 故縣二 慕化·崇平 … 棣淥州 在西二百里"라고 하여 屬縣으로 慕化·崇平의 2현을 거느렸다. 西京 鴨淥府의 府治인 淥州 서북으로 200리에 있다고 하여 鴨綠江과 輝發河의 중간인 柳河縣으로 비정하기도 하며, 韓鎭書는 黑龍江 유역으로 비정한 바 있다(『續海東繹史』「渤海」). 松井等과 和田淸은 松花江 하류로(松井等, 1913, 419쪽; 和田淸, 1955, 106~107쪽), 金毓黻은 興凱湖 東岸인 것으로 비정하였다(『渤海國志長編』「地理考」).

68) 和田淸(1955)은 鐵利·越喜와 上京龍泉府를 연결하는 大道 上의 요충으로 寧古塔 북쪽 어딘가로 비정하였다.

69) 『遼史』「地理志」咸州條에 "渤海置銅山郡 地在漢候城縣北 渤海龍泉府南 地多山險 寇盜以爲淵藪 …"라고 하여 지금의 開原인 遼金時代의 咸州로 비정되기도 하였으나, 이 지역은 평지로 산이 많고 험하다는 동주의 지세와 맞지 않다. 동주의 이름은 銅 산지와 관련 있을 것으로 추정된다.

70) 『吉林通志』「沿革志」涑州條에 吉林에서 북으로 약 65리인 打牲烏拉으로 비정한 이후 대체로 이를

속말수(粟末水)라는 것이다. 그 예악(禮樂)과 관부(官府) 제도는 대체로 중국을 모방하였다고 한다.

○ 권제13, 경애왕(景哀王) 원년

乙酉【後唐同光三年】元年【甄萱二十六[72)]年 高麗太祖八年】春三月, 高麗宮城東蚯蚓出, 長七十尺, 時謂渤海國來投之應.

을유【후당 동광 3년】[경애왕] 원년(925)【견훤 26년,[73)] 고려 태조 8년】 봄 3월, 고려의 궁성(宮城) 동쪽에서 지렁이가 나왔는데, 길이가 70척이나 되었다. 그때 발해국(渤海國)이 와서 투항할 징조라고 말하였다.

○ 권제13, 경애왕(景哀王) 2년

【後唐同光四年 明宗天成元年】二年【甄萱二十七年 高麗太祖九年】… 秋七月,[74)] 契丹主阿保機滅渤海國. 初契丹之先出於東胡. 世雄朔漠, 其國凡八部. 常推其一部大人, 建旗鼓以主號令. 至唐季, 諸部多微, 而遙輦氏世掌國政, 始築城邑, 部益盛强. 阿保機生而英異, 數立功, 國人服之. 天祐丁卯春正月, 其衆請阿保機爲可汗, 阿保機乃命設壇告天, 卽皇帝位. 群臣上尊號曰天皇帝, 后述律氏地皇后. 至是契丹主謂左右曰: 渤海我世讎也, 宜先用兵. 乃大擧攻渤海大諲譔, 圍忽汗城. 大諲譔戰敗乞降, 遂滅. 渤海改爲東丹國, 忽汗爲天福城, 冊長子突[75)]爲人皇王, 以主之. 置諲譔

따라 길림 인근으로 본다.

71) 『滿洲源流考』 「疆域」에 "獨奏之義 猶今直隷州 不轄於府 而事得專達也"라고 하여 중간 보고자(즉 府)를 거치지 않고 곧바로 중앙에 보고하는 직할주를 가리킨다고 보았다.

72) 『동국통감』에는 '三十四'.

73) 견훤 34년이다.

74) '秋七月' → '正月'(『遼史』 太祖紀, 天顯 원년 正月조).

75) '突' → '突欲'.

> 於臨潢之西, 賜名曰烏魯古. 於是渤海世子大光顯及將軍申德禮部卿大和鈞工部卿
> 大福開國男朴漁等, 率其餘衆, 前後來奔高麗者, 數萬戶. 麗王待之甚厚, 賜光顯姓
> 名王繼, 附之宗籍, 使奉其祀, 僚佐皆賜爵.

【후당 동광 4년, 명종 천성 원년】 [경애왕] 2년(926)【견훤 27년,[76] 고려 태조 9년】 … 가을 7월, 거란주(契丹主) 아보기(阿保機)가 발해국을 멸망시켰다. 처음 거란의 선조는 동호(東胡)에서 나왔다. 대대로 삭막(朔漠)에서 웅거하였고, 그 나라는 모두 8부(部)이다. 항상 그중 한 부의 대인(大人)을 추대하여 깃발과 북을 세워서 호령(號令: 지휘와 명령)을 주관하였다. 당나라 말기에 이르러 여러 부가 많이 약해지자, 요련씨(遙輦氏)가 국정을 대대로 장악하게 되면서, 비로소 성읍을 쌓고 부가 날로 강성해졌다. 아보기는 나면서부터 영특함이 남달랐으며, 자주 공을 세우자 나라 사람들이 그에게 복종하였다. 천우(天祐) 정묘(907) 봄 정월에, 그 무리가 아보기에게 가한(可汗)이 될 것을 청하였다. 아보기가 이에 제단을 설치하여 하늘에 알리고 황제로 즉위하였다. 신하들이 존호를 올려 천황제(天皇帝)라고 하였고, 황후 술율씨(述律氏)는 지황후(地皇后)라고 하였다. 이때에 이르러 거란주가 좌우에게 일러 말하기를, "발해는 우리와 대대로 원수였다. 마땅히 먼저 병사를 써야 한다"고 하였다. 이내 대거 발해 대인선을 공격하고, 홀한성(忽汗城)을 포위하였다. 대인선이 싸움에서 패배하여 항복할 것을 애걸하였고, 결국 멸망하였다. 발해를 고쳐 동단국(東丹國)이라 하고, 홀한성을 천복성(天福城)이라 하였다. 맏아들 돌[욕](突[欲])[77]을 책봉하여 인황왕(人皇王)으로 삼고, 이를 주관하게 하였다. 인선을 임황(臨潢)[78]의 서쪽에 두고는, 이름을 내려 오로고(烏魯古)라고 하였다. 이에 발해 세자(世子) 대광현(大光顯)과 장군 신덕(申德), 예부경(禮部卿)[79] 대화균(大和均), 공부경(工部卿)[80] 대복(大福), 개국남(開國男) 박어(朴漁) 등이 남은 무리를 거느리고, 전후

---

76) 견훤 35년이다.

77) 요나라 태조인 야율아보기의 장자인 耶律倍이다.

78) 요나라 수도인 上京 臨潢府. 중국 內蒙古自治区 赤峰市 巴林左旗 林東鎮 남쪽에 위치한다.

79) 발해의 중앙행정기구인 政堂省 아래에 설치된 忠·仁·義·智·禮·信 등 6부 중 禮部의 우두머리인 卿을 일컫는다.

80) 『新唐書』 발해전에 소개된 발해의 관직에는 보이지 않지만, 정당성 右六司에 속한 信部의 장관으로 추정된다. 공부경의 존재는 『五代會要』 卷30, 後唐 清泰 3년 2월조 "… 政堂省工部卿烏濟顯 …"의 기록

로 고려에 도망하여 온 자가 수만 호였다. 고려왕이 매우 후하게 대우하여, 광현에게는 왕계(王繼)라는 성명을 내려주고, 종적(宗籍)에 붙여서 그 제사를 받들게 하였고, 요좌(僚佐)에게도 모두 벼슬을 주었다.

○ 권제13, 경순왕(敬順王) 원년

【後唐天成三年】元年【甄萱二十九年, 高麗太祖十一年】… 渤海人隱繼宗等來附. 見於天德殿三拜, 人謂失禮. 大相舍弘曰: 失土人三拜, 古之禮也.

【후당 천성 3년】 [경순왕] 원년(928)【견훤 29년,[81] 고려 태조 11년】… 발해인 은계종(隱繼宗) 등이 내부하였다. 천덕전(天德殿)에서 알현할 때에 세 번 절을 하니, 사람들이 예에 어긋난다고 하였다. 대상(大相) 함홍(舍弘)이 말하기를, "나라를 잃은 사람이 세 번 절하는 것은 옛날의 예이다"라고 하였다.

에서도 확인된다(한규철, 1997, 5쪽).
81) 견훤 37년이다.

발해사 자료총서 – 한국사료 편 권1

23. 『동국역대총목(東國歷代總目)』

일명 『역대총목(歷代總目)』이라고도 한다. 홍만종(洪萬宗, 1643~1725)이 단군조선부터 조선 현종에 이르는 우리나라 역사를 정통론(正統論)의 입장에서 정리한 책으로서, 1705년(현종 31)의 서문(序文)이 붙어 있다.

발해에 관한 기사는 두 군데에서 보인다. 하나는 713년에 당나라가 대조영을 발해군왕으로 봉한 사실을 전하면서 발해에 관한 개괄적인 설명을 덧붙이고 있는 것이고, 다른 하나는 926년 발해 멸망에 대해 언급하면서 거란에 관한 개괄적 설명을 달고 있는 것이다. 그리고 발해 기사를 신라사 안에 삽입해놓았다는 점에서 『동국통감(東國通鑑)』, 『동국사략(東國史略)』, 『동사찬요(東史纂要)』, 『동사보유(東史補遺)』, 『동국통감제강(東國通鑑提綱)』의 흐름을 계승하고 있다.

아래 원문은 규장각 소장 〈가람古951.01-H758d〉본을 저본으로 삼았다.

○ 성덕왕(聖德王) 12년

【癸丑】大祚榮據太伯山【今寧邊妙香山】東, 唐封爲渤海郡王.【渤海本粟末靺鞨, 卽高句麗別種. 祚榮父乞乞仲象與其徒, 渡遼水, 保太伯山東. 仲象死, 祚榮嗣, 驍勇善騎射. 高句麗餘燼, 稍稍歸之, 乃建國, 自號震國. 地方千[1])里, 有兵數萬. 盡得扶餘沃沮朝鮮諸國之地, 至是唐封爲渤海郡王.】

---

1) '千'→'五千'.

【계축】 [성덕왕 12년(713)] 대조영이 태백산(太伯山)【지금 영변의 묘향산】 동쪽[2]에 머물렀는데, 당나라가 책봉하여 발해군왕(渤海郡王)으로 삼았다.【발해는 본래 속말말갈로, 곧 고구려 별종[3]이다. 조영의 아버지 걸걸중상이 그 무리와 함께 요수를 건너 태백산 동쪽을 차지하였다. 중상이 죽자 조영이 계승하였다. 날래고 용감하며 말타기와 활쏘기를 잘하였다. 고구려의 남은 무리가 점점 그에게 돌아오자, 이내 나라를 세우고 스스로 진국(震國)이라 하였다. 영토는 사방 1천 리(5천 리의 잘못)이고 수만의 군사가 있었다. 부여·옥저·조선 등 여러 나라의 땅을 모두 얻었다. 이때에 이르러 당이 발해군왕으로 책봉하였다.】

---

2) 발해 건국지에 대해 『삼국사기』 권46, 열전 6, 최치원전에는 의봉 3년(678) '태백산 아래'로, 『삼국유사』에서 인용한 『신라고기』에는 '태백산 남쪽'으로, 『제왕운기』에는 '태백산 南城'으로, 『삼국사절요』에는 '태백산 동쪽'으로 나온다.

3) 원전은 『舊唐書』 발해말갈전의 "본래 고려의 별종(本高麗別種)"과 『新唐書』 渤海傳의 "본래 속말말갈로 고[구]려에 붙은 자(本粟末靺鞨附高麗者)"라는 기록이다. 그런데 이 大祚榮의 출신이나 발해의 구성원에 대해서는 같은 사료를 놓고 다양한 해석이 있었다. 고려와 조선에서는 대조영의 출신을 高句麗 계통으로 보는 경향이 있는데, 李承休의 『帝王韻記』와 柳得恭의 『渤海考』가 대표적이다. 일본에서는 대체로 속말말갈이나 여진 계통으로 보았다. 발해국의 주체는 靺鞨族이지만, 대조영은 고구려 別部 출신으로 보는 경우(鳥山喜一, 1915), 새로운 종족으로 발해말갈을 이해하는 경우(池內宏, 1916), 지배층은 고구려인, 피지배층은 말갈인으로 보는 경우(白鳥庫吉, 1933)도 있다. 현대에 들어와서 발해사 연구를 촉발한 대표적인 연구자는 북한의 박시형이다. 그는 발해국의 성립에 중심 역할을 한 것은 고구려 멸망 후 요서 지방으로 이주된 고구려인 집단이었고, 이들을 조직하여 지휘한 것이 고구려 장수인 대조영이라고 하였다. 고구려 왕실의 일족 또는 고구려 계통의 귀족 출신들이 거의 권력을 독점하였고, 문화 방면에서도 고구려의 문화가 주도적 역할을 하였다고 보았다(박시형, 1979; 송기호 해제, 1989). 한국의 李龍範도 발해의 주체가 고구려 유민이었음을 주장하였다(李龍範, 1981). 이후 한국 학계에서는 기본적으로 대조영을 고구려 계통으로 보았으나, 종족은 속말말갈로 고구려에 옮겨와 정착하여 동화된 인물, 즉 말갈계 고구려인으로 보기도 한다(송기호, 1995). 말갈의 명칭 자체를 고구려 변방 주민이나 중국 동북 지역민에 대한 비칭·범칭으로 보고, 발해의 구성원이 된 말갈은 흑수말갈과 구분되는 예맥계인 고구려 말갈이며 대조영은 고구려인으로 속말강(송화강) 지역민이라고 보는 견해도 있다(한규철, 1988; 2007). 중국 학계에서는 근대 초기에 양면적 인식이 보였다. 대표적인 학자는 金毓黻이다(1934, 『渤海國志長編』). 그러나 중화인민공화국이 수립된 이후에는 발해사를 중국의 소수민족사로 보고 고구려계승성을 부정하며 말갈을 강조하는 입장이다. 한편 19세기 중반 연해주 지역을 차지하였던 러시아에서는 자국의 極東 지역 소수민족사의 일부로서 관심을 갖고 발해를 말갈족의 역사로 규정하며 대조영 역시 말갈인으로 보고 있다. 이 밖에 소수 설로 말갈 중 대조영을 백산말갈 출신으로 보는 경우도 있다(津田左右吉, 1915; 李健才, 2000).

○ 경애왕(景哀王) 3년

【丙戌】契丹滅渤海爲東丹國.【契丹在我國北界女眞之東, 卽今建州衛. 梁史曰: 契丹東胡種也. 其先國在橫山, 本鮮卑舊地. 元魏時, 自號契丹. 至梁均王時, 阿保機幷渤海諸國, 始稱帝建元. 至石晉高祖時, 改號遼. 後大擧入寇, 執出帝以歸. 宋眞宗時, 又入寇抵澶淵, 眞宗親征, 約和爲兄弟. 徽宗時, 金約宋, 共滅之.】

【병술】[경애왕 3년(926)] 거란이 발해를 멸망시키고 동단국(東丹國)으로 삼았다.【거란은 우리나라 북쪽 경계의 여진 동쪽에 있으니 곧 지금의 건주위(建州衛)이다. 『양사(梁史)』에서 말하기를 "거란은 동호 종족이다. 그 선조의 나라는 횡산(橫山)에 있으니 본래 선비(鮮卑)의 옛 땅이다. 원위(元魏) 때에는 스스로 거란이다"라고 하였다. 양(梁)나라 균왕(均王) 때에 이르러 [야율]아보기(阿保機)가 발해와 여러 나라를 아우르고, 비로소 황제를 칭하며 연호를 세웠다. 석진(石晉) 고조(高祖) 때에 이르러 요(遼)로 고쳐 불렀다. 뒤에 대거 들어와 노략질하고, 출제(出帝)를 잡아 돌아갔다. 송(宋)나라 진종(眞宗) 때에 또 쳐들어와 단연(澶淵)까지 다다르자, 진종이 친정하여 형제로서 화친을 약속하였다. 휘종(徽宗) 때에는 금(金)나라가 송나라와 약조하여 함께 거란을 멸망시켰다.】

24. 『동사회강(東史會綱)』

　　임상덕(林象德, 1683~1719)이 삼국 건국부터 고려 공민왕까지의 역사를 주희(朱熹)의 『자치통감강목(資治通鑑綱目)』을 본받아 편년체(編年體)로 저술한 것이다. 그의 문집인 『노촌집(老村集)』에 실린 「동사회강 서[東史會綱序]」가 1711년(숙종 37)에 작성된 것으로 보아 이 무렵에 완성되었을 것이다. 이 책은 유계(兪棨, 1607~1664)의 『여사제강(麗史提綱)』(1667)을 보완하기 위해 집필한 것이며, 후일 안정복(安鼎福)의 『동사강목(東史綱目)』 저술에 많은 영향을 끼쳤다. 총 27권 10책으로 되어 있다.

　　발해사 내용은 713년(신라 성덕왕 12년) 대조영(大祚榮)의 발해군왕 책봉(권3 하)부터 시작하여 1030년(고려 현종 21) 대연림(大延琳)의 난 평정(권5 상)까지 보이고, 대체로 『동국통감(東國通鑑)』에 실린 내용을 강목체(綱目體)로 재편성하고 있다. 이렇게 발해사를 신라사와 고려사에 붙여서 서술하는 태도는 역시 조선 초기 이래의 전통을 고수하고 있음을 보여준다.

　　임상덕의 발해사 인식이 나타나는 곳은 「부 논변제조(附論辯諸條)」이다. '삼한 지방의 변(三韓地方之辨)'에서 함경도와 평안도 등의 지방은 모두 말갈(靺鞨)이 침점(侵占)한 곳이라 하면서, 말갈이 발해국이 되었다고 하였다. 말갈이 발해가 되었다는 언급은 '동방 지명의 변(東方地名之辯)'에도 동일하게 나타난다. 따라서 그는 발해를 우리나라에 넣지 않은 셈인데, 이것은 「연표(年表)」에 발해를 포함시키지 않은 것으로도 확인된다.

　　「논변」에는 지리 고증도 실려 있다. 먼저 발해가 변한(弁韓) 땅을 취하였다는 기록을 근거로 고구려 땅에도 변한이 있었다고 주장하는 데에 이견을 표시하였다. 원래의 변한은 남쪽에 있었고 단지 삼한시대에 서로 뒤섞이면서 변한을 칭한 집단이 북쪽에도 있었을 것이라고 설명하였다. 또한 패강(浿江) 이북의 땅이 발해에 속하였다가 발해가 쇠약해진 뒤에 궁예(弓

裔)가 이를 취하였고 나중에 고려 서경(西京)의 관할이 되었음을 밝히면서, 평양의 건치 연혁에서 당나라가 안동도호부를 두었다가 나중에 신라 영토로 편입되었다는 말은 잘못된 것이라고 지적하였다. 이 두 가지 지리 고증은 뒤의 학자들이 계속적으로 관심을 갖는 부분이 되었다.

아래 원문은 규장각 소장 〈奎5328〉본을 저본으로 삼았다.

○ 부 논변(附論辯), 삼한지방지변(三韓地方之辯)

> 又按, 卞韓地方見於史書者, 獨有一處, 可疑. 新羅聖德王十二年, 敍渤海國幅員, 有曰盡得扶餘沃沮弁韓朝鮮諸國云云, 此皆勾麗舊境. 粵高氏之亡, 浿南之地屬新羅, 其西北之地屬中國, 東北之地盡入靺鞨,【疑今咸鏡平安道等地方, 皆爲靺鞨所侵占.】而靺鞨爲渤海國. 以此言之, 麗境固自有弁韓矣, 却怪吉昌不引此爲證, 而苟且牽合弁韓苗裔在樂浪之說, 何也. 然反覆攷詳中國文籍及東史所載, 弁韓地分, 決無越在東北界之理, 豈東方別有二弁韓耶. 東方地名, 如二東暆三帶方之類, 甚衆. 意者, 三韓之世, 蠻觸紛紜, 隨其所在, 輒立名號, 故重複錯互, 如南北朝江南九州之名者多有之. 渤海域內, 所謂卞韓, 恐亦此類, 且以卞韓苗裔在樂浪之說, 細尋其文義, 則似謂卞韓部種有入樂浪之域, 而冒卞韓舊號者, 此則理, 亦或然. 要之, 三韓本界分, 則東辰西馬南卞, 不可易也.

또 살펴보건대 변한 지방이 사서(史書)에 보이는 것은 오직 한 곳으로 가히 의심스럽다. 신라 성덕왕 12년에 발해국의 [땅] 너비와 인구를 서술하며, "부여·옥저·변한·조선의 여러 나라를 다 차지하였다"라고 운운하였는데, 이것은 모두 [고]구려의 옛 지경이었다. 대체로 고씨(高氏)가 멸망한 뒤 패수(浿水) 이남의 땅은 신라에 속하였고, 그 서북의 땅은 중국에 속하였으며, 동북의 땅은 모두 말갈에 들어갔다.【아마 지금의 함경도, 평안도 등의 지방이 모두 말갈에게 침탈되어 점거된 것이 아닌가 한다.】 그리고 말갈이 발해국이 되었다. 이것으로 고구려의 지경에 굳이 변한이 있다고 말하는 것은, 도리어 이상하니 길창(吉昌)[1]이 이를 인용하지 않은 것이 증거이다. 또 구차하게 변한의 후예가 낙랑에 있었다는 설과 서로 합치는

---

1) 權近(1352~1409)을 가리킨다. 吉昌君에 봉해진 것에서 연유한다.

것은 무슨 까닭인가? 그러나 반복하여 중국의 서적과 동사(東史)에 기재된 것을 자세히 살펴보면, 변한의 땅이 나뉘어 결코 동북의 경계를 넘지 않았는데, 어찌 동방에 따로 두 변한이 있었겠는가. 동방의 지명은 두 개의 동이(東暆)와 세 개의 대방(帶方)과 같은 부류가 매우 많다. 아마도 삼한 시기에 보잘것없이 시끄럽게 싸우면서 그 머무는 곳에 따라 번번이 이름을 세웠기 때문에 중복되고 서로 섞여버렸을 것이다. [중국] 남북조(南北朝)에 강남(江南) 9주(州)의 이름이 다 있는 것과 같다. 발해 영역 내의 이른바 변한도 아마 역시 이러한 종류일 것이다. 또한 변한의 후예가 낙랑에 있다는 설은, 그 문장의 뜻을 자세히 살펴보면 변한의 부종(部種)이 낙랑 지역에 들어가서 변한의 옛 호칭을 그대로 사용한 것이라고 할 수 있다. 이것이 이치에 맞으며, 또한 혹 그러했을 것이다. 요컨대 삼한의 본래 경계의 구분은 곧 동쪽이 진한, 서쪽이 마한, 남쪽이 변한으로서 바뀔 수가 없다.

○ 부 논변(附論辯), 동방지방지변(東方地名之辯)

又按, 百濟始祖十三年云, 百濟東有樂浪, 北有靺鞨, 以地方推之, 當云西有樂浪, 而云東者, 豈字之誤耶, 未可曉也. … 不咸山, 據史, 北沃沮靺鞨皆云在不咸山北, 以此推之, 似在我國界內, 而不知今之何山爲古之不咸也. 大抵高句麗初起玄菟, 漸南遷樂浪之域, 而其東北西北兩面之地, 或入於上國, 或入於靺鞨, 靺鞨後爲渤海, 又後爲野人女眞. 上國遼東之地, 亦前爲鮮卑所據, 後爲女眞蒙古所雜居, 故曠絶荒亂, 圖籍不詳, 今無所攷. 夫子所云, 吾猶及史之闕文者, 正此類也. 浿帶二水, 百濟始祖渡浿帶二水, 登漢山負兒岳, 又始祖三十七年, 大旱, 漢水東北部落亡入高句麗, 浿帶之間, 空無居民云云, 則帶水當在今漢北之地, 而輿志只以浿水爲猪灘, 帶水無所見, 未知漢北何水爲古之帶水也. … 按史, 新羅文武王侵幷句麗舊境, 唐將李謹行等, 每與靺鞨, 合兵攻之. 及句麗南境【卽浿南也】之地, 皆入於羅, 李謹行等連歲經略, 不能克. 文武十七年, 唐移安東府於遼東新城, 而渤海地方, 旣曰盡有朝鮮諸國, 又曰地方五千里, 爲海東盛國, 則大氏安東府移新城之後, 唐已棄平壤, 而平壤以北, 遂盡入於渤海. 及渤海衰弱, 不能遠有浿西, 而新羅亦政亂, 不能經略疆場, 弓裔取之, 初置十三鎭, 至麗祖時, 始爲西京盛府也. 麗祖元年, 以平壤故都荒廢, 蕃人遊獵其間, 恐因以侵掠邊邑, 遂爲大都護, 遣王式廉鎭之. 以此觀之, 則當時浿西猶荒

> 廢, 蕃鞨猶出沒, 當初浿西之本入於渤海, 可知. 麗祖三年, 渤海爲契丹所滅, 而成宗十三年, 契丹蕭遜寧侵高麗, 聲言欲取高句麗故地, 其言曰: 汝國興新羅地, 勾麗之地, 我所有也, 而汝侵蝕之. 麗朝羣臣亦欲割西京以北與之, 自黃州至岊嶺爲界, 其所議分界之處, 正與新羅九州合, 而契丹所云, 侵蝕處, 正是浿西之地, 以此觀之, 新羅之世, 平壤以北入於渤海, 而新羅所統只是三韓地方, 尤無疑矣. 輿覽平安道卷, 以爲新羅文武王滅句麗, 遂幷其地, 平壤建置沿革條, 以爲唐置安東府, 以兵鎭之, 唐兵旣去, 其地皆入於新羅云云者, 攷之不精也.

살펴보건대 백제 시조 13년에 이르기를, 백제 동쪽에 낙랑이 있고 북쪽에는 말갈이 있다고 하였다. 지방으로 미루어 보면 마땅히 서쪽에 낙랑이 있어야 하는데, 동쪽이라 한 것이 어찌 글자의 잘못이겠는가? 아직 알 수가 없다. … 불함산은 사료에 의거하면, 북옥저와 말갈이 모두 불함산 북쪽에 있다고 하였다. 이로써 미루어보면 우리나라 경내에 있는 듯하나, 지금은 어느 산이 옛 불함산인지 알지 못한다. 대개 고구려는 처음에 현토에서 일어나 점차 남쪽 낙랑의 영역으로 옮겼다. 그리고 그 동북과 서북의 양쪽 땅은 혹은 상국(上國: 중국)에 들어가고 혹은 말갈에 들어갔다. 말갈이 뒤에 발해가 되고, 또 뒤에 야인여진(野人女眞)이 되었다. 상국의 요동 땅은 또한 전에는 선비에게 점거되었다가 뒤에 여진, 몽고가 섞여 살게 되었다. 따라서 오랫동안 텅 비고 매우 어지러워져, 지도와 서적이 자세하지 않아서 지금은 상고할 것이 없다. 공자께서 "나는 오히려 사관(史官)이 글을 빼놓은 것에 미쳤다"라고 한 것이 꼭 이러한 종류이다.

패수(浿水)와 대수(帶水) 두 물은, 백제 시조가 패수와 대수 두 물을 건너 한산(漢山)과 부아악(負兒岳)[2]을 올랐고, 또 시조 37년에 크게 가물어서 한수(漢水) 동북의 부락이 고구려로 도망해 들어가니, 패수와 대수 사이가 비어서 사는 백성이 없다고 하였다. 즉 대수는 지금 한수 북쪽의 땅에 있는 것이 마땅하다. 『여지(輿志)』에는 단지 패수를 저탄(猪灘)이라 하고, 대수는 보이지 않으니 한수 북쪽의 어느 물이 옛 대수인지는 모르겠다. … 사료를 살펴보건대 신라 문무왕이 고구려의 옛 지경을 침략하여 병탄하고, 당나라 장수 이근행 등이 매번 말갈과

---

[2] 북한산의 옛 이름.

함께 군사를 합하여 신라를 공격하였다. 고구려의 남쪽 경계【즉 패수 남쪽】땅이 모두 신라에 들어가게 되어, 이근행 등이 해마다 경략했으나 이길 수 없었다. 문무왕 17년에 당이 안동도호부(安東都護府)³⁾를 요동의 신성(新城)⁴⁾으로 옮겼다. 발해의 지방은 이미 조선의 여러 나라를 다 소유했다고 하고, 또 영토는 사방 5천 리로 해동성국이 되었다고 말하니, 대개 안동도호부가 신성으로 옮긴 뒤이다. 당나라는 이미 평양을 버렸으며, 평양 이북은 마침내 모두 발해에 들어갔다. 발해가 쇠약해지자 멀리 패수 서쪽을 소유할 수 없었고, 신라도 역시 정치가 어지러워져 강역을 경략할 수 없었다. 궁예가 이를 취하여 처음에 13진을 설치하였다. 고려 태조 때에 이르러 비로소 서경성부(西京盛府)가 되었다. 고려 태조 원년에 평양의 옛 도읍이 황폐해져 번인들이 그 사이를 다니며 사냥하다가 변경의 마을을 침략할 것을 염려함으로 인해, 드디어 대도호(大都護)로 삼아 왕식렴을 보내 지키게 하였다. 이를 보건대 당시 패수 서쪽은 오히려 황폐하여 말갈이 출몰한 것이니, 당연히 처음에 패수의 서쪽은 본래 발해에 들어갔음을 알 만하다. 고려 태조 3년에 발해가 거란에게 멸망당하였다. 성종 13년에 거란의 소손녕이 고려를 침략하여, 소리쳐 말하길 "고구려의 옛 땅을 취하고자 한다"고 하였다. 그 말이 "너희 나라는 신라 땅에서 일어났고 고구려 땅은 우리의 소유인데, 너희들이 침범하여 잠식하였다"라고 하였다. 고려 조정의 신하들이 또한 서경 이북의 땅을 떼어주고 황주(黃州)로부터 절령(岊嶺)까지 경계로 삼으려 하였다. 그 경계를 나눌 곳으로 의논한 것이 바로 신라 9주와 같다.

---

3) 668년 당나라가 고구려를 멸망시킨 뒤 평양에 안동도호부를 설치하고, 薛仁貴를 도호부사로 삼아 고구려 땅을 통치하도록 하였다. 고구려 부흥운동이 일어나고 신라가 고구려·백제 유민과 함께 당에 항쟁을 펼치자, 당은 한반도에서 물러나 676년 도호부를 遼東의 遼陽 지역으로 옮겼고, 677년에 다시 新城으로 옮겼다. 696년에는 요서 지역인 營州에서 거란 李盡忠의 난이 일어나며, 요동 지역 역시 전란에 휩싸였다. 대조영이 이끄는 고구려 유민과 말갈인들이 天門嶺전투에서 승리하며 발해 건국에 성공한 이후 요동에서 당의 세력은 크게 약화되었고, 당은 699년에 안동도호부를 안동도독부로 낮추고 幽州(지금의 北京)에 移屬시켰다. 이후 다시 도호부로 복귀되었다가 714년 平州로, 743년 遼西故郡城으로 府治를 옮겼으나, 安祿山의 난을 계기로 758년에 완전히 폐지되었다(日野開三郎, 1984, 26~36쪽; 권은주, 2010).
4) 현재 요령성 撫順市 渾河 북쪽에 있는 高爾山城을 가리킨다. 北關山城으로도 불렸다(王綿厚·李健才, 1990; 余昊奎, 1999). 신성과 관련하여 『삼국사기』에 276년(서천왕 7) 왕이 이곳을 순시하였고, 봉상왕 때 慕容廆가 변경을 침입하자 國相인 倉助利의 건의를 받아들여 高奴子를 신성의 태수로 삼아 이를 방어하게 하였고, 고국원왕 때 신성의 북쪽을 수축하였다는 기록 등이 있다. 667년(보장왕 26) 9월 당나라 장수 李勣에게 함락되었다. 677년에는 안동도호부가 요양에서 이곳으로 移置되었다. 발해 건국 이후 발해의 땅이 되었다.

그리고 거란이 이른바 침식하였다는 곳은 바로 패서의 땅이다. 이로써 보건대 신라 시대에 평양의 이북은 발해에 들어갔고, 신라가 통치한 곳은 단지 삼한 지방이었음이 의심할 것이 없다. 『여람(輿覽)』의 「평안도」 권에는 신라 문무왕이 고구려를 멸망시키고 드디어 그 땅을 병탄하였고, 〈평양건치연혁(平壤建置沿革)〉조에는 당이 안동도호부를 설치하고 병사로써 지키게 하였는데, 당병(唐兵)이 떠난 뒤에는 그 땅이 모두 신라에 들어갔다고 운운한 것은 살펴본 것이 정밀하지 못하다.

○ 권제3 하, 성덕왕(聖德王) 12년

【唐玄宗開元元年癸丑】十二年, … 唐以大祚榮爲渤海郡王
渤海本粟末靺鞨, 卽高句麗別種也. 祚榮父乞乞仲象與其徒, 渡遼水, 保太白山東. 仲象死, 祚榮嗣, 驍勇善騎射, 高句麗餘燼, 稍稍歸之, 乃建國, 自號震國王. 遣使交突厥, 地方五千里, 戶十餘萬, 勝兵數萬, 頗知書契, 盡得扶餘沃沮弁韓朝鮮諸國. 中宗時, 遣子入侍, 至是拜爲左驍衛大將軍渤海郡王, 以所統爲忽汗州都督.[5] 自是始去靺鞨號, 專稱渤海.

【당 현종 개원 원년 계축】[성덕왕] 12년(713), … 당이 대조영을 발해군왕(渤海郡王)으로 삼았다.

발해는 본래 속말말갈로서 곧 고구려 별종[6]이다. 조영의 아버지 걸걸중상이 그 무리와

---

[5] 『신당서』 발해전에는 "以所統爲忽汗州, 領忽汗州都督"으로 나온다.
[6] 원전은 『舊唐書』 발해말갈전의 "본래 고려의 별종(本高麗別種)"과 『新唐書』 渤海傳의 "본래 속말말갈로 고[구]려에 붙은 자(本粟末靺鞨附高麗者)"라는 기록이다. 그런데 이 大祚榮의 출신이나 발해의 구성원에 대해서는 같은 사료를 놓고 다양한 해석이 있었다. 고려와 조선에서는 대조영의 출신을 高句麗 계통으로 보는 경향이 있었는데, 李承休의 『帝王韻記』와 柳得恭의 『渤海考』가 대표적이다. 일본에서는 대체로 속말말갈이나 여진 계통으로 보았다. 발해국의 주체는 靺鞨族이지만, 대조영은 고구려 別部 출신으로 보는 경우(鳥山喜一, 1915), 새로운 종족으로 발해말갈을 이해하는 경우(池內宏, 1916), 지배층은 고구려인, 피지배층은 말갈인으로 보는 경우(白鳥庫吉, 1933)도 있다. 현대에 들어와서 발해사 연구를 촉발한 대표적인 연구자는 북한의 박시형이다. 그는 발해국의 성립에 중심 역할을 한 것은 고구려 멸망 후 요서 지방으로 이주된 고구려인 집단이었고, 이들을 조직하여 지휘한 것이 고구려 장수인 대조영이라고 하였다. 고구려 왕실의 일족 또는 고구려 계통의 귀족 출신들이 거의 권력을 독점하였고, 문화 방면에

함께 요수를 건너 태백산(太白山) 동쪽[7]을 차지하였다. 중상이 죽자 조영이 계승하였는데 날래고 용감하고 말타기와 활쏘기를 잘하였다. 고구려의 남은 무리가 점점 그에게 돌아오니, 이에 나라를 세우고 스스로 진국왕(震國王)이라 하였다. 사신을 보내어 돌궐과 교빙하였다. 영토는 사방 5천 리이고 호(戶)는 10여만, 승병(勝兵)이 수만이었다. 자못 서계(書契)를 알았고, 부여·옥저·변한·조선의 여러 나라를 모두 얻었다. 중종 때에 아들을 보내 입시(入侍)하였다. 이때에 이르러 좌효위대장군(左驍衛大將軍) 발해군왕으로 배수하고, 통솔하는 곳을 홀한주도독(忽汗州都督)으로 삼았다. 이로부터 비로소 말갈의 호칭을 버리고 오로지 발해라고 불렀다.[8]

서도 고구려의 문화가 주도적 역할을 하였다고 보았다(박시형, 1979; 송기호 해제, 1989). 한국의 李龍範도 발해의 주체가 고구려 유민이었음을 주장하였다(李龍範, 1981). 이후 한국 학계에서는 기본적으로 대조영을 고구려 계통으로 보았으나, 종족은 속말말갈로 고구려에 옮겨와 정착하여 동화된 인물, 즉 말갈계 고구려인으로 보기도 한다(송기호, 1995). 말갈의 명칭 자체를 고구려 변방 주민이나 중국 동북 지역민에 대한 비칭·범칭으로 보고, 발해의 구성원이 된 말갈은 흑수말갈과 구분되는 예맥계인 고구려말갈이며 대조영은 고구려인으로 속말강(송화강) 지역민이라고 보는 견해도 있다(한규철, 1988; 2007). 중국 학계에서는 근대 초기에 양면적 인식이 보였다. 대표적인 학자는 金毓黻이다(1934, 『渤海國志長編』). 그러나 중화인민공화국이 수립된 이후에는 발해사를 중국의 소수민족사로 보고 고구려계승성을 부정하며 말갈을 강조하는 입장이다. 한편 19세기 중반 연해주 지역을 차지하였던 러시아에서는 자국의 極東 지역 소수민족사의 일부로서 관심을 갖고 발해를 말갈족의 역사로 규정하며 대조영 역시 말갈인으로 보고 있다. 이 밖에 소수 설로 말갈 중 대조영을 백산말갈 출신으로 보는 경우도 있다(津田左右吉, 1915; 李健才, 2000).

7) 발해 건국지에 대해 『삼국사기』 권46, 열전 6, 최치원전에는 의봉 3년(678) '태백산 아래'로, 『삼국유사』에서 인용한 『신라고기』에는 '태백산 남쪽'으로, 『제왕운기』에는 '태백산 南城'으로, 『삼국사절요』에는 '태백산 동쪽'으로 나온다.

8) 발해 초기 국명은 일반적으로 진국(振國, 또는 震國)이었다고 본다. 이 문장에서 대조영이 스스로 국호를 靺鞨이라는 卑稱을 사용했을 리가 없으므로, 호칭의 주체를 唐으로 본다(宋基豪, 1995, 71쪽). 그런데 중국 학계의 일부에서 일찍부터 『신당서』 발해전에 당 현종이 대조영을 책봉한 후 "비로소 말갈의 호칭을 버리고 오로지 발해라고 일컬었다(自是始去靺鞨號, 專稱渤海)"라는 기록과 함께, 『구당서』의 발해 열전을 '발해'라고 하지 않고 '발해말갈'이라고 한 점 등을 근거로, 발해 초기 국명이 '말갈'이었다고 하는 주장이 제기되었다. 최근에는 새롭게 발견된 '僕固乙突' 묘지명에서 '靺鞨'이라는 단어가 나온 것을 계기로, '말갈' 국명설이 더욱 강조되는 추세이다(魏國忠·郝慶雲·楊雨舒, 2014). 이것은 중국 학계에서 발해국의 주체 민족을 말갈로 보기 때문이다.

○ 권제3 하, 성덕왕(聖德王) 18년

【己未】十八年春, 渤海郡王大祚榮卒.
子武藝嗣, 斥大土宇, 東北諸夷畏服之.

【기미】[성덕왕] 18년(719) 봄, 발해군왕 대조영이 죽었다.
아들 무예가 뒤를 잇고 크게 영토를 넓히니, 동북의 여러 오랑캐가 두려워하며 복종하였다.

○ 권제3 하, 성덕왕(聖德王) 25년

【丙寅】二十五年, 渤海大門藝奔于唐.
初黑水靺鞨使者朝唐, 帝以其地建黑水州, 置長史. 武藝召其下謀曰: 黑水始假途於我, 與唐通, 今請唐官, 不吾告, 是必與唐, 謀攻我也. 乃遣弟門藝, 發兵擊黑水, 門藝曰: 黑水請吏而我擊之, 是背唐也. 唐大國, 兵萬倍我, 與之産怨, 我且亡. 昔高句麗盛時, 士三十萬, 抗唐爲敵, 可謂雄矣, 唐兵一臨, 高氏無噍類. 今我衆比高句麗三之一, 王將違之, 無乃不可乎. 武藝不聽. 强遣之, 門藝懼奔唐, 詔拜左驍衛將軍. 武藝使使暴門藝罪惡, 請誅之. 有詔處安西報曰: 門藝窮來歸我, 誼不可殺, 已投之惡地. 幷留使者不遣, 詔李道邃諭旨. 武藝知之, 上表曰: 大國當示人以信, 豈得爲此欺誑. 帝以道邃等漏洩左遷之, 暫遣門藝詣嶺南以報之.

【병인】[성덕왕] 25년(726), 발해 대문예[9]가 당으로 도망하였다.
처음에 흑수말갈의 사신이 당에 조회하자, 황제가 그 땅에 흑수주(黑水州)를 세우고 장사(長史)를 두었다. 무예가 그 부하들을 불러 모의하여 말하기를, "흑수가 처음 우리에게 길을

---

9) 大門藝는 발해 제2대 왕인 武王(재위 719~737)의 친동생이다. 高王 大祚榮 때(唐 中宗 때)에 당에 質子로 머물다가 돌아왔다. 726년 무왕이 그에게 흑수말갈을 토벌할 것을 명령하자, 이를 반대하다가 당으로 망명하였다. 무왕은 당에게 대문예를 죽일 것을 요청하며 당과 갈등을 빚었고, 732년 발해가 당의 登州를 공격하자 당은 대문예에게 유주에서 병사를 모아 발해를 공격하게 하였다. 이후 무왕은 몰래 자객을 모아 낙양 天津橋에서 대문예를 찌르게 했으나 실패하였고, 이후 대문예의 행적은 더는 확인되지 않는다 (『신당서』 219, 열전 144, 북적 발해).

빌려 당과 통하였는데, 지금 당의 관리를 청하면서 나에게 알리지 않았다. 이것은 반드시 당과 더불어 우리를 공격하려 꾀하는 것이다"라고 하였다. 이내 아우 문예를 일으켜 군사를 보내 흑수를 치게 하였다. 문예가 말하기를, "흑수가 관리를 청하였다고 우리가 그를 공격하면, 이는 당나라를 배반하는 것입니다. 당은 큰 나라이고 군사가 우리의 만 배나 되니, 그와 원한을 사면 우리 또한 망할 것입니다. 옛날 고구려가 전성 시기에 군사 30만으로 당나라에 대항하여 대적한 것은 용감하다 할 만하지만, 당나라 군대가 한번 임하자 고씨는 씹어 먹을 것도 없었습니다. 지금 우리 무리는 고구려에 비해 3분의 1밖에 안 되니, 왕께서 장차 거스른다면 어찌 불가한 것이 아니겠습니까?"라고 하였다. 무예가 듣지 않고 억지로 그를 보내니, 문예가 두려워 당으로 도망하였다. [황제가] 조서를 내려 좌효위장군(左驍衛將軍)으로 배수하였다. 무예가 사신에게 문예의 죄악을 폭로하고 주살할 것을 청하게 하였다. [황제가] 조서를 내려 [문예를] 안서(安西)에 두고, [발해에] 통보하여 말하기를, "문예가 곤궁하여 나에게 돌아왔으니 마땅히 죽일 수가 없다. 이미 나쁜 땅으로 보냈다"고 하고는, 아울러 [발해] 사신을 머무르게 하고 보내지 않았다. 조서를 내려 이도수에게 뜻을 알리게 하였다. 무예가 그 사실을 알고 표를 올려 말하기를, "큰 나라는 사람들에게 신의를 보여줌이 마땅하거늘 어찌 이렇게 속일 수가 있습니까?" 하였다. 황제가 도수 등이 누설했다고 하여 좌천시키고, 잠시 문예를 영남(嶺南)으로 보낸 뒤 이를 알렸다.

○ 권제3 하, 성덕왕(聖德王) 32년

【癸酉】三十二年, 遣將軍金允中等, 助唐伐渤海.
帝以渤海靺鞨越海寇登州, 七月, 遣宿衛金思蘭奉勅歸國, 授王寧海軍使, 諭使發兵, 助征渤海, 又勅曰: 聞舊將金庾信有孫允中賢, 可爲將, 遣之. 於是王命允中等四將, 率兵會唐軍伐渤海, 會大雪丈餘, 山路阻隘, 士卒死者過半, 無功而還.

【계유】[성덕왕] 32년(733), 장군 김윤중 등을 보내 당나라가 발해를 토벌하는 것을 도왔다. 황제가 발해말갈이 바다를 건너 등주를 노략질하자,[10] 7월에 숙위 김사란[11]을 보내 칙서

---

10) 발해가 당의 등주를 공격한 것은 성덕왕 31년(732, 개원 20)으로, 무왕 대무예가 장군 張文休를 보내 해적을 거느리고 등주자사 위준을 공격하게 하였다(『구당서』 199하, 열전 149하, 발해말갈). 발해가

를 받들고 귀국하게 하였다. 왕에게 영해군사(寧海軍使)[12]를 제수하고 회유하여 병사를 보내 발해를 정벌하는 것을 돕게 하였다. 또 칙서로 이르기를, "들으니 옛 장수 김유신의 손자 윤중이 현명하여 장수로 삼을 만하다니 그를 보내라"고 하였다. 이에 왕이 윤중 등 네 장수에게 명하여 병사를 이끌고 당군과 함께 발해를 토벌하라고 하였다. 마침 큰 눈이 한 길이 넘게 내려서 산길이 막히고 험하여 군사 중 죽은 자가 반을 넘자, 아무런 공도 없이 돌아왔다.[13]

○ 권제3 하, 성덕왕(聖德王) 34년

【乙亥】三十四年, ⋯ 二月, 唐勅賜浿江以南地.【浿江, 今大同江.】
浿南之地, 自武烈時, 已入於本國, 至是中朝因以與之.

【을해】[성덕왕] 34년(735) ⋯ 2월, 당이 칙서를 내려 패강 이남의 땅을 주었다.[14]【패강은 지금의 대동강】 패수 이남의 땅은 무열왕 때부터 이미 본국에 편입되었는데, 이때에 이르러

등주를 공격한 원인은 726년 발해의 黑水 토벌과 대문예의 당 망명으로 빚어진 발해와 당의 갈등 및 730년대 초 당과 전쟁을 치르고 있는 契丹을 돕기 위한 목적이었다(김종복, 2009, 127쪽; 권은주, 2013).

11) 신라의 왕족으로 일찍이 당나라에 건너가 太僕員外卿(『삼국사기』 권제8, 「신라본기」 제8, 성덕왕 32년)을 받고, 宿衛로 있었다. 732년(성덕왕 31) 발해가 당나라의 登州를 공격하자, 당 현종이 이듬해 7월 김사란을 귀국시켜 신라에 발해의 남쪽을 공격하게 하였다. 『册府元龜』에는 개원 21년(733) 정월 신라에 사신으로 간 것으로 나온다(『册府元龜』 권975, 外臣部20 褒異2).

12) 영해군사는 발해가 바닷길을 통해 당의 登州를 공격하자, 당이 바닷길을 안정시킬 목적으로 733년 신라 성덕왕에게 임시로 준 使職이었다. 그러나 이후 신라왕의 책봉호의 하나로 계속 사용되었다.

13) 신라군이 당군과 함께 실제 발해의 남쪽을 공격하여 전투가 벌어졌는지에 대해서는 논란이 있다. 대체로 신라군이 당군과 합류해 발해를 공격한 것으로 보며(末松保和, 1975), 동북 방면으로 올라가서 함경남도 지역이나 동해안 쪽을 공격했던 것으로 보는 설(이병도, 1977; 김종복, 1997; 전덕재, 2013)과 서북 방면으로 압록강 하류 유역(조이옥, 2000)과 서경 압록부의 요지(임상선, 2019)를 공격하려 했다고 보는 설로 나뉜다. 큰 눈과 추위, 험로 등으로 인해 돌아온 것으로 기록되어 있으나, 발해에 패하여 돌아온 것으로 보기도 하며(한규철, 1994, 194쪽), 김사란의 귀국길에 동행한 客使 604명(『삼국유사』 권제2, 紀異 제2, 孝成王)을 당의 원정군으로 보기도 한다(이영호, 2010).

14) 패강은 대동강을 가리킨다. 당은 발해를 견제하기 위해, 735년 신라로 귀국하는 金義忠 편에 浿江 이남을 신라 땅으로 정식으로 인정하는 칙서를 내렸다(『三國史記』 권제8, 신라본기 제8, 성덕왕 34년조).

중국 조정이 이로 인해서 준 것이다.

○ 권제3 하, 경덕왕(景德王) 21년

【唐寶應元年, 壬寅】二十一年, 唐冊大欽茂爲渤海國王.
先是, 武藝死, 諡武王, 子欽茂立. 徙上京, 直舊國三百里, 忽汗河之東. 後欽茂死, 諡文王.

【당 보응 원년, 임인】[경덕왕] 21년(762), 당이 대흠무를 발해국왕(渤海國王)으로 책봉하였다.

앞서 무예가 죽자 시호를 무왕(武王)이라 하였다. 아들 흠무가 즉위하고 상경(上京)으로 옮겼다. 곧바로 옛 나라에서 3백 리이고, 홀한하(忽汗河)의 동쪽이다. 뒤에 흠무가 죽으니 시호를 문왕(文王)이라 하였다.

○ 권제3 하, 흥덕왕(興德王) 5년

【庚戌】五年, 渤海國王大仁秀卒.
渤海, 自祚榮以來, 數遣諸生, 詣唐國學, 習識古今制度. 仁秀祚榮弟野勃四世孫也, 頗能征伐北海諸郡,15) 開大境宇, 遂爲海東盛國. 地有五京十五府六十二州, 其南海鴨綠柵城扶餘等府, 皆高句麗故地, 挹婁卒賓16)鐵利拂涅肅愼越喜涑沫,【卽所謂粟末水者也.】諸胡之地, 皆合焉. 官府制度禮樂, 大抵倣象中國云.

【경술】[흥덕왕] 5년(830) 발해국왕 대인수가 죽었다.

발해는 대조영 이래로 자주 여러 학생들을 보내 당나라 국학(國學)에 들어가 고금의 제도를 익히게 하였다. 인수는 조영의 아우 야발의 4세손이다. 자못 북해의 여러 군(郡)을 정벌하여 크게 영토를 개척하니 드디어 해동성국(海東盛國)이 되었다. 땅은 5경 15부 62주가 있었다.

---

15) '北海諸郡' → '海北諸部'.
16) '卒賓' → '率賓'.

남해·압록·책성·부여 등의 부(府)는 모두 고구려의 옛 땅이고, 읍루·솔빈·철리·불열·숙신·월희·속말【즉 이른바 속말수라는 것이다】은 여러 오랑캐의 땅으로, 모두 일치한다. 관부제도와 예악은 대개 중국의 것을 모방하였다고 한다.

○ 권제4 상, 경애왕(景哀王) 3년

【後唐明宗嗣源天成元年, 丙戌】三年【高麗太祖九年】春, 契丹滅渤海國. 渤海與契丹世讎, 自去年冬, 契丹侵渤海, 攻西鄙諸部, 至是拔扶餘城, 進圍忽汗城, 渤海王大諲譔戰敗降, 契丹遂改其國爲東丹國. 於是其世子大光顯率羣臣, 請附于高麗, 其國人之來奔高麗者相繼, 麗王皆厚待之. 先是高麗宮城東蚯蚓出, 長七十尺, 時謂渤海國來投之應.

【후당 명종 사원(嗣源) 천성(天成) 원년, 병술】[경애왕] 3년(926)【고려 태조 9년】 봄, 거란이 발해국을 멸망시켰다.

발해와 거란은 대대로 원수지간이었다. 지난해 겨울부터 거란이 발해를 침략하여 서쪽 변경의 여러 부(部)를 공격하였다. 이때에 이르러 부여성(扶餘城)을 함락하고, 진군하여 홀한성(忽汗城)[17]을 포위하였다. 발해왕 대인선(大諲譔)이 싸움에서 패하여 항복하자, 거란이 드디어 그 나라를 고쳐 동단국(東丹國)으로 삼았다. 이로써 세자(世子) 대광현(大光顯)이 신하들을 이끌고 고려에 내부하기를 청하였다. 그 나라 사람들이 고려로 도망쳐 오는 것이 잇따랐고, 고려왕은 모두 후하게 대우하였다. 앞서 고려 궁성 동쪽에서 지렁이가 나왔는데, 길이가 70척이었다. 이때에 발해국이 투항해 올 조짐이라고 말하였다.

○ 권제4 상, 경순왕(敬順王) 8년

【後唐末帝從珂清泰元年, 甲午】八年【高麗太祖十七年】 … 秋七月, 故渤海國世子大

---

17) 중국 黑龍江省 牡丹江市 寧安市 渤海鎮에 위치한다. 전체 둘레가 16,300m이며, 宮城·內城·外城으로 이뤄져 있다. 755년경 顯州에서 이곳으로 천도하였고, 785년 東京으로 천도했다가 794년에 上京으로 재천도한 이후 발해가 멸망할 때까지 수도였다.

> 光顯奔于高麗, 高麗王賜姓名王繼, 使守白州, 以奉其祀.
> 初渤海之亡, 其世子大光顯請內附于高麗, 麗王許之. 至是率衆來奔, 賜之姓名, 附之宗籍, 授元尹, 守白州, 俾奉其先祀. ○渤海人隱繼宗嘗來, 見於麗王, 其謁三拜. 人以爲失禮, 大相(宋)含弘曰: 失土人三拜, 古之禮也.

【후당 말제 종가 청태 원년 갑오】 [경순왕] 8년(934)【고려 태조 17년】 … 가을 7월, 옛 발해국의 세자(世子) 대광현(大光顯)이 고려로 도망하였다. 고려왕은 왕계(王繼)라는 성명을 내려주고, 백주(白州)를 지키게 하면서 그 [조상의] 제사를 받들게 하였다.

처음에 발해가 멸망하고 그 세자 대광현이 고려에 내부할 것을 청하니, 고려왕이 그것을 허락하였다. 이때에 이르러 무리를 이끌고 도망쳐 오니 성명을 내려주고 종적에 붙이고 원윤(元尹)을 제수하고 백주를 지키게 하였으며, 그 선조의 제사를 받들게 하였다. ○ 발해인 은계종(隱繼宗)이 일찍이 와서 고려왕을 뵈었다. 알현할 때 세 번 절을 하니 사람들이 예에 어긋난다고 여겼다. 대상 함홍(含弘)이 말하기를, "땅을 잃은 사람이 세 번 절을 하는 것은 옛날의 예이다"라고 하였다.

○ 권제4 상, 태조(太祖) 25년

> 【壬寅】二十五年冬十月, 契丹遣使來聘, 流其使于海島.
> 契丹遣使獻橐馳五千匹[18], 王以契丹嘗與渤海連和, 卒背盟殄滅, 甚無道, 不足遠結爲隣, 遂絶交聘, 流其使三十人于海島, 繫橐駝萬夫橋下, 皆餓死.

【임인】 [태조] 25년(942) 겨울 10월, 거란이 사신을 보내와서 안부를 물었는데, 그 사신을 해도(海島)로 유배하였다.

거란이 사신을 보내 낙타 50필을 바쳤다. 왕이 거란이 일찍이 발해와 화목하게 지내다가 갑자기 맹약을 배반하고 멸망시켰으니, 심히 무도하여 멀리 이웃으로 삼기에 부족하다 여기고, 마침내 교빙을 끊었다. 그 사신 30명을 해도로 유배시키고, 낙타는 만부교 아래에 매어두

---

18) '五千匹' → '五十匹'.

니, 모두 굶주려 죽었다.

○ 권제5 상, 현종(顯宗) 20년

【己巳】二十年, ⋯ 九月, 契丹大延琳據其東京叛, 遣使求援.
延琳渤海王大祚榮七代孫也, 爲契丹東京將軍, 至是叛契丹, 國號興遼, 改元天興,
遣使來告建國, 且求爲援, 引東北女眞, 與契丹相攻. 自是道梗, 與契丹朝聘不通.

【기사】[현종] 20년(1029) ⋯ 9월, 거란의 대연림(大延林)이 그 동경(東京)에 웅거하여 반란을 일으키고, 사신을 보내 도움을 구하였다.

연림은 발해왕 대조영의 7대손이다. 거란의 동경장군(東京將軍)이 되었다. 이때에 이르러 거란을 배반하여 국호를 흥료(興遼)[19]라 하고 연호를 천흥(天興)이라 하였다. 사신을 보내 건국을 알리고 또한 원조를 요구하였다. 동북의 여진을 이끌고 거란과 더불어 서로 공격하였다. 이때부터 길이 막혀, 거란과의 조빙(朝聘)이 통하지 않았다.

○ 권제5 상, 현종(顯宗) 21년

【庚午】二十一年, ⋯ 契丹指揮使李卿等來投.
自是契丹渤海人來附者甚衆.

【경오】[현종] 21년(1030), ⋯ 거란의 지휘사(指揮使) 이경(李卿)[20] 등이 내투하였다. 이로부터 거란인과 발해인이 내부하는 자가 매우 많았다.

---

19) 흥료국은 1029년(고려 현종 20) 8월 초 遼의 東京道 관할 하에 있던 東京舍利軍 詳穩 大延琳이 세운 나라이다. 대연림은 女眞과 고려와 함께 거란에 대항하기 위해, 건국 직후인 그해 9월 초에 高吉德을 고려에 보내 건국을 알리고 구원을 요청하였다. 그러나 고려는 郭元이 주도한 保州城(의주) 공격이 실패한 뒤에는, 거란의 남침에 대비만 하는 수세로 돌아섰다. 따라서 1029년 12월부터 1030년 9월까지 여러 차례 거듭된 흥료국의 구원 요청을 들어주지 않았다. 한편 요는 1029년 10월 초에 동경성을 에워싸고 공격하였고, 흥료국은 거의 1년 동안 거란에 포위당한 채 저항하였으나, 楊詳世의 배반으로 요양성이 함락되고 대연림이 붙잡히면서 멸망하였다.

20) 『高麗史』세가 5, 현종 21년 5월조에는 "契丹水軍指麾使虎騎尉 大道李卿"으로 나온다.

> 秋九月, 遣使契丹, 賀平東京.
> 先是大延琳爲契丹所困, 屢遣使上書乞哀, 朝廷皆不應, 及聞契丹克延琳, 收復東京, 遣使賀之, 契丹遣使報聘, 自是道路復通.

가을 9월, 거란에 사신을 보내 동경(東京)을 평정한 것을 축하하였다.

앞서 대연림(大延林)이 거란에 의해 포위되자 여러 번 사신을 보내 글을 올려 애걸하였으나, 조정은 모두 응하지 않았다.[21] 거란이 연림을 이기고 동경을 수복했다는 소식을 듣게 되면서, 사신을 보내 축하하였다. 거란이 사신을 보내 답방하였다. 이로부터 길이 다시 통하였다.

---

21) 1029년(고려 현종 20) 8월 초에 遼의 東京道 관할하에 있던 발해 후예 東京舍利軍 詳穩 大延琳이 興遼國을 세웠다. 대연림은 女眞과 고려와 함께 거란에 대항하기 위해, 건국 직후인 그해 9월 초에 高吉德을 고려에 보내 건국을 알리고 구원을 요청하였다. 그러나 고려는 郭元이 주도한 保州城(의주) 공격이 실패한 뒤에는, 거란의 남침에 대비만 하는 수세로 돌아섰다. 따라서 1029년 12월부터 1030년 9월까지 여러 차례 거듭된 흥료국의 구원 요청을 들어주지 않았다. 한편 요는 1029년 10월 초에 동경성을 에워싸고 공격하였고, 흥료국은 거의 1년 동안 거란에 포위당한 채 저항하였으나, 楊詳世의 배반으로 요양성이 함락되고 대연림이 붙잡히면서 멸망하였다.

발해사 자료총서 – 한국사료 편 권1

25. 『성호사설(星湖僿說)』

  이익(李瀷, 1681~1763)이 사물의 이치, 학문에 관한 생각, 그리고 제자들과의 문답을 모아서 엮어놓은 책이다. 천지문 3권, 만물문 3권, 인사문 11권, 경사문 10권, 시문문 3권으로 도합 30권, 3,007편으로 구성되어 있다.

  발해사에 관한 내용은 주로 천문과 지리에 대해 서술한 천지문과 우리나라 역사를 읽으면서 잘못 해석된 내용과 그에 대한 자신의 견해를 실어놓은 경사문에 실려 있다. 그의 발해사 인식은 "허목(許穆)의「말갈열전(靺鞨列傳)」이 소상하지 못하여 발해를 논하게 되었다"라는 글에서 알 수 있는 것처럼 허목의 영향을 많이 받았다. 그 역시 한백겸(韓百謙)처럼 조선이 왜 약한 나라가 되었는가 하는 영토에 대한 관심에서 출발하여 허목의 집필 내용에 자신의 견해를 덧붙이는 방식으로 서술하였다.

  또한 그는 발해가 요동·요서를 차지함으로써 고조선과 고구려 땅 태반을 '잃어버렸다'고 하였고, 고려 태조가 거란 사신을 유배시키고 낙타를 죽인 것은 발해 때문이 아니라 다른 데에 뜻이 있었기 때문이라고 하였으며, 아울러 발해가 우리와 무슨 상관이 있느냐는 『동국통감(東國通鑑)』의 사론(史論)을 그대로 인용하여 발해의 한국사 귀속 여부에 부정적인 입장을 취하였다. 이러한 역사인식은 그의 제자인 안정복에게도 지대한 영향을 미쳤다.

  아래 원문은 규장각 소장 『성호선생사설(星湖先生僿說)』〈奎7364〉본을 저본으로 삼고, 규장각 소장 『성호사설유선(星湖僿說類選)』〈奎4416-v1〉본과 국립중앙도서관 소장 『성호사설』〈古091-2〉·『성호사설』〈한古朝91-60〉본·『성호선생사설』〈성호貴091-29〉본을 비교본으로 활용하였다.

○ 권제2, 천지문(天地門) 발해황룡(渤海黃龍)

白頭之源,[1] 自西北來曰長嶺. 白頭之水, 北流入黑龍江曰混同. 白頭之南水, 東北流曰豆滿, 西南流曰鴨綠. 豆滿之內, 皆沃沮, 有北東南三種. 東者, 東西挾南北長, 可千里. 東濱大海, 北與邑婁扶餘, 南與濊[2]貊接. 邑婁在不咸山之北, 東濱海. 濊[3]貊今嶺東之地, 則東沃沮是鐵嶺以外北青以南, 卽其地也. 北者, 每爲肅愼乘船侵寇. 肅愼者, 或稱邑婁, 盖在豆滿之外. 而北沃沮卽利■[4]以外, 則肅愼可以乘船來侵也. 其南者, 今嶺東濊[5]貊之外, 無他地. 而[6]漢置四郡, 沃沮屬玄菟, 濊[7]貊屬臨屯, 其實南沃沮也. 渤海之盛, 沃沮爲東京, 豆滿西北流, 故沃沮在東也.[8] 肅愼邑婁勿吉鐵利靺鞨,[9] 皆豆滿之外白頭之北諸種.[10] 而[11]鐵利最遠, 近黑水. 則後之黑水靺鞨[12]東女眞, 皆其別稱也. 居長嶺之西者, 亦同稱靺鞨[13]女眞. 今平安道鴨綠內外, 至於大同江之源, 皆是也. 百濟之境, 至於江原道以西. 新羅雖隔嶺, 當時地多空曠, 故靺鞨[14]乘間來寇也. 扶餘者, 渤海置府, 以備契丹, 則遼西近燕之地. 其王解夫婁遷於東海, 爲東扶餘, 其濱海只有沃沮, 則盖謂近海也. 所謂迦葉原者, 疑今陽德成川等地. 句麗榮留王築城, 自扶餘城, 是也.[15] 而[16]高朱蒙逃亂,[17] 至卒本扶餘, 與沸

---

1) 〈奎4416-v1)〉에는 '原'.
2) 〈奎4416-v1)〉에는 '穢'.
3) 〈奎4416-v1)〉에는 '穢'.
4) 한 글자가 결락되어 있다. 〈奎4416-v1)〉과 국립중앙도서관 소장 〈古091-2〉에는 '城'.
5) 〈奎4416-v1)〉에는 '穢'.
6) 〈奎4416-v1)〉에는 '而'가 없다.
7) 〈奎4416-v1)〉에는 '穢'.
8) 〈奎4416-v1)〉에는 "渤海之盛, 沃沮爲東京. 豆滿西北流, 故沃沮在東也"이 없다.
9) 〈奎4416-v1)〉에는 '羯'.
10) 〈奎4416-v1)〉에는 '之'가 있다.
11) 〈奎4416-v1)〉에는 '而'가 없다.
12) 〈奎4416-v1)〉에는 '羯'.
13) 〈奎4416-v1)〉에는 '羯'.
14) 〈奎4416-v1)〉에는 '羯'.
15) 〈奎4416-v1)〉에는 "所謂迦葉原者, 疑今陽德成川等地. 句麗榮留王築城, 自扶餘城, 是也"가 없고, 국립중

流相接. 其王曰: 吾僻在海隅,[18] 又因郊[19]豕之[20]逸, 而得國內城, 豕逸非絶遠. 而國內城分明在鴨綠之西, 近於今義州者. 所謂海隅者, 卽鴨綠入海近地, 而其所渡淹㴾水, 恐亦是鴨綠之源也. 本自扶餘移, 故或稱東扶餘, 或稱卒本扶餘, 而非其本土也. 後百濟之都曰扶餘, 因爲扶餘氏, 乃一證也. 今人以成川爲卒本, 非也.[21] 渤海之卒[22]賓, 恐是其地也. 後句麗自國內, 移都平壤. 始在鴨綠之西, 而其所滅黃龍國, 卽岳飛所稱直抵黃龍府者也, 以爲龍岡縣者, 非也. 今遼西尚有黃龍城也. 句麗者, 恐是義州之外靺鞨[23]之西, 卽其地. 句如太伯句吳之句, 非有深義. 朱蒙以爲國號, 而就其中自尊, 故加高字, 仍爲姓. 今人以山高水麗者, 誣矣. 王莽時, 以其侵叛降,[24] 爲下句麗, 可以驗矣. 後自稱高辛之裔,[25] 尤極誕妄. 而王氏襲以爲號, 可笑.

백두[산]의 근원은 서북쪽에서 오는 것을 장령(長嶺)이라 한다. 백두의 물은 북쪽으로 흘러 흑룡강으로 들어가는 것을 혼동(混同)이라 하고, 백두의 남쪽 물이 동북쪽으로 흐르는 것을 두만(豆滿)이라 하며, 서남쪽으로 흐르는 것을 압록(鴨綠)이라 한다. 두만[강] 안쪽은 모두 옥저로, 북·동·남 세 종류가 있다. 동옥저는 동서로 좁고 남북으로 길어 1천 리에 이른다. 동쪽은 큰 바닷가에 이르고, 북쪽은 읍루·부여와 남쪽은 예맥과 이어져 있다. 읍루는 불함산(不咸山) 북쪽에 있고 동쪽은 바닷가에 이른다. 예맥은 지금의 영동(嶺東) 지역이다. 즉 동옥저는 철령(鐵嶺)의 밖 북청(北淸)의 이남이 곧 그 땅이다. 북[옥저]는 매양 숙신이 배를 타고 와 침략을 당하였다. 숙신은 혹은 읍루라고도 부르는데, 대체로 두만강 밖에 있었다. 북옥저

앙도서관 소장 〈古091-2〉에는 '是也' 뒤에 "今三甲等地"라는 구절이 더 있다.

16) 〈奎4416-v1〉에는 '而'가 없다.
17) 국립중앙도서관 소장 〈古091-2〉에는 '難'.
18) 〈奎4416-v1〉에는 '外'.
19) 〈奎4416-v1〉에는 '郊'가 없다.
20) 〈奎4416-v1〉에는 '之'가 없다.
21) 〈奎4416-v1〉에는 "後百濟之都曰扶餘, 因爲扶餘氏, 乃一證也. 今人以成川爲卒本, 非也"가 없다.
22) '卒' → '率'.
23) 〈奎4416-v1〉에는 '羯'.
24) 〈奎4416-v1〉에는 "以其侵叛降"이 없다.
25) 〈奎4416-v1〉에는 '後'.

가 곧 이□(利□) 밖에 있었으니, 숙신이 배를 타고 와서 노략질할 수 있었을 것이다. 남[옥저]는 지금의 영동 예맥의 바깥으로, 다른 땅은 없다. 한나라가 사군(四郡)을 설치하여 옥저는 현도(玄菟)에 속하였고, 예맥은 임둔(臨屯)에 속하였는데, 기실은 남옥저이다. 발해의 전성기에 옥저를 동경으로 삼았다. 두만강은 서북쪽으로 흐르니, 그런고로 옥저는 동쪽에 있었던 것이다. 숙신·읍루·물길·철리·말갈은 모두 두만강 바깥, 백두산 북쪽에 있던 여러 종족이다. 그리고 철리가 가장 멀었고, 흑수에 가까웠다. 이후의 흑수말갈과 동여진은 모두 그들의 별칭이었다. 장령 서쪽에서 살던 자들도 역시 마찬가지로 말갈·여진이라고 불렸다. 지금의 평안도와 압록강의 안팎에서 대동강 원류에 이르기까지는 모두 그렇다. 백제의 경계는 강원도 서쪽에까지 이르렀다. 신라가 아무리 고개로 막아도, 당시에는 땅이 많이 비어 있던 까닭에 말갈이 그 틈을 타고 와서 노략질하였던 것이다. 부여는 발해가 부를 설치하고 거란을 방비하였던 곳으로, 요서에서 연(燕)에 가까운 땅이었다. 그 왕 해부루(解夫婁)가 동해로 옮겨 동부여(東扶餘)가 되었는데, 그 바닷가에는 옥저뿐이었으므로, 대체로 바다 근처라고 말한 것이다. 이른바 가섭원(迦葉原)은 아마도 지금의 양덕(陽德)·성천(成川) 등지가 아닐까 생각된다. 고구려의 영류왕(榮留王)이 성을 쌓았는데, 부여성에서부터였다는 것이 이것이다. 그리고 고주몽(高朱蒙)이 난리에서 도망하여 졸본부여[26]에 이르렀는데, 비류(沸流)와 서로 이어져 있었다. 그 왕이 말하기를 "나는 후미진 바닷가 모퉁이에 있고, 또한 교사(郊祀: 천지의 제사)를 지낼 돼지를 잃은 것으로 인해 국내성을 얻었다"고 했으니, 돼지를 놓친 곳이 아주 먼 곳은 아닐 것이다. 그러므로 국내성은 분명 압록(강) 서쪽에 있으며, 지금의 의주에서 가까울 것이다. 이른바 바닷가 모퉁이[海隅]라고 한 것은 바로 압록강이 바다로 들어가는 곳과 가까운 땅이고, 그가 건넜다는 엄호수(淹淲水)는 아마도 압록의 원류일 것이다. 본래 부여에서 옮겨온 까닭에 동부여라 부르기도 하고 졸본부여라 부르기도 하였으나, 그곳이 본래의 땅은 아니다. 뒤에 백제의 도읍을 부여라 하고 이로 말미암아 부여씨(扶餘氏)라고 한 것이 바로 하나의 증거이다. 요즘 사람들이 성천을 졸본이라고 하는데 잘못이다. 발해의 졸빈(卒賓: 솔빈)이 아마도 그곳일 것이다. 뒤에 고구려가 국내에서 평양으로 도읍을 옮겼다. 처

---

26) 북부여에서 남하해온 朱蒙 집단이 처음 정착한 곳이다. 치소는 중국 遼寧省 桓仁滿族自治縣 五女山城으로 비정된다. 광개토왕릉비문에는 忽本, 『삼국사기』에는 卒本, 『魏書』 고구려전에는 紇升骨城으로 되어 있다.

음에 압록의 서쪽에 고구려에 의해 멸망한 황룡국(黃龍國)이 있었는데, 즉 악비(岳飛)가 곧장 황룡부(黃龍府)에 이르렀던 곳이라고 하며 용강현(龍岡縣)으로 삼았다고 하는 것은 잘못이다. 지금 요서에는 아직도 황룡성(黃龍城)이 있다. 고구려는 아마도 의주 바깥, 말갈의 서쪽이 바로 그 땅일 것이다. 구(句)는 태백 구오(太伯句吳)[27]의 구와 같은 것으로 깊은 뜻이 있는 것은 아니다. 주몽이 국호로 삼고 그 가운데서 스스로를 높이는 뜻을 취하여 고(高) 자를 더하였고, 거듭 성(姓)으로 삼았다. 요즘 사람들이 '산이 높고 물이 곱다(山高水麗)'라는 뜻으로 생각하는 것은 과장한 것이다. 왕망(王莽) 때에 고구려가 침범하고 반란을 일으켰다가 항복한 것으로서 하구려(下句麗)로 삼았는데, 가히 증험이 된다. 뒤에 스스로 고신(高辛)의 후예라고 한 것은 더욱 황당한 말이다. 그런데 왕씨가 이어서 국호를 삼았으니 우스운 노릇이다.

○ 권제3, 천지문(天地門) 생숙여진(生熟女眞)

我東六鎭之地, 卽古肅愼之域, 有石砮可驗, 後稱女眞. 新羅末, 渤海統合五千里之地, 則西盡全遼, 東傅海耳.

女眞有生熟之別. 舊有粟末黑水二部, 黑水爲生, 粟末爲熟. 粟末者, 混同江之一名. 源出白頭, 北流與出塞外一支合, 折而東流, 與黑龍江合入海. 意者, 近黑龍者爲生, 近粟末者爲熟. 粟末後爲勃海,[28] 役屬黑水, 而以混同爲界. 近南者爲熟, 近北者爲生, 故稱南北. 又其中有東西之別. 故麗史所謂東西女眞, 是也. 金之先起於鏡泊之中, 則在混同之東黑龍之南. 而至成宗時, 徐熙之言曰: 契丹之東已爲生女眞所據, 則黑水部已南拓矣. 淸祖起於興京, 此所謂建州也. 墳墓宗族皆在白頭之西, 後統合生熟爲一焉.

白頭之幹, 自北漢[29]來, 南走至分水嶺, 折而東, 橫亘千里. 古稱不咸山, 其俗稱歌爾民商堅阿鄰. 歌爾民者長也, 商堅者白也, 阿鄰者山也, 一名長白山.

---

27) 商나라 제후국인 周나라 古公亶父의 큰아들이다. 부친이 막냇동생 季歷에게 지위를 넘기려는 것을 알고, 동생 仲雍과 함께 荊蠻으로 달아나 왕위를 계력에게 양보했다. 그리고 스스로 句吳라고 불렀다.
28) '勃'→'渤'.
29) 국립중앙도서관 소장 〈古091-2〉에는 '漢'.

> 佟家江諸水出分水嶺, 入鴨綠. 佟家江或稱通加江, 似是我國所謂婆猪[30]江. 與興京迫近也.

우리 동쪽 육진(六鎭)의 땅이 곧 옛 숙신의 지역임은 석노(石砮)가 있어 증험할 수 있으며, 뒤에 여진으로 불렸다. 신라 말 발해가 5천 리의 땅을 통합하였으니, 즉 서쪽으로는 온 요동을 모두 차지했고, 동쪽은 바닷가에 이르렀다.

여진은 생(生)과 숙(熟)의 구별이 있다. 옛날에 속말(粟末)·흑수(黑水) 두 부가 있었는데, 흑수는 생여진이 되었고, 속말은 숙여진이 되었다. 속말은 혼동강(混同江)의 또 다른 이름이다. 백두(산)에서 발원하여 북쪽으로 흘러 새외에서 나온 한 지류와 합쳐지고, 방향을 바꿔 동쪽으로 흐르다가 흑룡강과 합쳐져 바다로 들어간다. 생각건대 흑룡강에 가까운 자들은 생여진이 되었고, 속말강에 가까운 자들은 숙여진이 되었다. 속말은 뒤에 발해가 되었고 흑수를 역속(役屬)시켰으며, 혼동강을 경계로 삼았다. 남쪽에 가까운 자들은 숙여진이 되고 북쪽에 가까운 자들은 생여진이 되었으므로, 남북으로 불렸다. 또 그중에는 동·서의 구별이 있었다. 그러므로 『고려사』에서 소위 동여진(東女眞)·서여진(西女眞)이라고 한 것이 바로 이들이다. 금(金)의 조상은 경박(鏡泊)에서 일어났으니, 혼동강의 동쪽, 흑룡강의 서쪽에 있다. [고려] 성종 때에 이르러 서희(徐熙)가 말하기를, "거란 동쪽은 이미 생여진이 점거했다"라고 했는데, 바로 흑수부가 이미 남쪽으로 확장한 것이다. 청나라의 선조는 흥경(興京)에서 일어났는데, 이들이 이른바 건주(建州)이다. 무덤과 종족(宗族) 모두 백두산의 서쪽에 있었고, 뒤에 생여진과 숙여진을 통합하여 하나가 되었다.

백두의 줄기는 북막(北漠)에서 나와 남쪽으로 뻗어 분수령에 이르러서 방향을 바꿔 동쪽으로 천 리나 뻗어내렸다. 옛날에 불함산(不咸山)이라고 불렸으며, 그 속칭(俗稱)은 '가이민상견아린(歌爾民商堅阿鄰)'이다. 가이민(歌爾民)은 '길다', 상견(商堅)은 '희다', 아린(阿鄰)은 '산(山)'이라는 뜻이다. 일명 장백산(長白山)이라고 한다.

동가강(佟家江)의 여러 물줄기는 분수령에서 나와 압록으로 들어간다. 동가강은 통가강(通加江)이라고도 부르는데, 아마도 우리나라가 파저강(婆猪江)이라 부르는 것일 듯하다. 홍경

---

30) 국립중앙도서관 소장 〈古091-2〉에는 '渚'.

(興京)과 매우 가깝다.

○ 권제3, 천지문(天地門) 요계시말(遼界始末)

> 檀箕之際, 疆場無所考. 至句麗幷有全遼之地, 東窮於海, 西抵長嶺, 與遼爲界. 新羅之末, 爲渤海所統, 地方五千里, 歷年數百. 及契丹滅渤海, 而國號曰遼. 遼衰而金興. 金者黑水靺鞨, 所謂生女眞, 是也. 徐熙之對蕭遜寧曰: 信使之不通, 爲生女眞所據, 然則黑水者已來據鴨綠[31]之路矣. 闕後, 金之蒲[32]鮮萬奴據遼東, 稱天王, 國號大眞. 史稱東眞帝者, 是也. 及元入主中國, 則又幷有全遼矣. 元興, 我北道州郡沒於元, 元之幷有長嶺, 又可知. 淸本興於興京, 在長嶺之西矣. 幅員最廣, 無所不包云. 此遼界之始末.

단군(檀君)·기자(箕子) 때의 강역은 살필 수 없다. 고구려에 이르러 온 요동 땅을 차지하고, 동쪽은 바다에 이르며 서쪽은 장령(長嶺)에 닿았고, 요하(遼河)와 더불어 경계를 삼았다. 신라 말에 발해에 통합되니 지방이 5천 리로 수백 년 동안 이어졌다. 거란이 발해를 멸망시키고는 나라 이름을 요라고 했다. 요가 약해지고 금이 일어났다. 금은 흑수말갈(黑水靺鞨)로, 이른바 생여진(生女眞)이 이들이다. 서희가 소손녕(蕭遜寧)에게 대답하여 말하기를 "신사(信使)가 통하지 못한 것은 생여진에게 점거되었기 때문이다"라고 하였는데, 그렇다면 흑수는 이미 압록강의 길목을 차지한 것이다. 시간이 지난 뒤에 금의 포선만노(蒲鮮滿奴)가 요동을 차지하여 천왕(天王)이라 부르고 국호를 대진(大眞)이라 하였다. 역사에서 동진제(東眞帝)라 부르는 이가 그이다. 원에 이르러서는 중국으로 들어가 주인이 되었고 또한 온 요동을 아울러 가졌다. 원이 일어나자 우리 북도(北道)의 주군(州郡)을 원나라에 빼앗겼는데, 원이 장령(長嶺)도 아울러 차지했음을 또한 알 수 있다. 청은 본래 흥경(興京)에서 일어났으니, 장령의 서쪽에 있었다. 땅이 가장 넓어서 아우르지 않은 곳이 없었다고 한다. 이것이 요동 경계의 시말(始末)이다.

---

31) 국립중앙도서관 소장 〈한古朝91-60〉에는 '鴨江'.
32) 국립중앙도서관 소장 〈古091-2〉에는 '浦'가 없다.

○ 권제21, 경사문(經史門) 발해(渤海)

許眉叟作渤海列傳, 頗欠詳. 渤海本粟末靺鞨, 高句麗別種. 粟末者, 卽混東[33]江之一名. 而源出白頭山頂, 北流與黑龍江合, 東入海者也. 靺鞨有二種. 所謂近黑水者, 爲生女眞, 近粟末者, 爲熟女眞, 是也. 大氏[34]自乞乞仲象與其徒,[35] 渡遼水, 據太白山東. 則大氏之族, 本在遼水之西. 乃遼西之産, 而始與粟末之地, 距遠也. 仲象之子祚榮始建國, 國號震. 地方五千里, 盡得扶餘沃沮弁韓朝鮮諸國[36]云. 扶餘在鴨綠之外, 人謂在成川府者, 非也. 沃沮卽今北路六鎭等地, 朝鮮今遼東西, 皆其舊界. 而弁韓在今慶尙道內辰韓西南, 則非渤海所統也. 或者, 三韓皆自外來, 馬韓從朝鮮來, 辰韓從秦地來, 亦安知弁韓本在鴨綠之外, 逐於山戎而來者耶. 不然, 必記者之有誤耳. 唐中宗時, 拜祚榮爲渤海郡王. 至其子武藝, 益斥大土宇, 東北諸夷畏服. 東北者, 指黑水之類也. 開元中, 黑水靺鞨[37]朝唐, 唐置黑水州長史. 武藝謀曰: 黑水假道於我, 與唐通, 今諸[38]唐官, 不吾告, 是必與唐, 謀攻我也. 乃遣其弟門藝, 發兵擊黑水. 門藝曰: 黑水請吏而我擊之, 是背唐也. 昔高句麗盛時, 戰士三十萬, 唐兵一臨, 掃地盡矣. 今我衆比高麗三之一, 無乃不可乎. 武藝强遣之, 門藝奔唐. 唐拜爲左驍衛將軍. 武藝使使暴門藝罪過, 請誅之, 有詔處之西.[39] 報曰: 門藝窮來歸我, 義不可殺, 已投惡地, 幷留使者不還, 遣李道邃諭旨. 武藝上表曰: 大國當示人以信, 豈得爲欺誑. 帝以道邃漏泄左遷之, 暫遣門藝詣嶺南以報之. 今以門藝之言攷之, 句麗雖幷兼遼東西, 其地不過數千里, 若又三分居一, 則亦不過千餘里之地矣. 意者, 東北諸夷畏服者許多, 而其所據則猶是小邦也. 後祚榮之弟野勃四世孫仁秀, 有地五京十二府[40]六十二州. 以肅愼故地爲上京, 其南爲中京, 濊貊故地爲東京, 沃

---

33) 국립중앙도서관 소장 〈한고조91-60)〉에는 '同'.
34) 국립중앙도서관 소장 〈한고조91-60)〉에는 '抵'.
35) 국립중앙도서관 소장 〈한고조91-60)〉에는 '與其徒'가 없다.
36) '諸國' → '海北諸國'.
37) 국립중앙도서관 소장 〈성호귀091-29〉에는 '獻'.
38) 국립중앙도서관 소장 〈성호귀091-29〉에는 '請'.
39) 국립중앙도서관 소장 〈성호귀091-29〉에는 '安西'.
40) '十二府' → '十五府'.

沮故地爲南京, 句麗故地爲西京. 扶餘故地爲扶餘府, 扞契丹. 又爲鄚頡府. 挹婁故地爲定理安邊二府. 卒賓[41]故地爲賓府,[42] 拂涅故地爲東平府. 鐵利故地爲鐵利府, 越喜故地爲懷遠安遠二府. 盖至是東西五千餘里矣. 唐明宗天成元年, 卽高麗太祖九年也. 契丹主阿保機强盛, 東北諸夷皆役屬, 猶渤海未服. 契丹謀寇唐, 恐渤海掎其後, 先攻滅之. 其王大諲譔出降, 渤海亡. 渤海自祚榮至是, 合二百四年, 傳世十餘. 契丹以渤海爲東丹國, 冊其太子倍爲人皇王, 以主之. 倍卽突欲也. 置諲譔於臨潢之西, 賜名焉[43]魯古. 世子大光顯率餘衆, 投高麗, 賜光顯姓名王繼, 附之宗籍, 使奉其祀. 前年高麗宮城蚯蚓出, 長七十尺. 人謂渤海來投之應. 其官民前後來投者, 數萬戶. 有隱繼宗者, 麗王引見於天德殿. 繼宗等三拜, 人謂失禮. 大相舍弘曰: 失土人三拜, 禮也. 後數年, 其酋首大鸞河降于宋, 宋以爲渤海都指揮使. 祚榮之遺種也. 至顯宗二十年, 契丹東京將軍大延琳叛, 國號興遼, 建元天興, 遣大府丞高吉德, 來告求援. 延琳是祚榮七世孫也. 明年, 其郢州刺史李匡祿來告急, 尋聞國亡, 留不歸. 此渤海之始末也.

新羅之末, 幅員分裂, 不能統一. 大氏[44]乘間, 略定全遼朝鮮句麗之地, 殆失太半矣. 王氏之興, 只復得鴨綠以東, 餘皆入於契丹. 其始東邦舊彊[45]縮於大氏, 而契丹又取諸大氏也. 是時王新立草創, 南憂未熄, 固未暇於遠圖. 及甄氏旣滅, 威名益彰, 故丹使之至, 盖亦畏之也. 王之流其使殺其駝, 非眞爲渤海之故, 其志將欲據義爭地, 實辭直爲壯也. 不幸金甌未復, 明年身亡, 無奈天意何也. 不然, 大氏之興亡, 何與於我, 而絶之甚至此乎. 是故其遺訓切切然, 以契丹禽獸之俗爲禁, 少無畏忌之意. 況渤海世子及宗戚大臣, 禮部卿大和勻,[46] 司政大元勻,[47] 工部卿大福譽,[48] 左右衛

---

41) '卒' → '率'.
42) '賓府' → '率賓府'. 국립중앙도서관 소장 〈성호貴091-29〉에는 '卒賓府'.
43) 국립중앙도서관 소장 〈한고조91-60)〉에는 '烏'.
44) 국립중앙도서관 소장 〈한고조91-60)〉에는 '氏'.
45) 국립중앙도서관 소장 〈한고조91-60)〉과 국립중앙도서관 소장 〈성호貴091-29〉에는 '彊'.
46) 『帝王韻紀』(朝鮮古典刊行會 영인본)에는 '大和鈞'.
47) 『高麗史』 卷1, 世家1, 太祖 8年 乙酉 秋9月에는 '大元鈞'.

> 將軍大審理等方在, 餘衆數萬, 臥薪嘗膽, 思所以復其仇者. 遼民只隔衣帶一水, 言語氣習, 未必心服於別種也. 若得數年生聚, 乘方盛之威, 縱思歸之師, 執言責還, 其勢恐不可遏. 後蕭遜寧之來侵, 徐熙對曰: 上國東京, 皆在我境, 何得謂之侵蝕乎, 遜寧知不可强, 遂罷兵. 況契丹新得其地之時乎. 失此機會, 退保彈丸, 爲天下之弱國, 不離于籠鳥井蛙, 人風遂因而齷齪矣. 噫亦命矣哉. 世傳蚓蟄客傳卒乃云: 扶餘國爲海寇所據, 苟有此事, 疑乞乞仲象者, 其人也. 仲象之渡遼, 不知何時, 而其子祚榮, 開元元年立國, 則仲象之當唐初, 可知. 沿海以扶餘爲號者, 惟此而已. 其地實在仲象入據之內, 其說兩相沕合, 可異也. 小說指扶餘爲東南, 恐東北之誤. 中國之東南, 何嘗有扶餘之名乎. 稗海中, 亦載此說, 謂東夷中, 尤可信.

허미수(許眉叟)가 『발해열전(渤海列傳)』[49]을 지었는데 자못 상세함이 부족하다. 발해는 본디 속말말갈(粟末靺鞨)로 고구려의 별종[50]이다. 속말은 곧 혼동강(混東江)의 다른 이름이

---

48) 국립중앙도서관 소장 〈한고조91-60)〉에는 '大禑謨'.

49) 국립중앙도서관에 소장되어 있는 허목의 『記言』〈古3648-91-1-160〉 권34 外編 東事 3에 '靺鞨'로 기술되어 있는 것을 보면, '발해열전'이 아니라 '말갈열전'임을 알 수 있다.

50) 원전은 『舊唐書』 발해말갈전의 "본래 고려의 별종(本高麗別種)"과 『新唐書』 渤海傳의 "본래 속말말갈로 고[구]려에 붙은 자(本粟末靺鞨附高麗者)"라는 기록이다. 그런데 이 大祚榮의 출신이나 발해의 구성원에 대해서는 같은 사료를 놓고 다양한 해석이 있었다. 고려와 조선에서는 대조영의 출신을 高句麗 계통으로 보는 경향이 있었는데, 李承休의 『帝王韻記』와 柳得恭의 『渤海考』가 대표적이다. 일본에서는 대체로 속말말갈이나 여진 계통으로 보았다. 발해국의 주체는 靺鞨族이지만, 대조영은 고구려 別部 출신으로 보는 경우(鳥山喜一, 1915), 새로운 종족으로 발해말갈을 이해하는 경우(池內宏, 1916), 지배층은 고구려인, 피지배층은 말갈인으로 보는 경우(白鳥庫吉, 1933)도 있다. 현대에 들어와서 발해사 연구를 촉발한 대표적인 연구자는 북한의 박시형이다. 그는 발해국의 성립에 중심 역할을 한 것은 고구려 멸망 후 요서 지방으로 이주된 고구려인 집단이었고, 이들을 조직하여 지휘한 것이 고구려 장수인 대조영이라고 하였다. 고구려 왕실의 일족 또는 고구려 계통의 귀족 출신들이 거의 권력을 독점하였고, 문화 방면에서도 고구려의 문화가 주도적 역할을 하였다고 보았다(박시형, 1979; 송기호 해제, 1989). 한국의 李龍範도 발해의 주체가 고구려 유민이었음을 주장하였다(李龍範, 1981). 이후 한국 학계에서는 기본적으로 대조영을 고구려 계통으로 보았으나, 종족은 속말말갈로 고구려에 옮겨와 정착하여 동화된 인물, 즉 말갈계 고구려인으로 보기도 한다(송기호, 1995). 말갈의 명칭 자체를 고구려 변방 주민이나 중국 동북 지역민에 대한 비칭·범칭으로 보고, 발해의 구성원이 된 말갈은 흑수말갈과 구분되는 예맥계인 고구려말갈이며 대조영은 고구려인으로 속말강(송화강) 지역민이라고 보는 견해도

다. 그 원류는 백두산(白頭山) 꼭대기에서 나와 북쪽으로 흘러 흑룡강(黑龍江)과 합쳐져서 동쪽에서 바다로 들어간다. 말갈은 두 종류가 있다. 이른바 흑수에 가까운 자들은 생여진(生女眞)이 되었고, 속말수에 가까운 자들이 숙여진(熟女眞)이 되었다는 것이 이것이다. 대씨는 걸걸중상(乞乞仲象)부터 그 무리와 더불어 요수를 건너 태백산 동쪽[51]을 점거하였다. [그 이전에는] 즉 대씨 족속은 본래 요수의 서쪽에 있었던 것이다. 곧 요서(遼西)에서 난 것으로 처음 속말의 땅과는 거리가 멀었다. 중상의 아들 [대]조영(祚榮)이 비로소 나라를 세우고 국호를 진(震)이라 하였다.[52] 지방은 5천 리로 부여(扶餘)·옥저(沃沮)·변한(弁韓)·조선(朝鮮)의 여러 나라를 모두 다 얻었다고 한다. 부여는 압록강 바깥에 있는데, 사람들이 성천부(成川府)에 있다고 하는 것은 잘못이다. 옥저는 곧 지금 북로(北路)의 육진(六鎭) 등의 땅이었고, [고]조선은 지금 요동의 서쪽이 모두 그 옛 경계이다. 그리고 변한은 지금 경상도 내의 진한 서남쪽에 있었으니, 바로 발해가 다스렸던 곳은 아니다. 어쩌면 삼한 모두가 바깥에서 왔다고 하는데, 마한은 조선에서 왔고 진한은 진 땅[秦地]에서 왔으니, 또한 변한도 본래 압록의 바깥에 있다가 산융(山戎)에게 쫓겨 왔는지를 어찌 알 수 있겠는가? 그렇지 않다면 분명 기록에 잘못이 있을 것이다. 당 중종 때 [대]조영에게 벼슬을 내려 발해군왕으로 삼았다. 그 아들 무예에 이르러 땅을 크게 더욱 넓히니, 동북의 여러 오랑캐[諸夷]가 두려워하고 복종하였다. 동북이라는 것은 흑수의 무리를 가리키는 것이다. 개원(開元, 713~741) 중에 흑수말갈이 당에 조회하자, 당이 흑수주(黑水州) 장사(長史)를 두었다. 무예가 모의하여 말하기를 "흑수가 우리에게 길을 빌려 당과 더불어 통하였는데, 지금 당에 관리를 청하면서 우리에게

있다(한규철, 1988; 2007). 중국 학계에서는 근대 초기에 양면적 인식이 보였다. 대표적인 학자는 金毓黻이다(1934, 『渤海國志長編』). 그러나 중화인민공화국이 수립된 이후에는 발해사를 중국의 소수민족사로 보고 고구려계승성을 부정하며 말갈을 강조하는 입장이다. 한편 19세기 중반 연해주 지역을 차지하였던 러시아에서는 자국의 極東 지역 소수민족사의 일부로서 관심을 갖고 발해를 말갈족의 역사로 규정하며 대조영 역시 말갈인으로 보고 있다. 이 밖에 소수 설로 말갈 중 대조영을 백산말갈 출신으로 보는 경우도 있다(津田左右吉, 1915; 李健才, 2000).

51) 발해 건국지에 대해 『삼국사기』 권46, 열전 6, 최치원전에는 의봉 3년(678) '태백산 아래'로, 『삼국유사』에서 인용한 『신라고기』에는 '태백산 남쪽'으로, 『제왕운기』에는 '태백산 南城'으로, 『삼국사절요』에는 '태백산 동쪽'으로 나온다.

52) 진국은 발해 초기 국호로 『舊唐書』 발해말갈전과 『册府元龜』, 최치원의 「謝不許北國居上表」 등에는 '振國'으로, 『新唐書』 발해전에는 '震國'으로 나온다.

알리지 않았다. 이는 필시 당과 더불어 우리를 공격하려는 것이다"라고 하였다. 이내 그 아우 문예[53]를 보내 군사를 내어 흑수를 치게 하였다. 문예가 말하기를 "흑수가 관리를 요청하는데 우리가 그들을 공격한다면 당을 배반하는 것입니다. 옛날 고구려가 강성했을 때 전사가 30만 이었으나, 당병이 한번 이르자 땅을 쓸어버린 것처럼 다 없어졌습니다. 지금 우리 무리는 고구려와 비교하여 3분의 1이니 불가하지 않겠습니까"라고 하였다. 무예가 억지로 그를 보내니, 문예가 당으로 도망갔다. 당에서 벼슬을 주어 좌효위장군(左驍衛將軍)으로 삼았다. 무예가 사신으로 하여금 문예의 죄와 잘못을 드러내고 그를 죽일 것을 요청하게 하였다. 조서를 내려 그를 안서(安西)로 보내고 회답하기를, "문예가 곤궁하여 나에게 와서 귀의하였으니 의리상 죽일 수 없어 이미 악지(惡地)로 보냈다"고 하였다. 아울러 사신을 머물게 하고 돌려보내지 않았다. 이도수(李道邃)를 보내 그 뜻을 타일렀다. 무예가 표를 올려 말하기를, "큰 나라는 마땅히 신의로 사람에게 보여야 할 터인데 어찌 속이고 기망할 수 있습니까"라고 하였다. 황제는 도수가 누설한 것으로 그를 좌천시키고, 잠시 문예를 보내 영남(嶺南)에 이르게 하고 그것으로 회답했다. 지금 문예의 말로써 살펴보면, 고구려가 비록 요동의 서쪽을 차지했다고 하더라도 그 땅은 수천 리에 불과하다. 만약 또 3분의 1이라고 한다면 바로 역시 1천여 리의 땅에 불과한 것이다. 생각건대 동북의 여러 오랑캐가 두려워하여 복종한 자가 많다고 하더라도, 그 차지했던 곳은 오히려 자그마한 나라일 것이다. 뒤에 조영의 아우 야발(野勃)의 4대손 [대]인수가 5경 12부 62주를 두었다. 숙신의 옛 땅[54]으로 상경(上京)을 삼고, 그 남쪽으로 중경(中京)[55]을 삼았다. 예맥(濊貊)의 옛 땅으로 동경(東京)을 삼고, 옥저의 옛 땅으로 남경

---

53) 大門藝는 발해 제2대 왕인 武王(재위 719~737)의 친동생이다. 高王 大祚榮 때(唐 中宗 때)에 당에 質子로 머물다가 돌아왔다. 726년 무왕이 그에게 흑수말갈을 토벌할 것을 명령하자, 이를 반대하다가 당으로 망명하였다. 무왕은 당에게 대문예를 죽일 것을 요청하며 당과 갈등을 빚었고, 732년 발해가 당의 登州를 공격하자 당은 대문예에게 유주에서 병사를 모아 발해를 공격하게 하였다. 이후 무왕은 몰래 자객을 모아 낙양 天津橋에서 대문예를 찌르게 했으나 실패하였고, 이후 대문예의 행적은 더는 확인되지 않는다(『신당서』 219, 열전 144, 북적 발해).
54) 『신당서』 발해전에는 '挹婁의 옛 땅'으로 되어 있다.
55) 제3대 文王 때 上京으로 천도하기 전의 수도였다. 위치 비정에 대해서는 蘇密城說, 那丹佛勒城說, 敦化縣說, 西古城子說 등이 있었다. 지금은 和龍 인근의 용두산고분군에서 文王의 넷째 딸 貞孝公主의 무덤이 발굴되고 주변에서 발해 유적들이 함께 발견되면서 서고성을 발해 중경으로 보는 것이 통설이 되었다.

(南京)을 삼았으며, 고구려의 옛 땅으로 서경(西京)[56]을 삼았다. 부여의 옛 땅으로 부여부(扶餘府)[57]를 삼고 거란을 막았다. 또 막힐부(鄚頡府)[58]를 삼았다. 읍루의 옛 땅[59]으로 정리(定理)와 안변(安邊) 2부를 삼았다. 솔빈(率賓)의 옛 땅으로 솔빈부[60]를 삼고, 불열(拂涅)의 옛 땅으로 동평부(東平府)[61]를 삼았다. 철리의 옛 땅으로는 철리부(鐵利府)[62]를 삼고, 월희의 옛 땅으로는 회원(懷遠)·안원(安遠) 2부를 삼았다. 대체로 동서 5천여 리에 이르렀다. 당 명종 천성(天成) 원년(926)은 곧 고려 태조 9년이다. 거란 임금 [야율]아보기(阿保機)가 강성하자 동북쪽의 여러 오랑캐가 모두 역속(役屬)되었으나, 오직 발해만은 항복하지 않았다. 거란이 당을 침범하려 하였으나 발해가 그 뒤를 잡아당길 것을 두려워하여 먼저 그를 공격하

---

56) 『遼史』「地理志」東京道條에 "淥州 鴨淥軍 節度 本高麗故國 渤海號西京鴨淥府 城高三丈 廣輪二十里"로 나온다. 丁若鏞은 平安北道 慈城 北에서 鴨綠江 對岸으로(『我邦疆域考』「渤海考」), 韓鎭書는 江界府의 滿浦鎭 對岸으로(『續海東繹史』「渤海」), 松井等(1913)은 奉天省 臨江縣 帽兒山으로, 鳥山喜一(1915)은 通溝로 비정하였고, 현재 臨江 지역으로 보는 것이 일반적이다.

57) 부여부의 위치에 대해서는 開原縣설, 農安설, 阿城설, 昌圖 북쪽 四面城설 등이 있는데, 현재 농안설이 유력하다. 속주로는 扶州·仙州의 2주를 거느렸다. 발해의 수도인 上京龍泉府로부터 거란으로 통하는 거란도의 길목이어서, 발해는 부여부에 항상 날랜 병사를 거주시켜 契丹을 방비하게 하였다.

58) 『遼史』「地理志」東京道 韓州條에 "… 本槀離國舊治柳河縣 高麗置鄚頡府 都督鄚·頡二州 渤海因之 …"라고 하여 고구려 때부터 있었던 것으로 나온다. 金毓黻은 農安 북쪽으로 比定하였고(『渤海國志長編』「地理考」), 和田清(1955)은 阿城 부근으로 비정하였다.

59) 金毓黻은 이 기사에서의 挹婁가 虞婁의 잘못이라고 보았는데(金毓黻, 1934,『渤海國志長篇』卷14, 地理考,「定理府」), 송기호는 張建章 묘지에서 홀한주, 즉 발해 전체를 읍루의 옛 땅이라고 한 점을 고려하면 타당성이 있다고 하였다(宋基豪, 1995, 89쪽).

60) 그 이름이 綏芬河와 발음이 유사하여 현재 수분하 지역으로 보는 것이 통설이다. 率賓府의 이름은 遼代에도 그대로 쓰였으나, 金·元代에는 '恤品'·'速頻'·'蘇濱'의 이름으로 史書에 보이며, 清代에는 綏芬路로 알려져 있었다.

61) 拂涅部의 위치에 대해 여러 설이 있어 동평부의 위치에 대한 설도 마찬가지이다. 이 중 黑州는 흑수말갈과 관련지어 보기도 한다. 흑수말갈의 일부가 발해 후기에 복속된 것으로 보지만, 행정구역 설치가 확인되고 있지 않은데, '黑州'와 '黑水'의 흑이 같은 글자이기 때문이다.

62) 鐵利는 말갈 7부 중에는 그 명칭이 없으나, 발해 건국 초기부터 고구려와 관계가 깊었던 불열, 월희 말갈과 함께 활동한 것으로 보아, 고구려 당시부터 있었고 고구려와 밀접한 관련이 있었던 것으로 보인다. 위치에 대해서는 圖們江北·與凱湖의 南說(丁若鏞,「渤海考」), 黑龍·烏蘇里江下流 地域說(松井等, 1913; 鳥山喜一, 1915), 木丹江流域說(津田左右吉, 1916), 阿什河流域說(池內宏, 1916), 松花江下流域의 依蘭地域說(小川裕人, 1937) 등이 있다.

여 멸망시켰다. 그 왕 대인선(大諲譔)이 나와 항복하여 발해가 망하였다. 발해는 조영부터 이때까지 합쳐 204년, 10여 세(世)를 전했다.[63] 거란이 발해로 동단국(東丹國)을 삼고 그 태자 [야율]배(倍)를 책봉하여 인황왕(人皇王)으로 삼아 그곳을 다스리게 하였다. 배는 곧 돌욕(突欲)이다. 인선을 임황(臨潢)[64] 서쪽에 두고, 오로고라는 이름을 내려주었다. 세자 대광현(大光顯)이 남은 무리를 이끌고 고려로 투항하니, 광현에게 왕계(王繼)라는 성명을 내려주어 그를 종적에 붙이고 그 [조상의] 제사를 받들도록 하였다. 전해에 고려 궁성에서 지렁이가 나왔는데 길이가 70척이었다. 사람들이 발해가 와서 투항할 징조라고 하였다. 그 관리와 백성이 차례로 와서 투항한 자들이 수만 호였다. 은계종(隱繼宗)이라는 사람이 있었는데 고려 왕이 천덕전(天德殿)으로 불러 보았다. 계종 등이 세 번 절하자 사람들이 예에 어긋난다 하였다. 대상 함홍(含弘)이 말하기를 "땅을 잃은 사람은 세 번 절하는 것이 예이다"라고 하였다. 몇 해 뒤에 그 우두머리 대난하(大鸞河)가 송에 항복하니 송에서 발해도지휘사(渤海都指揮使)로 삼았다. 조영의 후예였다. 현종 20년에 이르러 거란 동경(東京)의 장군 대연림이 배반하여 나라 이름을 흥료(興遼)[65]라고 하고, 연호를 세워 천흥(天興)이라 하였다. 대부승[66] 고길덕(高吉德)을 보내와서 도움을 청하였다. 연림은 조영의 7대손이다. 다음해 그 영주자사(郢州

---

63) 발해의 건국시기에 대해서는 『帝王韻紀』의 '周則天武后元年甲申'에 근거한 684년설, 『舊唐書』의 "聖曆中 自立爲振國王"에 근거한 698~699년설, 『類聚國史』 권 193, 延曆 15년 4월 戊子조 "天命開別天皇七年, 高麗王高氏爲唐所滅也. 後以天之眞宗豊祖父天皇二年 大祚榮始建渤海國"에 근거한 698년설 등이 있는데, 698년설이 보편적으로 인정되고 있다. 이를 기점으로 계산하면 발해가 멸망한 926년까지 발해의 존속기간은 약 228년에 달한다. 발해의 왕위 계보는 『東史綱目』 권수, 도상, 高句麗傳世之圖 붙임 渤海國에서 보이듯, 일반적으로 조선시대까지 13명의 왕명이 알려져 있었다. 근현대 이후 연구로 마지막왕인 大諲譔 이전에 大玄錫, 大瑋瑎 두 왕이 더 있었던 것이 확인되면서, 발해의 왕위가 모두 15대에 이어진 것을 알 수 있다(송기호, 1995, 241쪽 附錄1 渤海 王의 系譜와 在位 其間 참조).
64) 요나라 수도인 上京 臨潢府. 중국 內蒙古自治區 赤峰市 巴林左旗 林東鎭 남쪽에 위치한다.
65) 흥료국은 1029년(고려 현종 20) 8월 초 遼의 東京道 관할하에 있던 東京舍利軍 詳穩 大延琳이 세운 나라이다. 대연림은 女眞과 고려와 함께 거란에 대항하기 위해, 건국 직후인 그해 9월 초에 高吉德을 고려에 보내 건국을 알리고 구원을 요청하였다. 그러나 고려는 郭元이 주도한 保州城(의주) 공격이 실패한 뒤에는, 거란의 남침에 대비만 하는 수세로 돌아섰다. 따라서 1029년 12월부터 1030년 9월까지 여러 차례 거듭된 흥료국의 구원 요청을 들어주지 않았다. 한편 요는 1029년 10월 초에 동경성을 에워싸고 공격하였고, 흥료국은 거의 1년 동안 거란에 포위당한 채 저항하였으나, 楊詳世의 배반으로 요양성이 함락되고 대연림이 붙잡히면서 멸망하였다.
66) 遼代 太府監('太'와 '大'는 혼용)의 屬官으로, 흥료국에서 연용한 것으로 보인다.

刺使) 이광록(李匡祿)이 와서 위급을 아뢰었는데, 얼마 뒤 나라가 망한 것을 듣고 남아서 돌아가지 않았다. 이것이 발해의 시말(始末)이다.

신라 말에 땅이 나뉘고 갈라져 통일할 수 없었다. 대씨가 틈을 타서 요(遼)·조선·고구려 땅 전부를 점령하니, [그 땅의] 거의 태반을 잃었다. 왕씨가 일어났으나 단지 압록강 동쪽만 회복하였고, 나머지는 모두 거란으로 들어갔다. 그 처음으로 동방(東邦)의 옛 땅이 대씨에서 줄었는데, 거란은 또 대씨에게서 얻었다. 이때 [고려]왕은 새로 나라를 세운 초창기여서 남쪽의 근심도 없애지 못하였으므로, 확고하게 멀리 도모할 겨를이 없었다. 견씨(甄氏: 후백제)가 이미 멸망함에 이르러서는 위엄과 명예가 더욱 드러난 까닭에 거란 사신이 이르게 되었으니, 대체로 그것을 두려워하였기 때문이다. 왕이 그 사신을 귀양 보내고 낙타를 죽인 것은 사실은 발해 때문이 아니었다. 그 뜻은 장차 의(義)에 근거하여 땅을 다투고자 했던 것이니, 사실대로 말하면 장대하다고 하겠다. 불행하게도 나라를 다 회복하지 못하였는데 이듬해에 죽었으니, 하늘의 뜻은 어찌할 수가 없다. 그렇지 않다면 대씨의 흥망이 우리와 무슨 관계가 있어서 그들을 심하게 끊어냄이 이에 이르렀겠는가? 이 때문에 그 유훈(遺訓)이 절절하였고, 거란 금수의 풍속을 금지시키면서 조금도 두려워하거나 거리낌이 없었다. 하물며 발해의 세자와 종척(宗戚) 대신(大臣)인 예부경[67] 대화균(大和鈞), 사정(司政) 대원균(大元鈞), 공부경[68] 대복모(大福謩), 좌우위장군 대심리(大審理) 등이 여전히 살아 있었고, 남은 무리 수만 명도 와신상담[69]하며 그 원수를 갚을 생각을 하고 있었다. 요(遼) 백성은 단지 띠와 같은 강물을 사이에 두고 있을 뿐, 언어와 기질과 습속이 반드시 별종(別種)에게 심복(心服)한 것은 아니었다. 만약 몇 해 동안 [사람과 재물을] 길러 모아[生聚] 바야흐로 강성한 위세를 타서, [고향에] 돌아가기를 그리는 군사를 놓아주고 빼앗긴 [땅을] 돌려주기를 따졌다면 그 형세를 막을 수 없었을 것이다. 뒤에 소손녕이 쳐들어왔을 때 서희가 대답하여 말하기를

---

67) 발해의 중앙행정기구인 政堂省 아래에 설치된 忠·仁·義·智·禮·信 등 6부 중 禮部의 우두머리인 卿을 일컫는다.
68) 『新唐書』 발해전에 소개된 발해의 관직에는 보이지 않지만, 정당성 右六司에 속한 信部의 장관으로 추정된다. 공부경의 존재는 『五代會要』 卷30, 後唐 淸泰 3년 2월조 "… 政堂省工部卿烏濟顯 …"의 기록에서도 확인된다(한규철, 1997, 5쪽).
69) 『史記』에 越王 夫差와 吳王 闔閭가 서로 원수를 잊지 않고 갚기 위해, 가시 많은 거친 나무 위에서 자고 쓴 쓸개를 먹고 견디었다는 이야기에서 나온 고사성어이다.

"상국(上國)의 동경도 모두 우리 땅에 있거늘 어찌 그것을 침식했다고 하겠습니까?"라고 하니, 손녕이 억지로 할 수 없는 것을 알고 드디어 군사를 물렸다. 하물며 거란이 새로 그 땅을 얻었을 때에야 어떠했겠는가? 이 기회를 잃고 물러나 탄환(彈丸)만 한 땅을 보전하면서 천하의 약한 나라가 되었다. 새장 속의 새와 우물 안의 개구리에서 벗어나지 못하여 백성들의 풍습이 악착스럽게 되었다. 아, 또한 운명이구나. 세상에 전해지는 『규염객전(虬髥客傳)』[70]이 끝나면서 말하기를 "부여국이 해적에게 점령되었다"라고 하였는데, 진실로 이런 일이 있었다면 아마도 걸걸중상이 바로 그일 것이다. 중상이 요하를 건넌 것이 언제인지 알 수 없으나, 그 아들 조영이 개원 원년(713)에 나라를 세웠다면 중상은 마땅히 당 초기에 해당함을 알 수 있다. 바닷가에서 부여로 이름을 삼은 자는 오직 이 사람뿐이다. 그 땅이 실재 중상이 차지한 범위 안에 있으니 그 말이 서로 부합되지 않으면 이상한 것이다. 소설에서는 부여를 동남이라고 하였는데 아마도 동북의 잘못일 것이다. 중국의 동남에 어찌 일찍이 부여라는 이름이 있었겠는가. 『패해(稗海)』[71]에도 역시 이 말이 실려 있고, 동이 중에 있다고 하였으니 더욱 믿을 만하다.

○ 권제23, 경사문(經史門) 요금원(遼金元)

契丹本漢之東胡, 避居鮮卑山, 則與鮮卑相近, 而在幷營之界. 及其太宗德光破渤海, 據全遼之地, 而遂改國號曰遼. 幷有燕雲十六州. 金國暴興, 天祚帝延禧勢蹙. 宋徽宗親寫招之曰: 若歸中國, 當以皇兄之禮相待, 賜甲第, 極所以奉養者, 天祚大喜. 其事爲金人所得, 移檄極其詈罵. 宋史諱之, 事不果, 遂走雲中. 及金克燕京, 自陰山奔党項萬里之外. 爲金將妻室所擒, 射殺之, 以萬馬踐其屍, 若執仇然. 意者, 渤海無罪而遼滅之. 金是渤海餘種, 鬪怨已深, 必窮追而得之也. 麗太祖亦以渤海之故, 擯絶遼使, 謂無道之國. 其事雖不可攷, 必有極慘可惡者也. 不然, 何必戮屍而後爲快耶.

---

70) 唐 말기 杜光庭이 쓴 唐代 傳奇小說로, 『太平廣記』 卷193에 수록되어 있다.
71) 明 商維濬(생몰년 미상)가 편찬한 책으로, 총 365권이며 魏晉 이후로 전래되던 74종의 소설, 잡기류의 글이 수록되어 있다.

거란은 본래 한(漢)나라 [때]의 동호로서 피하여 선비산(鮮卑山)에 살았다. 바로 선비와 서로 가까이에 있었고, 병주·영주[幷營]의 경계에 있었다. 태종 덕광(德光)이 발해를 무너뜨림에 이르러 전체 요(遼) 지역을 차지하고, 드디어 나라 이름을 고쳐 요라고 하였다. 연(燕)·운(雲) 등 16주를 아울렀다. 금나라가 갑자기 일어나자 천조제(天祚帝) 연희(延禧)는 형세가 위축되었다. 송 휘종(徽宗)이 친히 글을 써서 그를 불러 말하기를 "만약 중국으로 돌아온다면 마땅히 황형(皇兄)의 예로써 대하고 큰 저택을 내려주고 극진히 봉양할 것이다"라고 하니, 천조[제]가 크게 기뻐하였다. 그 일이 금인에게 알려지자, 격문을 보내어 그를 심하게 꾸짖었다. 『송사』에서는 이 일을 숨겼고, 일도 이루어지지 않았다. 드디어 운중(雲中)으로 달아났다. 금이 연경(燕京)을 함락시킴에 이르러서는 음산(陰山)에서 만 리 밖 당항(黨項)으로 도망쳤다. 금 장수 누실(婁室)에게 잡혔는데, [누실이] 활을 쏘아 그를 죽이고 말 만 마리로 그 시체를 짓밟게 하기를 원수 갚듯이 하였다. 생각건대 발해는 죄가 없었지만 요가 그를 멸망시켰기 때문인 듯하다. 금은 이 발해의 남은 종족으로 원한이 매우 깊어서, 분명 끝까지 추격하여 붙잡았던 것이리라. 고려 태조도 발해로 인하여 요 사신을 물리치고 끊으며, 무도한 나라라고 하였다. 그 일은 비록 자세히 살펴볼 수 없지만 분명 지극히 참담하고 미워할 만한 것이 있었을 것이다. 그렇지 않았다면 어찌 반드시 시신을 찢은 뒤에야 분이 풀렸겠는가.

26. 『풍암집화(楓巖輯話)』

　　유광익(柳光翼, 1713~1780)이 여러 문헌에서 우리나라 역사, 특히 조선시대의 주요 사건을 발췌하여 '기문(記聞)'·'전말(顚末)'·'기략(紀略)' 등의 형식으로 기술하고, '변(辨)'·'변의(辨疑)'라는 표현으로 자신의 견해를 밝혀서 엮은 책이다.

　　발해와 관련된 내용은 「동방 지명의 변(東方地名之辨)」에 단편적으로 기술되어 있다. 발해 역사는 예맥(濊貊)·송양국(松讓國)·황룡국(黃龍國) 등과 마찬가지로 그 강역의 경계나 연혁을 모두 증명할 수 없다고 하면서도, 요동(遼東) 지방의 개모성(盖牟城)·읍루국(挹婁國)·안시성(安市城) 등이 모두 발해 영역이었다고 한 『유문쇄록(諛聞瑣錄)』을 인용하고 있다. 또한 저자는 『삼국사기』에 신라와 발해 국경이 명확하지 않고 패강(浿江)에서부터 영흥(永興) 이북의 영역에 대해서 어떠한 언급도 없는 것은, 김부식이 역사를 찬수할 때 신라에서 쓰인 기록에만 의지하였기 때문에 그 이외의 정보는 고증할 수 없었던 것으로 보았다. 고려와 조선을 거치며 평양 이서, 영흥 이북의 땅을 점차 수복하게 되면서 비로소 파악할 수 있었다고 이해하였다. 이러한 인식은 조선 유학자의 역사지리 인식의 일단을 추적하는 데 많은 시사점을 준다.

　　아래 원문은 규장각 소장 〈奎2967〉본을 저본으로 삼고, 국립중앙도서관 소장의 『풍암집화』 〈승계古091-22〉본을 비교본으로 활용하였다.

○ 권제1, 지지(地志) 동방지명지변(東方地名之辯)

三韓之世, 蠻觸紛紜. 隨其所在, 輒立名號, 故重複錯互. 如二弁韓二東晥三帶方五伽倻三沃沮四扶餘. 濊¹⁾貊渤海松讓黃龍優渤水荇人等國, 分界沿革, 俱無明證.

　삼한시대에는 보잘것없이 작은 일로 시끄럽고 어지러웠다. 그 살았던 곳을 따라 문득 이름이 만들어진 까닭으로, 중복되고 서로 섞였다. 변한(弁韓)이 둘, 동이(東暆)가 둘, 대방(帶方)이 셋, 가야(伽倻)가 다섯, 옥저(沃沮)가 셋, 부여(扶餘)가 넷인 것과 같다. 예맥(濊貊)·발해(渤海)·송양(松讓)·황룡(黃龍)·우발수(優渤水)·행인(荇人) 등의 나라는 경계의 나뉨과 연혁 모두 분명하게 증명할 수가 없다.

鴨江以西入中國以來, 盖牟城, 今爲海州衛盖州復州金州衛之地. 挹婁國, 今爲瀋陽中衛三萬衛之地. 安市城, 今在盖州衛東北七十里. 皆爲渤海國之境. 如建安卑奢白巖等城, 皆不知的在何處. 過鴨江西沿海數百里之地, 俗稱弗訖里, 疑渤海之訛云【諛聞瑣錄】

　압[록]강 서쪽이 중국에 들어간 이래로 개모성(蓋牟城)은 지금의 해주위(海州衛)·개주(蓋州)·복주(復州)·금주위(金州衛)의 땅이다. 읍루국은 지금의 심양(瀋陽) 중위(中衛)·삼만위(三萬衛) 땅이다. 안시성(安市城)은 지금의 개주위(蓋州衛) 동북 70리에 있다. 모두 발해국의 영토였다. 건안(建安)·비사(卑奢)·백암(白巖) 등과 같은 성은 어디에 있었는지를 알 수 없다. 압[록]강을 지나 서쪽으로 바다에 인접한 수백 리 땅은 세속에서 불흘리(弗訖里)라 부르는데, 발해라는 말이 잘못 전해진 것으로 의심된다고 한다.【『유문쇄록(諛聞瑣錄)』】

漢水以北, 遼河以東, 皆高句麗地也. 唐高宗滅高句麗, 以其地分爲九都督府, 置安東都護府於平壤, 以總之. 盖其地亦至於漢水遼河也. 都護²⁾府尋徙遼東, 因失其地. 三國史云, 高句麗爲唐所滅, 而後其地多入渤海靺鞨. 新羅亦得其南境, 以置漢朔溟三州, 未知新羅渤海所得地界限何處也. 三國史地志, 高句麗郡縣只是今平安道之浿

---

1) 국립중앙도서관 소장 〈승계古091-22〉에는 '穢'.
2) 국립중앙도서관 소장 〈승계古091-22〉에는 '督'.

江以南咸鏡道之³⁾永興以南而止, 其外則擧闕漏無載. 盖金富軾撰史時, 勾麗圖籍, 蕩⁴⁾無存者,⁵⁾ 而止據新羅所籍, 以爲三國地志, 故新羅所得之外, 無可考據也. 然旣云, 其地多入渤海, 則勾麗圖籍, 雖無傳者, 渤海之籍, 宜有可據, 而富軾未得見歟. 富軾雖如此, 鄭麟趾撰高麗志時, 猶可覈實論述, 而亦止因富軾之緒, 而未知所以博考⁶⁾也. 渤海全史⁷⁾參互考覈, 則高句麗旣滅之後, 平壤以西永興以北地, 入於渤海, 及渤海亡, 因爲女眞所據, 至高麗, 收復至鴨綠江⁸⁾嶺北, 則至本朝, 始復至豆滿江也.

唐書渤海傳曰: 渤海地方五千里, 盡得扶餘沃沮朝鮮諸國.⁹⁾ 又云, 以濊¹⁰⁾貊故地爲東京龍原府, 亦曰柵城府, 領慶塩穆賀四州. 高句麗故¹¹⁾地爲西京鴨綠¹²⁾府, 領神桓豊正四州. 按, 渤海有十五府六十二州, 此二府卽其十五之二也. 今以遼史地志考之, 則遼開州, 本濊¹³⁾貊地, 高句麗爲慶州, 渤海爲東京龍原府, 都督¹⁴⁾慶塩穆賀四州. 涤州, 本高句麗故國, 渤海號西京鴨綠府, 都督¹⁵⁾神桓豊正四州云云, 而其八州及屬縣廢縣等, 俱列載之矣.

한수(漢水) 이북, 요하(遼河) 이동은 모두 고구려 땅이다. 당 고종이 고구려를 멸망시키고

---

3) 국립중앙도서관 소장 〈승계고091-22〉에는 '之'가 없다.
4) 국립중앙도서관 소장 〈승계고091-22〉에는 '蕩然'.
5) 국립중앙도서관 소장 〈승계고091-22〉에는 '者'가 없다.
6) 국립중앙도서관 소장 〈승계고091-22〉에는 '古'.
7) 국립중앙도서관 소장 〈승계고091-22〉에는 '渤海全史 今無可復見 而以唐書所載 及遼金元史志 竝與三國高麗史 參互考覈'.
8) 국립중앙도서관 소장 〈승계고091-22〉에는 '江'이 없다.
9) '諸國' → '海北諸國'.
10) 국립중앙도서관 소장 〈승계고091-22〉에는 '穢'.
11) 국립중앙도서관 소장 〈승계고091-22〉에는 '舊'.
12) '綠' → '淥'.
13) 국립중앙도서관 소장 〈승계고091-22〉에는 '穢'.
14) '都督'은 『新唐書』 卷219, 列傳 第144, 「渤海」에 '領'으로 표현.
15) '都督'은 『新唐書』 卷219, 列傳 第144, 「渤海」에 '領'으로 표현.

그 땅을 나눠 아홉 개의 도독부를 삼았고, 안동도호부16)를 평양에 두어 그곳을 관할하게 하였다. 대체로 그 땅은 또한 한수와 요하에 이른다. 도호부는 얼마 뒤 요동으로 옮겨졌고 이로 인해 그 땅을 잃어버렸다. 『삼국사기』에 이르기를 "고구려가 당에 멸망당하고 그 뒤에 그 땅이 많이 발해말갈로 들어갔다"고 하였다. 신라도 역시 그 남쪽 땅을 얻어 한(漢)·삭(朔)·명(溟) 3주를 설치하였다. [그러나] 신라와 발해가 얻은 땅의 경계가 어디인지는 알지 못한다. 『삼국사기』「지리지」에 고구려 군현은 단지 지금의 평안도의 패강 이남과 함경도의 영흥 이남만 있을 뿐이고, 그 밖은 빠뜨리고 기록하지 않았다. 아마도 김부식이 역사를 찬수할 때, 고구려의 도서가 전혀 남아 있지 않아서 신라에서 쓰인 것만을 근거하여 『삼국사기』「지리지」를 만들었기 때문에 신라가 얻은 것 이외에는 고증할 수 없었던 것이 아닌가 한다. 그러나 이미 말했듯이 그 땅이 많이 발해로 들어갔다면, 고구려의 도서와 전적이 비록 전해지지 않았다고 하더라도 발해의 전적으로 마땅히 근거로 삼을 수 있었을 것인데, 김부식은 보지 않았다. 부식이 비록 이러했다고 하더라도 정인지가 『고려사』「지리지」를 편찬할 때 오히려 실상을 조사하여 논술할 수 있었을 것인데, 역시 김부식의 실마리에만 그치고 폭넓게 살펴야 할 바를 알지 못하였다. 발해의 모든 역사는 서로 참고하여 살펴서 자세히 밝혀야 한다. 즉 고구려가 멸망한 뒤 평양 서쪽부터 영흥 북쪽의 땅은 발해로 편입되었고, 발해가 멸망함에 이르러서는 여진이 차지하는 바가 되었다. 고려에 이르러서는 압록강부터 철령 이북[嶺北]까지 수복하였다면, 곧 본조(조선)에 이르러서는 처음으로 두만강까지 회복하였다.

『[신]당서』「발해전」에 이르길, "발해는 지방이 5,000리로 부여·옥저·조선의 여러 나라를 모두 얻었다"고 하였다. 또 이르기를, "예맥의 옛 땅으로 동경(東京) 용원부(龍原府)17)를 삼았

---

16) 668년 당나라가 고구려를 멸망시킨 뒤 평양에 안동도호부를 설치하고, 薛仁貴를 도호부사로 삼아 고구려 땅을 통치하도록 하였다. 고구려 부흥운동이 일어나고 신라가 고구려·백제 유민과 함께 당에 항쟁을 펼치자, 당은 한반도에서 물러나 676년 도호부를 遼東의 遼陽 지역으로 옮겼고, 677년에 다시 新城으로 옮겼다. 696년에는 요서 지역인 營州에서 거란 李盡忠의 난이 일어나며, 요동 지역 역시 전란에 휩싸였다. 대조영이 이끄는 고구려 유민과 말갈인들이 天門嶺전투에서 승리하며 발해 건국에 성공한 이후 요동에서 당의 세력은 크게 약화되었고, 당은 699년에 안동도호부를 안동도독부로 낮추고 幽州(지금의 北京)에 移屬시켰다. 이후 다시 도호부로 복귀되었다가 714년 平州로, 743년 遼西故郡城으로 府治를 옮겼다가, 安祿山의 난을 계기로 758년에 완전히 폐지되었다(日野開三郎, 1984, 26~36쪽; 권은주, 2010).
17) 발해 5경 가운데 하나이다. 동경은 제3대 文王 大欽茂가 785년 무렵 이곳으로 천도한 이후 제5대 成王

는데, 또한 책성부(柵城府)¹⁸⁾라고도 부르며, 경(慶)·염(塩)·목(穆)·하(賀) 등 4주를 거느렸다. 고구려의 옛 땅으로 서경(西京) 압록부(鴨綠府)¹⁹⁾를 삼았으며, 신(神)·환(桓)·풍(豊)·정(正) 등 4주를 거느렸다"고 하였다. 살피건대, 발해에 15부 62주가 있었으니, 이 두 부(府)는 바로 15부 중의 두 곳이다. 지금 『요사』 「지리지」를 살펴보면, 바로 요 개주(開州)는 본래 예맥 땅으로 고구려에서 경주(慶州)로 삼았고, 발해에서는 동경 용원부로 삼아 경·염·목·하 4주를 거느렸다. 녹주(淥州)는 본래 고구려 고국(故國)으로 발해에서 서경 압록부라 불렸으며, 신·환·풍·정을 거느렸다고 하였다. 그래서 그 8주 및 속현·폐현 등을 갖추어 실었다.

大華璵가 다시 상경으로 천도하는 794년까지 약 10년간 발해의 수도였다. 일명 '柵城府'라고도 하며, 屬州로는 慶州·塩州·穆州·賀州의 4주가 있다. 위치에 대해서는 琿春설, 함경북도 穩城·鍾城설, 연해주 블라디보스토크설, 니콜리스크(Nikolisk)설 등이 있었다. 1942년에 이르러 琿春의 半拉城(현재 八連城)을 발굴한 이후, 이곳이 동경성이며 혼춘이 동경 용원부 지역임에 이견이 없다(김은국, 2006).

18) 발해 5경 가운데 하나인 東京龍原府의 異稱이다. 책성은 목책을 두른 성이라는 뜻으로, 이미 고구려 때부터 사용된 지명이다. 府治의 위치에 대해서는 발해의 東京城인 八連城과 별도로 부근의 溫特赫部城이나 薩其城으로 보는 설과 延吉의 城子山山城, 興安古城 등으로 보는 설이 있다(구난희, 2017, 134~139쪽). 고구려의 책성은 치소성을 중심으로 광역의 행정단위를 가리키는 '柵城圈'으로 이해하는 연구도 있다(김현숙, 2000, 140·156~157쪽; 김강훈, 2017, 244쪽).

19) 『遼史』 「地理志」 東京道條에 "淥州 鴨淥軍 節度 本高麗故國 渤海號西京鴨淥府 城高三丈 廣輪二十里"로 나온다. 丁若鏞은 平安北道 慈城 北에서 鴨綠江 對岸으로(『我邦疆域考』 「渤海考」), 韓鎭書는 江界府의 滿浦鎭 對岸으로(『續海東繹史』 「渤海」), 松井等(1913)은 奉天省 臨江縣 帽兒山으로, 鳥山喜一(1915)은 通溝로 비정하였고, 현재 臨江 지역으로 보는 것이 일반적이다.

발해사 자료총서 – 한국사료 편 권1

27. 『동사강목(東史綱目)』

안정복(安鼎福, 1712~1791)이 기자조선에서 시작하여 고려 공양왕에 이르는 역사를 주희(朱熹)의 『자치통감강목(資治通鑑綱目)』을 본받아 편년체로 서술한 역사서이다. 1759년(영조 35)에 완성하였으며, 1778년(정조 2) 봄에 이르러 서문(序文)이 작성되었다. 본편 17권, 부록 3권으로 되어 있다.

이 책에는 발해사와 관련된 내용이 제법 많이 실려 있다. 책 권수(首) 앞 부분의 「동국역대전수지도(東國歷代傳授之圖)」에는 발해가 포함되어 있지 않다. 그러나 「고구려전세지도(高句麗傳世之圖)」의 부록으로 부여국(夫餘國) 왕계도와 함께 발해 왕계도가 실려 있고, 그 다음 '신라통일도(新羅統一圖)'에 발해가 표시되어 있다. 본문의 편년체 서술에서는 700년(효소왕 9, 권4하) 대조영(大祚榮)의 둔거(遁去)에서 시작하여 1116년(예종 11, 권8상) 발해인의 내투까지 발해사 언급이 보인다. 또 부권(附卷) 「고이(考異)」의 '대조영이 처음 신라에 붙음(大祚榮初附新羅)', 「잡설(雜說)」의 '정안국(定安國)', 「지리고(地理考)」의 '말갈고(靺鞨考)', 붙임 정안국(附定安國)', '발해국군현고(渤海國郡縣考)' 등에서 발해를 다루고 있다.

안정복의 발해사 고증에는 특기할 만한 점들이 많다. 최치원(崔致遠)의 「사불허북국거상표(謝不許北國居上表)」를 인용하여 대조영이 신라로부터 대아찬(大阿飡)으로 봉해진 사실이 역사서에 누락되어 있음을 지적하고, 그 시기가 700년일 것으로 추정하였다(권4하, 附卷상 考異). 또한 신라가 북국(北國)에 사신을 보냈다는 『삼국사기(三國史記)』의 기록에 대해서 북국이 발해국임을 밝히고 있기도 하다(권5상). 이 밖에 신라와 발해의 국경선이던 니하(泥河)를 덕원(德源) 근처의 강으로 비정하고(권4하), 발해 멸망 연도를 925년이라고 한 『고려사(高麗史)』가 아니라 『자치통감강목(資治通鑑綱目)』을 따라 926년으로 삼은 것(附卷하)도 주목된다. 그러나 713년 당나라의 대조영(大祚榮) 책봉을 발해사의 시작으로 삼아 926년까지 214년간 존속하였던 것으로 이해하고 있어(「東國歷代傳授之圖」 및 권5하) 잘못을 범하기도 하였다. 발해의 땅은 함경도와 평안도까지 포함되어 있었을 것인데, 요나라 땅이 압록 이북에만 미쳐서 『요사(遼史)』에 그러한 사실이 기록되지 못함으로써, 양도(兩道)에서의 발해 관련 연혁이 요사와 신라사에서 모두 누락되었다고 지적한 것(「附卷下」)도 의미가 있다.

안정복은 이 책에서 이익(李瀷)의 발해사 인식을 더욱 구체화하고 있다. 「凡例」에서 이미 "발해를 우리 역사에 넣는 것은 옳지 않지만, 본래 고구려 땅에 있던 나라로 우리와 이웃하며 순치(唇齒)의 관계를 맺고 있었기 때문에 『동국통감(東國通鑑)』에서 이를 언급하였고, 자신도 이 방식을 따른다"고 밝히고 「동국역대전수지도」에 발해를 포함시키지 않았다. 이것은 『동국통감』의 인식을 계승하면서 이익의 견해를 더욱 명확히 표현한 것이기도 하다. 그에 따라 「目錄」에는 발해사와 관련한 내용을 신라기(新羅紀) 안에 '부 발해(附渤海)'로 기술하였고, 발해 영역은 '신라통일도' 안에 함께 그려, 발해사를 신라사에 부속시키고 있다. 그러면서도 「범례」에서 발해가 고구려의 옛 땅에서 일어난 나라라고 한 것이라든가, 국가별 「전수지도」에서 신라 다음이 아니라 고구려 다음에 부여국과 발해국을 '붙임[附]'이라고 하여 놓은 것은 또 다른 인식을 보여준다.

이 책의 '고구려전세지도' '부 발해국', 신라 효소왕 9년조(권4), 성덕왕 12년조(권4)에는 대조영을 말갈인, 말갈 추장으로 설명하고 있다. 또 발해 건국 세력이 걸걸중상(乞乞仲象), 고구려 별종, 말갈 속말부락 걸사비우(乞四比羽), 고구려 유민으로 이루어진 것으로 서술하여, 대조영이나 그의 아버지인 걸걸중상이 말갈인일 뿐이지 고구려 별종은 아닌 것으로 이해하였던 듯하다.

「부권하」지리고에서는 15부와 그 각각에 딸린 주(州)의 위치를 비정해놓았는데, 이것은 『성경통지(盛京通志)』의 기록을 정리한 것에 불과하기 때문에 『요사』 지리지의 오류를 답습하고 있다. 그러한 오류를 처음으로 깨닫게 된 것은 유득공(柳得恭, 1748~1807)의 『발해고(渤海考)』(1784)부터이다. 다만 함경도와 평안도가 모두 발해 땅이었는데, 신라와 고려의 통치가 여기에 미치지 못하였고 발해를 멸망시킨 거란도 압록강 이북에만 세력을 뻗침으로써 여진족이 할거하는 땅으로 남게 되었으니, 그 결과로 압록강 이남의 발해 군현 연혁이 역사 기록에 누락되었음을 지적하고 있는 것이 주목된다.

아래 원문은 규장각 소장 〈奎5916〉본을 저본으로 삼았다.

○ 권수(首), 범례(凡例)

一. 渤海不當錄于我史, 而本爲高句麗故地, 與我壤界相接, 義關唇齒, 故通鑑備書之, 今從之.

1. 발해를 우리 역사에 기록하는 것은 마땅하지 않다. 그러나 본래 고구려의 옛 땅으로서 우리 땅과 경계를 서로 접하고 순망치한의 관계가 있는 까닭에 『통감』에서 그것을 갖춰 썼다. 지금 그것을 따른다.

○ 권수(首), 도(圖) 상, 고구려전세지도(高句麗傳世之圖) 부 발해국(附渤海國)

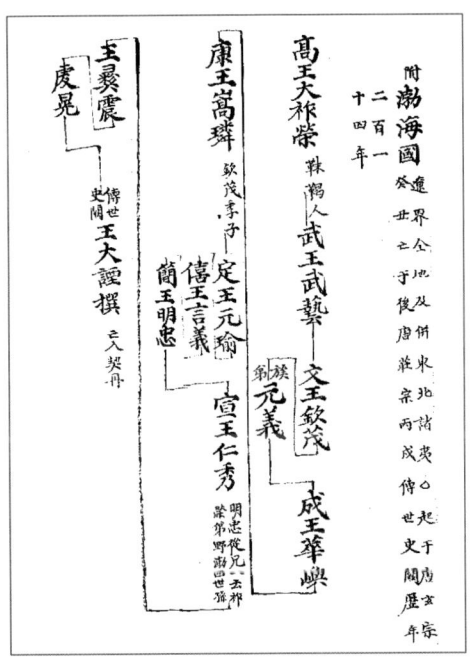

〖附〗渤海國【遼界全地, 及倂東北諸夷. ○ 起于唐玄宗癸丑, 亡于後唐莊宗丙戌, 傳世史闕, 歷年二百十四年.】

高王大祚榮【靺鞨人】— 武王武藝 — 文王欽茂 —【族弟】元義 — 成王華璵 — 康王嵩璘【欽茂季子】— 定王元瑜 — 僖王言義 — 簡王明忠 — 宣王仁秀【明忠從兄, 一云祚榮

弟野渤四世孫.】─ 王彝震 ─ 虔晁 ─【傳世史闕】王大諲撰[1]【亡入契丹.】

〖붙임〗발해국【요(遼)의 경계 전 지역과 동북의 여러 오랑캐[諸夷]를 아울렀다. 당 현종(唐玄宗) 계축년(713)에 일어나서 후당 장종(莊宗) 병술년(926)에 망하였다. 전세(傳世)는 역사에 빠졌고, 역년(歷年)은 214년이다.】[2]

고왕 대조영【말갈인】─ 무왕 무예 ─ 문왕 흠무 ─【족제】원의 ─ 성왕 화여 ─ 강왕 숭린【흠무의 계자】─ 정왕 원유 ─ 희왕 언의 ─ 간왕 명충 ─ 선왕 인수【명충의 종형, 혹은 조영의 동생 야발의 4세손이라고 한다.】─ 왕 이진 ─ 건황 ─【전세(傳世)는 역사에 빠졌다.】왕 대인선【망하여 거란에 들어갔다.】

○ 권수(首), 도(圖) 중, 지도(地圖) 신라통일도(新羅統一圖)

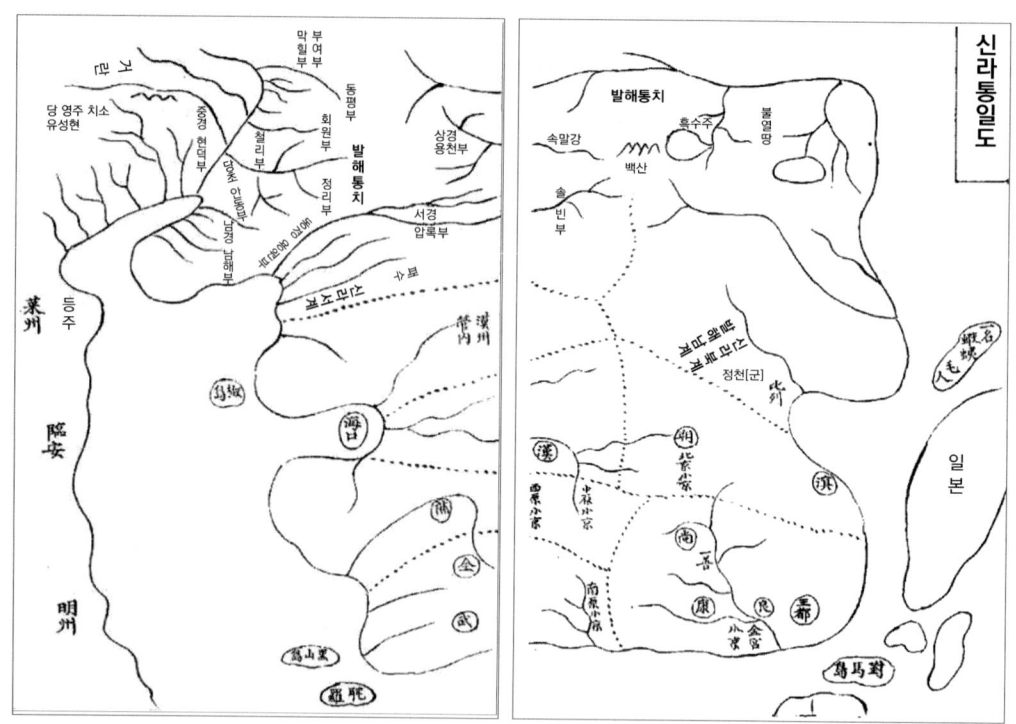

---

1) '大諲撰' → '大諲譔'.
2) 발해의 건국시기에 대해서는 『帝王韻紀』의 '周則天武后元年甲申'에 근거한 684년설, 『舊唐書』의 "聖曆

○ 권제4 하, 신문왕(神文王) 원년

【神文王元年】遣將取高句麗泉井郡.
遣沙湌武仙, 率精兵三千, 取泉井郡, 改稱井泉【今德源府】, 因以兵戍比列忽.

【신문왕 원년(681)】 [신문왕이] 장수를 보내어 고구려의 천정군(泉井郡)³⁾을 차지하였다. 사찬 무선(武仙)을 보내어 정예병 3천을 거느리고 천정군을 차지하였다. [이를] 정천(井泉)【지금의 덕원부(德源府)】으로 고쳐 부르고, 군사로 비열홀(比列忽)을 지키게 하였다.

○ 권제4 하, 효소왕(孝昭王) 9년

庚子九年, … 是歲, 唐武照⁴⁾擊契丹餘黨平之, 靺鞨大祚榮遁去.
初契丹之亂, 有乞乞仲象者, 與高句麗別種靺鞨粟末部落乞四比羽及高句麗餘種, 東走渡遼水, 保太白山【今白頭山】東, 沮奧婁河【在今寧古塔界】, 樹壁自固, 武后封比羽爲許國公, 仲象爲震國公, 赦其罪. 比羽不受命, 詔李楷固擊斬之. 時仲象已死, 其子祚榮, 驍勇善騎射, 引殘衆遁去, 楷固窮躡, 度天門嶺, 祚榮引高句麗靺鞨兵拒之, 楷固敗還.
靺鞨酋大祚榮, 遣使來附,
時契丹附突厥, 唐兵道絶, 不克討. 祚榮卽幷比羽之衆, 恃荒遠, 乃建國, 自號震國

中 自立爲振國王"에 근거한 698~699년설, 『類聚國史』 권 193, 延曆 15년 4월 戊子조 "天命開別天皇七年, 高麗王高氏爲唐所滅也. 後以天之眞宗豊祖父天皇二年 大祚榮始建渤海國"에 근거한 698년설 등이 있는데, 698년설이 보편적으로 인정되고 있다. 이를 기점으로 계산하면 발해가 멸망한 926년까지 발해의 존속기간은 약 228년에 달한다. 발해의 왕위 계보는 『東史綱目』 권수, 도상, 高句麗傳世之圖 붙임 渤海國에서 보이듯, 일반적으로 조선시대까지 13명의 왕명이 알려져 있었다. 근현대 이후 연구로 마지막왕인 大諲譔 이전에 大玄錫, 大瑋瑎 두 왕이 더 있었던 것이 확인되면서 발해의 왕위가 모두 15대에 이어진 것을 알 수 있다(송기호, 1995, 241쪽 附錄1 渤海 王의 系譜와 在位 期間 참조).

3) 함경남도 德源(현재 문천)에 위치한다. 본래 고구려의 땅(泉井郡, 또는 於乙買)으로, 문무왕 21년(681)에 신라가 차지하였고, 경덕왕 때 정천군으로 이름을 바꿔 炭項關門을 쌓았다. 고려 태조 23년(940)에 湧州로 고쳤다(『삼국사기』 권제35, 「雜志」 4, 地理 2, 井泉郡).

4) '照'는 측천무후의 이름으로 원문에는 측천무후가 만든 製字로 되어 있다.

> 王. 欲憑隣援, 遣使來附, 授以第五品大阿飡之秩.

경자 [효소왕] 9년(700), … 이해에 당나라 무조(武照: 무후의 이름)가 거란의 남은 무리를 쳐서 평정하니, 말갈 대조영(大祚榮)이 달아났다.

처음 거란의 난리에, 걸걸중상(乞乞仲象)이라는 자가 있었는데 고구려 별종(別種)인 말갈의 속말부락(粟末部落) 걸사비우(乞四比羽) 및 고구려의 남은 종족과 함께 동쪽으로 달아나, 요수(遼水)를 건너서 태백산(太白山)【지금의 백두산】의 동쪽[5]을 지키고, 오루하(奧婁河)[6]【지금 영고탑(寧古塔) 경계에 있다.】를 막고 벽을 세워 스스로 굳게 지켰다. 무후가 [걸사]비우를 책봉하여 허국공(許國公)으로 삼고, [걸걸]중상을 진국공(震國公)으로 삼아 그 죄를 사면(赦免)하여 주었다. 비우가 왕명을 받아들이지 않자, 조서를 내려 이해고(李楷固)[7]가 그를 쳐서 베어 죽였다. 그때에 중상은 이미 죽었고, 그의 아들 [대]조영이 용맹스럽고 말타기와 활쏘기를 잘하여 남은 무리를 이끌고 달아났다. [이]해고가 바짝 뒤를 쫓아 천문령(天門嶺)[8]을 넘었다. 조영이 고구려와 말갈의 군사를 이끌고 그에 항거하니, 해고가 패하여 돌아갔다.

말갈의 추장[酋] 대조영이 사신을 보내어 내부(來附)하였다.

이때에 거란이 돌궐(突厥)에 붙으므로, 당병(唐兵)은 길이 끊기어 [대조영을] 토벌하지 못하였다. 조영은 곧바로 비우의 무리를 병합하고 [중국에서] 황량하고 먼 것을 믿어, 이내 나라를 세우고 스스로 진국왕(震國王)이라 불렀다. 이웃의 도움에 의지하고자 [신라에] 사자를 보내어 내부하니, [신라에서] 제5품 대아찬(大阿飡)의 관질(官秩)을 주었다.

---

5) 발해 건국지에 대해『삼국사기』권46, 열전 6, 최치원전에는 의봉 3년(678) '태백산 아래'로,『삼국유사』에서 인용한『신라고기』에는 '태백산 남쪽'으로,『제왕운기』에는 '태백산 南城'으로,『삼국사절요』에는 '태백산 동쪽'으로 나온다.

6) 발해 초기의 중심지인 동모산의 북쪽을 끼고 목단강으로 흘러 들어가는 大石河로 추정된다(송기호, 82쪽).

7) 거란 출신의 장군으로 손만영이 전사한 후 당에 투항하였다.

8) 渾河와 揮發河의 분수령인 현재의 吉林 哈達嶺으로 추정된다(유득공 지음, 김종복 옮김, 2018, 73쪽).

○ 권제4 하, 성덕왕(聖德王) 12년

> 癸丑十二年, … 唐以靺鞨大祚榮爲渤海郡王.
> 時祚榮漸强, 遣使交突厥, 地方二千里, 戶十餘萬, 頗知書契, 盡得扶餘沃沮朝鮮海北諸國. 地直營州東北千里, 南與新羅, 以泥河【一名泥川, 今未詳. 按, 新羅慈悲王十一年, 徵阿瑟羅人, 築城泥河, 阿瑟羅今江陵. 炤智王三年, 高句麗進軍彌秩, 賊敗, 追破之泥河西, 彌秩今興海. 又十八年, 句麗攻新羅牛山城, 將軍實竹出擊泥河上, 破之, 牛山城疑牛頭, 今春川. 新羅北界, 止井泉郡, 今德源, 疑是德源近處水.】爲界, 東窮海, 西契丹. 築城郭以居, 高麗遺殘稍歸之. 中宗時, 遣子入侍, 至是拜爲左驍衛大將軍渤海郡王, 以所統爲忽汗州, 領忽汗州都督. 自是始去靺鞨之號, 專稱渤海.【通考參補.】

계축 [성덕왕] 12년(713), … 당이 말갈 대조영을 발해군왕(渤海郡王)으로 삼았다.

이때 조영은 점차 강성해지면서 사신을 보내 돌궐(突厥)과 통교하였다. 땅은 2천 리요, 호구는 10여만이었다. 자못 글을 알았고, 부여(扶餘)·옥저(沃沮)·조선·해북 제국(海北諸國)을 모두 차지하였다. 땅은 곧바로 영주(營州) 동북으로 천 리에 있다. 남쪽은 신라와 니하(泥河)9)【일명 이천(泥川)인데, 지금은 자세하지 않다. 살펴보건대 신라 자비왕(慈悲王) 11년에 하슬라(河瑟羅)10) 사람을 징발하여 니하에 성을 쌓았는데, 하슬라는 지금의 강릉이다.

---

9) 니하와 관련해서는 『三國史記』에 몇 차례 관련 기사가 보이는데, 이들 기록을 통해 동해에 인접한 悉直(三陟), 何瑟羅(江陵)와 비교적 가까이에 있는 강으로 추정된다. 丁若鏞은 『我邦疆域考』「渤海考」에서 강릉 북쪽의 泥川水라고 하였고, 松井等은 泉井郡을 德源으로 단정하고 니하를 부근의 하천으로 보아 德源과 그 북쪽인 永興傍의 龍興江으로 추정한 바 있다(松井等, 1913). 津田左右吉은 聖德王 20년의 長城 축조 기사를 통해 동해안에서 安邊 부근의 南大川으로 보았다(津田左右吉, 1913). 그 밖에 連谷川설(徐炳國, 1981b, 237~257쪽; 張彰恩, 2004, 1~45쪽; 趙二玉, 1999, 715쪽), 강릉 城南川설(이병도 역주, 1983, 34쪽), 남한강 상류설(李康來, 1985, 48~53쪽; 鄭雲龍, 1989, 209쪽), 울진 일대설(리지린·강인숙, 1976, 68~69쪽), 낙동강 상류설(김진한, 2007, 127쪽; 홍영호, 2010, 73~75쪽) 등이 있다.

10) 강원도 강릉의 옛 이름. 원래 고구려의 땅으로, 4세기 말에 신라에 편입되었다. '河西良', '阿瑟羅'라고도 한다. 신라는 지증왕 13년(512)에 주(州)로 삼고 군주를 파견하였다. 법흥왕 10년(523)에는 하서정(河西停)을 두어 군사 기능을 강화하였다. 선덕여왕 8년(639)에는 북소경으로 고쳤다가, 658년(무열왕

소지왕(炤知王) 3년에는 고구려가 미질(彌秩)에 진군했다가, 적(고구려)이 패하자, [신라군이] 쫓아가 니하의 서쪽에서 격파하였다. 미질은 지금의 흥해(興海)이다. 또 18년에 고구려가 신라의 우산성(牛山城)을 공격할 적에 [신라] 장군 실죽(實竹)이 나가 [고구려를] 쳐서 니하에서 격파하였다. 우산성은 우두(牛頭)인 듯한데, 지금의 춘천(春川)이다. 신라의 북쪽 경계는 정천군(井泉郡)11)에 그쳤는데 지금의 덕원(德源)이다. [니하는] 덕원 근처의 물인 듯하다.]를 경계로 하였다. [발해의] 동쪽은 바다에 닿았고, 서쪽은 거란이다. 성곽을 쌓고 거처하니, 고구려의 달아난 남은 무리[逋殘]가 점차 그에게 돌아왔다. [당] 중종(中宗) 때에 아들을 보내어 입시(入侍)하였다. 이때에 이르러 좌효위대장군(左驍衛大將軍) 발해군왕(渤海郡王)을 배수하였고, 다스리는 곳을 홀한주(忽汗州)로 삼고, 홀한주도독(忽汗州都督)이 되게 하였다. 이로부터 비로소 말갈의 칭호를 버리고, 오로지 발해라 일컬었다.[『문헌통고』를 참고하여 보충하였다.]

○ 권제4 하, 성덕왕(聖德王) 18년

己未十八年春, 渤海王大祚榮卒.
諡高王, 子武藝立, 改年仁安, 斥大土宇, 東北諸夷畏服.

기미 [성덕왕] 18년(719) 봄, 발해왕 대조영이 죽었다.

시호는 고왕(高王)이다. 아들 무예(武藝)가 즉위하여, 연호를 인안(仁安)으로 고쳤다. 크게 땅을 넓히니, 동북의 여러 오랑캐가 두려워 복종하였다.

○ 권제4 하, 성덕왕(聖德王) 23년

甲子二十三年, 二月, 遣使入朝于唐.

---

5)에 말갈 땅과 인접해 있어 소경을 폐지하고 다시 주로 고친 뒤 도독을 두어 방비하게 했다. 경덕왕 16년(757)에 溟州로 이름을 고쳤다(『三國史記』 35, 「雜志」 4, 지리 2).
11) 함경남도 德源(현재 문천)에 위치한다. 본래 고구려의 땅(泉井郡, 또는 於乙買)으로, 문무왕 21년(681)에 신라가 차지하였고, 경덕왕 때 정천군으로 이름을 바꿔 炭項關門을 쌓았다. 고려 태조 23년(940)에 湧州로 고쳤다(『삼국사기』 권제35, 「雜志」 4, 지리 2, 井泉郡).

> 時北方皆爲夷靺所幷, 王遣使涉海朝唐.【按, 此時浿北之地, 盡爲渤海所幷, 故涉海貢唐.】事大益勤. 帝嘉其誠款, 降詔褒美, 賜錦袍金帶, 及綵素二千疋.

갑자 [성덕왕] 23년(724), … 2월, 사신을 보내어 당에 입조(入朝)하였다.

이때에 북방은 모두 오랑캐 말갈에게 아우른 바 되었다. 왕이 사신을 보내어 바다를 건너서 당에 조공하였다.【살펴보건대 이때 패북(浿北)의 땅은 모두 발해가 병합한 까닭에 바다를 건너 당에 조공하였다.】

사대(事大)를 더욱 부지런히 하므로 [당] 황제가 그 정성을 가상히 여겨서 조서(詔書)를 내려 포상하고 칭찬하며, 금포(錦袍: 비단 두루마기)·금대(金帶: 금 허리띠) 및 채소(綵素: 무늬 비단) 2천 필을 하사하였다.

○ 권제4 하, 성덕왕(聖德王) 25년

> 丙寅二十五年, 是歲, 唐以渤海大門藝爲左驍衛將軍.
> 初黑水靺鞨朝唐, 唐建黑水州, 置長沙.[12] 渤海王武藝曰: 黑水與唐通, 而不吾告, 是必謀我. 乃遣弟門藝擊黑水. 門藝曰: 黑水請吏而我擊之, 是倍唐也. 與唐産怨, 我且亡. 昔高句麗盛時, 戰士三十萬, 可謂雄强, 唐兵一臨, 掃地盡矣. 我衆比麗三之一, 王將違之, 無奈不可乎. 武藝不聽. 强遣之, 門藝至境上, 復以書力諫. 武藝遣其從兄大壹夏伐之, 召欲殺之, 門藝懼, 棄衆奔唐, 詔拜左驍衛將軍. 武藝使使請誅之, 詔處安西, 報曰: 門藝窮來歸我, 誼不可殺, 已投惡地, 使鴻臚少卿李道邃諭旨. 武藝知之, 上表曰: 大國當示人以信, 豈得爲此欺誕. 帝以道邃漏洩左遷, 暫遣門藝詣嶺南以報之.

병인 [성덕왕] 25년(726), 이해에 당이 발해의 대문예(大門藝)[13]를 좌효위장군(左驍衛將

---

12) '長沙' → '長史'.
13) 大門藝는 발해 제2대 왕인 武王(재위 719~737)의 친동생이다. 高王 大祚榮 때(唐 中宗 때)에 당에 質子로 머물다가 돌아왔다. 726년 무왕이 그에게 흑수말갈을 토벌할 것을 명령하자, 이를 반대하다가 당으로 망명하였다. 무왕은 당에게 대문예를 죽일 것을 요청하며 당과 갈등을 빚었고, 732년 발해가

軍)으로 삼았다. 처음에 흑수말갈(黑水靺鞨)이 당에 입조하자, 당은 흑수주(黑水州)를 세우고 장사(長史)를 두었다. 발해왕 [대]무예(武藝)가 "흑수가 당과 통하면서 나에게 알리지 않은 것은 반드시 우리를 도모하려는 것이다"라고 하였다. 이내 아우 문예를 보내어 흑수를 치게 하였다. 문예가 말하길 "흑수가 [당에] 관리를 청하여, 우리가 그를 공격하는 것은 당을 배반하는 것입니다. 당과 더불어 원망을 사면 우리 또한 망합니다. 옛날 고구려가 강성할 때에 전사(戰士)가 30만으로 군세다고 할 만하였는데도, 당병이 한번 다다르자 땅을 쓸어낸 듯이 모두 없어졌습니다. 우리의 무리는 고구려에 비하여 3분의 1인데 왕이 이를 어기려고 하니 어찌 옳다고 하겠습니까"라고 하였다.

무예가 듣지 않고 억지로 보냈다. 문예가 국경에 이르러 다시 글로 힘써 간하였다. [그러나] 무예는 그 종형 대일하(大壹夏)를 보내어 [흑수말갈을] 치게 하고, 문예를 불러 죽이려 하였다. 문예가 두려워하며 무리를 버리고 당으로 도망가니, [당 황제가] 조서를 내려 좌효위장군을 제수하였다. 무예가 사신을 시켜 죽일 것을 청하니, 조서로 안서(安西)에 거처하게 하고, [이를 발해에] 알리기를 "문예가 궁색하여 나에게 와서 귀부하였으니 의당 죽일 수는 없어서 이미 나쁜 땅으로 보냈다"고 하였다. 홍려소경(鴻臚少卿) 이도수(李道邃)를 보내어 유지(諭旨)하였다. 무예가 그것을 알고 표(表)를 올려 말하길 "대국(大國)은 신의로 사람에게 보여야 할 것인데 어찌 이처럼 속일 수 있습니까" 하였다. 황제는 [이]도수가 누설하였다고 생각하여 좌천시키고, 잠시 문예를 영남(嶺南)에 보내고는 이를 [발해에] 알렸다.

○ 권제4 하, 성덕왕(聖德王) 32년

癸酉三十二年秋七月, 遣將軍金允中, 助唐伐渤海.
渤海王武藝, 遣大將張文休, 寇登州殺刺史韋俊, 帝大怒, 命內史高品何行成大僕郞金思蘭, 發兵過海攻討, 遣思蘭, 授王正太尉, 持節充寧海軍大使鷄林州大都督, 使發兵擊渤海南鄙, 爲唐掎角, 帝又曰: 聞舊將金庾信孫允仲[14]之賢, 可爲將, 遣之.

당의 登州를 공격하자 당은 대문예에게 유주에서 병사를 모아 발해를 공격하게 하였다. 이후 무왕은 몰래 자객을 모아 낙양 天津橋에서 대문예를 찌르게 했으나 실패하였고, 이후 대문예의 행적은 더는 확인되지 않는다(『신당서』 219, 열전 144, 북적 발해).

14) '允仲' → '允中'.

> 仍賜允仲[15] 金帛. 於是王命允仲[16]等四將, 率兵會唐軍伐渤海. 會大雪丈餘, 山路阻險, 士卒死者過半, 無功而還. 時帝遣大門藝, 詣幽州發兵, 以討武藝. 密遣刺客殺之, 不果, 帝命河東, 搜賊黨盡殺之. 思蘭本王族, 先因入朝, 恭謹有禮, 因留宿衛, 及是還.

계유 [성덕왕] 32년(733) 가을 7월, 장군 김윤중(金允中)을 보내어 당을 도와 발해를 쳤다. 발해왕 [대]무예가 대장 장문휴(張文休)를 보내어, 등주(登州)를 노략질하고 [등주]자사(刺史) 위준(韋俊)을 죽였다.[17] 황제가 크게 노하고 내사(內史) 고품(高品), 하행성(何行成), 대복랑(大僕郞) 김사란(金思蘭)[18]에게 명하여 군사를 내어 바다를 건너가 [발해를] 공격하여 토벌하게 하였다. [그리고] 사란을 보내어 [성덕]왕에게 정태위(正太尉)[19] 지절충영해군대사(持節充寧海軍大使)[20] 계림주대도독(鷄林州大都督)을 제수하고, 군사를 일으켜 발해의 남쪽을 쳐서 당과 앞뒤에서 협공하게 하였다. 황제가 또 말하길 "듣건대 옛 장수 김유신의 손자 윤중이 현명하여 장수로 삼을 만하다 하니 그를 보내라" 하고, 거듭 윤중에게 금과 비단을 하사하였다. 이에 왕이 윤중 등 네 장수에게 명하여 군사를 거느리고 당군(唐軍)과 만나 발해를 정벌하게 하였다. 때마침 큰 눈이 한 길이나 내리고 산길이 험하여 사졸(士卒)이 죽은 자가 절반을 넘었고 아무런 공도 없이 돌아왔다.[21] 이때에 황제가 대문예를 보내어 유주(幽

---

15) '允仲' → '允中'.
16) '允仲' → '允中'.
17) 발해가 당의 등주를 공격한 것은 성덕왕 31년(732, 개원 20)으로, 무왕 대무예가 장군 張文休를 보내 해적을 거느리고 등주자사 위준을 공격하게 하였다(『구당서』 199하, 열전 149하, 발해말갈). 발해가 등주를 공격한 원인은 726년 발해의 黑水 토벌과 대문예의 당 망명으로 빚어진 발해와 당의 갈등 및 730년대 초 당과 전쟁을 치르고 있는 契丹을 돕기 위한 목적이었다(김종복, 2009, 127쪽; 권은주, 2013).
18) 신라의 왕족으로 일찍이 당나라에 건너가 太僕員外卿(『삼국사기』 권제8, 「신라본기」 제8, 성덕왕 32년)을 받고, 宿衛로 있었다. 732년(성덕왕 31) 발해가 당나라의 登州를 공격하자, 당 현종이 이듬해 7월 김사란을 귀국시켜 신라에게 발해의 남쪽을 공격하게 하였다. 『冊府元龜』에는 개원 21년(733) 정월 신라에 사신으로 간 것으로 나온다(『册府元龜』 권975, 外臣部20 褒異2).
19) 태위는 정1품 三公인 太尉, 司徒, 司空 중 하나이다.
20) 영해군사는 발해가 바닷길을 통해 당의 登州를 공격하자, 당에서 바닷길을 안정시킬 목적으로 신라왕에게 임시로 준 使職이었다. 그러나 이후 신라왕의 책봉호의 하나로 계속 사용되었다.
21) 신라군이 당군과 함께 실제 발해의 남쪽을 공격하여 전투가 벌어졌는지에 대해서는 논란이 있다. 대체

州)²²⁾에 나아가 군사를 내어 [대]무예를 토벌하게 하였다. 대무예가 몰래 자객을 보내어 그(대문예)를 죽이려 하였으나 이루어지지 않았다. 황제가 하동(河東)에 명하여, 도적 무리를 찾아 모두 죽였다. 사란은 본래 [신라]왕족으로, 먼저 입조하였을 적에 공손하고 삼가며 예의가 있어 그대로 머물러 숙위하다가 이때에 돌아왔다.

○ 권제4 하, 성덕왕(聖德王) 33년

> 甲戌三十三年, … 入唐宿衛金忠信還.
> 忠信在唐, 爲左領軍衛員外將軍, 及志廉入代東還, 上表曰: 臣今合還, 令臣執節, 本國討除靺鞨, 有事續奏. 夫除惡務本, 布憲惟新, 出師義貴乎三捷, 縱敵患貽於數代. 伏望陛下因臣還國, 以副使假臣, 盡將天旨, 再宣殊裔. 豈惟斯怒益振, 固亦武夫作氣, 必傾其巢穴, 靜此荒隅. 遂夷臣之小誠, 爲國家之大利, 復乘滄海, 獻捷丹闕, 臣所望也. 帝許焉.

갑술 [성덕왕] 33년(734), … 당에 들어가 숙위하던 김충신(金忠信)²³⁾이 돌아왔다.
충신은 당에 있으면서 좌령군위(左領軍衛) 원외장군(員外將軍)이 되었다. [김]지렴이 들어가 대신 숙위하자 동(東: 신라)으로 돌아오면서 표(表)를 올려 말하길, "신이 지금 돌아가는 것은 신에게 부절(符節)을 가지고 본국에서 말갈을 토벌하여 없애라고 하셨기 때문입니다. 계속하여 아뢸 일은, 무릇 악을 제거함에는 근본을 힘써야 하고, 법[憲]을 펴는 데에는 혁신이 있어야 합니다. 군사를 내는 것은 의리가 세 번의 승리보다 더 귀중하지만, 적을 놓아두면

로 신라군이 당군과 합류해 발해를 공격한 것으로 보며(末松保和, 1975), 동북 방면으로 올라가서 함경 남도 지역이나 동해안 쪽을 공격했던 것으로 보는 설(이병도, 1977; 김종복, 1997; 전덕재, 2013)과 서북 방면으로 압록강 하류 유역(조이옥, 2000)과 서경 압록부의 요지(임상선, 2019)를 공격하려 했다고 보는 설로 나뉜다. 큰 눈과 추위, 험로 등으로 인해 돌아온 것으로 기록되어 있으나, 발해에 패하여 돌아온 것으로 보기도 하며(한규철, 1994, 194쪽), 김사란의 귀국길에 동행한 客使 604명(『삼국유사』 권제2, 紀異 제2, 孝成王)을 당의 원정군으로 보기도 한다(이영호, 2010).

22) 지금의 北京 일대이다.
23) 김충신은 성덕왕의 從弟이다. 성덕왕 25년(726)에 賀正使로 당에 들어가서 宿衛로 머물면서 左領軍衛 員外將軍에 이르렀다. 귀국하기 전에 당 현종에게 발해를 공격하는 명분으로 副使 직을 요청하고 734년 에 귀국하였으나, 출병하지는 않았다.

근심이 여러 대에 끼치게 됩니다. 삼가 바라옵건대 폐하께서는 신이 본국으로 돌아갈 적에 부사(副使)의 직책을 임시로 주셔서, 모두 천자의 뜻을 가지고 먼 변방에 나아가 거듭 선포하게 하십시오. [그렇게 되면] 어찌 이것이 [천자의] 노하심만을 더욱 떨칠 뿐이겠습니까! 진실로 무사들이 기운을 내어 그 소굴을 뒤엎어서 먼 변방의 귀퉁이가 평온하게 될 것입니다. 이신(夷臣: 신라)의 작은 정성이 이루어져 국가에 큰 이익이 될 것입니다. [신이] 다시 배를 타고 바다를 건너 전승의 보고[獻捷]를 대궐[丹闕]에 바치는 것이 신의 소망입니다" 하였다. 황제가 [이를] 허락하였다.[24]

○ 권제4 하, 성덕왕(聖德王) 34년

乙亥三十四年, … 唐勅賜浿江南地.
高句麗之亡, 地皆入唐, 而新羅只得其南境. 渤海漸强, 中國不能疆理, 至是賀正使 金義忠還, 勅賜浿江以南地.

을해 [성덕왕] 34년(735), … 당이 칙서로 패강(浿江) 남쪽의 땅을 내려주었다.[25]
고구려가 망한 뒤에, [그] 땅은 대개 당으로 들어갔고, 신라는 단지 남쪽 지역만을 차지하였다. 발해가 점점 강성해지면서 중국이 강역을 다스릴 수가 없었다. 하정사(賀正使) 김의충(金義忠)이 [당에서] 돌아갈 때에 이르러, 칙서로 패강 이남의 땅을 내려주었다.

○ 권제4 하, 성덕왕(聖德王) 35년

丙子三十五年夏六月, 遣使入謝于唐.
謝賜浿南地也.

병자 [성덕왕] 35년(736) 여름 6월, 사신을 보내어 당에 들어가 감사하였다.

---

24) 김충신의 표문 내용은 『삼국사기』 권제8, 「신라본기」 제8, 성덕왕 33년 봄 정월조에 자세하다.
25) 패강은 대동강을 가리킨다. 당은 발해를 견제하기 위해, 735년 신라로 귀국하는 金義忠 편에 浿江 이남을 신라 땅으로 정식으로 인정하는 칙서를 내렸다(『三國史記』 권제8, 신라본기 제8, 성덕왕 34년조).

패강 남쪽의 땅을 준 것을 감사하였다.

○ 권제4 하, 경덕왕(景德王) 16년

丁酉十六年, … 冬十二月, 改九州郡縣名.
… 國三面際海, 東北至井泉郡,【今德源府】築炭項關門以爲界, 西北至唐嶽縣,【今中和府】新羅地理之廣袤, 於斯盛矣.

정유 [경덕왕] 16년(757), … 겨울 12월, 9주(州) 군현(郡縣)의 이름을 고쳤다.
… 나라는 삼면(三面)이 바다에 접하여 있었으며, 동북으로 정천군(井泉郡)[26]【지금의 덕원부(德源府)】에 이르러서, 탄항(炭項)에 관문(關門)을 쌓아 경계로 삼았다. 서북으로는 당악현(唐嶽縣)【지금의 중화부(中和府)】에 이르렀다. 신라의 땅 넓이가 여기에서 전성을 이루었다.

○ 권제4 하, 경덕왕(景德王) 21년

壬寅二十一年, … 是歲, 唐冊渤海王欽茂.
先是武藝卒, 諡武王, 子欽茂立, 改元大興. 天寶末, 徙上京, 直舊國三百里, 忽汗河之東, 訖帝世, 朝獻者三十九.[27] 至是冊爲檢校太尉渤海國王.

임인 [경덕왕] 21년(762), … 이해에 당이 발해왕 [대]흠무를 책봉하였다.
앞서서 [대]무예가 죽으니 시호를 무왕(武王)이라 하였다. 아들 흠무가 즉위하여 연호를 대흥(大興)이라 고쳤다. [흠무가] 천보(天寶: 당 현종의 연호) 말년에 상경(上京)으로 옮겼는데, 곧바로 옛 나라[舊國]에서 [거리가] 300리이며, 홀한하(忽汗河)의 동쪽이었다. 황제(현종)의 시대가 마칠 때까지 조공(朝貢)한 것이 39차례[28]였다. 이때에 이르러 [흠무를] 책봉하여

---

26) 함경남도 德源(현재 문천)에 위치한다. 본래 고구려의 땅(泉井郡, 또는 於乙買)으로, 문무왕 21년(681)에 신라가 차지하였고, 경덕왕 때 정천군으로 이름을 바꿔 炭項關門을 쌓았다. 고려 태조 23년(940)에 湧州로 고쳤다(『삼국사기』 권제35, 「雜志」 4, 地理 2, 井泉郡).

27) '三十九' → '二十九'.

검교태위(檢校太尉)[29] 발해국왕(渤海國王)으로 삼았다.

○ 권제5 상, 원성왕(元聖王) 6년

> 庚午六年, … 三月, 遣使聘北國.
> 北國卽渤海也, 大氏興於遼地, 進幷高句麗北地, 與新羅壤界相接, 而交聘之節, 史無所傳, 至是遣一吉飡伯魚聘之.

경오 [원성왕] 6년(790), … 3월, 사신을 북국(北國)[30]에 보내 빙문하였다.

북국은 곧 발해(渤海)이다. 대씨(大氏)는 요동(遼東) 땅에서 일어나 고구려의 북쪽 땅을 병합하고 신라와 더불어 경계를 서로 맞대었다. 그러나 교빙(交聘: 사신을 서로 보내는 일)의 절차가 역사에 전하는 것이 없다. 이때에 이르러 일길찬 백어(伯魚)를 [발해에] 보내어 인사[聘]하였다.

○ 권제5 상, 원성왕(元聖王) 11년

> 乙亥十一年, … 是歲, 唐冊渤海王嵩璘.
> 初渤海王欽茂, 大曆中, 二十五來, 以日本舞女十一獻唐, 貞元時, 東南徙東京. 及卒, 諡文王. 子宏臨早死, 族弟元義立一歲, 猜虐, 國人殺之, 立宏臨之子華嶼,[31] 復還上京, 改年中興. 及卒, 諡成王. 復立欽茂子嵩璘, 改元正歷, 唐詔授右驍衛大將軍, 冊爲忽汗州都督渤海王.【通考補.】

을해 [원성왕] 11년(795), … 이해에 당에서 발해왕 [대]숭린(崇璘)을 책봉하였다.

---

28) 『신당서』 발해전에는 29차례로 나온다.
29) 태위는 정1품 三公인 太尉, 司徒, 司空 중 하나이다.
30) 발해를 이른다. 『삼국사기』 신라본기에는 元聖王 6년(790) 3월에 일길찬 伯魚를 북국에, 憲德王 4년(812) 9월에 급찬 崇正을 북국에 사신으로 보낸 기록이 있다. 최치원이 지은 「謝不許北國居上表」를 통해 북국이 발해임을 알 수 있다.
31) '華嶼' → '華璵'.

처음에 발해왕 [대]흠무는 대력(大曆: 당 대종의 연호) 연간에 25번 [당에 사신을 보내]왔고, 일본의 무녀(舞女) 11인을 당에 바쳤다. 정원(貞元: 당 덕종의 연호) 연간에 [수도를] 동남쪽 동경(東京)으로 옮겼다. 그가 죽자 시호를 문왕(文王)이라 하였다. [흠무의] 아들 [대]굉림(宏臨)이 일찍 죽어 족제(族弟)인[32] [대]원의(元義)가 즉위했는데, 일 년 만에 [성정이] 의심하고 포악하여 나라사람들[國人]이 그를 죽이고, 굉림의 아들 [대]화여(華璵)를 [왕으로] 세웠다. [화여가] 다시 상경(上京)으로 환도하고, 연호를 중흥(中興)으로 고쳤다. 그가 죽자 시호를 성왕(成王)이라 하였다. 다시 흠무의 아들 [대]숭린을 [왕으로] 세웠고, 연호를 정력(正曆)으로 고쳤다. 당에서 조서를 내려 우효위대장군(右驍衛大將軍)을 제수하고, 책봉하여 홀한주도독(忽汗州都督) 발해[국]왕으로 삼았다.【『통고(通考)』에서 보충하였다.】

○ 권제5 상, 헌덕왕(憲德王) 원년

己丑十年,【憲德王元年】… 是歲, 渤海王嵩璘卒.
謚康王. 子元瑜立, 改元永德.

기축 [애장왕] 10년(809)【헌덕왕(憲德王) 원년】, … 이해에 발해왕 [대]숭린이 죽었다. 시호는 강왕(康王)이다. 아들 [대]원유(元瑜)가 왕위에 올라 연호를 영덕(永德)으로 고쳤다.

○ 권제5 상, 헌덕왕(憲德王) 4년

壬辰憲德王四年, … 秋九月, 遣使聘北國.

임진 [헌덕왕] 4년(812), … 가을 9월에 사신을 북국(발해)에 보내어 인사[聘]하였다.

---

32) 사전적 의미는 고조를 같이하는 8촌 동생이지만, 6촌·10촌 간에도 쓰였다. 원사료인 『신당서』 발해전이 걸걸중상부터 언급하고 있으므로, 문왕과 대원의는 그를 증조부로 하는 6촌 간일 가능성이 높다(김종복, 2009, 182쪽).

○ 권제5 상, 헌덕왕(憲德王) 5년

> 癸巳五年, … 是歲, 渤海王元瑜卒.
> 諡定王, 弟言義立, 改元朱雀.

계사 [헌덕왕] 5년(813), … 이해에 발해왕 [대]원유(元瑜)가 죽었다.
시호는 정왕(定王)이다. 아우 [대]언의(言義)가 즉위하고, 연호를 주작(朱雀)으로 고쳤다.

○ 권제5 상, 헌덕왕(憲德王) 10년

> 戊戌十年, … 是歲, 唐冊渤海王仁秀.
> 初渤海王言義卒, 諡僖王. 弟明忠立, 改元太始, 一歲卒, 諡簡王. 從兄[33)]仁秀立, 改元建興. 唐詔授檢校司空, 冊爲渤海王. 一云, 仁秀祚榮弟野渤[34)]四世孫云.

무술 [헌덕왕] 10년(818), … 이해에 당이 발해왕 [대]인수(仁秀)를 책봉하였다.
처음에 발해왕 [대]언의가 죽고, 시호를 희왕(僖王)이라 하였다. 아우 [대]명충(明忠)이 왕위에 올라 연호를 태시(太始)로 고쳤다. [그가] 1년 만에 죽자 시호를 간왕(簡王)이라 하였다. 종형(從兄) [대]인수가 왕위에 올라 연호를 건흥(建興)으로 고쳤다. 당에서 조서를 내려 [인수에게] 검교사공(檢校司空)을 제수하고, 책봉하여 발해왕으로 삼았다. 일설에 인수는 [대]조영의 아우 야발의 4세손이라고 한다.

○ 권제5 상, 흥덕왕(興德王) 5년

> 庚戌五年, … 是歲, 渤海王仁秀卒.
> 諡宣王, 子新德早卒, 孫彝震立, 改元咸和. 明年, 詔襲爵. 仁秀頗能討伐海北諸部, 開大境宇. 自祚榮以來, 數遣諸生, 入唐習制度, 至是遂爲海東盛國. 幷肅愼濊貊沃

---

33) '從兄' → '從父'.
34) '野渤' → '野勃'.

沮高句麗扶餘挹婁卒賓³⁵⁾鐵利越喜等故地, 有五京十五府六十二州. 其禮樂制度, 大抵倣象中國云.

【按, 新唐書渤海傳曰: 有五京十五府六十二州, 以肅愼古地爲上京, 曰龍泉府, 領龍湖渤三州. 其南中京, 曰顯德府, 領盧顯鐵湯榮興六州. 濊貊故地爲東京, 曰龍原府, 亦曰柵城府, 領慶鹽穆賀四州. 沃沮故地爲南京, 曰南海府, 領沃睛椒三州. 高句麗故地爲西京, 曰鴨淥府, 領神桓豊正四州, 曰長嶺府, 領瑕河二州. 扶餘故地爲扶餘府, 常屯勁兵扞契丹, 領扶仙二州. 鄚頡府領鄚■³⁶⁾二州. 挹婁故地爲定理府, 領定瀋³⁷⁾二州, 安邊府領安瓊二州. 卒賓³⁸⁾故地爲卒賓府, 領華益建三州. 沸涅³⁹⁾故地爲東平府, 領伊蒙陀⁴⁰⁾黑比五州. 鐵利故地爲鐵利府, 領廣汾蒲海義皈六州. 越喜故地爲懷遠府, 領達越懷紀富美福邪芝九州, 安遠府領寧郿慕常四州. 又郢銅涑三州, 爲獨奏州. 涑州以其近涑沫江. 龍泉,⁴¹⁾ 東南瀕海, 日本道也. 南海, 新羅道也. 鴨淥, 朝貢道也. 長岑,⁴²⁾ 營州道也. 扶餘, 契丹道也.

俗謂王曰可毒夫, 曰聖主,⁴³⁾ 曰基下. 其命爲敎. 王之父曰老王, 母太妃, 妻貴妃, 長子曰副王, 諸子曰王子. 官有宣詔省, 左相右⁴⁴⁾左平章事侍中左常侍諫議居之. 中臺省, 右相右平章事內史詔誥舍人居之. 政堂省, 大內相一人, 居左右相上, 左六⁴⁵⁾司政各一, 居左右平章⁴⁶⁾之下, 以比僕射, 左右允比二丞. 左右⁴⁷⁾司, 忠仁義部各一卿,

---

35) '卒賓' → '率賓'.
36) 한 글자가 결락되어 있다. '高'가 들어가야 한다.
37) '瀋' → '潘'.
38) '卒賓' → '率賓'.
39) '沸涅' → '拂涅'.
40) '陀' → '沱'.
41) '龍泉' → '龍原'.
42) '長岑' → '長嶺'.
43) '聖主' → '聖王'.
44) '右' → '左'.
45) '左六' → '左右'.
46) '平章' → '平章事'.
47) '左右' → '左六'.

居司政下, 支司爵倉膳部, 部有郎中員外, 右六司, 智禮信部, 支司戎計水部, 卿[48]
準左, 以比六官. 中正臺, 大中正一比御史大夫, 居司政下, 火正[49]一. 又有殿中寺
宗屬寺, 有大令. 文籍院有監. 令監皆有少. 太常司賓大農寺, 有卿. 司藏司膳寺, 寺
有令承.[50] 冑子監有監長. 巷伯局有常侍等官. 其武員有左右猛賁·熊衛·羆衛, 南
左右衛, 北左右衛, 各大將軍一·將軍一. 大抵憲像中國制度如此. 以品爲秩, 三秩
以上服紫, 牙笏金魚. 五秩以上服緋, 牙笏銀魚. 六秩七秩[51]淺緋衣, 八秩綠衣, 皆
木笏.
俗所貴者, 太白山之兎, 南海之昆布, 柵城之豉, 扶餘之鹿, 鄚頡之豕, 卒賓之馬, 顯州
之布, 沃州之綿, 龍州之紬, 位城之鐵, 盧城之稻, 湄沱之鯽. 果有九都之李, 樂游之
梨. 餘俗與高麗契丹略等. 幽州節度府相與聘問, 自營平拒[52]京師, 蓋八千里而遠.】

경술년 [홍덕왕] 5년(830), … 이해에 발해왕 [대]인수가 죽었다.

시호를 선왕(宣王)이라 하였다. 아들 신덕(新德)이 일찍 죽었으므로 손자 이진(彝震)이 왕위에 오르고 연호를 함화(咸和)로 고쳤다. 이듬해에 [당의] 조서로 작위를 세습하였다. 인수는 바다 북쪽의 여러 부(部)를 토벌하여 크게 강토를 확장하였다. 대조영 이래로 자주 여러 학생을 당에 보내어 제도를 배웠으므로, 이때에 이르러 드디어 해동의 강성한 나라[海東盛國]가 되었다. 숙신(肅愼)·예맥(濊貊)·옥저(沃沮)·고구려(高句麗)·부여(扶餘)·읍루(挹婁)·솔빈(率賓)·철리(鐵利)·월희(越喜) 등의 옛 땅을 차지하였고, 5경 15부 62주가 있었다. 예악과 제도는 대개 중국을 본받았다고 한다.

【살펴보면『신당서』「발해전」에서 말하길, "[발해에는] 5경 15부 62주가 있다. 숙신의 옛 땅[53]으로 상경(上京)[54]을 삼아 용천부(龍泉府)라 하고, 용주(龍州)[55]·호주(湖州)[56]·발주

---

48) '卿' → '卿郎'.
49) '火正' → '少正'.
50) '承' → '丞'.
51) 뒤에 '以上'이 생략되었다.
52) '拒' → '距'.
53)『신당서』발해전에는 '挹婁의 옛 땅'으로 되어 있다.
54) 중국 黑龍江省 牡丹江市 寧安市 渤海鎭에 위치한다. 전체 둘레가 16,300m이며, 宮城·內城·外城으로

(渤州)⁵⁷⁾의 3주를 거느렸다. 그 남쪽의 중경(中京)⁵⁸⁾은 현덕부(顯德府)라 하고, 노주(盧州)⁵⁹⁾·현주(顯州)⁶⁰⁾·철주(鐵州)⁶¹⁾·탕주(湯州)⁶²⁾·영주(榮州)⁶³⁾·흥주(興州)⁶⁴⁾의 6주를 거느렸다. 예맥의 옛 땅으로 동경(東京)을 삼아 용원부(龍原府)⁶⁵⁾ 또는 책성부(柵城府)⁶⁶⁾라

이뤄져 있다. 755년경 顯州에서 이곳으로 천도하였고, 785년 東京으로 천도했다가 794년에 上京으로 재천도한 이후 발해가 멸망할 때까지 수도였다.

55) 上京의 首州로서 상경성이 위치하는 곳으로 추정된다(金毓黻, 1934; 和田淸, 1955). 遼代에는 扶餘府故地에 黃龍府를 두어 龍州라고 칭하였다.
56) 그 名稱으로 보아 지금의 鏡泊湖 방면에 있었던 것으로 보는 것이 일반적이다.
57) 지금의 寧安 부근으로 추정된다.
58) 제3대 文王 때 上京으로 천도하기 전의 수도였다. 위치 비정에 대해서는 蘇密城說, 那丹佛勒城說, 敦化縣說, 西古城子說 등이 있었다. 지금은 和龍 인근의 용두산고분군에서 文王의 넷째 딸 貞孝公主의 무덤이 발굴되고 주변에서 발해 유적들이 함께 발견되면서 서고성을 발해 중경으로 보는 것이 통설이 되었다.
59) 『遼史』 地理志에 "在京東一百三十里"로 되어 있으나, 여기에 보이는 '京'이 무엇인지 확실하지 않아 위치를 알 수 없다. 게다가 요대의 주명은 거란이 발해 유민을 요동 방면으로 강제로 이주시킨 후에 옛 지명을 사용한 경우가 많아 『遼史』 地理志로 위치를 비정하기가 힘들다. 龍井村으로 보기도 한다.
60) 중경 현덕부의 부명인 '顯'과 동일하여 顯德府의 부치가 있었던 것으로 보고, 그 위치를 西古城으로 보는 경우가 많다.
61) 『遼史』「地理志」에는 위치가 "在京西南六十里"로 되어 있고, 位城·河端·蒼山·龍珍 4현을 거느리며 遼代에 屬縣을 廢한 것으로 되어 있다. 和田淸은 鐵州라는 이름이 '位城의 鐵'에서 비롯된 것으로 보고, 西古城子의 서남, 咸鏡北道 茂山 서북에 철이 많이 생산되기 때문에 이곳을 鐵州로 비정하고 있다.
62) 『遼史』「地理志」에 위치가 "在京西北一百里"로 되어 있고, 屬縣은 靈峰·常豊·白石·均谷·嘉利 5현이 있다. 遼代에 속현을 廢하였고, 湯州治는 北鎭縣과 黑山縣 2현의 부근인 乾州로 되어 있다.
63) 『遼史』「地理志」에 "在京東北一百五十里"로 나오며, 崇山·潙水·綠成의 3현을 거느린다. 『遼史』에는 '崇州'로 되어 있어 '崇州'로 보는 견해가 있다. 延吉 부근으로 비정하기도 한다.
64) 『遼史』「地理志」에 "在京西南三百里"이며, 盛吉·蒜山·鐵山의 3현을 거느린다. 西古城子에서 서남으로 分水嶺을 넘어 豆滿江 하류 일대일 것으로 추정하기도 한다.
65) 발해 5경 가운데 하나이다. 동경은 제3대 文王 大欽茂가 785년 무렵 이곳으로 천도한 이후 제5대 成王 大華璵가 다시 상경으로 천도하는 794년까지 약 10년간 발해의 수도였다. 일명 '柵城府'라고도 하며, 屬州로는 慶州·塩州·穆州·賀州의 4주가 있다. 위치에 대해서는 琿春설, 함경북도 穩城·鍾城설, 연해주 블라디보스토크설, 니콜리스크(Nikolisk)설 등이 있었다. 1942년에 이르러 琿春의 牛拉城(현재 八連城)이 발굴된 이후로, 이곳이 동경성이며 혼춘이 동경 용원부 지역임에 이견이 없다(김은국, 2006).
66) 발해 5경 가운데 하나인 東京龍原府의 異稱이다. 책성은 목책을 두른 성이라는 뜻으로, 이미 고구려 때부터 사용된 지명이다. 府治의 위치에 대해서는 발해의 東京城인 八連城과 별도로 부근의 溫特赫部城이나 薩其城으로 보는 설과 延吉의 城子山山城, 興安古城 등으로 보는 설이 있다(구난희, 2017, 134~

하고, 경주(慶州)[67]·염주(鹽州)[68]·목주(穆州)[69]·하주(賀州)[70]의 4주를 거느렸다. 옥저의 옛 땅으로 남경(南京)을 삼아 남해부(南海府)[71]라 하고, 옥주(沃州)[72]·정주(睛州)[73]·초주(椒州)[74]의 3주를 거느렸다. 고구려의 옛 땅을 서경(西京)[75]으로 삼아 압록부(鴨淥府)라 하고, 신주(神州)[76]·환주(桓州)[77]·풍주(豊州)[78]·정주(正州)[79]의 4주를 거느렸다. 장령부(長

139쪽). 고구려의 책성은 치소성을 중심으로 광역의 행정단위를 가리키는 '柵城圈'으로 이해하는 연구도 있다(김현숙, 2000, 140·156~157쪽; 김강훈, 2017, 244쪽).

[67] 『遼史』「地理志」에 "壘石爲城周圍二十里"라고 하였고, 屬縣으로 龍原·永安·烏山·壁谷·熊山·白楊의 6현을 거느린다.

[68] 『遼史』「地理志」에 "一名 龍河郡"으로, 海陽·接海·格川·龍河의 4현을 거느린다. 和田淸은 Possjet灣 北岸에 顔楚(Yen-Chu) 또는 眼春(Yen-Chun)이라는 지명이 있었던 것이 이 鹽州(Yen-Chou)의 轉訛일 지도 모른다는 억측을 하였던 바 있다(1955, 76쪽). 현재는 연해주 크라스키노성으로 보는 것이 통설이다.

[69] 『遼史』「地理志」에 "一名 會農郡"으로, 會農·水岐·順化·美縣의 4현을 거느렸다.

[70] 『遼史』「地理志」에 "一名 吉理郡"으로, 洪賀·送誠·吉理·石山의 4현을 거느렸다.

[71] 남경 남해부의 위치에 대해서는 韓鎭書의 『續海東繹史』「渤海」에서 北靑설을, 丁若鏞의 『我邦疆域考』「渤海考」에서 咸興설을 내세운 이래로, 鏡城설(內藤虎次郎, 1907; 松井等, 1913), 북청설(鳥山喜一, 1935; 채태형, 1998), 함흥설(池內宏, 1937; 白鳥庫吉, 1935; 和田淸, 1955), 鍾城설 등의 견해가 있다. 남경과 남해부의 치소는 동일 지역에 있었던 것으로 보이나, 관청이 하나였는지 분리되어 있었는지는 불분명하다. 남해부의 위치 비정에는, 776년 남해부 '吐號浦'에서 발해 사신단이 일본으로 출발했다는 기록(『續日本紀』)에 부합하는 항구와 남해부의 특산물인 곤포, 즉 다시마가 생산되는 지역이라는 조건이 붙는다. 정약용이 곤포의 주요 산지인 함흥을 남해부로 본 이후로 함흥설은 많은 지지를 받았고, '토호포'를 함흥 서남쪽으로 약 15km 떨어진 '連浦(고려·조선시대 都連浦)'로 추정하였다. 그러나 북한에서 발굴 성과를 토대로 북청군의 청해토성(북청토성)을 남해부로 비정한 이후 북청설이 유력시되고 있다.

[72] 『遼史』「地理志」에 沃沮·鷲巖·龍山·濱海·昇平·靈泉의 6현을 거느렸다.

[73] 『遼史』「地理志」에 天晴·神陽·蓮池·狼山·仙巖의 5현을 거느렸다. 和田淸(1955)은 위치를 城津으로 추정하였다.

[74] 『遼史』「地理志」에 椒山·貂嶺·澌泉·尖山·巖淵의 5현을 거느렸다. 和田淸(1955)은 鏡城으로 비정하였다.

[75] 『遼史』「地理志」東京道條에 "淥州 鴨淥軍 節度 本高麗故國 渤海號西京鴨淥府 城高三丈 廣輪二十里"로 나온다. 丁若鏞은 平安北道 慈城 北에서 鴨綠江 對岸으로(『我邦疆域考』「渤海考」), 韓鎭書는 江界府의 滿浦鎭 對岸으로(『續海東繹史』「渤海」), 松井等(1913)은 奉天省 臨江縣 帽兒山으로, 鳥山喜一(1915)은 通溝로 비정하였고, 현재 臨江 지역으로 보는 것이 일반적이다.

[76] 『遼史』「地理志」에 神鹿·神化·劍門의 3현을 거느렸다.

領府)80)는 하주(瑕州)81)·하주(河州)82)의 2주를 거느렸다. 부여의 옛 땅을 부여부(扶餘府)83)로 삼아 항상 굳센 군사를 주둔시켜 거란(契丹)을 방비하였다. 부주(扶州)84)·선주(仙州)85)의 2주를 거느렸다. 막힐부(鄚頡府)86)는 막주(鄚州)87)·■주(■州)88)의 2주를 거느렸다. 읍루의 옛 땅89)을 정리부(定理府)90)로 삼아, 정주(定州)91)·심주(瀋州)92)의 2주를 거느렸다. 안변부

---

77) 『遼史』 「地理志」 東京道條에 "高麗中都城 故縣三 桓都·神鄕·淇水(浿水) 皆廢 高麗王於此創立宮闕 國人謂之新國 五世孫釗 晉康帝建元初爲慕容皝所敗 宮室焚蕩 … 棣淥州 在西南二百里"로 나와 고구려의 丸都, 즉 지금의 輯安에 위치한 것으로 보인다.

78) 『遼史』 「地理志」 東京道에는 "渤海置盤安郡 … 棣淥州 在東北二百一十里"로, 安豊·渤恪·隰壤·硤石의 4현을 거느렸다. 和田淸은 鴨綠江 上源의 厚昌古邑 방면 또는 長白·惠山鎭으로 비정하였다(1955, 78쪽).

79) 『遼史』 「地理志」 東京道條에 "本沸流王故地 國爲公孫康所倂 渤海置沸流郡 有沸流水 … 棣淥州 在西北三百八十里"라고 되어 있다. 和田淸(1955)은 위치를 通化나 桓仁으로 비정하였다.

80) 위치에 대하여 『滿洲源流考』에서는 "今吉林西南五百里 有長嶺子 滿洲語稱果勒敏珠敦(Golmin Judun, 長嶺의 뜻)"이라고 하고, 지금의 英額門 부근으로 비정하였다. 韓鎭書는 '永吉州 等地'로 비정하였는데(『續海東繹史』「渤海」), 지금의 吉林이다. 津田左右吉(1915)은 輝發河 상류에 있는 北山城子로 보았다.

81) 『滿洲源流考』 「疆域」 嶺府條에 "按瑕州無考 常爲附郭之州 遼廢"라고 되어 있다.

82) 『遼史』 「地理志」 東京道條에 "河州 德化軍 置軍器坊"이라고 되어 있다.

83) 부여부의 위치에 대해서는 開原縣설, 農安설, 阿城설, 昌圖 북쪽 四面城설 등이 있는데, 현재 농안설이 유력하다. 속주로는 扶州·仙州의 2주를 거느렸다. 발해의 수도인 上京龍泉府로부터 거란으로 통하는 거란도의 길목이어서, 발해는 부여부에 항상 날랜 병사를 거주시켜 契丹을 방비하게 하였다.

84) 『遼史』 「地理志」 東京道 通州條에 속현 扶餘·布多·顯義·鵲川 중에 보인다. 『滿洲源流考』 「疆域」에는 開原 부근으로 金毓黻은 昌圖 부근으로 比定하였다(『渤海國志長編』 「地理志」).

85) 『遼史』 「地理志」 東京道 通州條에 渤海 시기 强師·新安·漁谷의 3현을 거느린 것으로 나온다. 和田淸은 北流 松花江 부근으로 비정하였다(1955, 82쪽).

86) 『遼史』 「地理志」 東京道 韓州條에 "… 本橐離國舊治柳河縣 高麗置鄚頡府 都督鄚·頡二州 渤海因之 …"라고 하여 고구려 때부터 있었던 것으로 나온다. 金毓黻은 農安 북쪽으로 比定하였고(『渤海國志長編』 「地理考」), 和田淸(1955)은 阿城 부근으로 비정하였다.

87) 屬縣에 奧喜·萬安의 2현이 있었다.

88) 高州이다. 『遼史』 「地理志」에는 頡州로 되어 있다.

89) 金毓黻은, '읍루의 옛 땅'의 挹婁가 虞婁를 잘못 쓴 것으로 보았는데(金毓黻, 1934), 송기호는 이 주장이 타당성이 있다고 하였다(宋基豪, 1995, 89쪽).

90) 위치에 대하여 『盛京通志』와 『大淸一統志』에서 熱河의 承德城으로 比定하였고, 韓鎭書는 寧古塔 부근으로(『續海東繹史』「渤海」), 松井等(1913)과 金毓黻은 烏蘇里江 부근으로, 和田淸(1955)은 沿海州의 Olga 부근으로 비정하였다.

(安邊府)[93]는 안주(安州)·경주(瓊州)의 2주를 거느렸다. 솔빈의 옛 땅을 솔빈부(率賓府)[94]로 삼아 화주(華州)[95]·익주(益州)·건주(建州)[96]의 3주를 거느렸다. 불열(拂涅)의 옛 땅을 동평부(東平府)[97]로 삼아 이주(伊州)·몽주(蒙州)·타주(沱州)·흑주(黑州)·비주(比州)의 5주를 거느렸다. 철리의 옛 땅을 철리부(鐵利府)[98]로 삼아 광주(廣州)·분주(汾州)·포주(蒲州)·해주(海州)·의주(義州)·귀주(歸州)의 6주를 거느렸다. 월희의 옛 땅을 회원부(懷遠府)[99]로 삼아, 달주(達州)·월주(越州)·회주(懷州)·기주(紀州)·부주(富州)·미주(美州)·복주(福州)·야주(邪州)·지주(芝州)의 9주를 거느렸다. 안원부(安遠府)[100]는 영주(寧州)·

---

[91] 一名 安定郡이라고 하며, 定理·平邱·巖城·慕美·安夷의 5현을 거느렸다. 和田淸(1955)은 沿海州 南部인 蘇城(Suchan) 부근으로 비정하였다.

[92] 『遼史』「地理志」東京道條에 '瀋州'로 되어 있고 9현을 거느렸다.

[93] 위치에 대해 金毓黻은 烏蘇里江 유역으로 비정하였다(『渤海國志長編』卷14「地理考」). 和田淸(1955)은 定理·安邊 2부가 挹婁의 故地로 서로 근접하다고 보고 金代의 錫林路로서 Olga 지방인 것으로 비정하였다.

[94] 그 이름이 綏芬河와 발음이 유사하여 현재 수분하 지역으로 보는 것이 통설이다. 率賓府의 이름은 遼代에도 그대로 쓰였으나, 金·元代에는 '恤品'·'速頻'·'蘇濱'의 이름으로 史書에 보이며, 淸代에는 綏芬路로 알려져 있었다.

[95] 위치는 미상이다. 金毓黻은 華州를 率賓府의 首州로 보았고, 요나라가 폐지한 뒤 발해민을 康州로 옮겼던 것으로 추정하였다(『渤海國志長編』「地理考」). 『遼史』「地理志」康州조에 "발해 솔빈부의 인호를 옮겨 설치하였다"라는 기록에 근거한다.

[96] 和田淸(1955)은 三岔口로 불리던 東寧의 서북에는 大城子·小城子 등의 遺址가 있는데, 建州·益州 2주 중 하나는 이곳일 것으로 보았다.

[97] 拂涅部의 위치에 대해 논란이 있는 것과 마찬가지로, 동평부의 위치에 대해서도 여러 설이 있다. 이중 黑州는 흑수말갈과 관련지어서 보기도 한다. 흑수말갈의 일부가 발해 후기에 복속된 것으로 보지만, 행성+역 설치가 확인되고 있지 않은데, '黑州'와 '黑水'의 흑이 같은 글자이기 때문이다.

[98] 鐵利는 말갈 7부 중에는 그 명칭이 없으나, 발해 건국 초기부터 고구려와 관계가 깊었던 불열, 월희 말갈과 함께 활동한 것으로 보아, 고구려 당시부터 있었고 고구려와 밀접한 관련이 있었던 것으로 보인다. 위치에 대해서는 圖們江北·與凱湖의 南說(丁若鏞,「渤海考」), 黑龍·烏蘇里江下流 地域說(松井等, 1913; 鳥山喜一, 1915), 木丹江流域說(津田左右吉, 1916), 阿什河流域說(池內宏, 1916), 松花江下流域의 依蘭地域說(小川裕人, 1937) 등이 있다.

[99] 위치에 대해서는 발해 중심부에서 매우 먼 지역일 것으로 추정되며, 중국 黑龍江省 依蘭縣의 烏蘇里江과 松花江이 만나는 지역설, 연해주 동해가설, 흑룡강성 同江縣설 등이 있다.

[100] 『遼史』「地理志」東京道 慕州條에 "本渤海安遠府地 故縣二 慕化·崇平 … 隸淥州 在西二百里"라고 하여 屬縣으로 慕化·崇平의 2현을 거느렸다. 西京 鴨淥府의 府治인 淥州 서북으로 200리에 있다고

미주(郿州)·모주(慕州)·상주(常州)의 4주를 거느렸다. 그리고 영주(郢州)[101]·동주(銅州)[102]·속주(涑州)[103]의 3주는 독주주(獨奏州)[104]로 삼았다. 속주는 [이름이] 속말강(涑沫江)에 가깝기 때문이다. 용원(龍原) 동남쪽은 바다에 연해 있어서 일본도, 남해는 신라도, 압록은 조공도, 장령(長嶺)은 영주도, 부여는 거란도이다.

[그 나라] 풍속에 왕을 가독부(可毒夫)[105]라 하고, 성주(聖主)라[106] 하며, 기하(基下)[107]라고도 한다. 왕의 명을 교(敎)라 하고, 왕의 부친을 노왕(老王)이라 하며, 모친을 태비(太妃)라 하고, 처를 귀비(貴妃)라 한다. 맏아들을 부왕(副王)[108]이라 하고, 여러 아들은 왕자라 하였다. 관제는 선조성(宣詔省)[109]에 좌상(左相)[110]·좌평장사(左平章事)[111]·시중(侍中)·좌상시

하여 鴨綠江과 輝發河의 중간인 柳河縣으로 비정하기도 하며, 韓鎭書는 黑龍江 유역으로 비정한 바 있다(『續海東繹史』「渤海」). 松井等과 和田淸은 松花江 하류로(松井等, 1913, 419쪽; 和田淸, 1955, 106~107쪽), 金毓黻은 興凱湖 東岸인 것으로 비정하였다(『渤海國志長編』「地理考」).

101) 和田淸(1955)은 鐵利·越喜와 上京龍泉府를 연결하는 大道 上의 요충으로 寧古塔 북쪽 어딘가로 비정하였다.

102) 『遼史』「地理志」 咸州條에 "渤海置銅山郡 地在漢候城縣北 渤海龍泉府南 地多山險 寇盜以爲淵藪 …"하여 지금의 開原인 遼金時代의 咸州로 比定되기도 하였으나, 이 지역은 평지로 산이 많고 험하다는 동주의 지세와 맞지 않다. 동주의 이름은 銅 산지와 관련 있을 것으로 추정된다.

103) 『吉林通志』「沿革志」 涑州條에 吉林에서 북으로 약 65리인 打牲烏拉로 비정한 이후 대체로 이를 따라 길림 인근으로 본다.

104) 『滿洲源流考』「疆域」에 "獨奏之義 猶今直隸州 不轄於府 而事得專達也"라고 하여 중간 보고자(즉 府)를 거치지 않고 곧바로 중앙에 보고하는 직할주를 가리킨다고 보았다.

105) 발해의 고유어인데 그 뜻은 알 수 없다. 다만 '가'는 북방 유목민족에서 군주를 부르는 可汗(칸)과 한국 고대에 수장층을 부르던 '加', '干', '干支' 등과 비슷한 의미일 것으로 추정된다.

106) 원사료인 『신당서』 발해전의 南監本汲古閣本·武英殿本에는 '聖主'로, 白納本에는 '聖王'으로 되어 있다.

107) 陛下·殿下와 같이 궁전의 기단인 '基' 아래에서 그 위에 있는 왕에 대해 높여 부르는 말이다(유득공 지음, 김종복 옮김, 2018, 93쪽).

108) 왕에 버금가는 왕이라는 뜻으로, 왕위 계승권자로 이해된다.

109) 왕의 명령을 선포하는 관청으로, 당나라의 문하성에 해당한다. 당의 문하성은 중서성에서 초안을 작성하여 올린 詔令을 심의하여 결정한다(유득공 지음, 김종복 옮김, 2018, 233쪽).

110) 南面하는 국왕의 왼쪽(=동쪽)에 위치한 재상이다. 당나라의 문하성 및 그 장관인 侍中의 별칭이 東臺 및 좌상인 데서 유래하였다(유득공 지음, 김종복 옮김, 2018, 233쪽).

111) '평장'은 상의하여 처리한다는 뜻이다. 당나라에서는 원래 3성(상서성·중서성·문하성)의 장관을 재

(左常侍)·간의(諫議)가 있다. 중대성(中臺省)에 우상(右相)·우평장사(右平章事)·내사(內史)·조고사인(詔誥舍人)이 있다. 정당성(政堂省)에 대내상(大內相) 1인이 있는데, 좌우상(左右相)의 위의 자리이고, 좌우사정(左右司政) 각 1인은 좌우평장사(左右平章事)의 아래 자리로 복야(僕射)에 해당하고, 좌우윤(左右允)은 이승(二丞)에 해당한다. 좌육사(左六司)는 충부(忠部)·인부(仁部)·의부(義部)로 각기 경(卿) 1인이 있다. 사정(司政)의 아래로서 작부(爵部)·창부(倉部)·선부(膳部)를 맡아본다. 부에는 낭중(郞中)·원외(員外)가 있다. 우육사(右六司)는 지부(智部)·예부(禮部)·신부(信部)로 융부(戎部)·계부(計部)·수부(水部)를 맡아본다. 경과 낭중은 좌육사와 같은데 중국의 육관(六官)에 해당하는 것이다. 중정대(中正臺)는 대중정(大中正) 1인이 있는데, 어사대부(御史大夫)에 해당한다. 사정의 아래에 위치하고, 소정(少正) 1인이 있다. 또 전중시(殿中寺)·종속시(宗屬寺)에는 대령(大令)이 있다. 문적원(文籍院)에는 감(監)이 있다. 영과 감에는 모두 소(소령·소감)가 있다. 태상시(太常寺)·사빈시(司賓寺)·대농시(大農寺)에는 경(卿)이 있다. 사장시(司藏寺)·사선시(司膳寺)에는 영과 승(丞)이 있다. 주자감(冑子監)에는 감장(監長)이 있다. 항백국(巷伯局)에는 상시(常侍) 등의 관직이 있다. 무관(武官)으로는 좌우맹분(左右猛賁)·웅위(熊衞)·비위(羆衞), 남좌우위(南左右衞), 북좌우위(北左右衞)가 있다.112) 각기 대장군(大將軍) 1인, 장군(將軍) 1인이 있다. 대개 중국의 제도를 모방하였음이 이와 같다. 품(品)을 가지고 질(秩)을 정하였는데, 3질 이상의 복색은 자색이고, 홀(笏)은 상아(象牙)이며, 어대(魚袋)는 금이다. 5질 이상의 복색은 비색(緋色)이고, 홀은 상아이며, 어대는 은이다. 6질과 7질의 복색은 엷은 비색이다.

상이라 불렀는데, 관직이 높고 권세가 무겁다는 이유로 상설하지 않았다. 그 대신 다른 관원으로 재상의 직무를 대행하게 할 때 '同中書門下平章事(중서성·문하성에서 함께 주요 사무를 상의하여 처리한다는 뜻)', '평장사'가 재상의 별칭이 되어 명나라 초기까지 사용되었다. 다만 좌우평장사는 발해에서만 사용되었다(유득공 지음, 김종복 옮김, 2018, 233쪽).

112) 발해의 군제에 관해서는 『新唐書』 발해전에 "其武員有左右猛賁·熊衞·羆衞, 南左右衞, 北左右衞, 各大將軍一·將軍一"과 『舊唐書』 本紀 17하, 文宗하의 大和 6년(832) 12월 戊辰조에 "內養王宗禹渤海使迴, 言渤海置左右神策軍·左右三軍一百二十司, 畫圖以進"이라는 기록만 확인된다. 이 가운데 衞의 편제에 대해서는 8위설과 10위설로 나뉜다. 좌맹분위, 우맹분위, 좌웅위, 우웅위, 좌비위, 우비위의 사료 해석에는 일치를 보이지만, '남좌우위'와 '북좌우위'를 이해하는 데 있어 차이가 있기 때문이다. 8위설은 '남좌우위'와 '북좌우위'를 각기 하나로 보고 있는 반면, 10위설은 '좌'와 '우'를 구분하여, '남좌위'·'남우위', '북좌위'·'북우위'로 나누어 보고 있다(강성봉, 2011, 220~221쪽).

8질의 복색은 녹색(綠色)이며 홀은 모두 나무이다.

[그 나라의] 세속에서 귀중히 여기는 것은 태백산(太白山)의 토끼[113]와 남해의 다시마[昆布], 책성(柵城)의 메주(또는 된장), 부여의 사슴, 막힐(鄚頡)의 돼지, 솔빈의 말, 현주(顯州)의 베[布], 옥주(沃州)의 면[綿, 또는 솜], 용주(龍州)의 명주, 위성(位城)의 철, 노성(盧城)의 벼[稻], 미타(湄沱)의 붕어 등이다. 과일에는 구도(九都)[114]의 오얏과 낙유(樂游)[115]의 배[梨]가 있다. 나머지 풍속은 고[구]려·거란과 비슷하다. 유주절도사부(幽州節度使府)와 서로 [사신을 보내] 빙문(聘問)하였다. 영평(營平)에서부터 경사(京師)까지의 거리가 거의 8천 리로 멀다"고 했다.】

○ 권제5 상, 헌안왕(憲安王) 2년

戊寅憲安王二年春三月, 渤海王彝震卒, 弟處晃[116]立.【是後史傳不詳.】

무인 헌안왕 2년(858) 봄 3월에 발해왕 [대]이진이 죽고, 아우 [대]처황(處晃: 대건황)이 즉위하였다.【이 뒤로는 역사가 전해진 것이 상세하지 않다.】

○ 권제5 상, 헌강왕(憲康王) 11년

乙巳十一年, … 遣崔愼之等, 入學于唐.
愼之, 慶州人, 角干有德之遠孫, 性寬厚能文. 至是年十八, 愼之金鵠等八人及大首領祈綽[117]等八人, 小首領蘇恩等二人, 隨賀正使守倉部侍郞級飡金穎, 入唐習業. 鵠

---

113) '菟'를 일반적으로 '토끼'로 해석하지만, 이와 다른 주장도 있다. '토'를 한약재의 일종인 菟絲子의 뿌리인 茯苓(茯菟라고도 함)이라고 하는 의견, 혹은 '동북 지방의 호랑이[虎]'라는 견해 등이 제기된 바 있다(姚玉成, 2008 참조).
114) 『滿洲源流考』는 九都를 丸都의 오기로 보았다. 西京鴨淥府 恒州屬縣의 桓都가 곧 丸都일 가능성이 있다. 丸都는 고구려의 舊都로서, 중국 길림성 집안시로 비정된다.
115) 『滿洲源流考』는 樂游를 樂浪의 오기로 보았다.
116) '處晃' → '虔晃'.
117) '祈綽' → '析婥'.

父金裝, 亦嘗仕唐, 爲海州縣刺史. 後愼之禮部侍郎薛廷珪下及第, 時渤海宰相烏昭度之子光贊, 同年及第. 昭度朝唐, 請曰: 臣昔年登第, 名在李同之上, 今臣子光贊, 宜昇愼之之上. 唐以愼之才學優贍, 不許. 愼之改名彦㧑.[118]【崔致遠集參補.】

을사 [헌강왕] 11년(885), … 최신지(崔愼之) 등을 보내 당에 들어가 공부하게 하였다. [최]신지는 경주 사람으로 각간 유덕(有德)의 먼 후손이다. 성품이 너그럽고 후하며 문장에 능하였다. 이때에 나이 18세였다. 신지·김곡(金鵠) 등 8인 및 대수령(大首領) 기작(祈綽) 등 8인, 소수령(小首領) 소은(蘇恩) 등 2인이 하정사(賀正使) 수창부시랑(守倉部侍郎) 급찬(級飡) 김영(金穎)을 따라 당에 들어가 학업을 익혔다. [김]곡의 아버지 김장(金裝)도 일찍이 당에 벼슬하여 해주현자사(海州縣刺史)가 되었다. 뒤에 신지는 예부시랑(禮部侍郎) 설정규(薛廷珪)의 방하(榜下)에서 급제하였다. 그때 발해[국] 재상 오소도(烏昭度)의 아들 [오]광찬(光贊)이 같은 해에 급제하였다. 소도가 당에 조하(朝賀)하며 청하여 말하기를, "신이 옛날에 급제하였을 적에 이름이 [신라] 이동(李同)의 위에 있었습니다. 지금 신의 아들 광찬도 마땅히 [최]신지의 위에 올라야 합니다" 하였다. 당에서는 신지의 재주와 학문이 뛰어나므로 허락하지 않았다. 신지는 이름을 언위(彦㧑)로 고쳤다.【최치원의 문집을 참고하여 보충하였다.】

○ 권제5 하, 효공왕(孝恭王) 원년

丁巳孝恭王元年, … 時渤海國自謂國大兵强, 而入唐朝獻, 使臣坐於新羅使之下. 至是其賀正使王子大封裔, 進狀請許渤海居新羅之上. 帝詔以爲, 國名先後, 比不因强弱而稱. 朝制等威, 今豈以盛衰而改. 宜仍舊貫, 準此宣示. 當蕃宿衛院奏其狀于王, 王因遣使, 又附表以謝曰: 臣謹按, 渤海之源流, 句麗未滅之時, 本爲疣贅部落. 靺鞨之屬, 寔繁有徒, 是名栗末小蕃, 嘗逐句麗內徙. 其首領乞四羽及大祚榮等, 至武后之際, 自營州作孽, 始稱振國. 時有句麗遺燼, 勿吉雜類, 梟音則嘯聚白山, 鴟義則喧張黑水. 始與契丹濟惡, 旋於突厥通謀, 萬里耦耕, 屢拒渡遼之轍, 十年食葚,

---

118) '彦物' → '彦㧑'.

晚陳降漢之旗, 初建邑居, 來憑隣援, 其酋長大祚榮, 始受臣蕃第五品大阿飡之秩.
後至先天二年, 方受大朝寵命, 封爲渤海郡王, 介來漸見辜恩, 遽聞抗禮臣藩, 絳灌
同列, 所不忍言, 廉藺用和, 以爲前戒. 而渤海莫愼守中, 唯圖犯上, 恥爲牛後, 覬作
龍頭, 妄有陳論, 初無畏忌. 向非陛下英襟獨斷, 神筆橫飛, 則槿花鄕廉讓自沈, 楛
矢國毒痛愈盛.【崔致遠集補.】

정사 효공왕(孝恭王) 원년(898), … 이때 발해국(渤海國)은 스스로 나라가 크고 군사가 강하다고 말하였다. 그러나 당에 들어가 조헌(朝獻)할 때 [발해] 사신의 자리가 신라 사신의 아래에 있었다. 이때에 이르러서 그 하정사(賀正使)인 왕자 대봉예(大封裔)가 서장을 올려 발해가 신라 위에 있도록 허락해줄 것을 청하였다. [당] 황제는 조서를 내려, "국명의 선후는 원래 [나라의] 강약을 따라 일컫지 않았다. 조제(朝制)의 등위(等威)를 지금 어찌 성쇠로써 고치겠는가. 마땅히 전례(前例)에 따라 이를 펼쳐 보일 것이다"라고 하였다. 이번 번(蕃)의 숙위원(宿衛院)에서 왕에게 장보(狀報)로 아뢰니, 왕이 이로 인하여 사신을 보냈다. 또 덧붙여 표문(表文)으로 감사하며 말하길, "신이 삼가 살피건대, 발해의 원류(源流)는 고구려가 아직 멸망하지 않았을 때에는 본래 사마귀만 한 부락으로 말갈(靺鞨)의 족속이었습니다. [이들이] 번성하여 떼를 지어서 속말소번(粟末小蕃)이라 이름하였고, 일찍이 고구려를 따라 내사(內徙)하였습니다.[119] 그 수령 걸사[비]우와 대조영 등이 무후(武后: 당 측천무후) 때에 이르러 영주(營州)로부터 난동을 부리고 비로소 진국(振國)이라 일컬었습니다. 그때 고구려의 남은 무리와 물길(勿吉)의 잡류(雜流)가 있어서 사납게 소리치며 백산(白山: 백두산)에서 떼를 지었고, 사나운 뜻을 흑수(黑水)에서 소란스럽게 펼쳤습니다. 처음에는 거란(契丹)과 악행을 저지르고, 이어 돌궐(突厥)과 통모(通謀)하였습니다. 만 리 [땅]에 경작하면서 여러 번 요수(遼水)를 건너는 수레에 항거했으며, 10년이나 오디를 먹다가 늦게야 한(漢)나라에 항복하는 기(旗)를 들었습니다. 처음 거처할 고을을 세우고 와서 이웃으로 도와주기를 청하기에 그 추장 대조영에게 비로소 신번(臣蕃)의 제5품 대아찬(大阿飡)의 질(秩)을 주었습니다. 뒤에 선천(先天: 당 현종의 연호) 2년(713)에 이르러 바야흐로 대조(大朝: 당나라)의 총명(寵命)을

---

119) 고구려 멸망 후, 당이 그 유민을 당 내지로 강제로 옮겼을 때 함께 이주한 것을 이른다.

받아 발해군왕(渤海郡王)으로 책봉되었습니다. 근래에 그들이 차츰 황은(皇恩)을 입게 되자 갑자기 신번과 항례(抗禮)한다는 소식을 들으니, 강(絳)·관(灌)[120]이 반열을 같이하는 것은 차마 입에도 담지 못할 바입니다. 염·인(廉藺)[121]이 서로 화해한 것은 전계(前誡)가 된다 할 것입니다. 그러나 발해가 본분을 지키지 않고 오직 위를 범하기만 도모하며, 우후(牛後)[122]가 되는 것을 부끄럽게 여겨 용두(龍頭)를 넘보고, 망령되이 따지길 처음부터 두려워하거나 거리낌이 없었습니다. 지난번에 폐하께서 영명한 생각으로 홀로 결단하여 신필(神筆)로 확실히 비답하시지 않았다면, 바로 필시 근화향(槿花鄉: 신라)의 염치와 겸양은 스스로 가라앉고, 호시국(楛矢國: 발해)의 독기와 원망은 더욱 성해졌을 것입니다"라고 하였다.【최치원의 문집에서 보충하였다.】

○ 권제5 하, 효공왕(孝恭王) 8년

甲子八年【甄萱十三年, 弓裔四年】, 弓裔立國, 號摩震紀.【按, 渤海大氏以震號國, 故裔亦號摩震紀以別之.】

갑자 [효공왕] 8년(904)【견훤 13년, 궁예 4년】 궁예가 나라를 세우고, 마진기(摩震紀)라고 불렀다.【살펴보건대 발해의 대씨(大氏)가 진(震)을 국호로 삼은 까닭에, 후예 역시 마진기라고 불러 그것을 구별한 것이다.】

---

120) 漢 高祖의 신하 絳侯 周勃과 灌嬰. 두 사람이 합심하여 呂氏 일족을 몰아내고 劉氏 왕실을 튼튼하게 하였다. 『史記』 卷57 絳侯周勃世家, 卷95 灌嬰列傳(한국고전번역원, 한국고전DB).
121) 廉藺은 전국시대 趙의 장수 廉頗와 정승 藺相如. 인상여가 공이 있어 염파보다 지위가 높은 上卿이 되자, 염파는 좋지 않게 여겨 벼르고 있었다. 그러자 인상여는 염파를 피해 다녔다. 못마땅하게 여긴 숨人이 겁이 많다고 비난하자, 그는 "강성한 秦나라가 우리 조나라를 침범하지 못하는 것은 염 장군과 내가 있기 때문이다. 이제 우리 둘이 싸우면 두 사람 다 살아남지 못할 것이니, 그렇다면 덕을 보는 것은 진나라일 것이다. 개인적인 원수는 나중 문제이다" 하였다. 염파가 그 말을 듣고 부끄럽게 생각하여 인상여를 찾아가 잘못을 사과하였다. 『史記』 卷81 廉頗藺相如傳(한국고전번역원, 한국고전DB).
122) 『戰國策』 韓策에 "닭의 머리가 될망정 소의 꼬리가 되지 말라(寧爲鷄口 毋爲牛後)" 하였다(한국고전번역원, 한국고전종합DB).

○ 권제5 하, 경명왕(景明王) 2년

戊寅景明王二年, … 高麗以王式廉, 出鎭平壤.
平壤故都, 荒廢已久, 蕃人遊獵侵掠, 麗王分黃鳳海白鹽諸州【麗初, 以新羅之取城郡爲黃州, 栖岩郡爲鳳州, 今鳳山, 暴池郡爲海州, 雊澤縣爲白州, 今白川, 海皐郡爲鹽州, 今延安. 按, 此時高麗新建未暇改革, 疑皆弓裔所定, 而史無所傳, 他多此例.】人戶以實之, 爲大都護, 以式廉守之. 式廉, 守之堂弟也, 忠勇勤恪, 久鎭平壤, 常以衛社稷拓封疆爲己任.

무인 경명왕(景明王) 2년(918), … 고려가 왕식렴(王式廉)에게 평양으로 나아가 주둔하게 하였다.

평양 옛 도읍은 황폐한 지 이미 오래여서 번인(蕃人)들이 노닐며 사냥하고 침략하였다. 고려왕이 황(黃)·봉(鳳)·해(海)·백(白)·염(鹽)의 여러 주【고려 초에 신라의 취성군(取城郡)을 황주로 삼았다. 서암군(棲巖郡)을 봉주로 삼으니 지금의 봉산(鳳山)이다. 폭지군(瀑池郡)을 해주로 삼았다. 구택현(雊澤縣)을 백주로 삼으니 지금의 배천(白川)이다. 해고군(海皐郡)을 염주로 삼으니 지금의 연안(延安)이다. 살펴보건대, 이때에 고려가 새로 세워져 개혁할 겨를이 없었다. 아마도 모두 궁예가 정한 바일 것이나, 사서에는 전하는 것이 없다. 다른 일도 이런 사례가 많다.】에 인호(人戶)를 채워서 대도호부(大都護府)로 삼고, [왕]식렴에게 이를 지키게 하였다. 식렴은 [태조의] 당제(堂弟)로서 충성스럽고 용감하며 근면하고 조심스러웠다. 오랫동안 평양을 진수하면서 항상 사직을 보위하고 강역을 개척하는 것을 자기의 임무로 삼았다.

○ 권제5 하, 경애왕(景哀王) 원년

甲申八年【景哀王元年, ○ 甄萱三十三年, 高麗太祖七年】… 是歲, 契丹擊渤海之遼東. 時東北諸夷, 皆役屬契丹, 惟渤海未服, 契丹謀入寇中國, 恐渤海掎其後, 乃先擊之.【資治通鑑補. ○ 按, 我仁廟丙子, 清人之東搶, 亦用此意也.】

갑신 8년(924)【경애왕(景哀王) 원년 ○ 견훤 33년, 고려 태조 7년】… 이해에 거란이 발해의 요동(遼東)을 공격하였다. 이때에 동북의 여러 오랑캐[諸夷]가 모두 거란에 역속(役屬)하였으나 오직 발해만이 복속하지 않았다. 거란이 중국에 들어가 노략질하기를 모의하면서 발해가 그 뒤를 잡아당길 것을 두려워하여 이내 먼저 그를 공격하였다.【『자치통감』에서 보충하였다. ○ 살펴보건대, 우리의 인묘(仁廟: 인종의 묘호) 병자(인조 14년, 1636)에 청인(淸人)이 동쪽을 침략한 것도 역시 이런 뜻에서이다.】

○ 권제5 하, 경애왕(景哀王) 3년

丙戌三年【甄萱三十五年, 高麗太祖九年】秋七月, 契丹滅渤海.
渤海與契丹世讐, 連年侵伐, 至是契丹主謀寇唐, 恐渤海掎其後, 謂左右曰: 世讐未雪, 豈意安處. 乃大擧攻其西鄙諸部, 遂進圍扶餘城拔之. 進兵圍忽汗城, 渤海王大諲譔戰敗乞降. 契丹主命以兵衛諲譔及族屬出城, 置於臨潢之西, 賜名曰烏魯古.【盛京志, 遼於混同江北, 置臨潢府.】改渤海爲東丹國, 忽汗爲天福城. 渤海立國, 凡二百十四年而亡. 契丹主命長子突欲, 鎭東丹, 號人皇王. 於是渤海將軍申德等五百人, 禮部卿大和鈞均老司政大元鈞工部卿大福謩左右衛將軍大審理小將冒豆干檢校開國男朴漁等, 率衆前後來附高麗者, 數萬戶. 高麗王待之甚厚. 先是高麗宮城, 蚯蚓出, 長七十尺, 時謂渤海來投之應, 至是果然.

병술 [경애왕] 3년(926)【견훤 35년, 고려 태조 9년】가을 7월에 거란이 발해를 멸망시켰다. 발해와 거란은 대대로 원수로 해마다 침벌(侵伐)하였다. 이때에 이르러 거란주(契丹主: 야율아보기)가 당(唐)을 노략질하길 모의하면서 발해가 그 뒤를 잡아당길 것을 두려워하여 좌우에게 말하길, "대대로 내려오는 원수를 갚지 않고서 어찌 편안히 살 수 있겠는가?" 하고, 곧 대거 그 서쪽 변경 여러 부(部)를 공격하였다. 드디어 부여성(扶餘城)으로 진군하여 포위해서 함락시키고, 홀한성(忽汗城)[123]으로 진군하여 포위하였다. 발해왕 대인선(大諲譔)이 싸움에 패하여 항복할 것을 빌었다. 거란주가 군사로 인선과 [그의] 족속을 호위하게 하여 성 밖으로 나와 임황(臨潢)[124]의 서쪽에 두고, 오로고(烏魯古)란 이름을 내렸다.【『성경지(盛京

---

123) 발해의 수도인 上京城이다.

志)』에 요나라가 혼동강(混同江) 북쪽에 임황부(臨潢府)를 두었다고 한다.】 발해를 고쳐 동단국(東丹國)으로 삼고, 홀한[성]을 천복성(天福城)이라 하니, 발해가 나라를 세운 지 무릇 214년[125] 만에 망하였다.

거란주는 장자 돌욕(突欲)에게 명하여 동단[국]을 지키게 하고, 인황왕(人皇王)이라 불렀다. 이에 발해의 장군 신덕(申德) 등 5백 인과 예부경(禮部卿)[126] 대화균(大和鈞), 균로사정(均老司政)[127] 대원균(大元鈞), 공부경(工部卿)[128] 대복모(大福謩), 좌우위장군(左右衛將軍) 대심리(大審理), 소장(小將) 모두간(冒豆干), 검교개국남(檢校開國男) 박어(朴漁) 등이 무리를 거느리고 전후로 고려에 내부한 자가 수만 호였다. 고려왕이 그들을 매우 후대하였다.

앞서서 고려의 궁성에서 지렁이가 나왔는데, 길이가 70척이었다. 그때에 발해가 투항해 올 징조라고 하더니, 이때에 이르러 과연 그러하였다.

○ 권제5 하, 경순왕(景順王) 8년

甲午八年, ⋯ 秋七月, 渤海世子大光顯, 奔高麗.
光顯率衆數萬來奔, 賜姓名王繼, 使守白州, 以奉其祀, 賜僚佐爵軍士田宅, 有差.
初渤海人隱繼宗見於天德殿, 三拜. 人謂失禮, 大相宋舍弘曰: 失土人三拜, 古之禮

---

124) 요나라 수도인 上京 臨潢府. 중국 內蒙古自治區 赤峰市 巴林左旗 林東鎭 남쪽에 위치한다.
125) 발해의 건국 시기에 대해서는 『帝王韻紀』의 "周則天武后元年甲申"에 근거한 684년설, 『舊唐書』의 "聖曆中 自立爲振國王"에 근거한 698~699년설, 『類聚國史』 권193, 延曆 15년 4월 戊子조 "天命開別天皇七年, 高麗王高氏爲唐所滅也. 後以天之眞宗豊祖父天皇二年 大祚榮始建渤海國"에 근거한 698년설 등이 있는데, 698년설이 보편적으로 인정되고 있다. 이를 기점으로 계산하면 발해가 멸망한 926년까지 발해의 존속 기간은 약 228년에 달한다.
126) 발해의 중앙행정기구인 政堂省 아래에 설치된 忠·仁·義·智·禮·信 등 6부 중 禮部의 우두머리인 卿을 일컫는다.
127) '均老司政'에 대해 하나의 직명으로 보는 견해와 '균로'라는 인명과 '사정'이라는 직명으로 구분하는 견해가 있다. 『新唐書』 발해전에 정당성의 평장사 밑에 '사정'이라는 직명만 확인되며 『고려사』보다 앞선 기록인 『제왕운기』에 '司政卿'으로 기술되어 있는 점에서(김진광, 2016, 483·491쪽), 일반적으로 均老가 앞의 대화균과 마찬가지로 예부경을 지낸 인물이라고 이해한다(이효형, 2013, 329쪽).
128) 『新唐書』 발해전에 소개된 발해의 관직에는 보이지 않지만, 정당성 右六司에 속한 信部의 장관으로 추정된다. 공부경의 존재는 『五代會要』 卷30, 後唐 淸泰 3년 2월조 "⋯ 政堂省工部卿烏濟顯 ⋯"의 기록에서도 확인된다(한규철, 1997, 5쪽).

也.【按左傳, 秦之獲晉惠公也, 晉大夫三拜稽首, 含弘之言, 實本於此. 大明之制, 三拜九叩頭, 則義不師古也.】

갑오 [경순왕] 8년(934), … 가을 7월에 발해 세자 대광현(大光顯)이 고려로 달아났다. 광현이 무리 수만을 거느리고 도망쳐오니 왕계(王繼)라는 성과 이름을 내려주었다. [그리고] 백주(白州)를 지키게 하고 그 [조상의] 제사를 받들게 하였다. 요좌(僚佐)에게는 관작을, 군사에게는 전택(田宅)을 차등 있게 내렸다. 처음 발해 사람 은계종(隱繼宗)이 천덕전(天德殿)에서 [왕을] 뵐 적에 절을 세 번 하였다. 사람들이 예(禮)에 어긋난다고 하였으나, 대상 송함홍(宋含弘)은 "나라 잃은 사람이 세 번 절하는 것은 옛날의 예이다"라고 하였다.

【살펴보건대『좌전(左傳)』에 진(秦)나라가 진(晉) 혜공(惠公)을 사로잡았을 때 진의 대부가 세 번 절하여 머리를 조아렸다고 한다. 함홍의 말은 실로 이에 근거한 것이다. 대명(大明)의 제도에서 세 번 절하고 아홉 번 머리를 조아리는 것은 곧 도의(道義)를 위해 옛것을 따른 것은 아니다.】

○ 권제6 상, 태조(太祖) 19년

丙申高麗太祖神聖王十九年, … 作開泰寺於連山.
時王征百濟, 大克河內三十餘郡, 皆入幅員. 渤海人歸順, 王以佛力所祐, 遂創寺於黃山, 名以開泰, 親製願文手書之.

병신 고려 태조 신성왕(神聖王)[129] 19년(936) … 개태사(開泰寺)[130]를 연산(連山)에 지었다. 그때 왕이 백제를 정벌하고 크게 이겨 하내(河內)의 30여 군(郡)이 모두 영역으로 들어왔고, 발해인도 귀순하였다. [그런 까닭에] 왕이 부처의 힘이 도운 바라 하여 마침내 황산(黃山)에 절을 창건하여 개태[사]로 이름하였다. 친히 원문(願文)을 짓고 손수 그것을 썼다.

---

129) 태조 왕건의 시호인 '應運元明光烈大定睿德章孝威穆神聖大王'의 줄임말.
130) 충청남도 논산시 연산면에 있는, 고려 태조 19년(936)에 창건된 사찰이다.

○ 권제6 상, 태조(太祖) 21년

戊戌二十一年春三月, 王親迎天竺僧.
西天竺摩竭陁國僧弘梵大師哩嚩日羅來, 王備法駕迎之.【按, 宋白續通典曰: 西域僧襪囉, 天福四年朝晉, 善火卜. 俄辭高祖, 請遊高麗, 王建甚禮之. 時契丹幷渤海有年矣, 建從容謂襪囉曰: 渤海本吾親戚之國, 其王爲契丹所虜, 吾欲爲朝廷攻而取之. 師回, 爲言於天子, 當定期而襲之. 襪囉還, 具奏, 高祖不報. 此云襪囉, 疑是弘梵.】

무술 [태조] 21년(938) 봄 3월, 왕이 친히 천축(天竺)의 승려를 맞이하였다.

서천축 마갈타국(摩竭陁國)의 승려 홍범대사(弘梵大師) 실리박일라(喧哩嚩日羅)가 오자, 왕이 법가(法駕)를 갖추어 맞이하였다.

【살펴보건대, 송백(宋白)의 『속통전(續通典)』[131]에, "서역(西域) 승려 말라(襪囉)가 천복 4년(939)에 진(晉)에 조회(朝會)하였는데, 화복(火卜: 점의 일종)을 잘하였다. 갑자기 고조에게 하직하고 고려에 유람하기를 청하였다. [고려] 왕건은 그를 매우 예우(禮遇)하였다. 그때 거란이 발해를 병탄한 지가 몇 년이 되었다. [왕]건이 말라에게 종용하여 말하기를 "발해는 본래 내 친척의 나라인데 그 왕이 거란에 포로가 되었다. 내가 조정을 위하여 [거란을] 공격해서 그것을 취하고자 한다. [대]사는 돌아가서 천자에게 말하여 기일을 정해 [양쪽에서] 습격하도록 하자"고 하였다. 말라가 돌아와서 낱낱이 아뢰었으나 고조는 대답하지 않았다"고 하였다. 여기서 말한 말라가 홍범이 아닌가 한다.】

○ 권제6 상, 태조(太祖) 25년

壬寅二十五年冬十月, 流契丹使于海島.
契丹遣使, 遺橐馳五十匹, 王以契丹嘗與渤海連和, 卒背盟殄滅, 此甚無道, 不足遠結爲隣, 遂絶交聘, 流其使三十人于海島, 繫橐駝萬夫橋【在松京保定門內, 今稱夜

---

131) 宋白(936~1012)은 북송 때 사람으로, 進士에 합격한 뒤 입관하여 兵部尙書로 致仕하였다. 李昉 등과 『文苑英華』를 편찬하고, 『宋史本傳』, 『文獻通考』, 『太祖實錄』 등을 편찬하였다. 『續通典』은 알려져 있지 않다.

橋.】下, 皆餓死.

忠宣王嘗問李齊賢曰: 太祖時, 契丹遺橐駝, 却之則已, 何至餓而殺之乎. 齊賢對曰: 創業垂統之主, 其見遠其慮深, 非後世所及也. 宋太祖養猪禁中, 仁宗放之, 後得妖人, 顧無所取血, 知太祖慮不及此, 此亦未爲定論, 安知養猪之意, 不有大於取血者耶. 我太祖爲此, 將以折戎人之譎計耶, 抑亦防後世之侈心耶, 盖必有微旨矣.

崔氏曰: 交隣國, 柔遠人固封疆, 謹使命者, 萬世保國之長策也. 今麗祖僅一三韓, 制度草創, 契丹國富兵强, 有席捲中原之志. 因其來使, 申結盟好, 豈非保國之長策, 而太祖慮不及此, 何哉. 契丹之失信於渤海, 何與於我, 而絶之如仇讐也. 自是邊釁日深, 至成宗, 其禍燎原, 迨顯宗, 乘輿南遷, 國之不亡如線, 其禍已滔天矣.

【按, 儻說曰: 新羅之末, 幅員分裂, 不能統一, 大氏乘間, 畧定全遼朝鮮句麗之地, 殆失太半矣. 王氏之興, 東方舊疆已縮於大氏, 而是時新立草創, 未暇遠圖, 及甄氏旣滅, 威名益彰, 故丹使之至, 盖亦畏之也. 王之流其使殺其駝, 非眞爲渤海之故, 其志將欲據義爭地, 實辭直爲壯也. 不幸金甌未復, 明年身亡, 無奈天意何也. 不然, 大氏之興亡, 何與於我, 而絶之之甚至此乎. 是故其遺訓切切然, 以契丹禽獸之俗爲禁, 少無畏忌之意. 況渤海世子及宗戚大臣大和鈞方在, 餘衆數萬, 臥薪嘗膽, 思所以復其仇者, 遼民只隔衣帶一水, 言語氣習, 未必心服於別種也. 若得數年生聚, 乘方盛之威, 縱思歸之師, 執言責還, 其勢恐不可遏. 後蕭遜寧之來侵, 徐熙對曰: 上國東京, 皆在我境, 何得謂之侵蝕乎. 遜寧之不可强, 遂罷兵, 況契丹新得其地之時乎. 失此機會, 退保彈丸, 爲天下之弱國, 不離于籠鳥井蛙, 人風遂因而齷齪矣, 噫亦命矣哉.】

임인 [태조] 25년(942) 겨울 10월에 거란의 사신을 섬으로 귀양 보냈다.

거란이 사신을 보내 낙타(駱駝) 50필을 전해주었다. 왕은 거란이 일찍이 발해와 화목하다가 갑자기 맹약을 배반하고 멸망시켰으므로, 이는 무도함이 지나쳐 멀리 관계를 맺어 이웃을 삼기에는 부족하다고 하고 마침내 교빙(交聘)을 끊었다. 그 사신 30인을 섬으로 귀양 보내고 낙타는 만부교(萬夫橋)【송경(松京: 지금의 개성)의 보정문(保定門) 안에 있다. 지금은 야교(夜橋)라고 부른다.】 아래에 매어두니 모두 굶어 죽었다.

충선왕(忠宣王)이 일찍이 이제현(李齊賢)에게 묻기를 "태조 때에 거란이 낙타를 보냈는데, 이것을 물리치면 그뿐인데 어찌하여 굶겨서 죽이기까지 하였는가?" 하였다. 제현이 대답하길 "나라를 일으켜 후대에 전해주는[創業垂統] 군주가 멀리 내다보고 깊이 생각하는 바는 뒷날의 사람들이 미칠 수 있는 것이 아닙니다. 또 송(宋) 태조(太祖)가 궁궐 안에서 돼지를 길렀으나 [송] 인종(仁宗)이 풀어주게 하였습니다. [그런데] 뒤에 요사스러운 자를 잡을 때 도리어 [돼지] 피를 얻을 데가 없었다고 하니,[132] 곧 [송] 태조의 생각이 역시 여기까지 미쳤음을 알 수 있다고 하지만, 이 또한 정론(定論)은 아닙니다. 어찌 [송 태조가] 돼지를 기른 뜻이 피를 취하는 것보다 더 큰 것이 있었는지 알겠습니까? 우리 태조께서 이런 일을 한 것은 장차 오랑캐[戎人]의 간사한 꾀를 꺾으려고 한 것인지, 아니면 후세의 사치스런 마음을 막으려고 한 것인지, 아마도 반드시 숨겨져 있는 뜻이 있었을 것입니다" 하였다.

최씨가 말하길, "이웃 나라와 사귀고 먼 곳의 사람을 회유(懷柔)하여 봉토를 견고히 하고 사명(使命)에 힘쓰는 것은 만세(萬世)에 걸쳐 나라를 지키는 훌륭한 계책이다. 지금 고려 태조는 겨우 삼한을 통일하여 제도를 창제하기 시작하였고, 거란은 나라가 부유하고 군사가 강하여 중원(中原)을 석권(席捲)할 뜻이 있었다. 그 사신이 온 것으로 인하여 맹호(盟好)를 맺는 것이 어찌 나라를 보전하는 훌륭한 계책이 아니겠는가? 그런데 태조의 생각이 여기에 미치지 못한 것은 무슨 까닭인가? 거란이 발해에게 신의를 잃은 것이 우리와 무슨 관계가 있기에 그들과 끊기를 원수같이 하였는가? 이로부터 변경의 다툼질이 날로 심해졌다. 성종(成宗) 때에 와서는 그 화가 타들어가는 벌판같이 되었다. 현종(顯宗) 때에 이르러서는 승여(乘輿: 임금이 타는 수레)를 남쪽으로 옮기며 나라가 실낱과 같이 위태로워졌으니,[133] 그 화가 이미 하늘까지 닿은 것이다"라고 했다.

【살펴보건대, 『성호사설(星湖僿說)』에는 "신라 말기에 강역(疆域)이 분열되어 하나로 통합하지를 못하였으며, 대씨(大氏: 발해)가 그 사이를 틈타 전체 요(遼)[지역]과 고조선과 [고]구려의 땅을 차지하고 다스리니, [신라가 그 땅을] 거의 태반이나 잃었다. 왕씨(王氏: 고려)가

---

132) 妖術하는 사람을 잡을 적에는 돼지의 피를 뿌리면 요술쟁이가 변화를 부리지 못한다고 한다(한국고전번역원, 한국고전종합DB).

133) 993년(성종 12)에 거란의 蕭遜寧이 80만 대군을 이끌고 고려의 서북 국경을 침범하여 계속 남침을 시도하자 고려에서 화의를 청한 사실과 1011년(현종 2)에 거란이 침입하여 개경을 함락하자 현종이 南遷한 사실을 말한다(한국고전번역원, 한국고전종합DB).

일어났을 때에는 동방의 옛 강토가 이미 대씨에 의해 줄어들었다. [그러나] 이때에는 새로 나라를 세우고 창업하느라 원대한 일을 도모할 겨를이 없었다. 견씨(甄氏: 후백제)가 멸망하기에 이르러서는 [고려가] 위명(威名)을 더욱 떨쳤다. 따라서 거란의 사신이 [고려에] 온 것은 아마 [이를] 두려워해서일 것이다. 왕이 그 사신을 유배 보내고 그 낙타를 죽인 것은 참으로 발해 때문이 아니었다. 그 뜻은 의리에 의거하여 땅을 다투려 한 것이니 실로 말이 곧고 웅장하였다. 불행히도 국경의 안정이 아직 회복되지 않았는데, 다음 해에 [왕이] 죽었으니 하늘의 뜻은 어찌할 수가 없는 것이다. 그렇지 않다면 대씨의 흥망이 우리에게 무슨 관계가 있다고 그들과 끊기를 이토록 심하게 하였겠는가? 그러므로 그 유훈(遺訓)이 절절하였고 거란 금수의 풍속을 금지하면서 두렵거나 꺼리는 뜻이 없었다. 하물며 발해의 세자와 종척대신(宗戚大臣) 대화균(大和鈞)이 바로 여기에 있고, 남은 무리 수만이 와신상담(臥薪嘗膽)[134] 하면서 그 원수를 갚으려고 생각을 하고 있었다. 요민(遼民)은 띠와 같은 강물을 사이에 두고 있을 뿐, 언어와 기질과 습속이 반드시 별종(別種)에게 심복한 것은 아니었다. 만약 몇 해 동안 [사람과 재물을] 길러 모아[生聚] 바야흐로 강성한 위세를 타서 [고향에] 돌아가기를 그리는 군사를 놓아주고, 빼앗긴 [땅을] 돌려주기를 따졌다면 그 형세를 막을 수 없었을 것이다. 뒤에 소손녕(蕭遜寧)이 쳐들어왔을 때[135] 서희(徐熙)가 대답하여 말하기를 "상국(上國)의 동경(東京)도 모두 우리의 땅에 있거늘 어찌 그것을 침식했다고 하겠습니까?"라고 했다. 손녕이 억지로 할 수 없는 것을 알고 드디어 군사를 물렸다. 하물며 거란이 새로 그 땅을 얻었을 때에야 어떠했겠는가? 이 기회를 놓치고 물러나 탄환만 한 [땅만] 보존하여, 천하의 약한 나라가 되었다. 새장 속의 새와 우물 안의 개구리가 되어, 사람의 기풍(氣風)이 악착스럽게 되었다. 아, 이 또한 운명일 것이다"라고 했다.】

○ 권제6 상, 혜종(惠宗) 2년

乙巳二年, 晉遣使冊王.

---

134) 『史記』에 越王 夫差와 吳王 闔閭가 서로 원수를 잊지 않고 갚기 위해, 가시 많은 거친 나무 위에서 자고 쓴 쓸개를 먹고 견디었다는 이야기에서 나온 고사성어이다.

135) 993년(성종 12) 거란이 80만의 대군을 이끌고 고려의 서북 국경을 침범하였다가 고려와 화의를 맺고 돌아간 사건이다(한국고전번역원, 한국고전종합DB).

晉遣光祿卿危匡政太子洗馬張季凝, 冊王爲持節玄菟州都督上柱國, 充大義軍使高麗國王.【按, 資治通鑑曰: 初高麗王建用兵, 吞滅隣國, 頗强大, 因胡僧襪囉, 言於高祖曰: 渤海我婚姻也, 其王爲契丹所虜, 請與朝廷共擧取之, 高祖不報. 開運二年, 帝與契丹爲仇, 襪囉復言之. 帝欲使高麗擾契丹東邊, 以分其兵勢, 會建卒, 子武自稱權知國事, 上表告喪, 十二月[136]戊戌, 以武爲大義軍使高麗王, 遣通事舍人郭仁遇使其國, 諭旨使擊契丹. 仁遇至其國, 見其兵弱, 嚮者襪囉之言, 時爲建誇誕耳, 實不敢與契丹爲敵. 仁遇還, 武更以他故爲解. 續通典曰: 出帝與契丹交兵, 襪囉復奏之. 帝遣郭仁遇, 飛詔諭建, 攻其地以牽脅之. 會建卒, 武知國事, 與其父之大臣不叶, 自相魚肉, 內難稍平, 兵威未振, 且夷人怯懦, 襪囉之言, 皆爲建虛誕耳.】

을사 [혜종] 2년(945) 진(晉)에서 사신을 보내 왕을 책봉하였다.

진(晉)에서 광록경(光祿卿) 범광정(范匡政), 태자세마(太子洗馬) 장계응(張季凝)을 보내 왕을 책봉하여, 지절현도주도독(持節玄菟州都督) 상주국(上柱國) 충대의군사(充大義軍使) 고려국왕으로 삼았다.

【살펴보건대, 『자치통감(資治通鑑)』에는 "처음 고려 왕건이 군사를 써서 이웃 나라를 멸망시키고 병탄하여 자못 강대해졌다. 호승(胡僧) 말라(襪囉)를 통하여 [진] 고조에게 말하기를 '발해는 우리(고려)와 혼인하였는데, 그 왕이 거란의 포로가 되었습니다. 조정과 함께 그들을 공격하여 취하기를 청합니다'라고 하였다. 고조는 대답하지 않았다. 개운 2년에 [진] 황제가 거란과 원수가 되니, 말라가 이를 다시 말하였다. 황제는 고려로 하여금 거란의 동쪽 변방을 흔들어서 그 군세(軍勢)를 분산시키려 하였다. 마침 [왕]건이 죽고 아들 [왕]무가 스스로 권지국사(權知國事)로 일컬으면서 표(表)를 올려 상(喪)을 고하였다. 11월 무술에 [진 황제가] 무를 대의군사(大義軍使) 고려왕으로 삼고, 통사사인(通使舍人) 곽인우(郭仁遇)를 그 나라에 사신으로 보내 유지(諭旨: 황제의 글)로 거란을 치게 하였다. 인우가 그 나라에 이르러 그들의 군사가 약한 것을 보고, 지난날 말라가 한 말은 그때 [왕]건을 위해 과장하여 떠벌렸을 뿐이며 실지로는 감히 거란과 적이 되지 못한다고 생각하였다. 인우가 돌아갈 때에 무가

---

136) '十二月'→'十一月'.

다시 다른 이유로 해명을 하였다"고 하였다. 『속통전(續通典)』[137])에는, "[진] 출제(出帝)가 거란과 교병(交兵)하자 말라가 다시 이를 아뢰었다. 황제는 곽인우를 보내 [왕]건에게 조유(詔諭)를 띄워 그 땅을 공격하여 견제하게 하였는데 마침 [왕]건이 죽었다. 무가 국사를 맡았으나 그 아비의 대신들과 자기들끼리 화합하지 못하고 싸웠다. 내부의 어지러움이 조금 평정되었지만 군사의 위력을 떨치지 못하였다. 또한 이인(夷人)은 겁이 많았으니, 말라의 말은 모두 [왕]건을 위하여 과장하여 떠벌린 것이다"라고 하였다.】

○ 권제6 상, 정종(靖宗) 3년

> 戊申三年秋九月, 東女眞來獻馬.
> 時東女眞大匡蘇無盖等來獻馬七百匹及方物. 女眞之先, 出自勿吉, 五代初, 始稱女眞, 契丹主阿保機滅渤海, 慮女眞爲後患, 誘遷豪右數千家於遼陽南, 而着籍焉, 使不得與本國相通, 號熟女眞, 卽我所稱西藩. 在北不籍契丹者, 號生女眞, 卽我所稱東藩. 新羅之末, 漸據我境, 高麗開國, 每以二邊爲憂, 防禦甚備. 邊人之來附者, 授大匡將軍等號, 羈縻之, 然降叛無常.【按東史, 女眞之名始此.】

무신 [정종] 3년(948) 가을 9월에 동여진(東女眞)이 와서 말을 바쳤다.

이때에 동여진의 대광(大匡) 소무개(蘇無蓋) 등이 와서 말 7백 필과 방물(方物)을 바쳤다. 여진의 선조는 물길(勿吉)에서 나왔는데, 오대(五代) 초에 비로소 여진이라 불렸다. 거란주 [야율]아보기(阿保機)가 발해를 멸망시키고 여진이 후환이 될까 염려하여 호우(豪右: 토호, 지방 유력자) 수천 집을 꾀어 요양(遼陽)의 남쪽으로 옮기고는 호적에 이름을 올리고 본국과 서로 통하지 못하게 하며 숙여진(熟女眞)이라 불렀다. 즉 우리가 서번(西蕃)이라 일컫는 것이다. 북쪽에 있으면서 거란에 적(籍)이 없는 것은 생여진(生女眞)이라 부른다. 곧 우리가 동번(東蕃)이라 일컫는 것이다. 신라 말기에 점차 우리의 경내를 점거하였고, 고려가 개국해서도 매양 두 변경이 근심거리가 되어 방어를 철저히 갖추었다. 변경 사람으로 내부하는 자에게 대광(大匡)·장군 등의 칭호를 주어 기미(羈縻)[138])를 하였으나 항복하고 배반하는 것이 무상

---

137) 같은 책 권제6 상, 태조 21년조에서 언급한 宋白의 『續通典』을 말하는 듯하다.
138) 말과 소에게 굴레와 고삐를 매어 통제하듯이, 오랑캐를 견제하기만 할 뿐 직접 지배하지 않는 것을

(無常)하였다.【살펴보건대, 동사(東史)에서 여진의 이름이 여기에 처음 나온다.】

○ 권제6 상, 광종(光宗) 11년

> 庚申十一年 春三月, … 城濕忽【今嘉山】松城.
> 渤海亡後, 自契丹東京, 至我安北府【今安州】數百里之地, 皆爲生女眞所據. 王取之, 築二城.

경신 [광종] 11년(960) 봄 3월, … 습홀(隰忽)【지금의 가산(嘉山)[139]】과 송성(松城)에 성을 쌓았다.
발해가 망한 뒤에 거란 동경(東京)으로부터 우리의 안북부(安北府)[140]【지금의 안주(安州)】까지 수백 리의 땅을 모두 생여진(生女眞)이 차지하였다. 왕이 이것을 취하여 두 성을 쌓았다.

○ 권제6 상, 경종(景宗) 4년

> 己卯四年, 是歲, 宋以大鸞河爲渤海都指揮使.
> 鸞河, 祚榮之遺種, 爲渤海部酋, 降于宋, 有是命.【按, 渤海之亡至此, 五十四年矣, 而大鸞河見於史. 宋太宗又遣使渤海, 約共滅遼. 是後渤海人來投高麗者, 其數不億, 至仁宗之世而不絶, 盖其國雖亡, 而部落團聚, 遂自成一國, 猶稱故號, 後幷於遼, 而無聞歟. ○ 按宗元綱目, 太平興國六年秋七月, 遣使如渤海, 渤海本高句麗別種, 契丹常取扶餘城爲東丹府. 帝將大擧伐契丹, 遣使賜其王詔書, 令發兵以應, 約滅遼之日, 幽薊土宇, 復歸中朝, 朔漠之外, 悉與渤海, 然渤海竟無至者. 女眞定安國, 馬韓之種, 爲契丹所攻破, 其酋帥保合餘衆, 保西鄙, 建國改元. 宋開寶三年, 其王烈

말한다.
139) 평안북도 박천 지역의 옛 이름이다.
140) 고려 때 寧州(현재 평안남도 안주)에 설치한 지방행정기구이다. 고구려 때 彭原郡으로, 931년(태조 14) 安北府를 설치하고, 983년(성종 2) 寧州安北大都護府로 고쳤고, 1018년(현종 9)에 안북대도호부로 고쳐 불렀다.

> 萬莘因女眞使朝宋, 至是帝方討契丹, 詔令張掎角之勢. 國王烏玄明欲倚王師, 以攄宿憤, 得詔大喜, 附表女眞使云, 今扶餘府背契丹, 歸本國, 願率兵助討.】

기묘 [경종] 4년(979), 이해에 송에서 대난하(大鸞河)를 발해도지휘사(渤海都指揮使)로 삼았다. 난하는 [대]조영의 남은 종족으로 발해부(渤海部)의 추장이 되었는데, 송에 투항하였으므로 이러한 명이 있었다.

【살펴보건대, 발해가 망한 것은 이때까지 54년이 되었는데도 대난하가 사서에 보인다. 송 태종이 또 발해에 사신을 보내 함께 요(遼)를 멸망시킬 것을 약속하였다. 이 뒤로 발해 사람으로 고려에 투항해 오는 것이 그 수를 헤아릴 수 없을 정도였다. 인종(仁宗) 때에 이르기까지 [이것이] 끊어지지 않았다. 대개 그 나라는 망하였으나 부락이 모여서 스스로 한 나라를 이루고 옛 [국]호를 그대로 일컬은 것이다. 뒤에는 요에 병탄되어 들리는 바가 없었다. ○ 살펴보건대, 『송원강목(宋元綱目)』141)에는 "태평흥국(太平興國) 6년(981) 가을 7월에 사신을 발해에 보냈다. 발해는 본래 고구려의 별종인데, 거란이 부여성(扶餘城)을 취하여 동단부(東丹府)로 삼았다. [송] 황제가 장차 대거 거란을 공격하려고 사신을 보내 그 왕에게 조서를 내려주고, 군사를 일으켜 호응하게 하였다. 요(遼)를 멸하는 날에는 유주(幽州)·계주(薊州)의 땅은 중조(中朝: 송)에 복귀시키고, 북방의 사막 밖은 모두 발해에게 주기로 약속하였다. 그러나 발해에서는 끝내 오는 자가 없었다. 여진 정안국(定安國)은 마한(馬韓)142)의 종족인데 거란에게 공격당해 격파되었다. 그 추수(酋帥)가 남은 무리를 모아 유지하고 서쪽 변두리를 차지하여 나라를 세우고 개원(改元)하였다. 송 개보(開寶) 3년(970)에 그 왕 열만신(烈萬莘: 열만화의

---

141) 『續資治通鑑綱目』의 이칭이다. 明代 商輅(1414~1486)가 『자치통감강목』의 뒤를 이어 北宋 太祖에서 元 順帝(960~1367)에 이르는 역사를 수록하였다(디지털 장서각, 續資治通鑑綱目편).

142) 발해국의 후예인 정안국을 마한의 종족으로 설명한 것은, 고구려 멸망 전후 형성된 '마한이 고구려가 되었다'라는 삼한관의 영향이다. 이러한 인식이 정안국을 세운 발해 유민과 송나라에도 영향을 주고, '고구려(마한) → 발해 → 정안국'으로 이어지는 역사계승의식이 나타난 것으로 보인다(이효형, 2006, 8쪽). 신라인 최치원의 경우, '마한이 고구려, 변한이 백제, 진한이 신라'라고 보는 三韓觀을 보이는데, 이러한 인식은 『삼국사기』, 『삼국유사』를 비롯하여 고려와 조선 전기까지 영향을 주었다. 韓百謙(1552~1615)이 지은 『東國地理志』와 『東京雜記』 등에서 최치원의 삼한설이 부정된 뒤 실학자들에 의해 '마한은 백제, 변한은 가야, 진한은 신라'라는 견해가 정설화되었다(金炳坤, 2005).

잘못)이 여진의 사신을 따라 송에 입조하였다. 이때에 이르러 황제가 거란을 토벌하고자 조서를 내려 앞뒤에서 협공을 펼치도록 명하였다. 국왕 오현명(烏玄明)은 왕사(王師)를 의지하여 숙원(宿怨)을 풀고자 하였다. [그래서] 조서를 받고는 크게 기뻐하며 여진의 사신에게 표(表)를 부쳐 보내며, '지금 부여부가 거란을 배반하고 본국에 돌아왔으니, 원컨대 병사를 거느리고 토벌을 돕고자 합니다'라고 하였다"고 한다.】

○ 권제6 상, 경종(景宗) 4년

己卯四年, 渤海人數萬來投.

기묘 [경종] 4년(979), 발해인 수만 명이 투항하여 왔다.

○ 권제6 상, 성종(成宗) 4년

乙酉四年, 宋徵兵伐契丹.
宋將伐契丹, 收復燕薊, 以我與契丹接壤, 數爲所侵, 遣監察御史韓國華, 賫詔來諭. 以掎角協比, 同力蕩平. 王遷延不發兵, 國華諭以威德. 王始許發兵西會, 國華乃還. 先是契丹伐女眞, 路由我境, 女眞謂我導敵搆禍, 貢馬于宋, 因誣譖麗與契丹, 倚爲勢援, 剽掠生口, 去歲貢使韓遂齡之如宋也. 帝出女眞告急木契示之, 令歸自本國, 還歸其俘, 王聞之憂懼, 及國華至, 王語曰: 女眞貪而多詐. 前冬再馳木契, 來告契丹將至其境, 本國猶疑虛僞, 未卽救援, 契丹果至, 殺掠甚衆. 餘族遁逃, 入于我西北懷昌【今未詳.】威化【今雲古威化鎭.】光化【今泰州古光化縣.】之境, 契丹追捕, 呼我戍卒言, 女眞每寇我邊鄙, 今已復讐, 整兵而回. 於是女眞來奔者二千餘人, 皆資給遣還. 女眞又勸當道控梅河津要, 築治城壘, 以防遏, 我以爲然. 方令行視興工, 不意女眞變詐, 潛師奄至, 殺掠吏民, 駈虜丁壯. 以其歲貢中朝, 不敢發兵報怨, 豈期反相誣告, 以惑聖聰. 本國世稟正朔, 謹修職貢, 深荷寵靈, 敢有二心, 交通外國. 況契丹介居遼海之外, 大梅小梅二河之阻, 無路可從, 女眞渤海本無定國, 從河經路, 以通往復. 且女眞逃難, 受本國官職者, 有勿屈尼于等十數人尙在, 望召赴京闕, 令入貢之使庭辨, 庶幾得失. 國華許諾.

을유 [성종] 4년(985), 송에서 군사를 징발하여 거란을 쳤다.

송나라가 거란을 쳐서 연주(燕州)·계주(薊州)를 수복하려고 하였다. 우리가 거란과 경계를 서로 접하고 있어서 자주 침범을 당하자, [송이] 감찰어사(監察御史) 한국화(韓國華)를 보내 조서를 들고 와서 타이르며, 기각(掎角)의 형세로 서로 협력하여 힘을 합해 평정하자고 하였다. 왕이 시일을 미루면서 군사를 내지 않으니, 국화가 위덕(威德)으로 달래었다. 왕이 그제야 군사를 내어 서쪽에서 모일 것을 허락하니, 국화가 이에 돌아갔다.

이에 앞서 거란이 여진을 칠적에 지나는 길이 우리 경계를 거친 탓으로, 여진이 우리가 적을 인도하여 화를 꾸몄다고 말하였다. 송에 말[馬]을 바치면서 무고(誣告)하기를, "고려가 거란과 함께 서로 세력을 합하여 백성을 약탈한다"고 하였다. 지난해 공사(貢使) 한수령(韓遂齡)이 송에 갔을 적에, 황제가 여진이 급박함을 알린 목계(木契: 나뭇조각에다 의사를 표시하는 부호를 새긴 것)를 내보이면서, "돌아가거든 본국에 말하여 그들의 포로를 돌려보내라"고 하였다. 왕이 이 말을 듣고 근심하고 두려워하였다. 국화가 오자 왕이 말하기를, "여진은 탐욕스럽고 속임수가 많다. 지난겨울에 두 번이나 목계를 급히 보내 거란이 장차 그들 경계에 이를 것이라고 알려왔으나, 본국에서는 거짓인가 의심하여 곧바로 구원해주지 못하였는데, 거란이 과연 와서 사람을 죽이거나 노략질함이 매우 많았다. 남은 족속이 도망해 와서 본국의 서북쪽 회창(懷昌)【지금은 자세히 알 수 없다.】·위화(威化)【지금의 운산(雲山), 옛 위화진(威化鎭)이다.】·광화(光化)【지금의 태천(泰川), 옛 광화진(光化鎭)이다.】의 지경에 들어왔다. 거란이 뒤쫓아와서 [그들을] 붙잡고 우리의 수졸(戍卒)을 불러 하는 말이 "여진이 매양 우리 변경을 도둑질하여서 이제 원수를 갚고 군사를 다시 정돈하여 돌아간다"고 하였다. 이에 도망해 온 여진 2천여 명에게 모두 물자를 주어 돌려보냈다. 여진이 또 [우리에게] 매하진(梅河津)의 요해처를 공제하여 성루(城壘)를 쌓아 [거란의] 침입을 막으라고 권하였다. 우리도 그렇게 생각하여 바야흐로 돌아다니며 살펴보고 공사를 일으키려고 하였다. 뜻밖에도 여진이 속임수를 써서 몰래 군사로 엄습하여 [우리의] 관리와 백성을 죽이고 약탈하였으며, 장정(壯丁)을 줄줄이 잡아갔다. [그런데도 그들이] 해마다 중조(中朝)에 조공(朝貢)하기 때문에 감히 군사를 내어 원한을 갚지 못하였는데, 어찌 도리어 우리를 무고하여 황제의 총명을 미혹하게 할 줄이야. 본국(고려)은 대대로 정삭(正朔)[143]을 받고 삼가 직공(職貢)을 닦으며 깊이 은총을 입고 있는데 감히 두마음을 먹고 외국과 통교하겠는가? 하물며 거란은 요해(遼海)의 밖에 끼어 살며, 대매하(大梅河: 지금의 요하)와 소매하(小梅河: 지금의 혼하) 두 강으로 막혀 있어서 상종할 길이 없다. [그러나] 여진과 발해는 본래 일정한 나라가 없고 강을 따라 길을 지나며 왕복하였다. 또 여진[인]이 난을 피하여 와서 본국에서 관직을 받은 자로 물굴(勿屈)·이간(尼干) 등 10여 명이 아직도 있다. 바라건대 경사(京師)의 대궐에 불러다가 입공사(入貢使)의 뜰에서 따지게 한다면 거의 사실을 알게 될 것이다"라고 하였다. 국화가 [그렇게 할 것을] 허락하였다.

○ 권제6 하, 성종(成宗) 12년

癸巳十二年, 契丹兵至安戎鎭, 中郞將大道秀擊破之.
時朝議久不決, 遜寧以蒙戱旣還, 久無回報, 遂進攻安戎鎭【古址在今安州西六十里, 戎一作仁.】中郞將大道秀郞將庾方, 力戰破之. 孫寧不敢復進, 但遣人促降.

계사 [성종] 12년(993), 거란의 군사가 안융진(安戎鎭)에 이르자, 중랑장(中郞將) 대도수(大道秀)[144]가 그를 격파하였다.

당시 조정의 논의가 오래도록 결정이 되지 않았다. [소]손녕은 [이]몽전이 이미 돌아간 지 오래되도록 회답이 없으므로, 드디어 안융진【옛터는 지금의 안주(安州) 서쪽 60리에 있다. 융(戎)은 [다른 곳에는] 인(仁)으로 쓰여 있다.】으로 진공하였다. 중랑장 대도수와 낭장(郎將) 유방(庾方)이 힘껏 싸워 격파하니, [소]손녕이 감히 다시 전진하지 못하고 다만 사람을 보내어 항복하기를 재촉하였다.

---

143) 정삭은 정월 초하루를 말하는데 제후가 천자에게 曆을 받는 것을 말한다. 이것은 事大의 예를 행하는 것을 가리킨다(한국고전번역원, 한국고전종합DB).

144) 993년(성종12) 거란의 1차 침입 때 安戎鎭(평안남도 안주)의 中郞將(정5품)으로서 거란군을 물리쳤으며, 1020년(현종 원년) 거란의 2차 침입 때 西京을 방어하는 장군(정4품)으로서 동료의 배반으로 거란에 항복하였다(유득공 지음, 김종복 옮김, 2018, 168쪽).

○ 권제7 상, 현종(顯宗) 9년

戊午九年春正月, 定安人骨須來奔.
初馬韓遺種, 爲契丹所攻破, 其酋帥糾合餘衆, 保於西鄙, 建國改元. 宋初入貢中國, 太宗時因女眞使, 路由其國, 附表云, 夫餘府背契丹, 歸附本國, 請助討契丹以報怨. 至是其國人骨須來奔.【文獻通考補. ○ 按, 定安地, 去女眞不遠, 而云夫餘府歸附云, 則疑與夫餘連界矣. 其交使東國無聞, 錄之以備異聞.】

무오 [현종] 9년(1018) 봄 정월, 정안[국](定安[國]) 사람 골수(骨須)가 도망하여 왔다. 처음에 마한(馬韓)의 후예로서 거란에게 멸망당했는데, 그 추수(酋帥)가 남은 무리를 규합하여 서쪽 변경을 지키면서 나라를 세우고 연호를 고쳤다. 송(宋)나라 초에 중국에 조공하였다. [송] 태종(太宗) 때에는 여진(女眞) 사신의 행로가 그 나라를 경유하였으므로 [여진 사신에게] 표를 부치며 이르기를, "부여부(夫餘府)가 거란을 배반하고 본국에 귀부하였습니다. 거란을 토벌하는 것을 도와 원수를 갚게 해주시길 청합니다"라고 하였다. 이때에 이르러 그 나라 사람 골수가 도망하여 왔다.【『문헌통고(文獻通考)』에서 보충하였다. ○ 살펴보건대, 정안의 땅은 여진과 거리가 멀지 않은데 부여부가 귀부하였다고 하니 곧 부여와 경계가 잇닿았을 것이다. 그들이 동국(東國)과 사신을 교환했다는 말은 듣지 못하였으므로 이를 기록하여 이문(異聞: 다른 이야기)에 대비한다.】

○ 권제7 상, 현종(顯宗) 11년

庚申十一年, 六月, 佛奈國來貢.
初勿吉有拂涅部, 在女眞最東. 渤海大氏, 以其地爲東平府, 後自立爲國, 至是其酋長沙訶門, 因女眞獻土物.【此後無聞.】

경신 [현종] 11년(1020) 6월에 불내국(佛奈國)이 조공하였다.
처음 물길(勿吉)에 불열부(拂涅部)가 있었는데, 여진(女眞)의 제일 동쪽에 있었다. 발해 대씨(大氏)가 그 땅으로 동평부(東平府)[145]를 삼았다. 뒤에 자립하여 나라를 이루었고, 이때에 이르러 그 추장(酋長) 사가문(沙訶門)이 여진을 통하여 토산물을 바쳤다.【이후로는 들리는

바가 없다.】

○ 권제7 상, 현종(顯宗) 20년

己巳二十年, 九月, 契丹叛將大延琳, 遣使求援, 不許.
契丹東京將軍大延琳, 渤海始祖大祚榮七世孫也, 叛契丹, 國號興遼, 建元天興, 遣其大部丞[146]高吉德, 來告建國, 且求援. 引東北女眞, 與契丹相攻, 自是道梗, 與契丹朝聘不通.【按續綱目, 延琳爲東京舍利軍詳穩, 大延琳因民怨思亂, 遂囚留守蕭孝光,[147] 僭號興遼, 改元天慶. 契丹主命南京留守蕭孝穆, 討之.】

기사 [현종] 20년(1029) 9월에 거란의 반장(叛將) 대연림(大延琳)이 사자를 보내어 구원을 청하였으나, 허락하지 않았다. 거란의 동경장군(東京將軍) 대연림은 발해 시조 대조영(大祚榮)의 7세손이다. 거란을 배반하고 국호를 흥료(興遼),[148] 연호를 천흥(天興)으로 고치고, 대부승(大部丞)[149] 고길덕(高吉德)을 보내어 와서 나라 세운 것을 알리고 또한 구원을 청하였다. 동북 여진을 거느리고 거란과 서로 싸우니 이로부터 길이 막혀 거란과 조빙(朝聘)이 통하지 못하였다.

【『속강목(續綱目)』을 살펴보면, 연림을 동경사리군 상온(東京舍利軍詳穩)[150]으로 삼았는

---

145) 拂涅部의 위치에 대해 여러 설이 있어 동평부의 위치에 대한 설도 마찬가지이다. 이 중 黑州는 흑수말갈과 관련지어 보기도 한다. 흑수말갈의 일부가 발해 후기에 복속된 것으로 보지만, 행정구역 설치가 확인되고 있지 않은데, '黑州'와 '黑水'의 흑이 같은 글자이기 때문이다.
146) '大部丞' → '大府丞'.
147) '蕭孝光' → '蕭孝先'.
148) 흥료국은 1029년(고려 현종 20) 8월 초 遼의 東京道 관할하에 있던 東京舍利軍 詳穩 大延琳이 세운 나라이다. 대연림은 女眞과 고려와 함께 거란에 대항하기 위해, 건국 직후인 그해 9월 초에 高吉德을 고려에 보내 건국을 알리고 구원을 요청하였다. 그러나 고려는 郭元이 주도한 保州城(의주) 공격이 실패한 뒤에는, 거란의 남침에 대비만 하는 수세로 돌아섰다. 따라서 1029년 12월부터 1030년 9월까지 여러 차례 거듭된 흥료국의 구원 요청을 들어주지 않았다. 한편 요는 1029년 10월 초에 동경성을 에워싸고 공격하였고, 흥료국은 거의 1년 동안 거란에 포위당한 채 저항하였으나, 楊詳世의 배반으로 요양성이 함락되고 대연림이 붙잡히면서 멸망하였다.
149) 遼代 太府監('太'와 '大'는 혼용)의 屬官으로, 흥료국에서 연용한 것으로 보인다.

데, 대연림이 백성의 원망으로 인하여 난을 일으킬 것을 생각하였다. 드디어 유수(留守) 소효광(蕭孝光)을 붙잡아 가두고 흥료라고 참람되게 부르며 천경(天慶)으로 연호를 고쳤다. 거란주가 남경유수(南京留守) 소효목(蕭孝穆)을 시켜서 이를 토벌하였다.】

> 十二月, 起復前西北面判兵馬事柳韶, 赴鎭.
> 先是興遼太師大延定, 遣使乞援. 王議諸輔臣, 侍中崔士威平章蔡忠順言, 兵者危事, 不可不愼, 彼之相攻, 安知非我利, 但可修城池, 謹烽燧, 以觀變耳. 王從之. 至是韶遭喪, 王以其熟諳邊事有威名, 下敎起復, 促令赴鎭, 以備興遼. 韶於興化鎭西北四十里, 修古石城, 又修鎭北古石堡, 置威遠定戎二鎭.【俱在今義州.】

12월, 전 서북면 판병마사(西北面判兵馬事) 유소(柳韶)를 기복(起復)시켜 진(鎭)에 부임하게 하였다. 이보다 앞서 흥료의 태사(太師) 대연정(大延定)이 사신을 보내어 구원을 청할 때 왕이 여러 중신과 의논하였다. 시중(侍中) 최사위, 평장사(平章事) 채충순이 말하기를, "전쟁이란 위험한 일이므로 삼가지 않을 수 없습니다. 저들끼리 서로 다투는 것이 우리에게 이로움이 될 수도 있을 것입니다. 다만 성지(城池)를 수축하고 봉수(烽燧)를 엄히 하여 사세의 변동을 볼 뿐입니다" 하니, 왕이 그 말을 따랐다. 이때에 이르러 [유]소가 상(喪)을 만나자 왕은 그가 변방의 일을 잘 알고 위명(威名)이 있다고 하여 교서를 내려 기복하게 하고, 급히 진(鎭)에 달려가 흥료를 방비하게 한 것이다. [유]소가 흥화진(興化鎭) 서북 40리의 옛 석성(石城)과 또 진 북쪽의 옛 석보(石堡)를 수축하고서, 위원(威遠)과 정융(定戎)의 두 진을 설치하였다.【모두 지금의 의주(義州)에 있다.】

○ 권제7 상, 현종(顯宗) 21년

> 庚午二十一年春正月, 大延琳遣使上表乞師, 不許.

---

150) 사리군은 군사지휘관인 사리가 이끄는 군대라는 의미로 거란족 군대에 대한 총칭이며, 상온은 각 관서의 최고 책임자를 가리키는 거란말로 군대의 경우 장군을 가리킨다(유득공 지음, 김종복 옮김, 2018, 101쪽).

경오 [현종] 21년(1030) 봄 정월, 대연림(大延琳)이 사신을 보내어 표를 올려 군사를 청하였으나, 허락하지 않았다.

> 五月, 契丹指揮使李卿等來投.
> 時遼東用兵, 契丹奚哥渤海人來附者甚衆, 處之江南州郡.

5월, 거란의 지휘사(指揮使) 이경(李卿)151) 등이 와서 투항하였다.
이때에 요동에 병란이 있어서 거란 해가(奚哥)와 발해 사람이 내부한 자가 매우 많았는데, 이들을 강남(江南)의 주군(州郡)에 거주하게 하였다.

> 九月, 遣使契丹, 賀平東京.
> 先是, 大延琳爲契丹所困, 遣其員外郎高吉德, 上表乞師, 不許. 時劉忠正, 又爲延琳行營都部署, 遣使求援. 未幾其郢州刺史李匡祿, 亦來告急. 至是契丹克延琳, 收復東京, 遂遣使賀之. 自是道路復通, 匡祿聞國亡, 留不歸.

9월, 사신을 거란에 보내어 동경(東京)이 평정(平定)된 것을 축하하였다. 앞서 대연림이 거란에 곤욕을 당하자 원외랑(員外郎) 고길덕(高吉德)을 보내어 표를 올려 군사를 청하였으나 허락하지 않았다. 이때에 유충정(劉忠正)이 또 [대]연림의 행영도부서(行營都部署)152)가 되어서 사신을 보내어 구원을 청하였다. 얼마 안 되어 영주자사(郢州刺史) 이광록(李匡祿)이 또 와서 위급함을 알렸다. 이때에 이르러 거란이 [대]연림을 이기고 동경을 수복하였으므로 드디어 사신을 보내어 이를 축하하였다. 이때부터 길이 다시 통하였으며, 광록은 나라가 망했다는 소식을 듣고 돌아가지 않았다.

---

151) 『高麗史』 세가 5, 현종 21년 5월조에는 "契丹水軍指麾使虎騎尉 大道李卿"으로 나온다.
152) 흥료국의 무관직이다. 요나라의 行宮都部署를 참조하여 만든 것으로 추정된다(유득공 지음, 김종복 옮김, 2018, 173쪽).

○ 권제8 상, 예종(睿宗) 11년

> 丙申十一年, 遼渤海人高永昌, 據遼陽稱帝.
> 時遼東京渤海人作亂, 殺留守蕭保先, 立供奉官高永昌, 爲渤海皇帝. 國號大元, 建元隆基.

병신[예종] 11년(1116) 요의 발해(渤海) 사람 고영창(高永昌)[153]이 요양(遼陽)에서 웅거하고 황제라 일컬었다.

이때 요(遼)의 동경(東京) 발해인이 난리를 일으켜 유수(留守) 소보선(蕭保先)을 죽이고, 공봉관(供奉官) 고영창(高永昌)을 세워 발해황제(渤海皇帝)로 삼았다. 국호를 대원(大元)이라 하고, 연호를 융기(隆基)라 하였다.

> 諸國人來投.
> 時遼金相戰, 遼漢人及奚家女眞渤海人來投者, 絡續.

여러 나라 사람들이 와서 투항하였다.

이때 요나라와 금나라가 서로 싸우니 요(遼)나라 사람, 한(漢)나라 사람 및 해가(奚家)[154]·여진(女眞)·발해(渤海) 사람들이 와서 투항한 자가 끊이지 않았다.

○ 부권 상, 고이(考異), 백제지분말갈지오(百濟之分靺鞨之誤)

> 通典及唐書云, 百濟亡, 其地爲新羅渤海靺鞨所分. 三國史引用其書, 而通鑑因之, 誤矣. 渤海靺鞨之於百濟, 南北隔截, 雖嘗寇掠, 豈能分其地而有之乎, 今不取.

---

153) 고영창은 요나라 供奉官으로 1115년 阿骨打가 요동으로 남하하자 이를 저지하기 위해, 渤海武勇馬軍 2천 명을 모집하여 요양부 인근의 白草谷을 지켰다. 그 이듬해 정월 東京留守 蕭保先의 혹독한 학정에 시달리던 발해 유민과 함께 요양부를 점령하고, 국호를 大渤海國이라 하였다. 金과 교섭하여 요에 대항하려 했으나, 도리어 요와 금 양쪽으로부터 공격을 받았고, 고영창이 금에 붙잡혀 참살되며 대발해국은 불과 5개월 만에 멸망하였다.

154) 東胡 계통으로 契丹과 동류인 奚族을 가리킨다.

『통전(通典)』155)과 『당서(唐書)』에 "백제가 망하니, 그 땅이 신라(新羅)·발해(渤海)·말갈(靺鞨)에게 분할되었다"고 하였는데, 『삼국사기(三國史記)』가 그 글을 인용하고 『통감(通鑑)』에서도 이를 따랐으니 잘못이다. 발해·말갈과 백제는 서로 남북으로 동떨어져 있는 사이라, 비록 침략하였다 하더라도 어찌 그 땅을 나누어 가질 수 있겠는가? 그러므로 [그 땅을] 취하지 않았다.

○ 부권 상, 고이(考異), 대조영초부신라(大祚榮初附新羅)【효소왕(孝昭王) 8년】

此不見於三國史, 而崔致遠集, 唐乾寧四年謝不許北國居上表, 有云, 渤海初建邑居, 來憑隣援, 其酋長大祚榮, 始受臣第五品大阿飡之秩. 以此見之, 則史闕文也. 資鑑武后久視元年庚子【唐中宗嗣聖十七年】遣李楷固, 討契丹餘黨, 平之. 文獻通考渤海傳, 此時大祚榮引殘痍遁去, 楷固追擊敗還, 祚榮遂稱號云. 故今從崔集, 而附于嗣聖庚子年, 以著其實事.

이는 『삼국사기』에 보이지 않는데, 최치원(崔致遠)의 문집 중에 당(唐) 건녕(乾寧: 昭宗의 연호) 4년(897)에 올린 「사불허북국거상표(謝不許北國居上表)」156)에, "발해가 처음으로 읍거(邑居)를 세우고 이웃의 도움에 의지하고자 오므로 그 추장(酋長) 대조영에게 비로소 신번(臣藩)의 예로 제5품 대아찬(大阿飡)의 관질(官秩)을 주었다"고 한 것으로 보아, 즉 사서에는 글이 빠진 것이다. 『자치통감』에는 무후(武后) 구시(九視) 원년 경자(700)【당 중종(唐中宗) 사성(嗣聖) 17년】에 이해고(李楷固)를 보내 거란의 잔당을 쳐 평정하였다고 하였는데, 『문헌통고』 발해전(渤海傳)에는, "이때 대조영이 잔병을 이끌고 도망가는 것을 해고가 끝까지 추격하다가 패전해 돌아오니, 조영이 드디어 국호를 일컬었다"고 하였다. 그러므로 최치원의 문집을 따르고 사성 경자년에 부쳐 그 사실을 밝힌다.

---

155) 중국 상고에서 당나라 현종 때까지의 문물제도에 대한 일종의 백과사전이다. 당나라 때 杜佑(735~812)가 200권으로 편찬하였다(유득공 지음, 김종복 옮김, 2018, 204쪽).
156) 발해의 사신이 신라의 윗자리에 앉도록 요청한 것을 당이 거절한 데 대해 감사를 올리는 표문이다.

○ 부권 상, 고이(考異), 발해지망(渤海之亡)

> 綱目, 爲唐明宗天成元年丙戌, 高麗史, 爲太祖八年乙酉, 今從綱目.

『[통감]강목([通鑑]綱目)』에는 당 명종(唐明宗) 천성(天成) 원년 병술(926)에 망했다 하고, 『고려사』에는 태조(太祖) 8년 을유(925)에 망했다 하였는데, 『통감강목』을 따른다.

○ 부권 하, 잡설(雜說), 삼한후설(三韓後說), 정안국(定安國)

> 定安國. 宋史, 定安國本馬韓之種, 爲遼所敗, 餘衆保其西鄙, 建國改元, 稱定安國. 開寶三年, 其王列萬華因入貢女眞, 付表貢獻. 太宗時, 其王烏玄明復因女眞上表, 略曰: 臣本以高麗舊壤, 渤海遺黎, 保此方隅. 太宗答勅, 略曰: 卿奄有馬韓之地, 介于鯨海之表云云. 端拱淳化間, 復因女眞奉表, 其後不至.
> 按, 鮮韓之際, 海東一域, 以國名者幾百數, 三國並起, 漸侵奪諸國, 然後只有三而已. 新羅初, 伊西等國, 在咫尺之地. 累世後滅之, 以此揆之, 大都然矣. 百濟之襲馬韓, 不應一時盡幷其地. 而三國史所記, 有若擧而幷呑者, 然必無是理, 史闕文也. 或云, 中國稱外夷, 不詳事實, 故多擧舊號而稱之.

정안국(定安國)[157]은 『송사(宋史)』에 "정안국은 본래 마한(馬韓)의 종족으로, 요(遼)에게 패망하여 그 남은 무리가 서쪽 변방을 지켜, 나라를 세워 연호를 고치고 정안국이라 일컬었다. 개보(開寶: 송 태조의 연호) 3년(970)에 그 임금 열만화(列萬華)가 여진(女眞)이 조공하는 편에 표문(表文)을 부치고 방물을 바쳤다. 태종(太宗) 때 그 임금 오현명(烏玄明)이 다시 여진이 조공하는 편에 표문을 올렸는데, 그 대략은 '신은 본래 고구려(高句麗)의 옛 땅 발해(渤

---

157) 정안국은 발해 유민이 압록강 중류 지역에서 세운 나라로, 985년 거란 성종 때에 멸망당하였다. 정안국의 성립에 대해서 10여 년간 유지되었던 大氏의 後渤海가 자체 내의 왕위 찬탈전 결과 後唐 淸泰 3년으로부터 宋 開寶 3년 사이에 烈氏 定安國으로 바뀌었다고 보는 견해가 있고(和田淸, 1916; 李龍範, 1974, 77~78쪽), 압록강 유역의 大光顯 정권과 忽汗城의 그 숙부정권이 대립하다가 숙부정권이 승리하였으나, 南海府를 거점으로 하고 있던 烈氏 정권이 압록부를 차지하면서 건국되었다고 보는 견해가 있다(日野開三郎, 1951, 46쪽 주 3; 한규철, 1997, 9~10쪽).

海)의 유민으로 이 한 모퉁이의 땅을 보전하고 있습니다.'라고 하였다. 태종이 답한 칙서의 대략은, '경(卿)이 마한의 땅을 차지하여 경해(鯨海: 큰 바다) 가에 끼어 있다. …'고 하였다. 단공(端拱: 송 태종의 연호, 988~989)·순화(淳化: 송 태종의 연호, 990~994) 연간에 다시 여진의 조공 편에 표문을 올린 뒤에는 다시 오지 않았다"고 하였다.

상고하건대, 선한(鮮韓: 고조선과 삼한) 시절에 해동 한 지역의 국명이 수백을 헤아렸는데, 삼국이 함께 일어나 점차 여러 나라를 침탈한 뒤에 세 나라만 존립하였다. 신라 초기에 이서(伊西) 등의 나라가 지척에 있었지만 여러 대가 지난 뒤에 멸망시켰으니, 이것으로 헤아려보면 대체로 그러했을 것이다. 백제가 마한을 습격하였다고 해서 일시에 그 땅이 모두 병탄되지는 않았을 것인데, 『삼국사기』의 기록에는 마치 단번에 병탄한 것처럼 되어 반드시 이치에 맞지 않은 것이니, 사서에 글이 빠진 것이다.

혹은 중국이 외이(外夷)를 부름에 있어 사실이 자세하지 못하기 때문에 그를 옛 이름으로 많이 불렀다고 한다.

○ 부권 하, 지리고(地理考), 삼한고(三韓考)

【更按, 卞韓爲高句麗之說, 雖云無據, 而有一處可疑者. 文獻通考渤海傳云, 其國盡得扶餘沃沮卞韓朝鮮諸國云. 此皆句麗舊境, 通鑑亦載錄. 權氏之不引此, 何也. 然此亦傳聞之誤, 不然, 其或卞韓之別部, 流徒北遷, 而冒其舊號耶, 是不可知也. 然三韓本界, 則馬西辰東卞南, 不可誣也.】

【다시 살펴보건대, 변한이 고구려라는 설은 비록 근거는 없지만, 의심할 만한 것이 한 군데 있다. 『문헌통고(文獻通考)』의 발해전(渤海傳)에, "그 나라는 부여·옥저·변한·조선 등 여러 나라를 얻었다"고 하였으니, 이것은 모두 고구려의 옛 지경이다. 『통감(通鑑)』에도 또한 이렇게 기록되어 있다. 권근이 이것을 인용하지 않은 것은 무엇 때문인가? 그러나 이것도 잘못 전해들은 것이다. 그렇지 않으면 혹 변한의 별부(別部)가 북쪽으로 옮겨가서 그 구호(舊號)를 그대로 사용한 것인가? 이것은 알 수가 없다. 그러나 삼한의 본계(本界)로 말하면, 마한이 서쪽, 진한이 동쪽, 변한이 남쪽임은 무설(誣說: 꾸며댄 소문)이라고 할 수 없다.】

○ 부권 하, 지리고(地理考), 말갈고(靺鞨考)【부 정안국(附定安國)】

靺鞨, 古曰肅愼, 漢魏曰挹婁, 南北朝曰勿吉, 隋唐曰靺鞨. 通典云, 勿吉與靺鞨音相近. 五代以後, 始謂女眞. 所居之地雖同, 以種落之代興者不一, 故中國稱之, 故隨而異也. 三國當兩漢之際, 而謂之靺鞨者, 意者, 三國修史在於後世, 故亦因當時所稱而言之耳. 文獻通考, 挹婁在不咸山北, 在扶餘東北千餘里, 東濱大海, 南與北沃沮接, 不知其北所極, 不咸白頭山也. 北史, 勿吉在高句麗北, 一曰靺鞨, 邑落各自有長, 不相總. 其國有大水, 闊三里, 名速末. 其部有七種, 一粟末部, 與高句麗接, 二伯咄部, 在粟末北, 三安車骨部, 在伯咄東北, 四拂捏[158]部, 在伯咄東【高麗顯宗時, 因女眞獻土物.】五號室部, 在拂捏[159]東, 六黑水部, 在安車[160]西北, 七白山部, 在粟末東南. 自拂捏[161]以東, 矢皆石鏃, 卽古肅愼氏. 速末卽今混同江, 白山卽白頭山也. 唐時黑水西北, 又有思慕部, 蓋北有那利部,[162] 其東北有窟說部, 稍東南有莫曳部,[163] 皆莫能通中國. 又有虞婁越喜【通典, 安東府治, 今遼陽州而云, 東至越喜部落二千五百里云, 則其地疑在今寧古塔之東矣.】鐵利【高麗顯宗時, 三遣使來貢. 又遣使報之. 德宗時, 又遣使入貢. 其地蓋在女眞東北矣.】諸部. 地面[164]距渤海, 北東際海, 西抵室韋, 南北二千里. 時通中國, 及渤海强盛, 靺鞨皆役屬之. 按, 據此中史所記, 則靺鞨諸部, 皆在北地, 高句麗興於卒本, 則壤界固當相接, 而羅濟二國, 在漢南三韓之地, 南北懸殊, 又有句麗樂浪沃沮濊貊居中, 靺鞨何以歷越諸國而來侵乎. 史雖闕文, 而或者諸國引之乎, 抑其部落甚衆, 段段離析而居者, 其種不一, 如貊國在今江原道, 而亦有梁貊小水貊一種之在遼界耶. 以三國史考之, 百濟最被其患, 溫祚曰: 靺鞨連我北境. 新羅亦屢被其害, 逸聖王嘗欲往征, 又云, 阿瑟羅

---

158) '拂捏' → '拂涅'.
159) '拂捏' → '拂涅'.
160) '安車' → '安車骨'.
161) '拂捏' → '拂涅'.
162) '那利部' → '郡利部'.
163) '莫曳部' → '莫曳皆部'.
164) '面' → '南'.

> 州【今江陵.】地連靺鞨, 若其地隔絶, 則豈可謂之連境乎. 百濟肖古王嘗襲靺鞨取石門城, 則其有分地明矣. 以中國言之, 春秋時有淮徐之夷, 有伊洛陸渾之戎, 此猶是也. 今洪川縣北五十里春川界, 有靺鞨山, 我東村里之名, 亦或有靺鞨者, 皆以舊時靺鞨所居而稱之耶. 崔氏所謂, 或有一種, 介於沃沮濊貊之間者, 亦或然也. 更按, 後漢書云, 挹屢[165]人喜乘船寇鈔, 通典云, 挹屢[166]便乘船好寇盜, 隣國患之, 又唐嘗使靺鞨, 浮海略新羅南境. 又高麗史顯宗九年, 東女眞寇清河延日長鬐縣, 十八年, 寇平海高城等地, 其後乘船寇略者, 殆不可記. 由是觀之, 則其越海用兵, 亦其所長, 而不獨鐵騎之倐往而忽來也. 然則海防之策, 不獨爲倭, 謀國者, 當加之意耳. ○ 定安國, 高麗顯宗九年, 定安人骨須來奔. 見顯宗紀, 其地疑在古扶餘東南地, 而未可詳也. 詳三韓後說.

말갈(靺鞨)을 옛날에는 숙신(肅愼)이라 하고, 한(漢)·위(魏) 때에는 읍루(挹婁), 남북조(南北朝) 때에는 물길(勿吉), 수(隋)·당(唐) 때에는 말갈이라 하였다. 『통전』에 "물길과 말갈은 음이 서로 비슷하다"고 하였다. 오대(五代) 이후에는 비로소 여진(女眞)이라 하였다. 그들이 살던 땅은 비록 같으나 종락(種落)이 교대로 일어난 것이 한두 번이 아니었으므로 중국에서 그를 칭하는 것도 이에 따라 달랐던 것이다. 삼국은 양한(兩漢) 시대에 해당하는데, 그를 말갈이라 한 것은 생각건대, 삼국의 역사 편찬이 후세에 있었기 때문에 당시에 불렀던 대로 말한 것이다.

『문헌통고』에 "읍루는 불함산(不咸山) 북쪽에 있으니, 곧 부여(扶餘) 동북쪽 1천여 리에 있어 동쪽은 대해(大海)에 임하고 남쪽은 북옥저(北沃沮)와 접하였는데, 그 북쪽의 국경이 끝난 곳은 알 수가 없다"고 하였다. 불함산은 지금의 백두산[167]이다. 『북사』에는 "물길은 고구려 북쪽에 있는데, 말갈이라고도 한다. 읍락(邑落)에 각각 장(長)이 있어 서로 통합되지 않았다. 그 나라에 큰 강이 있어 넓이가 3리쯤 되는데, 이름을 속말수(速末水)라 하였다.

---

165) '挹屢' → '挹婁'.

166) '挹屢' → '挹婁'.

167) 함경도와 중국 길림성 사이에 있는 산이다. 최고봉인 병사봉에 있는 天池에서 압록강, 두만강, 송화강이 시작한다. 높이는 2,744m이다(유득공 지음, 김종복 옮김, 2018, 201쪽).

그 부족에 7종(種)이 있는데, 첫째 속말부(粟末部)는 고구려와 접하고, 둘째 백돌부(伯咄部)는 속말 북쪽에 있고, 셋째 안거골부(安車骨部)는 백돌 동북쪽에 있고, 넷째 불열부(拂涅部)는 백돌 동쪽에 있고,【고려 현종 때 여진 편에 토산물을 바쳐 왔다.】다섯째 호실부(號室部)는 불열 동쪽에 있고, 여섯째 흑수부(黑水部)는 안거골 서북쪽에 있고, 일곱째 백산부(白山部)는 속말 동남쪽에 있다. 불열의 동쪽은 화살이 모두 석촉(石鏃)이니, 곧 옛날의 숙신씨(肅愼氏)이다"라고 하였다. 속말은 곧 지금의 혼동강(混同江)이고, 백산은 곧 백두산이다.

당(唐) 때에는 흑수(黑水) 서북쪽에 또 사모부(思慕部)가 있고, 약간 북쪽에 나리부(那利部)가 있고, 그 동북쪽에 굴설부(窟說部)가 있고, 약간 동남쪽에 막예부(莫曳部)가 있었는데, 모두 능히 중국과 통교하지 못했다. 또 우루(虞婁)·월희(越喜)【『통전』에 "안동부(安東府)[168] 소재지는 지금의 요양주(遼陽州)이다", "동쪽으로 월희 부락에 이르는 거리는 2,500리이다"라고 했으니, 그 땅은 아마 지금의 영고탑(寧古塔) 동쪽에 있었던 듯하다.】·철리(鐵利)【고려 현종 때 세 차례 사신을 보내와 공물을 바쳤고, 덕종 때 또 사신을 보내와 공물을 바쳤으니, 그 땅이 아마 여진 동북쪽에 있었던 것 같다.】 등 여러 부락이 있다. 그 땅의 남쪽은 발해에 닿고, 북쪽과 동쪽은 바다에 임하고, 서쪽은 실위(室韋)에 이르렀으며, 남북이 2,000리다. 수시로 중국과 통교하였다. 발해가 강성할 때에 이르러 말갈이 모두 발해에 예속하였다. 생각하건대 중국 사서의 기록에 의하면 말갈 부락은 모두 북쪽 땅에 있고, 고구려가 졸본[169]에서 일어나서 국경을 서로 접하였다. 신라와 백제 두 나라는 한수 남쪽 삼한(三韓)의 땅에 있었으니 남북이 현격하게 달랐다. 또 고구려·낙랑·옥저·예맥이 중간에 있었는데, 말갈이 어떻게

---

168) 668년 당나라가 고구려를 멸망시킨 뒤 평양에 안동도호부를 설치하고, 薛仁貴를 도호부사로 삼아 고구려 땅을 통치하도록 하였다. 고구려 부흥운동이 일어나고 신라가 고구려·백제 유민과 함께 당에 항쟁을 펼치자, 당은 한반도에서 물러나 676년 도호부를 遼東의 遼陽 지역으로 옮겼고, 677년에 다시 新城으로 옮겼다. 696년에는 營州 지역에서 거란 李盡忠의 난이 일어나며, 요동 지역 역시 전란에 휩싸였다. 대조영이 이끄는 고구려 유민과 말갈인들이 天門嶺전투에서 승리하며 발해 건국에 성공한 이후 요동에서 당의 세력은 크게 약화되었고, 당은 699년에 안동도호부를 안동도독부로 낮추고 幽州(지금의 北京)에 移屬시켰다. 이후 다시 도호부로 복귀되었다가 714년 平州로, 743년 遼西故郡城으로 府治를 옮겼으나, 安祿山의 난을 계기로 758년에 완전히 폐지되었다(日野開三郎, 1984, 26~36쪽; 권은주, 2010).

169) 북부여에서 남하해온 朱蒙 집단이 처음 정착한 곳이다. 치소는 중국 遼寧省 桓仁滿族自治縣 五女山城으로 비정된다. 광개토왕릉비문에는 忽本, 『삼국사기』에는 卒本, 『魏書』 고구려전에는 紇升骨城으로 되어 있다.

여러 나라를 넘어와서 침범하였겠는가? 사서에 비록 글이 빠진 것이지만 혹 여러 나라에서 그것을 인용해서일까. 아니면 그 부락들이 매우 많아 여기저기 흩어져 사는 그 종족이 하나가 아니었으므로, 마치 맥국(貊國)이 지금의 강원도에 있고 또 양맥(梁貊)·소수맥(小水貊)의 한 종족이 변방 지경에 있는 것과 같았던 것일까.

『삼국사기』를 상고하면 백제가 가장 그 화를 입었으니, 온조(溫祚)가 "말갈은 우리 북쪽 지경에 연해 있다"고 하였다. 신라도 자주 그 해를 입었으므로 일성왕(逸聖王)이 일찍이 가서 치려고 하였다. "하슬라주(阿瑟羅州)170)【지금의 강릉(江陵)이다.】는 지경이 말갈에 연접했다" 하였는데, 만일 그 땅이 현격하게 떨어져 있었다면 어찌 지경이 연접했다 할 수가 있겠는가? 백제 초고왕(肖古王)이 일찍이 말갈을 습격하여 석문성(石門城)을 취하였으니, 그 땅을 나눈 일이 있는 것은 분명하다. 중국으로 말하면 춘추 때에 회(淮)·서(徐)의 오랑캐[夷]도 있고, 이락(伊洛)·육혼(陸渾)의 오랑캐[戎]도 있었으니, 이것은 바로 그것과 같다. 지금 홍천현(洪川縣) 북쪽 50리의 춘천(春川) 지경에 말갈산(靺鞨山)이 있고, 우리나라 촌리(村里)의 이름에 또한 말갈이란 것이 더러 있으니, 모두 옛날 말갈이 살았던 까닭으로 칭한 것일까? 최씨(崔氏)가 이른바 "혹 한 종족이 옥저와 예·맥의 사이에 있었을 것이다"라고 한 것이 또한 그럴듯하다. 다시 생각해보면, 『후한서』에 "읍루 사람은 배 타고 약탈하는 일을 좋아한다" 하고, 『통전』에 "읍루는 배를 잘 타고 도둑질을 좋아하므로, 이웃 나라가 그를 걱정했다" 하고, 또 "당(唐)이 일찍이 말갈을 시켜 바다를 건너 신라의 남쪽 지경을 침략했다" 하고, 또 『고려사』에 "현종 9년에 동여진이 청하(淸河)·연일(延日)·장기(長鬐)현을 침략하고, 18년에 평해(平海)·고성(高城) 등지를 침략했다" 하였으며, 그 후 배를 타고 침략한 것은 이루 다 기록할 수가 없다. 이것으로 보면 바다를 건너 전쟁하는 것은 또한 그들의 가장 능한 재주로, 그 속도는 철기(鐵騎)가 삽시간에 왔다 갔다 하는 정도가 아니다. 그렇다면 바다를 방비하는 계책(計策)은 왜(倭)만을 위해서 할 것이 아니니, 나라를 다스리는 자는 마땅히 유념해야 할 것이다. 정안국(定安國)은 고려 현종 9년에 정안 사람 골수(骨須)가 도망쳐 왔다 하였는데,

---

170) 강원도 강릉의 옛 이름. 원래 고구려의 땅으로, 4세기 말에 신라에 편입되었다. '河西良', '阿瑟羅'라고도 한다. 신라는 지증왕 13년(512)에 주(州)로 삼고 군주를 파견하였다. 법흥왕 10년(523)에는 하서정(河西停)을 두어 군사 기능을 강화하였다. 선덕여왕 8년(639)에는 북소경으로 고쳤다가, 658년(무열왕 5)에 말갈 땅과 인접해 있어 소경을 폐지하고 다시 주로 고친 뒤 도독을 두어 방비하게 했다. 경덕왕 16년(757)에 溟州로 이름을 고쳤다(『三國史記』 35, 「雜志」 4, 地理 2).

이 말은 현종기(顯宗紀)에 보인다. 그 땅은 아마 옛날 부여의 동남쪽 땅에 있었던 듯한데, 자세히 상고할 수가 없다. 삼한후설(三韓後說)에 자세히 보인다.

○ 부권 하, 지리고(地理考), 발해국 군현고(渤海國郡縣考)

渤海國郡縣考【文獻通考, 渤海乃高句麗故地, 直營州二千里, 南接新羅, 以泥河爲界, 疑今德源, 東窮海, 西契丹. ○ 賈耽郡國志, 渤海國南接扶餘柵城鴨綠四府, 幷是高句麗舊地也, 自新羅井泉郡, 今德源, 至柵城府, 凡三十九驛. 按唐制, 三十里置一驛, 此爲一千一百七十里, 今以唐書爲主, 以盛京志註之. 唐書不錄者以志補, 其未詳者闕之, 而可知其大略矣.】

新唐書渤海傳, 其國有五京十五府六十二州. ○ 以肅愼故地, 爲龍泉府,【在今混同江西.】領龍【未詳.】湖渤【二州幷今永吉州地. ○ 州內又有武昌定武二縣, 渤海所置.】三州. ○ 其南顯德府,【今廣寧義州界.】領盧【今盖平寧海界 ○ 今熊岳縣, 在盖平縣西六十里, 卽渤海衫盧郡地, 領山陽盧州漢陽白岩霜岩縣. ○ 白岩縣, 句麗白厓城, 唐太宗改岩州, 在今遼陽州城東五十七里, 石城山上古壘猶存. ○ 霜岩縣, 漢險瀆, 高句麗改霜岩, 渤海又改置集州, 領奉集一縣, 縣有渾河, 在今承德縣地. ○ 又辰州, 高句麗盖葛牟城, 唐太宗改盖州, 渤海因之, 又改辰州. ○ 又長寧縣, 漢平郭縣也, 至大仁秀, 改興遼縣, 在今盖平縣界.】顯【今廣寧縣.】鐵【漢安市地, 渤海置州, 領位城河端蒼山龍珍四縣, 在今盖平縣也.】湯【漢襄平界, 在遼東京西北百里.】榮【未詳.】興【今鐵嶺縣南懿路站, 遼置挹婁縣.】六州. ○ 濊貊故地爲龍原府,【今鳳凰城.】亦曰柵城府, 領慶【高句麗置, 渤海因之置京, 今鳳凰城. ○ 領龍原永安烏山壁谷熊山白楊六縣.】鹽【置龍河郡, 領海陽接海格川龍河四縣.】穆【置會農郡, 領會農水岐順化美縣四縣.】賀【置吉理郡, 領洪河送誠吉理石山四縣, 右三州幷今鳳凰城界.】四州. ○ 沃沮故地爲南海府,【今海城縣.】 領沃【領沃沮鷲岩龍山濱海昇平靈川六縣, 今海城界.】晴【領天晴神陽蓮池狼山仙岩五縣, 遼改嬪州, 今海城界.】椒【領椒山貂嶺漸泉尖山四縣, 今海城界.】三州.【又渤海永豐縣, 漢遼隧地, 在今海城縣西六十里.】 ○ 高句麗故地爲鴨綠[171]

---

171) '綠' → '淥'.

府,【疑今 鴨綠上流, 我甲山三水以下江外等地.】領神桓豊正【幷未詳.】四州. 遼志正州在涑州, 渤海時, 鴨綠府西北三百八十里, 本沸流王故地, 有沸流水, 渤海時爲沸流郡. ○ 又曰桓州在涑州西南二百里, 高麗王剙立宮闕, 晉時爲慕容皝所焚蕩.】○ 長嶺府.【今永吉州界.】領瑕河【幷未詳.】二州. ○ 扶餘故地爲扶餘府,【今開原縣界, 詳扶餘考.】領扶仙【幷未詳.】二州, 常屯勁兵捍契丹.【又永平長平, 遼改黃龍縣, 永寧, 遼改遷民縣, 顯義, 遼改安遠縣, 强帥, 遼改歸仁縣, 五縣幷在今開原界, 而未詳地分.】○ 鄚頡府.【在今開原縣城西北.】領鄚高二州.【幷未詳. ○ 高句麗置, 渤海因之, 遼置韓州, 與鳳州, 皆古藁離國, 鳳州卽渤海之安寧郡, 在韓州北二百里, 今邊外之地.】○ 挹婁故地爲定理府,【今興京界內.】 領定【在興京地, 遼改保寧軍, 高句麗置定東縣.】瀋【今承德縣城內】二州.【○ 又崇州, 渤海置嶺崇山潙水綠城三縣, 州在今遼陽東北百五十里.】○ 挹婁故地, 置安定郡, 遼置雙州保安軍, 今鐵嶺縣, 又置安彛縣, 在今鐵嶺縣西南六十里. ○ 安邊府, 領安瓊二州.【幷今未詳.】○ 率賓故地爲率賓府,【見卒本考.】領華益【二州幷在鳳凰城界內, 益州在鴨綠江邊, 故鴨綠亦呼益州江.】建【在興京, 明置建州衛, 清人所起之地.】三州. ○ 拂捏故地爲東平府,【疑今開原東界.】領伊【未詳.】蒙【遼改棋州, 在今開原廣寧交界.】沱黑比【幷未詳.】五州. ○ 鐵利故地爲鐵利府,【今承德縣界.】領廣【漢襄平地, 高句麗當山縣, 渤海置鐵利郡, 在今承德縣城西南境.】汾蒲【幷未詳.】海【今海城地.】義【未詳.】歸【在今復州北九十里.】六州. ○ 越喜故地爲懷遠府,【今鐵嶺縣地.】 領達越懷【懷遠郡, 渤海置, 本越喜故城, 遼改信州彰聖軍.】紀【未詳.】富【遼改銀州, 今鐵嶺縣城. ○ 渤海又置富壽縣.】美【領黑山麓川二縣, 遼改遂州, 今鐵嶺縣地.】福邪芝【幷未詳.】九州.【按, 拂捏鐵利越喜, 幷見高句麗諸縣考及鞨鞨考, 三國皆在女眞最東之地, 且渤海斥地五千里, 則三國當入附而開列郡縣矣. 今盛京志, 皆編在遼地, 未可知也.】○ 安遠府, 領寧鄙[172)]慕常四州.【幷未詳.】○ 又郢【今永吉州界內.】銅【未詳.】涑【今混同江左右地.】三州, 又獨奏州.【幷未詳.】○ 龍泉東南濱海, 日本道也, 南海, 新羅道也, 鴨綠, 朝貢道也, 長嶺, 營州道也, 扶餘, 契丹道也. 距京師【唐都長安.】八千里. ○【附古蹟】渤海城【在今遼陽州城東北隅,

---

172) '鄙' → '鄘'.

遼置東京.】 釣魚臺【在遼陽州城南三十里, 渤海大氏遊觀之所.】 ○ 東牟山【今承德縣東二十里, 有天柱山, 卽大氏所據東牟山. ○ 按通鑑, 高麗旣亡, 其別種大祚榮, 居營州, 李楷固討破之, 祚榮遂東據東牟山, 註, 在挹婁地, 直營州東二千里. 又按通典, 隋唐營州治柳城縣, 在今遼西西北, 東至遼河四百八十里云, 則遼河在今承德縣西一百里, 盛京志所記疑誤.】 ○ 忽汗城【唐開元初, 以大祚榮爲渤海郡王, 以所統爲忽汗州. 寶應元年, 大欽茂徙上京, 直國北三百里, 忽汗河, 渤海上京卽今永吉州, 則其地可以想知.】 ○ 按, 新羅之界, 止于今德源中和, 今咸鏡平安二道, 皆入渤海. 然遼滅渤海, 所經理者, 鴨綠以北而已, 鴨綠之南, 惟保定二州, 其餘皆爲女眞所據矣. 遼史地志所載者, 止於鴨綠以北, 故鴨綠以南渤海郡縣沿革, 遼羅史俱闕焉, 無以攷也. 又按, 渤海亡後, 契丹徑[173]理不於鴨淥豆滿之南, 高麗初收復, 又不及於平安道之江界渭源廢四郡咸鏡道之鐵嶺以北, 故女眞得以入據, 與定安等國分占也.

발해국 군현고(渤海國郡縣考)【『문헌통고』에 "발해(渤海)는 바로 고구려의 옛 땅으로, 영주(營州)에서 곧바로 2천 리이며, 남쪽으로는 신라에 접하여 니하(泥河)로 경계를 하였는데, 아마 지금의 덕원(德源)[174]인 듯하다. 동쪽은 바다에 닿고 서쪽은 거란(契丹)이다"라고 하였다. ○ 가탐(賈耽)[175]의 『고금군국지』[176]에는, "발해국의 남해(南海)·부여(扶餘)·책성(柵城)·압록(鴨綠) 등 4부(府)는 모두 고구려의 옛 땅이다. 신라의 정천군(井泉郡)인 지금의 덕원(德源)으로부터 책성부(柵城府)에 이르는 거리는 모두 39역(驛)[177]이다"라고 하였다. 살

---

173) '徑' → '經'.
174) 지금의 함경남도 문천군(북한의 강원도 문천시)에 속한 면으로, 조선시대에는 도호부가 설치되었다 (유득공 지음, 김종복 옮김, 2018, 205쪽).
175) 賈耽(730~805)은 唐나라의 정치가이자 인문학자. 751년 과거에 급제하고, 여러 관직을 거친 뒤 貞元 9년(793)부터 사망할 때까지 13년간 재상 직을 맡았다. 지리학에 조예가 깊어, 『海內華夷圖』, 『古今郡國道縣四夷述』, 『皇華四達記』, 『關中隴右山南九州別錄』, 『吐蕃黃河錄』 등 많은 책을 편찬하였다.
176) 원명은 『古今郡國縣道四夷述』로 총 40권이다(『신당서』 예문지). 唐 貞元 연간의 재상으로 유명한 賈耽이 편찬한 지리서로, 『사이술』 또는 『고금군국지』로 약칭되었다.
177) 『三國史記』 「地理志」에 인용되어 있는 『古今郡國志』에 新羅의 泉井郡에서 柵城府(발해 동경 용원부)까지 39역이었다고 하는데, 당나라 시기의 역참 사이는 일반적으로 30리이다. 역산해보면 琿春에서 1,170리를 남하하면 대체로 德源 지역에 이른다. 따라서 덕원 부근이 신라의 천정군(또는 井泉郡)으로

펴보건대 당의 제도에서 30리마다 역을 두었으니, 39역은 곧 1,170리가 된다. 지금 『당서』로 주본을 삼고 『성경지』로 주를 달았다. 『당서』에 기록되지 않은 것은 『성경지』로 보충하고, 그중에 알 수 없는 것은 빠뜨렸으니, 그 대략을 알 수 있을 것이다.】

『신당서』 발해전에 의하면, 그 나라에는 5경(京) 15부(府) 62주(州)가 있었다.

○ 숙신(肅愼)의 옛 땅으로 상경(上京) 용천부(龍泉府)【지금의 혼동강 서쪽에 있다.】를 삼아 용주(龍州)【자세히 알 수 없다.】·호주(湖州)·발주(渤州)【이상 2주는 모두 지금의 영길주(永吉州) 땅이다. ○ 주 안에는 또한 무창(武昌)·정무(定武)의 2현(縣)이 있는데 발해가 설치한 것이다.】 등 3주를 거느렸다.

○ 그 남쪽으로 중경(中京) 현덕부(顯德府)【지금의 광녕(廣寧)·의주(義州)의 지경이다.】를 삼아 노주(盧州)【지금의 개평(盖平)·영해(寧海)의 지경이다. ○ 지금 웅악현(熊岳縣)이 개평현 서쪽 60리에 있어 곧 발해의 삼로군(衫盧郡) 땅인데, 산양(山陽)·노주(盧州)·한양(漢陽)·백암(白巖)·상암현(霜巖縣)을 거느렸다. ○ 백암현(白巖縣)은 고구려의 백애성(白崖城)으로 당 태종이 암주(巖州)로 고쳤는데, 지금 요양주성(遼陽州城) 동쪽 57리에 있다. 석성산(石城山) 위에는 옛날 보루(堡壘)가 아직도 남아 있다. ○ 상암현(霜巖縣)은 한(漢)나라 때의 험독(險瀆)인데, 고구려가 상암으로 고치고, 발해가 또 집주(集州)로 고쳐 봉집(奉集) 1현을 거느리게 하였다. 봉집현에는 혼하(渾河)가 있다. 상암현은 지금의 승덕현(承德縣)에 있다. ○ 또 진주(辰州)는 고구려의 개갈모성(盖葛牟城)인데, 당 태종이 개주(蓋州)로 고치고, 발해도 그대로 따르다가 또 진주로 고쳤다. ○ 장녕현(長寧縣)은 한(漢)의 평곽현(平郭縣)이다. 대인수(大仁秀)에 이르러 흥료현(興遼縣)으로 고쳤는데, 지금의 개평현(盖平縣) 지경에 있다.】·현주(顯州)【지금의 광녕현(廣寧縣)이다.】·철주(鐵州)【한의 안시(安市) 땅인데, 발해가 주(州)를 두어 위성(位城)·하단(河端)·창산(蒼山)·용진(龍珍)의 4현을 거느리게 했으며, 지금의 개평현(盖平縣)이다.】·탕주(湯州)【한의 양평(襄平) 경계인데, 요동경(遼東京) 서북쪽 1백 리에 있다.】·영주(榮州)【자세히 알 수 없다.】·흥주(興州)【지금의 철령현(鐵嶺縣) 남쪽 의로참(懿路站)인데, 요가 읍루현(挹婁縣)을 두었다.】 등 6주를 거느렸다.

○ 예맥의 옛 땅으로 동경(東京) 용원부(龍原府)【지금의 봉황성(鳳皇城)이다. 또한 책성부(柵城府)라고도 한다.】를 삼아, 경주(慶州)【고구려가 두었다. 발해도 그대로 따르고 경(京)을

비정되며, 신라도는 문왕 때 개통된 것으로 본다.

두었는데, 지금의 봉황성이다.】○ 용원(龍原)·영안(永安)·오산(烏山)·벽곡(壁谷)·웅산(熊山)·백양(白楊)의 6현을 거느렸다.】·염주(鹽州)【용하군(龍河郡)을 두어 해양(海陽)·접해(接海)·격천(格川)·용하(龍河)의 4현을 거느렸다. 지금의 봉황성 지경이다.】·목주(穆州)【회농군(會農郡)을 두어 회농·수기(水岐)·순화(順化)·미현(美縣)의 4현을 거느렸다. 지금의 봉황성 지경이다.】·하주(賀州)【길리군(吉理郡)을 두어 홍하(洪河)·송성(送誠)·길리(吉理)·석산(石山)의 4현을 거느렸다. 지금의 봉황성 지경이다.】 등 4주를 거느렸다.

○ 옥저(沃沮)의 옛 땅으로 남경(南京) 남해부(南海府)【지금의 해성현(海城縣)이다.】를 삼아 옥주(沃州)【옥저·취암(鷲巖)·용산(龍山)·빈해(濱海)·승평(昇平)·영천(靈川)의 6현을 거느렸는데, 지금의 해성(海城) 지경이다.】·청주(晴州)【천청(天晴)·신양(神陽)·연지(蓮池)·낭산(狼山)·선암(仙巖)의 5현을 거느렸다. 요(遼) 때에는 빈주(嬪州)로 고쳤는데, 지금의 해성 지경이다.】·초주(椒州)【초산(椒山)·초령(貂嶺)·시천(澌泉)·첨산(尖山)의 4현을 거느렸는데, 지금의 해성 지경이다.】 등 3주를 거느렸다.【또 발해 영풍현(永豊縣)은 한의 요수(遼隧) 땅인데 지금의 해성현 서쪽 60리에 있다.】

○ 고구려의 옛 땅으로 서경(西京) 압록부(鴨綠府)【아마 지금의 압록강 상류, 우리나라의 갑산(甲山)·삼수(三水) 이하 강외(江外) 등지인 듯하다.】를 삼아 신주(神州)·환주(桓州)·풍주(豊州)·정주(正州)【모두 자세히 알 수 없다.】의 4주【『요사(遼史)』 지리지에 "정주는 녹주(綠州)에 위치하는데, 발해 시기에 압록부 서북쪽 380리에 있었으며, 본래 비류왕(沸流王)의 옛 땅이다. 비류수(沸流水)가 있어서 발해 때에 비류군(沸流郡)으로 삼았다". ○ 또 환주는 녹주 서남쪽 200리에 있다. 고구려왕 쇠(釗: 故國原王의 이름)가 그곳에 궁궐을 세웠는데, 진(晉) 때에 모용황(慕容皝)에게 분탕(焚蕩)되었다.】를 거느렸다.

○ 장령부(長嶺府)【지금의 영길주(永吉州) 지경이다.】는 하주(瑕州)·하주(河州)【모두 자세히 알 수 없다.】의 2주를 거느렸다.

○ 부여(扶餘)의 옛 땅으로 부여부(扶餘府)【지금의 개원현(開原縣) 지경으로 부여고(扶餘考)에 자세히 보인다.】를 삼아 부주(扶州)·선주(仙州)【모두 자세히 알 수 없다.】의 2주를 거느리고 항시 강한 군사를 주둔시켜 거란(契丹)을 막게 하였다.【또 영평(永平)·장평(長平)은 요(遼)가 황룡현(黃龍縣)으로 고치고, 영녕(永寧)은 요가 천민현(遷民縣)으로 고치고, 현의(顯義)는 요가 안원현(安遠縣)으로 고치고, 강수(强帥)는 요가 귀인현(歸仁縣)으로 고쳤다. 5현은 다 지금의 개원 지경에 있었는데 지역 분할에 대해서는 자세히 알 수 없다.】

○ 막힐부(鄚頡府)【지금의 개원현성(開原縣城) 서북쪽에 있다.】는 막주(鄚州)·고주(高州)의 2주를 거느렸다.【모두 자세히 알 수 없다. ○ 고구려가 두었고, 발해도 그대로 따랐으며, 요(遼)가 한주(韓州)와 봉주(鳳州)를 두었는데, 모두 옛날의 고리국(藁離國)이다. 봉주는 곧 발해의 안녕군(安寧郡)인데, 한주 북쪽 200리인 지금 변외(邊外)의 땅에 있다.】

○ 읍루(挹婁)의 옛 땅으로 정리부(定理府)【지금의 흥경(興京) 지경 내에 있다.】를 삼아 정주(定州)【흥경 땅에 있는데, 요는 보령군(保寧軍)으로 고치고, 고구려는 정동현(定東縣)을 두었다.】·심주(瀋州)【지금의 승덕현성(承德縣城) 성내이다.】의 2주를 거느렸다.【○ 또 숭주(崇州)는 발해가 두어 숭산(崇山)·규수(潙水)·녹성(綠城)의 3현을 두었다. 숭주는 지금의 요양(遼陽) 동북쪽 150리에 있다.】

○ 읍루의 옛 땅에는 안정군(安定郡)을 두었다. 요에서는 쌍주(雙州) 보안군(保安軍)을 두었는데 지금의 철령현(鐵嶺縣)이고, 또 안이현(安彝縣)을 두었는데 지금의 철령현 서남쪽 60리에 있다.

○ 안변부(安邊府)는 안주(安州)·경주(瓊州)의 2주를 거느렸다.【모두 자세히 알 수 없다.】

○ 솔빈(率賓)의 옛 땅으로 솔빈부(率賓府)【「졸본고(卒本考)」에 자세히 보인다.】를 삼아 화주(華州)·익주(益州)【2주는 다 봉황성의 지경 내에 있다. 익주는 압록강변에 있기 때문에 압록강을 익주강(益州江)이라고도 부른다.】·건주(建州)【흥경에 있고, 명(明)에서 건주위(建州衛)를 두었으며, 청(淸)이 일어난 땅이다.】의 3주를 거느렸다.

○ 불열(拂涅)의 옛 땅으로 동평부(東平府)【아마 지금의 개원 동쪽 지경인 듯하다.】를 삼아 이주(伊州)【자세히 알 수 없다.】·몽주(蒙州)【요가 기주(棋州)로 고쳤는데, 지금의 개원(開原)·광녕(廣寧)의 접경에 있다.】·타주(沱州)·흑주(黑州)·비주(比州)【모두 자세히 알 수 없다.】의 5주를 거느렸다.

○ 철리(鐵利)의 옛 땅인데 철리부(鐵利府)【지금의 승덕현(承德縣) 지경이다.】를 삼아 광주(廣州)【한의 양평(襄平) 땅이요, 고구려의 당산현(當山縣)이다. 발해에서는 철리군(鐵利郡)을 두었는데, 지금의 승덕현성(承德縣城) 서남쪽 지경에 있다.】·분주(汾州)·포주(蒲州)【모두 자세히 알 수 없다.】·해주(海州)【지금의 해성 땅이다.】·의주(義州)【자세히 알 수 없다.】·귀주(歸州)【지금의 복주(復州) 북쪽 90리에 있다.】의 6주를 거느렸다.

○ 월희(越喜)의 옛 땅으로 회원부(懷遠府)【지금의 철령현(鐵嶺縣) 땅이다.】를 삼아 달주(達州)·월주(越州)·회주(懷州)【회원군(懷遠郡)은 발해가 두었는데, 본래 월희의 옛 성(城)

이다. 요는 신주(信州) 창성군(彰聖軍)으로 고쳤다.】· 기주(紀州)【자세히 알 수 없다.】· 부주(富州)【요는 은주(銀州)로 고쳤는데, 지금의 철령현성(鐵嶺縣城)이다. 발해는 또 부수현(富壽縣)을 두었다.】· 미주(美州)【흑산(黑山)· 녹천(麓川)의 2현을 거느렸다. 요는 수주(遂州)로 고쳤는데, 지금의 철령현 땅이다.】· 복주(福州)· 사주(邪州)· 지주(芝州)【모두 자세히 알 수 없다.】의 9주를 거느렸다.【살펴보건대 불열·철리·월희는 모두「고구려제현고(高句麗諸縣考)」와「말갈고(靺鞨考)」에 보인다. 세 나라는 다 여진(女眞)의 가장 동쪽 땅에 있었다. 또 발해가 국토를 5천 리나 개척하였으니, 세 나라가 마땅히 내부(內附)하였을 것이며 그곳에 군현(郡縣)을 설치하였을 것이다. 지금『성경지』에는 모두 요동 땅에 편록(編錄)해놓았으니, 알 수 없는 일이다.】

○ 안원부(安遠府)는 영주(寧州)· 자주(鄑[178]州)· 모주(慕州)· 상주(常州)의 4주를 거느렸다.【모두 자세히 알 수 없다.】.

○ 또 영주(郢州)【지금의 영길주(永吉州) 경내이다.】· 동주(銅州)【자세히 알 수 없다.】· 속주(涑州)【지금의 혼동강 좌우의 땅이다.】의 3주를 독주주(獨奏州)【모두 자세히 알 수 없다.】로 삼았다.

○ 용원부(龍原府)는 동남쪽이 바다에 닿았으니 일본(日本)을 통하는 길이요, 남해부(南海府)는 신라(新羅)로 통하는 길이요, 압록부(鴨綠府)는 조공(朝貢)하는 길이요, 장령부(長嶺府)는 영주(營州)로 통하는 길이요, 부여부(扶餘府)는 거란(契丹)으로 통하는 길이다. 경사(京師)【당의 도읍인 장안(長安)이다.】와의 거리는 8천 리이다.

○【부(附) 고적(古蹟)】발해성(渤海城)【지금의 요양주성(遼陽州城) 동북쪽에 있는데, 요에서 동경(東京)을 두었다.】조어대(釣魚臺)【요양주성 남쪽 30리에 있는데, 발해 대씨가 유랑하던 곳이다.】

○ 동모산(東牟山)【지금의 승덕현(承德縣) 동쪽 20리에 천주산(天柱山)[179]이 있는데, 곧 대씨가 웅거한 동모산이다. ○『통감』을 살펴보면, 고구려가 이미 망하니 그 별종(別種)인

---

178) 『신당서』 발해전에는 '鄙'로 나온다.
179) 지금의 요령성 심양시 동쪽에 있는 산이다. 원명대의 이름은 東牟山이었는데, 이곳에 청나라 태조의 무덤인 福陵을 만든 후 '하늘을 지탱하는 기둥'이라는 뜻의 천주산으로 개명하였다. 따라서 이곳을 대조영이 송화강 너머에서 건국한 동모산이라고 비정하는 것은 잘못이다(유득공 지음, 김종복 옮김, 2018, 202쪽).

대조영(大祚榮)이 영주(營州)에 살았는데, 이해고(李楷固)가 격파하니, 대조영은 드디어 동모산에 웅거했다고 하였다. 그 주에는, 읍루(挹婁)에 있는데 바로 영주에서 동쪽으로 2천리라고 하였다. 또한『통전』을 살펴보면, 수(隋)·당(唐) 때의 영주 소재지인 유성현(柳城縣)은 지금 요서(遼西) 서북쪽에 있는데, 동쪽으로 요하(遼河)까지 480리라고 하였다. 요하는 지금의 승덕현 서쪽 100리에 있으므로,『성경지』의 기록은 잘못된 듯하다.】

○ 홀한성(忽汗城)【당 개원(開元) 초기에 대조영을 발해군왕으로 삼고, 그가 거느린 땅을 홀한주로 삼았다. 보응(寶應) 원년(762)에 대흠무(大欽茂)가 상경(上京)으로 수도를 옮겼다. [구]국으로부터 북쪽 300리 되는, 홀한하(忽汗河)의 동쪽이 발해의 상경인데, 바로 지금의 영길주(永吉州)이니, 그 땅을 추측할 수 있다.】

○ 살펴보건대 신라의 경계는 지금의 덕원(德源)·중화(中和)에서 끝났다. 지금의 함경도·평안도는 다 발해에 흡수되었다. 그러나 요가 발해를 멸한 뒤의 통치 지역은 압록강 이북이었을 뿐이다. 압록강 남쪽은 오직 보주(保州)와 정주(定州) 2주였을 뿐이고, 그 나머지는 모두 여진에 의해 점거된 바 되었다.『요사』지리지에 기록된 것은 압록강 이북에 국한하였다. 그러므로 압록강 이남의 발해 군현의 연혁을『요사』와「신라기」에서 모두 빠뜨렸으므로 상고할 수 없다. 또 살펴보건대 발해가 망한 뒤에 거란의 통치 지역은 압록강·두만강 남쪽에 미치지 못했다. 고려가 처음 복구하였을 때에도 평안도의 강계(江界)·위원(渭原)·폐사군(廢四郡)[180]과 함경도의 철령(鐵嶺) 이북에 미치지 못하였다. 그러므로 여진이 들어와 점거하여 정안(定安) 등의 나라와 함께 나누어 점령하였다.

---

180) 조선 세종 때 서북 방면의 여진족을 막기 위해 압록강 상류에 설치했다가 단종과 세조 때에 폐지한 閭延·慈城·茂昌·虞芮의 4군을 말한다(유득공 지음, 김종복 옮김, 2018, 208쪽).

발해사 자료총서 – 한국사료 편 권1

28. 『동문광고(同文廣考)』

　이돈중(李敦仲)이 18세기 후반 중국 각 지방의 연혁과 그 지방의 고사를 모아 서술한 우리나라 최초의 세계사 책이다. 총 4책으로, 제1책은 우리 역사, 제2책은 서역(西域)의 국가들, 제3책은 일본과 대만 등의 역사, 제4책은 북방의 역사를 다루고 있다.

　발해사와 관련해서는 제4책 '북황제이고(北荒諸夷考)'에서 발해 건국과 멸망, 영토 범위 등에 관한 내용이 한 차례 나올 뿐이다. 발해사를 우리 역사를 다룬 제1책에서 서술하지 않은 이유는 『동국사략(東國史略)』·『동사찬요(東史纂要)』·『동사보유(東史補遺)』·『동국통감제강(東國通鑑提綱)』·『동국역대총목(東國歷代總目)』 등의 발해사 인식을 이어 발해를 동호(東胡)의 나라로 다루었기 때문이 아닌가 여겨진다.

　아래 원문은 규장각 소장 〈奎6885〉본을 저본으로 삼고 『구당서(舊唐書)』와 『신당서(新唐書)』를 비교 자료로 활용하였다.

○ 권제4, 북황제이고(北荒諸夷考)

營州東數千里, 有東牟山. 隋唐之際, 粟[1]靺鞨人舍利乞乞仲象開國, 曰勃[2]海. 後爲契丹所滅, 以其都爲黃龍府. 勃[3]海東北弱水, 南室韋部, 其東南不咸山. 北有七部

---

1) '粟' → '粟末'.
2) '勃' → '渤'.
3) '勃' → '渤'.

靺鞨, 故之肅愼, 今之女眞. 女眞阿骨打本高麗種, 卽金太祖也. 金主中國一百十八年, 爲蒙古所滅. 今淸人卽滿州人, 亦女眞也. 東胡之大畧如此.

    영주 동쪽 수천 리에 동모산이 있다. 수·당 무렵에 속[말]말갈인 사리[4] 걸걸중상이 나라를 열고, 발해라고 하였다.[5] 뒤에 거란에게 멸망당했으며, 그 도읍으로 황룡부를 삼았다. 발해의 동북쪽은 약수(弱水)이고, 남쪽은 실위부이며, 그 동남쪽은 불함산이다. 북쪽에는 7부의 말갈이 있었는데[6] 옛날의 숙신이고 지금의 여진이다. 여진의 아골타는 본래 고려 종족으로 곧 금나라 태조이다. 금은 중국에서 118년간 주인 노릇 하다가 몽고에 멸망당했다. 지금 청나라 사람, 즉 만주인이 또한 여진이다. 동호(東胡)의 대략은 이와 같다.

---

4) 舍利는 俟利라고도 하는데, 원래 추장이나 수령을 의미하는 일반명사였다가 거란이 관직명으로 채택한 것으로 보는 견해가 있다(盧泰敦, 1981, 98~99쪽 주 74). 金毓黻은 乞乞仲象이 거란에 붙어 大舍利라는 관명을 얻었고, 그 아들 大祚榮이 대사리의 '大'를 氏로 삼았다고 보았다(金毓黻, 1934, 『渤海國志長編』 卷19, 叢考).

5) 『舊唐書』 卷199下, 列傳 第149下, 「北狄 渤海靺鞨」에는 " … 祚榮合高麗靺鞨之衆 … 祚榮遂率其衆東保桂樓之故地 據東牟山 築城以居之 … 聖曆中 自立爲振國王", 『新唐書』 卷219, 列傳 第144, 「渤海」에는 "武后 封乞乞仲象爲震國公 … 是時仲象已死 其子祚榮引殘痍遁去 … 祚榮卽幷比羽之衆 恃荒遠 乃建國 自號震國王"이라고 하여, 걸걸중상의 아들 대조영이 건국하였고 초기 국명을 진국이라 한 것으로 나온다.

6) 말갈 7부의 위치에 관해서는 대체로 속말부가 길림시를 중심으로 한 송화강 중류 지역, 백돌부는 부여현 일대, 안거골부는 아십하 유역, 불열부는 흥개호 일대, 호실부는 우수리강 중류 일대, 흑수부는 중하류 일대, 백산부는 연변 지구와 백두산 일대로 인식한다(김현숙, 2005, 448~449쪽; 권은주, 2008, 48~49쪽).

발해사 자료총서 – 한국사료 편 권1

29. 『증보문헌비고(增補文獻備考)』

　우리나라의 문물제도를 총정리한 백과사전이다. 『증보문헌비고(增補文獻備考)』는 1차 영조조, 2차 정조조 그리고 3차 갑오경장 당시에 세 차례 편수되었다. 1차는 서명응(徐命膺) 등이 상위(象緯)·여지(輿地)·예(禮)·악(樂)·병(兵)·형(刑)·전부(田賦)·시적(市糴)·선거(選擧)·재용(財用)·호구(戶口)·학교(學校)·직관(職官) 등 13고(考) 100권(卷)으로 편찬한 『동국문헌비고(東國文獻備考)』이고, 2차는 이만운(李萬運)·이유준(李儒準) 등이 1차 간행본의 오류와 누락된 부분을 증정(增訂)하여 물이(物異)·궁실(宮室)·왕계(王系) 등 7고를 더하여 20고 146권으로 완성한 『증정동국문헌비고(增訂東國文獻備考)』이며, 3차는 갑오경장으로 인해 바뀐 문물제도를 반영하기 위하여 김교헌(金敎獻) 등이 상위(象緯)·여지(輿地)·제계(帝系) 등 16고로 완성한 『증보문헌비고』이다.

　이 책에서 발해 관련 내용은 「여지고(輿地考)」·「제계고 부씨족(帝系考 附氏族)」·「예고(禮考)」·「악고(樂考)」·「병고(兵考)」·「호구고(戶口考)」·「교빙고(交聘考)」·「직관고(職官考)」·「예문고(藝文考)」에서 확인할 수 있는데, 중요 내용은 「여지고」에 집중되어 있다. 송기호는 "『동국문헌비고』「여지고」에서 '발해국(渤海國)과 정안국(定安國)을 부여국, 동옥저국, 보덕국(報德國) 등과 함께 고구려 속국에 포함한 것처럼 『증보문헌비고』에는 발해가 고구려 영토를 계승한 고구려인이 세운 나라라고 주장한 신경준(申景濬)의 역사인식이 반영되었고, 「군현연혁」에서는 함경도와 평안도의 각 군현이 발해에 속했던 지역임을 밝힘으로써 『동국여지승람(東國輿地勝覽)』보다 발전된 고구려–발해–여진–고려 계승인식을 드러낸 것'"으로 이해하였다.

　아울러 이만운은 발해사 자료를 보충하는 데 중요한 역할을 하여 『동국문헌비고』에서는

1770년 이전 사실은 〈보(補)〉, 제1차본 이후의 사실은 〈속(續)〉 자를 붙여 서술하였고, 2차 편찬 시에는 「씨족고」 등 7고를 처음 설정하였다. 이곳에 실린 발해사 내용도 이만운이 집필한 것임을 알 수 있으며, 특히 「씨족고」에는 국내 태씨 본관이 22종에 달하는 것으로 기록하여 새로운 자료도 제공하였다.

아래 원문은 규장각 소장 〈奎6947〉본을 저본으로 삼았고, 국립중앙도서관 소장의 『증보문헌비고』〈古031-28〉본을 비교본으로 활용하였다.

○ 권제13, 여지고(輿地考) 1, 역대국계(歷代國界) 1, 예국(濊國)

〖續〗臣謹按, 濊有二種. 一東國古記所稱在玄菟北者也, 濊君南閭之國也, 一後漢書所稱南與辰韓接者也, 卽今江陵地也. 江陵之濊, 豈南閭別種之東徙者歟. 或謂南閭降漢, 漢以其國爲滄海郡, 而江陵濱於東海, 則南閭明是江陵之濊也, 此恐不然. 盖漢之時, 江陵至遼東千餘里之間, 列國甚多, 南閭安能挈二十六萬口, 千餘里越人國, 而降于遼東乎. 且欲以滄海證江陵, 則渤海國有何海而以爲名乎.

〖속〗 신이 삼가 살펴보건대, 예(濊)는 두 종류가 있습니다. 하나는 『동국고기(東國古記)』에서 현도 북쪽에 있다고 한 예군남려(濊君南閭)의 나라입니다. 하나는 『후한서』에서 말한 남쪽으로 진한과 이어져 있다고 한 것으로, 바로 지금의 강릉 땅입니다. 강릉의 예가 어찌 남려의 별종으로 동쪽으로 옮겨온 자들이겠습니까. 혹은 남려가 한(漢)나라에 투항하자 한나라가 그 나라를 창해군으로 삼았는데, 강릉이 동해 가에 있으니, 곧 남려가 분명 강릉의 예라고 말합니다. [그러나] 이것은 아마도 그렇지 않을 것입니다. 대체로 한나라 시기에 강릉에서부터 요동까지 1천여 리 사이에는 나라들이 매우 많았습니다. 남려가 어떻게 26만 구를 이끌고 1천여 리나 남의 나라를 넘어 요동에 항복할 수 있었겠습니까. 또한 창해로써 강릉임을 증명한다면, 곧 발해국은 무슨 바다가 있어서 이름하였겠습니까.

○ 권제13, 여지고(輿地考) 1, 역대국계(歷代國界) 1, 고구려국(高句麗國)

遼史曰, 正州在淥州【渤海時, 鴨淥府.】西北三百八十里. 本沸流王古地, 有沸流水. 渤海時, 爲沸流郡.

『요사』에서 이르기를, "정주(正州)는 녹주(淥州)【발해 때의 압록부(鴨淥府)이다.】의 서북 380리에 있다"고 하였다. 본래 비류왕(沸流王)의 옛 땅으로 비류수가 있다. 발해 때에 비류군(沸流郡)이 되었다.

> 唐書曰: 登州東北海行過海. 自鴨綠江口, 舟行百餘里, 乃小舫泝流東北三十里, 至泊汋口.【卽古安平縣.】得渤海之境. 又泝流五百里, 至丸都城.

『[신]당서』에서 말하기를, "등주에서 동북으로 바닷길로 나아가 바다를 건너고, 압록강 입구로부터 배로 1백여 리를 가서 이내 작은 배로 [갈아타고] 물길을 거슬러 동북으로 30리를 가면, 박작구(泊汋口)[1]【곧 옛 안평현(安平縣)이다.】에 이르는데, 발해의 경계이다. 다시 물길을 거슬러 5백 리를 올라가면 환도성에 이른다"고 하였다.[2]

> 〖補〗東史綱目曰: 高句麗始起遼左卒本之地. 卽渤海率賓府, 而置華益建三州, 明置建州衛, 今瀋陽奉天府興京之地, 是也. 後移國內尉那巖, 今楚山府江北兀剌山城, 是也. 又有丸都城, 與國內相接. 渤海於高句麗故地, 置西京鴨綠府, 領神桓豊正四州, 桓卽丸都舊地也. 後定都於平壤, 三國史所謂始居中國北地, 漸東遷于浿水之側者, 是也.

〖보〗『동사강목』에서 이르기를, "고구려가 처음에 요좌(遼左)의 졸본[3] 땅에서 일어났다.

---

1) 泊汋口의 위치에 대해서는 大蒲石河口설과 靉河口설이 대표적이다. 松井等은 박작구와 대포석하를 동일 지역으로 보았고, 箭內亘은 賈耽의 『古今郡國縣道四夷述』의 기록과 함께 '포석'과 '박작'의 발음이 비슷하다는 점에서, 대포석하구라고 하였다. 한편 袁輝는 당시 수륙분계선을 근거로 현재의 애하구 沿江平原 구간이라고 보고, 박작성을 大河口 부근으로 비정하였다(袁輝, 1993, 70~71쪽). 新妻利久, 王綿厚·李建才, 魏存成 등도 애하구로 보았다(新妻利久, 1969, 155쪽 지도; 王綿厚·李建才, 1990; 魏存成, 2008, 141쪽). 이 밖에 박작구를 臨江市 일대의 神州로 보는 견해도 있다(강성산, 2018, 125쪽). 박작성의 경우 애하첨고성(曹汛, 1980, 556~557쪽)과 호산산성 등이 거론되고 있다.
2) 국립중앙도서관 소장 『增補文獻備考』〈古031-28〉에는 앞의 『요사』를 인용한 글과 『신당서』를 인용한 이 글의 순서가 서로 바뀌어 있다.

곧 발해의 솔빈부(率賓府)4)로 화주(華州)·익주(益州)·건주(建州) 3주를 두었다. 명에서는 건주위(建州衛)를 두었는데, 지금 심양 봉천부(奉天府) 흥경(興京) 땅이 그곳이다. 뒤에 국내(國內) 위나암(尉那巖)으로 옮겼는데, 지금 초산부(楚山府) 강 북쪽의 올랄산성(兀剌山城)이 이곳이다. 또 환도성이 있는데 국내와 서로 붙어 있다. 발해가 고구려의 옛 땅에 서경 압록부(西京鴨綠府)5)를 설치하고 신주(神州)·환주(桓州)·풍주(豊州)·정주(正州) 4주를 거느리게 하였는데, 환주6)는 곧 환도의 옛 땅이다"라고 하였다. 뒤에 평양에 도읍을 정하였는데, 『삼국사기』에서 말한 바 "처음에 중국 북쪽 땅에서 살다가 점차 동쪽의 패수(浿水) 가로 옮겼다"고 한 것이 그것이다.

○ 권제13, 여지고(輿地考) 1, 역대국계(歷代國界) 1, 발해국(渤海國)

渤海國【大氏以句麗舊將, 起自殘燼. 十一年之間, 能盡復前王之地. 又越海殺登州刺史韋俊, 以雪前王之恥. 且禮樂制度, 多倣中華. 崔瀣送李穀序云: 五代梁唐三十年間, 渤海貢士登科者十數人, 學士彬彬, 與王氏相甲乙, 祚榮可謂曠世之傑也.】
東史曰: 唐滅高句麗, 徙其人於河南隴右. 高句麗舊將大祚榮, 收逋殘之衆, 與靺鞨走保太白山之東北, 又移女眞之東牟山, 建國號震朝.【諱代.】開元初, 改稱渤海.【文獻通考云: 唐武后時, 舍利乞乞仲象與靺鞨酋乞四比羽, 走保太白山, 仲象子祚榮乃

---

3) 북부여에서 남하해 온 朱蒙 집단이 처음 정착한 곳이다. 치소는 중국 遼寧省 桓仁滿族自治縣 五女山城으로 비정된다. 광개토왕릉비문에는 忽本, 『삼국사기』에는 卒本, 『魏書』 고구려전에는 紇升骨城으로 되어 있다.
4) 그 이름이 綏芬河와 발음이 유사하여 현재 수분하 지역으로 보는 것이 통설이다. 率賓府의 이름은 遼代에도 그대로 쓰였으나, 金·元代에는 '恤品'·'速頻'·'蘇濱'의 이름으로 史書에 보이며, 淸代에는 綏芬路로 알려져 있었다.
5) 『遼史』「地理志」東京道條에 "淥州 鴨淥軍 節度 本高麗故國 渤海號西京鴨淥府 城高三丈 廣輪二十里"로 나온다. 丁若鏞은 平安北道 慈城 北에서 鴨綠江 對岸으로(『我邦疆域考』「渤海考」), 韓鎭書는 江界府의 滿浦鎭 對岸으로(『續海東繹史』「渤海」), 松井等(1913)은 奉天省 臨江縣 帽兒山으로, 鳥山喜一(1915)은 通溝로 비정하였고, 현재 臨江 지역으로 보는 것이 일반적이다.
6) 『遼史』「地理志」東京道條에 "高麗中都城 故縣三 桓都·神鄕·淇水(浿水) 皆廢 高麗王於此創立宮闕 國人謂之新國 五世孫釗 晉康帝建元初爲慕容皝所敗 宮室焚蕩 … 隸淥州 在西南二百里"로 나와 고구려의 丸都, 즉 지금의 輯安에 위치한 것으로 보인다.

建國. 太白山未詳, 東史有云在今寧邊. 東牟山, 一統志在瀋陽東二十里.】後唐天成元年, 爲契丹所滅. 渤海世子大光顯奔高麗, 前後來者, 數萬戶. 麗王賜光顯姓名王繼, 畀白州奉祀.

〖補〗地志曰: 渤海國, 本粟末靺鞨, 卽高句麗別種. 隋煬帝時, 其渠帥度地稽, 率其部來降, 居之柳城. 其後乞乞仲象與其徒, 渡遼水, 保太白山東. 仲象死, 子祚榮嗣. 高句麗之亡餘燼, 稍稍歸之, 國號震朝.【諱代.】先天中, 唐拜爲左驍衛大將軍渤海郡王. 自是始去靺鞨之號, 稱[7]渤海. 文獻通考曰: 渤海乃高句麗故地, 直營州東二千里. 南接新羅界以泥河, 東窮海, 西契丹.〖補〗地方五千里, 盡得扶餘沃沮弁韓朝鮮海北諸國.【按, 東國記異. 新羅祇摩王十四年, 靺鞨兵大入北境, 襲大嶺柵, 過泥河. 新羅北界, 止於泉井, 泉井今德源, 泥河當在於德源界內.〖補〗臣謹按, 祇摩是新羅第六王. 是時非但北關, 雖以關東言之, 濊貊三陟外, 皆是高句麗所管領, 新羅安得越關東, 而以泉井爲界, 註說欠攷.】

〖續〗疆域考曰: 渤海立國, 本據句麗之地. 我邦西北之邊, 皆入疆理. 考其疆域, 惟我邦嶺東之地, 得其全體, 南北彌三千里. 唐書云: 高麗滅, 大氏保挹婁之東牟山, 地直營州東二千里. 南接新羅, 以泥河爲境, 泥河者, 江陵之北泥川水也, 旣以泥河爲界, 則襄陽以北, 皆渤海之所得也.

〖補〗淸統志云: 渤海所置州郡, 多在吉林烏喇寧古塔及朝鮮界.

賈耽郡國志曰: 渤海國南海[8]接扶餘鴨綠柵城四府, 幷是高句麗舊地也. 自新羅泉井郡, 至柵城府, 凡三十九驛.【唐制, 三十里置一驛, 一千一百七十里.】

臣謹按, 新羅統合之後, 東北以泉井郡之炭項關爲界, 今德源也, 西北以唐嶽縣爲界, 今中和也. 自中和而東歷今之祥原遂安谷山, 以抵于德源, 皆是邊塞也. 其外今之咸鏡平安二道, 皆爲渤海有矣. 然遼滅渤海, 所經理者, 鴨綠以北而已, 鴨綠之南, 惟保定二州, 其餘皆爲女眞所據矣. 遼史地志所載者, 止於鴨綠以北, 故鴨綠以南渤海郡縣沿革, 遼羅史俱闕焉, 無以攷也.

---

7) 『新唐書』 卷219, 列傳 第144, 「渤海」에는 '專稱'.
8) 국립중앙도서관 〈古031-28〉에는 '南'.

【續】臣謹按, 渤海者, 高句麗之遺種也. 句麗亡, 其舊將大祚榮收集逋殘, 立國建都, 盡有高句麗之舊疆. 其後嗣王, 拓地廣土, 西極夫餘以至瀋州. 而肅愼故地爲上京, 南爲中京, 濊貊故地爲東京, 沃沮故地爲南京, 高麗故地爲西京, 五京所領, 凡六府二十二州. 又其扶餘故地領二府四州, 把婁故地領二府四州, 率賓故地領一府三州, 拂涅故地領一府五州, 鐵利故地領一府六州, 越喜故地領二府十三州. 又有獨奏州三. 其五京十五府六十二州之地方, 毋慮爲五六千里. 自唐武后聖曆二年, 歷三百餘年之間, 奄成東北之一大國, 契丹女眞皆讋服不敢動. 繹史所謂: 西通上國, 南聘新羅, 北捍契丹, 東使日本, 雄視東北之奧, 殆三百年, 所以稱海東盛國者, 良由是也. 且其制度文物, 亦頗彬彬可稱然. 而惜其文獻無徵, 只憑於襍出中國之史, 而斷章採取, 是可悲夫.

발해국【대씨는 [고]구려의 옛 장수로서 타고 남은 재(유민)로부터 일어나, 11년 동안 능히 전 [고구려]왕의 땅을 다 되찾았다. 다시 바다를 건너가 등주자사 위준(韋俊)을 죽이고[9] 전 왕의 치욕을 씻었다. 또 예악과 제도는 중화(中華)를 많이 본떴다. 최해(崔瀣)가 이곡(李穀)에게 보낸 서(序)[10]에서 말하기를 "오대(五代)의 양(梁)·당(唐) 30년 동안 발해의 공사(貢士: 빈공과) 등과(登科: 과거 합격)자는 십여 명[11]"이라 하였는데 학사(學士)가 출중하여 왕씨(王氏: 고려)와 서로 우열을 다투었으니, [대]조영은 세상에 드문 호걸이라 할 만하다.】

『동사(東史)』에 이르기를, "당이 고구려를 멸망시키고 그 사람들을 하남(河南)과 농우(隴右)로 옮겼다.[12] 고구려의 옛 장수 대조영이 도망한 나머지 무리를 거두어 말갈과 함께 태백

---

9) 발해가 당의 등주를 공격한 것은 성덕왕 31년(732, 개원 20)으로, 무왕 대무예가 장군 張文休를 보내 해적을 거느리고 등주자사 위준을 공격하게 하였다(『구당서』 199하, 열전 149하, 발해말갈). 발해가 등주를 공격한 원인은 726년 발해의 黑水 토벌과 대문예의 당 망명으로 빚어진 발해와 당의 갈등 및 730년대 초 당과 전쟁을 치르고 있는 契丹을 돕기 위한 목적이었다(김종복, 2009, 127쪽; 권은주, 2013).

10) 崔瀣가 李穀에게 보낸 서문의 제목은 '봉사 이중환을 환송하는 조서(送奉使李中父還 朝序)'로 전문은 『졸고천백』, 『가정집』 등에 실려 있다.

11) 『拙藁千百』이나 『東文選』에서는 "渤海十數人"으로, 『가정집』에는 "渤海諸蕃十數人"으로 되어 있는데, 후자가 원전에 가까운 것으로 보인다. 이렇게 되면 발해인을 비롯하여 기타 외국인 10여 명이 빈공과에 급제한 것으로 해석되지만, 대체로 발해인의 수가 대부분이었을 것으로 추정된다.

산의 동북13)으로 달아나 지켰다. 다시 여진의 동모산(東牟山)으로 옮겨 나라를 세우고 진조(震朝)【휘를 대신한다.14)】라 하였다. 개원 초 발해로 고쳐 불렀다.【『문헌통고』에 이르기를, "당 무후 때 사리(舍利) 걸걸중상(乞乞仲象)이 말갈 추장 걸사비우(乞四比羽)와 함께 태백산으로 달아나 지키니 중상의 아들 조영이 이에 나라를 세웠다"고 하였다. 태백산은 자세하지 않으나 『동사』에서는 지금의 영변에 있다고 하였다. 동모산은 『[대청]일통지([大淸]一統志)』에서 심양 동쪽 20리에 있다고 하였다.】 후당 천성(天成) 원년(926)에 거란에게 멸망당하였다. 발해 세자 대광현(大光顯)이 고려로 도망 오니 앞뒤로 온 자들이 수만 호였다. 고려왕이 광현에게 왕계(王繼)라는 성명을 내려주고 백주[白州]를 주어 [조상의] 제사를 받들게 하였다"고 하였다.

〚보〛 『지지』15)에 이르기를, "발해국은 본래 속말말갈로 곧 고구려 별종이다.16) 수 양제

---

12) 고구려 유민의 두 번째 강주 이주를 의미한다. 나당전쟁에서 패한 당나라는 676년 안동도호부를 평양에서 遼陽으로 옮기고 곧바로 이듬해 신성으로 옮기면서 보장왕을 遼東都督 朝鮮郡王으로 삼아 遼東으로 보내 고구려 유민들을 회유하려고 하였다. 보장왕이 말갈과 내통하여 반란을 꾀한 것이 발각되어, 보장왕은 소환되고 관련자들을 나누어 하남과 농우 등 여러 주로 옮기고 빈약한 자들만 安東都護府 근처에 머물게 하였다. 고구려 유민의 강제 이주 시기에 대해서는 『구당서』 199상, 열전 149상의 고려조에는 의봉 연간(676~679)으로, 『資治通鑑』 202, 唐紀 18, 고종조와 『신당서』 220, 열전 145, 고려조에는 의봉 2년(677)으로, 『삼국사기』 권46, 열전 6, 최치원전에는 의봉 3년(678)으로 되어 있다.

13) 발해 건국지에 대해 『삼국사기』 권46, 열전 6, 최치원전에는 의봉 3년(678) '태백산 아래'로, 『삼국유사』에서 인용한 『신라고기』에는 '태백산 남쪽'으로, 『제왕운기』에는 '태백산 南城'으로, 『삼국사절요』에는 '태백산 동쪽'으로 나온다.

14) 피휘를 의미한다. 고려 이후 조선까지 발해 초기 국명인 震國을 '震旦'으로 쓰는 경우가 많았다. 조선 태조 이성계는 즉위 후 이름을 '李旦'으로 바꾸었는데, 여기서는 태조의 이름자인 '旦'을 피하여 '朝' 자로 대신하였다는 의미이다.

15) 『東國地誌』를 가리킨다.

16) 원전은 『舊唐書』 발해말갈전의 "본래 고려의 별종(本高麗別種)"과 『新唐書』 渤海傳의 "본래 속말말갈로 고[구]려에 붙은 자(本粟末靺鞨附高麗者)"라는 기록이다. 그런데 이 大祚榮의 출신이나 발해의 구성원에 대해서는 같은 사료를 놓고 다양한 해석이 있었다. 고려와 조선에서는 대조영의 출신을 高句麗 계통으로 보는 경향이 있었는데, 李承休의 『帝王韻記』와 柳得恭의 『渤海考』가 대표적이다. 일본에서는 대체로 속말말갈이나 여진 계통으로 보았다. 발해국의 주체는 靺鞨族이지만, 대조영은 고구려 別部 출신으로 보는 경우(鳥山喜一, 1915), 새로운 종족으로 발해말갈을 이해하는 경우(池內宏, 1916), 지배층은 고구려인, 피지배층은 말갈인으로 보는 경우(白鳥庫吉, 1933)도 있다. 현대에 들어와서 발해사 연구를 촉발한 대표적인 연구자는 북한의 박시형이다. 그는 발해국의 성립에 중심 역할을 한 것은

때 그 우두머리 도지계(度地稽)¹⁷⁾가 자기의 부(部)를 이끌고 와서 항복하니 유성(柳城)에 살게 하였다. 그 뒤 걸걸중상이 그 무리와 더불어 요수(遼水)를 건너 태백산 동쪽¹⁸⁾을 지켰다. 중상이 죽자 아들 조영이 뒤를 이었다. 고구려가 망하고 남은 나머지들이 점차 그에게 돌아오니 국호를 진조(震朝)【휘를 대신한다.】라 하였다. 선천(先天) 중에 당에서 벼슬을 내려 좌효위대장군(左驍衛大將軍) 발해군왕(渤海郡王)으로 삼았다. 이로부터 비로소 말갈이란 이름을 버리고 발해라고 불렀다.¹⁹⁾"고 하였다. 『문헌통고(文獻通考)』에 이르기를, "발해는 곧 고구려

고구려 멸망 후 요서 지방으로 이주된 고구려인 집단이었고, 이들을 조직하여 지휘한 것이 고구려 장수인 대조영이라고 하였다. 고구려 왕실의 일족 또는 고구려 계통의 귀족 출신들이 거의 권력을 독점하였고, 문화 방면에서도 고구려의 문화가 주도적 역할을 하였다고 보았다(박시형, 1979; 송기호 해제, 1989). 한국의 李龍範도 발해의 주체가 고구려 유민이었음을 주장하였다(李龍範, 1981). 이후 한국 학계에서는 기본적으로 대조영을 고구려 계통으로 보았으나, 종족은 속말말갈로 고구려에 옮겨와 정착하여 동화된 인물, 즉 말갈계 고구려인으로 보기도 한다(송기호, 1995). 말갈의 명칭 자체를 고구려 변방 주민이나 중국 동북 지역민에 대한 비칭·범칭으로 보고, 발해의 구성원이 된 말갈은 흑수말갈과 구분되는 예맥계인 고구려말갈이며 대조영은 고구려인으로 속말강(송화강) 지역민이라고 보는 견해도 있다(한규철, 1988; 2007). 중국 학계에서는 근대 초기에 양면적 인식이 보였다. 대표적인 학자는 金毓黻이다(1934, 『渤海國志長編』). 그러나 중화인민공화국이 수립된 이후에는 발해사를 중국의 소수민족사로 보고 고구려계승성을 부정하며 말갈을 강조하는 입장이다. 한편 19세기 중반 연해주 지역을 차지하였던 러시아에서는 자국의 極東 지역 소수민족사의 일부로서 관심을 갖고 발해를 말갈족의 역사로 규정하며 대조영 역시 말갈인으로 보고 있다. 이 밖에 소수 설로 말갈 중 대조영을 백산말갈 출신으로 보는 경우도 있다(津田左右吉, 1915; 李健才, 2000).

17) 度地稽는 『隋書』 靺鞨전에는 '度地稽'로, 『北史』 勿吉傳과 『舊唐書』 靺鞨傳에는 突地稽로 나온다. 『太平寶宇記』에는 속말말갈 중 厥稽部의 수장으로 고구려의 세력에 밀려 忽賜來部·窟突始部·悅稽蒙部·越羽部·步護賴部·破奚部·步步括利部 8부의 勝兵 수천 명을 이끌고 수나라로 투항하였다고 한다. 唐의 고구려 침략과 나당전쟁에서 당의 장수로 활동한 李謹行이 그의 아들이다.

18) 발해 건국지에 대해 『삼국사기』 권46, 열전 6, 최치원전에는 의봉 3년(678) '태백산 아래'로, 『삼국유사』에서 인용한 『신라고기』에는 '태백산 남쪽'으로, 『제왕운기』에는 '태백산 南城'으로, 『삼국사절요』에는 '태백산 동쪽'으로 나온다.

19) 발해 초기 국명은 일반적으로 진국(振國, 또는 震國)이었다고 본다. 이 문장에서 대조영이 스스로 국호를 靺鞨이라는 卑稱을 사용했을 리가 없으므로, 호칭의 주체를 唐으로 본다(宋基豪, 1995, 71쪽). 그런데 중국 학계의 일부에서 일찍부터 『신당서』 발해전에 당 현종이 대조영을 책봉한 후 "비로소 말갈의 호칭을 버리고 오로지 발해라고 일컬었다(自是始去靺鞨號, 專稱渤海)"라는 기록과 함께, 『구당서』의 발해 열전을 '발해'라고 하지 않고 '발해말갈'이라고 한 점 등을 근거로, 발해 초기 국명이 '말갈'이라고 하는 주장이 제기되었다. 최근에는 새롭게 발견된 '僕固乙突' 묘지명에서 '靺鞨'이라는 단어가 나온 것을

의 옛 땅으로, 곧바로 영주에서 동쪽으로 2천 리이다. 남쪽은 신라와 이어져 니하(泥河)[20]를 경계로 하였고, 동쪽은 바다에 이르렀으며, 서쪽은 거란이다"라고 하였다. 〖보〗 지방은 5천 리이며, 부여·옥저·변한·조선 등 바다 북쪽의 여러 나라를 모두 얻었다.【살펴보건대, 『동국기(東國記)』와는 다르다. "신라 지마왕(祗摩王) 14년(125)에 말갈병이 북쪽 경계로 많이 들어와 대령책(大嶺柵)[21]을 습격하고 니하를 지나갔다"고 하였다. 신라의 북계가 천정(泉井)에서 멈추는데, 천정은 지금의 덕원(德源)이므로 니하는 당연히 덕원의 경계 안에 있어야 한다. 〖보〗 신이 삼가 살펴보건대, 지마는 신라의 여섯 번째 왕이다. 이때는 북관(北關)만이 아니라 관동(關東)으로 말해도 예맥과 삼척(三陟) 외에는 모두 고구려 관할이었는데, 신라가 어찌 관동을 넘어 천정으로 국경을 삼을 수 있었겠는가? 주(註)는 제대로 헤아리지 않고 말하고 있다.】

〖속〗『강역고』에 이르기를, "발해가 나라를 세운 것은 본래 고구려 땅을 근거한 것이다. 우리나라 서북 변경이 모두 영토로 편입되었다. 그 강역을 살펴보면, 오직 우리나라 영동 땅만 그 전체를 차지하였으니 남북 3천 리에 이른다. 『[신]당서』에 이르기를, "고구려가 멸망하자 대씨가 읍루의 동모산을 지켰는데, 영주에서 곧바로 동쪽으로 2천 리이다. 남쪽으로 신라와 이어져 니하를 경계로 삼았다"고 하였다. 니하는 강릉 북쪽 이천수(泥川水)이다. 이미 니하로 국경을 삼았다면 양양(襄陽) 이북은 모두 발해가 차지한 것이다"라고 하였다.

〖보〗『대청일통지(大淸一統志)』에 이르기를, "발해가 설치한 주·군은 길림(吉林)·오라(烏喇)·영고탑(寧古塔) 및 조선의 국경에 많이 있다"고 하였다.

계기로, '말갈' 국명설이 더욱 강조되는 추세이다(魏國忠·郝慶雲·楊雨舒, 2014). 이것은 중국 학계에서 발해국의 주체 민족을 말갈로 보기 때문이다.

20) 니하와 관련해서는『三國史記』에 몇 차례 관련 기사가 보이는데, 이들 기록을 통해 동해에 인접한 悉直(三陟), 何瑟羅(江陵)와 비교적 가까이에 있는 강으로 추정된다. 丁若鏞은『我邦疆域考』「渤海考」에서 강릉 북쪽의 泥川水라고 하였고, 松井等은 泉井郡을 德源으로 단정하고 니하를 부근의 하천으로 보아 德源과 그 북쪽인 永興傍의 龍興江으로 추정한 바 있다(松井等, 1913). 津田左右吉은 聖德王 20년의 長城 축조 기사를 통해 동해안에서 安邊 부근의 南大川으로 보았다(津田左右吉, 1913). 그 밖에 連谷川설(徐炳國, 1981b, 237~257쪽; 張彰恩, 2004, 1~45쪽; 趙二玉, 1999, 715쪽), 강릉 城南川설(이병도 역주, 1983, 34쪽), 남한강 상류설(李康來, 1985, 48~53쪽; 鄭雲龍, 1989, 209쪽), 울진 일대설(리지린·강인숙, 1976, 68~69쪽), 낙동강 상류설(김진한, 2007, 127쪽; 홍영호, 2010, 73~75쪽) 등이 있다.
21) 강원도 강릉시 대관령에 있었던 柵門으로 추정된다.

가탐(賈耽)22)의 『군국지』23)에는 "발해국의 남해[부]와 부여·압록·책성 사부(四府)는 모두 고구려의 옛 땅이다. 신라 천정군(泉井郡)24)으로부터 책성부(柵城府)25)까지 모두 39역(驛)26)이다"라고 하였다.【당나라 제도에 30리에 역 하나를 두었으니 1,170리이다.】

신이 삼가 살펴보건대, 신라가 통합한 뒤에 동북은 천정군의 탄항관(炭項關)으로 경계를 삼았으니 지금의 덕원(德源)입니다. 서북은 당악현(唐嶽縣)으로 경계를 삼았으니, 지금의 중화(中和)입니다. 중화에서 동으로 지금의 상원(祥原)·수안(遂安)·곡산(谷山)을 거쳐 덕원에 이르기까지는 모두 변경의 요새입니다. 그 밖에 지금의 함경·평안 두 도는 모두 발해가 차지하였습니다. 그러나 요가 발해를 무너뜨리고 경영한 곳은 압록[강]의 북쪽뿐입니다. 압록의 남쪽은 오직 보주(保州)·정주(定州) 두 주이며, 그 나머지는 모두 여진이 점거하였습니다. 『요사』「지리지」에 기록된 것은 압록 이북에 그쳤기 때문에, 압록 이남의 발해 군현의 연혁은 『요사』와 『신라사』에 모두 빠져서 살필 수 없습니다.

〚속〛 신이 삼가 살펴보건대, 발해는 고구려의 유종(遺種)입니다. 고구려가 망하자 그 옛 장수 대조영이 달아난 나머지를 모아 나라를 세우고 도읍을 만들어 고구려의 옛 땅을 모두 차지하였습니다. 그 뒤를 이은 왕들이 땅을 크게 넓혀서, 서쪽은 부여 끝에서부터 심주(瀋州)

---

22) 730~805. 唐나라의 정치가이자 인문학자. 751년 과거에 급제하고, 여러 관직을 거친 뒤 貞元 9년(793)부터 사망할 때까지 13년간 재상 직을 맡았다. 지리학에 조예가 깊어서 『海內華夷圖』, 『古今郡國道縣四夷述』, 『皇華四達記』, 『關中隴右山南九州別錄』, 『吐蕃黃河錄』 등 많은 책을 편찬하였다.

23) 원명은 『古今郡國縣道四夷述』로 총 40권이다(『신당서』 예문지). 唐 貞元 연간의 재상으로 유명한 賈耽이 편찬한 지리서로, 『사이술』 또는 『고금군국지』로 약칭되었다.

24) 함경남도 德源(현재 문천)에 위치한다. 본래 고구려의 땅(泉井郡, 또는 於乙買)으로, 문무왕 21년(681)에 신라가 차지하였고, 경덕왕 때 정천군으로 이름을 바꿔 炭項關門을 쌓았다. 고려 태조 23년(940)에 湧州로 고쳤다(『삼국사기』 권제35, 「雜志」 4, 地理 2, 井泉郡).

25) 발해 5경 가운데 하나인 東京龍原府의 異稱이다. 책성은 목책을 두른 성이라는 뜻으로, 이미 고구려 때부터 사용된 지명이다. 府治의 위치에 대해서는 발해의 東京城인 八連城과 별도로 부근의 溫特赫部城이나 薩其城으로 보는 설과 延吉의 城子山山城, 興安古城 등으로 보는 설이 있다(구난희, 2017, 134~139쪽). 고구려의 책성은 치소성을 중심으로 광역의 행정단위를 가리키는 '柵城圈'으로 이해하는 연구도 있다(김현숙, 2000, 140·156~157쪽; 김강훈, 2017, 244쪽).

26) 『三國史記』「地理志」에 인용되어 있는 『古今郡國志』에 新羅의 泉井郡에서 柵城府(발해 동경 용원부)까지 39역이었다고 하는데, 당나라 시기의 역참 사이는 일반적으로 30리이다. 역산해보면 琿春에서 1,170리를 남하하면 대체로 德源 지역에 이른다. 따라서 덕원 부근이 신라의 천정군(또는 井泉郡)으로 비정되며, 신라도는 문왕 때 개통된 것으로 본다.

에 이르렀습니다. 숙신의 옛 땅[27]으로 상경(上京)을 삼고, 남쪽으로 중경(中京)[28]을 삼았으며, 예맥의 옛 땅으로 동경(東京)을 삼고, 옥저의 옛 땅으로 남경(南京)을 삼았으며, 고구려의 옛 땅으로 서경(西京)[29]을 삼았습니다. 오경(五京)이 거느리는 것은 무릇 6부 22주입니다. 또 부여의 옛 땅은 2부 4주를 거느렸고, 읍루의 옛 땅[30]은 2부 4주를 거느렸습니다. 솔빈(率賓)의 옛 땅은 1부 3주를 거느렸고, 불열(拂涅)의 옛 땅은 1부 5주를 거느렸습니다. 철리(鐵利)의 옛 땅은 1부 6주를 거느렸고, 월희(越喜)의 옛 땅은 2부 13주를 거느렸습니다. 또 독주주(獨奏州)[31]가 셋이 있습니다. 그 5경 15부 62주의 땅은 무려 5~6천 리나 됩니다. 당 무후 성력(聖曆) 2년부터 3백여 년[32]을 거치는 동안 어느새 동북의 한 대국이 되었고, 거란·여진이 모두 두려워하고 복종하여 감히 움직이지 못하였습니다.『해동역사』에 이르기를, "서로는 상국(上國)과 통하고, 남으로는 신라와 교빙하였으며, 북으로는 거란을 막고, 동으로는 일본과 사신을 교류하였습니다. 동북의 모퉁이에서 위세를 보인 것이 자못 3백 년이니, 해동성국(海東盛國)[33]이라고 일컫는 까닭이 진실로 이 때문입니다. 또 그 제도와 문물이 또한 자못

---

27) 『신당서』 발해전에는 '挹婁의 옛 땅'으로 되어 있다.

28) 제3대 文王 때 上京으로 천도하기 전의 수도였다. 위치 비정에 대해서는 蘇密城說, 那丹佛勒城說, 敦化縣說, 西古城子說 등이 있었다. 지금은 和龍 인근의 용두산고분군에서 文王의 넷째 딸 貞孝公主의 무덤이 발굴되고 주변에서 발해 유적들이 함께 발견되면서 서고성을 발해 중경으로 보는 것이 통설이 되었다.

29) 『遼史』「地理志」東京道條에 "淥州 鴨淥軍 節度 本高麗故國 渤海號西京鴨淥府 城高三丈 廣輪二十里"로 나온다. 丁若鏞은 平安北道 慈城 北에서 鴨綠江 對岸으로(『我邦疆域考』「渤海考」), 韓鎭書는 江界府의 滿浦鎭 對岸으로(『續海東繹史』「渤海」), 松井等(1913)은 奉天省 臨江縣 帽兒山으로, 鳥山喜一(1915)은 通溝로 비정하였고, 현재 臨江 지역으로 보는 것이 일반적이다.

30) 金毓黻은 이 기사에서의 挹婁가 虞婁의 잘못이라고 보았는데(金毓黻, 1934,『渤海國志長篇』卷14, 地理考,「定理府」), 송기호는 張建章 묘지에서 忽汗州, 즉 발해 전체를 읍루의 옛 땅이라고 한 점을 고려하면 타당성이 있다고 하였다(宋基豪, 1995, 89쪽).

31) 『滿洲源流考』「疆域」에 "獨奏之義 猶今直隸州 不轄於府 而事得專達也"라고 하여 중간 보고자(즉 府)를 거치지 않고 곧바로 중앙에 보고하는 직할주를 가리킨다고 보았다.

32) 발해의 건국 시기에 대해서는 『帝王韻紀』의 "周則天武后元年甲申"에 근거한 684년설,『舊唐書』의 "聖曆中 自立爲振國王"에 근거한 698~699년설,『類聚國史』권 193, 延曆 15년 4월 戊子조 "天命開別天皇七年 高麗王高氏爲唐所滅也. 後以天之眞宗豊祖父天皇二年 大祚榮始建渤海國"에 근거한 698년설 등이 있는데, 698년설이 보편적으로 인정되고 있다. 이를 기점으로 계산하면 발해가 멸망한 926년까지 발해의 존속 기간은 약 228년에 달한다.

33) 海東盛國이라고 불린 시기에 대해서는 제2대 大武藝 때, 제10대 大仁秀 때, 제11대 大彝震 때, 제13대

아름답고 융성하여 일컬을 만합니다. 그러나 애석하게도 문헌으로는 증빙할 것이 없고, 단지 중국의 역사에 섞여 나온 것에만 근거해서 단편적인 문장을 뽑아 취하니 이것이 안타까울 뿐입니다.

○ 권제13, 여지고(輿地考) 1, 역대국계(歷代國界) 1, 정안국(定安國)

> 宋史曰: 定安國本馬韓之種. 爲遼所敗, 餘衆保其西鄙, 建國改元, 稱定安國. 開寶三年, 其王列萬華[34]因入貢女眞, 附表貢獻. 太宗時, 其王烏玄明[35]復因女眞上表, 畧曰: 臣本以高麗舊壤, 渤海遺黎, 保此方隅. 太宗答勅, 畧曰: 卿奄有馬韓之地, 介于鯨海之表云云. 端拱淳化間, 復因女眞奉表, 其後不至.
> 臣謹按, 渤海亡後, 契丹經理, 不及於鴨綠豆滿之南. 高麗初收復, 又不及於平安道之江界渭原廢四郡咸鏡道之鐵嶺以北. 故女眞得據其地, 似與定安分占也.

『송사』에 이르기를, "정안국(定安國)[36]은 본래 마한(馬韓)의 종족이다.[37] 요에 패한 바가

大玄錫 때 등으로 의견이 분분하다. 이 가운데 영토 확장과 중앙집권화 등에 근거하여 대인수 시기에 '해동성국'으로 불렸을 것으로 보는 견해가 유력하다(朱國忱·魏國忠 共著, 濱田耕策 譯, 1996, 60~61쪽; 金恩國, 1999, 125쪽 주 28; 김진광, 2012, 117쪽).

34) 『宋史』 卷491, 列傳 第250, 外國7, 「定安國」에는 '烈萬華'.
35) 『文獻通考』 卷327, 四裔考4, 「定安國」에는 '烏元明'.
36) 정안국은 발해 유민이 압록강 중류 지역에서 세운 나라로, 985년 거란 성종 때에 멸망당하였다. 정안국의 성립에 대해서 10여 년간 유지되었던 大氏의 後渤海가 자체 내의 왕위 찬탈전 결과 後唐 淸泰 3년으로부터 宋 開寶 3년 사이에 烈氏 定安國으로 바뀌었다고 보는 견해가 있고(和田淸, 1916; 李龍範, 1974, 77~78쪽), 압록강 유역의 大光顯 정권과 忽汗城의 그 숙부정권이 대립하다가 숙부정권이 승리하였으나, 南海府를 거점으로 하고 있던 烈氏 정권이 압록부를 차지하면서 건국되었다고 보는 견해가 있다(日野開三郞, 1951, 46쪽 주 3; 한규철, 1997, 9~10쪽).
37) 발해국의 후예인 정안국을 마한의 종족으로 설명한 것은, 고구려 멸망 전후 형성된 '마한이 고구려가 되었다'라는 삼한관의 영향이다. 이러한 인식이 정안국을 세운 발해 유민과 송나라에도 영향을 주고, '고구려(마한) → 발해 → 정안국'으로 이어지는 역사계승의식이 나타난 것으로 보인다(이효형, 2006, 8쪽). 신라인 최치원의 경우, '마한이 고구려, 변한이 백제, 진한이 신라'라고 보는 三韓觀을 보이는데, 이러한 인식은 『삼국사기』, 『삼국유사』를 비롯하여 고려와 조선 전기까지 영향을 주었다. 韓百謙 (1552~1615)이 지은 『東國地理志』와 『東京雜記』 등에서 최치원의 삼한설이 부정된 뒤 실학자들에

되어 남은 무리가 그 서쪽 변경을 지켜 나라를 세우고 연호를 고쳐서 정안국이라 불렀다. 개보(開寶) 3년(970) 그 왕 열만화(烈萬華)가 여진이 입공(入貢)하는 것을 통해 [송나라에] 표문을 붙이고 공물을 바쳤다. 태종 때 그 왕 오현명(烏玄明)이 다시 여진을 통해 표문을 올렸다. 대략 '신은 본래 고구려의 옛 땅과 발해의 남은 백성으로서 이 귀퉁이를 보존하였습니다.'라고 했다. 태종이 칙서로 답을 하였는데, 대략 '경은 진실로 마한의 땅을 차지하여 바닷가에 끼여 있구나.'라고 하였다. 단공(端供)·순화(淳化) 연간에 다시 여진을 통해 표문을 받들어 올렸으나, 그 뒤로는 이르지 않았다"고 하였다.

신이 삼가 살펴보건대, 발해가 망한 뒤 거란의 통치가 압록강과 두만강 남쪽에 미치지 못하였습니다. 고려 초에 수복한 곳도 또한 평안도 강계(江界)·위원(渭原)·폐사군(廢四郡)과 함경도의 철령 이북에 이르지 못하였습니다. 이런 까닭으로 여진이 그 땅을 차지하였으니, 아마도 정안과 더불어 나누어 차지한 것이 아닌가 합니다.

○ 권제13, 여지고(輿地考) 1, 역대국계(歷代國界) 1, 당구도독부(唐九都督府)

白石城【按盛京志, 高句麗白崖城, 渤海爲白巖城. 在今遼陽州城東五十七里石城山, 有古壘, 疑此白石城.】

백석성(白石城)【『성경통지』를 살펴보건대, "고구려 백애성(白崖城)을 발해가 백암성(白巖城)으로 삼았다. 지금 요양주성(遼陽州城) 동쪽 57리의 석성산(石城山)에 옛 보루가 있는데, 이것이 백석성으로 의심된다"고 하였다.】

○ 권제14, 여지고(輿地考) 2, 역대국계(歷代國界) 2, 신라국(新羅國)

〖補〗聖德王三十四年, 唐[38])勅賜浿江以南地, 至唐岳土山爲界. 後浿北之地, 唐亦不能有, 而[39])渤海靺鞨所據矣. 東北濊貊地, 曾已入羅, 而北界止於井泉郡. 景德王築炭項關門, 疑今德源府鐵關之地也.

의해 '마한은 백제, 변한은 가야, 진한은 신라'라는 견해가 정설화되었다(金炳坤, 2005).
38) 국립중앙도서관 〈古031-28〉에는 '唐'이 없다.
39) 국립중앙도서관 〈古031-28〉에는 '而爲'.

[보] 성덕왕(聖德王) 34년(735)에 당이 패강 이남의 땅을 칙명으로 내려주니,[40] 당악(唐岳)·토산(土山)까지를 경계로 삼았다. 뒤에 패수 북쪽의 땅은 당도 역시 가질 수가 없었으며, 발해말갈이 차지한 바가 되었다. 동북 예맥의 땅은 일찍이 신라로 들어갔다. 그러나 북계는 정천군(井泉郡)[41]에서 그쳤다. 경덕왕이 탄항관문(炭項關門)을 쌓았는데, 아마도 지금의 덕원부 철관(鐵關) 땅이 아닐까 한다.

○ 권제14, 여지고(輿地考) 2, 역대국계(歷代國界) 2, 고려국(高麗國)

臣謹按, 今平安咸鏡二道, 自高句麗亡後, 爲渤海女眞之據, 弓裔所得, 只浿西十二鎭而已. 徐熙曰: 自契丹東京, 至我安北府, 皆爲生女眞所據, 光宗取之, 築嘉州松城. 熙乃成宗時人, 此其耳目所及者爾. 至光宗成宗, 拓地漸遠, 及其末葉, 鴨江之內, 乃盡得之. 麗志謂: 自唐以來, 以鴨綠爲限者, 其說踈矣. 東北則高麗之界, 在於今定平之都連浦, 柳韶長城所止處也. 咸州等九城, 睿宗時, 破女眞以築者, 而尋卽撤還. 至垂亡時, 雖得甲州吉州等地, 而非其本疆也. 今慶源鏡城富寧會寧鍾城慶興穩城等府, 皆我朝所闢也.

신이 삼가 살펴보건대, 지금의 평안·함경 두 도는 고구려가 망한 뒤부터 발해와 여진의 차지가 되었고, 궁예가 얻은 땅은 패서 12진(鎭)뿐이었습니다. 서희가 말하기를, "거란 동경으로부터 우리(고려)의 안북부(安北府)[42]까지는 모두 생여진이 차지한 바 되었는데, 광종께서 그것을 얻어 가주(嘉州) 송성(松城)을 쌓았다"라고 하였습니다. [서희는 곧 성종 때 인물이니 이것은 그가 귀로 듣고 눈으로 본 것이다. 광종과 성종에 이르러 점점 먼 곳까지 땅을 개척하였

---

40) 패강은 대동강을 가리킨다. 당은 발해를 견제하기 위해, 735년 신라로 귀국하는 金義忠 편에 浿江 이남을 신라 땅으로 정식으로 인정하는 칙서를 내렸다(『三國史記』 권제8, 신라본기 제8, 성덕왕 34년조).

41) 함경남도 德源(현재 문천)에 위치한다. 본래 고구려의 땅(泉井郡, 또는 於乙買)으로, 문무왕 21년(681)에 신라가 차지하였고, 경덕왕 때 정천군으로 이름을 바꿔 炭項關門을 쌓았다. 고려 태조 23년(940)에 湧州로 고쳤다(『삼국사기』 권제35, 「雜志」 4, 지리 2, 井泉郡).

42) 고려 때 寧州(현재 평안남도 안주)에 설치한 지방행정기구이다. 고구려 때 彭原郡으로, 931년(태조 14) 安北府를 설치하고, 983년(성종 2) 寧州安北大都護府로 고쳤고, 1018년(현종 9)에 안북대도호부로 고쳐 불렀다.

고, 그 말엽에 이르러서 압[록]강 안쪽은 이내 모조리 차지하였다. 『고려사』「지리지」에 "당나라 이래로부터 압록[강]을 국경으로 삼았다"고 한 그 말은 치우친 것이다. 동북, 즉 고려의 국경은 현재 정평(定平)의 도련포(都連浦)에 있는데 유소(柳韶)가 쌓은 장성이 끝나는 곳이다. 함주(咸州) 등 9성은 예종 때 여진을 격파하고 쌓은 것으로, 얼마 지나지 않아 바로 물러나 돌려주었다. 나라가 망할 때에 이르러서는 비록 갑주(甲州)·길주(吉州) 등지를 얻기는 하였지만, 그것은 본래 [우리의] 강역이 아니었다. 지금 경원(慶源)·경성(鏡城)·부령(富寧)·회령(會寧)·종성(鍾城)·경흥(慶興)·온성(穩城) 등의 부(府)는 모두 우리 조정(조선)이 개척한 것이다.

○ 권제15, 여지고(輿地考) 3, 군현연혁(郡縣沿革) 1, [고려]안변부속현(安邊府屬縣) 7

〚續〛臣謹按, 女眞者, 渤海之種也. 渤海之亡, 其民始去靺鞨之名, 稱爲女眞. 契丹慮爲後患, 徙其豪右數千家於遼陽, 而著籍焉, 使不得與本國相通, 號熟女眞, 卽我所稱西女眞也. 其在本國, 不籍契丹者, 號生女眞, 卽我所稱東女眞也. 生女眞之地, 在長嶺【白頭山大幹】之東豆滿江之南北, 熟女眞之地, 在長嶺之西鴨綠江之北. 然其在西而不籍於契丹者, 西亦生也.

〚속〛신이 삼가 살펴보건대, 여진은 발해의 종족입니다. 발해가 망하자 그 백성들이 비로소 말갈이라는 이름을 버리고 여진이라 일컬었습니다. 거란이 후환이 될까 염려하여 그 호족 수천 가구를 요양(遼陽)으로 옮기고 호적에 올려, 본국(발해)과 더불어 서로 통할 수 없게 하고 숙여진(熟女眞)이라 불렀습니다. 바로 우리가 부르는 서여진입니다. 그 본국에 있으면서 거란의 호적에 오르지 않은 자들은 생여진(生女眞)이라 부르는데, 곧 우리가 부르는 동여진입니다. 생여진의 땅은 장령(長嶺)【백두산의 큰 줄기】의 동쪽과 두만강의 남북에 있고, 숙여진의 땅은 장령의 서쪽과 압록강의 북쪽에 있습니다. 그러나 서쪽에 있으면서 거란의 호적에 없는 자는 서쪽이어도 역시 생[여진]입니다.

○ 권제15, 여지고(輿地考) 3, 군현연혁(郡縣沿革) 1, [고려]강계부(江界府)·니성부(泥城府)·수주(隨州)

〖續〗疆域考日: 西北路沿革續日: 高麗旣滅, 唐司【九都督府】漸遠浿西之地, 淪爲賊藪二百餘年, 惟鴨水之沿, 爲渤海所得, 渤海之亡, 變爲女眞. 弓裔始克平壤, 分定浿西十三鎭. 高麗之初, 姑以薩水【謂馬歇灘.】爲界, 定宗以後, 稍收薩北之地.【指定宗築城事.】

〖속〗『강역고』에서 "「서북로연혁속(西北路沿革續)」에 이르기를, 고구려가 이미 망하고 당사(唐司)【9도독부(九都督府)】가 점차 패서의 땅에서 멀어져, 200여 년간 도적의 소굴이 되었다. 오직 압수(鴨水) 연안만은 발해가 얻었다가 발해가 망하자 변하여 여진이 [얻게] 되었다. 궁예가 비로소 평양을 얻고 나누어 패서 13진을 설치하였다. 고려 초에는 겨우 살수【마헐탄(馬歇灘)이라 부른다.】로 경계를 삼았지만 정종 이후에는 점차 살수 북쪽 땅을 수복하였다.【정종이 축성한 일을 가리킨다.】"고 말하였다.

○ 권제18, 여지고(輿地考) 6, 군현연혁(郡縣沿革) 4, [조선]황해도(黃海道)

東國地志, 今黃海道內闕口升山麻耕伊板麻串熊閑伊甕邊長淵付珍伊鵠島仇乙峴栗口楊嶽諸地, 新羅經理所不及者也.
〖臣〗謹按, 右十二邑, 不入於景德王改名中, 故云. 然而當時未有割據者, 只與渤海爲隣. 而新羅之界, 至浿江以南唐岳土山, 則渤海何以介於其間, 而得有此地乎. 是必同入於漢州管內, 景德王時改名中者, 而地志之有脫落也. 瀑池重盤棲嵒三郡, 皆無一屬縣, 此固可疑. 且新羅地志, 摠言漢州所管郡二十七縣四十八, 而今以列錄郡縣者考之, 郡只二十五縣只四十三, 而二郡五縣闕焉. 然則十二邑, 乃在於闕落中者, 而非新羅經理之不及也. 唐書賈耽云: 自登州過海, 乃南傍海壖, 過浿江口椒島, 得新羅西北之境. 按, 椒島在豊川府北四十里, 而豊川在十二邑爲西北地盡處, 十二邑之爲新羅有者, 於此又可證也.

『동국지지』에 지금 황해도 내의 궐구(闕口)·승산(升山)·마경이(麻耕伊)·판마곶이(板麻

串)·웅한이(熊閑伊)·옹천(甕遷)·장연(長淵)·부진이(付珍伊)·곡도(鵠島)·구을현(仇乙峴)·율구(栗口)·양악(楊嶽) 등 지역은 신라의 경영이 미치지 않던 곳이라고 하였다.

 〖신〗 삼가 살펴보건대, 위의 12개 고을은 경덕왕이 고친 이름 중에 들어가지 않았기 때문에 그렇게 말한 것입니다. 그러나 당시에는 나누어 차지한 자가 없었고 단지 발해와 이웃하였을 뿐입니다. 신라의 경계가 패강 이남의 당악(唐岳)과 토산(土山)에 이르렀다면, 즉 발해가 어찌 그 사이에 끼어 이 땅을 차지할 수 있었겠습니까? 필시 똑같이 한주(漢州) 관내에 들어갔고, 경덕왕 때에 이름을 고친 것 중에 지리지에서 빠뜨린 것이 있었을 것입니다. 폭지(瀑池)·중반(重盤)·서암(棲嵓) 3군은 모두 하나의 속현도 없는데, 이것은 정말로 의심할 만합니다. 또 『신라지지』에서, "한주가 관할하는 군 27개와 현 48개를 총괄하여 언급하였습니다. 그런데 지금 기록되어 있는 군현을 살펴보면, 군은 단지 25개이고 현은 43개로 2개 군과 5개 현이 빠져 있습니다. 그렇다면 12개 고을은 바로 빠진 것 중에 있는 것이지, 신라의 경영이 미치지 못하였던 것이 아닙니다. 『신당서』에 가탐이 말하기를, "등주에서부터 바다를 지나면 바로 남쪽 바닷가이고, 패강구 초도(椒島)를 지나면 신라 서북 경계에 이른다"고 하였습니다. 살펴보건대 초도는 풍천부(豊川府) 북쪽 40리에 있고, 풍천부는 12개 고을의 서북 끝자락에 있으니, 12개 고을을 신라가 소유했던 것을 여기에서 또한 증명할 수 있습니다.

○ 권제18, 여지고(輿地考) 6, 군현연혁(郡縣沿革) 4, [조선]함경도(咸鏡道)

後爲高句麗所有. 唐滅高句麗, 以其地屬安東都護府. 新羅得其南境, 隸溟州, 其北地, 沒於渤海, 因爲女眞所據, 稱曷懶甸.
北靑州【初沒於渤海, 因爲女眞所據. 睿宗逐女眞, 築城邑, 尋撤還.】
利原郡【高麗時, 沒於渤海, 因爲女眞所據.】
甲州【高麗時, 沒於渤海, 因爲女眞所據.】
洪獻縣【高麗時, 沒於渤海, 因爲女眞所據.】
慶源郡【高麗時, 沒於渤海, 因爲女眞所據.】
慶興郡【高麗時, 沒於渤海, 因爲女眞所據.】
鏡城郡【高麗時, 沒於渤海, 因爲女眞所據.】
會寧郡【高麗時, 沒於渤海, 因爲女眞所據.】

> 鍾城郡【高麗時, 沒於渤海, 因爲女眞所據.】
> 穩城郡【高麗時, 沒於渤海, 因爲女眞所據.】

[함경도] 뒤에 고구려의 소유가 되었다. 당이 고구려를 멸망시키고 그 땅을 안동도호부[43]에 소속시켰다. 신라가 그 남쪽 지역을 얻어 명주(溟州)에 예속시켰다. 그 북쪽 땅은 발해에 들어갔다가 이로 인하여 여진이 점거하여 갈라전(曷懶甸)이라 불렀다.

북청주(北靑州)【처음 발해에 들어갔다가 이로 인해 여진이 차지하게 되었다. 예종이 여진을 쫓아내고 성읍을 쌓았다가 얼마 지나지 않아 물러나 돌려주었다.】

이원군(利原郡)【고려 때 발해에 들어갔다가 이로 인해 여진이 차지하게 되었다.】

갑주(甲州)【고려 때 발해에 들어갔다가 이로 인해 여진이 차지하게 되었다.】

홍헌현(洪獻縣)【고려 때 발해에 들어갔다가 이로 인해 여진이 차지하게 되었다.】

경원군(慶源郡)【고려 때 발해에 들어갔다가 이로 인해 여진이 차지하게 되었다.】

경흥군(慶興郡)【고려 때 발해에 들어갔다가 이로 인해 여진이 차지하게 되었다.】

경성군(鏡城郡)【고려 때 발해에 들어갔다가 이로 인해 여진이 차지하게 되었다.】

회녕군(會寧郡)【고려 때 발해에 들어갔다가 이로 인해 여진이 차지하게 되었다.】

종성군(鍾城郡)【고려 때 발해에 들어갔다가 이로 인해 여진이 차지하게 되었다.】

온성군(穩城郡)【고려 때 발해에 들어갔다가 이로 인해 여진이 차지하게 되었다.】

---

[43] 668년 당나라가 고구려를 멸망시킨 뒤 평양에 안동도호부를 설치하고, 薛仁貴를 도호부사로 삼아 고구려 땅을 통치하도록 하였다. 고구려 부흥운동이 일어나고 신라가 고구려·백제 유민과 함께 당에 항쟁을 펼치자, 당은 한반도에서 물러나 676년 도호부를 遼東의 遼陽 지역으로 옮겼고, 677년에 다시 新城으로 옮겼다. 696년에는 요서 지역인 營州에서 거란 李盡忠의 난이 일어나며, 요동 지역 역시 전란에 휩싸였다. 대조영이 이끄는 고구려 유민과 말갈인들이 天門嶺전투에서 승리하며 발해 건국에 성공한 이후 요동에서 당의 세력은 크게 약화되었고, 당은 699년에 안동도호부를 안동도독부로 낮추고 幽州(지금의 北京)에 移屬시켰다. 이후 다시 도호부로 복귀되었다가 714년 平州로, 743년 遼西故郡城으로 府治를 옮겼으나, 安祿山의 난을 계기로 758년에 완전히 폐지되었다(日野開三郎, 1984, 26~36쪽; 권은주, 2010).

○ 권제18, 여지고(輿地考) 6, 군현연혁(郡縣沿革) 4, 평안도(平安道)

後爲高句麗所有. 唐滅高句麗, 爲九都督府, 置安東都護府於平壤, 以鎭之. 後唐以浿江以南之地, 賜新羅, 新羅隸于漢州, 江北皆入於渤海女眞. 後弓裔定十三鎭, 高麗漸次收復.

安北府【本高句麗息城郡, 新羅景德王改重盤郡. 後沒於渤海, 因爲女眞所據.】
安水鎭【本高句麗地, 沒於渤海, 因爲女眞所據.】
宣州【本高句麗地, 後沒於渤海, 因爲女眞所據.】
咸化鎭【… 本高句麗地, 後沒於渤海, 因爲女眞所據.】
嘉州【本高句麗地, 後沒於渤海, 因爲女眞所據.】
泰州【本高句麗地, 後沒於渤海, 因爲女眞所據.】
龜州【本高句麗地, 後沒於渤海, 因爲女眞所據.】
郭州【本高句麗地, 後沒於渤海, 因爲女眞所據.】
博州【本高句麗地, 後沒於渤海, 因爲女眞所據.】
順州【本高句麗地, 後沒於渤海, 因爲女眞所據.】
孟州【孟一作猛. 本高句麗縣, 後沒於渤海, 因爲女眞所據.】
德州【本高句麗地, 後沒於渤海, 因爲女眞所據.】
龍州【本高句麗地, 後沒於渤海, 因爲女眞所據.】
朔州【本高句麗地, 後沒於渤海, 因爲女眞所據.】
鐵州【本高句麗地, 後沒於渤海, 因爲女眞所據.】
寧遠鎭【本高句麗地, 沒於渤海, 因爲女眞所據.】
昌州【本高句麗地, 後沒於渤海, 因爲女眞所據.】
淸塞鎭【本高句麗地, 後沒於渤海, 因爲女眞所據.】
隨州【本高句麗地, 後沒於渤海, 因爲女眞所據.】
義州【本高句麗地, 後沒於渤海, 因爲女眞所據.】
江界府【本高句麗地, 後沒於渤海, 因爲女眞所據.】
陰潼【本高句麗地, 後沒於渤海, 因爲女眞所據.】
楚山郡【本高句麗地, 後沒於渤海, 因爲女眞所據.】

[평안도] 뒤에 고구려의 소유가 되었다. 당이 고구려를 무너뜨려 9개의 도독부로 삼고 안동도호부를 평양에 설치하여 다스렸다. 뒤에 당이 패강 이남의 땅을 신라에게 내려주었다. 신라는 한주에 예속시켰고, 강북은 모두 발해와 여진으로 편입되었다. 뒤에 궁예가 13진을 정하였으며 고려가 점차 수복하였다.

안북부(安北府)【본래 고구려의 식성군(息城郡)으로, 신라 경덕왕이 중반군(重盤郡)으로 고쳤다. 뒤에 발해에 들어갔다가 이로 인해 여진이 차지하게 되었다.】

안수진(安水鎭)【본래 고구려 땅이었다. 발해에 들어갔다가 이로 인해 여진이 차지하게 되었다.】

선주(宣州)【본래 고구려 땅이었다. 뒤에 발해에 들어갔다가 이로 인해 여진이 차지하게 되었다.】

위화진(威化鎭)【… 본래 고구려 땅이었다. 뒤에 발해에 들어갔다가 이로 인해 여진이 차지하게 되었다.】

가주(嘉州)【본래 고구려 땅이었다. 뒤에 발해에 들어갔다가 이로 인해 여진이 차지하게 되었다.】

태주(泰州)【본래 고구려 땅이었다. 뒤에 발해에 들어갔다가 이로 인해 여진이 차지하게 되었다.】

귀주(龜州)【본래 고구려 땅이었다. 뒤에 발해에 들어갔다가 이로 인해 여진이 차지하게 되었다.】

곽주(郭州)【본래 고구려 땅이었다. 뒤에 발해에 들어갔다가 이로 인해 여진이 차지하게 되었다.】

박주(博州)【본래 고구려 땅이었다. 뒤에 발해에 들어갔다가 이로 인해 여진이 차지하게 되었다.】

순주(順州)【본래 고구려 땅이었다. 뒤에 발해에 들어갔다가 이로 인해 여진이 차지하게 되었다.】

맹주(孟州)【맹(孟)은 맹(猛)이라고도 한다. 뒤에 발해에 들어갔다가 이로 인해 여진이 차지하게 되었다.】

덕주(德州)【본래 고구려 땅이었다. 뒤에 발해에 들어갔다가 이로 인해 여진이 차지하게 되었다.】

용주(龍州)【본래 고구려 땅이었다. 뒤에 발해에 들어갔다가 이로 인해 여진이 차지하게 되었다.】

삭주(朔州)【본래 고구려 땅이었다. 뒤에 발해에 들어갔다가 이로 인해 여진이 차지하게 되었다.】

철주(鐵州)【본래 고구려 땅이었다. 뒤에 발해에 들어갔다가 이로 인해 여진이 차지하게 되었다.】

영원진(寧遠鎭)【본래 고구려 땅이었다. 뒤에 발해에 들어갔다가 이로 인해 여진이 차지하게 되었다.】

창주(昌州)【본래 고구려 땅이었다. 뒤에 발해에 들어갔다가 이로 인해 여진이 차지하게 되었다.】

청새진(淸塞鎭)【본래 고구려 땅이었다. 뒤에 발해에 들어갔다가 이로 인해 여진이 차지하게 되었다.】

수주(隨州)【본래 고구려 땅이었다. 뒤에 발해에 들어갔다가 이로 인해 여진이 차지하게 되었다.】

의주(義州)【본래 고구려 땅이었다. 뒤에 발해에 들어갔다가 이로 인해 여진이 차지하게 되었다.】

강계부(江界府)【본래 고구려 땅이었다. 뒤에 발해에 들어갔다가 이로 인해 여진이 차지하게 되었다.】

음동(陰潼)【본래 고구려 땅이었다. 뒤에 발해에 들어갔다가 이로 인해 여진이 차지하게 되었다.】

초산군(楚山郡)【본래 고구려 땅이었다. 뒤에 발해에 들어갔다가 이로 인해 여진이 차지하게 되었다.】

○ 권제25, 여지고(輿地考) 13, 관방(關防) 1, 성곽(城郭) 1

〖補〗光宗二年春, 城威化鎭.【今雲山.】後又城撫州及安朔鎭.【竝今補寧邊.】十一年, 渤海亡, 自契丹東京, 至我安北府,【今安州.】數百里之地, 皆爲生女眞所據. 至是王取之, 築隱忽【今嘉山,44)】城45)松城兩城.

〖보〗 광종 2년(951) 봄에 위화진(威化鎭)【지금의 운산(雲山)이다.】에 성을 쌓고, 뒤에 또 무주(撫州)와 안삭진(安朔鎭)【함께 지금 영변을 보충한다.】에 성을 쌓았다. 11년(928)[46] 발해가 망하자, 거란 동경부터 우리의 안북부(安北府)【지금의 안주(安州)이다.】까지 수백 리 땅을 모두 생여진이 차지하였다. 이때에 이르러 왕이 그것을 얻어 습홀(隰忽)【지금의 가산(嘉山)[47]이다.】성과 송성(松城) 두 성을 쌓았다.

○ 권제35, 여지고(輿地考) 23, 관방(關防) 11, 해로(海路) 3【서해정관(西海亭館)】

> 高麗時, 宋都在汴, 故使行抵登州登陸. 帝詔登州置舘于海次以接待, 此顯宗甲寅也. … 因高麗, 延二帝由海道歸, 而麗人以金東濱大海, 尤習水戰, 若知淮浙形勢, 則浮海襲其不意, 爲戒. 是出於恐動退托者, 而亦非無理之言也. 以大氏越海殺登州刺史, 觀之, 可知也.

고려 때 송나라의 도읍이 변경(汴京)에 있었기 때문에 사신 행렬이 등주에 이르러 뭍으로 올랐다. 황제가 등주에 조서를 내려 해차(海次)[48]에 객사를 두어 [사신을] 접대하라고 하였는데, 이때가 현종 갑인년이다. … 이로 인해, 고려가 두 황제 시기에는 해도로 돌아왔다. 그러나 [고]려인은 금나라가 동쪽으로 큰 바다와 인접하고 있어서 도리어 수전(水戰)에 능하니 만약 [이들이] 회수(淮水)와 절강(浙江)의 형세를 안다면, 곧 바다를 건너 불의에 습격할까 하여 경계로 삼았다. 이것은 두렵게 하고 뒤로 빼면서 핑계하며 나온 것이지만, 또한 무리한 말은 아니었다. 대씨가 바다를 건너 등주자사를 죽였는데, 그것을 보더라도 알 수 있다.

---

44) 평안북도 박천 지역의 옛 이름이다.
45) 국립중앙도서관〈古031-28〉에는 '城'이 없다.
46) 『遼史』권2, 本紀2, 太祖下에 의하면, 발해가 멸망한 시기는 926년, 즉 고려 태조 9년으로 본문의 11년과는 2년의 차이가 있다.
47) 평안북도 박천 지역의 옛 이름이다.
48) 바닷가에서 배를 정박하는 장소.

○ 권제35, 여지고(輿地考) 23 관방(關防) 11, 해로(海路) 5【조로(漕路)】

> 我東自失遼界以後, 陸路世梗. 羅濟時有句驪渤海, 高麗時有契丹金蒙古, 光海以後, 北路又不通, 自非天下一統遼瀋入版圖之時, 則皆以海路通也.

우리 동[국]은 요동의 땅을 잃은 뒤로부터 육로가 대대로 막혔다. 신라와 백제 때에는 고구려와 발해가 있었고, 고려 때에는 거란·금·몽고가 있었다. 광해군(光海君) 이후 북로가 다시 통하지 않았으니, 천하가 하나로 통일되어 요심(遼瀋)이 판도에 포함되지 않은 시기에는 모두 해로로 교통하였다.

○ 권제36, 여지고(輿地考) 24, 『속(續)』 부 북간도강계(附北間島疆界)【역칭간도(亦稱墾島)】

> 北間島, 卽豆滿江之北, 而茂山會寧鍾城隱城之對岸也. 原屬高句麗之疆土, 高氏亡, 後爲渤海大氏所據, 及渤海亡, 地入遼金.

북간도(北間島)는 곧 두만강 북쪽이니, 무산(茂山)·회령(會寧)·종성(鍾城)·온성(穩城)의 맞은편 기슭이다. 원래 고구려 강토에 속하였는데, 고씨가 망하고 뒤에 발해 대씨가 차지하였다가, 발해가 망하게 되자 [그] 땅은 요·금으로 들어갔다.

○ 권제36, 여지고(輿地考) 24, 『속(續)』 부 서간도강계(附西間島疆界)

> 西間島者, 古高句麗卒本國內城之地也. 渤海時爲率賓府, 領華益建二州. 後沒於女眞.

서간도는 옛 고구려 졸본·국내성의 땅이다. 발해 때에는 솔빈부(率賓府)[49]로 삼아 화주(華州)·익주(益州)·건주(建州) 3주를 다스렸다. 뒤에 여진에 들어갔다.[50]

---

49) 그 이름이 綏芬河와 발음이 유사하여 현재 수분하 지역으로 보는 것이 통설이다. 率賓府의 이름은 遼代에도 그대로 쓰였으나, 金·元代에는 '恤品'·'速頻'·'蘇濱'의 이름으로 史書에 보이며, 淸代에는 綏芬路로 알려져 있었다.

○ 권제46, 『보(補)』제계고(帝系考) 7, 부 씨족(附氏族) 1

高麗太祖 … 九年, 契丹滅渤海. 渤海太子大光顯來奔, 賜姓名王繼, 附之宗籍.

고려 태조 … 9년(926) 거란이 발해를 멸망시켰다. 발해 태자 대광현(大光顯)이 도망하여 오니 왕계(王繼)라는 성과 이름을 내려주고 종적(宗籍)에 붙였다.

○ 권제52, 『보(補)』제계고(帝系考) 13, 부 씨족(附 氏族) 7

太氏【周泰顚之後 以太爲氏.】
永順【尙州屬縣】太氏始祖集成.【高麗時, 永順部曲村民, 有姓太者, 捕賊有功, 陞部曲爲縣, 遂爲土姓. ○ 世傳, 其先本渤海國王之姓, 高宗時, 集成守司空.】
坡平【坡州別號】太氏, 龍仁太氏, 陽川太氏, 羅州太氏, 南原太氏, 珍山太氏, 慶州太氏, 尙州太氏, 太山【金海地方】太氏, 密陽太氏, 順興太氏, 陝川太氏, 永川太氏, 亏爾【醴泉地方】太氏, 義城太氏, 玄風太氏, 平山太氏, 白川太氏, 牛峯【今入金川】太氏, 成川太氏, 臨道【通川屬縣】太氏【中國投化人】, 順川太氏.

태씨(太氏)【주(周) 태전(太顚)의 후손으로, 태(太)를 씨로 삼았다.】

영순(永順)【상주(尙州)의 속현】 태씨 시조는 집성(集成)이다.【고려 때 영순부곡(永順部曲) 촌민(村民)으로 성이 태인 자가 있었다. 도적을 잡은 공이 있으므로 부곡을 올려 현으로 삼으니, 드디어 토성이 되었다. ○ 대대로 전해지길, 그 조상은 본래 발해국왕의 성으로, 고종 때 집성(集成)이 수사공(守司空)이 되었다고 한다.】

파평(坡平)【파주(坡州)의 별칭】 태씨·용인(龍仁) 태씨·양천(陽川) 태씨·나주(羅州) 태씨·남원(南原) 태씨·진산(珍山) 태씨·경주(慶州) 태씨·상주(尙州) 태씨·태산(太山)【김해 지방】 태씨·밀양(密陽) 태씨·순흥(順興) 태씨·합천(陝川) 태씨·영천(永川) 태씨·우이

---

50) 『新唐書』 卷219, 列傳 第144, 「渤海」에는 '솔빈의 옛 땅'으로 솔빈부를 삼았다고 기록되어 있다. 한편 '고구려의 옛 땅'으로 서경 압록부를 삼았고, 神州와 桓州가 속현으로 나와 졸본과 국내성이 위치한 서간도는 발해의 서경 압록부 지역에 해당한다.

(亐爾)【예천 지방】 태씨·의성(義城) 태씨·현풍(玄風) 태씨·평산(平山) 태씨·배천(白川) 태씨·우봉(牛峯)【지금은 김천(金川)에 편입】 태씨·성천(成川) 태씨·임도(臨道)【통천(通川)의 속현】 태씨【중국에서 투화해 온 사람】·순천(順川) 태씨.

○ 권제53, 『보(補)』 제계고(帝系考) 14, 부 씨족(附氏族) 8

大氏【高麗太祖九年, 渤海爲契丹所滅, 世子大光顯來奔, 賜姓名王繼, 附之宗籍.】
隱氏【高麗太祖十一年, 渤海人隱繼宗來投.】

대씨(大氏)【고려 태조 9년(926)에 발해가 거란에게 멸망하여 세자 대광현이 도망해 오자, 왕계(王繼)라는 성과 이름을 내려주고, 종적에 붙였다.】
은씨(隱氏)【고려 태조 11년(928)에 발해인 은계종(隱繼宗)이 투항하여 왔다.】

○ 권제79, 예고(禮考) 26, 장복(章服) 1

渤海服章, 亦有紫緋綠牙笏金銀魚之制.

발해 복장(服章)에는 또한 자주색·붉은색·초록색 [관복]과 아홀(牙笏), 금어(金魚)·은어(銀魚)의 제도가 있다.[51]

○ 권제106, 악고(樂考) 17, 속부악(俗部樂) 1, 백제악(百濟樂)

〚補〛文獻通考曰: 渤海俗, 每歲時, 聚會作樂, 先命善歌舞者, 數輩前行, 士女隨之, 更迭倡和, 宛轉回旋, 號曰踏鎚.

〚보〛『문헌통고』에 이르기를, 발해 풍속에 매년 새해에 모여서 즐겼다. 먼저 노래와 춤을 잘하는 자에게 명하여 여러 차례 앞서 나가게 하면 사녀(士女)들이 그 뒤를 따르며 번갈아

---

[51] 『新唐書』 卷219, 列傳 第144, 「渤海」에는 발해의 관리 복장에 대해 "以品爲秩, 三秩以上服紫, 牙笏·金魚. 五秩以上服緋, 牙笏·銀魚. 六秩·七秩淺緋衣, 八秩綠衣, 皆木笏"라고 하였다.

노래를 부르면서 천천히 빙글빙글 도는데, 이를 답추(踏鎚)라고 부른다.

○ 권제119, 병고(兵考) 11, 부 논외방군제(附論外方軍制)

申欽曰: 我國之兵, 多兩南西北之賦, … 西北之地, 與戎接, 卽高句麗渤海之墟也.

신흠(申欽)이 말하기를, "우리나라 병제에는 양남(兩南)과 서북의 부역이 많다. … 서북의 땅은 오랑캐와 붙어 있는데, 바로 고구려와 발해의 터이다"라고 하였다.

○ 권제161, 호구고(戶口考) 1, 역대호구(歷代戶口)

〖補〗太祖 … 三年, 渤海爲契丹所侵, 世子大光顯將軍申德等, 率數萬戶, 來投高麗.

〖보〗태조 … 3년(920) 발해가 거란의 침략을 받으니, 세자 대광현, 장군 신덕(申德) 등이 수만 호를 이끌고 와서 고려에 투항하였다.[52]

〖補〗九年, 渤海將軍申德開國男朴漁等, 率衆來附者, 前後數萬戶.

〖보〗[태조] 9년(926) 발해 장군 신덕과 개국남 박어(朴漁) 등이 무리를 이끌고 내부하니 앞뒤로 수만 호였다.

〖補〗十二年, 渤海正近等三百餘人來投.

〖보〗[태조] 12년(929) 발해 정근(正近) 등 300여 인이 투항해 왔다.

---

52) 이 기사의 연도는 잘못되었다. 『高麗史』 卷1, 世家1, 태조 8년(925) 9월조에는 발해 장군 신덕이 500인과 함께 고려로 투항해 온 것으로, 태조 17년(934) 7월조에는 발해국 세자 대광현이 무리 수만을 이끌고 투항한 것으로 나온다.

〖補〗十七年, 渤海世子大光顯, 率衆數萬來奔, 使處白州. 又渤海陳林等一百六十人來附.

〖보〗 [태조] 17년(934) 발해 세자 대광현이 무리 수만을 이끌고 도망 오니 [그들을] 백주(白州)에 살게 하였다.[53] 또 발해 진림(陳林) 등 160인이 내부하였다.

〖補〗二十一年, 渤海人朴昇, 以三千餘戶來投.

〖보〗 [태조] 21년(938) 발해인 박승(朴昇)이 3천여 호를 이끌고 와서 투항하였다.

〖補〗景宗四年, 渤海人數萬來投.

〖보〗 경종 4년(979) 발해인 수만이 와서 투항하였다.

〖補〗顯宗…二十一年, 契丹奚哥渤海民五百餘人來投, 處之江南州郡.

〖보〗 현종 … 21년(1030) 거란 해가(奚哥)와 발해민 5백여 인이 와서 투항하니 이들을 강남의 주군에 살게 하였다.

---

53) 대광현이 고려에 투항한 시기에 대해『高麗史』世家에는 934년으로, 年表에서는 925년으로,『東國通鑑』에는 926년 봄에 내투한 것으로 다르게 기록되어 있다(임상선, 1999, 124쪽 주 93·94) 이를 통해 대광현이 925년에 고려로 내투하였으나 934년에 가서야 특별 대우를 받은 것으로 보기도 하며(金光錫, 1983, 158~163쪽; 이효형, 2002, 38쪽), 후발해인으로서 대광현이 홀한성을 중심으로 세력을 규합한 대인선의 동생과 대립하는 과정에서 패하여 내투하였다고 보는 견해(日野開三郎, 1951, 31~33쪽), 대광현과 동행한 인원을 근거로 압록강 유역에서 활동하다가 934년경에 투항했다고 보는 견해(한규철, 1997, 25쪽) 등이 있다.

○ 권제171, 〚보(補)〛교빙고(交聘考) 1, 역대조빙(歷代朝聘) 1, 성덕왕(聖德王)

> 二十三年【開元十二年】, 遣金武勳, 入唐賀正. 時浿北之地, 盡爲渤海所幷.

[성덕왕] 23년(724)【개원 12년】 김무훈(金武勳)을 보내어 당에 들어가 새해를 축하하였다[賀正]. 이때 패수 북쪽의 땅은 모두 발해가 아우르는 바가 되었다.

> 三十二年【開元二十一年】, 唐以渤海靺鞨越海入寇登州, 遣太僕員外卿金思蘭歸國, 加冊王爲開府儀同三司寧海軍使, 發兵擊靺鞨.

[성덕왕] 32년(733)【개원 21년】 당이 발해말갈이 바다를 건너 등주를 노략질하자 태복원외경(太僕員外卿) 김사란(金思蘭)54)을 보내 귀국하여 [신라]왕의 책봉을 더하여 개부의동삼사(開府儀同三司)55) 영해군사(寧海軍使)56)로 삼고, 군사를 내어 말갈을 공격하게 하였다.

> 三十四年【開元二十三年】, 遣金義忠, 入唐賀正. 副使金榮在唐身死, 贈光祿少卿. 時高句麗之地, 皆入渤海, 而新羅只得其南邊. 至是義忠迴, 勅賜浿江以南地.

[성덕왕] 34년(735)【개원 23년】 김의충(金義忠)을 보내어 당에 들어가 새해를 축하하였다. 부사 김영(金榮)이 당에서 죽자, 광록소경(光祿少卿)을 추증하였다. 이때 고구려의 땅은 모두 발해로 들어갔고, 신라는 단지 남쪽 변두리만을 얻었다. 의충이 돌아감에 이르러 칙명으로

---

54) 신라의 왕족으로 일찍이 당나라에 건너가 太僕員外卿(『삼국사기』 권제8, 「신라본기」 제8, 성덕왕 32년)을 받고, 宿衞로 있었다. 732년(성덕왕 31) 발해가 당나라의 登州를 공격하자, 당 현종이 이듬해 7월 김사란을 귀국시켜 신라에게 발해의 남쪽을 공격하게 하였다. 『册府元龜』에는 개원 21년(733) 정월 신라에 사신으로 간 것으로 나온다(『册府元龜』 권975, 外臣部20 褒異2).

55) 唐나라 文散階 가운데 종1품. 중국 後漢과 魏晉南北朝 시기부터 사용되었으며, 文散官의 최고 품계의 대우를 받았다. 三司와 마찬가지로 스스로 관아[府]를 설치하여 屬官을 둘 수 있었다.

56) 영해군사는 발해가 바닷길을 통해 당의 登州를 공격하자, 바닷길을 안정시킬 목적으로 733년 신라 성덕왕에게 임시로 준 使職이었다. 그러나 이후 신라왕의 책봉호의 하나로 계속 사용되었다.

패강 이남의 땅을 내려주었다.

○ 권제171, 〖보(補)〗교빙고(交聘考) 1, 역대조빙(歷代朝聘) 1, 진성왕

> 十一年【唐乾寧四年】, 主以民窮盜起, 避賢讓位, 禪位於兄子嶢, 命崔致遠製主讓位表. 有曰: 居羲仲之官, 非臣素分, 守延陵之節, 是臣良圖. 又製嶢嗣位表, 遣使入唐告奏.
> 時[57]渤海國自謂國大兵強, 而入唐朝獻, 使臣坐於新羅使之下. 至是其賀正使王子大封裔, 進狀謂許渤海居新羅之上. 帝詔以國名先後, 比[58]不因強弱而稱, 朝制等威, 今豈以盛衰而改. 宜仍舊貫, 准此宣示. 王因遣使, 附表以謝曰: 渤海莫愼守中, 唯圖犯上, 恥爲牛後, 覬作龍頭, 妄有論陳, 初無畏忌. 向非陛下英襟獨斷, 神筆橫飛, 則槿花鄕廉讓自沈, 楛矢國毒痛愈盛云云.【崔致遠之辭.】

[진성왕] 11년(897)【당 건녕(乾寧) 4년】 임금이 백성이 궁핍하고 도적이 일어남으로 해서 어진 이에게 자리를 비켜주어 양위하고자 형의 아들 요(嶢)에게 선위하고, 최치원에게 명하여 임금이 양위하는 표문을 짓게 하였다. 이르기를, "희중(羲仲)의 관직[59]에 있는 것은 신(臣)의 본분이 아니며, 연릉(延陵)의 절개[60]를 지키는 것이 신의 좋은 계책입니다"라고 하였다. 또 요가 왕위를 잇는 표문을 지어서, 사신을 보내 당에 들어가 아뢰었다.

당시 발해국은 스스로 나라가 크고 군사가 강하다고 말하였다. 그러나 당에 들어가서 조헌(朝獻)하면서, 사신이 신라 사신의 아래에 앉게 되었다. 이때에 이르러 그 하정사(賀正使)인 왕자 대봉예(大封裔)가 장문(狀文)을 올려, 발해가 신라의 위에 있도록 허락해달라고 하였다. 황제가 조서로써, "국명의 선후는 강함과 약함으로 일컫지 아니하니, 조정 제도와 등급의 위엄을 지금 어찌 성쇠로 고치겠는가? 마땅히 옛 관습을 따라야 할지니, 이에 따라 널리

---

57) 국립중앙도서관 〈古031-28〉에는 '初'.
58) 국립중앙도서관 〈古031-28〉에는 '此'.
59) 희중은 중국 전설상의 요임금이 嵎夷 지역에 머물게 하여 동방의 군주가 된 인물이다. 여기서 희중의 관직이란 신라왕의 자리를 의미한다.
60) 춘추 吳나라 오왕 壽夢이 막내아들인 季札을 후계자로 삼으려 했으나, 위로 형들에게 양위한 고사에 빗댄 것이다. 계찰은 延陵 季子, 州來 季子 등으로 불렸다.

알린다"고 하였다.[61] 왕께서 이로 인하여 사신을 보내 표문을 부쳐 감사하며 말하기를, "발해가 신중히 중도(中道)를 지키지 않고, 오직 윗자리를 범하고자 도모하여, 소 꼬리가 되는 것을 부끄러워하고 용머리가 되고자 엿보면서, 함부로 말하는 데 있어 처음부터 두려움과 거리낌이 없었습니다. 지난번에 폐하의 영명한 생각으로 홀로 결단하여 신필(神筆)을 내리지 않으셨다면, 근화향(槿花鄕: 신라)의 염치와 겸양이 저절로 침몰하여 호시국(楛矢國: 발해)의 해악이 더욱 성했을 것입니다" 운운하였다.【최치원의 사(辭).】

○ 권제172, 『보(補)』 교빙고(交聘考) 2, 역대조빙(歷代朝聘) 2, 태조(太祖)

二十五年【天福七年】, 契丹遣使來聘, 遺橐駝五十匹. 王以契丹嘗與渤海連和, 卒背盟殄滅, 此甚無道, 不足連結爲隣, 遂絶交聘, 流其使三十人于海島, 繫橐駝于萬夫橋下, 皆餓死.

[태조] 25년(942)【천복(天福) 7년】 거란에서 사신을 보내와서 안부를 묻고 낙타 50필을 전하였다. 왕은 거란이 일찍이 발해와 서로 가까이하다가 갑자기 맹세를 저버리고 멸망시켰으니, 이는 무도함이 심하여 서로 관계를 맺어 이웃하기 부족하다고 하고, 마침내 교빙을 끊었다. 그 사신 30인을 해도로 귀향 보냈고, 낙타는 만부교(萬夫橋) 아래에 매어두니 모두 굶어 죽었다.

○ 권제180, 『보(補)』 교빙고(交聘考) 10, 역대각국교빙(歷代各國交聘), 현종(顯宗)

高麗顯宗五年, 鐵利國獻方物. 鐵利國在女眞東北, 故靺鞨部落, 而渤海置鐵利府, 後自起爲國. 宋初嘗入貢中國, 至是其主那沙使女眞萬豆, 來獻馬及貂鼠皮. 盖其路遠, 不能自達也.

고려 현종 5년(1014) 철리국에서 방물을 바쳤다. 철리국은 여진 동북에 있으며, 옛 말갈

---

61) 김종복은, 국력의 강약을 명분으로 한 발해의 요구에 대해 당시 내란 상황에 처해 있던 당이 기존 질서를 유지한다는 차원에서 신라의 편을 들어준 것으로서, 당 중심의 국제 질서에서 신라가 중요한 위치에 있었음을 보여주는 것이라고 인식하였다(김종복, 2014, 131~140쪽).

부락이다. 그리고 발해가 철리부62)를 두었었고 뒤에 스스로 일어나 나라가 되었다. 송나라 초에 일찍이 중국에 입공(入貢)하였는데, 이때에 이르러 그 임금 나사(那沙)가 여진 만두(萬豆)를 시켜 말과 담비가죽을 와서 바쳤다. 대개 그 길이 멀어 스스로 이를 수 없었다.

高麗顯宗十一年, 佛奈國來貢. 初勿吉有佛部,63) 在女眞最東. 渤海以其地爲東平府, 後自立爲國. 至是其酋長沙訶門, 因女眞獻土物, 此後無聞.

고려 현종 11년(1020) 불내국(佛奈國)에서 와서 공물을 바쳤다. 처음 물길에 불부64)가 있었는데, 여진의 제일 동쪽에 있었다. 발해가 그 땅으로 동평부(東平府)65)를 삼았다. 뒤에 스스로 서서 나라가 되었다. 이때에 이르러 그 추장 사가문(沙訶門)이 여진으로 인하여 토산물을 바쳤는데, 이후에는 들리는 바가 없었다.

高麗顯宗二十一年, 渤海酋長大延琳遣使, 上表乞師, 不許.

고려 현종 21년(1030) 발해 추장 대연림(大延琳)이 사신을 보내어 표를 올리고 군사를 애걸하였으나, 허락하지 않았다.

---

62) 鐵利는 말갈 7부 중에는 그 명칭이 없으나, 발해 건국 초기부터 고구려와 관계가 깊었던 불열, 월희 말갈과 함께 활동한 것으로 보아, 고구려 당시부터 있었고 고구려와 밀접한 관련이 있었던 것으로 보인다. 위치에 대해서는 圖們江北・輿凱湖의 南說(丁若鏞, 「渤海考」), 黑龍・烏蘇里江下流 地域說(松井等, 1913; 鳥山喜一, 1915), 木丹江流域說(津田左右吉, 1916), 阿什河流域說(池內宏, 1916), 松花江下流域의 依蘭地域說(小川裕人, 1937) 등이 있다.
63) 국립중앙도서관 〈古031-28〉에는 '佛涅部'.
64) '佛[涅]部'는 『新唐書』 卷219, 列傳 第144, 「渤海」에 기술되어 있는 '拂涅部'로 판단된다.
65) 拂涅部의 위치에 대해 논란이 있는 것과 마찬가지로, 동평부의 위치에 대해서도 여러 설이 있다. 흑수말갈의 일부가 발해 후기에 복속된 것으로 보지만, 행정구역 설치가 확인되고 있지 않으나 '黑州'와 '黑水'의 흑이 같은 글자이기 때문이다.

○ 권제237, 직관고(職官考) 24, 직전(職田) 녹봉(祿俸)

渤海通事六石十斗

발해통사(渤海通事)⁶⁶⁾ 6섬 10말

○ 권제242, 〖보(補)〗예문고(藝文考) 1, 역대서적(歷代書籍)

新唐書東夷傳.【高麗卽高句麗. 百濟新羅渤海附於北狄傳.】宋龍圖閣學士宋祁撰.
五代史四夷附錄.【高麗卽高句麗, 新羅渤海】宋參知政事歐陽修撰.
宋史.【高麗渤海】元丞相脫脫撰.
文獻通考.【朝鮮滿馬韓辰韓弁韓夫餘高句麗百濟新羅沃沮挹婁渤海】宋馬端臨撰.
渤海國記三卷, 新唐書藝文志, 文宗太和中, 幽州從事張建章所撰.

『신당서』「동이전」【고려, 즉 고구려, 백제·신라. 발해는 북적전에 붙인다.】은 송나라 용도각학사(龍圖閣學士) 송기(宋祁)가 지었다.

『오대사』「사이부록(四夷附錄)」【고려, 즉 고구려·신라·발해】은 송나라 참지정사 구양수(歐陽修)가 지었다.

『송사』【고려·발해】는 원나라 승상 탈탈(脫脫)이 지었다.

『문헌통고』【조선·만·마한·진한·변한·부여·고구려·백제·신라·옥저·읍루·발해】는 송나라 마단림(馬端臨)이 지었다.

『발해국기』⁶⁷⁾ 3권은 『신당서』「예문지」에서 문종 태화 연간에 유주종사 장건장(張建章)이 지었다고 하였다.

---

66) 발해(또는 발해 유민)와의 외교 사무를 관장하던 직책. 고려에 '발해통사'가 있었던 것은 발해 멸망 이후에도 발해 유민과의 교류가 많았음을 보여준다. 역관의 기능보다는 발해 유민들의 사회 사정과 지리에 익숙한 자들로서 연락·교섭을 담당하도록 두었던 직책으로 보기도 한다(이효형, 2002, 37쪽).

67) 『新唐書』卷58, 藝文志48 을부 사록 지리류, 『宋史』卷204, 藝文志157, 藝文3 地理類, 『宋史』卷249, 列傳 第8 王溥 등 여러 곳에 권수를 달리하며 『渤海國記』라고 되어 있으나, 「張建章墓誌銘」에는 『渤海記』로 표기되어 있다. 이에 대해 송기호는 후자가 옳다고 하였다(宋基豪, 1992, 500~502쪽; 이효형, 2002, 5~6쪽 주 1).

발해사 자료총서 – 한국사료 편 권1

30. 『기년아람(紀年兒覽)』

이만운(李萬運, 1723~1797)이 연표 형식으로 편찬한 역사책이다. 본래 『중국동방기년아람(中國東方紀年兒覽)』으로 편찬한 것을 이덕무(李德懋)가 수정·보완하여 완성하였다. 책의 서문에는 이만운의 서문과 이덕무의 서문이 함께 실려 있으며, 8권 4책으로 이루어져 있다. 『기년편람』이라고도 불렸다.

『기년아람』은 1~4권으로 이루어진 전반부에서는 중국의 역사, 5~8권으로 구성된 후반부에서는 우리나라 역사를 다루었다. 전반부 4책 중 1~3권에는 중국 고대부터 청대까지의 역대 왕조 순서대로 제왕의 묘호 및 연호를 나열하고, 그 이름, 생몰년, 재위, 능묘 및 주요 사건을 약술하는 한편 세계도를 실었다. 4권에서는 중국 역대의 도읍과 경계를 적었다. 후반부 4책 중 5권에서는 단군조선부터 고려까지의 역대 왕조를 시대순으로 나열하여 관련 사적을 기록하였고, 6권에서는 고대부터 고려까지의 영토를 기술하였다. 7권에서는 조선의 선원계통·왕위계보·연표를 정리하고, 8권에서는 팔도지리지 등을 서술하였다. 또한 보편에서는 가야, 발해, 일본, 유구 등 관련 기록도 간단하게 소개하였다.

이 책에 보이는 발해사 인식은 발해국(渤海國)과 정안국(定安國)을 고구려 속국(高句麗屬國)으로 규정한 것과 같이 신경준(申景濬)의 『강계고(疆界考)』의 역사인식을 계승하고 있다. 그러나 발해사 서술 과정에서는 단지 사료를 나열하는 수준에 불과하였고, 『신라고기』의 기록을 잘못 인용하여 "걸걸중상(乞乞仲象)이 고구려 장수"라고 잘못 적는 등의 오류도 확인된다. 「부 동국역대지계(附東國歷代地界)」에 실려 있는 발해사 항목도 권5의 「발해국(渤海國)」 내용과 그다지 차이가 없다.

아래 원문은 규장각 소장 〈奎7471〉본을 저본으로 삼고, 국립중앙도서관 소장의 『기년아람』

〈한古朝51-가3〉본을 비교본으로 활용하였다.

○ 권 1, 서, 이덕무자서(李德懋自序)

中國則起於鴻荒十紀之世, 迄于淸, 封建列國借竊之流, 無不備書, 疆域州郡, 亦附于後. 東方則三朝鮮四郡二府三韓三國高麗, 以至于今, 而屬國疆界郡縣總數 紀載于下.

중국은 즉 홍황십기(鴻荒十紀)의 시대[1]에 일어나 청에 이르기까지 봉건(封建) 여러 나라들이 교체되었던 흐름을 책에 갖추지 않은 것이 없으며, 강역과 주군(州郡) 역시 뒤에 붙였다. 동방은 바로 3조선·4군·2부·삼한·삼국·고려에서 지금에 이르기까지이며, 속국·강계·군현의 총수를 아래에 기록하였다.

○ 권 5, 고구려 속국(高句麗屬國) 정안국(定安國)

定安國【本馬韓之種. 收餘衆, 保西鄙, 稱定安國. 地界及始末未詳. ○ 高麗顯宗伐[2] 戊午, 定安國人骨須來降.】

정안국[3]【본래 마한의 종족이다.[4] 남은 무리를 거두어 서쪽 변경을 지키고 정안국이라 불렀

---

1) 중국 전설상 盤古의 천지개벽에서부터 春秋 魯 哀公 14년(기원전 480년)까지 총 276만 년의 시간을 이른다.
2) 국립중앙도서관 〈古031-28〉에는 '伐'이 없다.
3) 정안국은 발해 유민이 압록강 중류 지역에서 세운 나라로, 985년 거란 성종 때에 멸망당하였다. 정안국의 성립에 대해서 10여 년간 유지되었던 大氏의 後渤海가 자체 내의 왕위 찬탈전 결과 後唐 淸泰 3년으로부터 宋 開寶 3년 사이에 烈氏 定安國으로 바뀌었다고 보는 견해가 있고(和田淸, 1916; 李龍範, 1974, 77~78쪽), 압록강 유역의 大光顯 정권과 忽汗城의 그 숙부정권이 대립하다가 숙부정권이 승리하였으나, 南海府를 거점으로 하고 있던 烈氏 정권이 압록부를 차지하면서 건국되었다고 보는 견해가 있다(日野開三郞, 1951, 46쪽 주 3; 한규철, 1997, 9~10쪽).
4) 발해국의 후예인 정안국을 마한의 종족으로 설명한 것은, 고구려 멸망 전후 형성된 '마한이 고구려가 되었다'라는 삼한관의 영향이다. 이러한 인식이 정안국을 세운 발해 유민과 송나라에도 영향을 주고,

다. 땅의 경계 및 시말(始末)은 자세하지 않다. ○ 고려 현종 무오년(1018, 현종 9)에 정안국인 골수(骨須)가 와서 투항하였다.】

○ 권 5, 고구려 속국(高句麗屬國) 발해국(渤海國)

渤海國【姓大氏. 本粟末鞨附高句麗者.[5] 直營州東二千里. 南界泥河, 在德源壤.[6] 東窮海, 西接契丹, 地可五千里. 盡得扶餘沃沮弁韓朝鮮海北諸國. ○ 新唐書曰: 其國有五京十五府六十二州. ○ 淸統志云: 渤海所置州郡, 多在吉林烏喇寧古塔及朝鮮界. ○ 高句麗亡, 舊將乞乞仲象收合餘燼, 渡遼水, 保太伯山東. 唐中宗嗣聖丙申, 封仲象爲震國公. 仲象子祚英,[7] 斥大土宇, 自號震國王. 玄宗開元癸丑, 封渤海郡[8] 王, 自是始稱渤海國. 祚榮死, 諡高王. 子武藝嗣位, 建年號, 死諡武王. 傳至十三四世二百十四年. 後唐明宗天成丙戌, 渤海王諲譔[9] 爲契丹所滅. 世子光顯率餘衆數萬戶, 奔高麗.】

발해국【성은 대씨다. 본래 속말말갈로 고구려에 붙은 자이다. 곧바로 영주에서 동쪽으로 2천 리에 있다. 남쪽은 니하[10]를 경계로 하였는데, 덕원 땅에 있다. 동쪽은 바다에 이르고

'고구려(마한) → 발해 → 정안국'으로 이어지는 역사계승의식이 나타난 것으로 보인다(이효형, 2006, 8쪽). 신라인 최치원의 경우, '마한이 고구려, 변한이 백제, 진한이 신라'라고 보는 三韓觀을 보이는데, 이러한 인식은 『삼국사기』, 『삼국유사』를 비롯하여 고려와 조선 전기까지 영향을 주었다. 韓百謙(1552~1615)이 지은 『東國地理志』와 『東京雜記』 등에서 최치원의 삼한설이 부정된 뒤 실학자들에 의해 '마한은 백제, 변한은 가야, 진한은 신라'라는 견해가 정설화되었다(金炳坤, 2005).

5) 『新唐書』 卷219, 列傳 第144, 「渤海」에는 '高麗'.
6) 국립중앙도서관 〈古031-28〉에는 '境'.
7) 국립중앙도서관 〈古031-28〉에는 '榮'.
8) 국립중앙도서관 〈古031-28〉에는 '郡'이 없다. 『新唐書』 卷219, 列傳 第144, 「渤海」에는 '遣使拜祚榮爲左驍衛大將軍渤海郡王'.
9) 국립중앙도서관 〈古031-28〉에는 '護'가 없다.
10) 니하와 관련해서는 『三國史記』에 몇 차례 관련 기사가 보이는데, 이들 기록을 통해 동해에 인접한 悉直(三陟), 何瑟羅(江陵)와 비교적 가까이에 있는 강으로 추정된다. 丁若鏞은 『我邦疆域考』 「渤海考」에서 강릉 북쪽의 泥川水라고 하였고, 松井等은 泉井郡을 德源으로 단정하고 니하를 부근의 하천으로 보아 德源과 그 북쪽인 永興傍의 龍興江으로 추정한 바 있다(松井等, 1913). 津田左右吉은 聖德王 20년

서쪽은 거란과 접하였다. 땅은 거의 5천 리에 이른다. 부여·옥저·변한·조선·해북의 여러 나라를 모두 차지하였다. ○『신당서』에서 말하기를, 그 나라에는 5경 15부 62주가 있다. ○『대청일통지』에서 이르길 "발해가 설치한 주군(州郡)은 길림·오라(烏喇)·영고탑(寧古塔) 및 조선의 경계에 많다"고 하였다. ○ 고구려가 망하자 옛 장수 걸걸중상이 남은 무리를 거두어 요수를 건너 태백산 동쪽[11]을 차지하였다. 당 중종 사성(嗣聖) 병신년(696)에 중상을 봉하여 진국공으로 삼았다. 중상의 아들 [대]조영이 크게 땅을 넓히고 스스로 진국왕(震國王)이라 불렀다. 현종 개원 계축년(713)에 발해군왕으로 책봉하니 이로부터 비로소 발해국이라 불렀다. 조영이 죽자 시호를 고왕이라 하였다. 아들 무예가 왕위를 잇고 연호를 세웠다. [그가] 죽자 시호를 무왕이라 하였다. 13~14세에 이르기까지 214년 동안 전해졌다.[12] 후당 명종 천성 병술년(926)에 발해왕 인선이 거란에게 멸망당하였다. 세자 [대]광현이 남은 무리 수만 호를 이끌고 고려로 도망했다.】

○ 권6, 부 동국역대지계(附 東國歷代地界) 발해(渤海)

渤海【文獻通考云: 本粟末靺鞨附高句麗者. 直營州東二千里. 南界泥河, 今德源境. 東窮海, 西接契丹, 地方五千里, 盡得扶餘沃沮弁韓朝鮮海北諸國. ○ 新唐書云: 其

의 長城 축조 기사를 통해 동해안에서 安邊 부근의 南大川으로 보았다(津田左右吉, 1913). 그 밖에 連谷川설(徐炳國, 1981b, 237~257쪽; 張彰恩, 2004, 1~45쪽; 趙二玉, 1999, 715쪽), 강릉 城南川설(이병도 역주, 1983, 34쪽), 남한강 상류설(李康來, 1985, 48~53쪽; 鄭雲龍, 1989, 209쪽), 울진 일대설(리지린·강인숙, 1976, 68~69쪽), 낙동강 상류설(김진한, 2007, 127쪽; 홍영호, 2010, 73~75쪽) 등이 있다.

11) 발해 건국지에 대해『삼국사기』권46, 열전 6, 최치원전에는 의봉 3년(678) '태백산 아래'로,『삼국유사』에서 인용한『신라고기』에는 '태백산 남쪽'으로,『제왕운기』에는 '태백산 南城'으로,『삼국사절요』에는 '태백산 동쪽'으로 나온다.

12) 발해의 건국시기에 대해서는『帝王韻紀』의 '周則天武后元年甲申'에 근거한 684년설,『舊唐書』의 "聖曆中 自立爲振國王"에 근거한 698~699년설,『類聚國史』권 193, 延曆 15년 4월 戊子조 "天命開別天皇七年, 高麗王高氏爲唐所滅也. 後以天之眞宗豊祖父天皇二年 大祚榮始建渤海國"에 근거한 698년설 등이 있는데, 698년설이 보편적으로 인정되고 있다. 이를 기점으로 계산하면 발해가 멸망한 926년까지 발해의 존속기간은 약 228년에 달한다. 발해의 왕위 계보는『東史綱目』권수, 도상, 高句麗傳世之圖 붙임 渤海國에서 보이듯, 일반적으로 조선시대까지 13명의 왕명이 알려져 있었다. 근현대 이후 연구로 마지막왕인 大諲譔 이전에 大瑋瑎, 大瑋瑎 두 왕이 더 있었던 것이 확인되면서, 발해의 왕위가 모두 15대에 이어진 것을 알 수 있다(송기호, 1995, 241쪽 附錄1 渤海 王의 系譜와 在位 其間 참조).

國有五京十五府六十二州. 肅慎古地[13]爲上京, 曰龍泉府, 領三州. 東南瀕海, 日本道也. 其南爲中京, 曰顯德府, 領六州. 濊貊古地[14]爲東京, 曰龍原府, 亦曰柵城府,[15] 領四州. 沃沮古地[16]爲南京, 曰南海府, 領三州. 新羅道也. 高句麗[17]古地[18]爲西京, 曰鴨淥府,[19] 領四州. 朝貢道也. 曰長嶺府, 領二州. 營州道也. 扶餘古地[20]爲扶餘府, 領二州. 契丹道也. 曰鄚頡府,[21] 領二州. 把婁古地[22]爲定理府, 領二州. 安邊府領二州. 率賓古地[23]爲率賓府, 領三州. 拂涅[24]古地[25]爲東平府, 領五州. 鐵利[26]古地[27]爲鐵利府,[28] 領六州. 越喜古地[29]爲懷遠府, 領九州. 安遠府領四州. 郢銅涑三州, 爲獨奏州. 謹按, 上云六十二州, 而所列錄只是六十州, 且東史以把婁爲古肅慎氏國, 而此則以肅慎把婁, 分作兩地, 可怪. ○ 淸統志云: 渤海所置州郡, 多在吉林烏喇寧古塔及朝鮮界.】

발해『문헌통고』에 이르기를, "본래 속말말갈로 고구려에 붙은 자이다. 곧바로 영주에서 동쪽으로 2천 리에 있다. 남쪽은 니하를 경계로 하였는데 지금 덕원의 경계이다. 동쪽은 바다

---

13)『新唐書』卷219, 列傳 第144,「渤海」에는 '故地'.
14)『新唐書』卷219, 列傳 第144,「渤海」에는 '故地'.
15) 국립중앙도서관 〈古031-28〉에는 '柵城府'.
16)『新唐書』卷219, 列傳 第144,「渤海」에는 '故地'.
17)『新唐書』卷219, 列傳 第144,「渤海」에는 '高麗'.
18)『新唐書』卷219, 列傳 第144,「渤海」에는 '故地'.
19) 국립중앙도서관 〈古031-28〉에는 '鴨淥府'.
20)『新唐書』卷219, 列傳 第144,「渤海」에는 '故地'.
21) '鄭頡府' → '鄚頡府'.
22)『新唐書』卷219, 列傳 第144,「渤海」에는 '故地'.
23)『新唐書』卷219, 列傳 第144,「渤海」에는 '故地'.
24) 국립중앙도서관 〈古031-28〉에는 '浧'.
25)『新唐書』卷219, 列傳 第144,「渤海」에는 '故地'.
26) '銕利' → '鐵利'. 국립중앙도서관 〈古031-28〉에는 '鐵利'.
27)『新唐書』卷219, 列傳 第144,「渤海」에는 '故地'.
28) '銕利府' → '鐵利府'. 국립중앙도서관 〈古031-28〉에는 '鐵利府'.
29)『新唐書』卷219, 列傳 第144,「渤海」에는 '故地'.

에 이르고 서쪽은 거란과 접하였다. 지방은 5천 리이며, 부여·옥저·변한·조선·해북의 여러 나라를 모두 차지하였다. ○『신당서』에 이르기를, "그 나라에는 5경 15부 62주가 있다. 숙신의 옛 땅[30]으로 상경을 삼아 용천부(龍泉府)라고 불렸으며 3주를 거느렸다. 동남쪽은 바다에 이르며 일본도이다. 그 남쪽을 중경[31]으로 삼아 현덕부(顯德府)라고 하였으며 6주를 거느렸다. 예맥의 옛 땅으로 동경을 삼아 용원부(龍原府)[32]라고 하였고 또한 단성부(檀城府)라고 하였으며 4주를 거느렸다. 옥저의 옛 땅으로 남경을 삼고 남해부(南海府)[33]라 하였으며 3주를 거느렸다. 신라도이다. 고구려의 옛 땅으로 서경[34]을 삼아 압록부(鴨綠府)라 하였으며 4주를 거느렸다. 조공도이다. 장령부(長嶺府)[35]라고 부르며 2주를 거느렸다. 영주도이다. 부여의

---

30) 『新唐書』 卷219, 列傳 第144, 「渤海」에는 '挹婁의 옛 땅'으로 되어 있다.
31) 제3대 文王 때 上京으로 천도하기 전의 수도였다. 위치 비정에 대해서는 蘇密城說, 那丹佛勒城說, 敦化縣說, 西古城子說 등이 있었다. 지금은 和龍 인근의 용두산고분군에서 文王의 넷째 딸 貞孝公主의 무덤이 발굴되고 주변에서 발해 유적들이 함께 발견되면서 서고성을 발해 중경으로 보는 것이 통설이 되었다.
32) 발해 5경 가운데 하나이다. 동경은 제3대 文王 大欽茂가 785년 무렵 이곳으로 천도한 이후 제5대 成王 大華璵가 다시 상경으로 천도하는 794년까지 약 10년간 발해의 수도였다. 일명 '柵城府'라고도 하며, 屬州로는 慶州·塩州·穆州·賀州의 4주가 있다. 위치에 대해서는 琿春설, 함경북도 穩城·鍾城설, 연해주 블라디보스토크설, 니콜리스크(Nikolisk)설 등이 있었다. 1942년에 이르러 琿春의 半拉城(현재 八連城)이 발굴된 이후 이곳이 동경성이며 혼춘이 동경 용원부 지역임에 이견이 없다(김은국, 2006).
33) 남경 남해부의 위치에 대해서는 韓鎭書의『續海東繹史』「渤海」에서 北青설을, 丁若鏞의『我邦疆域考』「渤海考」에서 咸興설을 내세운 이래로, 鏡城설(內藤虎次郞, 1907; 松井等, 1913), 북청설(鳥山喜一, 1935; 채태형, 1998), 함흥설(池內宏, 1937; 白鳥庫吉, 1935; 和田淸, 1955), 鍾城설 등의 견해가 있다. 남경과 남해부의 치소는 동일 지역에 있었던 것으로 보이나, 관청이 하나였는지 분리되어 있었는지는 불분명하다. 남해부의 위치 비정에는, 776년 남해부 '吐號浦'에서 발해 사신단이 일본으로 출발했다는 기록(『續日本紀』)에 부합하는 항구와 남해부의 특산물인 곤포, 즉 다시마가 생산되는 지역이라는 조건이 붙는다. 정약용이 곤포의 주요 산지인 함흥을 남해부로 본 이후로 함흥설은 많은 지지를 받았고, '토호포'를 함흥 서남쪽으로 약 15km 떨어진 '連浦(고려·조선시대 都連浦)'로 추정하였다. 그러나 북한에서 발굴 성과를 토대로 북청군의 청해토성(북청토성)을 남해부로 비정한 이후 북청설이 유력시되고 있다.
34) 『遼史』「地理志」東京道條에 "淥州 鴨淥軍 節度 本高麗故國 渤海號西京鴨淥府 城高三丈 廣輪二十里"로 나온다. 丁若鏞은 平安北道 慈城 北에서 鴨綠江 對岸으로(『我邦疆域考』「渤海考」), 韓鎭書는 江界府의 滿浦鎭 對岸으로(『續海東繹史』「渤海」), 松井等(1913)은 奉天省 臨江縣 帽兒山으로, 鳥山喜一(1915)은 通溝로 비정하였고, 현재 臨江 지역으로 보는 것이 일반적이다.
35) 위치에 대하여『滿洲源流考』에서는 "今吉林西南五百里 有長嶺子 滿洲語稱果勒敏珠敦(Golmin Judun,

옛 땅으로 부여부(扶餘府)36)를 삼았으며 2주를 거느렸다. 거란도이다. 정힐부(鄭頡府)37)라고 하였으며 2주를 거느렸다. 읍루의 옛 땅38)으로 정리부(定理府)39)를 삼았으며 2주를 거느렸다. 안변부(安邊府)40)는 2주를 거느렸다. 솔빈의 옛 땅으로 솔빈부(率濱府)41)를 삼았으며 3주를 거느렸다. 불열의 옛 땅으로 동평부(東平府)42)를 삼고 5주를 거느렸다. 철리의 옛 땅으로 철리부(鐵利府)43)를 삼고 6주를 거느렸다. 월희의 옛 땅으로 회원부(懷遠府)44)를 삼고 9주를

長嶺의 뜻)"이라고 하고, 지금의 英額門 부근으로 비정하였다. 韓鎭書는 '永吉州 等地'로 비정하였는데 (『續海東繹史』「渤海」), 지금의 吉林이다. 津田左右吉(1915)은 輝發河 상류에 있는 北山城子로 보았다.

36) 부여부의 위치에 대해서는 開原縣설, 農安설, 阿城설, 昌圖 북쪽 四面城설 등이 있는데, 현재 농안설이 유력하다. 속주로는 扶州·仙州의 2주를 거느렸다. 발해의 수도인 上京龍泉府로부터 거란으로 통하는 거란도의 길목이어서, 발해는 부여부에 항상 날랜 병사를 거주시켜 契丹을 방비하게 하였다.

37) 鄭頡府의 오기이다.『遼史』「地理志」東京道 韓州條에 "… 本槀離國舊治柳河縣 高麗置鄭頡府 都督鄭·頡二州 渤海因之 …"라고 하여 고구려 때부터 있었던 것으로 나온다. 金毓黻은 農安 북쪽으로 比定하였고(『渤海國志長編』「地理考」), 和田淸(1955)은 阿城 부근으로 비정하였다.

38) 金毓黻은 이 기사에서의 挹婁는 虞婁의 잘못이라고 보았는데(金毓黻, 1934,『渤海國志長篇』卷14, 地理考,「定理府」), 송기호는 張建章 묘지에서 홀한주, 즉 발해 전체를 읍루의 옛 땅이라고 한 점을 고려하면 타당성이 있다고 하였다(宋基豪, 1995, 89쪽).

39) 위치에 대하여『盛京通志』와『大淸一統志』에서 熱河의 承德城으로 比定하였고, 韓鎭書는 寧古塔 부근으로(『續海東繹史』「渤海」), 松井等(1913)과 金毓黻은 烏蘇里江 부근으로, 和田淸(1955)은 沿海州의 Olga 부근으로 비정하였다.

40) 위치에 대해 金毓黻은 烏蘇里江 유역으로 비정하였다(『渤海國志長編』卷14「地理考」). 和田淸(1955)은 定理·安邊 2부가 挹婁의 故地로 서로 근접하다고 보고 金代의 錫林路로서 Olga 지방인 것으로 비정하였다.

41) 그 이름이 綏芬河와 발음이 유사하여 현재 수분하 지역으로 보는 것이 통설이다. 率賓府의 이름은 遼代에도 그대로 쓰였으나, 金·元代에는 '恤品'·'速頻'·'蘇濱'의 이름으로 史書에 보이며, 淸代에는 綏芬路로 알려져 있었다.

42) 拂涅部의 위치에 대해 논란이 있는 것과 마찬가지로, 동평부의 위치에 대해서도 여러 설이 있다. 이 중 黑州는 흑수말갈과 관련지어 보기도 한다. 흑수말갈의 일부가 발해 후기에 복속된 것으로 보지만, 행정구역 설치가 확인되고 있지 않은데, '黑州'와 '黑水'의 흑이 같은 글자이기 때문이다.

43) 鐵利는 말갈 7부 중에는 그 명칭이 없으나, 발해 건국 초기부터 고구려와 관계가 깊었던 불열, 월희 말갈과 함께 활동한 것으로 보아, 고구려 당시부터 있었고 고구려와 밀접한 관련이 있었던 것으로 보인다. 위치에 대해서는 圖們江北·與凱湖의 南說(丁若鏞,「渤海考」), 黑龍·烏蘇里江下流 地域說(松井等, 1913; 鳥山喜一, 1915), 木丹江流域說(津田左右吉, 1916), 阿什河流域說(池內宏, 1916), 松花江下流域의 依蘭地域說(小川裕人, 1937) 등이 있다.

거느렸다. 안원부(安遠府)⁴⁵⁾는 4주를 거느렸다. 영주(郢州)⁴⁶⁾·동주(銅州)⁴⁷⁾·속주(涑州)⁴⁸⁾ 3주는 독주주(獨奏州)⁴⁹⁾로 삼았다"라고 하였다. 삼가 살펴보건대, 위에서 62주라고 하였으나 나열하여 기록한 것은 60주뿐이다. 또한 『동사(東史)』에서는 읍루를 옛 숙신씨의 나라라고 하였는데, 여기서는 곧 숙신과 읍루를 나누어 두 곳으로 만들었으니 이상하다고 할 수 있다. ○『대청일통지』에서는, "발해가 설치한 주군은 길림·오라(烏喇)·영고탑(寧古塔) 및 조선의 경계에 많다"고 하였다.】

---

44) 위치에 대해서는 발해 중심부에서 매우 먼 지역일 것으로 추정되며, 중국 黑龍江省 依蘭縣의 烏蘇里江과 松花江이 만나는 지역설, 연해주 동해가설, 흑룡강성 同江縣설 등이 있다.

45) 『遼史』「地理志」東京道 慕州條에 "本渤海安遠府地 故縣二 慕化·崇平 … 隸涑州 在西二百里"라고 하여 屬縣으로 慕化·崇平의 2현을 거느렸다. 西京 鴨淥府의 府治인 淥州 서북으로 200리에 있다고 하여 鴨綠江과 輝發河의 중간인 柳河縣으로 비정하기도 하며, 韓鎭書는 黑龍江 유역으로 비정한 바 있다(『續海東繹史』「渤海」). 松井等과 和田淸은 松花江 하류로(松井等, 1913, 419쪽; 和田淸, 1955, 106~107쪽), 金毓黻은 興凱湖 東岸인 것으로 비정하였다(『渤海國志長編』「地理考」).

46) 和田淸(1955)은 鐵利·越喜와 上京龍泉府를 연결하는 大道 上의 요충으로 寧古塔 북쪽 어딘가로 비정하였다.

47) 『遼史』「地理志」咸州條에 "渤海置銅山郡 地在漢候城縣北 渤海龍泉府南 地多山險 寇盜以爲淵藪 …"라고 하여 지금의 開原인 遼金時代의 咸州로 비정되기도 하였으나, 이 지역은 평지로 산이 많고 험하다는 동주의 지세와 맞지 않다. 동주의 이름은 銅 산지와 관련 있을 것으로 추정된다.

48) 『吉林通志』「沿革志」涑州條에 吉林에서 북으로 약 65리인 打牲烏拉으로 비정한 이후 대체로 이를 따라 길림 인근으로 본다.

49) 『滿洲源流考』「疆域」에 "獨奏之義 猶今直隸州 不轄於府 而事得專達也"라고 하여 중간 보고자(즉 府)를 거치지 않고 곧바로 중앙에 보고하는 직할주를 가리킨다고 보았다.

발해사 자료총서 – 한국사료 편 권1

31. 『청장관전서(靑莊館全書)』

　이덕무(李德懋, 1741~1793)의 저술을 이광규(李光葵, 1765~1817)가 편집하고 이완수(李晥秀)가 교정하여 총정리한 문집으로, 완성 시기는 알 수 없다. 총 33책 71권으로 이루어져 있다.

　이 책은 권1~2에 영처시고, 권3~5에 영처문고, 권6~8에 영처잡고·예기억, 권9~20에 아정유고, 권21~24에 편서잡고, 권25~26에 기년아람목록(紀年兒覽目錄), 권27~31에 사소절, 권32~35에 청비록, 권36~47에 뇌뇌낙락서, 권48~53에 이목구심서, 권54~61에 서해여언 외, 권63에 열상방언 외, 권64·65에 청정국지, 권66·67에 입연기, 권68·69에 한중당섭필, 권70·71에 부록 등으로 구성되어 있다.

　이 책의 발해사 인식은 『기년아람(紀年兒覽)』과 일맥상통한다. 이만운(李萬運)이 짓고 이덕무가 교열하여 완성한 『기년아람』을 '기년아람목록'이라는 이름으로 권25~26권에 수록하고 있다. 다만 일부 구성과 내용면에서 차이가 있다. 이 책에는 발해와 정안국이 나오는 항목명칭을 '고구려 속국(屬國)' 대신 '고구려 소속(所屬)'이라고 하였고, 그 내용도 규장각 소장본인 『기년아람』보다 소략하다. 그리고 이만운과 이덕무에게 영향을 준 신경준(申景濬)과 달리, 발해 건국자를 고구려인이 아닌 속말말갈(粟末靺鞨) 출신으로 기술하고, 발해를 '외이(外夷)' 가운데 가장 번성한 나라라고 하여 우리 역사와 관련성이 없는 것으로 서술하였다. 그렇지만 장경선명력(長慶宣明曆)을 일본에 전파한 기록이나 발해와 빈공 석차를 다툰 신라인 최언위(崔彦撝)의 기록을 수록하고 있다는 점에서 발해사 연구에 긍정적으로 평가할 만하다.

　아래 원문은 규장각 소장 〈奎4917〉본과 〈古0270-12〉본, 민족문화추진회 국역본 『국역 청장관전서』 XI(1981)에 실린 원문을 보충하여 저본으로 삼았다.

○ 권제23, 편서잡고(編書雜稿) 3, 송사전금열전(宋史筌金列傳)

> 完顏阿骨打改名旻, 漢姓曰王. 劾里鉢第二子, 母拏懶氏. 其先出靺鞨. 靺鞨本號勿吉, 卽古肅愼地也. 唐初, 有黑水粟末兩靺鞨, 俱附高句麗. 粟末靺鞨, 姓大氏, 後爲渤海國. 黑水靺鞨受唐爵, 役屬于渤海, 後附契丹. 其在南者, 籍契丹, 號熟女眞, 在北者, 不籍契丹, 號生女眞. 避遼主宗眞名, 改稱女眞. … 上京卽安出虎水, 名金源, 亦稱會寧府. 東京卽遼陽府, 渤海古地.

완안아골타(完顏阿骨打)는 이름을 민(旻)으로 고쳤고, 한성(漢姓)은 왕(王)이라고 했다. 핵리발(劾里鉢)의 둘째 아들로, 어머니는 나라씨(拏懶氏)이다. 그 선조는 말갈에서 나왔다. 말갈은 본래 물길로 불렸는데, 바로 옛 숙신의 땅이다. 당나라 초에 흑수·속말 두 말갈이 있었는데, 모두 고구려에 부속되었다. 속말말갈은 성이 대씨로, 뒤에 발해국이 되었다. 흑수말갈은 당의 작위를 받았으며 발해에 역속(役屬)되었다가 뒤에 거란에 붙었다. 그 남쪽에 있으며 거란에 적을 둔 자를 숙여진이라 부르고, 북쪽에 있으면서 거란에 적을 두지 않은 자를 생여진이라 부른다. 요 임금 종진(宗眞)의 이름을 피해 여직(女直)으로 고쳐 불렀다. … 상경은 바로 안출호수(安出虎水)로, 이름을 금원(金源)이라고 하였으며, 또한 회령부(會寧府)라고 불렀다. 동경은 곧 요양부(遼陽府)로, 발해의 옛 땅이다.

○ 권제25, 기년아람목록(紀年兒覽目錄) 상, 이덕무자서(李德懋自序)

> 中國則起於鴻荒十紀之世, 迄于淸, 封建列國僭竊之流, 無不備書, 疆域州郡, 亦附于後. 東方則三朝鮮四郡二府三韓三國高麗, 以至于今, 而屬國疆界郡縣總數, 紀載于下. 至若渤海日本世系州郡, 駕洛琉球世次, 亦各附錄.

중국은 즉 홍황십기(鴻荒十紀)의 시대[1]에 일어나 청에 이르기까지 봉건(封建) 여러 나라들이 교체된 흐름을 책에 갖추지 않은 것이 없으며, 강역과 주군(州郡) 역시 뒤에 붙였다. 동방은

---

[1] 중국 전설상 盤古의 천지개벽에서부터 春秋 魯 哀公 14년(기원전 480년)까지 총 276만 년의 시간을 이른다.

바로 3조선·4군·2부·삼한·삼국·고려, 지금에 이르기까지이며, 속국·강계·군현의 총수를 아래에 기록하였다. 발해와 일본의 세계·주군, 가락(駕洛: 가야)과 유구의 세차 같은 것에 이르기까지 또한 각각 붙여 기록하였다.

○ 권제26, 기년아람목록 하, 고려국소속(高句麗所屬)

> 渤海國【本粟末靺鞨. 高句麗亡後, 其舊將大祚榮收拾餘燼, 國號震. 唐封爲渤海郡王. 地方五千里, 有五京十二府[2] 六十二州. 後唐明宗天成二年丁亥,[3] 爲契丹所滅.】
> 定安國【本馬韓之種. 收餘衆, 保西鄙, 稱定安國, 不知始終. ○ 高麗顯宗九年戊午, 定安國人骨須來奔.】

발해국【본래 속말말갈이다. 고구려가 망한 뒤 그 옛 장수 대조영이 남은 무리를 수합하여 국호를 진(震)이라 하였다. 당에서 책봉하여 발해군왕으로 삼았다. 지방은 5천 리이며 5경 12부[4] 62주가 있다. 후당 명종 천성(天成) 2년(927) 정해일에 거란에게 멸망되었다.】

정안국[5]【본래 마한의 종족이다.[6] 남은 무리를 모아 서쪽 변경을 지켜 정안국이라 하였으나

---

2) '十二府' → '十五府'.
3) 『遼史』卷2, 本紀2, 「太祖下」에는 '天顯元年'으로, 당시 간지는 丙戌, 天成二年 丁亥는 927년이다.
4) 『新唐書』卷219, 列傳 第144, 「渤海」에는 '十五府'로 나온다.
5) 정안국은 발해 유민이 압록강 중류 지역에서 세운 나라로, 985년 거란 성종 때에 멸망당하였다. 정안국의 성립에 대해서 10여 년간 유지되었던 大氏의 後渤海가 자체 내의 왕위 찬탈전 결과 後唐 淸泰 3년으로부터 宋 開寶 3년 사이에 烈氏 定安國으로 바뀌었다고 보는 견해가 있고(和田淸, 1916; 李龍範, 1974, 77~78쪽), 압록강 유역의 大光顯 정권과 忽汗城의 그 숙부정권이 대립하다가 숙부정권이 승리하였으나, 南海府를 거점으로 하고 있던 烈氏 정권이 압록부를 차지하면서 건국되었다고 보는 견해가 있다(日野開三郞, 1951, 46쪽 주 3; 한규철, 1997, 9~10쪽).
6) 발해국의 후예인 정안국을 마한의 종족으로 설명한 것은, 고구려 멸망 전후 형성된 '마한이 고구려가 되었다'라는 삼한관의 영향이다. 이러한 인식이 정안국을 세운 발해 유민과 송나라에도 영향을 주고, '고구려(마한) → 발해 → 정안국'으로 이어지는 역사계승의식이 나타난 것으로 보인다(이효형, 2006, 8쪽). 신라인 최치원의 경우, '마한이 고구려, 변한이 백제, 진한이 신라'라고 보는 三韓觀을 보이는데, 이러한 인식은 『삼국사기』, 『삼국유사』를 비롯하여 고려와 조선 전기까지 영향을 주었다. 韓百謙(1552~1615)이 지은 『東國地理志』와 『東京雜記』 등에서 최치원의 삼한설이 부정된 뒤 실학자들에 의해 '마한은 백제, 변한은 가야, 진한은 신라'라는 견해가 정설화되었다(金炳坤, 2005).

시작과 끝은 알지 못한다. ○ 고려 현종 9년(1018) 무오에 정안국인 골수(骨須)가 도망하여 왔다.】

○ 권제26, 기년아람목록(紀年兒覽目錄) 하, 증발해국주군(增渤海國州郡)

渤海國京【五】府【十五】州【六十二】. 肅慎古[7]地爲上京, 日龍川[8]府【三州】. 南[9]爲中京, 日顯德府【六州】. 濊貊[10]古[11]地爲東京, 日龍原府, 亦曰栅城府【四州】. 沃沮古[12]地爲南京, 日南海府【三州】. 高麗古[13]地爲西京, 日鴨綠[14]府【四州】. 長嶺府【二州】. 夫[15]餘古[16]地爲夫[17]餘府【二州】, 鄚頡府【二州】. 挹婁古[18]地爲定理府【二州】, 安邊府【二州】. 率賓古[19]地爲率賓府【三州】. 沸[20]涅古[21]地爲東平府【五州】. 鐵利古[22]地爲鐵利府【六州】. 越喜古[23]地爲懷遠府【九州】, 安邊[24]府【四州】. 郢銅涑三州, 爲獨奏州.【涑州, 以其近涑沫江也.】 龍泉,[25] 東南濱海, 日本道也. 南海, 新羅道也. 鴨

---

7) 『新唐書』卷219, 列傳 第144, 「渤海」에는 '故'.
8) 『新唐書』卷219, 列傳 第144, 「渤海」에는 '泉'.
9) 『新唐書』卷219, 列傳 第144, 「渤海」에는 '其南'.
10) 『新唐書』卷219, 列傳 第144, 「渤海」에는 '獩貊'.
11) 『新唐書』卷219, 列傳 第144, 「渤海」에는 '故'.
12) 『新唐書』卷219, 列傳 第144, 「渤海」에는 '故'.
13) 『新唐書』卷219, 列傳 第144, 「渤海」에는 '故'.
14) 『新唐書』卷219, 列傳 第144, 「渤海」에는 '淥'.
15) 『新唐書』卷219, 列傳 第144, 「渤海」에는 '扶'.
16) 『新唐書』卷219, 列傳 第144, 「渤海」에는 '故'.
17) 『新唐書』卷219, 列傳 第144, 「渤海」에는 '扶'.
18) 『新唐書』卷219, 列傳 第144, 「渤海」에는 '故'.
19) 『新唐書』卷219, 列傳 第144, 「渤海」에는 '故'.
20) 『新唐書』卷219, 列傳 第144, 「渤海」에는 '拂'.
21) 『新唐書』卷219, 列傳 第144, 「渤海」에는 '故'.
22) 『新唐書』卷219, 列傳 第144, 「渤海」에는 '故'.
23) 『新唐書』卷219, 列傳 第144, 「渤海」에는 '故'.
24) 『新唐書』卷219, 列傳 第144, 「渤海」에는 '遠'.
25) 『新唐書』卷219, 列傳 第144, 「渤海」에는 '原'.

綠,²⁶⁾ 朝貢道也, 長嶺, 營州道也, 夫²⁷⁾餘, 契丹道也.

발해국의 경【5】·부【15】·주【62】. 숙신의 옛 땅²⁸⁾으로 상경을 삼고 용천부(龍泉府)라 불렀다【3주】. 남쪽으로 중경²⁹⁾을 삼고 현덕부(顯德府)라 불렀다【6주】. 예맥의 옛 땅으로 동경을 삼고 용원부(龍原府)³⁰⁾라 불렀고 또한 책성부(柵城府)³¹⁾라고도 불렀다【4주】. 옥저의 옛 땅으로 남경을 삼고 남해부(南海府)³²⁾라 불렀다【3주】. 고[구]려의 옛 땅으로 서경³³⁾을 삼고 압록

---

26) 『新唐書』 卷219, 列傳 第144, 「渤海」에는 '湥'.
27) 『新唐書』 卷219, 列傳 第144, 「渤海」에는 '扶'.
28) 『신당서』 발해전에는 '挹婁의 옛 땅'으로 되어 있다.
29) 제3대 文王 때 上京으로 천도하기 전의 수도였다. 위치 비정에 대해서는 蘇密城說, 那丹佛勒城說, 敦化縣說, 西古城子說 등이 있었다. 지금은 和龍 인근의 용두산고분군에서 文王의 넷째 딸 貞孝公主의 무덤이 발굴되고 주변에서 발해 유적들이 함께 발견되면서 서고성을 발해 중경으로 보는 것이 통설이 되었다.
30) 발해 5경 가운데 하나이다. 동경은 제3대 文王 大欽茂가 785년 무렵 이곳으로 천도한 이후 제5대 成王 大華璵가 다시 상경으로 천도하는 794년까지 약 10년간 발해의 수도였다. 일명 '柵城府'라고도 하며, 屬州로는 慶州·塩州·穆州·賀州의 4주가 있다. 위치에 대해서는 琿春설, 함경북도 穩城·鍾城설, 연해주 블라디보스토크설, 니콜리스크(Nikolisk)설 등이 있었다. 1942년에 이르러 琿春의 半拉城(현재 八連城)이 발굴된 이후로, 이곳이 동경성이며 혼춘이 동경 용원부 지역임에 이견이 없다(김은국, 2006).
31) 발해 5경 가운데 하나인 東京龍原府의 異稱이다. 책성은 목책을 두른 성이라는 뜻으로, 이미 고구려 때부터 사용된 지명이다. 府治의 위치에 대해서는 발해의 東京城인 八連城과 별도로 부근의 溫特赫部城이나 薩其城으로 보는 설과 延吉의 城子山山城, 興安古城 등으로 보는 설이 있다(구난희, 2017, 134~139쪽). 고구려의 책성은 치소성을 중심으로 광역이 행정단위를 가리키는 '柵城圈'으로 이해하는 연구도 있다(김현숙, 2000, 140·156~157쪽; 김강훈, 2017, 244쪽).
32) 남경 남해부의 위치에 대해서는 韓鎭書의 『續海東繹史』 「渤海」에서 北靑설을, 丁若鏞의 『我邦疆域考』 「渤海考」에서 咸興설을 내세운 이래로, 鏡城설(內藤虎次郎, 1907; 松井等, 1913), 북청설(鳥山喜一, 1935; 채태형, 1998), 함흥설(池內宏, 1937; 白鳥庫吉, 1935; 和田淸, 1955), 鍾城설 등의 견해가 있다. 남경과 남해부의 치소는 동일 지역에 있었던 것으로 보이나, 관청이 하나였는지 분리되어 있었는지는 불분명하다. 남해부의 위치 비정에는, 776년 남해부 '吐號浦'에서 발해 사신단이 일본으로 출발했다는 기록(『續日本紀』)에 부합하는 항구와 남해부의 특산물인 곤포, 즉 다시마가 생산되는 지역이라는 조건이 붙는다. 정약용이 곤포의 주요 산지인 함흥을 남해부로 본 이후로 함흥설이 많은 지지를 받았고, '토호포'를 함흥 서남쪽으로 약 15km 떨어진 '連浦(고려·조선시대 都連浦)'로 추정하였다. 그러나 북한에서 발굴 성과를 토대로 북청군의 청해토성(북청토성)을 남해부로 비정한 이후 북청설이 유력시되고

부(鴨淥府)라 불렀다【2주】. 장령부(長嶺府)34)【2주】를 두었다. 부여의 옛 땅으로 부여부(夫餘府)35)【2주】와 막힐부(鄚頡府)36)【2주】로 삼았다. 읍루의 옛 땅37)으로 정리부(定理府)38)【2주】와 안변부(安邊府)39)【2주】를 삼았다. 솔빈의 옛 땅으로 솔빈부(率濱府)40)를 삼았다【3주】. 불열의 옛 땅으로 동평부(東平府)41)를 삼았다【5주】. 철리의 옛 땅으로 철리부(鐵利府)42)를 삼았

있다.

33) 『遼史』 「地理志」 東京道條에 "淥州 鴨淥軍 節度 本高麗故國 渤海號西京鴨淥府 城高三丈 廣輪二十里"로 나온다. 丁若鏞은 平安北道 慈城 北에서 鴨綠江 對岸으로(『我邦疆域考』 「渤海考」), 韓鎭書는 江界府의 滿浦鎭 對岸으로(『續海東繹史』 「渤海」), 松井等(1913)은 奉天省 臨江縣 帽兒山으로, 鳥山喜一(1915)은 通溝로 비정하였고, 현재 臨江 지역으로 보는 것이 일반적이다.

34) 위치에 대하여 『滿洲源流考』에서는 "今吉林西南五百里 有長嶺子 滿洲語稱果勒敏珠敦(Golmin Judun, 長嶺의 뜻)"이라고 하고, 지금의 英額門 부근으로 비정하였다. 韓鎭書는 '永吉州 等地'로 비정하였는데(『續海東繹史』 「渤海」), 지금의 吉林이다. 津田左右吉(1915)은 輝發河 상류에 있는 北山城子로 보았다.

35) 부여부의 위치에 대해서는 開原縣설, 農安설, 阿城설, 昌圖 북쪽 四面城설 등이 있는데, 현재 농안설이 유력하다. 속주로는 扶州·仙州의 2주를 거느렸다. 발해의 수도인 上京龍泉府로부터 거란으로 통하는 거란도의 길목이어서, 발해는 부여부에 항상 날랜 병사를 거주시켜 契丹을 방비하게 하였다.

36) 『遼史』 「地理志」 東京道 韓州條에 "… 本槀離國舊治柳河縣 高麗置鄚頡府 都督鄚·頡二州 渤海因之 …"라고 하여 고구려 때부터 있었던 것으로 나온다. 金毓黻은 農安 북쪽으로 比定하였고(『渤海國志長編』 「地理考」), 和田淸(1955)은 阿城 부근으로 비정하였다.

37) 金毓黻은 이 기사에서의 挹婁가 虞婁의 잘못이라고 보았는데(金毓黻, 1934, 『渤海國志長篇』 卷14, 地理考, 「定理府」), 송기호는 張建章 묘지에서 홀한주, 즉 발해 전체를 읍루의 옛 땅이라고 한 점을 고려하면 타당성이 있다고 하였다(宋基豪, 1995, 89쪽).

38) 위치에 대하여 『盛京通志』와 『大淸一統志』에서 熱河의 承德城으로 比定하였고, 韓鎭書는 寧古塔 부근으로(『續海東繹史』 「渤海」), 松井等(1913)과 金毓黻은 烏蘇里江 부근으로, 和田淸(1955)은 沿海州의 Olga 부근으로 비정하였다.

39) 위치에 대해 金毓黻은 烏蘇里江 유역으로 비정하였다(『渤海國志長編』 卷14 「地理考」). 和田淸(1955)은 定理·安邊 2부가 挹婁의 故地로 서로 근접하다고 보고 金代의 錫林路로서 Olga 지방인 것으로 비정하였다.

40) 그 이름이 綏芬河와 발음이 유사하여 현재 수분하 지역으로 보는 것이 통설이다. 率賓府의 이름은 遼代에도 그대로 쓰였으나, 金·元代에는 '恤品'·'速頻'·'蘇濱'의 이름으로 史書에 보이며, 淸代에는 綏芬路로 알려져 있었다.

41) 拂涅部의 위치에 대해 논란이 있는 것과 마찬가지로, 동평부의 위치에 대해서도 여러 설이 있다. 이 중 黑州는 흑수말갈과 관련지어서 보기도 한다. 흑수말갈의 일부가 발해 후기에 복속된 것으로 보지만, 행정구역 설치가 확인되고 있지 않은데, '黑州'와 '黑水'의 흑이 같은 글자이기 때문이다.

다【6주】. 월희의 옛 땅으로 회원부(懷遠府)[43]【9주】와 안원부(安遠府)[44]【4주】를 삼았다. 영주(郢州)·동주(銅州)·속주(涑州) 3주는 독주주(獨奏州)[45]【속주, 근처에 속말강(涑沫江)이 있어서이다.】로 삼았다. 용원부는 동남쪽으로 바닷가에 있으며 일본도(日本道)이다. 남해는 신라도(新羅道)이다. 압록은 조공도(朝貢道)이다. 장령은 영주도(營州道)이다. 부여는 거란도(契丹道)이다.

○ 권제54, 앙엽기(盎葉記) 1, 요금몽고국명(遼金蒙古國名)

> 張自烈曰: 金國本名朱里眞, 外國古語譌呼爲女眞. 避契丹興宗名,【按, 興宗名宗眞.】改女眞.[46] 肅愼氏遺種, 渤海兄族也. 僻處契丹東北隅. 一說, 其初酋長新羅人, 號完顏氏. 完顏者, 猶漢言王也. 女眞妻之以女, 生二子, 傳至阿骨打. 因其國産金, 有金水源, 號曰金.【張說止此.】

장자열(張自烈)이 말하기를, "금국의 본래 이름은 주리진(朱里眞)인데, 외국의 옛 말로 잘못 불려 여진이 되었다. 거란 흥종의 이름【살피건대, 흥종의 이름은 종진(宗眞)이다.】을 피해 여직(女直)으로 고쳤다. 숙신씨의 유종(遺種)이고 발해의 형족(兄族)이다. 거란의 동북쪽 모

---

42) 鐵利는 말갈 7부 중에는 그 명칭이 없으나, 발해 건국 초기부터 고구려와 관계가 깊었던 불열, 월희 말갈과 함께 활동한 것으로 보아, 고구려 당시부터 있었고 고구려와 밀접한 관련이 있었던 것으로 보인다. 위치에 대해서는 圖們江北·與凱湖의 南說(丁若鏞,「渤海考」), 黑龍·烏蘇里江下流 地域說(松井等, 1913; 鳥山喜一, 1915), 木丹江流域說(津田左右吉, 1916), 阿什河流域說(池內宏, 1916), 松花江下流域의 依蘭地域說(小川裕人, 1937) 등이 있다.

43) 위치에 대해서는 발해 중심부에서 매우 먼 지역일 것으로 추정되며, 중국 黑龍江省 依蘭縣의 烏蘇里江과 松花江이 만나는 지역설, 연해주 동해가설, 흑룡강성 同江縣설 등이 있다.

44) 『遼史』「地理志」東京道 慕州條에 "本渤海安遠府地 故縣二. 慕化·崇平 … 隸淥州 在西二百里"라고 하여 屬縣으로 慕化·崇平의 2현을 거느렸다. 西京 鴨淥府의 府治인 淥州 서북으로 200리에 있다고 하여 鴨綠江과 輝發河의 중간인 柳河縣으로 비정하기도 하며, 韓鎭書는 黑龍江 유역으로 비정한 바 있다(『續海東繹史』「渤海」). 松井等과 和田淸은 松花江 하류로(松井等, 1913, 419쪽; 和田淸, 1955, 106~107쪽), 金毓黻은 興凱湖 東岸인 것으로 비정하였다(『渤海國志長編』「地理考」).

45) 『滿洲源流考』「疆域」에 "獨奏之義 猶今直隸州 不轄於府 而事得專達也"라고 하여 중간 보고자(즉 府)를 거치지 않고 곧바로 중앙에 보고하는 직할주를 가리킨다고 보았다.

46) 『女直考(淸鈔本)』에는 '直'.

통이의 궁벽한 곳에 있었다. 일설에는 그들의 첫 추장은 신라인이며 완안씨(完顔氏)로 불렀다고 한다. 완안은 한어(漢語)로 왕과 같다. 여진이 딸을 그에게 시집보내 두 아들을 낳았으며 아골타에 이르기까지 전해졌다. 그 나라에서 금이 나오는 금수원(金水源)이 있으므로 부르기를 금이라 하였다"고 한다.【장[자열]의 말은 여기까지이다.】

○ 권제54, 앙엽기(盎葉記) 1, 발해통일본(渤海通日本)

渤海, 文明富彊, 外夷中之最盛者, 文蹟蕩然無攷. 唐書渤海傳, 亦甚寥寥, 柳檢書得恭, 搜羅古書, 撰渤海考一卷. 蓋與日本, 南北絶遠, 風馬牛不相及, 亦無所相資, 而間關海路, 稱臣奉表於日本, 不啻屢度. 今考倭史, 只錄二段. 續日本紀【菅野朝臣眞道等撰.】聖武天皇天平四年九月庚寅, 渤海郡使首領高齋德等八人來著出羽國, 遣使存問, 兼賜時服. 十二月丙申, 遣使賜高齋德等衣服冠履. 渤海郡者, 舊高麗國也. 淡路朝廷七年冬十月, 唐將李勣伐滅高麗, 其後朝貢久絶, 至時渤海郡王遣寧遠將軍高仁義二十四人朝聘. 而著蝦夷境, 仁義以下十六人幷被害, 首領齋德等八人僅免死而來. 五年正月甲寅, 天皇御中宮, 高德齋47)等上其王書幷方物. 其詞曰: 武藝啓. 山河異域, 國土不同, 延聽風猷, 但增傾仰. 伏惟大王, 天朝受命, 日本開基, 奕葉重光, 本支百世. 武藝忝當列國, 濫惣諸藩, 復高麗之舊居, 有扶餘之遺俗. 但以天崖路阻, 海漢悠悠, 音耗未通, 吉凶絶問. 親仁結援, 庶叶前經, 通使聘隣, 始乎今日. 謹遣寧遠將軍郎將高仁義遊將軍果毅都尉德周別將舍那婁二十四人, 賚狀, 幷付貂皮三百張奉送. 土宜雖賤, 永敦隣好. 於是齋德等八人幷授正六位上, 賜當色服, 仍宴五位已上及齋德等, 賜大射及雅樂.
日本逸史.【上鴨祐之縣主撰.】昭彌天皇延曆十五年四月戊子, 渤海國遣使獻方物. 其王啓曰: 哀緒已具別啓. 伏惟天皇陛下, 動止萬福, 寢膳勝常. 嵩璘視息苟延, 奄及祥制. 官僚感義, 奪志抑情, 起續洪基, 祗統先烈, 朝維依舊, 封域如初. 顧自思惟, 實荷顧眷. 而滄溟括地, 波浪漫天, 奉膳無由, 徒贈傾仰. 謹差庭諫大夫工部郎中呂定琳等, 濟海起居, 兼修舊好, 其少土納. 具在別狀, 荒迷不次.

---

47) 『續日本紀』 卷10, 神龜5年 正月 丙寅에는 '高齊德'.

> 又告喪啓曰: 上天降禍, 祖大行大王, 以大興五十七年三月四日薨背. 善隣之義, 必問吉凶, 限以滄溟, 所以緩告. 嵩璘無狀招禍, 不自滅亡, 不孝罪苦,[48] 酷罰罪苦. 謹狀力奉啓, 荒迷不次. 孤孫大嵩璘頓首. 又傳奉在唐學問僧永忠等所附書. 渤海國者, 高麗之故地也. 天命開別天皇七年, 高麗王高氏爲唐所滅, 後以天之眞寶豊祖父天皇[49]二年, 大社【案, 社當作祚.】榮始建渤海國, 和銅六年, 受唐冊主. 其國延袤二千里, 無州縣官驛. 處處有村里, 皆靺鞨部落. 其百姓, 靺鞨多土人少, 皆以土人爲村長. 大村曰都督, 次曰判吏,[50] 其下百姓, 皆曰首領. 土地極寒, 不宜水土田, 俗頗知書. 自高氏以來, 朝貢不絶.

발해는 문명하고 부강함이 바깥 오랑캐 중에서 가장 번성했지만, 문헌과 사적이 없어져 살필 수가 없다. 『신당서』 발해전도 매우 소략하여 검서(檢書) 유득공(柳得恭)이 옛 서적을 그러모아서 『발해고(渤海考)』 1권을 지었다. 대체로 일본과는 남북으로 매우 멀리 떨어져 있어 소와 말의 소리조차 서로 미치지 않았으며, 또한 전혀 서로 도운 적이 없다. 그러다가 간혹 바닷길로 관계하여 신(臣)이라 일컫고 일본에 표를 올린 것이 여러 번이었다. 지금 왜사(倭史)를 살펴보니 단지 두 단락만 기록되어 있다. 『속일본기』【관야조신진도(菅野朝臣眞道)[51] 등이 지었다.】 성무천황(聖武天皇) 천평(天平) 4년(732) 9월 경인일에 발해군(渤海郡) 사신 수령 고재덕(高齋德) 등 8인이 출우국(出羽國)[52]에 도착하니, 사자를 보내 안부를 묻고 아울러 계절 옷[時服]을 내려주었다. 12월 병신일에 사신을 보내 고재덕 등에게 의복과 관과 신발[履]을 내려주었다. 발해군은 옛 고려국(高麗國: 고구려)이다. 담로조정(淡路朝廷) 7년(668) 겨울 10월에 당 장수 이적(李勣)[53]이 고구려를 쳐서 멸망시켰다. 그 뒤로 조공이 오랫

---

48) 『日本逸史』 卷5, 延曆15年 四月 戊子에는 '咎'.
49) 『日本逸史』 卷5, 延曆15年 四月 戊子에는 '天之眞宗豊祖父天皇'.
50) 『日本逸史』 卷5, 延曆15年 四月 戊子에는 '刺史'.
51) 菅野眞道(741~814)는 일본 헤이안시대의 귀족으로, 朝臣은 귀족의 성씨를 '八色之姓'으로 구분하며 두 번째 상위 귀족에게 준 경칭이다. 791년 칙명으로 『속일본기』 편찬이 이뤄져, 右大臣 藤原繼繩가 후반부 20권을 완성하였고, 전반부 20권을 797년 황태자학사 관야진도가 완성하였다.
52) 일본 東山道에 있는 옛 구니[國]이다. 현재의 야마가타현과 아키타현에 해당한다.
53) 중국 唐나라 때의 무장. 본래 성과 이름은 徐世勣(594~669)이다. 수나라 말년에 李密의 밑에 있었으나,

동안 끊어졌는데 이때에 이르러 발해군왕이 영원장군(寧遠將軍) 고인의(高仁義) 등 24인을 보내 조빙(朝聘)하였다. 그러나 하이(蝦夷)54) 땅에 도착하여 [고]인의 이하 16인이 모두 해를 당하였고, 수령 [고]재덕 등 8인만 겨우 죽음을 면하고서 왔다. 5년(733) 정월 갑인에 천황이 중궁(中宮)에 이르자, 고재덕 등이 그 왕의 국서와 방물을 올렸다. 그 글[詞]에서 말하기를 "[대]무예가 아룁니다. 산하가 다른 땅이며 국토가 같지 않지만 멀리 풍모와 공적이 들림에 단지 앙모함이 더해질 뿐입니다. 엎드려 대왕을 생각건대 천조(天朝)는 하늘의 명을 받아 일본이 터를 열었고, 대대로 빛을 발하여 후손들이 백세(百世)를 이었습니다. 무예는 부끄럽게도 여러 나라를 담당하고 외람되게 여러 번국(藩國)을 거느려서, 고구려의 옛 땅을 회복하고 부여의 유속(遺俗)을 갖게 되었습니다. 그러나 천애(天崖)로 길이 막히고 바다와 강이 아득히 멀어, 소식이 통하지 못하고 길흉을 묻는 것이 끊겼습니다. 어진 이를 가까이하고 우호를 맺는 예전의 도리를 따르고자, 사신을 보내 이웃에 인사하는 일이 오늘에야 시작되었습니다. 삼가 영원장군 낭장 고인의·유[격]장군 과의도위 덕주(德周)·별장 사나루(舍那婁) 등 24인을 보내어, 글[狀]을 주고 아울러 담비가죽 3백 장을 부쳐 받들어 보냅니다. 토산물이 비록 천하나 영원히 이웃의 우호가 도타워지기 바랍니다" 하였다. 이에 재덕 등 8인에게 모두 정6위상(正六位上)을 제수하고 그에 맞는 색복(色服)을 내려주었다. 거듭 오위(五位) 이상과 재덕 등에게는 잔치를 열고 대사(大射: 활쏘기 대회)와 아악(雅樂: 궁중 음악)을 베풀었다".

『일본일사(日本逸史)』【상압우지현주(上鴨祐之縣主)가 지었다.】 소미천황(昭彌天皇) 연력(延曆) 15년(796) 4월 무자에 발해국에서 사신을 보내 방물을 바쳤다. 그 왕이 아뢰어 말하기를 "슬픈 사정은 이미 모두 별계(別啓)하였습니다. 엎드려 바라건대 천황 폐하께서는 움직이거나 머물거나 만복(萬福)하시고, 주무시고 잡수시는 것이 평소보다 좋기를 바랍니다. 숭린(崇璘: 발해 강왕)은 보고 숨 쉬며 구차히 목숨을 잇다가 문득 상(喪)을 당했습니다. 관료들이

무덕 3년(620)에 당나라에 귀순하였다. 당 高祖가 李氏로 賜姓하였고, 太宗 李世民의 '世' 자를 피휘하여 '李勣'이라 하였다. 정관 3년(629)에 돌궐을 정복하고 정관 19년(645)에는 태종과 함께 고구려를 침공하였으나 안시성전투에서 실패하고 회군하였다. 이후 총장 원년(668)에 신라군과 연합하여 평양성을 함락하여 고구려를 멸망시켰다. 이듬해 12월에 76세로 죽었다(『구당서』 권67, 이적열전; 『신당서』 권93 이적열전).
54) 고대에 일본 동북 지방과 北海島 지역에 거주하던 거주집단 또는 지역을 가리킨다.

의리를 생각하여 뜻을 굽히고 정을 억눌렀고, 일어나 홍기(洪基: 나라의 기틀)를 지속시키고 선열의 계통을 이어, 조정의 법도는 예전과 같아졌으며 봉역은 처음과 같게 되었습니다. 되돌아 스스로 생각해보니 진실로 보살펴주신 은혜입니다. 그런데 큰 바다가 땅을 흔들고 물결이 하늘에 닿을 듯하여, 봉선(奉膳)하려 해도 어찌할지 몰라 단지 우러름만 더할 뿐입니다. 삼가 정간대부(庭諫大夫) 공부낭중 여정림(呂定琳) 등을 보내 바다를 건너 기거하게 하며 아울러 옛 우호를 닦고자 합니다. 작은 토산물을 보내니, 별장(別狀)에 갖추어져 있습니다. 황망하고 혼미하여 두서가 없습니다."

또 상을 알리며 아뢰기를 "하늘이 화를 내려 할아버지[55] 대행대왕(大行大王)께서 대흥(大興) 57년(793) 3월 4일에 돌아가셨습니다[薨]. 선린(善隣)의 의리에는 반드시 길흉을 알려야 하는데, 큰 바다로 막혀 있어 이제야 알리게 되었습니다. 숭린은 공적이 없어 화를 불러들이고 스스로 죽지도 못했으니, 불효한 죄는 엄혹한 벌로 죄의 고통을 치렀습니다. 삼가 글[狀]로 힘써 아룁니다. 황망하고 혼미하여 두서가 없습니다. 고손(孤孫) 대숭린이 고개 숙여 인사드립니다"라고 하였다. 또 당나라에 있던 학문승(學問僧) 영충(永忠) 등이 부친 편지도 전하여 올렸다. 발해국은 고구려의 옛 땅으로 천명개별천황(天命開別天皇) 7년(668) 고구려왕 고씨가 당나라에 의해 멸망하였고, 뒤에 천지진보풍조부천황(天之眞寶豊祖父天皇) 2년(698) 대사영(大祚榮)【생각건대, 사(社)는 마땅히 조(祚)로 써야 한다.】이 비로소 발해국을 세웠다. 화동(和銅) 6년(713)에 당의 책봉을 받았다. 그 나라는 땅이 2천 리이며, 주·현·관·역이 없다. 곳곳에 마을이 있는데 다 말갈부락이다. 그 백성은 말갈족이 많고 토인(土人)은 적다. 모두 토인을 촌장으로 삼았다. 대촌은 도독(都督)이라 하고, 그 다음은 판리(判吏)라고 한다. 그 아래 백성은 모두 수령(首領)이라고 한다. 땅이 극히 추워 논농사와 밭농사에 적합하지 않다. 풍속에는 제법 글을 안다. 고씨 이래로부터 조공이 끊이지 않았다.

○ 권제56, 앙엽기(盎葉記) 3, 왕문림(王文林)

遺山集.【元好問著.】王黃華墓碑, 諱庭筠, 字子端, 姓王氏. 家牒, 載其三十二代祖烈, 太原祁人, 避漢末之亂, 徙居遼東. 其後遼東亦亂, 子孫散處東夷. 十七代孫文

---

55) 조카 성왕이 대를 이었기 때문이다

> 林, 仕高麗爲西部將, 沒於王事. 又八世曰樂德, 居渤海以孝聞. 遼太祖平渤海, 奉其子爲東丹王, 都遼陽. 案, 王文林, 高句麗死節之臣, 而爲王黃華之先祖, 故表而出之, 以資博雅.

『유산집(遺山集)』【원호문(元好問)⁵⁶⁾이 지었다.】왕황화(王黃華)⁵⁷⁾ 묘비에 이름은 정균(庭筠), 자는 자단(子端), 성은 왕씨(王氏)라고 하였다. 가첩(家牒)에 기재되어 있기를, "그 32대조 왕렬(王烈)은 태원(太原) 기(祁) 사람인데, 한(漢) 말에 난을 피해 요동으로 옮겨 살았다. 그 뒤에 요동 역시 어지러워지자 자손들이 동이(東夷) 곳곳에 흩어져 살게 되었다. 17대손 문림(文林)은 고[구]려에 벼슬하여 서부장(西部將)이 되었는데, 왕사(王事)로 죽었다. 다시 8세 뒤인 낙덕(樂德)은 발해에서 살면서 효행으로 이름이 났다. 요(遼) 태조가 발해를 평정하자, 그 아들이 동단왕이 되는 것을 받들고 요양에 도읍하였다"라고 하였다. 살펴보건대, 왕문림은 고구려에서 절의를 지키다 죽은 신하였고, 왕황화의 선조인 까닭에 겉으로 드러내어 박아(博雅)의 교감이 되게 한 것이다.

○ 권제59, 앙엽기(盎葉記), 최언위(崔彥撝)

> 高麗史. 崔彥撝慶州人. 新羅末, 年十八入唐, 禮部尙書薛廷珪榜下及第. 時渤海宰相烏炤度子光贊 同年及第. 炤度朝唐, 見其子名在彥撝下, 表請曰: 臣昔年入朝登第, 名在李同之上, 今臣子光贊宜升彥撝之上. 以彥撝才學優贍, 不許.

『고려사(高麗史)』최언위는 경주인이다. 신라 말 18세에 당에 들어가 예부상서 설정규(薛廷珪)의 방하(榜下)⁵⁸⁾에서 급제하였다. 당시 발해 재상 오소도(烏炤度)의 아들 광찬(光贊)이 같은 해에 급제하였다. 소도가 당에 조회하여 그 아들의 이름이 언위의 아래에 있는 것을

---

56) 금나라 때 문인(1190~1257). 문집에 『遺山文集』 40권, 『中州集』 10권 등이 있다.
57) 금나라 때 문인(1151~1202)으로, 발해 유민이다. 그의 외할아버지는 발해 유민으로 금대의 저명한 재상이었던 張浩이다.
58) 과거 급제 명단. 여기서는 예부상서 설정규가 주관한 과거에서 급제한 것을 의미한다.

보고 표를 올려 청하길, "신이 예전에 입조하여 급제했을 때 이름이 이동(李同: 신라인)의 위에 있었으니, 지금 신의 아들 광찬도 마땅히 언위의 위로 올려야 합니다"라고 하였다. 언위의 재주와 학문이 뛰어났으므로 허락하지 않았다.

○ 권제60, 앙엽기(盎葉記) 7, 낭성·이성·태성(浪姓·異姓·太姓)

近日, 有浪處浩浪世龍異在豊, 俱登武科爲邊將, 太命喆爲司謁, 皆僻姓也. 浪氏, 野人向化者之裔, 異氏, 高麗史有異膺夫, 太氏, 渤海國大氏之後. 儒生課試榜, 有公榮國, 亦奇姓也. 明有公鼐, 諡文介.

근래에 낭처호(浪處浩)·낭세룡(浪世龍)·이재풍(異在豊)이 모두 무과에 합격하여 변장(邊將)이 되었고, 태명철(太命喆)은 사알(司謁)이 되었는데, 모두 벽성(僻姓: 드문 성씨)이다. 낭씨는 야인(野人)으로 귀화한 자의 후예이고, 이씨는 『고려사』에 이응부(異膺夫)라는 자가 있으며, 태씨는 발해국 대씨의 후예이다. 유생의 과시(課試) 합격자 가운데 공영국(公榮國)이 있는데, 역시 기이한 성[奇姓]이다. 명(明)나라에는 공내(公鼐)라는 사람이 있는데, 시호는 문개(文介)이다.

○ 권제60, 앙엽기(盎葉記) 7, 화인기동사(華人記東事)

唐藝文志, 載奉使高麗記一卷,【亡名.】… 渤海國記三卷,【張建封撰.】… 載渤海行年記十卷.【僧顏撰 似是五代人.】

[신]당서 예문지에 『봉사고려기(奉使高麗記)』 1권,【지은이 이름은 상실하였다.】…『발해국기(渤海國記)』 3권,【장건봉(張建封)[59]이 지었다.】…『발해행년기(渤海行年記)』 10권【승안(僧顏)이 지었다. 오대(五代) 때의 사람인 듯하다.】이 실려 있다.

---

59) '張建章'의 오기이다.『新唐書』권59, 藝文志 제48에 장건장의 이름이 확인되며, 1956년 중국 북경 덕승문 밖에서 발견된 그의 묘지명에도 '張建章'으로 나온다.

○ 권제61, 앙엽기(盎葉記) 8, 구국(狗國)

> 狗國. 眞有地方, 故天星, 亦有狗國之名. 陷虜記.【胡嶠撰.】契丹國, 東至于海. 有鐵甸東女眞. 又東南渤海, 又東遼國, 皆與契丹畧同.

구국(狗國). 실제 땅이 있는 까닭에 하늘의 별에도 또한 구국이라는 이름이 있다. 『함로기(陷虜記)』【호교(胡嶠)[60]가 지었다.】에 '거란국은 동쪽으로 바다에 이른다. 철전(鐵甸)과 동여진이 있다. 또 동남쪽에 발해가 있고, 다시 동쪽으로 요국(遼國)이 있는데 모두 거란과 대체로 같다.

○ 권제65, 청령국지(蜻蛉國志) 2, 풍속(風俗)

> 日本之節候, … 淸和貞觀元年, 渤海國馬孝愼來, 進唐徐昻之宣明曆, 頒行. 至貞享二年, 凡八百二十四年, 始用授時曆.

일본의 절기[節候]. … 청화(淸和) 정관(貞觀) 원년(863)에 발해국의 마효신(馬孝愼)[61]이 와서 당나라 서앙(徐昻)의 선명력(宣明曆)을 올리자 반포하여 시행하였다. 정향(貞享) 2년(1685)까지 무릇 824년이며, [이때] 비로소 수시력(授時曆)을 사용하였다.

---

60) 五代 後晉 시기의 인물(생몰년 미상). 後晉 同州 郃陽縣令으로 947년에 거란에 들어갔다가 포로가 되어 7년 동안 머무르다가 돌아왔다. 이때 견문했던 거란의 지리와 풍속에 관해 쓴 책이 『陷虜記』이다.
61) 『日本紀略』前篇17, 淸和天皇 貞觀 元年 正月 卄二日 乙卯에는 '烏孝愼'.

발해사 자료총서 – 한국사료 편 권1

32. 『수산집(修山集)』

『수산집』은 이종휘(李種徽, 1731~?)의 시문(詩文)을 1803년(순조 3) 아들 이동환(李東煥)이 14권 7책으로 편집, 간행한 것이다. 권1·2에 시·소부(騷賦)·서(序)·서(敍), 권3·4에 기(記)·편(篇)·설(說)·찬(贊)·명(銘), 권5에 논(論), 권6에 사론(史論)·책(策), 권7·8에 행장·비(碑)·지명(誌銘)·전(傳), 권9에 제문·애사·잡저·서(書), 권10에 제후(題後)·발(跋)·독(讀), 권11·12·13은 동사(東史), 권14에 동국여지잡기(東國輿地雜記)·만필 등이 수록되어 있다.

이 가운데 『동사』는 단군조선으로부터 고려까지를 기술한 기전체 형식의 온전한 역사이다. 권11은 동사본기(東史本紀: 檀君·箕子·三韓·後朝鮮本紀), 동사세가(東史世家: 箕子·扶餘·渤海·伽倻世家), 동사열전(東史列傳: 歲貊沃沮沸流樂浪·高句麗家人·高句麗宗室·耽羅·陜扶乙松·乙支文德·薛聰崔致遠列傳)으로 이루어져 있고, 권12는 동사연표(東史年表: 三朝鮮·三韓·六國年表), 동사표(東史表: 四郡二府建置沿革·三韓之際七十八國分屬·古史古今人表), 동사지(東史志: 禮樂·食貨·神事·高句麗藝文·高句麗律曆[新羅附]·高句麗天文·高句麗地理[附新羅百濟]·高句麗刑法志), 그리고 권13은 동사지(東史志: 高句麗五行志), 고려사지(高麗史志: 天文·曆·五行·選擧·輿服·百官·禮志)이다. 『동사』의 시간적 서술 순서는 대체로 '단군(기자) → 삼한 → 고구려(발해) → 고려'의 계승을 염두에 둔 듯하지만, 정작 본기에 고구려를 비롯한 백제와 신라, 고려가 미포함되고, 열전이 고구려 중심으로만 기술되어 전체적으로 불균형한 점이 있다.

『수산집』에서 발해와 관련된 기술을 살펴보면, 「발해세가」는 『신당서』 발해전을 기본으로 하고 『구당서』 발해전과 『신당서』 지리지, 그리고 『요사(遼史)』의 내용을 참조하여 작성되었다. 본문 후반의 찬(贊)에서 대조영(大祚榮)에 의해서 발해가 소중화(小中華)의 나라가 되었으며, 단군과 동명(東明), 조선의 목조(穆祖)도 발해의 땅에서 터전을 잡았다며, 발해가 단군, 고구려, 그리고 조선과도 연결되고 있음을 강조하고 있다. 많은 발해 유민 중 대난하(大鸞河)의 송나라 귀순을 실은 것은 발해가 조선이 역사적으로 존숭하는 송(宋)과 연결된다는 점을 알리려는 의도로 짐작된다.

그밖에 단군과 기자의 영역이 고구려에 이어 발해 시대에 이르러 완전히 회복되었고, 고려는 북방 경계인 선춘령(先春嶺)이 있던 발해 상경(上京) 부근(영고탑 일대)까지 진출했으나, 그후 압록강과 두만강 북쪽이 거란과 여진의 차지가 되었고, 이를 타개하기 위하여 "요심(遼瀋)" 지역을 취할 것을 제안하기도 하였다.

아래 원문은 규장각에 소장된 〈奎4574〉본을 저본으로 삼았다.

○ 권4, 기(記), 선춘령기(先春嶺記)

先春嶺, 高麗北界也. 在今會寧府豆滿江北七百里. 古公嶮鎭及巨陽城西六十里. 直白頭山東北有蘇下江, 出白山北流, 歷公嶮鎭先春嶺, 至巨陽復東流百二十里, 至阿敏, 入于海. 公嶮南隣貝州探州, 北接堅州. 此三州, 似是渤海及遼金古邑名. … 竊嘗論之, 自惠山江外, 回山那蘭迤北數百里, 東折行過白頭山, 北出公嶮鎭南界. 自是通六鎭甚便. 而近且江界溝浦皇城之界. 又正東南行過回山那蘭界, 不數日而出於白山之北. 世以六鎭爲難守. 謂其千里一線, 孤懸易斷耳. 此路一通, 則西北之援, 不至十日而相接於千里. 兩江之南, 皆爲內地. 渤海故土, 亦將次第而復. 然則三韓朝鮮, 合而爲一, 而地方萬里, 可以雄視天下矣. 此其勢, 今不可以輕議. 而胡運已窮之後, 收其甌脫, 不過用數萬卒·數十萬石穀. 移南道數萬戶, 則不必割必爭之遼東, 而坐收數千里之疆土, 豈不美哉. 且自閭延江界, 古渤海神州之域. 東行四百里爲中京顯州之地, 卽回山那蘭等處也. 自此正北如東行六百里爲上京, 則在渤海五京, 此爲土中也, 其地豈可棄也哉. 昔諸葛武侯欲圖中原, 先收南蠻. 秦因蘇秦閉關十五年, 而其間盡有巴蜀之地. 蒙古欲與金爭, 亦先事西夏, 西域後率, 東擧而兵不留行者, 根本已成故也. 或曰 二江所以據險也, 捨此則蕩蕩矣, 何以守之. 曰, 虜撓北界, 陸則先春可以扼也, 水則涷沫·蘇下皆可守也. 西界則自靑石牛毛以東, 至于

> 深河也, 凡皆水陸之險也. 此豈二江之下哉. 然寧固塔去先春甚近, 虜肯聽我哉. 且青石舊隷於遼東, 中國亦安能無索乎. 此亦無難. 若先春指尹碑以示之, 青石據輿地而爭之. 昔契丹來討渤海舊地, 欲以岊嶺爲界, 高麗遽折以箕高之疆, 蕭遜寧無辭而退, 亦其驗也. 己丑六月二十七日, 客有來言北關事, 壬辰定界, 方伯李善溥辭疾不會, 虜使穆克登自斷立碑, 白頭山遂係胡地云. 當其時, 如援古誌爲爭, 則高麗之界, 可以復得. 余感是事, 而作先春嶺記, 莊之篋. 後有志士, 可以覽焉.

선춘령(先春嶺)은 고려의 북계(北界)이다. 지금 회령부(會寧府)의 두만강(豆滿江) 북쪽 700리에 있다. 옛 공험진(公嶮鎭)[1]과 거양성(巨陽城)의 서쪽 60리이다. 곧바로 백두산(白頭山) 동북에 소하강(蘇下江)이 있는데 백산(白山)에서 나와 북으로 흘러, 공험진과 선춘령을 거쳐 거양(巨陽)에 이르고, 다시 120리를 동류하여 아민(阿敏)에 이르러 바다에 들어간다. 공험은 남쪽으로 패주(貝州), 탐주(探州)와 인접하였고, 북쪽으로는 견주(堅州)와 접한다.[2] 이 세 주(州)는 발해와 요나라·금나라의 옛 고을 이름인 듯하다. …

가만히 그것을 따져보았는데, 혜산(惠山)의 강 밖으로부터 회산(回山), 나란(那蘭)의 북쪽 수백 리에서 동쪽으로 꺾어가서 백두산을 지나면, 북쪽으로 공험진의 남쪽 경계가 나온다.

---

1) 『고려사』에는 고려 예종 3년(1108)에 尹瓘이 女眞을 평정하여 6城을 쌓고, 公嶮鎭에 비를 세우고 경계를 삼았으며(『高麗史』 권12, 世家 12, 睿宗 3년 2월), 공험진이 선춘령 동남, 백두산 동북에 있다는 주장, 그리고 蘇下江 가에 있다는 주장을 소개하고 있다(『고려사』 권58, 地理3, 東界, 咸州大都督府).

2) 선춘령기에 나오는 주요 지명에 대하여 『세종실록지리지』에는 두만강 하류를 건너, 북쪽으로 180리, 다시 동북쪽 70리에 土城인 巨陽城이 있다 하였다. 이어서 "그 성은 본래 고려 大將 尹瓘이 쌓은 것이다. 거양에서 서쪽으로 60리를 가면 先春峴이니, 곧 윤관이 비를 세운 곳이다. 그 비의 4면에 글이 새겨져 있었으나, 胡人이 그 글자를 깎아버렸는데, 뒤에 사람들이 그 밑을 팠더니 '高麗之境'이라는 4자가 있었다. 선춘현에서 愁濱江을 건너면 옛 성터가 있고, 所多老에서 북쪽으로 30리를 가면 於豆下峴이 있으며, 그 북쪽으로 60리에 童巾里가 있고, 그 북쪽으로 3리쯤의 豆滿江灘을 건너서 북쪽으로 90리를 가면 吾童沙吾里站이 있으며, 그 북쪽으로 60리에 河伊豆隱이 있고, 그 북쪽으로 100리에 英哥沙吾里站이 있으며, 그 북쪽으로 蘇下江 가에 公險鎭이 있으니 곧 尹瓘이 설치한 鎭이다. 남쪽으로 貝州·探州와 인접하였고, 북쪽으로 堅州와 접하고 있다. 英哥沙吾里에서 서쪽으로 60리를 가면 白頭山이 있는데, 산이 대개 3층으로 되어 있다. 꼭대기에 큰 못이 있으니, 동쪽으로 흘러 豆滿江이 되고, 북쪽으로 흘러 소하강이 되고, 남쪽으로 흘러 鴨綠이 되고, 서쪽으로 흘러 黑龍江이 된다"고 했다(『世宗實錄』 155권, 地理志, 咸吉道, 吉州牧, 慶源都護府).

이로부터 육진(六鎭)과 통하는 것이 매우 편리하다. 그리고 또 강계(江界), 구포(溝浦), 황성(皇城)의 경계가 가깝다. 다시 정동남(正東南)으로 가서 회산, 나란의 경계를 지나면 몇 날이 안 되어 백산의 북쪽이 나온다. 대대로 육진은 지키기 어려워, 그 1천 리에 이르는 선은 멀리 떨어져 쉽게 끊어질 뿐이라고 하였다. 이 길이 온전히 통하면 곧 서북에 대한 지원이 열흘도 못 미쳐 1천 리가 서로 이어진다. 양강(兩江)의 남쪽은 모두 내지(內地)이다. 발해의 옛 땅 또한 장차 차례차례 수복될 것이다. 그러면 삼한과 조선3)이 합하여 하나가 되고, 지방은 1만 리가 되니 천하를 응시할 수 있다. 이러한 형세는 지금 가벼이 논의할 수가 없다. 오랑캐의 운(運)이 이미 곤궁해진 뒤, 그 변경의 땅[甌脫]4)을 차지하는 데에는 불과 수만 병사와 십만 섬의 곡식을 쓰면 된다. 남도(南道)의 수만 호(戶)를 이주시키면 요동(遼東)을 나누거나 싸울 필요도 없이 앉아서 수천 리의 강토를 거둘 수 있으니, 어찌 아름답지 않겠는가. 또한 여연(閭延)5)과 강계로부터는 옛 발해의 신주(神州)6) 지역이다. 동쪽으로 4백 리를 가면 중경(中京)7) 현주(顯州)8) 땅이 되니 곧 회산, 나란 등의 곳이다. 이곳의 정북에서 동쪽으로 6백 리를 가면 상경(上京)이다. 즉 발해의 오경(五京) 중에 이곳이 토중(土中)9)이 되니, 그 땅을 어찌 버릴 수 있겠는가. 옛날 제갈 무후(諸葛武侯)10)가 중원(中原)을 도모하고자 함에, 먼저 남만(南蠻)을 차지하였다. 진(秦) 소진(蘇秦)이 15년간 관문을 막자, 그 동안 파촉(巴蜀)의 땅을 다 소유하였다. 몽고가 금과 겨루기 위해 역시 먼저 서하(西夏)를 섬기자 서역(西域)이 뒤를

---

3) 三韓은 한반도 내의 삼한을 가리키며, 朝鮮은 옛 고조선이 차지하고 있던 곳을 말하는 듯하다.
4) 甌脫은 '邊界'라는 뜻의 흉노 말인데, 한나라 때 흉노족과의 접경지에 세운 초소, 혹은 기원전 80년에 한나라를 침입하다 사로잡힌 흉노왕을 가리킨다. 여기서는 변경의 땅, 변경 황무지를 이른다.
5) 조선 초 四郡의 하나이며, 평안북도 慈城郡 일대이다.
6) 『遼史』「地理志」에 神鹿·神化·劍門의 3현을 거느렸다.
7) 제3대 文王 때 上京으로 천도하기 전의 수도였다. 위치 비정에 대해서는 蘇密城說, 那丹佛勒城說, 敦化縣說, 西古城子說 등이 있었다. 지금은 和龍 인근의 용두산고분군에서 文王의 넷째 딸 貞孝公主의 무덤이 발굴되고 주변에서 발해 유적들이 함께 발견되면서 서고성을 발해 중경으로 보는 것이 통설이 되었다.
8) 중경 현덕부의 부명인 '顯'과 동일하여 顯德府의 부치가 있었던 것으로 보고, 그 위치를 西古城으로 보는 경우가 많다.
9) '땅의 중앙'이라는 뜻으로, 중국의 고대 수도였던 낙읍의 별칭으로 사용되었다. 여기서는 상경이 발해의 도읍(수도)이었던 것을 의미한다.
10) 중국 삼국 시기 蜀漢의 丞相 諸葛亮(181~234)을 말한다.

따르게 되었고, 동쪽으로 군사를 일으킴에 막는 자가 없었던 것은 근본(根本)이 이미 이루어 졌기 때문이다. 혹자가 말하길 "두 강은 지키기 험한 곳이니, 이곳을 버리면 순조로운데 왜 그것을 지키는가"라고 하였다. 말하기를 "오랑캐가 북계를 어지럽히면, 육지는 선춘(先春)이 누를 수 있고, 물은 속말(涑沫), 소하(蘇下)가 모두 지킬 수 있다. 서계는 즉 청석(靑石)[11], 우모(牛毛) 동쪽으로부터 심하(深河)에 이르기까지 모두 다 수륙(水陸)의 요해처이다. 이것이 어찌 두 강보다 아래이겠는가. 그러나 영고탑(寧固塔)[12]은 선춘과 거리가 매우 가까워 오랑캐가 우리의 말을 수긍하여 들어줄까. 또한 청석은 옛적에 요동에 속하였는데, 중국이 또한 어찌 찾지 않을까"라고 하였다. 이 또한 어렵지 않다. 선춘의 경우 윤관이 세운 비[尹碑]를 보여주고,[13] 청석은 여지(輿地)에 근거하여 그것을 따지면 된다. 옛적 거란(契丹)이 발해의 옛 땅을 와서 토벌하고 절령(岊嶺)[14]으로 경계를 삼고자 하였는데, 고려가 기자(箕子)와 고구려의 강역으로 급히 따지니 소손녕(蕭遜寧)이 말없이 물러난 것[15]이 또한 그 증거이다.

기축년(1769) 6월 27일, 손님이 와서 북관(北關)의 일을 말하길, 임진(1712)의 정계(定界: 백두산 정계)는 방백(方伯) 이선부(李善溥)[16]가 병을 핑계로 만나지 않았다. 오랑캐 사신 목극등(穆克登)[17]이 스스로 입비(立碑)를 결정하면서, 백두산이 드디어 오랑캐 땅[胡地]으로

---

11) 지금의 중국 요녕성 蓋州市 동북방 7.5km 거리의 靑石嶺鄕 高麗城村 동쪽의 靑石嶺이다.
12) 寧古塔은 청대 寧古塔將軍의 治所이고 주둔지였다. 영고탑은 新城, 舊城 두 성이 25km 떨어져 있는데, 구성은 지금의 흑룡강성 海林市 長汀鎭에 있었고, 康熙 5년(1666), 흑룡강성 寧安市 東京城(발해 上京 龍泉府 터)에 신성을 쌓고 옮겨갔다. 滿洲語로 영고탑이라는 말은 '六'의 뜻이라 한다.
13) 『高麗史』 권12, 世家 12, 睿宗 3년(1108) 2월에 "戊申 尹瓘以平定女眞, 新築六城, 奉表稱賀. 立碑于公嶮鎭, 以爲界至"로 나온다.
14) 황해도 황주군, 봉산군, 서흥군에 걸쳐 있는 고개인 자비령(慈悲嶺, 높이 489m)이며, 그곳에 고려시대 정치, 군사상의 요충인 岊嶺驛이 있어 일명 절령이라고도 하였다.
15) 고려 成宗 12년(993) 契丹의 소손녕이 침략하였을 때, 徐熙가 "우리나라가 바로 고구려의 옛 땅이기 때문에, 국호를 高麗라 하고 平壤에 도읍하였다. 만일 국경 문제를 논한다면, 遼의 東京도 모조리 우리 땅에 있는데, 어찌 침범해 왔다고 말하는가"라고 하자, 소손녕이 물러난 사건을 이른다(『고려사』 권94, 列傳 7, 諸臣, 徐熙).
16) 1646~1721. 1673년(현종 14) 과거에 급제하여 관직에 나아가 충청도·경상도·함경도관찰사 및 형조판서 등을 역임하였다.
17) 穆克登(1664~1735)은 청대 官員으로, 康熙 51년(1712)에 강희제의 명을 받고 조선의 李義復 등과 백두산에 올라 일방적으로 분수령에 "西爲鴨綠 東爲土門" 등을 기록한 양국의 경계비를 세웠다.

묶였다고 말하였다. 그때에 고지(古誌)를 근거로 다투었다면 고려의 경계는 다시 얻을 수 있었을 것이다. 내가 이 일을 생각하고 선춘령기(先春嶺記)를 지어 상자에 보관하니, 뒤에 지사(志士)가 있으면 두루 볼 수 있을 것이다.

○ 권6, 사론(史論), 고사삼국직방고론(古史三國職方考論)

> 職方之記尙矣. … 蓋朝鮮起自檀君, 箕氏據之, 以傳於衛滿, 漢取諸衛滿, 以歸於高句麗. 句麗不能合其全地, 漢・魏之際, 分於公孫度. 晉末, 分於宇文・慕容氏及靺鞨・契丹. 而北夫餘餘燼, 又在其東界. 及唐取高句麗, 而復歸於渤海大氏. 始完檀・箕之幅. 地方五千里, 有五京九州九十二郡縣. 至高麗, 復以浿水爲界, 而得其十之三四, 此朝鮮之壃域也. … 北夫餘固檀君之後, 而故國在今豆滿之外, 東海之濱, 亦爲渤海所有. 由此言之, 朝鮮疆域, 可謂遠矣.

직방(職方)[18]의 기록은 오래되었다. … 대개 조선은 단군으로부터 일어났다. 기씨(箕氏)가 그것을 점거하였고 위만에게 전해졌다. 한(漢)나라가 위만을 모두 취했다가 고구려에 돌아가게 되었다. 고구려가 그 전체 땅을 합치지 못하여, 한나라와 위(魏)나라 무렵에 공손도(公孫度)에게 분할되었다. 진(晉)나라 말에는 우문씨(宇文氏)와 모용씨(慕容氏) 및 말갈과 거란에 분할되었다. 그리고 북부여의 남은 무리가 또한 그 동쪽 경계에 있었다. 당(唐)나라가 고구려를 취하기에 이르러서는 다시 발해 대씨에게 돌아갔다. 비로소 단군과 기자의 (강역) 넓이가 완전하게 되었다. 지방 5천 리에 5경 9주 92군현이 있었다.[19] 고려에 이르러 다시 패수(浿水)를 경계로 삼기에 이르러, 그 10분의 3, 4를 얻었으니, 이것이 조선의 강역이다. … 북부여는 진실로 단군의 후예이다. 옛 나라가 지금 두만강 밖의 동해(東海) 가에 있었는데, 또한 발해의 소유가 되었다. 이로부터 말한다면 조선의 강역은 원대하였다고 할 수 있다.

---

18) '職方'은 천하의 지도와 땅을 관장하는 직책이었다("職方氏掌天下之圖, 以掌天下之地, 辨其邦國・都鄙・四夷・八蠻・七閩・九貉・五戎・六狄之人民與其財用・九穀・六畜之數要, 周知其利害"『周禮正義』권 63).
19) 『신당서』발해전에 의하면 발해는 지방 5천 리에 5경 15부 62주가 있었다.

○ 권6, 사론, 고사고려유림전론(古史高麗儒林傳論)

> 蓋殷太師之惠, 我東方而爲九百年之文治. 其子孫逼於衛滿, 南居海上. 而舊地遺民, 遂爲衛滿朝鮮. 然其流風遺俗, 至漢四郡二府之際, 而猶有可觀, 異於三裔及高句麗, 厲之以富强之俗. 而隋唐之時, 民遷於江淮, 而留者爲渤海之國. 其後分入於契丹高麗.

대개 은(殷)나라 태사(太師)[20]의 은혜가 우리 동방에 미쳐, 9백 년의 문치(文治)를 이루었다. 그 자손이 위만에게 핍박을 받아 남쪽 바닷가에 살게 되었다. 옛 땅에 남은 백성은 드디어 위만조선(衛滿朝鮮)이 되었다. 그러나 그 남아 있는 풍속은 한사군(漢四郡)과 2부(府)[21] 시기에 이르러 오히려 볼 만함이 있어, 삼예(三裔: 삼한) 및 고구려와 달리 부강(富强)한 풍속을 장려하였다. 수나라와 당나라 때에는 백성들이 강회(江淮)로 옮겨졌고, 남은 자들이 발해국이 되었다. 그 뒤에 거란과 고려에 나누어 편입되었다.

○ 권6, 책(策) 2, 취요심(取遼瀋)

> 今遼瀋一帶, 卽箕高舊疆, 而天下用武之地也. 契丹女眞, 皆以是起, 遂能拓冠裳之區, 而尸其郊, 其要且重, 可知也已. 其地自檀氏以來, 至于渤澥大氏, 皆爲東方之有. 勝國亦以靑石先春二嶺爲界, 而今皆爲中國之地. 蓋金元以來, 幽州爲都會, 而山海關外爲奮武衛地, 則其屬於中國者勢也.

---

20) 은나라 태사는 箕子를 말한다.
21) 2부는 『三國遺事』에서 비롯하고, 조선시대 『東國通鑑』도 이를 따랐다. 『삼국유사』에서는 "前漢書에 '昭帝 始元 5년 기해(기원전 82)에 두 外府를 두었다.'고 한 것은 조선의 옛 땅인 평나와 현토군 등이 평주도독부(平州都督府)가 되고 임둔·낙랑 두 군의 땅에 동부도위부(東部都尉府)를 설치한 것을 말함이다(『三國遺事』 권제1, 紀異 제1, 二府)"라고 하였고, 조선시대 安鼎福(1712~1791)은 『東史綱目』(附卷上 上, 考異, 二府之誤)에서 『삼국유사』의 근거를 알 수 없고 都督 명칭도 후세에 나왔으니 그 말은 대개 『漢書』를 잘못 인용한 것이고 『東國通鑑』도 고증하지 않아 잘못을 답습하였다고 비판하였다. 유득공도 『四郡志』에서 안정복과 유사한 의견을 제시하며 2부의 존재를 부정하였다.

지금 요양과 심양 일대는 곧 기자와 고구려의 옛 강역이며, 천하에서 무력을 쓰는 땅이다. 거란과 여진이 모두 여기에서 일어나 드디어 관상(冠裳)의 지역[22]을 개척하고 그 근교에 진을 칠 수 있었으니, 그 중요함을 가히 알 수 있다. 그 땅은 단씨(檀氏: 단군) 이래로부터 발해 대씨에 이르기까지 모두 동방의 소유였다. 승국(勝國: 고려)[23] 또한 청석(靑石)과 선춘(先春) 두 고개로 경계를 삼았는데, 지금은 모두 중국의 땅이 되었다. 대개 금(金)나라와 원(元)나라 이래로 유주(幽州)는 도회(都會)가 되었고, 산해관 밖의 무력을 떨치고 지키는 땅이 되었으니, 곧 그 소속이 중국이 된 것은 형세였다.

○ 권11, 동사세가(東史世家), 발해세가(渤海世家)

渤海震國高王姓大氏, 名祚榮. 其先高麗粟末人, 高麗亡, 率衆, 保挹婁之東牟山. 地直營州東二千里. 南新羅以泥河爲境, 東窮海, 西契丹, 築城郭以居, 高麗逋殘稍歸之. 唐武后萬歲通天中, 仲象因契丹李盡忠之亂, 與靺鞨酋比羽及高麗餘衆, 東走渡遼水, 保太白山之東北, 阻奧婁河, 樹壁自固. 武后封比羽【姓乞四.】爲許國公, 仲象震國公, 比羽不受命. 后使將軍李楷固擊斬之. 是時, 仲象卒. 子祚榮引殘痍遁去. 楷固窮蹴, 度天門嶺. 祚榮因高麗靺鞨兵, 拒破楷固. 於是, 契丹附突厥, 唐師道絶. 祚榮卽幷比羽之衆, 恃荒遠, 乃建國, 號震. 卽王位, 遣使交突厥. 地方五千里, 戶十餘萬, 勝兵數萬, 頗知書契. 盡得扶餘沃沮弁韓朝鮮海北諸國. 唐先天中, 冊王爲左驍衛大將軍渤海郡王, 以所統爲忽汗州, 領忽汗州都督. 開元七年, 王薨, 子武藝立, 是爲武王. 斥大土宇, 東北諸夷畏臣之. 建元仁安. 未幾黑水酋長, 遣使朝唐, 唐以其地建黑水州, 置長史臨總. 王議羣臣曰, 黑水始假道於我, 與唐通. 異時, 請吐屯於突厥, 皆先告我. 今請唐官, 不吾告. 是必與唐腹背攻我也. 乃遣弟門藝及王舅任雅相, 發兵攻黑水. 門藝嘗質京師知利害. 謂王曰, 黑水請吏而我擊之, 是背唐也. 唐大國兵萬倍我, 與之産怨, 我且亡. 昔高麗盛時, 士三十萬, 抗唐爲敵, 可謂雄强, 唐兵一臨, 掃地盡矣. 今我衆比高麗三之一, 王將違之, 不可. 王不從. 兵至境, 又以

---

22) 冠裳은 관리의 복장, 관복 혹은 예의제도이며, 오랑캐인 거란과 여진이 예의제도가 있는 곳으로 영토를 확장해간 것을 의미한다. 즉 중국 중원 지역을 의미한다.
23) '勝國'은 자신이 멸망시킨 나라, 즉 '전대의 왕조'를 뜻하므로, 여기서는 조선에 앞선 고려를 이른 것이다.

書固諫. 王怒, 遣從兄壹夏代將, 召門藝, 將殺之. 門藝懼, 儳路自歸唐. 唐拜門藝左驍衛將軍. 王使使暴其罪, 請誅之. 唐詔置之安西. 好報曰, 門藝窮來歸我, 誼不可殺, 已投之惡地. 並留使者. 王知之, 上書斥言, 陛下不當以妄示天下. 意必殺門藝, 唐陽斥門藝以報. 後十年, 王遣大將張文休, 率海賊, 攻登州. 帝馳遣門藝, 發幽州兵擊之. 又使太僕卿金思蘭, 督新羅兵, 攻南境. 會大雪袤丈, 士凍死過半, 無功而還. 王望門藝不已, 募客, 入東都, 狙刺於道. 門藝格之, 得不死. 河南捕刺客, 悉殺之. 王薨, 子欽茂立, 是爲文王, 改元大興. 唐冊王及所領, 王因是赦境內. 天寶末, 徙上京, 直舊國三百里忽汗河之東. 寶應元年, 唐始冊王渤海國王, 進檢校太尉. 其後, 以日本舞女十一, 獻于唐. 貞元時, 東南徙東京. 王薨, 子宏臨早卒, 族弟元義立. 一歲, 猜虐, 國人廢殺之. 推宏臨子華璵, 爲王, 是爲成王, 改元中興, 復還上京. 王薨, 立文王小子嵩鄰, 是爲康王, 改元正歷. 薨, 子定王元瑜立, 改元永德. 薨, 弟僖王言信24)立, 改元朱雀. 薨, 弟簡王明忠立, 改元太始. 立一年, 薨. 從父宣王仁秀立, 改元建興. 王四世祖野勃, 高王祚榮弟也. 王能討伐海北諸部, 開大境宇有功. 唐憲宗冊王檢校司空. 唐太和四年, 王薨. 子新德蚤死, 孫彛震立, 改元咸和. 初諸王之世, 數遣諸生詣唐太學, 習知古今制度, 至是, 遂爲海東盛國. 地有五京十五府六十二州. 以肅愼故地爲上京, 曰龍井25)府, 領龍湖渤三州. 其正南六百里爲中京, 顯德府, 領盧顯鐵湯榮興六州. 濊貊故地爲東京, 曰龍原府, 亦曰柵城府, 領慶鹽穆賀四州. 沃沮故地爲南京, 曰南海府, 領沃晴椒三州. 高麗故地爲西京, 曰鴨綠府, 領神桓豊正四州. 神州, 自鴨綠江泊氵城氵氐流七百里至焉. 自此東距中原四百里, 仍正北行六百里, 而爲上京, 其土中之所在, 可推而知也. 曰長嶺府, 領瑕河二州. 扶餘故地爲扶餘府, 常屯勁兵, 扞契丹, 領扶仙二州. 鄚頡府領鄚高二州. 挹婁故地爲定理府, 領定潘二州. 安邊府領安瓊二州. 率賓故地, 爲率賓府, 領華益建三州. 拂涅故地, 爲東平府, 領伊蒙沱黑比五州. 鐵利故地, 爲鐵利府, 領廣汾蒲義歸等六州.26) 越喜故地, 爲懷遠府, 領遠越懷紀富美福耶芝九州. 安元府領寧郿慕常四州.

---

24) '言信'→'言義'.
25) '井'→'泉'.
26) '廣汾蒲義歸等六州'는 '廣汾蒲海義歸六州'의 오기이다('海'가 누락되고 '等'이 추가되었다).

又郿銅涑三州, 爲獨奏州. 涑州, 以其近涑沫江, 蓋所謂粟末水也. 龍原東南濱海, 日本道也. 南海, 新羅道也. 鴨綠, 朝唐道也. 長嶺, 營州道也. 扶餘, 契丹道也. 其禮樂官府制度倣象中國. 而王命謂之教, 王之父曰老王, 母太妃, 妻貴妃, 長子曰副王, 諸子曰王子. 官有宣詔省. 左相, 左平章事, 侍中, 左常侍, 諫議居之. 中臺省, 右相, 右平章事, 內史, 詔誥舍人居之. 政堂省, 大內相一人居, 左右相上. 左右司政各一, 居左右平章之下. 以比僕射. 左右允比二丞. 左六司忠仁義部各一, 卿居司政下. 支司爵倉膳部. 部有郎中員外. 右六司智禮信部. 支司戎計水部 卿郞準左. 以比六官. 中正臺, 大中正一. 比御史大夫. 居司政下. 少正一. 又有殿中寺, 宗屬寺, 有大令. 文籍院, 有監. 令監皆有少. 太常司賓大27)農寺, 寺有卿. 司藏司膳寺有令丞. 冑子監有監長. 巷伯局有常侍等官. 其武員, 有左·右猛賁熊衛·羆衛, 南左·右衛, 北左·右衛, 各大將軍一, 將軍一. 以品爲秩, 三秩以上, 服紫牙笏金魚. 五秩以上, 服緋牙笏銀魚. 六秩七秩, 淺緋衣, 八秩綠衣, 皆木笏. 物產俗所貴者, 曰太白山之菟, 南海之昆布,【今咸興以北海, 出昆布.】柵城之豉, 扶餘之鹿, 鄚頡之豕, 率賓之馬, 顯州之布, 沃州之綿, 龍州之紬, 位城之鐵, 盧城之稻, 湄沱湖之鯽. 果有丸都之李, 樂遊之梨. 王彝震之後, 史失薨年諡號. 弟虔晃立, 虔晃之後, 又有玄錫. 玄錫之立, 當唐懿宗咸通時. 其後五十餘年, 當後唐明宗天成元年, 王諲譔與契丹戰, 契丹敗西鄙諸城, 進攻扶餘. 陷其城, 遂圍上京. 王戰敗乞降. 丹主使兵衛王及宗屬, 出置王於臨潢西, 賜名曰烏魯古. 改渤海, 爲東丹國, 忽汗爲天福城, 冊其長子倍爲人皇王以主之. 於是, 渤海世子大光顯及將軍申德, 禮部卿大和鈞, 均老司政大元鈞, 工部卿大福謩, 左右衛將軍大審理, 少將墨28)豆干, 檢校開國男朴漁, 工部卿吳興等, 率其餘衆, 前後入高麗數萬戶. 麗主厚待之, 賜世子姓名王繼, 附之屬籍, 使奉其祀, 僚佐皆賜爵渤海. 以唐開元元年受唐封, 至後唐天成元年, 爲契丹所滅, 凡二百十四年.

贊曰, 大祚榮以高麗一餓隸, 乘時鵲起, 奄有東北諸夷五千里地. 折獰詭兇獷之心,

---

27) '大夫'에서 '夫'는 쓸데없이 들어간 군글자[衍字]이다.
28) '墨'→'冒'.

> 而衣冠禮樂於椎髻引弓之民, 爲餘屢百年小中華之國, 盖太師以來, 一人而已, 可謂
> 盛哉. 今其中東西南四京之地, 入我朝者五之二, 而其餘一京十一府五十餘州, 皆爲
> 生熟女眞諸部所分. 奴兒哈赤合之, 而建金國, 今盛京寧固一帶, 其地也. 豐鎬之域,
> 周得之仁, 秦得之強, 所矯之異也, 豈係於風土哉. 我穆祖肇基之地, 在其東京圻內,
> 而今白山亦其中京之域也, 檀君東明所發祥之地云. 渤海亡後五十四年, 遺孫大鸞
> 河, 西附于宋. 宋太宗, 卽拜鸞河渤海都指揮使.

발해 진국(渤海震國)[29] 고왕(高王)의 성은 대씨이고, 이름은 조영(祚榮)이다. 그 선조는 고[구]려 속말인(高[句]麗粟末人)[30]이다. 고[구]려가 망하자 무리를 이끌고 읍루의 동모산(東牟山)을 지켰다. 땅은 곧바로 영주(營州)에서 동쪽 2천 리이다. 남쪽은 신라와 니하(泥河)[31]로 경계를 삼았고, 동쪽은 바다에 닿았으며, 서쪽은 거란이다. 성곽을 쌓고 거주하니, 고[구]려의 남은 무리[逋殘]가 점차 그에게 돌아왔다. 당나라 무후 만세통천(萬歲通天, 696~697) 중에, [걸걸]중상(仲象)이 거란 이진충(李盡忠)의 난으로 인하여 말갈추장 [걸사]비우(比羽) 및 고[구]려의 남은 무리와 함께 동쪽으로 달아나 요수(遼水)를 건너, 태백산(太白山)의 동북[32]을 지키고, 오루하(奧婁河)에 의거하며, 벽을 세우고 스스로 지켰다. 무후가 책봉하여 비우【성은

---

29) 진국은 발해 초기 국호로, 『舊唐書』 발해말갈전과 『册府元龜』, 최치원의 「謝不許北國居上表」 등에는 '振國'으로, 『新唐書』 발해전에는 '震國'으로 나온다. 여기서는 초기 국명을 '震國'이라고 본 것이다.

30) '고구려의 속말인'이라는 뜻이다. 속말인이 고구려에 부속되어 있었고, 고구려의 주민이라는 의미이다.

31) 니하와 관련해서는 『三國史記』에 몇 차례 관련 기사가 보이는데, 이들 기록을 통해 동해에 인접한 悉直(三陟), 何瑟羅(江陵)와 비교적 가까이에 있는 강으로 추정된다. 丁若鏞은 『我邦疆域考』 「渤海考」에서 강릉 북쪽의 泥川水라고 하였고, 松井等은 泉井郡을 德源으로 단정하고 니하를 부근의 하천으로 보아 德源과 그 북쪽인 永興傍의 龍興江으로 추정한 바 있다(松井等, 1913). 津田左右吉은 聖德王 20년의 長城 축조 기사를 통해 동해안에서 安邊 부근의 南大川으로 보았다(津田左右吉, 1913). 그 밖에 連谷川설(徐炳國, 1981b, 237~257쪽; 張彰恩, 2004, 1~45쪽; 趙二玉, 1999, 715쪽), 강릉 城南川 설(이병도 역주, 1983, 34쪽), 남한강 상류설(李康來, 1985, 48~53쪽; 鄭雲龍, 1989, 209쪽), 울진 일대설(리지린·강인숙, 1976, 68~69쪽), 낙동강 상류설(김진한, 2007, 127쪽; 홍영호, 2010, 73~75쪽) 등이 있다.

32) 발해 건국지에 대해 『삼국사기』 권46, 열전 6, 최치원전에는 의봉 3년(678) '태백산 아래'로, 『삼국유사』에서 인용한 『신라고기』에는 '태백산 남쪽'으로, 『제왕운기』에는 '태백산 南城'으로, 『삼국사절요』에는 '태백산 동쪽'으로 나온다.

걸사(乞四)이다.]를 허국공(許國公)으로 삼고, 중상을 진국공(震國公)으로 삼았으나, 비우는 명을 받아들이지 않았다. 무후가 장군 이해고(李楷固)로 하여금 그를 공격하여 베었다. 이때 중상은 죽고, 아들 조영이 남은 무리[殘痍]를 이끌고 달아났다. 해고가 바짝 뒤쫓아 천문령(天門嶺)을 넘으니, 조영이 고[구]려와 말갈병으로 해고를 막아 무찔렀다. 이내 거란이 돌궐에 붙으면서, 당나라 군대의 길이 끊어졌다. 조영이 곧 비우의 무리를 합하고, 황량하고 먼 것을 믿고 이내 나라를 세워 진(震)이라 하였으며, 왕위에 올랐다. 사신을 보내 돌궐과 교류하였다. 지방은 5천 리이고, 호(戶)는 십여만이다. 뛰어난 병사가 수만이고, 자못 서계(書契)를 알았다. 부여·옥저·변한·조선·바다 북쪽의 여러 나라를 다 차지하였다. 당나라 선천 중에 왕을 책봉하여 좌효위대장군 발해군왕(渤海郡王)으로 삼고, 다스리는 곳을 홀한주(忽汗州)로 하고, 홀한주도독(忽汗州都督)이 되게 하였다.

개원 7년(719)에 왕이 죽고[薨], 아들 무예(武藝)가 즉위하니, 이가 무왕(武王)이다. 크게 영토를 개척하니, 동북의 여러 오랑캐가 두려워 신하가 되었다. 인안(仁安)을 연호로 세웠다. 얼마 안 되어 흑수(黑水) 추장이 사신을 보내 당나라에 조회하니, 당이 그 땅에 흑수주(黑水州)를 세우고 장사(長史)를 두어 총괄케 했다. 왕이 여러 신하와 의논하며 말하길 "흑수는 처음 우리에게 길을 빌려 당나라와 통했고, 다른 때 돌궐에 토돈(吐屯)을 청할 때도 모두 먼저 우리에게 알렸다. 지금 당나라 관리를 청하며 나에게 알리지 않은 것은 반드시 당과 함께 등 뒤에서 우리를 공격하려는 것이다"라고 하였다. 이에 동생 문예(門藝)[33]와 왕의 장인 임아상(任雅相)을 보내 병사를 내어 흑수를 공격하게 했다. 문예가 일찍이 경사(京師)에 인질로 있어 이해(利害)를 알았다. 왕에게 일러 말하길 "흑수가 관리를 청하였는데 우리가 공격하면, 이것은 당을 배반하는 일입니다. 당은 큰 나라이고 병사도 우리의 만 배인데, 그와 원한을 만들면 우리 또한 망할 것입니다. 옛적 고[구]려의 전성기에 군사 30만으로 당에 대항하며 대적하였으니, 대단히 강하다 할 수 있을 것입니다. [그러나] 당나라 병사가 한번 이르러

---

33) 大門藝는 발해 제2대 왕인 武王(재위 719~737)의 친동생이다. 高王 大祚榮 때(唐 中宗 때)에 당에 質子로 머물다가 돌아왔다. 726년 무왕이 그에게 흑수말갈을 토벌할 것을 명령하자, 이를 반대하다가 당으로 망명하였다. 무왕은 당에게 대문예를 죽일 것을 요청하며 당과 갈등을 빚었고, 732년 발해가 당의 登州를 공격하자 당은 대문예에게 유주에서 병사를 모아 발해를 공격하게 하였다. 이후 무왕은 몰래 자객을 모아 낙양 天津橋에서 대문예를 찌르게 했으나 실패하였고, 이후 대문예의 행적은 더는 확인되지 않는다(『신당서』 219, 열전 144, 북적 발해).

땅을 쓸어냄에 남은 것이 없었습니다. 지금 우리 무리가 고[구]려에 비해 3분의 1인데, 왕께서 장차 그것을 어기시는 것은 불가합니다"라고 하였다. 왕이 따르지 않았다. 병사가 경계에 이르자, [문예가] 또 글로써 간곡하게 간하였다. 왕이 노하여 종형 일하(壹夏)를 보내 대신하게 하고, 문예를 불러들여 죽이려고 했다. 문예가 두려워하며 지름길로 스스로 당에 돌아갔다. 당이 문예에게 좌효위장군(左驍衞將軍)를 배수하였다. 왕이 사신으로 그 죄를 폭로하고 그를 죽일 것을 청하게 하였다. 당이 그를 안서(安西)에 두고 좋게 알리길, "문예가 궁해서 나에게 돌아왔으니, 마땅히 죽일 수가 없다. 이미 그를 나쁜 곳에 보냈다"고 했다. 아울러 사신을 머물게 했다. 왕이 이를 알고 글을 올려 물리치며 말하길 "폐하는 천하에 거짓을 보여서는 아니 되십니다. 반드시 문예를 죽이시기를 바랍니다"라고 했다. 당이 문예를 겉으로만 물리치고 [발해에] 알렸다. 그 뒤 10년, 왕이 대장 장문휴(張文休)를 보내 해적을 거느리고 등주(登州)를 공격했다.[34] 황제가 문예를 급히 보내 유주(幽州)의 병사를 내어 그를 공격하게 했다. 또 태복경(太僕卿) 김사란(金思蘭)[35]으로 하여금 신라 병사를 감독하여 발해의 남쪽 경계를 공격하게 했다. 때마침 큰 눈이 한 길이나 되었고, 얼어 죽은 병사가 과반이어서 아무런 공도 없이 돌아왔다.[36] 왕이 문예에 대한 원망을 이기지 못하고 자객을 모아 동도(東都)에 들어가 길에서 찔러 죽이려 노렸으나, 문예가 대적하여 죽음을 면했다. 하남(河南)에서 자객을 사로

---

34) 발해가 당의 등주를 공격한 것은 성덕왕 31년(732, 개원 20)으로, 무왕 대무예가 장군 張文休를 보내 해적을 거느리고 등주자사 위준을 공격하게 하였다(『구당서』 199하, 열전 149하, 발해말갈). 발해가 등주를 공격한 원인은 726년 발해의 黑水 토벌과 대문예의 당 망명으로 빚어진 발해와 당의 갈등 및 730년대 초 당과 전쟁을 치르고 있는 契丹를 돕기 위한 목적이었다(김종복, 2009, 127쪽; 권은주, 2013).
35) 신라의 왕족으로 일찍이 당나라에 건너가 太僕員外卿(『삼국사기』 권제8, 「신라본기」 제8, 성덕왕 32년)을 받고, 宿衞로 있었다. 732년(성덕왕 31) 발해가 당나라의 登州를 공격하자, 당 현종이 이듬해 7월 김사란을 귀국시켜 신라에게 발해의 남쪽을 공격하게 하였다. 『册府元龜』에는 개원 21년(733) 정월 신라에 사신으로 간 것으로 나온다(『册府元龜』 권975, 外臣部20 襃異2).
36) 신라군이 당군과 함께 실제 발해의 남쪽을 공격하여 전투가 벌어졌는지에 대해서는 논란이 있다. 대체로 신라군이 당군과 합류해 발해를 공격한 것으로 보며(末松保和, 1975), 동북 방면으로 올라가서 함경남도 지역이나 동해안 쪽을 공격했던 것으로 보는 설(이병도, 1977; 김종복, 1997; 전덕재, 2013)과 서북 방면으로 압록강 하류 유역(조이옥, 2000)과 서경 압록부의 요지(임상선, 2019)를 공격하려 했다고 보는 설로 나뉜다. 큰 눈과 추위, 험로 등으로 인해 돌아온 것으로 기록되어 있으나, 발해에 패하여 돌아온 것으로 보기도 하며(한규철, 1994, 194쪽), 김사란의 귀국길에 동행한 客使 604명(『삼국유사』 권제2, 紀異 제2, 孝成王)을 당의 원정군으로 보기도 한다(이영호, 2010).

잡아 모두 죽였다.

　왕이 죽자 아들 흠무(欽茂)가 즉위하니, 이가 문왕(文王)이다. 대흥(大興)으로 개원하였다. 당이 왕과 거느린 것을 책봉하니 왕이 이로 인해 경내에 사면령을 내렸다. 천보(天寶, 742~756) 말에 상경(上京)으로 옮겼는데, 곧바로 구국(舊國)에서 3백 리로 홀한하(忽汗河)의 동쪽이다. 보응(寶應) 원년(762), 당이 비로소 왕을 발해국왕(渤海國王)으로 책봉하고 검교태위[37]를 올렸다. 그 뒤 일본 무녀(舞女) 11명을 당에 바쳤다. 동남쪽 동경(東京)으로 옮겼다.

　왕이 죽자 아들 굉림(宏臨)이 일찍 죽어 족제(族弟)인 원의(元義)가 즉위했다. 1년 만에 의심하고 포학하여 나라 사람[國人]이 그를 폐위하고 죽였다. 굉림의 아들 화여(華璵)를 추대하여 왕으로 삼으니, 이가 성왕(成王)이다. 중흥(中興)으로 개원하고 다시 상경으로 돌아왔다.

　왕이 죽자 문왕의 어린 아들 숭린(嵩鄰)을 세우니, 이가 강왕(康王)이다. 정력(正歷)으로 개원했다. 죽으니, 아들 정왕(定王) 원유가 즉위하고, 영덕(永德)으로 개원했다. 죽으니, 동생인 희왕(僖王) 언의(言義)가 즉위하고 주작(朱雀)으로 개원했다. 죽으니, 동생 간왕(簡王) 명충(明忠)이 즉위하고 태시(太始)로 개원했다. 즉위한 지 1년 만에 죽었다. 종부(從父)인 선왕(宣王) 인수(仁秀)가 즉위하고 건흥(建興)으로 개원했다. 왕의 4세조(世祖)인 야발(野勃)은 고왕(高王) 조영의 동생이다. 왕이 바다 북쪽의 여러 부(部)를 능히 토벌하고 영역을 크게 개척하는 데 공이 있어, 당 헌종(憲宗)이 왕을 검교사공(檢校司空)으로 책봉하였다. 당 태화(太和) 4년(830)에 왕이 죽었다. 아들 신덕(新德)이 일찍 죽어 손자인 이진(彝震)이 즉위하고, 함화(咸和)로 개원했다.

　처음 여러 왕들의 시절에, 수차례 여러 생도[諸生]를 당의 태학(太學)에 보내 고금의 제도를 익혀 알도록 했는데, 이때에 이르러 드디어 해동성국(海東盛國)이 되었다. 땅은 5경 15부 62주가 있다. 숙신(肅慎)의 옛 땅으로 상경(上京)을 삼고 용천부(龍泉府)라 하며, 용주(龍州)·호주(湖州)·발주(渤州) 3주(州)를 거느렸다. 그곳에서 바로 남쪽 6백 리로 중경(中京)[38]을 삼고 현덕부(顯德府)라 하며, 노주(盧州)·현주(顯州)·철주(鐵州)·탕주(湯州)·영주(榮

---

37) 태위는 정1품 三公인 太尉, 司徒, 司空 중 하나이다.

38) 제3대 文王 때 上京으로 천도하기 전의 수도였다. 위치 비정에 대해서는 蘇密城說, 那丹佛勒城說, 敦化縣說, 西古城子說 등이 있었다. 지금은 和龍 인근의 용두산고분군에서 文王의 넷째 딸 貞孝公主의 무덤이 발굴되고 주변에서 발해 유적들이 함께 발견되면서 서고성을 발해 중경으로 보는 것이 통설이 되었다.

州)·홍주(興州)의 6주를 거느렸다. 예맥(濊貊)의 옛 땅으로 동경(東京)을 삼고 용원부(龍原府)라 하고 또한 책성부(柵城府)[39]라고도 하며, 경주(慶州)·염주(鹽州)·목주(穆州)·하주(賀州)의 4주를 거느렸다. 옥저(沃沮)의 옛 땅으로 남경(南京)을 삼고 남해부(南海府)[40]라하며, 옥주(沃州)·청주(晴州)·초주(椒州) 3주를 거느렸다. 고[구]려의 옛 땅으로 서경(西京)[41]을 삼고 압록부(鴨綠府)라 하며, 신주(神州)·환주(桓州)·풍주(豊州)·정주(正州)의 4주를 거느렸다. 신주는 압록강 박작성(泊汋城)[42]으로부터 7백 리를 거슬러 흘러서 도달한다. 이곳으로부터 동쪽으로 중원(中原)[43]과의 거리가 4백 리이다. 다시 바로 북쪽으로 6백 리를

---

[39] 발해 5경 가운데 하나인 東京龍原府의 異稱이다. 책성은 목책을 두른 성이라는 뜻으로, 이미 고구려 때부터 사용된 지명이다. 府治의 위치에 대해서는 발해의 東京城인 八連城과 별도로 부근의 溫特赫部城이나 薩其城으로 보는 설과 延吉의 城子山山城, 興安古城 등으로 보는 설이 있다(구난희, 2017, 134~139쪽). 고구려의 책성은 치소성을 중심으로 광역의 행정단위를 가리키는 '柵城圈'으로 이해하는 연구도 있다(김현숙, 2000, 140·156~157쪽; 김강훈, 2017, 244쪽).

[40] 남경 남해부의 위치에 대해서는 韓鎭書의 『續海東繹史』 「渤海」에서 北青설을, 丁若鏞의 『我邦疆域考』 「渤海考」에서 咸興설을 내세운 이래로, 鏡城설(內藤虎次郎, 1907; 松井等, 1913), 북청설(鳥山喜一, 1935; 채태형, 1998), 함흥설(池內宏, 1937; 白鳥庫吉, 1935; 和田淸, 1955), 鍾城설 등의 견해가 있다. 남경과 남해부의 치소는 동일 지역에 있었던 것으로 보이나, 관청이 하나였는지 분리되어 있었는지는 불분명하다. 남해부의 위치 비정에는, 776년 남해부 '吐號浦'에서 발해 사신단이 일본으로 출발했다는 기록(『續日本紀』)에 부합하는 항구와 남해부의 특산물인 곤포, 즉 다시마가 생산되는 지역이라는 조건이 붙는다. 정약용이 곤포의 주요 산지인 함흥을 남해부로 본 이후로 함흥설은 많은 지지를 받았고, '토호포'를 함흥 서남쪽 약 15km 떨어진 '連浦(고려·조선시대 都連浦)'로 추정하였다. 그러나 북한에서 발굴 성과를 토대로 북청군의 청해토성(북청토성)을 남해부로 비정한 이후 북청설이 유력시되고 있다.

[41] 『遼史』 「地理志」 東京道條에 "淥州 鴨淥軍 節度 本高麗故國 渤海號西京鴨淨府 城高三丈 廣輪二十里"로 나온다. 丁若鏞은 平安北道 慈城 北에서 鴨綠江 對岸으로(『我邦疆域考』 「渤海考」), 韓鎭書는 江界府의 滿浦鎭 對岸으로(『續海東繹史』 「渤海」), 松井等(1913)은 奉天省 臨江縣 帽兒山으로, 鳥山喜一(1915)은 通溝로 비정하였고, 현재 臨江 지역으로 보는 것이 일반적이다.

[42] 泊汋口의 위치에 대해서는 大蒲石河口설과 靉河口설이 대표적이다. 松井等은 박작구와 대포석하를 동일지역으로 보았고, 箭內亘은 賈耽의 『古今郡國縣道四夷述』의 기록과 함께 '포석'과 '박작'의 음이 비슷하다는 점에서, 대포석하구라고 하였다. 한편 袁輝는 당시 수륙분계선을 근거로 현재의 애하구 沿江平原 구간이라고 보고, 박작성을 大河口 부근으로 비정하였다(袁輝, 1993, 70~71쪽). 新妻利久, 王綿厚·李建才, 魏存成 등도 애하구로 보았다(新妻利久, 1969, 155쪽 지도; 王綿厚·李建才, 1990; 魏存成, 2008, 141쪽). 이 밖에 박작구를 臨江市 일대의 神州로 보는 견해도 있다(강성산, 2018, 125쪽). 박작성의 경우 애하첨고성(曹汛, 1980, 556~557쪽)과 호산산성 등이 거론되고 있다.

가면 상경이 된다.44) 그 토중(土中: 도읍)이 있는 곳임을 미루어 알 수 있다. 장령부(長嶺府)45)라 하며, 하주(瑕州)·하주(河州)의 2주를 거느렸다. 부여(扶餘)의 옛 땅을 부여부(扶餘府)46)로 삼고 늘 강한 병사를 주둔시켜 거란(契丹)을 막았다. 부주(扶州)·선주(仙州)의 2주를 거느렸다. 막힐부(鄚頡府)47)는 막주(鄚州)·고주(高州)의 2주를 거느렸다. 읍루(挹婁)의 옛 땅을 정리부(定理府)48)로 삼고, 정주(定州)·심주(潘州)의 2주를 거느렸다. 안변부(安邊府)49)는 안주(安州)·경주(瓊州)의 2주를 거느렸다. 솔빈(率賓)의 옛 땅을 솔빈부(率賓府)50)로 삼고, 화주(華州)·익주(益州)·건주(建州)의 3주를 거느렸다. 불열(拂涅)의 옛 땅으로 동평부(東平府)51)를 삼고, 이주(伊州)·몽주(蒙州)·타주(沱州)·흑주(黑州)·비주(比州)의 5주를 거

---

43) 천보 시기 발해의 수도였던 中京의 '顯州'를 가리킨다.
44) 神州에서 中京을 거쳐 上京까지의 거리는 『신당서』 지리지에 있는 賈耽의 方域道里 기록을 인용한 것이다("自鴨淥江口舟行百餘里, 乃小舫泝流東北三十里至泊汋口, 得渤海之境. 又泝流五百里, 至丸都縣城, 故高麗王都. 又東北泝流二百里, 至神州. 又陸行四百里, 至顯州, 天寶中王所都. 又正北如東六百里, 至渤海王城"『新唐書』 권43下, 志제33下, 地理7下, 羈縻州).
45) 위치에 대하여『滿洲源流考』에서는 "今吉林西南五百里 有長嶺子 滿洲語稱果勒敏珠敦(Golmin Judun, 長嶺의 뜻)"이라고 하고, 지금의 英額門 부근으로 비정하였다. 韓鎭書는 '永吉州 等地'로 비정하였는데(『續海東繹史』「渤海」), 지금의 吉林이다. 津田左右吉(1915)은 輝發河 상류에 있는 北山城子로 보았다.
46) 부여부의 위치에 대해서는 開原縣설, 農安설, 阿城설, 昌圖 북쪽 四面城설 등이 있는데, 현재 농안설이 유력하다. 속주로는 扶州·仙州의 2주를 거느렸다. 발해의 수도인 上京龍泉府로부터 거란으로 통하는 거란도의 길목이어서, 발해는 부여부에 항상 날랜 병사를 거주시켜 契丹을 방비하게 하였다.
47) 『遼史』「地理志」東京道 韓州條에 "… 本槀離國舊治柳河縣 高麗置鄚頡府 都督鄚·頡二州 渤海因之 …"라고 하여 고구려 때부터 있었던 것으로 나온다. 金毓黻은 農安 북쪽으로 비정하였고(『渤海國志長編』「地理考」), 和田淸(1955)은 阿城 부근으로 비정하였다.
48) 위치에 대하여『盛京通志』와『大淸一統志』에서 熱河의 承德城으로 비정하였고, 韓鎭書는 寧古塔 부근으로(『續海東繹史』「渤海」), 松井等(1913)과 金毓黻은 烏蘇里江 부근으로, 和田淸(1955)은 沿海州의 Olga 부근으로 비정하였다.
49) 위치에 대해 金毓黻은 烏蘇里江 유역으로 비정하였다(『渤海國志長編』 卷14「地理考」). 和田淸(1955)은 定理·安邊 2부가 挹婁의 故地로 서로 근접하다고 보고 金代의 錫林路로서 Olga 지방인 것으로 비정하였다.
50) 그 이름이 綏芬河와 발음이 유사하여 현재 수분하 지역으로 보는 것이 통설이다. 率賓府의 이름은 遼代에도 그대로 쓰였으나, 金·元代에는 '恤品'·'速頻'·'蘇濱'의 이름으로 史書에 보이며, 淸代에는 綏芬路로 알려져 있었다.
51) 拂涅部의 위치에 대해 논란이 있는 것과 마찬가지로, 동평부의 위치에 대해서도 여러 설이 있다. 흑수말

느렸다. 철리(鐵利)의 옛 땅으로 철리부(鐵利府)[52]를 삼고, 광주(廣州)·분주(汾州)·포주(蒲州)·해주(海州)·의주(義州)·귀주(歸州)의 6주를 거느렸다. 월희(越喜)의 옛 땅으로 회원부(懷遠府)[53]를 삼고, 원주(遠州)·월주(越州)·회주(懷州)·기주(紀州)·부주(富州)·미주(美州)·복주(福州)·야주(耶州)·지주(芝州)의 9주를 거느렸다. 안원부(安元府)[54]는 영주(寧州)·미주(郿州)·모주(慕州)·상주(常州)의 4주를 거느렸다. 또한 영주(郢州)·동주(銅州)·속주(涑州)의 3주를 독주주(獨奏州)[55]로 삼았다. 속주는 그것이 속말강(涑沫江)에 가깝기 때문인데, 대체로 속말수(粟末水)를 가리킨다. 용원의 동남쪽은 바다에 닿았으며, 일본도(日本道)이다. 남해는 신라도(新羅道)이다. 압록은 조공도(朝唐道)이다. 장령은 영주도(營州道)이다. 부여는 거란도(契丹道)이다.

그 예악(禮樂)·관부(官府)·제도는 중국을 본받았다. 왕의 명(命)을 교(敎)라고 하며, 왕의 아버지를 노왕(老王)이라 하고, 어머니는 태비(太妃), 처는 귀비(貴妃), 큰 아들을 부왕(副王), 여러 아들은 왕자(王子)라 한다.

관리로는 선조성(宣詔省)에 좌상(左相), 좌평장사(左平章事), 시중(侍中), 좌상시(左常侍), 간의(諫議)가 있다. 중대성(中臺省)에는 우상(右相), 우평장사(右平章事), 내사(內史), 조고

갈의 일부가 발해 후기에 복속된 것으로 보지만, 행정구역 설치가 확인되고 있지 않은데, '黑州'와 '黑水'의 흑이 같은 글자이기 때문이다.

52) 鐵利는 말갈 7부 중에는 그 명칭이 없으나, 발해 건국 초기부터 고구려와 관계가 깊었던 불열, 월희 말갈과 함께 활동한 것으로 보아, 고구려 당시부터 있었고 고구려와 밀접한 관련이 있었던 것으로 보인다. 위치에 대해서는 圖們江北·與凱湖의 南說(丁若鏞,「渤海考」), 黑龍·烏蘇里江下流 地域說(松井等, 1913; 鳥山喜一, 1915), 木丹江流域說(津田左右吉, 1916), 阿什河流域說(池內宏, 1916), 松花江下流域의 依蘭地域說(小川裕人, 1937) 등이 있다.

53) 위치에 대해서는 발해 중심부에서 매우 먼 지역일 것으로 추정되며, 중국 黑龍江省 依蘭縣의 烏蘇里江과 松花江이 만나는 지역설, 연해주 동해가설, 흑룡강성 同江縣설 등이 있다.

54) 『遼史』「地理志」東京道 慕州條에 "本渤海安遠府地 故縣二 慕化·崇平 … 隸涑州 在西二百里"라고 하여 屬縣으로 慕化·崇平의 2현을 거느렸다. 西京 鴨淥府의 府治인 淥州 서북으로 200리에 있다고 하여 鴨綠江과 輝發河의 중간인 柳河縣으로 비정되기도 하며, 韓鎭書는 黑龍江 유역으로 비정한 바 있다(『續海東繹史』「渤海」). 松井等과 和田淸은 松花江 하류로(松井等, 1913, 419쪽; 和田淸, 1955, 106~107쪽), 金毓黻은 興凱湖 東岸인 것으로 비정하였다(『渤海國志長編』「地理考」).

55) 『滿洲源流考』「疆域」에 "獨奏之義 猶今直隸州 不轄於府 而事得專達也"라고 하여 중간 보고자(즉 府)를 거치지 않고 곧바로 중앙에 보고하는 직할주를 가리킨다고 보았다.

사인(詔誥舍人)이 있다. 정당성(政堂省)에는 대내상(大內相) 1인이 좌우상(左右相)의 위에 있고, 좌우사정 각 1인이 좌우평장의 아래에 있으며, 복야(僕射)에 비교된다. 좌우윤은 이승(二丞)에 비교된다. 좌육사(左六司)의 충부(忠部)·인부(仁部)·의부(義部)에는 각 1인의 경(卿)이 사정(司政) 아래에 있다. 지사(支司)인 작부(爵部)·창부(倉部)·선부(膳部)에는 낭중원외(郎中員外)가 있다. 우육사(右六司)의 지부(智部)·예부(禮部)·신부(信部)와 지사인 융부(戎部)·계부(計部)·수부(水部)의 경(卿)과 낭중원외는 좌육사에 준하며, 육관(六官)에 비교된다. 중정대(中正臺)에는 대중정(大中正) 1인이 있으며, 어사대부(御史大夫)와 비교된다. 사정 아래에 있고, 소정(少正) 1인이 있다. 또 전중시(殿中寺)·종속시(宗屬寺)가 있는데, 대령(大令)이 있다. 문적원(文籍院)에는 감(監)이 있다. 영(令)·감(監)은 모두 소(少)가 있다. 태상시(太常寺)·사빈시(司賓寺)·대농시(大農寺)의 시(寺)에는 경(卿)이 있다. 사장시(司藏寺)·사선시(司膳寺)에는 영승(令丞)이 있다. 주자감(冑子監)에는 감장(監長)이 있다. 항백국(巷伯局)에는 상시(常侍) 등의 관리가 있다. 그 무관[武員]에는 좌우맹분(左右猛賁) 웅위(熊衛)·비위(羆衛), 남좌우위(南左右衛), 북좌우위(北左右衛)에 각각 대장군(大將軍) 1인, 장군 1인이 있다.[56] 품(品)을 질(秩)이라고 했다. 3질 이상은 자색(紫色) 옷에 아홀(牙笏)·금어(金魚)를 차고, 5질 이상은 비색(緋色) 옷에 아홀·은어(銀魚)를 차고, 6질·7질은 엷은 비색 옷, 8질은 녹색 옷에 모두 목홀(木笏)을 찬다.

물산 중 풍속에서 귀하게 여긴 것은 태백산(太白山)의 토끼,[57] 남해(南海)의 다시마[昆布], 【지금 함흥 북쪽의 바다에서 다시마가 난다.】 책성(柵城)의 메주[豉, 또는 된장], 부여의 사슴, 막힐(鄭頡)의 돼지, 솔빈의 말, 현주(顯州)의 베, 옥주(沃州)의 면(또는 솜), 용주(龍州)의

---

56) 발해의 군제에 관해서는 『新唐書』 발해전에 "其武員有左右猛賁·熊衛·羆衛, 南左右衛, 北左右衛, 各大將軍一·將軍一"과 『舊唐書』 本紀 17하, 文宗하의 大和 6년(832) 12월 戊辰조에 "內養王宗禹渤海使迴, 言渤海置左右神策軍·左右三軍一百二十司, 畫圖以進"이라는 기록만 확인된다. 이 가운데 衛의 편제에 대해서는 8위설과 10위설로 나뉜다. 좌맹분위, 우맹분위, 좌웅위, 우웅위, 좌비위, 우비위의 사료해석에는 일치를 보이지만, '남좌우위'와 '북좌우위'를 이해하는 데 있어 차이가 있기 때문이다. 8위설은 '남좌우위'와 '북좌우위'를 각기 하나로 보고 있는 반면, 10위설은 '좌'와 '우'를 구분하여, '남좌위'·'남우위', '북좌위'·'북우위'로 나누어 보고 있다(강성봉, 2011, 220~221쪽).

57) '菟'를 일반적으로 '토끼'로 해석하지만, 이와 다른 주장도 있다. '토'를 한약재의 일종인 菟絲子의 뿌리인 茯苓(茯菟라고도 함)이라고 하는 의견, 혹은 '동북 지방의 호랑이[虎]'라는 견해 등이 제기된 바 있다(姚玉成, 2008 참조).

명주[紬], 위성(位城)의 철, 노성(盧城)의 벼, 미타호(湄沱湖)의 붕어[鯽]이고, 과일에는 환도(丸都)의 오얏, 낙유(樂遊)의 배가 있다.

왕 이진(彝震)의 뒤로는 역사에서 죽은 연도와 시호(諡號)를 잃었다. 동생인 건황(虔晃)이 즉위했다. 건황의 뒤에는 또 현석(玄錫)이 있었다. 현석의 즉위는 당나라 의종(懿宗) 함통(咸通, 860~873) 때에 해당된다. 그 50여 년 뒤, 후당(後唐) 명종(明宗) 천성(天成) 원년(926)에 왕 인선(諲譔)이 거란과 싸웠다. 거란이 서쪽 변경의 여러 성을 패배시키고 부여(扶餘)로 나아가 공격하여 그 성을 함락시키고, 드디어 상경(上京)을 포위했다. 왕이 싸움에 패하여 항복을 청하자, 거란 임금이 병사로 왕과 종속(宗屬)을 호위하여 나와 왕을 임황(臨潢)의 서쪽에 두고, 오로고(烏魯古)라는 이름을 내렸다. 발해를 고쳐 동단국(東丹國)으로 삼고, 홀한(忽汗)은 천복성(天福城)으로 삼았다. 그 장자인 배(倍)를 책봉하여 인황왕(人皇王)으로 삼고, 그곳을 주관하게 했다.

이에 발해 세자 대광현(大光顯)과 장군 신덕(申德), 예부경[58] 대화균(大和勻), 균로사정(均老司政)[59] 대원균(大元勻), 공부경[60] 대복모(大福謩), 좌우위장군 대심리(大審理), 소장 묵두간(墨豆干),[61] 검교개국남 박어(朴漁), 공부경 오흥(吳興) 등이 그 남은 무리를 이끌고 전후로 고려로 들어온 것이 수만 호(戶)이다. 고려 임금이 그들을 후하게 대우하였다. 세자에게는 왕계(王繼)라는 성명을 내리며 속적(屬籍)에 올리고, 그 [조상의] 제사를 받들게 했다. 속관들도 모두 작위를 내렸다. 발해는 당나라 개원(開元) 원년(713)에 당의 책봉을 받고 후당 천성 원년(926)에 이르러 거란에게 멸망되었으니, 모두 214년이다.[62]

---

58) 발해의 중앙행정기구인 政堂省 아래에 설치된 忠·仁·義·智·禮·信 등 6부 중 禮部의 우두머리인 卿을 일컫는다.

59) '均老司政'에 대해 하나의 직명으로 보는 견해와 '균로'라는 인명과 '사정'이라는 직명으로 구분하는 견해가 있다. 『新唐書』 발해전에 정당성의 평장사 밑에 '사정'이라는 직명만 확인되며 『고려사』보다 앞선 기록인 『제왕운기』에 '司政卿'으로 기술되어 있는 점에서(김진광, 2016, 483·491쪽), 일반적으로 균로가 앞의 대화균과 마찬가지로 예부경을 지낸 인물이라고 이해한다(이효형, 2013, 329쪽).

60) 『新唐書』 발해전에 소개된 발해의 관직에는 보이지 않지만, 정당성 右六司에 속한 信部의 장관으로 추정된다. 공부경의 존재는 『五代會要』 卷30, 後唐 清泰 3년 2월조 "… 政堂省工部卿烏濟顯 …"의 기록에서도 확인된다(한규철, 1997, 5쪽).

61) 『高麗史』 권제1, 世家 1, 太祖 8년(925) 12월 戊子조에는 '冒豆干'으로 나온다.

62) 발해의 건국시기에 대해서는 『帝王韻紀』의 '周則天武后元年甲申'에 근거한 684년설, 『舊唐書』의 "聖曆中 自立爲振國王"에 근거한 698~699년설, 『類聚國史』 권 193, 延曆 15년 4월 戊子조 "天命開別天皇七

찬하여 말하길[贊曰], "대조영은 고[구]려의 한 굶주린 종으로 때를 만나 참새처럼 일어나, 동북 여러 오랑캐의 5천 리 땅을 모두 차지하였다. 흉악하고 사나운 마음을 접고, 상투에 화살을 쏘던 백성이 의관예악(衣冠禮樂)으로서 나머지 수백 년에 소중화(小中華)의 나라가 된 것은 대개 태사(太師)[63] 이래 한 사람뿐이니, 성대하다 할 수 있다. 지금 그 중경·동경·서경·남경 4경의 땅은 우리 조정[我朝: 조선]에 들어온 것이 5분의 2이다. 그 나머지 1경 11부 50여 주는 모두 생여진과 숙여진의 여러 부(部)로 나누어졌다. 누루하치[奴兒哈赤]가 그것을 합하여 금국(金國: 후금)을 세웠으니, 지금 성경(盛京)·영고(寧固) 일대가 그 땅이다. 풍호(豊鎬)[64] 지역을 주(周)는 인(仁)으로 얻었고, 진(秦)은 강(强)으로 얻었으니, 바로잡는 바가 다른 것이 어찌 풍토(風土)와 관련이 있겠는가. 우리 목조(穆祖)가 터전을 잡은 땅은 그 동경의 경계 안에 있었고, 지금 백산(白山: 백두산) 또한 그 중경 지역인데, 단군과 동명(東明)이 발상한 땅이라고 할 것이다"라고 하였다. 발해가 망한 뒤 54년, 남은 후손 대난하(大鸞河)가 서쪽에서 송나라에 귀부했다. 송 태종(太宗)이 곧 난하를 발해도지휘사(渤海都指揮使)로 배수하였다.[65]

○ 권14, 동국여지잡기(東國輿地雜記), 삼한지방변(三韓地方辨)

> 又按, 卞韓地方見於史書者, 獨有一處, 可疑. 新羅聖德王十二年, 叙渤海國幅員有曰, 盡得扶餘沃沮弁韓朝鮮諸國云云. 此皆高麗舊境, 曁高氏之亡, 浿南之地, 屬新羅. 其西北之地, 屬中國. 東北之地, 盡入靺鞨, 而靺鞨爲渤海國. 以此言之, 麗境固自有弁韓矣. 却怪吉昌不引此爲訂, 而苟且牽合弁韓苗裔在樂浪之說, 何也. 然反復

年, 高麗王高氏爲唐所滅也. 後以天之眞宗豊祖父天皇二年 大祚榮始建渤海國"에 근거한 698년설 등이 있는데, 698년설이 보편적으로 인정되고 있다. 이를 기점으로 계산하면 발해가 멸망한 926년까지 발해의 존속기간은 약 228년에 달한다.

63) 箕子를 가리킨다. 殷나라에서 太師의 지위에 있었기 때문에 이렇게 부른다.
64) 고대 중국 周나라의 도성이 있던 곳이며, 오늘날 중국 섬서성 西安 일대이다.
65) 송 태종 태평흥국 4년(979)에 대난하는 소교 이훈 등 16인과 部族 3백 騎와 함께 송에 항복하고, 발해도지휘사가 되었다. 태종은 용감한 장수인 대난하의 귀순을 忠順하다며 위무하였다(『宋史』 권491, 列傳 제250, 外國7, 渤海國).

> 攷詳中國文籍及東史所載, 弁韓地分, 決無越在東北界之理, 豈東方別有二弁韓耶, 東方地名如二東暆三帶方之類, 甚衆. 意者三韓之世, 蠻觸紛紜, 隨其所在, 輒立名號, 重複錯互. 如南北朝江南九州之名者多有之. 渤海域內, 所謂弁韓, 恐亦此類. 且以弁韓苗裔在樂浪之說, 細尋其文義, 則似謂弁韓部種有入樂浪之域, 而冒弁韓舊號者, 此則理亦或然. 要之, 三韓本界分, 則東辰西馬南弁, 不可易也.

또 살피건대,[66] 변한 지방이 사서(史書)에 보이는 것은 오직 한 곳이니 가히 의심스럽다. 신라 성덕왕 12년(713)에 발해국의 너비와 인구를 서술하며 말하길 "부여·옥저·변한·조선 등 여러 나라를 모두 얻었다"[67]고 하였다. 이는 모두 고구려의 옛 경계인데, 대개 고씨가 망하고 패수(浿水) 남쪽의 땅은 신라에 속했고, 그 서북쪽 땅은 중국에 속했으며, 동북쪽의 땅은 모두 말갈로 들어갔고, 말갈은 발해국이 되었다. 이로써 말하면 고구려의 지경에 진실로 변한이 있었다. 도리어 이상하게 길창(吉昌)[68]은 이를 인용하여 바로잡지 않았다. 그리고 구차하게 변한의 후예가 낙랑에 있었다는 설을 끌어서 합친 것은 왜인가? 그러나 반복해서 중국의 문적과 동사(東史)에 기재된 것을 자세히 살펴보면, 변한의 땅은 결코 동북의 경계를 넘어서 있을 이유가 없다. 어찌 동방에 따로 2개의 변한이 있겠는가. 동방의 지명은 2개의 동이(東暆)[69]와 3개의 대방(帶方)과 같은 것이 매우 많다. 생각하건대 삼한(三韓) 시기에 보잘것없이 시끄럽게 싸우면서 그 있는 곳에 따라 번번이 이름을 세우니, 중복되고 서로 섞여버려서일 것이다. [중국] 남북조(南北朝)에 강남 9주의 이름이 많이 있는 것과 같다. 발해의 지역 안의 이른바 변한도 아마 이러한 종류일 것이다. 또 변한의 후예가 낙랑에 있다는 설은 그 문장의 뜻을 자세히 살피면, 변한의 부종(部種)이 낙랑 지역으로 들어가 있던 것을 일러 변한의 옛 이름을 씌운 것 같다. 이것이 곧 이치이며 또한 역시 그러할 것이다. 요컨대 삼한의 본래 경계가 곧 동쪽은 진한, 서쪽은 마한, 남쪽은 변한인 것은 바꿀 수가 없다.

---

66) 이하는 『동사회강』「附論辯 三韓地方之辯」과 같은 내용이다.
67) 『신당서』 발해전에는 "祚榮即幷比羽之眾, 恃荒遠, 乃建國, 自號震國王, 遣使交突厥, 地方五千里, 戶十餘萬, 勝兵數萬, 頗知書契, 盡得扶餘沃沮弁韓朝鮮海北諸國"이라 하였다.
68) 權近(1352~1409)을 가리킨다. 吉昌君에 봉해진 것에서 연유한다.
69) 東暆는 낙랑군에 속한 25개 縣 중의 하나이다(『漢書』 권28下, 地理志 제8下, 樂浪郡).

○ 권14, 동국여지잡기(東國輿地雜記), 동방지명지변(東方地名之辨)

不咸山. 據史, 北沃沮靺鞨, 皆云在不咸山北. 以此推之, 似在今我國界內. 而不知何山爲古之不咸也. 大抵高句麗初起玄菟, 漸南遷樂浪之域, 而其東北西北兩面之地, 或入於上國, 或入於靺鞨. 靺鞨後爲渤海, 又後爲野人女眞. 上國遼東之地, 亦前爲鮮卑所據, 後爲女眞蒙古所雜居, 故曠絶荒亂, 圖籍不詳, 今無所攷. 夫子所云, 吾猶及史之闕文者, 正此類也. 浿·帶二水. 百濟始祖渡浿·帶二水, 登漢山負兒岳. 又始祖三十七年, 大旱, 漢水東北部落, 亡入高句麗, 浿帶之間空, 無居民云云. 則帶水當在今漢北之地. 而輿地志, 只以浿水爲猪灘, 帶水無所見, 未知漢北何水爲古之帶水也.【愚按. 帶水似今臨津.】

按史, 新羅文武王, 侵並勾麗舊境. 唐將李謹行等, 每與靺鞨 合兵攻之. 及勾麗南境【卽浿南也.】之地, 皆入於羅. 李謹行等, 連歲經略, 不能克. 文武十七年, 唐移安東府於遼東新城. 而渤海地方, 旣曰盡爲朝鮮諸國. 又曰, 地方五千里, 爲海東盛國. 則大槩安東府移新城之後, 唐已棄平壤, 而平壤以北, 遂盡入於渤海. 及渤海衰弱, 不能遠有. 而新羅亦政亂, 不能經略壃場. 弓裔取之, 初置十三鎭. 至麗祖時, 始爲西京盛府也. 麗祖元年, 以平壤故都荒廢, 蕃人遊獵其間. 恐因以侵掠邊邑, 遂爲大都護, 遣王式廉鎭之. 以此觀之, 則當時浿西猶荒廢, 蕃鞨猶出沒. 當初浿西之本, 入於渤海, 可知. 麗祖三年, 渤海爲契丹所滅. 而成宗十三年, 契丹蕭遜寧侵高麗, 聲言欲取高句麗故地. 其言曰, 汝國興新羅地. 勾麗之地, 我所有也, 而汝侵蝕之. 麗朝羣臣, 亦欲割西京以北與之, 自黃州至岊嶺爲界. 其所議分界之處, 正與新羅九州合. 而契丹所云侵蝕處, 正是浿西之地. 以此觀之, 新羅之世, 平壤以北, 入於渤海, 而新羅所統, 只是三韓地方, 尤無疑矣. 輿覽平安道卷, 以爲新羅文武王滅勾麗, 遂並其地. 平壤建置沿革條, 以爲唐置安東府, 以兵鎭之. 唐兵旣去, 其地皆入於新羅云云者, 攷之不精也.

불함산. 역사에 의거하면, 북옥저와 말갈은 모두 불함산 북쪽에 있다고 하였다. 이로써 미루어보면 지금 우리나라 경계 안에 있었던 듯하다. 그러나 어느 산이 옛 불함산인지는 모른다. 대개 고구려가 처음 현토에서 일어나 점점 남쪽의 낙랑 지역으로 옮겨갔다. 그 동북과 서북 양쪽 땅은 혹은 중국에 들어가고, 혹은 말갈에 들어갔다. 말갈이 뒤에 발해가 되고, 또 뒤에는 야인여진(野人女眞)이 되었다. 상국(上國: 중국)의 요동 땅은 또 이전에는 선비(鮮卑)가 차지했었고, 뒤에는 여진과 몽고가 섞여 살았다. 그런 까닭에 황량하고 어지러워 도서와 전적이 자세하지 않아 지금은 상고할 바가 없다. 부자(夫子: 공자)가 이르길 "나는 오히려 사관(史官)이 글을 빼놓은 것에 미쳤다"[70]라 한 바가 바로 이러한 종류이다.

패수와 대수. 백제 시조가 패수와 대수의 두 물을 건너 한산(漢山)의 부아악(負兒岳)[71]에 올랐다. 또 시조 37년(19년), 크게 가물어 한수 동북의 부락이 도망하여 고구려의 패수와 대수 사이로 들어가니, 텅 비어 사는 백성이 없었다고 하였다. 곧 대수는 마땅히 지금 한수 북쪽의 땅에 있다.『여지지(輿地志)』에는 다만 패수를 저탄(猪灘)으로 삼고, 대수는 보이지 않는다. 한수 북쪽의 어느 물이 옛 대수인지는 알지 못한다.【내가 생각건대, 대수는 지금의 임진(臨津)일 듯하다.】

역사를 살피건대, 신라 문무왕이 고구려의 옛 경계를 침입하여 아울렀고, 당나라 장수 이근행 등이 매번 말갈과 병사를 합하여 그를 공격했다. 고구려의 남쪽 경계【즉 패수 남쪽이다.】에 이르는 땅은 모두 신라에 들어갔다. 이근행 등이 해마다 경략하였으나 이길 수 없었다. 문무왕 17년(677), 당나라가 안동부(安東府: 안동도호부)[72]를 요동의 신성(新城)[73]으로 옮겼다. 발

---

70) 원전은 "子曰 吾猶及史之闕文也, 有馬者借人乘之. 今亡矣夫"(『論語』衛靈公篇)이다.

71) 북한산의 옛 이름.

72) 668년 당나라가 고구려를 멸망시킨 뒤 평양에 안동도호부를 설치하고, 薛仁貴를 도호부사로 삼아 고구려 땅을 통치하도록 하였다. 고구려 부흥운동이 일어나고 신라가 고구려·백제 유민과 함께 당에 항쟁을 펼치자, 당은 한반도에서 물러나 676년 도호부를 遼東의 遼陽 지역으로 옮겼고, 677년에 다시 新城으로 옮겼다. 696년에는 요서 지역인 營州에서 거란 李盡忠의 난이 일어나며, 요동 지역 역시 전란에 휩싸였다. 대조영이 이끄는 고구려 유민과 말갈인들이 天門嶺전투에서 승리하며 발해 건국에 성공한 이후 요동에서 당의 세력이 크게 약화되었고, 당은 699년에 안동도호부를 안동도독부로 낮추고 幽州(지금의 北京)에 移屬시켰다. 이후 다시 도호부로 복귀되었으나 714년 平州로, 743년 遼西故郡城으로 府治를 옮겼다가, 安祿山의 난을 계기로 758년에 완전히 폐지되었다(日野開三郞, 1984, 26~36쪽; 권은주, 2010).

73) 현재 요령성 撫順市 渾河 북쪽에 있는 高爾山城을 가리킨다. 北關山城으로도 불렸다(王綿厚·李健才, 1990; 余昊奎, 1999). 신성과 관련하여『삼국사기』에 276년(서천왕 7) 왕이 이곳을 순시하였고, 봉상왕 때 慕容廆가 변경을 침입하자 國相인 倉助利의 건의를 받아들여 高奴子를 신성의 태수로 삼아 이를 방어하게 하였고, 고국원왕 때 신성의 북쪽을 수축하였다는 기록 등이 있다. 667년(보장왕 26) 9월

해의 지방은 이미 조선의 여러 나라를 다 가졌다고 하였고, 또 땅이 사방 5천 리이고 해동성국이 되었다고 했다. 대개 안동부가 신성으로 옮겨간 뒤 당은 이미 평양을 포기하였고, 평양이북은 드디어 발해에 모두 들어가게 되었다. 발해가 쇠약해짐에 이르러서는 멀리까지 소유할 수 없었고, 신라도 또한 정치가 어지러워 강역을 경략할 수 없었다. 궁예(弓裔)가 그것을 취하여 처음에 13진(鎭)을 설치하였다. 고려 태조 때에 이르러 비로소 서경성부(西京盛府)를 삼았다. 고려 태조 원년(918)에 평양의 옛 도읍이 황폐해지고 번인(蕃人)들이 그 사이를 노닐며 사냥하였다. 변경의 마을을 침략할까 두려워 드디어 대도호로 삼고 왕식렴(王式廉)을 보내 진압하도록 했다. 이로써 볼 때, 당시 패서(浿西)는 여전히 황폐하여 번인과 말갈이 태연히 출몰하였으니, 당초 패서가 본래 발해에 들어갔음을 알 수 있다. 고려 태조 3년(920) 발해가 거란에게 멸망하였다.[74] 성종 13년(994), 거란 소손녕(蕭遜寧)이 고려를 침략하여 고구려의 옛 땅을 취하고자 한다고 소리 내어 말했다. 그 말에 이르기를, "너희 나라는 신라 땅에서 일어났고, 고구려의 땅은 우리의 소유인데 너희들이 그것을 침범하여 차지했다"고 하였다. 고려 조정의 여러 신하들이 또한 서경 이북의 땅을 떼어내 주고, 황주(黃州)로부터 절령(岊嶺)까지를 경계로 삼고자 하였다. 그 의논한 바 경계가 나뉘는 곳이 바로 신라 9주(州)와 합치된다. 그리고 거란이 침범하여 차지했다고 한 곳은 바로 패서의 땅이다. 이로써 보면, 신라시대에 평양 이북은 발해에 들어갔고, 신라가 다스린 곳은 단지 삼한(三韓) 지방뿐이었음을 더욱 의심할 수 없다. 『여람(輿覽)』의 평안도 권(卷)에 신라 문무왕이 고구려를 멸하고 드디어 그 땅을 병합하였다 하였다. 「평양 건치 연혁조(平壤建置沿革條)」에 당이 안동부를 설치하고 병사로써 그곳을 진압하였고 당나라 병사가 물러나며 그 땅이 모두 신라에 들어갔다고 말한 것[75]을 살펴보면 정교하지가 않다.

당나라 장수 李勣에게 함락되었다. 677년에는 안동도호부가 요양에서 이곳으로 移置되었다. 발해 건국 이후 발해의 땅이 되었다.
74) 발해가 멸망한 것은 고려 태조 9년(926년), 신라 경애왕 3년의 일이다.
75) 『新增東國輿地勝覽』 권51, 平安道, 平壤, 建置沿革조에는 "보장왕 27년에 唐 高宗이 이적을 보내 신라와 함께 협공하여 고구려를 멸하고 안동도호부를 설치하고, 좌위위대장군 薛仁貴에게 군사 2만을 거느리고 鎭撫하게 했다. 뒤에 당나라 병사가 떠나자, 그 땅이 모두 신라에 편입되었다(寶藏王二十七年, 唐高宗遣李勣 與新羅挾攻, 滅之, 置安東都護府, 以左威衛大將軍薛仁貴, 摠兵二萬以鎭撫之. 後唐兵旣去, 其地皆入於新羅)"라고 나온다.

○ 권14, 동국여지잡기(東國輿地雜記), 의여김종서서(擬與金公宗瑞書)

> 夫高麗九城之地, 廣袤數千里. 此三朝鮮勾麗渤海之故疆也. … 混同之水, 與豆江皆源白山, 而東北流入海. 先春在其南. 混同涑沫二名而一水. 渤海之世, 爲涑銅郢三州之地, 而遼金之黃龍府也. 我據先春, 則混同之南以至于海, 皆可奄有渤海扶餘之域, 而復歸版圖, 此一擧手之間也.

대저 고려 9성(城)[76]의 땅은 넓이가 수천 리이다. 이는 삼조선과 고구려·발해의 옛 강역이다. … 혼동(混同)의 물은 두만강과 함께 모두 백산(白山: 백두산)에서 발원하여 동북으로 흘러 바다에 들어간다. 선춘(先春)이 그 남쪽에 있다. 혼동과 속말은 두 개의 이름이지만, 하나의 물이다. 발해시대에는 속주, 동주, 영주 3주의 땅이 되었고, 요나라와 금나라의 황룡부(黃龍府)였다. 우리가 선춘에 의지하면 곧 혼동의 남쪽으로 바다에 이르기까지, 대개 발해와 부여 지역을 전부 차지할 수 있으니, 판도를 복귀시키는 것은 한번 손을 드는 동안이면 된다.[77]

○ 권14, 동국여지잡기(東國輿地雜記), 수경(水經)

> 東方有八大水, 一曰鴨綠, 二曰遼水, 三曰混同, 四曰豆滿, 五曰大同,【一名浿水.】六曰漢江, 七曰白江,【一名錦江, 又曰白馬.】八曰洛東.

동방에 8개의 큰물이 있으니, 하나는 압록이라 하고, 둘째는 요수라 하며, 셋째는 혼동이라 하고, 넷째는 두만이라 하고, 다섯째는 대동【일명 패수이다.】이라 하고, 여섯째는 한강이라 하며, 일곱째는 백강【일명 금강, 또는 백마라 한다.】이라 하고, 여덟째는 낙동이라 한다.

---

[76] 『高麗史』 권58, 志 12, 地理 3, 東界, 沿革에 "睿宗二年, 以平章事尹瓘, 爲元帥, 知樞密院事吳延寵, 副之, 率兵擊逐女眞, 置九城, 立碑于公嶮鎭之先春嶺, 以爲界"라고 나온다.

[77] '擬與某書' 형식은 옛 인물에 가상으로 편지를 보내는 상황을 설정하여 지은 擬作의 하나로서, 세종 때 六鎭 개척의 공을 세웠던 金宗瑞(1383~1453) 장군에게 보내는 글이다.

> 鴨綠水. 出長白山, 行千五百里, 自國內城入于海. 從盖馬大山以西北, 牛毛嶺以東南西之水皆會焉. 東西千餘里, 南北七八百里. 古箕子之地, 扶餘南界, 高句麗舊都國內丸都, 皆在其中. 後屬渤海, 遼金之世, 女眞高麗分據其地. 入國朝, 江南屬我, 江北屬建州.

압록수. 장백산에서 나와 천오백 리를 흘러 국내성으로부터 바다로 들어간다. 개마대산의 서북을 따라 우모령(牛毛嶺)에서 [그] 동쪽, 남쪽, 서쪽의 물이 모두 만난다. [길이가] 동서 1천여 리, 남북 7~8백 리이다. 옛 기자(箕子)의 땅, 부여(扶餘)의 남쪽 경계, 고구려의 옛 도읍 국내(國內)와 환도(丸都)가 모두 그 안에 있다. 뒤에는 발해에 속하였고, 요·금시대에는 여진과 고려가 그 땅을 나누어 차지하였다. 국조(조선)에 들어와서는 강의 남쪽이 우리에게 속하였고, 강의 북쪽은 건주(建州)에 속하였다.

> 遼水. 出長白山, 西北八九百里之外, 至安市, 入海. 行遼東境內千二百五十里, 長白上脊以西, 並朶顏三衛南山及醫巫閭以東之水, 皆會焉. 東西千餘里, 南北亦千餘里. 古箕子之地, 後爲燕易王所拓, 與朝鮮分據其半, 西南爲玄菟遼東臨屯眞蕃之地. 後高句麗據之, 至漢魏之際, 公孫度得其裏平之地, 其三分之二, 尙屬高句麗. 麗亡而渤海大氏興, 其地後入於遼金元.

요수(遼水). 장백산(長白山: 백두산)에서 나와 서북 8~9백 리 밖에 안시(安市)에 이르러 바다에 들어간다. 요동(遼東)의 경내 1,250리를 지나며, 장백산 위 등성이 서쪽, 타안삼위(朶顏三衛)[78]의 남산(南山) 및 의무려(醫巫閭) 서쪽과 동쪽의 물이 아울러 모두 만난다. 동서 천여 리, 남북 또한 천여 리이다. 옛 기자(箕子)의 땅이다. 뒤에 연(燕)의 역왕(易王)[79]이 개척하고, 조선(朝鮮)과 그 반을 나누어 차지했다. 서남쪽은 현도·요동·임둔·진번의 땅이

---

78) 1389년 몽골 옷치킨 왕조의 군주 아자스리가 이끌고 명나라에 항복하면서, 타안위·태녕위·복여위 3위로 편제되어 우량카이 3위(올량합 삼위, 타안위 삼위)라고 총칭되었다. 조선에서는 몽골족과 무관한 여진족을 '兀良哈(올량합, 오랑카이)'이라고 부르며, 명칭과 대상이 혼동되기도 했다.
79) 중국 전국시대 燕의 제37대 제후이자, 초대 왕(?~기원전 321)의 시호.

다. 뒤에 고구려가 그 [땅을] 차지하였다. 한(漢)·위(魏) 무렵에 공손탁(公孫度)이 양평(襄平)의 땅을 얻었으나, 그 3분의 2는 아직 고구려에 속하였다. 고구려가 망하고는 발해 대씨가 일어났고, 그 땅은 뒤에 요·금·원에 들어갔다.

> 混同江. 或稱涑沫黑水. 亦出長白山. 北流東折. 行三千里. 東北至于五國頭城以入海. 長白上脊以東之水. 東西金山之水. 皆會焉. 東西千里. 南北二千里. 古箕子北界. 肅愼靺鞨之域. 東北二扶餘之國. 漢魏以來. 扶餘高句麗分據其半. 大氏之世. 盡有其土. 置涑銅郢等州. 後爲女眞所據. 高麗王氏拓北界. 至先春嶺. 得其五分之一. 金爲東京之地. 皇明之末. 奴兒哈赤置寧固塔其地云.

혼동강(混同江). 혹은 속말(涑沫)·흑수(黑水)라고 부르며, 또한 장백산(長白山)에서 나온다. 북쪽으로 흐르다 동쪽으로 꺾어져 3천 리를 가서 동북으로 오국두성(五國頭城)에 이르러 바다로 들어간다. 장백산 산등성이 동쪽의 물과 동·서 금산(金山)의 물이 모두 만난다. 동서 1천 리, 남북 2천 리이다. 옛 기자의 북쪽 경계, 숙신·말갈의 지역, 동·북 2개의 부여국, 한(漢)·위(魏) 이래 부여와 고구려가 그 반을 차지했다. 대씨(大氏: 발해) 시대에는 그 땅을 모두 차지하고, 속주(涑州)·동주(銅州)·영주(郢州) 등의 주(州)를 설치하였다. 뒤에 여진이 차지하였으며, 고려 왕씨(王氏)가 북계(北界)를 개척하며 선춘령(先春嶺)에 이르러, 그 5분의 1을 얻었다. 금(金)이 동경(東京)의 땅으로 삼았고, 명나라 말에 누루하치가 그 땅에 영고탑(寧固塔)을 설치했다고 한다.

> 豆滿江. 亦出長白東麓, 虛項北東之水, 訓春南山之水, 皆會焉. 南北數三百里, 東西六七百里. 古北沃沮之地. 高句麗置檀城府, 渤海爲東京. 其南千里, 有城川龍興二水, 皆自入海. 古屬東沃沮之國. 其北也春江及三池, 西北距先春嶺七百里, 有尹瓘碑. 入國朝, 江北爲胡地.

두만강(豆滿江). 또한 장백산 동쪽 기슭에서 나와 허항(虛項) 북동쪽의 물, 훈춘(訓春) 남산의 물이 모두 여기서 만난다. 남북 수삼백 리, 동서 6~7백 리이다. 옛 북옥저의 땅이며, 고구려가 단성부(檀城府)를 설치했고, 발해는 동경(東京)으로 삼았다. 그 남쪽 1천 리에 성천(城川)·용흥(龍興)의 두 물이 있는데, 모두 자연히 바다에 들어간다. 옛적에 동옥저의 나라에 속하였다. 그 북쪽에 야춘강(也春江)[80]과 삼지(三池)가 있고, 서북은 선춘령까지 거리가 7백 리로 윤관의 비[尹瓘碑]가 있다. 국조(조선)에 들어와 강의 북쪽은 오랑캐의 땅이 되었다.

浿水. 出今寧遠郡東北狼林之地, 又出陽德孟山. 凡三派, 妙香東麓, 南迤薄海, 而谷州遂安諸山之水, 皆會焉. 南北五六百里, 東西四百里. 古箕子之國, 漢初, 衛滿據之, 至孫右渠而漢滅之, 置樂浪郡, 後樂浪自國. 漢魏之際, 爲高句麗所幷, 中葉, 長壽王來都之. 唐幷高句麗, 置安東都督府. 後入渤海, 江南屬新羅. 羅亡, 高麗置西京. 其北三百里, 有淸川江, 古之薩水. 隋兵百萬, 沒其中. 又其北有大定江及玉江, 皆自入海. 而淸川最大, 其南三叉水, 出首陽之北, 會長山大脊之水而與浿入海. 入海處曰急水門, 華人謂之有三峽之勢云.

패수(浿水). 지금 영원군(寧遠郡)의 동북쪽 낭림(狼林)의 땅에서 나오고, 또 양덕(陽德)의 맹산(孟山)에서도 나온다. 무릇 3번째 지류는 묘향(妙香)의 동쪽 기슭에서 나와 남쪽으로 박해(薄海)에 이른다. 곡주(谷州)·수안(遂安)의 산들의 물이 모두 여기서 만난다. 남북으로 5~6백 리이고, 동서로 4백 리이다. 옛 기자의 나라이며, 한(漢)나라 초에 위만(衛滿)이 차지하였다. 손자인 우거(右渠)에 이르러 한나라가 멸망시키고 낙랑군(樂浪郡)을 설치하였다. 뒤에 낙랑이 스스로 나라가 되었다. 한·위(漢·魏) 사이에 고구려가 아울렀고, 중엽에 장수왕(長壽王)이 이곳으로 와 도읍하였다. 당나라가 고구려를 겸병하고 안동도독부(安東都督府)를 설치하였다. 뒤에 발해에 편입되었고, 강의 남쪽은 신라에 속했다가 신라가 망하자 고려가 서경(西京)을 설치하였다. 그 북쪽 3백 리에 청천강(淸川江)이 있는데, 옛 살수(薩水)이다. 수(隋)나라 병사 백만이 그 속에 빠졌다. 또 그 북쪽에 대정강(大定江)과 옥강(玉江)이 있는데 모두

---

80) 『宣祖實錄』 6년(1573) 2월 5일(병진)조에 "希春對曰: 孫武及岳飛語也. 昔成廟朝, 許琮名臣也. 深處亏之介. 殺邊將羅嗣宗于也春江邊, 成廟赫怒, 遣許琮征之"라고 하여 야춘강이 보인다.

자연히 바다에 들어간다. 청천[강]이 가장 크다. 그 남쪽의 삼차수(三叉水)는 수양(首陽)의 북쪽에서 나와 장산(長山)·대척(大脊)의 물과 만나 패수와 함께 바다로 들어간다. 바다로 들어가는 곳을 급수문(急水門)이라 하는데, 중국 사람이 그곳을 삼협(三峽)의 기세가 있다고 말하는 바이다.

발해사 자료총서 – 한국사료 편 권1

33. 『연려실기술(燃藜室記述)』

    이긍익(李肯翊, 1736~1806년)의 『연려실기술(燃藜室記述)』은 조선에 관한 기사본말체의 대표적 야사류 저술이다. 저자의 연보가 분명하지 않지만, 대략 41세 되던 1776년(영조 52) 이전에 일단 완성된 듯하다. 원집(原集) 33권과 별집(別集) 19권이 있다.
    원집은 조선 태조(太祖)로부터 현종(顯宗)까지의 중요 사건에 대한 기사를 일일이 출전을 밝히며 초출(抄出)·기입한 것이고, 별집은 역대 관직을 비롯하여 각종 전례(典禮)·문예(文藝)·천문·지리·대외관계 및 고전(古典) 등을 편목을 나누어 기재하고, 출처를 밝힌 것이다. 원집이 정치편(政治篇)이라면, 별집은 분류편(分類篇)이라 할 수 있다.
    이 가운데 별집 역대전고(歷代典故)에는 단군조선으로부터 삼한, 삼국, 후백제, 태봉 등에 이어서 마지막으로 「발해국」 항목이 실려 있다. 『신당서』 발해전과 『문헌통고』의 기록을 인용하며, 발해 역대 왕과 지리를 간단히 소개하는 내용이다.
    아래 원문은 국립중앙도서관 소장 〈한고조56-나10〉본을 저본으로 삼았다.

○ 별집(別集) 제19, 역대전고(歷代典故), 고구려제국(高句麗諸國)

> 定安國, 本馬韓之種. 收餘種, 保西鄙. 定安國.
> 高麗顯宗戊午, 定安國人骨須來降.
> 渤海國【別見下.】

정안국(定安國)[1]은 본래 마한(馬韓)의 종족이다.[2] 남은 종족을 모아 서쪽 변두리를 차지하였다. 정안국이다.

고려 현종(顯宗) 무오(戊午, 1018), 정안국 사람 골수(骨須)가 와 항복하였다. 발해국(渤海國)【따로 아래를 보라.】

○ 별집(別集) 제19, 역대전고(歷代典故), 발해국(渤海國)

渤海國, 姓大氏, 本粟末靺鞨附高句麗者. 直營州東二千里. 南界泥河, 在德源境, 東窮海, 西接契丹. 地方五千里. 盡得扶餘沃沮弁韓朝鮮海北諸國.【文獻通考】 高句麗亡, 舊將乞乞仲象, 收合餘燼, 渡遼水, 保太白山東. 唐中宗嗣聖丙申, 封仲象爲震國公. 仲象子祚榮, 斥大土宇, 自號震國王. 玄宗開元癸丑, 封渤海王, 自是始稱渤海國. 祚榮死, 諡高王. 子武藝嗣位, 諡武王. 傳至十三四世二百十四年. 後唐明宗天成丙戌, 渤海王諲譔, 爲契丹所滅. 世子光顯率餘衆數萬戶, 奔高麗.

발해국은 성이 대씨이고, 본래 속말말갈(粟末靺鞨)로서 고구려에 붙어 있던 자이다. 영주(營州)에서 곧바로 동쪽 2천 리에 있다. 남쪽 경계인 니하(泥河)[3]는 덕원(德源) 경계에 있고,

---

1) 정안국은 발해 유민이 압록강 중류 지역에서 세운 나라로, 985년 거란 성종 때에 멸망당하였다. 정안국의 성립에 대해서 10여 년간 유지되었던 大氏의 後渤海가 자체 내의 왕위 찬탈전 결과 後唐 淸泰 3년으로부터 宋 開寶 3년 사이에 烈氏 定安國으로 바뀌었다고 보는 견해가 있고(和田淸, 1916; 李龍範, 1974, 77~78쪽), 압록강 유역의 大光顯 정권과 忽汗城의 그 숙부정권이 대립하다가 숙부정권이 승리하였으나, 南海府를 거점으로 하고 있던 烈氏 정권이 압록부를 차지하면서 건국되었다고 보는 견해가 있다(日野開三郎, 1951, 46쪽 주 3; 한규철, 1997, 9~10쪽).

2) 발해국의 후예인 정안국을 마한의 종족으로 설명한 것은, 고구려 멸망 전후 형성된 '마한이 고구려가 되었다'라는 삼한관의 영향이다. 이러한 인식이 정안국을 세운 발해 유민과 송나라에도 영향을 주고, '고구려(마한)→발해→정안국'으로 이어지는 역사계승의식이 나타난 것으로 보입니다(이효형, 2006, 8쪽). 신라인 최치원의 경우, '마한이 고구려, 변한이 백제, 진한이 신라'라고 보는 三韓觀을 보이는데, 이러한 인식은 『삼국사기』, 『삼국유사』를 비롯하여 고려와 조선 전기까지 영향을 주었다. 韓百謙(1552~1615)이 지은 『東國地理志』와 『東京雜記』 등에서 최치원의 삼한설이 부정된 뒤 실학자들에 의해 '마한은 백제, 변한은 가야, 진한은 신라'라는 견해가 정설화되었다(金炳坤, 2005).

3) 니하와 관련해서는 『三國史記』에 몇 차례 관련 기사가 보이는데, 이들 기록을 통해 동해에 인접한 悉直(三陟), 何瑟羅(江陵)와 비교적 가까이에 있는 강으로 추정된다. 丁若鏞은 『我邦疆域考』 「渤海考」에서 강릉 북쪽의 泥川水라고 하였고, 松井等은 泉井郡을 德源으로 단정하고 니하를 부근의 하천으로 보아 德源과 그 북쪽인 永興傍의 龍興江으로 추정한 바 있다(松井等, 1913). 津田左右吉은 聖德王 20년의

동쪽은 바다에 닿았고, 서쪽은 거란(契丹)과 접하고 있다. 지방은 5천 리이다. 부여(扶餘)·옥저(沃沮)·변한(弁韓)·조선(朝鮮) 등 바다 북쪽의 여러 나라를 모두 얻었다.【문헌통고(文獻通考)[4]】

고구려가 망하고 옛 장수인 걸걸중상(乞乞仲象)이 남은 무리를 수합하여 요수(遼水)를 건너, 태백산(太白山)[5]의 동쪽을 보위하였다. 당 중종 사성(嗣聖) 병신(丙申, 696)[6]에 중상을 진국공(震國公)으로 책봉하였다. 중상의 아들인 [대]조영(祚榮)이 영역을 크게 개척하고 스스로 진국왕(震國王)이라 불렀다. 현종 개원 계축(癸丑, 713)에 발해왕으로 책봉하였다. 이로부터 비로소 발해국이라고 불렀다. 조영이 죽으니, 시호를 고왕(高王)이라 했다. 아들인 [대]무예(武藝)가 왕위를 이었고, 시호는 무왕(武王)이다. [왕위가] 전해지기를 13~14세, 214년에 이르렀다.[7] 후당(後唐) 명종 천성 병술(丙戌,[8] 926)에 발해왕 [대]인선(諲譔)이 거란에게 멸망당했다. 세자인 [대]광현(光顯)이 남은 무리 수만 호(戶)를 이끌고 고려로 달아났다.

長城 축조 기사를 통해 동해안에서 安邊 부근의 南大川으로 보았다(津田左右吉, 1913). 그 밖에 連谷川 설(徐炳國, 1981b, 237~257쪽; 張彰恩, 2004, 1~45쪽; 趙二玉, 1999, 715쪽), 강릉 城南川설(이병도 역주, 1983, 34쪽), 남한강 상류설(李康來, 1985, 48~53쪽; 鄭雲龍, 1989, 209쪽), 울진 일대설(리지린·강인숙, 1976, 68~69쪽), 낙동강 상류설(김진한, 2007, 127쪽; 홍영호, 2010, 73~75쪽) 등이 있다.

4) 『文獻通考』는 송·원시대의 馬端臨(1254~1323)이 중국 고대 典章制度 관련 내용을 348권에 집대성한 책이다.
5) 발해 건국지에 대해 『삼국사기』 권46, 열전 6, 최치원전에는 의봉 3년(678) '태백산 아래'로, 『삼국유사』에서 인용한 『신라고기』에는 '태백산 남쪽'으로, 『제왕운기』에는 '태백산 南城'으로, 『삼국사절요』에는 '태백산 동쪽'으로 나온다.
6) 당 중종 사성 13년이다.
7) 발해의 건국시기에 대해서는 『帝王韻紀』의 '周則天武后元年甲申'에 근거한 684년설, 『舊唐書』의 "聖曆中 自立爲振國王"에 근거한 698~699년설, 『類聚國史』 권 193, 延曆 15년 4월 戊子조 "天命開別天皇七年, 高麗王高氏爲唐所滅也. 後以天之眞宗豊祖父天皇二年 大祚榮始建渤海國"에 근거한 698년설 등이 있는데, 698년설이 보편적으로 인정되고 있다. 이를 기점으로 계산하면 발해가 멸망한 926년까지 발해의 존속기간은 약 228년에 달한다. 발해의 왕위 계보는 『東史綱目』 권수, 도상, 高句麗傳世之圖 붙임 渤海國에서 보이듯, 일반적으로 조선시대까지 13명의 왕명이 알려져 있었다. 근현대 이후 연구로 마지막왕인 大諲譔 이전에 大玄錫, 大瑋瑎 두 왕이 더 있었던 것이 확인되면서, 발해의 왕위가 모두 15대에 이어진 것을 알 수 있다(송기호, 1995, 241쪽 附錄1 渤海 王의 系譜와 在位 其間 참조).
8) 후당 명종 천성 원년이다.

○ 其國有五京十五府六十二州. 肅愼古地爲上京, 曰龍泉府, 領三州. 東南濱海, 日本道也. 其南爲中京, 曰顯德府, 領六州. 濊貊古地爲東京, 曰龍原府, 亦曰柵城府, 領四州. 沃沮古地爲南京, 曰南海府, 領三州. 新羅道也. 高句麗古地⁹⁾爲西京, 曰鴨綠府, 領四州, 朝貢道也. 曰長領¹⁰⁾府, 領二州, 營州道也. 扶餘古地爲扶餘府, 領二州, 契丹道也. 曰鄭頡府, 領二州. 挹婁古地爲定理府, 領二州. 安邊府, 領二州. 率賓古地爲率賓府, 領三州. 拂涅古地爲東平府, 領五州. 鐵利古地爲鐵利府, 領六州. 越喜古地爲懷遠府, 領九州. 安遠府, 領四州. 郢銅陳¹¹⁾三州, 爲獨奏州.【新唐書】
渤海所置州郡 多在吉林烏喇寧古塔及朝鮮界.【淸統志】

○ 그 나라에 5경 15부 62주가 있다. 숙신(肅愼)의 옛 땅을 상경(上京)으로 삼고 용천부(龍泉府)라 하고, 3개의 주(州)를 거느린다. 동남쪽은 바다에 닿았고 일본도(日本道)이다.¹²⁾ 그 남쪽을 중경(中京)¹³⁾으로 삼고 현덕부(顯德府)라 하고, 6개의 주를 거느린다. 예맥(濊貊)의 옛 땅을 동경(東京)으로 삼고 용원부(龍原府)¹⁴⁾라 하고, 또는 책성부(柵城府)¹⁵⁾라 하며 4개의

---

9) 『新唐書』에서는 '高麗古地'.
10) '領' → '嶺'.
11) '陳' → '涑'.
12) '東南濱海, 日本道也.'는 『신당서』 발해전에서 東京 龍原府와 관련해서 나오기 때문에, 동경 용원부의 설명 뒤로 이동해야 한다. 안정복의 『東史綱目』(부권 하 地理考)과 李德懋의 『靑莊館全書』(권제26, 紀年兒覽目錄 하, 增渤海國州郡)에서도 "龍泉, 東南濱海, 日本道也"라고 하여 똑같은 오류를 보이고 있다.
13) 제3대 文王 때 上京으로 천도하기 전의 수도였다. 위치 비정에 대해서는 蘇密城說, 那丹佛勒城說, 敦化縣說, 西古城子說 등이 있었다. 지금은 和龍 인근의 용두산고분군에서 文王의 넷째 딸 貞孝公主의 무덤이 발굴되고 주변에서 발해 유적들이 함께 발견되면서 서고성을 발해 중경으로 보는 것이 통설이 되었다.
14) 발해 5경 가운데 하나이다. 동경은 제3대 文王 大欽茂가 785년 무렵 이곳으로 천도한 이후 제5대 成王 大華璵가 다시 상경으로 천도하는 794년까지 약 10년간 발해의 수도였다. 일명 '柵城府'라고도 하며, 屬州로는 慶州·塩州·穆州·賀州의 4주가 있다. 위치에 대해서는 琿春설, 함경북도 穩城·鍾城설, 연해주 블라디보스토크설, 니콜리스크(Nikolisk)설 등이 있었다. 1942년에 이르러 琿春의 半拉城(현재 八連城)이 발굴된 이후로, 이곳이 동경성이며 혼춘이 동경 용원부 지역임에 이견이 없다(김은국, 2006).

주를 거느린다. 옥저(沃沮)의 옛 땅을 남경(南京)으로 삼고 남해부(南海府)[16]라 하고, 3개의 주를 거느리며, 신라도(新羅道)이다. 고구려 옛 땅을 서경(西京)[17]으로 삼고 압록부(鴨綠府)라 하고, 4개의 주를 거느리며, 조공도(朝貢道)이다. 장령부(長嶺府)[18]라 하고 2개의 주를 거느리며, 영주도(營州道)이다. 부여(扶餘)의 옛 땅을 부여부(扶餘府)[19]로 삼고, 2개의 주를 거느리며, 거란도(契丹道)이다. 막힐부(鄚頡府)[20]라 하고, 2개의 주를 거느린다. 읍루(挹婁)

---

15) 발해 5경 가운데 하나인 東京龍原府의 異稱이다. 책성은 목책을 두른 성이라는 뜻으로, 이미 고구려 때부터 사용된 지명이다. 府治의 위치에 대해서는 발해의 東京城인 八連城과 별도로 부근의 溫特赫部城이나 薩其城으로 보는 설과 延吉의 城子山山城, 興安古城 등으로 보는 설이 있다(구난희, 2017, 134~139쪽). 고구려의 책성은 치소성을 중심으로 광역의 행정단위를 가리키는 '柵城圈'으로 이해하는 연구도 있다(김현숙, 2000, 140·156~157쪽; 김강훈, 2017, 244쪽).

16) 남경 남해부의 위치에 대해서는 韓鎭書의 『續海東繹史』「渤海」에서 北靑설을, 丁若鏞의 『我邦疆域考』「渤海考」에서 咸興설을 내세운 이래로, 鏡城설(內藤虎次郎, 1907; 松井等, 1913), 북청설(鳥山喜一, 1935; 채태형, 1998), 함흥설(池內宏, 1937; 白鳥庫吉, 1935; 和田淸, 1955), 鍾城설 등의 견해가 있다. 남경과 남해부의 치소는 동일 지역에 있었던 것으로 보이나, 관청이 하나였는지 분리되어 있었는지는 불분명하다. 남해부의 위치 비정에는, 776년 남해부 '吐號浦'에서 발해 사신단이 일본으로 출발했다는 기록(『續日本紀』)에 부합하는 항구와 남해부의 특산물인 곤포, 즉 다시마가 생산되는 지역이라는 조건이 붙는다. 정약용이 곤포의 주요 산지인 함흥을 남해부로 본 이후로 함흥설은 많은 지지를 받았고, '토호포'를 함흥 서남쪽으로 약 15km 떨어진 '連浦(고려·조선시대 都連浦)'로 추정하였다. 그러나 북한에서 발굴 성과를 토대로 북청군의 청해토성(북청토성)을 남해부로 비정한 이후 북청설이 유력시되고 있다.

17) 『遼史』「地理志」 東京道條에 "淥州 鴨淥軍 節度 本高麗故國 渤海號西京鴨淥府 城高三丈 廣輪二十里"로 나온다. 丁若鏞은 平安北道 慈城 北에서 鴨綠江 對岸으로(『我邦疆域考』「渤海考」), 韓鎭書는 江界府의 滿浦鎭 對岸으로(『續海東繹史』「渤海」), 松井等(1913)은 奉天省 臨江縣 帽兒山으로, 鳥山喜一(1915)은 通溝로 비정하였고, 현재 臨江 지역으로 보는 것이 일반적이다.

18) 위치에 대하여 『滿洲源流考』에서는 "今吉林西南五百里 有長嶺子 滿洲語稱果勒敏珠敦(Golmin Judun, 長嶺의 뜻)"이라고 하고, 지금의 英額門 부근으로 비정하였다. 韓鎭書는 '永吉州 等地'로 비정하였는데(『續海東繹史』「渤海」), 지금의 吉林이다. 津田左右吉(1915)은 輝發河 상류에 있는 北山城子로 보았다.

19) 부여부의 위치에 대해서는 開原縣설, 農安설, 阿城설, 昌圖 북쪽 四面城설 등이 있는데, 현재 농안설이 유력하다. 속주로는 扶州·仙州의 2주를 거느렸다. 발해의 수도인 上京龍泉府로부터 거란으로 통하는 거란도의 길목이어서, 발해는 부여부에 항상 날랜 병사를 거주시켜 契丹을 방비하게 하였다.

20) 『遼史』「地理志」 東京道 韓州條에 "… 本槀離國舊治柳河縣 高麗置鄚頡府 都督鄚·頡二州 渤海因之 …"라고 하여 고구려 때부터 있었던 것으로 나온다. 金毓黻은 農安 북쪽으로 比定하였고(『渤海國志長編』「地理考」), 和田淸(1955)은 阿城 부근으로 비정하였다.

의 옛 땅을 정리부(定理府)[21]로 삼고, 2개의 주를 거느린다. 안변부(安邊府)[22]는 2개의 주를 거느린다. 솔빈(率賓)의 옛 땅을 솔빈부(率賓府)[23]로 삼고, 3개의 주를 거느린다. 불열(拂涅)의 옛 땅을 동평부(東平府)[24]로 삼고, 5개의 주를 거느린다. 철리(鐵利)의 옛 땅을 철리부(鐵利府)[25]로 삼고, 6개의 주를 거느린다. 월희(越喜)의 옛 땅을 회원부(懷遠府)[26]로 삼고, 9개의 주를 거느린다. 안원부(安遠府)[27]는 4개의 주를 거느린다. 정주(郢州)·동주(銅州)·속주(涑州) 3개의 주를 독주주(獨奏州)[28]로 삼았다.【신당서(新唐書)】

발해가 설치한 주(州)와 군(郡)은 대부분 길림(吉林), 오라(烏喇), 영고탑(寧古塔) 및 조선

---

21) 위치에 대하여 『盛京通志』와 『大淸一統志』에서 熱河의 承德城으로 比定하였고, 韓鎭書는 寧古塔 부근으로(『續海東繹史』 「渤海」), 松井等(1913)과 金毓黻은 烏蘇里江 부근으로, 和田淸(1955)은 沿海州의 Olga 부근으로 비정하였다.

22) 위치에 대해 金毓黻은 烏蘇里江 유역으로 비정하였다(『渤海國志長編』 卷14 「地理考」). 和田淸(1955)은 定理·安邊 2부가 挹婁의 故地로 서로 근접하다고 보고 金代의 錫林路로서 Olga 지방인 것으로 비정하였다.

23) 그 이름이 綏芬河와 발음이 유사하여 현재 수분하 지역으로 보는 것이 통설이다. 率賓府의 이름은 遼代에도 그대로 쓰였으나, 金·元代에는 '恤品'·'速頻'·'蘇濱'의 이름으로 史書에 보이며, 淸代에는 綏芬路로 알려져 있었다.

24) 拂涅部의 위치에 대해 논란이 있는 것과 마찬가지로, 동평부의 위치에 대해서도 여러 설이 있다. 흑수말갈의 일부가 발해 후기에 복속된 것으로 보지만, 행정구역 설치가 확인되고 있지 않은데, '黑州'와 '黑水'의 흑이 같은 글자이기 때문이다.

25) 鐵利는 말갈 7부 중에는 그 명칭이 없으나, 발해 건국 초기부터 고구려와 관계가 깊었던 불열, 월희 말갈과 함께 활동한 것으로 보아, 고구려 당시부터 있었고 고구려와 밀접한 관련이 있었던 것으로 보인다. 위치에 대해서는 圖們江北·興凱湖의 南說(丁若鏞, 「渤海考」), 黑龍·烏蘇里江下流 地域說(松井等, 1913; 鳥山喜一, 1915), 木丹江流域說(津口左右古, 1916), 阿什河流域說(池內宏, 1916), 松花江下流域의 依蘭地域說(小川裕人, 1937) 등이 있다.

26) 위치에 대해서는 발해 중심부에서 매우 먼 지역일 것으로 추정되며, 중국 黑龍江省 依蘭縣의 烏蘇里江과 松花江이 만나는 지역설, 연해주 동해가설, 흑룡강성 同江縣설 등이 있다.

27) 『遼史』 「地理志」 東京道 慕州條에 "本渤海安遠府地 故縣二. 慕化·崇平 … 隷涑州 在西二百里"라고 하여 屬縣으로 慕化·崇平의 2현을 거느렸다. 西京 鴨淥府의 府治인 涑州 서북으로 200리에 있다고 하여 鴨綠江과 輝發河의 중간인 柳河縣으로 비정하기도 하며, 韓鎭書는 黑龍江 유역으로 비정한 바 있다(『續海東繹史』 「渤海」). 松井等과 和田淸은 松花江 하류로(松井等, 1913, 419쪽; 和田淸, 1955, 106~107쪽), 金毓黻은 興凱湖 東岸인 것으로 비정하였다(『渤海國志長編』 「地理考」).

28) 『滿洲源流考』 「疆域」에 "獨奏之義 猶今直隷州 不轄於府 而得專達也"라고 하여 중간 보고자(즉 府)를 거치지 않고 곧바로 중앙에 보고하는 직할주를 가리킨다고 보았다.

의 경계에 있다.【청통지(淸統志)29)】

○ 별집 제19, 역대전고(歷代典故), 논동국지방(論東國地方)

鴨江以西, 入中國以來, 蓋牟城, 今爲海州衛盖州復州全30)州衛之地. 挹婁國, 今爲瀋陽中衛三萬衛之地. 安市城, 今在盖州衛東北七十里. 皆爲渤海之境. 如建安卑奢白岩等城, 皆不知的在何處. 過鴨江, 西沿海, 數百里之地, 俗稱弗訖里, 疑渤海之訛云.【謏聞瑣錄】

압록강 서쪽이 중국에 편입된 이래, 개모성(蓋牟城)은 지금 해주위・개주・복주・금주위(金州衛)의 땅이다. 읍루국(挹婁國)은 지금 심양중위(瀋陽中衛)・삼만위(三萬衛)의 땅이다. 안시성(安市城)은 지금의 개주위(盖州衛) 동북 7십 리에 있다. 모두 발해의 영역이다. 건안・비사・백암 등과 같은 성(城)은 모두 어느 곳에 있는지 알지 못한다. 압록강을 지나 서쪽으로 바다에 연한 수백 리 땅은 속칭 불흘리(弗訖里)라 하는데, 발해(渤海)의 잘못인 듯하다고 한다.【소문쇄록(謏聞瑣錄)31)】

○ 卒本之爲成川, 與否 則三國史地志, 今關西一帶郡縣, 擧脫漏, 無考. … 漢志, 所謂玄菟屬縣高句麗, 以其地分爲九都督府, 置安東都護府於平壤, 以總之. 盖其地亦至於漢水遼河也. 都護府尋徙遼東, 因失其地. 三國史云, 高句麗爲唐所滅, 而後其地多入渤海靺鞨. 新羅所得其南境, 以置漢朔溟三州. 未知新羅渤海所得地界限, 何處也. 三國史地志, 高句麗郡縣, 只是平安道之浿江以南, 咸鏡道之永興以南而止. 其外則擧闕漏, 無載. 盖金富軾撰史時, 句麗圖籍, 蕩無存者, 而止據新羅所籍, 以爲三國地志. 故新羅所得之外, 無可考據也. 然旣云, 其地多入渤海, 則渤海

---

29) 청나라 관찬 地理總志인 『大淸一統志』를 말한다. 청나라 강희 25년(1686)부터 도광 22년(1842)까지 3회(강희 『대청일통지』, 건륭 『대청일통지』, 『嘉慶重修一統志』)에 걸쳐 수정, 보완되었다.
30) '全' → '金'.
31) 『謏聞瑣錄』은 조선시대 성종 때의 문인 曺伸(1454~1529)의 역사와 지리에 관한 글이 있는 문집이다.

> 之籍, 宜有可據, 而富軾未得見歟. 鄭麟趾亦只因富軾之緒, 而未知所以博考, 渤海全史, 今無可復見. 而以唐書所載及遼金元史志, 幷與三國高麗史, 參互考覈, 則高句麗旣滅之後, 平壤以西, 永興以北地, 入渤海. 及渤海亡, 因爲女眞所據. 至高麗, 收復至鴨綠江嶺北. 則至本朝, 始復至豆滿江也.【楓巖輯話】

○ 졸본(卒本)이 성천(成川)이 되는지 여부는 『삼국사기』「지리지」에 지금 관서(關西) 일대의 군현이 모두 빠져서 살필 수가 없다. …

『한서(漢書)』「지리지」에서 이른 '현도(玄菟)의 속현인 고구려'[32]는 그 땅을 나누어 9도독부(都督府)로 삼고, 안동도호부[33]를 평양에 설치하여 그것을 총괄하게 하였다. 대개 그 땅은 한수(漢水)와 요하(遼河)에 이른다. 도호부는 얼마 뒤 요동(遼東)으로 옮기고, 그 땅을 잃었다. 『삼국사[기]』에서 말하길 "고구려가 당나라에 멸망하고, 뒤에 그 땅이 대부분 발해말갈에 들어갔다. 신라는 그 남쪽 영역을 얻어, 한주(漢州)·삭주(朔州)·명주(溟州) 3개 주를 설치했다"[34]고 한다. 신라와 발해가 얻은 땅의 경계가 어느 곳인지는 모른다. 『삼국사기』「지리지」에서 고구려 군현은 단지 평안도의 패강(浿江) 이남, 함경도의 영흥(永興) 이남일 뿐이다. 그 외는 모두 누락되어 실리지 않았다. 대개 김부식(金富軾)이 역사를 편찬할 때, 고구려의 도적(圖籍)이 전혀 남아 있지 않아서, 단지 신라의 서적을 근거로 『삼국사기』「지리지」를 만들었다. 그러므로 신라가 얻은 것 이외에는 검토할 만한 근거가 없었다. 그러나 이미 말하길, "그 땅이 대부분 발해에 들어갔으므로, 발해의 서적으로 마땅히 근거 삼을 것이 있는데 [김]부

---

32) 『漢書』 권28下, 地理志 제8下, 玄菟郡조에는 속현으로 "縣三, 高句驪. 上殷台, 西蓋馬"가 나온다.
33) 668년 당나라가 고구려를 멸망시킨 뒤 평양에 안동도호부를 설치하고, 薛仁貴를 도호부사로 삼아 고구려 땅을 통치하도록 하였다. 고구려 부흥운동이 일어나고 신라가 고구려·백제 유민과 함께 당에 항쟁을 펼치자, 당은 한반도에서 물러나 676년 도호부를 遼東의 遼陽 지역으로 옮겼고, 677년에 다시 新城으로 옮겼다. 696년에는 요서 지역인 營州에서 거란 李盡忠의 난이 일어나며, 요동 지역 역시 전란에 휩싸였다. 대조영이 이끄는 고구려 유민과 말갈인들이 天門嶺전투에서 승리하며 발해 건국에 성공한 이후 요동에서 당의 세력은 크게 약화되었고, 당은 699년에 안동도호부를 안동도독부로 낮추고 幽州(지금의 北京)에 移屬시켰다. 이후 다시 도호부로 복귀되었다가 714년 平州로, 743년 遼西故郡城으로 府治를 옮겼으나, 安祿山의 난을 계기로 758년에 완전히 폐지되었다(日野開三郎, 1984, 26~36쪽; 권은주, 2010).
34) 『三國史記』 第37, 雜志第6, 地理4, 高句麗.

식이 볼 수가 없었을까"라고 하였다. 정인지(鄭麟趾) 또한 [김]부식을 실마리로 하고 넓게 살필 바를 알지 못했다. 발해의 전체 역사는 지금은 다시 볼 수가 없다. 그러나 『당서(唐書)』의 기록 및 『요사(遼史)』・『금사(金史)』・『원사(元史)』의 지(志)와 더불어 『삼국사기』・『고려사』를 서로 참조하여 고찰해보면, 바로 고구려가 멸망한 뒤에 평양의 서쪽과 영흥의 북쪽 땅은 발해에 편입되었다가, 발해가 망하면서는 여진(女眞)이 점거하였다. 고려에 이르러 압록강 영북(嶺北)에 이르기까지 수복하였다. 본조(本朝: 조선)에 이르러 비로소 두만강에 이르기까지 수복하였다.【풍암집화(楓巖輯話)】[35]

○ 唐書渤海傳曰, 渤海地方五千里, 盡得扶餘沃沮朝鮮諸國. 又云, 以濊貊故地爲東京龍原府, 亦曰柵城府, 領慶鹽穆賀四州. 高句麗故地爲西京鴨綠府, 領神桓豊正四州. 按, 渤海有十五府六十二州, 此二府, 卽其十五之二也. 今以遼史地志考之, 則遼開州, 本濊貊地, 高句麗爲慶州, 渤海爲東京龍原府, 都督慶鹽穆賀四州[36]. 淥州, 本高麗故國, 渤海號西京鴨綠府, 都督神桓豊正四州[37]云. 而其八州及屬縣廢縣等, 俱列載之矣.【楓巖輯話】

『[신]당서([新]唐書)』「발해전(渤海傳)」에, "발해의 땅은 5천 리로 부여・옥저・조선의 여러 나라를 모두 얻었다"고 하였다. 또 "예맥(濊貊)의 옛 땅을 동경(東京) 용원부(龍原府)로 삼았는데, 또는 책성부(柵城府)라고도 하며, 경주(慶州)[38]・염주(鹽州)[39]・목주(穆州)[40]・하

---

35) 『楓巖輯話』는 조선 후기에 柳光翼(1713~1780)이 엮은 야사・야담집이다.
36) "開州, 鎭國軍節度. 本濊貊地, 高麗爲慶州, 渤海爲東京龍原府. 有宮殿. 都督慶鹽穆賀四州事"(『遼史』 권38, 志第8, 地理志2, 東京道, 開州)
37) "淥州, 鴨淥軍節度. 本高麗故國, 渤海號西京鴨淥府. 城高三丈, 廣輪二十里, 都督神桓豊正四州事"(『遼史』 권38, 志第8, 地理志2, 東京道, 淥州)
38) 『遼史』「地理志」에 "壘石爲城周圍二十里"라고 하였고, 屬縣으로 龍原・永安・烏山・壁谷・熊山・白楊의 6현을 거느린다.
39) 『遼史』「地理志」에 "一名 龍河郡"으로, 海陽・接海・格川・龍河의 4현을 거느린다. 和田淸은 Possjet灣 北岸에 顏楚(Yen-Chu) 또는 眼春(Yen-Chun)이라는 지명이 있었던 것이 이 鹽州(Yen-Chou)의 轉訛일지도 모른다는 억측을 하였던 바 있다(1955, 76쪽). 현재는 연해주 크라스키노성으로 보는 것이 통설이다.

주(賀州)⁴¹⁾의 4주를 거느렸다. 고구려 옛 땅은 서경(西京) 압록부(鴨綠府)로 삼아, 신주(神州)⁴²⁾·환주(桓州)⁴³⁾·풍주(豊州)⁴⁴⁾·정주(正州)⁴⁵⁾의 4주를 거느렸다"고 하였다. 살펴보건대, 발해에 15부(府) 62주(州)가 있다고 하는데, 이 두 부는 바로 그 15[부] 중의 둘이다. 이제 『요사(遼史)』 「지리지」를 살펴보면, "요의 개주(開州)는 본래 예맥의 땅이다. 고구려가 경주(慶州)로 삼고, 발해는 동경 용원부로 삼아, 경주·염주·목주·하주의 4주를 도독(都督)하였다. 녹주(淥州)는 본래 고구려의 옛 나라로 발해에서 서경 압록부라 하고, 신주·환주·풍주·정주의 4주를 도독하였다"고 한다. 그 8주 및 속현(屬縣)과 폐지된 현 등을 모두 나열하여 기록하였다.【『풍암집화』】

---

40) 『遼史』「地理志」에 "一名 會農郡"으로, 會農·水岐·順化·美縣의 4현을 거느렸다.
41) 『遼史』「地理志」에 "一名 吉理郡"으로, 洪賀·送誠·吉理·石山의 4현을 거느렸다.
42) 『遼史』「地理志」에 神鹿·神化·劍門의 3현을 거느렸다.
43) 『遼史』「地理志」東京道條에 "高麗中都城 故縣三 桓都·神鄕·淇水(浿水) 皆廢 高麗王於此創立宮闕 國人謂之新國 五世孫釗 晉康帝建元初爲慕容皝所敗 宮室焚蕩 … 隸淥州 在西南二百里"로 나와 고구려의 丸都, 즉 지금의 輯安에 위치한 것으로 보인다.
44) 『遼史』「地理志」東京道에는 "渤海置盤安郡 … 隸淥州 在東北二百一十里"로, 安豊·渤恪·隰壤·硤石의 4현을 거느렸다. 和田淸은 鴨綠江 上源의 厚昌古邑 방면 또는 長白·惠山鎭으로 비정하였다(1955, 78쪽).
45) 『遼史』「地理志」東京道條에 "本沸流王故地 國爲公孫康所倂 渤海置沸流郡 有沸流水 … 隸淥州 在西北三百八十里"라고 되어 있다. 和田淸(1955)은 위치를 通化나 桓仁으로 비정하였다.

참고문헌

사료

『契丹國志』　　『東京雜記』　　『三國史節要』　　『五代會要』
『高麗史』　　『東國史略』　　『星湖僿說類選』　　『資治通鑑』
『高麗史節要』　　『東國地理志』　　『世宗實錄地理志』　　『帝王韻紀』
『孤雲集』　　『東國通鑑』　　『謏聞瑣錄』　　『增補文獻備考』
『舊唐書』　　『東文選』　　『新唐書』　　『册府元龜』
『舊五代史』　　『遼史』　　『新五代史』　　『太平寰宇記』
『金史』　　『渤海考』　　『新增東國輿地勝覽』　　『楓巖輯話』
『紀年兒覽』　　『三國史記』　　『與猶堂全書』

단행본

金渭顯, 1985, 『遼金史研究』, 裕豊出版社

김종복, 2009, 『발해정치외교사』, 일지사

김진광, 2012, 『발해 문왕대의 지배체제 연구』, 박문사

동북아역사재단 한국고중세사연구소 편, 2020, 『譯註 中國正史 東夷傳2 晉書~新五代史 高句麗·渤海』, 동북아역사재단

리지린·강인숙, 1976, 『고구려사연구』, 사회과학출판사

박시형, 1979 『발해사』, 김일성종합대학출판사: 1989, 이론과실천

朴玉杰, 1996, 『高麗時代의 歸化人 硏究』, 국학자료원

방학봉, 2000, 『발해의 주요교통로 연구』, 연변인민출판사

宋基豪, 1995, 『渤海政治史研究』, 一潮閣

에.베.샤브꾸노프 엮음, 송기호·정석배 옮김, 1996, 『러시아 연해주와 발해역사』, 민음사

여호규, 1999, 『高句麗城Ⅱ』, 국방군사연구소

王承禮 저, 宋基豪 역, 1987, 『발해의 역사』, 翰林大學아시아文化研究所

유득공 지음, 김종복 옮김, 2018, 『(정본)발해고』, 책과함께

이병건, 2003, 『발해 건축의 이해』, 백산자료원

李丙燾, 1977, 『國譯 三國史記』, 乙酉文化社

이병도 역주, 1983, 『삼국사기』, 을유문화사

이효형, 2007, 『발해 유민사 연구』, 혜안

임상선, 1999, 『발해의 지배세력연구』, 신서원

임상선 편, 2019, 『한국고대사 계승 인식 I-전근대 편』, 동북아역사재단

정구복 외, 2012, 『개정증보 역주 삼국사기』, 한국학중앙연구원출판부

趙二玉, 2001, 『統一新羅의 北方進出 硏究』, 서경문화사

채태형, 1998, 『발해사 7-역사지리3』, 사회과학출판사

한규철, 1994, 『발해의 대외관계사』, 신서원

한규철·김종복·박진숙·이병건·양정석, 2007, 『발해 5경과 영역 변천』, 동북아역사재단

金毓黻, 1934, 『渤海國志長編』, 千華山館

孫進己, 1987, 『東北民族源流』, 黑龍江人民出版社

孫進己·孫海 主編, 1997, 『高句麗渤海研究集成』 4

新妻利久, 1969, 『渤海國史及び日本との國交史の研究』, 學術出版會

楊保隆, 1988, 『渤海史入門』, 中國社會科學院 民族研究所

王綿厚·李健才, 1990, 『東北古代交通』, 瀋陽出版社

王承禮, 1984, 『渤海簡史』, 黑龍江人民出版社

王承禮, 2000, 『中國東北的渤海國與東北亞』, 吉林文史出版社

王承禮·劉振華 主編, 1991, 『渤海的歷史與文化』, 延邊人民出版社

魏國忠·楊雨舒, 2019, 『渤海史』, 北京社會科學出版社

魏存成, 2008, 『渤海考古』, 文物出版社

日野開三郎, 1984, 『東洋史學論集』 第8卷, 三一書房

鳥山喜一, 1915, 『渤海史考』, 奉公會

朱國忱·魏國忠 共著, 濱田耕策 譯, 1996, 『渤海史』, 東方書店

논문

강성봉, 2011, 「발해 8위제에 관한 검토」, 『군사』 79

강성산, 2018, 「8세기 60년대 초반 당·발해·신라를 잇는 교통로에 대한 고찰」, 『高句麗渤海研究』 60

高橋學而, 1989, 「渤海山城理解のために-その基礎的檢討」, 『百濟研究』 20

구난희, 2012, 「北方故土 의식의 추이에 관한 고찰 I-발해멸망~조선후기」, 『高句麗渤海研究』 42

구난희, 2017, 「渤海 東京 地域의 歷史的 淵源과 地域性」, 『高句麗渤海硏究』 58

權五重, 1980, 「靺鞨의 種族系統에 관한 試論」, 『震檀學報』 49

권은주, 2008, 「말갈 연구와 유적 현황」, 『중국학계의 북방민족·국가연구』, 동북아역사재단

권은주, 2010, 「7세기 후반 북방민족의 反唐활동과 발해 건국」, 『백산학보』 86

권은주, 2011, 「발해와 유목민족 관계」, 『중국의 발해대외관계사 연구』, 동북아역사재단

권은주, 2013, 「발해의 등주공격을 통해 본 국제동맹과 외교」, 『역사와 세계』 44

권은주, 2016, 「渤海와 契丹 境界의 시론적 검토」, 『고구려발해연구』 54

김강훈, 2017, 「책성 권역의 고구려 부흥운동과 高定問」, 『歷史敎育論集』 65

金光錫, 1983, 「高麗太祖의 歷史認識 I - 그의 渤海觀을 中心으로」, 『白山學報』 27

金東宇, 1996, 「발해의 지방통치체제와 首領」, 『韓國史學報』 창간호

金炳坤, 2005, 「崔致遠의 三韓觀에 대한 認識과 評價」, 『韓國古代史硏究』 40

김수민, 2012, 「웅진도독부의 요동 이치(移置)와 폐치(廢置)」, 『역사학연구』 45권, 호남사학회

金恩國, 1999, 「渤海滅亡의 原因」, 『高句麗渤海硏究』 6

김은국, 2006, 「8~10세기 동아시아 속의 발해 교통로」, 『韓國史學報』 24

김장겸, 1986, 「고려의 고구려옛땅 남부지역 통합」, 『역사과학』 1986-1

김종복, 1997, 「新羅 聖德王代의 浿江지역 진출 배경」, 『成大史林』 12·13

김종복, 2005, 「渤海 國號의 성립 배경과 의미」, 『韓國史硏究』 128

김종복, 2006, 「남북국(南北國)의 책봉호(册封號)에 대한 기초적 검토」, 『역사와 현실』 61

김종복, 2014, 「당 장안성에서의 외국 의례와 외국 사신 간의 외교적 갈등-신라·일본, 신라·발해 사신 간의 쟁장(爭長) 사건에 대한 재검토-」, 『역사와 현실』 94

김진광, 2016, 「이승휴 『제왕운기』의 고구려·발해 인식」, 『民族文化論叢』 64

김진한, 2007, 「6세기 전반 고구려의 정국동향과 대외관계」, 『軍史』 64

김창현, 1999, 「고려 開京의 궁궐」, 『사학연구』 57

김현숙, 2000, 「延邊地域의 長城을 통해 본 高句麗의 東扶餘支配」, 『국사관논총』 88

노태돈, 1989, 「고대사산책-대조영, 고구려인인가 말갈인인가」, 『역사비평』, 역사비평사

노태돈, 2003, 「발해국의 주민구성에 대한 연구 현황과 과제-'高麗別種'과 '渤海族'을 둘러싼 논의를 중심으로-」, 『韓國史硏究』 122

노태돈, 2003, 「삼국사기에 등장하는 말갈의 실체」, 『한반도와 만주의 역사와 문화』, 서울대학교출판부

노태돈, 2008, 「고려로 넘어온 발해 박씨에 대하여-신라와 발해 간의 교섭의 한 사례 연구-」, 『韓國史硏究』 141

리대희, 1991, 「발해의 력참로」, 『역사과학』 1991-3

박성진, 2016, 「개성 고려궁성 남북공동발굴조사의 최신 조사 성과」, 『서울학연구』 63

방학봉, 1990, 「발해멸망의 원인에 대하여」, 『발해사연구』 1, 연변대학출판사

배종도, 1989, 「신라 하대의 지방 제도 개편에 대한 연구」, 『學林』 11

徐炳國, 1981a, 「渤海와 新羅의 國境線 問題研究」, 『關東大論文集』 9

徐炳國, 1981b, 「新唐書渤海傳所載 泥河의 再檢討」, 『東國史學』 15·16

송기호, 1987, 「발해 멸망기의 대외관계」, 『한국사론』 17

宋基豪, 1989, 「동아시아 국제관계 속의 발해와 신라」, 『韓國史市民講座』 5, 일조각

宋基豪, 1991, 「渤海의 歷史와 思想」, 『韓國思想史大系』 2, 한국정신문화연구원

宋基豪, 1992, 「渤海佛教의 展開過程과 몇 가지 特徵」, 『伽山 李智冠스님 華甲紀念論叢−韓國佛教文化思想史』(卷上), 伽山 李智冠스님華甲紀念論叢刊行委員會

宋基豪, 1992, 「張建章墓誌」, 『譯註韓國古代金石文 Ⅲ−신라2·발해편』, 韓國古代社會研究所

송기호, 1996, 「渤海의 盛衰와 疆域」, 『白山學報』 47

李基東, 1984, 「新羅 下代의 浿江鎭」, 『新羅骨品制社會와 花郎徒』, 一朝閣

이동휘, 2000, 「북한 경내의 발해유적 발굴조사성과와 그 의의−부거리와 북청 일대」, 『역사와 세계』 57

이영호, 2010, 「역사 인물: 김사란(金思蘭): 당(唐)을 선택한 망명자」, 『복현사림』 28, 경북사학회

李龍範, 1981, 「高麗와 渤海」, 『韓國史』 4, 국사편찬위원회

윤재운, 2011, 「발해의 5京과 교통로의 기능」, 『한국고대사연구』 63

이효형, 2002, 「『高麗史』 소재 渤海關係 기사의 검토」, 『지역과 역사』 11

이효형, 2006, 「발해 부흥국가와 고려의 발해 계승의식」, 『역사와 경계』 60

이효형, 2013, 「渤海遺裔 大集成의 出自와 정치·군사적 활동」, 『高句麗渤海研究』 45

임기환, 2006, 「5~6세기 고구려 정복지의 범위와 성격」, 『경기도의 고구려 문화유산』, 경기도박물관

임상선, 2007, 「발해 관련 중국 자료」, 『발해의 역사와 문화』, 동북아역사재단

임상선, 2011, 「『帝王韻紀』에 보이는 北方王朝 인식」, 『사학연구』 103

임상선, 2019, 「8세기 신라의 渤海·唐 전쟁 참전과 浿江 보루 설치」, 『신라사학보』 45

장국종, 1991, 「발해본토안 말갈인의 분포상태」, 『역사과학』 4

장국종, 1991, 「발해본토의 주민구성」, 『역사과학』 2

장국종, 1997, 「발해의 정치제도」, 『발해사연구론문집』 2, 과학백과사전종합출판사

장상렬, 1987, 「동선관문의 건축년대와 형식」, 『역사과학』 1987-4

장지연, 2006, 「고려 후기 개경 궁궐 건설 및 운용방식」, 『역사와 현실』 60

張彰恩, 2004, 「新羅 慈悲~炤知王代 築城·交戰地域의 검토와 의미」, 『新羅史學報』 2

전덕재, 2013, 「新羅 下代 浿江鎭의 設置와 그 性格」, 『大丘史學』 113

정구복, 1978, 「한백겸의 「동국지리지」에 대한 일고」, 『전북사학』 2

鄭雲龍, 1989, 「5世紀 高句麗勢力圈의 南限」, 『史叢』 35

趙二玉, 1999, 「新羅와 渤海의 國境問題」, 『白山學報』 52

조이옥, 2000, 「8世紀 前半 新羅의 對渤海攻擊과 浿江」, 『東洋古典研究』 14

조이옥, 2009, 「8~9世紀 新羅의 北方經營과 築城事業」, 『신라문화』 34

채태형, 1991, 「발해 남경남해부의 위치에 대하여」, 『역사과학』 1991-3

韓圭哲, 1984, 「高麗來投・來往契丹人−渤海遺民과 관련하여」, 『韓國史研究』 47

한규철, 1985, 「後三國時代 高麗와 契丹關係」, 『富山史叢』 1, 부산산업대학교사학회

한규철, 1988, 「高句麗時代의 鞨鞨 研究」, 『釜山史學』 14・15

한규철, 1996, 「渤海國의 住民構成」, 『韓國史學報』 1

한규철, 1997, 「渤海遺民의 高麗投化−後渤海史를 중심으로−」, 『역사와 경계』 33

한규철, 2007, 「발해인이 된 고구려 말갈」, 『高句麗渤海研究』 26

한규철, 2008, 「고구려 발해의 상관성 연구와 과제」, 『고구려발해연구』 31

홍영호, 2010, 「『三國史記』 所載 泥河의 위치비정」, 『韓國史研究』 150

金香, 1990, 「渤海國曾經稱過'震國'嗎」, 『渤海史學術討論會論文集』, 黑龍江省渤海上京遺址博物館

內藤虎次郎, 1907, 「日本滿洲交通略說」, 『叡山講演集』

大隅晃弘, 1984, 「渤海の首領制−渤海國家と東アジア世界」, 『新潟史學』 17

藤田亮策, 1963, 「新羅九州五京攷」, 『朝鮮學論考』 11

劉振華, 1981, 「渤海大氏王室族屬新證」, 『社會科學戰線』 1981-3

劉曉東, 1987, 「"海東盛國"始稱年代考辨」, 『北方文物』 1987-3

末松保和, 1975, 「新羅の郡縣制特にその完成期の二三の問題」, 『學習院大學文學部研究年報』 21

白鳥庫吉, 1933, 「渤海國に就いて」, 『史學雜誌』 44-12

白鳥庫吉, 1935, 「滿洲の地理を論じて渤海の五京に及ぶ」, 『史學雜誌』 46-12

北村秀人, 1985, 「高麗時代の渤海系民大氏について」, 『三上次男博士喜壽紀念論文集』, 平凡社

三上次男, 1939, 「新羅東北境外に於ける黑水鐵勒・達姑等の諸族に就いて」, 『史學雜誌』 50-7

三上次南, 1940, 「高麗と定安國」, 『東方學報』 11-1

孫秀仁・干志耿, 1982, 「論渤海族的形成與歸向」, 『學習與探索』 4

孫玉良, 1983, 「渤海遷都淺議」, 『北方論叢』 3

孫進己・艾生武・莊嚴, 1982, 「渤海的族源」, 『學習與探索』 5

松井等, 1913, 「渤海國の疆域」, 『滿洲歷史地理』 1卷

王綿厚・李建才, 1990, 「唐代渤海的水陸交通」, 『東北古代交通』, 瀋陽出版社

王禹浪, 1997, 「靺鞨黑水部地理分布初探」, 『北方文物』 1997-1

姚玉成, 2008, 「渤海俗所貴者"太白山之菟"考辨」, 『史學集刊』 2008-2

袁輝, 1993, 「泊汋口位置考」, 『北方文物』 2

魏國忠・郝慶雲・楊雨舒, 2014, 「渤海"靺鞨說"又添新證」, 『社會科學戰線』 2014-3

李康來, 1985, 「『三國史記』에 보이는 靺鞨의 軍事活動」, 『領土問題研究』 2

李健才, 2000, 「唐代渤海王國的創建者大祚榮是白山靺鞨人」, 『民族研究』 2000-6 日野開三郎, 1948, 「靺鞨七部の前身とその屬種」, 『史淵』 38・39合

日野開三郎, 1951, 「定安國考(2)」, 『東洋史學』 2

鳥山喜一, 1915, 『渤海史考』: 1935, 『北滿の二大古都址-東京城と白城-』, 京城帝國大學 滿蒙文化研究會 報告 2

曹汛, 1980, 「靉河尖古城和漢安平瓦當」, 『考古』 6

酒寄雅志, 1976, 「渤海の國號に關する一考察」, 『朝鮮史研究會會報』 44

酒井改藏, 1970, 「三國史記の地名考」, 『朝鮮學報』 54, 朝鮮學會

池內宏, 1916, 「鐵利考」, 『朝鮮地理歷史研究報告』 3(『滿鮮史研究』 中世篇 第1册, 1933, 吉川弘文館)

池內宏, 1929, 「眞興王の戊子巡境碑と新羅の東北境」, 『朝鮮古蹟調查特別報告』 第6册

池內宏, 1937, 「蒲盧毛朶部について」, 『滿鮮史研究』(中世篇) 第2册

津田左右吉, 1915, 「渤海考」, 『滿鮮地理歷史研究報告』 1

津田左右吉, 1964, 「新羅北境考」, 『朝鮮歷史地理』 卷1

崔紹熹, 1979, 「渤海族的興起與消亡」, 『遼寧師院學報』 4, 遼寧師範學院哲社

河上洋, 1983, 「渤海の地方統治體制-一つの試論として」, 『東洋史研究』 42-1

和田淸, 1916, 「定安國に就いて」, 『東洋學報』 6

和田淸, 1955, 「渤海國地理考」, 『東亞史研究』(滿洲篇)

▍기타

국립중앙도서관, 자료검색, 온라인보기

국사편찬위원회, 한국사데이터베이스

바이두백과

송기호, 2004, 『규장각소장 발해사자료』, 서울대학교 규장각: 한국의 지식콘텐츠 서비스

이종묵, 「규장각 소장 귀중본 유서 및 총서 해제 연구」: 규장각 원문검색서비스 해설 및 해제

한국고전번역원, 한국고전종합DB
한국사사전편찬회, 2007, 『한국고중세사사전』
한국학중앙연구원, 『민족대백과사전』

❖ 찾아보기 ❖

【ㄱ】

가독부(可毒夫)　276
가수(可守)　75, 117
가탐(賈耽)　17, 27, 311, 328
간왕(簡王)　269, 386
감문군(監門軍)　73, 115
감문대정(監門隊正)　75
강왕(康王)　268, 386
개마대산(蓋馬大山)　398
개모성(蓋牟城)　248, 249, 408
개태사(開泰寺)　33, 34, 169, 285
개호(開好)　78, 119
거란(契丹)　8, 9, 12, 37, 43, 44, 45, 47, 57, 62, 68, 70, 72, 76, 77, 89, 91, 93, 103, 109, 112, 113, 114, 120, 130, 145, 159, 164, 167, 173, 174, 180, 189, 197, 199, 215, 227, 229, 243, 247, 258, 274, 278, 280, 287, 295, 300, 311, 313, 315, 318, 333, 354, 365, 378, 377, 388, 391, 404
거란도(契丹道)　365, 389, 406
건주(建州)　157, 198, 208, 236, 275, 314, 322, 341, 388, 398
건흥(建興)　269, 386
걸걸중상(乞乞仲象)　123, 241, 254, 258, 325, 351, 404
걸사비우(乞四比羽)　254, 258, 325
검교개국남(檢校開國男)　160, 284, 391
검교개국남(檢校開國男)　63

검교사공(檢校司空)　154, 205, 269, 386
검교태위(檢校太尉)　153
검교태위(檢校太尉)　267, 386
경주(慶州)　155, 196, 206, 252, 273, 312, 342, 387, 410, 411
경주(瓊州)　157, 198, 208, 275, 314, 388
계부(計部)　277, 390
고구려의 별종(別種)　123, 147, 175, 183, 187, 201, 240, 293
고구려의 옛 땅　27, 90, 156, 195, 196, 207, 220, 227, 243, 252, 254, 255, 273, 311, 313, 322, 327, 328, 329, 331, 342, 356, 368, 369, 396
『고금군국지(古今郡國志)』　17, 27, 311
고길덕(高吉德)　70, 71, 111, 113, 166, 167, 244, 298, 300
고성(高城)　74, 116, 308
고영창(高永昌)　80, 119, 120, 145, 167, 301
고응수(高應壽)　69, 111
고인의(高仁義)　368
고자라(高子羅)　59, 101
고재덕(高齋德)　367
고주(高州)　157, 197, 208, 314, 388
골수(骨須)　69, 110, 297, 308, 353, 362, 403
골암성(鶻巖城)　58, 87, 88, 100
공부경(工部卿)　48, 60, 63, 105, 106, 126, 160, 211, 245, 284, 391
광주(廣州)　158, 198, 209, 275, 314, 389
구국(舊國)　153, 204, 386

국내성(國內城)　234, 341, 398
국자감(國子監)　134, 135
『군국지(郡國志)』　38, 328
귀비(貴妃)　276, 389
귀주(歸州)　158, 198, 209, 275, 314, 389
균로사정(均老司政)　60, 105, 126, 160, 284, 391
근화향(槿花鄉)　131, 281, 348
기미(羈縻)　291
기주(紀州)　158, 199, 209, 275, 315, 389
기질화(奇叱火)　75, 76, 117
기하(基下)　276
길창(吉昌)　217, 393
김사란(金思蘭)　19, 31, 125, 346
김신(金神)　64
김윤문(金允文)　28
김윤중(金允中)　28, 125, 151, 177, 189, 224, 263
김의충(金義忠)　21, 346
김충신(金忠信)　20

【ㄴ】

남경(南京)　53, 155, 196, 206, 243, 273, 313, 329, 387, 406
남책성(南柵城)　42
남해부(南海府)　27, 155, 196, 206, 273, 313, 315, 356, 363, 387, 406
내원성(來遠城)　77, 82, 117, 118
노왕(老王)　276, 389
노주(盧州)　154, 205

【ㄷ】

다시마[昆布]　27, 155, 196, 207, 273, 278, 356, 363, 387, 390, 406
달고(達姑)　24, 107
달고적(達姑狄)　59, 101
달주(達州)　158, 198, 209, 275, 314
담비가죽　349, 368
답추(踏鎚)　344
대경한(大慶翰)　71, 114, 167
대공기(大公器)　57, 95
대광(大光)　73, 116
대광현(大光顯)　66, 87, 89, 105, 109, 143, 160, 165, 177, 190, 191, 211, 227, 228, 244, 285, 325, 342, 391
대굉림(大宏臨)　268
대금취(大金就)　57, 84
대난하(大鸞河)　165, 244, 293, 374, 392
대농시(大農寺)　277, 390
대도(大道)　71, 113, 167
대도수(大道秀)　90, 92, 296
대도행랑(大道行郞)　73, 115
대명충(大明忠)　269
대무예(大武藝)　124, 149, 153, 171, 262, 263, 266, 368, 404
대무예(大武藝)　26
대문예(大門藝)　261
대복모(大福謨)　60, 126
대봉예(大封裔)　129, 280, 347
대부승(大府丞)　70, 111, 166, 244, 298
대수장(大守莊)　9, 57, 85, 121
대숭린(大崇璘)　267
대숭린(大崇璘)　369
대신(大信)　77
대심리(大審理)　61, 105, 126, 160, 245, 284, 391
대씨(大氏)　37, 85, 267, 281, 297, 343

대아찬(大阿飡)　　10, 130, 253, 258, 280, 302
대언의(大言義)　　269
대연림(大延琳)　　57, 70, 77, 91, 93, 111, 118, 166, 216, 229, 230, 244, 298, 300, 349
대연정(大延定)　　71, 91, 113, 299
대영신(大永信)　　79
대원(大元)　　80, 119, 168, 301
대원균(大元鈞)　　60, 105, 126, 245, 284
대원유(大元瑜)　　268, 269
대원의(大元義)　　268, 386
대유범(大儒範)　　64, 127
대인선(大諲譔)　　62, 159, 177, 189, 199, 227, 244, 283, 404
대인수(大仁秀)　　269, 312
대일하(大壹夏)　　262
대중선(大仲宣)　　79
대집성(大集成)　　95, 96, 97, 98
대행대왕(大行大王)　　369
대화균(大和鈞)　　42, 60, 105, 126, 245, 284, 289
대화여(大華璵)　　268, 386
대회덕(大懷德)　　57, 92, 110
대효위장군(大驍衛將軍)　　149, 202
대흠무(大欽茂)　　153, 226, 266, 268, 316
대흥(大興)　　266, 369, 386
도지계(度地稽)　　184, 326
독주주(獨奏州)　　158, 199, 209, 276, 315, 329, 358, 365, 389, 407
돌궐(突厥)　　10, 130, 148, 194, 202, 222, 258, 259, 280, 384
동거란(東契丹)　　192
동경(東京)　　69, 111, 114, 119, 154, 167, 196, 206, 229, 230, 242, 244, 251, 268, 272, 289, 292, 300, 301, 312, 315, 329, 386, 387, 399, 400, 405, 410
동단국(東丹國)　　104, 160, 172, 181, 211, 215, 227, 244, 284, 391
동모산(東牟山)　　315, 325, 383
동주(銅州)　　158, 199, 209, 276, 315, 358, 365, 389, 399, 407
동평부(東平府)　　157, 198, 209, 243, 275, 297, 314, 349, 357, 364, 388, 407
등주(登州)　　17, 19, 31, 37, 101, 194, 263, 385

【ㅁ】

마진기(摩震紀)　　281
마한(馬韓)　　293, 297, 303, 330, 402
마효신(馬孝愼)　　372
막주(鄚州)　　157, 197, 208, 274, 314, 388
막힐부(鄚頡府)　　157, 197, 208, 243, 274, 314, 364, 388, 406
만부교(萬夫橋)　　10, 68, 99, 108, 145, 171, 287, 348
말갈발해(靺鞨渤海)　　28, 125, 145, 146, 151
말갈산(靺鞨山)　　308
말라(襪羅)　　47
명동(明童)　　73, 115
모두간(冒豆干)　　63, 105, 126, 160, 284
모주(慕州)　　158, 199, 209, 276, 315, 389
목주(穆州)　　155, 196, 206, 273, 313, 387, 410
몽주(蒙州)　　157, 198, 209, 275, 314, 388
무왕(武王)　　153, 191, 226, 266, 384, 404
문왕(文王)　　153, 191, 204, 226, 268, 386
문적원(文籍院)　　277, 390
물길(勿吉)　　40, 130, 280, 291, 297, 306
미주(美州)　　158, 199, 209, 275, 315, 389
미주(郿州)　　158, 199, 209, 276, 389

【ㅂ】

박승(朴昇)　67, 345
박어(朴漁)　63, 106, 126, 160, 211, 284, 344, 391
박작구(泊汋口)　321
『발해고(渤海考)』　18, 180, 254, 367
발해고성(古城)　70
『발해국기(渤海國記)』　350, 371
발해국왕(渤海國王)　153, 204, 226, 267, 342, 386
발해도지휘사(渤海都指揮使)　165, 244, 293, 392
발해말갈(渤海靺鞨)　10, 19, 145, 146, 150, 176, 224, 251, 332
발해부(渤海部)　293
『발해행년기(渤海行年記)』　371
백두산(白頭山)　241, 375
백산(白山)　130, 375
백어(伯魚)　23, 267
백주(白州)　66, 228, 285, 345
보로국(寶露國)　24
복주(福州)　158, 199, 209, 275, 315, 389
부여부(扶餘府)　27, 156, 197, 207, 243, 274, 313, 315, 357, 388, 406
부여성(扶餘城)　159, 227, 283, 293
부여(扶餘)의 옛 땅　156, 207, 313, 388, 406
부왕(副王)　276, 389
부주(扶州)　156, 197, 208, 274, 313, 388
부주(富州)　158, 199, 209, 275, 315, 389
북국(北國)　8, 18, 23, 253, 267
북적(北狄)　40, 101
북좌우위(北左右衛)　277, 390
분주(汾州)　158, 198, 209, 275, 314, 389

불내국(佛奈國)　297, 349
불열(拂涅)의 옛 땅　157, 198, 209, 243, 275, 329, 388, 407
불열부(拂涅部)　297
불함산(不咸山)　219, 233, 236, 306, 318, 394
불흘리(弗訖里)　249, 408
비주(比州)　157, 198, 209, 275, 314, 388
빈공과(賓貢科)　9, 49, 50, 52, 139, 144

【ㅅ】

사리(舍利)　325
「사불허북국거상표(謝不許北國居上表)」　128, 253, 302
사빈시(司賓寺)　277, 390
사선시(司膳寺)　277, 390
사장시(司藏寺)　277, 390
사주(邪州)　158, 199, 209, 315
사지(沙志)　73, 115
사통(史通)　73, 115
살오덕(薩五德)　74, 116
39역(驛)　28, 39, 311, 328
상경(上京)　153, 154, 191, 226, 242, 266, 268, 271, 312, 316, 329, 374, 376, 386, 391, 405
상주(常州)　158, 199, 209, 276, 315, 389
생여진(生女眞)　237, 241, 291, 292
서경(西京)　102, 156, 164, 196, 207, 217, 243, 252, 273, 313, 329, 387, 400, 406, 411
서적(徐勣)　30
서희(徐熙)　90, 236, 237, 289
선부(膳部)　277, 390
선송(先宋)　75, 117
선왕(宣王)　44, 271, 386
선조성(宣詔省)　276, 389

선주(仙州) 156, 208, 274, 313, 388
선춘령(先春嶺) 374, 375, 399
성왕(成王) 43, 268, 386
성주(聖主) 276
소손녕(蕭遜寧) 164, 237, 289, 377, 396
소을사(所乙史) 74, 116
속말(涑沫) 377
속말강(涑沫江) 158, 209, 276, 365, 389
속말말갈(粟末靺鞨) 8, 36, 61, 103, 172, 187, 240, 359, 403
속말소번(粟末小蕃) 280
속말수(粟末水) 158, 199, 210, 389
『속일본기(續日本紀)』 367
속주(涑州) 158, 199, 209, 276, 315, 358, 365, 389, 399, 407
솔빈부(率濱府) 157, 208, 357, 364
솔빈(率濱)의 옛 땅 157, 208
수부(水部) 167, 277, 390
수시력(授時曆) 372
수을분(首乙分) 75, 117
숙신의 옛 땅 154, 205, 242, 271, 329, 356, 363
숙여진(熟女眞) 241, 291
술율씨(述律氏) 211
숭정(崇正) 23
신덕(新德) 271, 386
『신라고기(新羅古記)』 8, 35, 37, 172, 184, 194, 214, 241, 325, 351, 404
신라도(新羅道) 7, 17, 365, 389, 406
신부(信部) 277, 390
신성(新城) 25, 220, 395
신주(神州) 156, 197, 207, 273, 313, 322, 376, 387, 411
심주(瀋州) 157, 208, 274, 314, 328

【ㅇ】

아보기(阿保機) 211, 215, 243, 291
아슬라주(阿瑟羅州) 39
안동도호부(安東都護府) 25, 220
안동부(安東府) 307
안변부(安邊府) 157, 198, 208, 275, 314, 357, 364, 388, 407
안시성(安市城) 248, 249, 408
안원부(安遠府) 158, 199, 209, 275, 315, 358, 365, 407
안주(安州) 157, 198, 208, 275, 292, 296, 314, 340, 388
안출호수(安出虎水) 360
압록부(鴨綠府) 156, 197, 207, 252, 313, 315, 356, 387, 406, 411
압록부(鴨淥府) 27, 273, 321, 364
압록수(鴨綠水) 398
압사관(押司官) 75, 116
야발(野勃) 193, 242, 386
야인여진(野人女眞) 395
여정림(呂定琳) 369
열만신(烈萬莘) 293
열만화(列萬華) 303, 331
열만화(烈萬華) 293
염주(鹽州) 155, 196, 206, 273, 313, 387, 410
영고탑(寧古塔) 258, 307
영덕(永德) 268, 386
영원장군(寧遠將軍) 368
영주(榮州) 154, 195, 206, 272, 312, 387
영주(郢州) 158, 199, 209, 276, 315, 358, 365, 389, 399
영주도(營州道) 365, 389, 406
영해군사(寧海軍使) 19, 125, 151, 225, 346

예맥(濊貊)　154, 192, 206, 242, 248, 249, 271, 387, 405, 410
예맥(濊貊)의 옛 땅　154, 196, 251, 272, 312, 329, 356, 363
예부(禮部)　277, 390
예부경(禮部卿)　42, 48, 60, 105, 126, 160, 211, 245, 284, 391
5경(京) 15부(府) 62주(州)　62, 124, 176, 185, 226, 271, 329, 354, 356, 378, 386, 405
오로고(烏魯古)　160, 199, 211, 283, 391
오루하(奧婁河)　258, 383
오소도(烏昭度)　139, 141, 279
오소도(烏炤度)　88, 370
오장공(烏長公)　69, 111
오현명(烏玄明)　294, 303, 331
오흥(吳興)　63, 106, 126, 160, 391
옥저(沃沮)의 옛 땅　155, 206, 313, 387, 406
옥주(沃州)　155, 196, 206, 273, 278, 313, 387, 390
완안아골타(完顏阿骨打)　360
왕문림(王文林)　369, 370
왕황화(王黃華)　370
요갈(遼碣)　138
요련씨(遙輦氏)　211
요수(遼水)　148, 184, 188, 326, 404
요양(遼陽)　291, 301, 314
용원부(龍原府)　155, 206, 251, 356, 363, 405
용주(龍州)　154, 205, 339
용천부(龍泉府)　154, 205, 356, 363, 405
우효위대장군(右驍衛大將軍)　268
월주(越州)　158, 198, 209, 275, 314, 389
월희(越喜)의 옛 땅　158, 198, 209, 314, 329, 389, 407
위준(韋俊)　31, 263, 324

유득공(柳得恭)　18, 367
『유산집(遺山集)』　370
유주(幽州)　263, 293, 380, 385
유주절도사부(幽州節度使府)　278
유충정(劉忠正)　71, 97, 114, 300
융부(戎部)　277, 390
은계종(隱繼宗)　64, 106, 127, 160, 212, 228, 244, 285, 343
읍루(挹婁)의 옛 땅　157, 198, 208, 314, 388, 407
의부(義部)　277, 390
의주(義州)　158, 198, 209, 275, 299, 312, 314, 339, 389
이광록(李匡祿)　72, 167
이남송(李南松)　75
이도수(李道邃)　242, 262
이적(李勣)　367
이제현(李齊賢)　8, 43, 44, 46, 99, 108, 145
이주(伊州)　157, 198, 209, 275, 314, 388
이진(彝震)　271
이해고(李楷固)　258, 302, 316, 384
익주(益州)　157, 198, 208, 275, 314, 322, 341, 388
인부(仁部)　277, 390
인안(仁安)　124, 260, 384
인황왕(人皇王)　160, 185, 199, 211, 244, 284, 391
일리천(一利川)　31, 107
일본도(日本道)　365, 389, 405
『일본일사(日本逸史)』　368
임황(臨潢)　160
임황부(臨潢府)　284

【ㅈ】

작부(爵部)　277, 390
장건장(張建章)　350
장령부(長嶺府)　156, 197, 207, 313, 315, 356, 364, 388, 406
장문휴(張文休)　263, 385
장백산(長白山)　236, 398
장성(長城)　18
재웅(載雄)　63, 126
적국인(狄國人)　24
전중시(殿中寺)　277, 390
정간대부(庭諫大夫)　369
정근(正近)　65, 127, 344
정당성(政堂省)　277, 390
정력(正曆)　268
정력(正歷)　386
정리부(定理府)　157, 198, 208, 274, 314, 357, 364, 388, 407
정안국(定安國)　69, 110, 253, 293, 303, 308, 319, 330, 351, 352, 402
정왕(定王)　269, 386
정주(睛州)　155, 196, 206, 273
정주(正州)　156, 197, 207, 273, 313, 321, 322, 387, 411
정주(定州)　157, 198, 208, 274, 314, 316, 328, 388
조공도(朝貢道)　365, 406
종속시(宗屬寺)　277, 390
좌수위(左首衛)　63
좌우맹분(左右猛賁)　277, 390
좌우비위(左右羆衛)　277
좌우웅위(左右羆衛)　390
좌우웅위(左右熊衛)　277, 390
좌우위장군(左右衛將軍)　61, 105, 126, 160, 284
좌효위대장군(左驍衛大將軍)　124, 202, 222, 260, 326
좌효위장군(左驍衛將軍)　224, 242, 262, 385
주리진(朱里眞)　365
주자감(胄子監)　277
주작(朱雀)　269, 386
중경(中京)　154, 195, 205, 242, 272, 312, 329, 376, 386, 405
중대성(中臺省)　277, 389
중정대(中正臺)　277, 390
중흥(中興)　268, 386
지부(智部)　277, 390
『지장도(指掌圖)』　35, 37
지주(芝州)　158, 199, 209, 275, 315, 389
지황후(地皇后)　211
직방(職方)　378
진국(振國)　9, 122, 130, 280
진국공(震國公)　258, 384, 404
진국왕(震國王)　148, 202, 222, 258, 354, 404
진단(震旦)　8, 36, 122, 124, 174, 176, 184, 188
진림(陳林)　67, 345

【ㅊ】

창부(倉部)　277, 390
책성부(柵城府)　27, 155, 206, 252, 272, 311, 312, 328, 363, 387, 405, 410
천문령(天門嶺)　258, 384
천복성(天福城)　160, 211, 284, 391
천정군(泉井郡)　17, 28, 38, 257, 328
천황제(天皇帝)　211

철리(鐵利) 32, 158, 198, 209, 271, 307, 314, 329, 389, 407
철리국(鐵利國) 73, 348
철리부(鐵利府) 158, 198, 209, 243, 275, 314, 357, 364, 389, 407
철리(鐵利)의 옛 땅 158, 243, 275, 357, 364
철주(鐵州) 154, 195, 205, 272, 312, 339, 386
초주(椒州) 155, 196, 206, 273, 313, 387
최승로(崔承老) 43, 44, 89, 109, 143, 165
최언위(崔彦撝) 88, 359, 370
충부(忠部) 277, 390

【ㅌ】

타주(沱州) 157, 198, 209, 275, 314, 388
탄항관(炭項關) 328
탕주(湯州) 154, 195, 206, 272, 312
태명철(太命喆) 371
태백산(太伯山) 37, 214
태비(太妃) 276, 389
태사(太師) 29, 91, 113, 299, 379, 392
태상시(太常寺) 277, 390
태수정(太守正) 57, 83
태시(太始) 269, 386
태씨(太氏) 191, 199, 342
태집성(太集成) 57, 83, 84
태학(太學) 154, 195, 205, 386

【ㅍ】

패강(浿江) 17, 21, 22, 216, 248, 265, 409
패강진(浿江鎭) 22
평양(平壤) 58, 90, 100, 182, 217, 248, 282, 322, 334, 396, 409

포선만노(蒲鮮滿奴) 237
포주(浦州) 158, 209
풍주(豊州) 156, 197, 207, 273, 313, 322, 387, 411

【ㅎ】

하슬라도(何瑟羅道) 18
하주(賀州) 155, 196, 206, 273, 313, 387, 411
하주(何州) 156, 197
하주(瑕州) 156, 207, 274, 313, 388
함홍(含弘) 65, 106, 127, 161, 212, 228, 244
함화(咸和) 271, 386
항백국(巷伯局) 277, 390
해동성국(海東盛國) 37, 154, 176, 184, 188, 205, 226, 329, 386
해북 제국(海北諸國) 259
해주(海州) 53, 100, 158, 198, 209, 275, 314, 389
허국공(許國公) 258, 384
현덕부(顯德府) 154, 195, 205, 272, 312, 356, 363, 386, 405
현주(顯州) 154, 195, 205, 272, 278, 312, 376, 386, 390
호시국(楛矢國) 131, 281, 348
혼동강(混同江) 236, 284, 307, 399
홀한성(忽汗城) 62, 64, 66, 104, 106, 159, 160, 185, 199, 211, 227, 283, 316
홀한주도독(忽汗州都督) 148, 202, 222, 260, 268, 384
홀한하(忽汗河) 153, 194, 204, 226, 266, 316, 386
홍견(洪見) 65, 127
화주(華州) 157, 198, 208, 275, 314, 322, 341,

388
환도성(丸都城)　321, 322
환주(桓州)　156, 197, 207, 273, 313, 322, 387, 411
황룡부(黃龍府)　235, 397
회원부(懷遠府)　158, 198, 209, 275, 314, 357, 365, 389, 407
회주(懷州)　158, 198, 209, 275, 314, 389
흑룡강(黑龍江)　241
흑수(黑水)　32, 40, 101, 107, 130, 236, 280, 307, 384, 399

흑수국(黑水國)　24
흑수말갈(黑水靺鞨)　237, 262
흑수번(黑水蕃)　89, 100
흑수주(黑水州)　149, 194, 203, 223, 241, 262, 384
흑주(黑州)　157, 198, 209, 275, 314, 388
흥료국(興遼國)　9, 57, 71, 72, 91, 112, 113, 167, 298
흥주(興州)　154, 195, 206, 272, 312, 387
흥화진(興化鎭)　76, 92, 93, 117, 299
희왕(僖王)　269

동북아역사재단 자료총서 62

발해사 자료총서
– 한국사료 편 권1

초판 1쇄 인쇄 2021년 5월 21일
초판 1쇄 발행 2021년 5월 31일

엮은이   동북아역사재단 한국고중세사연구소
지은이   권은주, 강성봉, 김진광, 임상선
펴낸이   이영호
펴낸곳   동북아역사재단

등 록   제 312-2004-050호(2004년 10월 18일)
주 소   서울시 서대문구 통일로 81 NH농협생명빌딩
전 화   02-2012-6065
팩 스   02-2012-6189
홈페이지 www.nahf.or.kr
제작·인쇄 동국문화

ISBN   978-89-6187-640-7 94910
        978-89-6187-639-1 (세트)

* 이 책은 저작권법으로 보호를 받는 저작물이므로 어떤 형태나 어떤 방법으로도 무단전재와 무단복제를 금합니다.
* 책값은 뒤표지에 있습니다. 잘못된 책은 바꾸어 드립니다.